KB144158

제2판

韓國警備産業發展史

한국경비산업발전사

김정환 · 서진석 공저
한국시큐리티지원연구원

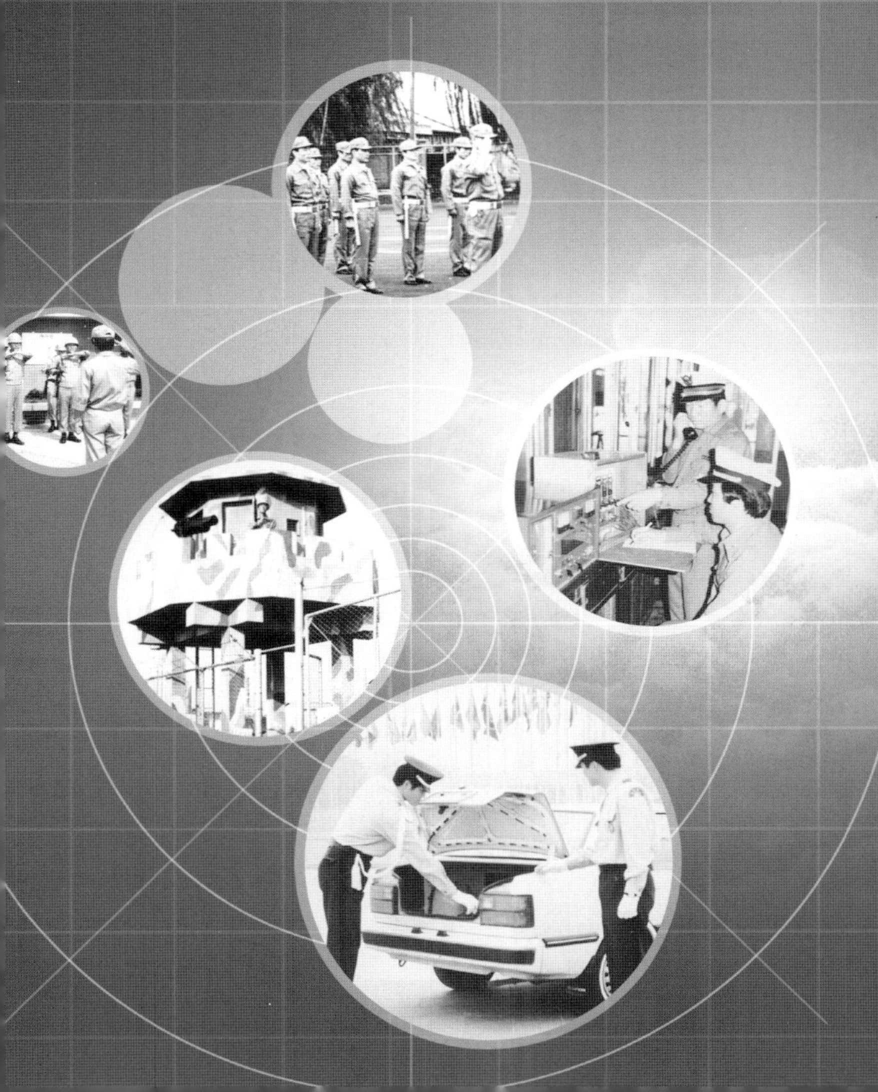

백산출판사

■ **1960년대** : KOSCO경비대 발대식(62.5)

■ 1970년대

❙ 울산 한국카프로 락담공장 경비원 훈시모습(72.12)

❚ 울산 석유화학공업단지경비대 발대식(73.1)

❙ 한국비료공업 울산공장 경비대 교대식(72.10)

❚ 울산공업단지 경비원 고가초소 근무(73.3)

❚ 울산석유화학지원공단 정문 경비모습(73.4)

❚ 한국마사회(성수동 경마장) 발대식(73.9)

▌한국마사회(성수동 경마장) 발대식(73.9)

▌한국마사회(성수동 경마장) 발대식(73.9)

▌울산석유화학지원공단 경비원 순찰장면(73.10)

▌일본종합경비보장(주) 한국연수생 수료식(74.11)

▌일본종합경비보장(주) 기증받은 경보기 시범설치 (세운상가, 77.5)

▌1970년대 최초의 기계경비 모습

■ 1980년대

❙ '82 서울국제무역박람회 경비대 발대식(82.10)

▌ '82 서울국제무역박람회 경비대 발대식(82.10)

❙ 일본경비회사 사장단 일행 임진각 방문(83.10)

▌ 행사장 경비 : 서울올림픽 관련 제품전시회(84.6)

▌ '84 서울국제무역박람회 경비대 발대식(84.9)

▌ '84 서울국제무역박람회 경비대 모습(84.9)

▌ '86 서울아시안게임 경비대 발대식(84.10)

▌ 한국경비협회 김형중회장 일행 경찰특공대 위문(84.11)

▌ 일본 종합경비보장(주) 빌딩 기계경비시스템 시찰(85.5)

▌ 일본 종합경비보장(주) 경비용 통신위성 기지국 방문(85.5)

▌ '86 서울아시안게임 경비대 발대식(86.6)

▌ 한국경비협회 정기총회(87.1)

■ 서울올림픽

▌ '88 서울올림픽 취재차 일본방범방재신문사 羽切一正 사장 방한(88.8)

▌ '88 서울올림픽경기장 경비원의 모습(88.9)

▌ '88 서울올림픽경기장 경비원 근무모습(88.9)

▌ 서울올림픽경기 기념차 방문한 일본 경비회사 사장과 함께(왼쪽에서 두번째-필자 김정환, 89.5)

■ 1990년대

▌ 민간경비 한국방문단 일행 신간선으로 동경에서 오사카로 이동 중(90.6)

▌ 홍콩거쳐 일본 종합경비 견학(이제천 · 이윤근 교수 · 정채옥 경정 · 김정환 회장, 90.6.25)

▌ (주)テイケイ 다가하나(高花)
일본제국경비 사장 증정품 설명(90.6)

▌ 일본종합경비 하세가와 기술이사의 현장설명

▌ 일본제국경비 사장 및 일본경비업자 일행과 만찬 중인 한국방문단(90.6.29)

▌ 일본제국경비, 다가하나(高花) 社長 주최 만찬회

▌일본제국경비 회사 다가하나 사장과 선물교환하는 김정환 방문단장

▌동경도(東京都) 신축청사 공사현장

▌일본 종합경비보장(주)
무라이사장(村井) 방문(90.6)

▌일본 동경 미즈이 빌딩 경비통제실(90.6.28)

▌오사카 국제 꽃박람회 경비대 깃발(90.6)

▌오사카 꽃박람회(90.7.2)

▌오사카(大阪) 국제 꽃 박람회 여자 의장대(90.7)

▌90년대 호텔 롯데 경비원

▌'94 방범전시회 COEX 최형우 내무장관 현장순시

▌방범전시회에 선보인 경비로보트 범돌이 1호

▌'94 방범전시회 서울경찰 시범훈련

▌제3회 아시아 경비업자 총회 한국 워커힐 회의장(대회의장 및 임원 일행, 95.10.18)

▌APSA 제3회 아시아 경비업자총회(회장단 일행, 95.10.18)

▌'93 대전박람회경비(범아공신)

▌'93 대전 엑스포경비

▌범아공신 엑스포경비대를 찾아

▌서울올림픽공원 경비대 모습

■ 2000년대

▌서울 관악구 구로동내 관악 드림타운 APT 경비대 발대식(01.11) (1)

▌서울 관악구 구로동내 관악 드림타운 APT 경비대 발대식(01.11) (2)

▌서울 관악구 구로동내 관악 드림타운 APT 경비대 발대식(01.11) (3)

▌(주)SOK 주주총회(일본 무라이 사장과 함께, 02.3)

▌대만 新光 경비회사방문(王會長과 인사, 01.12)

▌대만 新光 경비회사방문기념(01.12)

▌상주경비대모습(01.11)

▌2002 한일 월드컵 군악대 경호모습

▌2002 월드컵 시범훈련

▌2002 한일 월드컵 교육장면

▌2002 FIFA WORLD CUP KOREA/JAPAN

▌2002 FIFA WORLD CUP KOREA/JAPAN

▌2002 FIFA WORLD CUP KOREA/JAPAN

▌2002 FIFA WORLD CUP KOREA/JAPAN

▌일본 북해도 경비협회장 한국롯데호텔 방문(03)

▌2004 한국안전기술협의회 세미나

▌한국경비협회 창립 27주년 기념

▌한국경비협회 창립 28주년 기념

▌한국시큐리티지원연구원 창립기념 및 「한국경비산업발전사(I)」 출판기념회(03.10)

▌한국시큐리티지원연구원 창립기념 및 「한국경비산업발전사(I)」 출판기념회(03.10)

▌한국시큐리티지원연구원 일행 일본 경비업계 시찰

▌한국시큐리티지원연구원 일행 일본 ALSOK 관제센타 방문(06.3)

▌한국시큐리티지원연구원 日本 "SECURITY SHOW 2006" 시찰

▌일본 방범 방재신문사 하기리 사장(羽切 社長)

▌한국시큐리티지원연구원 일행 일본 방범방재신문사 하기리 사장(羽切 社長) 한 · 일 경비업 발전간담회

▌한국시큐리티지원연구원 일행 일본 방범방재신문사 하기리 사장(羽切 社長) 한 · 일 경비업 발전간담회

▌(사)한국경비협회와 전국 경호 · 경찰 관련학과 학과장 간담회(07)

▌한국시큐리티지원연구원과 (사)한국경비협회 민간경비자격개발연석회의

▌(주)데이게이 관계자와 한국방문단의 좌담회 모습

제2판 발간사

한 분야의 발전을 이루기 위해서는 독자적인 이론이 정립되어야 하고, 그 이론의 정립을 위해서는 사적(史的)인 연구에 큰 의의를 두고 있다. 우리나라 민간경비산업의 역사를 서술하는 작업 또한 이 분야의 산업을 발전시키고 나아가 우리 사회의 치안질서 유지에도 기여하고자 하는 마음에서 였다. 이 노력의 시작이 1993년에 공동저자인 김정환에 의해 출발하게 된 후, 2003년 제1권이 나오고 이제 제2판이 출간되었다. 17년의 시간 동안 많은 분들의 도움과 격려가 있었다.

지난 2003년 10월 『한국경비산업발전사(1)』를 출간하고 빠른 시일 안에 제2권을 발간하기로 하였던 독자들과의 약속이 5년이 지나 6년째에 접어들어서야 이제 세상에 나오게 되었다. 제(1)권에서 1950년대와 1960년대 민간경비산업을 정리하였고, 1970년대는 용역경비업법 제정 전과 후를 나누어 정리하였다. 그리고 1980년대는 5년 단위로 전반기, 후반기로 구분하여 정리하였다.

따라서 제2판에서는 1990년대를 5년 단위로 전반기와 후반기로 나누어 정리하였으며, 2000년대도 전반기까지 이 책에 담았다. 1990년대 후반기와 2000년대 전반기는 자료의 분량이 많아 선택과 정리에 어려움이 있었으나, 사적(史的)인 의미를 감안하여 독자들의 평가에 맡기기로 하고 가능한 포함하였다. 그러다 보니 연대별 분량의 균형이 잘 맞지 않는 측면도 있을 것이다.

1990년대는 우리나라 민간경비산업에 많은 변화가 있었던 시기였다. 이 시기에 경찰법이 제정되고 경찰청이 출범하게 되었다. 민간경비산업의 전문성을 높이기 위해 국가자격제도인 '경비지도사' 자격제도가 시행되었다. '93 대전EXPO가 열렸고, '91방범전시회도 열렸다. 경호·경비 관련 학과가 대학에 신설되면서 학문적 이론적 연구의 장이 열렸다. 따라서 한국경호경비학회가 1996년 창립되었으며, 이어서 한국민간경비학회도 창립되었다. 2000년대 들어서 2002한·일 월드컵이 한국과 일본에서 열렸으며, 2003년 국내에서는 최초로 민간경비관련 민간연구원인 '한국시큐리티지원연구원'이 창립되었다. 경제상황의 어려움 속에서도 우리나라의 민간경비산업은 꾸준히 양적 질적 성장을 이어왔다.

이러한 과정들을 정리하면서 개인적인 능력의 부족함을 절실히 느끼게 되었다. 그러나 이 모든 작업이 가능할 수 있었던 것은 집필자인 김정환 개인이 소장하고 간직했던 자료가 있었기 때문이다. 집필하면서 최대한 객관성을 유지하고자 하였다. 혹 부족한 부분이 있을 수 있으니 독자들의 아량과 지적을 바라마지 않는다.

끝으로 2003년에 이어 이번에도 이 책의 출판을 기꺼이 허락해 주신 백산출판사 진욱상 사장님과 편집에 애써주신 김재형 부장님께 깊이 감사를 드린다.

2009년 2월

공동 집필자 김정환, 서진석 씀

제1판 발간사

국가의 가장 기본적이고 1차적인 기능은 국민에 대한 보호기능이라고 할 수 있다. 우리 사회는 해방 후 급속한 산업화의 추진, 좌·우 이념간의 갈등, 전통적 가치관의 붕괴 등으로 극심한 사회적 혼란을 겪은바 있다. 이러한 혼란 양상은 국민의 일상생활까지 위협하는 범죄로 표출되어 사회불안 요인으로 작용하고 있다.

치안의 제1선에서 국민의 생명과 재산을 보호하는 경찰은 사회질서유지를 위하여 최선을 다하고 있지만, 급증하는 치안수요에 충분한 대응을 다하지 못하고 있다. 현대사회에서 국민들에게 안전한 삶을 제공하는 것은 곧 국가경쟁력과 직결되는 핵심적 요소이다. 선진 각 국에서는 사회안전을 위하여 공공부문의 자원뿐만 아니라, 민간부문의 자원까지도 총동원하는 것은 바로 이때문인 것이다.

금년은 우리나라에 민간경비산업이 도입된 지 만 50주년이 되는 해이다. 1953년 주한 미군의 군납경비를 시작으로 출발한 우리나라의 민간경비산업은 지난 50년 동안 우리 사회의 질서유지와 국가안보에 기여한 바가 실로 막대하다고 할 수 있다.

50년대에 전후 복구와 미군 군납 그리고 미국에 의한 원조경제의 일환으로 도입된 한국의 민간경비산업은, 60년대에 북한의 무장공비에 대응하여 국가중요산업시설 경비에 일익을 담당하였고, 70년대에는 고도 경제성장에 따른 사회변화 요인과 그에 수반된 치안수요의 급증과 함께 준경찰력으로서 사회질서유지에 기여하였으며 경비업계의 오랜 숙원이었던 용역경비업법이 제정됨으로써 법적·제도적 기틀을 마련한 시기였다. 그리고 80년대에 와서는 우리나라의 국제적 지위가 높아짐에 따라 '86아시안게임과 '88서울올림픽 등 국제 행사의 경비업무에 참여하여 국위선양에 기여한 바가 있다.

우리 사회의 치안자원으로 그 몫을 다해온 민간경비산업은 그동안의 양적 성장에서 이제는 질적 성장을 지향하면서 새로운 도전을 시도해야 할 시기에 직면하고 있다. 새로운 정보사회의 치안환경은 다양성과 신축성을 요구하고 있으며, 민간경비산업도 예외일 수 없기 때문이다.

이러한 시기에 우리나라 민간경비산업의 과거를 돌아보는 것은 현재의 의미를 되새기고 미래의 좌표를 설정하는데 그 의미가 있다고 본다.

그러나 우리나라 민간경비산업의 발전과정을 돌아보는데 있어서 무엇보다도 초창기 기초 사료의 부족을 절감하지 않을 수 없었다. 반면에 80년대와 90년대의 자료는 상대적으로 많은 편이다. 특히 90년대의 자료는 방대하여 취사 선택에 어려움이 많아 좀더 시간을 갖고 정리하는 것이 좋을 것 같아 잠시 뒤로 미루었다.

본 서의 내용 대부분은 집필자인 김정환 개인이 수십 년 간 소장하던 자료에 전적으로 의존할 수밖에 없었다. 내용중 일부분은 출처가 불분명한 것도 있으나, 우리나라 민간경비산업의 과거 흔적이라도 붙잡고 싶은 심경으로 인용한 부분도 있음을 밝힌다. 한 산업분야의 수십 년의 과거사를 개인적 능력에만 의존하여 추적하다보니, 집필내용상 오해나 오류도 있을 수 있을 것이다.

현명한 독자 여러분들의 아량과 질정(叱正)을 바라마지 않는다.

본 서의 초기 계획은 1990년대와 2000년대 민간경비산업의 전망까지 포함하였으나, 90년대와 2000년대의 자료를 좀더 면밀히 검토하고 보완하여 정리하기로 하였다. 나머지 부분은 제2권으로 빠른 시일내에 발간할 예정이다.

끝으로 이 책의 출판을 기꺼이 허락해 주신 백산출판사 진욱상 사장님과 박진영 부장님 그리고 편집에 애써주신 김수용 실장님께 깊이 감사를 드린다.

2003년 10월

공동 집필자 김정환, 서진석 씀

제1판 축 사

금년은 민간경비산업이 우리나라에 시작된 지 50주년이자, 경비업법이 제정된 지 28주년인 뜻깊은 해입니다.

이러한 시기에 국내 민간경비업계에 또 하나의 의미있는 결실이 맺어졌습니다. 다름 아닌 「한국경비산업 발전사」가 편찬된 것입니다. 물론 우리나라 민간경비업계의 산 증인이자, 한국시큐리티지원연구원 이사장인 김정환 이사장과 중부대학교 서진석 교수의 공동역작에 의해서 출간된 것입니다. 우리나라 민간경비산업은 지금으로부터 50년 전인 1953년 주한미군의 군납경비로 시작된 이래, 50년대에 외화획득을 위한 유일한 산업으로 한국경제의 기반조성에 기여했으며, 60년대와 70년대에 와서는 열악한 환경속에서도 국가중요시설 경비업무에 헌신하면서 국가안보에 기여한 바가 지대하였습니다.

그리고 80년대와 90년대에 와서는 기계경비산업의 도입과 함께 국가적 대사인 '88서울올림픽과 '93대전엑스포의 국제 행사를 성공적으로 치루는데 동참하였으며, 그 이후 오늘날에 이르기까지 우리사회의 치안질서 유지에 헌신해 왔습니다.

민간경비업계의 이러한 발자취는 국가안보와 치안질서유지에 기여한다는 사명감 하나로 어려운 여건에서도 경비업계의 맥을 이어온 업계 여러분들의 피와 땀의 결정체라고 생각합니다.

치안당국과 학계의 지원은 민간경비산업의 건전한 육성과 질적 성장을 위해 밑거름이 되어왔습니다.

이제 우리나라 민간경비산업은 21세기 정보사회의 치안환경에 대응할 수 있는 사회 안전망 구축을 위하여 새로운 도약을 시작해야 할 시기입니다. 미래는 과거와 현재의 연속선상에 존재할 수 있습니다. 우리나라 민간경비산업의 미래는 지난 역사의 거울속에서 읽을 수 있습니다.

이러한 시점에 「한국경비사업 발전사」의 출간은 우리 경비업계의 지난 역사를 반추하고, 새로운 도약을 위한 귀중한 자료가 될 것입니다. 앞으로 더욱 보태고 다듬어서 미래 한국 경비산업의 발전을 위한 지침서가 되어 줄 것을 기대합니다.

2003년 10월 17일

한국시큐리티지원연구원장, 인천대 명예교수 행정학 박사 정진환

『韓国民間警備産業発展史』の刊行を祝う

国民の「安全・安心の確保」に貢献する
民間警備産業の過去・現在・未来を詳述

金正煥(株)TRI INTERNATIONAL 顧問殿が、徐辰錫 中部大学校 教授殿との共同執筆により『韓国民間警備産業発展史』を刊行された事を、衷心からお慶び申し上げます。

私が初めて金正煥殿とお会いしたのは、貴国と貴国民が一致協力されて見事に成功を収め、国際的に高く評価された "ソウル五輪大会"の警備体制状況を取材するため 1988年 8月 8日 から 6 日間にわたり訪韓した際でした。当時、"ソウル五輪大会"には、欧米を始め諸外国から何10 万人もの観光客が韓国を訪問すると予想されており、また、訪韓者の約 80% が、"ソウル五輪大会" 開催の前後に、観光目的等のために我が日本国を訪問すろと、予想されておりました。このため、日本国の警察を始めとすろ治安当局は勿論、全国の民間警備会社 (当時、 約4、500 社、警備員約 2 0 万人) が密接な連携のもとに、極左集団などによろテロ事件等々の防止に尽力すろ事によって、間接的ながら "ソウル五輪大会" の成功のために協力・貢献することを目指しておりました。それに伴い、私も、"五輪大会の開催を控え、韓国の警備協会と民間警備会社が軍・警察・消防等の国家的な治安担当機関と連携し、どのような'警察体制'を整備しておられろのか" を最大の取材目的として訪韓した次第です。

日本語に極めて堪能でおられろ上に、日本の "民間警備業界" について非常に 造詣の深い 金正煥殿(当詩、汎亜公信株式会社会長) は、私を五輪大会各会場に案内さると共に、警備体制を 具体的にご説明下さいました。さらに、社団法人韓国警備協会幹部の皆様始め、『民間警備の在り方』を研究さておられる大学教授の方々をご紹介下さいました。それを契機として、防犯防災新聞社では『韓国民間警備事情視察団』 な派遣しましたが、その一方で、多数の警備業協会の会員、 セキュリティ機器の製造・販売・施工関係会社幹部らが 相次き訪韓し、毎回、皆様から温かく歓待されたました。改めて幾重にも感謝申し上げる次第です。その半面、韓国警備協会の会員多数も、度々、来日されて日本の関係者と親しく交流を重ねられ、“日韓の紐帯強化”に尽力されました。そのようは長年の民間に於ける“日韓親善”の成果は実に大きなものがあり, 近年は、一般の日本人ま韓国人ま“安全ゃ安心情勢を特に意識せずに”毎年、100万人以上が両国を往来しております。さて、『韓国民間警備発展史』は、金正煥殿と徐辰錫教授殿が、透徹した史観及び長期的な展望の関係資料を収集・調査されるたど、多年にわたる検討・研究を続けられた成果が、「前近代の民間警備」「胎動期」「成長期」「発展期」の 4編で構成される大著として結晶した正た劃期的な専門書であり、日韓の民国警備会社を始め関係各方面、更には、貴国民の間で幅広く愛読されるよう祈念致してねります。

2003 年 10月 17日

防犯防災新聞社
社長　羽切一正

제1판 축 사

김정환 (주)TRI INTERNATIONAL 고문님과 서진석 중부대학교 교수님이 공동집필하여 「한국민간 경비산업 발전사」를 간행하게 된 것을 진심으로 축하드립니다.

제가 김정환 고문님을 처음 뵌 것은 한국과 한국 국민이 일치 협력해서 훌륭하게 성공을 거두고 국제적으로도 높은 평가를 받은 「88서울올림픽」의 경비체제상황을 취재하기 위해 1988년 8월 8일부터 6일간 방한했을 때 였습니다. 당시 「88서울 올림픽」에는 구미를 비롯한 여러 나라에서 약 10만명이나 되는 관광객이 한국을 방문할 것으로 예상되었고, 또 방한자의 약 80%가 「88서울올림픽」개최 전후에 관광 목적 등을 위해 우리 일본을 방문한다고 예상하고 있었습니다. 이렇기 때문에 일본의 경찰을 비롯한 치안당국은 물론 전국의 민간경비회사(당시 약 4,500개사, 경비원 약 20만명) 의 밀접한 연대 아래 극좌집단으로 인한 테러사건 등의 방지에 만전을 기하고 간접적이지만 「88서울올림픽」의 성공을 위한 협력, 공헌하는 것을 목적으로 했습니다. 거기에 동반한 저도 「88서울올림픽」의 개최를 앞두고 한국의 경비협회와 민간경비회사가 군, 경찰, 소방 등의 국가적인 치안담당관과 어떻게 연대하여 「경비체제」를 정비하고 있는가를 최대의 취재 목적으로 방한했던 것입니다.

일본어를 상당히 잘 구사하시고 일본의 「민간경비업계」에 대해서 상당히 조예가 깊은 김정환 고문님(당시 범아공신주식회사 회장)은 저를 88서울올림픽 각 경기장으로 안내해 주심은 물론 경비체제를 구체적으로 설명해주셨습니다. 게다가 사단법인 한국경비협회 간부를 비롯해 저명한 대학교수분들도 소개시켜 주셨습니다. 그것을 기회로 방범방재 신문사에서는 「한국민간 경비사정 시찰단」을 파견했지만, 한편에서는 다수의 경비협회의 회원, 보안기기의 제조, 판매, 시공 관련회사 간부들이 계속 방한하였습니다. 그때마다 김 고문님은 여러 사람을 흔쾌히 환대해 주셨습니다. 모든 분들을 대신해 다시 한번 감사 드립니다.

그 반면 한국경비협회의 회원 다수도 방일하여 일본의 관계자와 친밀한 교류를 하고 「일한 유대강화」에 힘을 다했습니다. 그와 같은 오랜 시간의 민간 부문의 「일·한친선」의 성과는 실로 큰 것이고 최근에는 보통 일본인도 한국인도 매년 100만 명 이상이 양 국가를 왕래하고 있습니다.

「한국민간 경비산업 발전사」는 김정환 고문님과 서진석 교수님의 투철한 사관(史觀) 및 장기적인 전망 아래 다수의 관계자료를 수집, 검토하시는 등 다년에 걸쳐 조사, 연구를 하신 성과로 「전근대의 민간경비」 「태동기」 「성장기」 「발전기」의 4편으로 구성된 대저(大著)입니다. 더 없이 소중하고 획기적인 전문서이고, 한국민간 경비산업 역사의 결정체인 이 책이 일·한의 민간경비회사를 비롯한 사계, 학계는 물론 각 방면, 많은 한국 국민 사이에서 폭넓게 읽히기를 기원합니다.

2003년 10월 17일

방범방재 신문사

사장 羽切 一正

차 례

제1편

민간경비의 개념과 전근대 시기의 민간경비

제2편

한국 민간경비의 태동기

제3편
한국 민간경비의 성장기

제4편
한국 민간경비의 발전기

제 1 편

민간경비의 개념과 전근대 시기의 민간경비

- 제1장 민간경비의 개념
- 제2장 전근대 시기의 민간경비

모든 다른 학문분야와 마찬가지로 민간경비분야도 명확한 개념정의와 이를 기반으로 한 독자적인 이론 구축 그리고 사적(史的) 고찰이 이루어 질 때 독립적인 학문으로 발전할 수 있다. 오늘날 민간경비분야는 영국·미국·일본을 비롯한 많은 국가에서 사회치안유지의 중요한 수단으로 발전하여 하나의 산업영역으로 성장하여 왔다. 우리나라도 해방 후 미국으로부터 현대적 의미의 민간경비가 도입된 이래 발전을 거듭해 왔다.

한 분야의 산업이 지속적인 발전을 하기 위해서는 그 분야의 학문적 발전이 전제되지 않고서는 한계가 있을 수밖에 없다. 민간경비는 사회내의 질서유지에 반하는 여러 가지 현상에 대한 예방과 대응을 대상 영역으로 한다. 따라서 민간경비는 사회현상에 대한 깊이 있는 이해를 전제로 하며, 그에 따른 병리적 현상에 대한 원인과 처방을 제시하고, 산업현장에서는 이를 현실문제에 적용함으로써 산업과 학문과의 연계가 이루어지는 것이다. 따라서 민간경비산업(Private Security Industry)의 지속 가능한 발전을 위해서 민간경비분야의 독자적인 이론 정립과 역사적 고찰의 중요성은 아무리 강조하여도 지나치지 않다.

본서의 제1편에서는 먼저, 민간경비의 개념에 대한 학자들의 논의를 통하여 민간경비의 개념정의를 시도하고자 한다. 그리고 민간경비의 사적 고찰을 위해서 민간경비의 발전과정을 전통적 의미의 민간경비와 현대적 의미의 민간경비로 구분한 이윤근의 견해(이윤근, 1989)에 따라, 해방 후 미국으로부터 민간경비제도가 우리나라에 도입된 시점을 중심으로 이전의 시기를 전근대시기의 민간경비로 구분하여 서술하고자 한다. 그리고 미국으로부터 민간경비제도가 도입된 시점에서부터 그 이후의 시기를 현대적 의미의 민간경비로 구분하여 역사적 발전과정을 고찰하고자 한다.

제1장

민간경비의 개념

그동안 민간경비의 개념정의에 대하여 학자들의 다양한 견해가 있어왔다. 먼저 Land보고서는 민간경비의 정의에 대하여 가장 먼저 언급하였다. Land보고서에 의하면 "민간경찰과 민간경비란 일반적으로 수사, 경비, 순찰, 경보, 경비수송을 포함하는 모든 종류의 경비서비스를 제공하는 모든 종류의 민간조직과 개인을 포함한다"고 정의하였다(Kakalik & Wildhorn, 1971 : 3).

민간경비특별위원회(PSTF : Private Security Task Force)는 Land보고서의 정의를 검토하여 다음과 같이 이의를 제기하였다. 첫째, PSTF는 Land보고서의 정의가 민간경비를 본질적으로 법집행기관 이외의 조직체와 개인에 의해 행해지는 모든 경찰과 경비의 기능까지 확대하고 있는 점에서 불충분하다고 보았다. PSTF에 의하면 Land보고서의 정의에서는 인식하지 않은 공원이나 레크리에이션 장소의 경찰과 주택국에 있는 많은 준공적(準公的)인 경찰의 존재를 인식하고 있다. 그러나 PSTF는 이러한 유형의 준공적인 조직을 그것이 민간의 자금에서 보수를 지급하지 않는다는 점에서 제외시키고 있다.

그리고 PSTF는 Land보고서의 정의에 대해 민간경비의 고객과의 관계와 영리적인 성격이라는 기본적인 요소를 제외하고 있다는 점에서 이론을 제기한다. 따라서 PSTF는 민간경비에 관한 기준과 목표를 설정할 목적으로 다음과 같이 정의를 내리고 있다. 즉 "민간경비란 요금을 지급하는 특정의 고객에 대해 혹은 자기를 고용한 개인이나 조직체에 대해 신체나 재산 기타 다른 이익을 각종 위해로부터 보호하기 위한 경비관계의 서비스를 제공하는 개인 및 민간의 기업체와 조직을 포함하는 것이다"(PSTF, 1976 : 4).

PSTF의 정의는 민간경비에 관하여 가장 일반적으로 인용되는 정의이지만, 보편적으로 수용되고 있는 것은 아니다. 예컨대 Green은 「시큐리티 입문(Introduction to Security)」에서 PSTF의 정의 중에서 '영리'의 측면에 이의를 제기하였다. Green은 공항, 병원, 학교라는 세 종류의 시설의 예를 들어 이러한 시설은 '영리'를 목적으로 하는 각종 민간경비의 활동자원을 이용하고 있다고 하였다. Green은 보호를 받는 조직의 영리적 성격도 종사자가 받는 이용료의 원천도 유효한 구별의 기준이 되지 않는다는 견해에서 PSTF의 정의에 반대하였다. 여기서 Green은 다음과 같이 민간경비에 대한 자신의 정의를 제시하고 있다. 즉, "민간경비는 특정 개인, 조직, 시설에 대하여 범죄, 손실, 위해의 예방에 기본적으로 종사하는 공적인 법집행 기관 이외의 개인, 조직, 서비스"라고 정의하였다(Green, 1981 : 25).

Hallcrest의 연구자들은 이러한 정의가 민간경비 서비스산업을 전부 포함하게 될 것으로 생각하였다. 그러나 최근에 와서는 민간경비 분야 중 가장 급성장하고 있는 부문은 경비기기나 시스템의 제조·유통·시공부문이고, 민간경비에 관한 이전의 정의에서는 이러한 부문이 제외되었던 것이다.

그러나 최근에 와서 치안활동의 공공부문과 민간부문의 부문간 경계가 흐려지고 있으며, 다양한 유형의 치안수요가 발생함에 따라 이를 감안한 포괄적인 개념으로 민간경비의 개념정의가 다시 이루어져야 한다. 따라서 민간경비의 개념을 재정의하기 위해서는 다음 사항을 고려해야 한다. 첫째 서비스 수요대상, 둘째 서비스 공급주체, 셋째 재정부담, 넷째 서비스종류, 다섯째 활동영역 등이다.

먼저 서비스 수요대상이다. 정부의 치안서비스 수요대상은 일반국민이다. 민간경비의 수요대상은 치안서비스를 의뢰한 개인이나 조직체이다. 그러나 최근 정부부문의 경쟁력 확보를 위하여 정부에서 공급하던 치안서비스를 민간에 이양 또는 위탁하는 사례가 늘고 있다. 따라서 이양 또는 위탁에 의하여 정부가 민간의 치안서비스 수요고객이 되고 있는 사례가 증가하고 있다. 즉 민간경비의 수요대상에 정부도 일반개인이나 사적조직과 마찬가지로 주요 고객이 된 셈이다.

두번째는 치안서비스 공급주체이다. 치안서비스의 공급주체는 정부, 비영리 민간, 영리 민간으로 구분할 수 있다. 공급주체의 구분은 법률에 따른 설립형태로 구분될 수 있다. 정부의 대표적인 치안서비스 공급주체로는 경찰이 해당된다. 물론 영국과 미국의 경우는 경찰 외에 정부 내 다양한 법집행기구들이 존재한다. 비영리 민간은 영리를 목적으로 하지 않는 자원봉사단체가 주로 해당된다. 한국의 경우 해병전우회나 파출소 단위로 활동하고 있는 민간 자율방범대 등이 이에 해당될 수 있다. 영리민간은 수익자부담원칙에 의한 순수 민간경비업체를 말한다.

그러나 오늘날 복지국가 위기론 이후에 서구의 복지국가에서는 국가와 비영리 민간이나 영리 민간간에 계약을 통한 치안서비스 공급이 널리 활용되고 있다. 즉 서비스 공급책임에 있어 국가부문과 민간부문이 서로 혼합되어 공급하고 있는 유형이 일반화되고 있다. 따라서 치안서비스 공급주체의 구분기준은 매우 모호해지고 있다.

세번째는 서비스 재정부담이다. 치안서비스의 생산과 이용에 필요한 재정 부담은 국가의 부담과 민간의 부담으로 나누어 볼 수 있다. 국가부문의 부담은 정부재정에서 조달되며, 민간부문의 부담은 민간자선금품, 수익자부담원칙에 의한 이용자의 이용료 부담으로 조달된다. 그러나 정부와 민간의 계약에 의한 치안서비스 공급의 경우 민간은 정부재정으로부터 재원을 조달받는다.

네번째는 서비스의 종류이다. 서비스의 종류는 국가마다 허용하는 종류가 다양하다. 일반적으로 치안활동 중 사전적·예방적 기능을 민간이 담당하되, 경찰의 보조적 활동에 국한하고, 사후적·집행적 기능은 정부가 담당하는 것으로 구분되어 왔다. 그러나 최근에 와서 민간의 서비스

종류가 예방적 차원을 넘어서고 있다. 영미법계의 대표적인 국가인 영국과 미국의 예를 볼 때, 중앙정부나 지방정부와 계약에 의한 치안서비스 공급의 경우 제한적이나 법집행의 권한을 행사하는 영리를 목적으로 하는 민간치안 조직들이 출현하고 있다. 우리나라의 경우도 청원경찰이나 2001년 인천신공항에 배치된 특수경비원은 민간인 신분이면서 경비구역 내에서 총기소지가 가능하고, 제한적이나 법집행 권한의 일부를 행사할 수 있다.

그리고 민간경비의 서비스대상을 개인과 단체에 대한 인명・재산・정보・환경 등을 대상으로 한 범죄에만 국한할 것이 아니라, 인위적 재해와 자연적 재해를 포함한 각종 재해에 대한 예방, 대응 및 복구도 포함하고 있다.

다섯번째는 활동영역이다. 치안활동에 있어 정부의 영역은 주로 공적인 영역이다. 그러나 최근 가정과 같은 사적인 영역도 정부의 치안활동 영역이 되고 있다. 우리나라도 1997년 12월 제정되고, 1998년 7월 1일부터 시행된 '가정폭력범죄의 처벌 등에 관한 특례법(가정폭력방지법)'에 의하여, 그동안 사생활 불가침의 원칙에 따라 가정내의 폭력이나 학대 등에 소극적이었던 정부가 보다 적극적으로 개입할 수 있도록 되었다.

민간의 치안활동영역은 자본주의사회에서 거대 사적 재산이 증가함에 따라 확대되고 있으며, 나아가 공적 영역까지 침범하고 있다. 그리고 공적・사적 구분이 모호한 혼성적(hybrid) 영역이 증가함에 따라 경찰과 민간경비의 영역구분을 어렵게 하고 있다.

따라서 민간경비에 대한 보편적인 개념정의의 확립은 매우 어려운 작업이다. 주민들의 치안수요가 더욱 다양해지고 있으며, 이에 따른 민간경비서비스의 변화도 현실적 수요에 따라 다양한 형태로 발전하기 때문이다.

민간경비의 개념에 대한 접근을 위해서는 국가의 질서유지기능에 대한 이해에서부터 출발하여야 한다. 일반적으로 국가의 기능은 크게 보호기능과 공공복리기능으로 구분한다. 보호기능은 외침으로부터 국가의 주권과 영토 및 국민을 보호하는 안보적 기능과 국가내의 질서유지기능으로 구분한다. 안보적 기능은 국가의 국방・외교 등의 분야에서 담당하고 있으며, 질서유지기능은 경찰·검찰·교정기관 등에서 담당하고 있다. 그러나 오늘날 질서유지기능은 대륙법계 국가에서도 민간의 자원에 의존하는 경향이 뚜렷이 나타나고 있다. 이는 국민의 생명·신체 및 재산의 보호를 위해서는 국가 내에서 동원 가능한 모든 자원이 총체적으로 대응하지 않으면 안될 만큼 '안전'에 대한 중요성이 폭넓게 인식되었기 때문이다. 국가는 국민의 안전을 다른 어떤 분야보다 우선적으로 고려하지 않으면 안 된다.

따라서 국가는 질서유지를 위한 사회통제수단으로 치안활동을 수행하고 있다. 이러한 치안활동은 오늘날 국가가 주체인 공적인 치안과 민간의 자원에 전적으로 의존하는 사적인 치안 그리고 공적인 치안과 사적인 치안의 성격이 혼재된 혼성적 치안(Hybrid Policing)으로 구분되고 있다.

그러므로 앞에서 살펴본 내용을 토대로 민간경비에 대한 개념을 재정의하면 다음과 같다.

"민간경비란 사회질서유지를 위한 사회통제수단의 하나로 각종 위험으로부터 개인 및 사회적 손실을 방지할 목적으로 계약에 의하여 민간 및 준공적 영리기업에서 제공하는 치안서비스를 말한다".

한국경비산업발전사

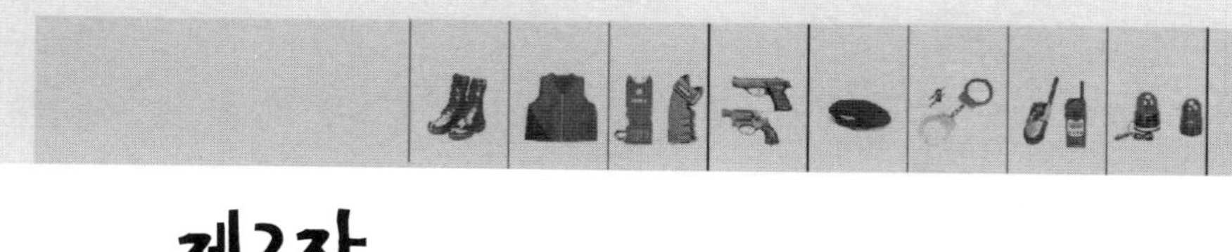

제2장

전근대 시기의 민간경비

1. 개 요

민간경비란 두 가지 의미를 지닌다. 하나는 공경비인 군대와 경찰과 같은 불특정한 다수를 보호하기 위해 존재하는 것이 아니라 특정한 소수나 집단의 안전을 지킨다는 것이고, 두번째는 일정한 재화를 받고 경비서비스를 제공한다는 것이다. 따라서 보호자와 피보호자는 재화를 매개로 하는 일정한 계약이 성립되어 있고 상호간의 조건이 충족되지 않을 때에는 관계가 무효가 될 수 있다.

우리 역사에서 민간경비의 변천을 살펴볼 때 위의 두 가지를 연구의 기본적 전제로 삼는다면 엄밀한 의미에서의 민간경비란 존재하지 않는다. 왜냐하면 전근대시대의 우리나라는 계선적 신분구조(Hierarchical Class Structure)로 말미암아 경비주체와 피경비자 사이의 계약관계가 성립될 수 없었다. 그 이유는 경비를 담당하는 주체는 주로 피경비자에게 사회적·경제적으로 예속된 가노(家奴)나 이와 비슷한 처지의 유민(流民), 투탁양인(投托良人)·무뢰배(無賴輩)·악소(惡少) 등이었기 때문에 대등한 위치에서 계약을 성립시킨다는 것은 처음부터 불가능했고 보호의 대가로 기본적인 의·식·주 이외의 대가를 기대한다는 것은 더욱 난망한 일이었기 때문이다. 또한 경비의 대상과 목적도 특정한 일부대상이나 그들의 안전을 담보한다는 소극적 차원에서 떠나 보다 적극적 의미, 즉 피보호자의 정치적·사회적 이익의 최대확대라는 선까지 나아가는 경우가 빈번하게 발견되기 때문이다. 이러한 경향은 고조선 이래로 유달리 강성하던 지방토착세력의 존재로 말미암아 더욱 심화되는 경향이 있다. 왜냐하면 이들은 기본적으로 중앙집권의 완성이라는 목표를 지닌 중앙정부와는 달리 지방분권을 지향하는 속성을 지녔고, 해당 지역에서의 그들 이익을 보장하기 위해서 강제력을 보유하였기 때문이다.

따라서 이러한 사실에 기초하여 역사를 살펴야지만 한국적 민간경비상(韓國的 民間警備像)이 드러날 수 있을 것이고, 이는 민간경비학을 비롯한 우리 학문 전체의 발전을 위해서도 바람직 한 태도라 할 수 있을 것이다. 여기서 문제가 되는 것은 '王'의 문제이다. 전통적으로 동양에서는 王(혹은 天子)은 하늘과 백성을 이어주는 매개체로써 오직 '天命'을 받아야지 만 그 직책을 영위할 수 있다는, 다시 말하면 왕이란 지위의 공적 성격을 강조하는 견해를 취해 왔다(서양에서도 초기의 취약하던 왕권이 절대왕정기간을 거치면서 '짐이 곧 국가다'라고 하는, 왕과 국가를 등치시키는 사고의 경향이 일반화되었다). 하지만 어디까지나 왕도 하나의 개인으로써 국가체제 내부에서 존재하였고 왕 개인의 이익과 국가이익이 상충되어 나타나는 일도 얼마든지 있는 만큼 그 사적 상황(Private Situation)을 고려하여 국왕경비 역시 민간경비의 일종으로 분류하여 검토할 수 있을 것이다. 하지만 '왕'이라는 직책이 갖는 함의에 대해 국사학계에서의 일정한 합의가 도출되지 않은 이상 이에 대한 검토는 후일로 미루어 둘 수밖에 없을 것 같다.

본서는 위에서 밝힌 몇 가지 입장을 바탕으로 통시대적으로 존재하였던 한국의 민간경비 발전사를 약술할 예정이다. 독자 제현의 질정(叱正)을 바라는 바이다.

2. 고조선~삼국시대 이전의 민간경비

역사시대로 접어들기 전에 신석기시대의 씨족사회나 청동기시대의 부족사회에서는 씨족이나 부족자체가 경비조직이었고, 성년이 된 씨족원이나 부족원이 곧 경비원이자 군인이었다.

미성년자들은 집회를 통해 무술을 익히다가 성년이 되면 일정한 절차를 통해 조직의 구성원이 되었을 것이라고 생각된다. 신석기시대 유물의 대부분이 무기라는 사실도 성년이 되면 모두 군인이 되었을 것이라는 추측을 뒷받침한다.

이러한 상태는 부족국가시대에서는 예리한 청동제 무기를 사용하는 권력자가 등장하여 부족국가의 대표자로서 군사지휘권을 행사하게 되었고, 부족국가의 구성원은 바로 군인이었다. B.C. 8~9세기경 부족국가로 출발하여 늦어도 B.C. 4세기경 철기문화를 본격적으로 수용하여 부족연맹국가로 성장한 고조선의 상황도 이와 비슷했으리라고 생각된다. 고조선사회를 위만(衛滿)이 군사 1천명을 거느리고 정복했다는 기사로 보아, 일정한 군사를 거느린 족장 또는 지배자가 각지에 존재했음이 분명하다.

부족국가로부터 부족연맹국가로 발전한 시기에는 각 부족국가군을 중심으로 편성한 연맹군이 연맹자인 왕의 직속으로 두어졌다. 그러나 부족연맹국가 말기에 이르면 각 부족의 군사조직은 서서히 내부에서 붕괴하기 시작했다. 즉 사회의 모든 구성원이 아닌, 일부의 선택된 사람들로서 군대가 조직되기에 이른 것이다.

이러한 조짐은 3세기의 부여에서 전쟁이 일어나면 여러 가(加)가 이에 참여하고 하호(下戶)들은 식량을 날랐다는 기록에서도 확인된다. 이러한 현상은 B.C. 4세기경부터 철기사용이 본격화되면서 연맹왕국(聯盟王國)이 등장하면서 더욱 확연히 드러나기 시작했다.

3. 삼국시대~통일신라시대의 민간경비

삼국시대에는 정복을 위한 투쟁이 치열했기 때문에 군사권의 독립은 이루어지지 않았다. 삼국은 중앙집권적 고대국가 내지는 귀족국가로 발전하면서 국왕의 지휘를 받는 전국적인 군사조직이 편성되었다. 즉, 국왕은 모든 군대의 총사령관으로서 직접 전투에 참여하거나 무장인 귀족을 파견하여 전투에 임하도록 하는 강력한 지휘권을 행사한 것이다.

하지만 연개소문(淵蓋蘇文)의 쿠데타나 비담(毘曇)의 난 같은 사례에서 보듯 삼국에서 중앙귀족들은 왕까지도 자의적으로 처리할 수 있는 사적 강제력을 보유하고 있었고, 지방에서도 역시 지방분권적 전통이 엄연히 존재하였다. 즉 지방마다 부족들이 웅거하던 지역에 쌓은 성(城)이 있어서 성병(城兵)들에 의해 지켜진 것이다. 그리고 이 세력은 양만춘(楊萬春)의 설화에서 보이듯 중앙과는 정치적으로 독립된 형태로 운영되었던 것이다.

통일신라 이후 중앙집권체제가 확고하게 구축되어 국가의 운영이 안정되고 적극적인 민간경비(사병)세력은 불식되는 듯 싶었다. 하지만 신라하대 이후 정치불안이 가속화되면서 국가의 공적인 군제에 포함되지 않고 사적으로 예속되어 있는 군사집단인 사병세력이 가장 적극적인 활동을 하기 시작하였다. 사병은 족병(族兵)・가병(家兵) 등으로도 불리며, 일반적으로 가노(家奴)나 유민(流民)들을 주요 구성원으로 하였다.

본서에서는 조선 전기이전까지 민간경비의 주요 구성원으로써 사병을 상정하였고, 사병과 민간경비 두 가지에 별다른 차이를 두지 않고 사용했음을 밝힌다. 사병은 대개 중앙정부의 통제력이 이완되고 제도가 문란해지는 혼란기에 개인의 경호라는 차원을 넘어 보다 큰 정치적 역할을 담당하는데, 이는 특히 신라하대로부터 고려 초에 이르는 시기에 정치적・사회적으로 크게 문제가 되었다.

사병이 처음 발생한 것은 신라하대의 일로, 이 때 유력한 진골귀족들은 각자의 사병을 기반으로 하여 치열한 왕위쟁탈전을 전개하였다. 한편, 9

세기말 진성여왕때부터 중앙정부의 지방에 대한 통제력이 약화됨에 따라 각지에서 호족들이 성주(城主) · 장군(將軍) 등을 지칭하면서 초적(草賊) · 유민 등을 모아 사병을 조직하고 중앙정부에 대항하였다.

대표적인 민간경비 집단으로는 성주(혹은 장군)를 들 수 있다. 성주(혹은 장군)는 고대국가 통치체계에서 성의 우두머리를 지칭하는 말이다. 그리고 신라말 고려초의 지방세력에 대한 호칭으로도 사용된다. 본래 통일신라 이전에는 군사적 성격을 띠는 군장(軍將)의 의미가 강하였으나, 통일을 전후하여 차차 군태수(郡太守) · 현령(縣令)으로 개칭되면서 행정적인 지방관의 의미가 두드러졌다.

그런데 9세기말 진성여왕 이후 계속되는 농민봉기로 중앙정부가 지방에 대한 통제력을 상실하게 되자, 이들은 토착세력과 연합하여 군현의 보호, 지역주민의 안전을 위하여 지방민을 무장시키면서 군사적 비중이 증대하게 되었다. 그리하여 대개 이들은 성주 혹은 장군으로 불리게 되었다.

이 시기에 새로 등장한 성주는 그 출신성분이 지방관일 뿐만 아니라 재래의 지방촌주세력과 지방으로 낙향한 중앙귀족세력도 포함되어 있다. 이들은 중앙정부의 통제력이 이완된 것을 계기로 군사적인 독자성을 확보하였으며, 나아가 지방 군현의 행정기구를 모방한 독자적인 통치기구도 갖추었다. 이들은 이 시기에 호족세력의 근간을 이루게 된다.

4. 고려시대의 민간경비

고려가 후삼국을 통일한 뒤에도 여전히 호족들은 각자의 사병을 그대로 유지하면서 독립된 세력을 이루고 있었고, 중앙집권화를 성공적으로 이루어내지 못해 상대적으로 미약한 고려 정부에 정치적으로 커다란 위협이 되었다. 더구나 이들은 독자적인 관부로서 병부(兵部)를 두고 그 아래 병부경(兵部卿) · 연상(筵上) · 유내(維內) 등의 관직을 설치하여 사병을 조직화하고 있었다. 이에 고려정부에서는 중앙집권화정책을 꾸준히 추진하여 호족들의 사병을 해체시켜 나갔다.

즉, 983년(성종 2년)에는 향직(鄕職)을 개정하면서 이전에 호족들이 설치한 병부를 사병(司兵)으로 고치고 병부경·연상·유내를 각각 병정(兵正)·부병정(副兵正)·병사(兵史) 등의 향직으로 바꾸어 호족들의 사병을 향직제도 안으로 흡수함으로써 사실상 이를 해체하려 하였다.

987년에는 주(州)·군(郡)의 병기를 거두어 농기구를 주조하도록 하여 사병의 병기를 회수하기도 하였다. 이러한 정책은 이후에도 계속되어 호족의 사병은 점차 소멸되었던 것으로 보인다. 그러나 무신란이 일어나고 무신정권이 들어서자 집권무신을 중심으로 다시 사병이 양성되기 시작했다.

무신정권 초기에는 악소(惡少)·가동(家童)·문객(門客) 등이 무신들의 사적인 무력기반을 이루었으나, 1179년(명종 9년) 경대승(慶大升)이 자신의 신변보호를 위하여 백 여명 규모의 도방(都房)을 설치함으로써, 처음으로 조직적인 사병집단이 출현하게 되었다.

이 도방은 경대승의 죽음과 함께 일시적으로 해체되었지만, 1200년(신종 3년)에 최충헌(崔忠獻)에 의해 더욱 확대된 규모로 재건되었다. 이는 주로 최충헌의 문객으로 구성되었으며, 3,000명에 이르는 큰 규모였다. 도방은 6번(番)으로 나누어 있었다. 이밖에도 최씨 정권은 야별초(夜別抄)·마별초(馬別抄) 등 별초군을 두어 자신의 무력기반으로 삼았다. 별초군은 국가로부터 녹봉을 받으면서 치안·국방 등의 임무를 수행하는 공적인 군대였지만, 실제로는 도방과 함께 최씨 정권의 사병노릇을 하였다. 이에 이르러 고려의 군사제도는 유명무실해지고 무신정권의 사병이 가장 유력한 군사조직이 되었다.

그러나 이러한 사병조직은 무신정권의 붕괴와 동시에 모두 해체되었다. 이 후 고려 말에는 홍건적이나 왜구의 침략이 빈발하는 가운데 중앙정부가 군사권을 장악하지 못하고 여러 장수에게 군대의 징발과 통수권을 위임함으로써, 이 장수들이 각지의 군사들을 자신의 사병처럼 예속시키는 현상이 나타나게 되었다. 당시 대부분의 군사지도자는 패기(牌記), 즉 군사들의 군적(軍籍)을 관장하면서 이를 사병화하여 자신들의 무력기반으로 삼았던 것이다.

예를 들어 이성계(李成桂)의 무력기반은 그가 함경도 지방에 있을 때부터 거느린 사병집단이었다.

고려시대의 대표적 민간경비 집단은 다음과 같다.

첫째는 삼별초(三別抄)이다. 삼별초는 고려시대에 경찰 및 전투의 임무를 수행한 부대의 명칭이다. 삼별초는 최씨 정권의 사병으로 좌별초(左別抄)·우별초(右別抄)·신의군(神義軍)을 말한다. 그들은 경찰·전투업무 등 공적임무를 수행했으므로 공적인 군대에 준한 것이다. 최씨 정권 중 최우(崔瑀)의 집권기에 나라안에 도둑이 들끓자 용사를 모아 매일 밤에 순찰, 단속케 하였는데 이를 야별초라 하였다.

도둑과 초적들에 의한 민란이 전국적으로 일어나자 야별초를 나누어 이들을 잡게 하였는데, 그 군사의 수가 많아지므로 이를 나누어 좌·우별초라 하였고, 또 몽고에 포로로 잡혀갔다가 도망한 자들로써 편성한 신의군과 함께 삼별초라 하였다.

이 삼별초의 정확한 설치연도는 알 수 없으나 『고려사(高麗史)』에 의하면 야별초에 대한 기록은 1232년(고종 19년)에 처음 보이고 신의군 및 좌·우별초는 1257년과 1258년에 각각 나타난다.

이렇게 보면 야별초가 설치된 것은 최우의 집권시기라 할 수 있지만, 삼별초로 형성된 것은 최씨 정권 말엽에 해당되는 것으로 보인다. 삼별초는 날쌔고 용감한 군대로 알려져 전투와 경찰 그리고 형옥(刑獄)의 임무를 맡았다. 먼저 경찰의 기능에 있어서도 당초 삼별초의 출발이 야별초에 있었고 야별초의 출발이 도둑을 잡는데 있었기 때문에 삼별초가 도둑을 잡고 난폭을 금지하는 것은 본래의 임무인 것이다.

그리하여 삼별초는 전국에 걸쳐 경찰권을 행사하였다. 다음 형옥의 기능에 있어서도 죄인을 잡아서 가두기도 하고 죄를 심문하기도 했는데, 비단 도둑뿐만 아니라 반역죄인까지도 관할하였다. 그리고 전투에 있어서는 특히 괄목할 만한 것이 있다. 야별초 내지 삼별초는 군사활동에 있어서 수도경비대·특공대·경찰대·전위대(前衛隊)·편의대(便衣隊) 등의 임무를 맡아 수행하였다. 1253년에 왕이 몽고의 사신을 만나기 위하여 강화에서 승천부(昇天府)로 갈 때 야별초 30여명이 갑옷을 입고 뒤를 따랐으며, 1260년에는 원종이 몽고에 갔다가 돌아오자 태손(太孫, 후의 충렬

왕)이 삼별초를 거느리고 제포(梯浦)에 나가 왕을 맞아 호위를 했던 것이다. 그리고 1254년 몽고의 차라대(車羅大)가 침입하자 경상도와 전라도의 야별초 각각 80명씩을 가려서 도성을 수비하게 하였다.

특히 몽고와의 전투에 있어서 그 활동이 매우 활발하였다. 이것은 병제가 문란해지면서 정부의 정규군이 무력해지는 반면에, 그것을 보충하기 위하여 야별초 내지 삼별초를 강화한 데에 그 원인이 있었다고 하겠다.

야별초 내지 삼별초는 전투에 있어서 결사적이었다. 야습으로 적을 무찌르기도 하고 복병(伏兵) 혹은 협격(俠擊)으로 적을 쳐부수기도 하며, 최선두에 서서 적을 공격하기도 하고 적의 소재를 정탐하기도 하였다.

이와 같이 삼별초는 기동성이 강했기 때문에 권신들이 이를 권력의 기반으로 삼았다. 『高麗史』 병지에는 ‘권신들이 정권을 잡으면 삼별초를 조아(爪牙)로 삼아 그들에게 녹봉을 후하게 주고 또 간혹 사적인 은혜를 베풀며 또 죄인의 재물을 빼앗아 그들에게 줌으로써 권신들이 그들을 마음대로 부리게 되어 김준(金俊)은 최의(崔竩)를 죽이고 임연(林衍)은 김준을 죽였으며 송송례(宋松禮)는 임유무(林惟茂)를 죽였으니 이는 모두 삼별초의 힘에 의한 것이다’라고 기록되어 있다.

그러나 삼별초는 사병이기는 하지만 경찰업무와 전투를 맡아 공적인 성격이 농후한 군대로서 그 지휘자도 도령(都領)·지휘(指揮)·교위(校尉) 등 국가관료가 배치되었다. 이렇게 삼별초가 사병이면서도 공병인 성격을 가지고 있었기 때문에 다른 도방(都房)이나 마별초(馬別抄) 등의 사병보다 움직이기가 용이하였고, 이런 이유로 김준·임연·송송례 등의 정변에 중요한 무력기반이 되었다. 이러한 성격의 삼별초는 대몽강화가 이루어지면서 진도와 제주도를 본거지로 삼아 대몽항쟁을 전개하게 되는 것이다.

둘째는 도방(都房)이다. 도방은 고려 무신정권의 사병집단이며 숙위기관(宿衛機關)이었다. 도방은 경대승(慶大升)에 의하여 처음으로 설치되었다. 경대승이 1179년(명종 9년)에 정중부(鄭仲夫)일파를 살해하자, 일부 무신계층은 적의를 품게 되었다. 이에 경대승은 신변에 큰 위협을 느끼게 되어 스스로를 보호할 목적으로 결사대 백여명을 자기 집에 머물게 하고 그 이름을 도방이라 하였다. 이 도방은 일종의 사병집단으로 원래 그들의 숙소를 일컫는 말이었다. 도방의 구성원들은 침식과 행동을 공동으로 하면서 불의의 사고에 대비하였다.

이렇게 처음에는 단순히 경대승의 신변보호를 목적으로 등장하였으나, 후에는 기밀탐지・반대세력의 숙청을 비롯하여 주가(主家)의 권세를 배경으로 약탈・살상을 자행하여 그 폐단이 크게 되었다. 1183년 경대승이 병사하자 도방은 일시 해체되고 그 무리의 일부는 귀양을 가게 되는데 중도에서 거의 죽고 생존자는 44인에 불과했다고 한다.

그 뒤 최충헌이 집권하자 다시 설치되어 그 기능이 크게 강화되었다. 최충헌은 불의의 변이 생길까 두려워하여 문무관・한량・군졸을 막론하고 힘이 강한 자가 있으면 이를 불러 여섯 번(番)으로 나누어 날마다 이를 교대로 자기 집을 숙직케 하고 그 이름을 도방이라 하였는데, 그가 출입할 때에는 6번이 모두 호위하여 그 위세가 마치 전쟁에 나가는 것과 같았다고 한다. 이 때의 6번도방(六番都房)은 다음 최우(崔瑀) 때에 가서 한층 강화되었다. 최우는 집권하기 이전서부터 이미 수많은 사병을 거느리고 있었으나, 집권하고 나서는 그의 사병과 6번도방을 통합하여 이를 내외도방으로 확장・강화하였다.

이 내외도방의 편성은 최우의 사병으로 내도방을 편성하고, 최충헌의 도방을 계승하여 외도방을 조직한 것으로 보인다. 그리하여 내도방은 최우와 그 사저(私邸)의 호위를 맡게 하고 외도방은 그 친척과 외부의 호위를 맡게 하였을 것으로 사료되며, 이들은 각각 6번으로 구성되었을 것으로 보인다. 최우 때의 도방은 교대로 숙위하는 업무 이외에도 반도(叛徒)의 토벌 및 외적의 방어, 토목공사에의 취역, 비상시의 비상경비 등에도 종사하였다. 이렇게 도방은 최씨 정권의 숙위기관으로 중요한 역할을 담당하였기 때문에 그 훈련과 장비도 높은 수준이었다. 1229년(고종 16년) 최우가 가병을 사열할 때 도방의 안마(鞍馬)・의복・병장기・갑옷 등이 아름답고 사치스러웠다는 『고려사절요(高麗史節要)』의 기록이 있을 정도이다. 또한 그 임무도 사적인 것 이외에 외적의 방어, 토목공사, 비상시의 경비 등 공적 임무를 수행하기도 하였다. 그러나 삼별초가 조직되자 공적 임무는 삼별초가 맡게 되었고 도방은 오직 사적 임무인 숙위만을 맡게 되었다. 또 그 명칭에 있어서도 공적인 군사활동을 할 때 가병 혹은 사병이라 불렀고, 사적인 위병일 때에는 도방이라 불렀으나, 이것도 삼별초가 조직된 뒤에는 가병이니 사병이니 하는 말이 없어지고 오직 도방으로만 불리었다. 최항(崔沆)의 집권시기에 이르러서는 분번제(分番制)가 더욱 강화되어 36번이 되었다. 그 병력은 전대의 것을 계승하고 거기에 다시 그가 집권하기 이전부터 거느려오던 사병을 합하여 편성한 것으로 보인다. 이 36도방의 편성시기는 자세히 알 수 없다. 단지, 1257년에 최항이 죽자 최양백(崔良伯)이 이를 비밀에 붙이고 선인렬(宣仁烈)과 더불어 최항의 유언대로 최의(崔竩)를 추대하기로 하여 문객인 대장군 최영(崔瑛)과 채정(蔡楨), 그리고 유능(柳能)에게 연락하여 야별초・신의군 및 서방3번・도방 36번을 회합하여 주야로 경비하게 하고 나서 상(喪)을 발표하였다고 하는 것으로 보아 대체로 최항의 집권시기에 편성된 것으로 보인다. 이 도방 36번은 최의에 의해 계승되었으나 1258년에 최의가 대사성 유경(柳璥)과 별장 김준(金俊), 도령낭장 임연(林衍) 등에게 피살되어 최씨 정권이 몰락함으로써 한때 왕권에 예속되는 듯하였으나, 실제로 정치의 실권을 장악한 김준・임연 그리고 그의 아들인 임유무(林惟茂)에게 계승되었다. 또한 도방도 이들을 위한 사적 호위기관으로 그 구실을 다하였다. 1269년(원종 10년)에 임연은 삼별초와 6번 도방을 거느리고 안경공(安慶公) 창(淐)의 집에 가서 문무백관을 모아놓고 그를 받들어 왕에 즉위케 한 일이 있는 것으로 보아 임연이 도방을 이용하고 있었음을 알 수 있다. 그리고 이 도방은 최씨 정권 후기에서 보이는 것과 같이 단순한 호위기관의 구실 외에도 정치적・군사적 실력행사에 있어서도 사용되었음을 알 수 있다. 그러나 원종이 홍문계(洪文系)를 시켜 송송례(宋松禮)와 삼별초를 움직여 임유무와 그의 일당을 제거함으로써 무신정권은 100여년 만에 끝나게 되었으며, 그들의 세력기반 중 하나였던 도방 역시 폐지되었다.

5. 조선시대의 민간경비

조선이 건국된 직후 사병을 혁파하기 위하여 의흥삼군부(義興三軍部)를 설치하고 정도전이 주창한 <진법(陳法)>을 전국에 걸쳐 시행하면서 군사권의 통제를 꾀하였으나, 종친과 훈신들의 사병은 혁파하지 못하였다. 그러나 이 때문에 1398년(태조 7년)과 1400년(정종 2년)의 두 차례에 걸친 왕자의 난이 일어나게 되자, 제2차 왕자의 난이 수습된 직후에 실권을 장악한 이방원(李芳遠)은 국왕과 세자의 시위(侍衛)를 제외한 모든 사병을 혁파하였다. 이 후 성리학을 국가경영의 이데올로기로써 안정적·중앙집권적 권력구조를 구축한 조선왕조는 확대된 개념의 민간경비, 즉 사병의 발호로 인해 정국이 혼란해지는 단계에서는 벗어나게 되고, 민간경비라고 부를 수 있는 개별 사례(史例)가 등장하기 시작한다.

조선시대의 경비원은 일반적으로 군(軍)·직(直)이라 불렸는데, 이의 명칭에서 알 수 있듯이 공적인 성격이 강하였다. 궁궐을 비롯한 왕실의 민간경비는 군역(軍役)을 진 일반 양인이 담당하였는데, 조선중기 보법(保法)의 실행과 더불어 군역이 용병화(傭兵化)되는 경향을 띠게 된다. 민간에서도 사회경제적으로 상층부에 속하는 특권 양반층에 의해 자체 소유의 노비를 중심으로 한 경비는 일반화되어 있었고, 조선후기의 사회경제적 성장과 더불어 중하위 계층에서도 묘(墓)·사당(祠堂)·막(幕)·고(庫)의 관리와 경비를 위해 인원을 고용하고 있었던 것으로 보인다. 또 개항이후 개성에서는 일본인을 비롯한 인삼도둑이 많아지자 인삼밭 경비를 위해 경비원이 고용되기도 한 전례가 있다. 하지만 전근대시대에 있어서 임금을 매개로 계약을 통해 성립된 보호업무는 일반화되지 못하였고, 이는 자본주의가 본격적으로 도입된 근대 이후 시기서부터 본격화되기 시작하였다.

조선시대 말기인 1892년에는 프랑스 민속학자인 샤를르 바라에 의해서 무장 향토방위대가 부산에서 목격된 바 있으며, 이는 프랑스 여행월간지 『튀르몽드(세계일주)』에 소개되기도 하였다(조선일보, 1996년 10월 29일자). 당시 조선의 정세는 서구 열강과 주변국가들의 야욕 속에서 표류하는 국면이었고, 일반 백성들은 가끔 보이는 외국인들의 모습에서 위기의식을 높여가고 있었다. 더구나 조정이 쇠약해진 틈을 타 각종 민란들이 일어나고 화적들이 출몰하면서 서민들의 생활은 불안할 수밖에 없었다. 바라에 의하면 "저녁을 먹던 중 멀리서 우렁찬 군가 비슷한 합창소리가 점점 가까이 들려왔고, 마을 어귀를 돌아 이들이 모습을 드러냈을 때 모두가 완전무장을 하고 있다는 사실에 매우 놀랐다"고 소개하고 있다. 그리고 "조선정부의 힘이 쇠약해진 것을 틈타 출몰이 잦아지는 도적떼에게 위협을 주기 위해 무장한 채 밤새껏 횃불과 악기를 들고 군가를 합창함으로써 방어의지를 과시하는 주민들의 행진모습은 퍽 인상적이었다"고 묘사하였다.

바라에 의해 소개된 무장 향토방위대는 주민들의 자구사상(自救思想)에 기초한 자경단(自警團)의 유형이다. 치안에 있어 전통적으로 국가의존성이 강한 우리나라에서 자구사상에 뿌리를 둔 지역주민들에 의한 자경단의 출현은 현대적 의미의 민간경비제도가 뿌리내릴 수 있는 가능성을 엿보게 하는 중요한 의미를 함축하고 있다.

제 2 편

한국 민간경비의 태동기

한국경비산업발전사

제1장

1950년대의 민간경비

1948년 정부수립 후부터 용역경비업법이 제정된 1976년 12월까지를 한국에 있어서 민간경비의 태동기라 할 수 있다. 1950년대 이전까지 한국에서는 소위 현대적 의미에 있어서의 민간경비는 존재하지 않았다. 즉 한국에 있어서 현대적 의미의 민간경비의 연원은 6·25전쟁 이후 미국의 원조경제와 미군의 주둔으로 인한 군납에서 찾을 수 있다.

어느 나라든 민간경비의 발전은 그 나라의 경제·사회적인 배경과 밀접한 관련이 있다. 1948년 8월 15일 일제의 식민지에서 해방된 지 3년 만에 정부가 수립되어, 한국은 자주적으로 자본주의 체제에 기반한 경제발전과 산업화를 시작할 수 있었다. 그러나 정부수립 후에도 그치지 않은 정치적 혼란과 6·25전쟁, 취약한 경제기반 등은 대륙법계 국가인 한국에서 자생적 민간경비의 출현을 기대하기에 너무나 척박한 토양이었다.

따라서 한국에서 민간경비의 태동기라 할 수 있는 1950년대의 민간경비는 6·25전쟁 이후인 1950년대 미국의 원조경제로 인하여 생성된 경비유형과 주한미군의 군납에 의한 용역경비에서 그 근원을 찾을 수 있다.

제 1 절 1950년대의 사회경제적 배경

1. 6·25전쟁과 미국원조

6·25는 동서 양 진영의 냉전상태와 이로 인한 이념적 갈등이 폭발한 전쟁으로서 우리 국민에게 인적·물적으로 막대한 피해를 준 민족적 비극이었다. 6·25로 인하여 해방 후의 혼란에서 벗어나 조금씩 회복 기미를 보이던 한국경제는 치명타를 입은 셈이었다. 일제로부터 물려받은 대부분의 산업시설이 파괴되었고 경영자·기술자를 비롯한 인력손실 또한 막대하였다. 그리고 전쟁으로 인하여 많은 이북민들이 이남으로 유입해 오는 등 인구의 사회적 이동은 경제적 기반이 취약한 국민경제에 큰 부담으로 작용하였다.

그러나 이러한 현상은 산업화에 필요한 노동력을 공급해주고 사회의 유동성을 확대하는 역할도 수행하였다.

6·25전쟁으로 인하여 대부분의 산업시설이 파괴된 가운데 산업화의 주요 동력은 미국의 원조였다. 미국의 원조는 해방 후 GARIOA원조(점령지역 행정구호원조)로부터 시작하여 전쟁 중에는 CRIK·UNKRA 등의 전시 긴급구호 원조로 제공되었고, 휴전 후에는 ICA·PL480호 원조 등이 제공되었다. 미국을 중심으로 제공된 원조금액은 1945년부터 1961년까지 총 31억 4,000만달러에 달하였다.

원조에 의한 도입물자의 내역은 시설재가 19%, 소비재가 81%로 소비재가 압도적인 비중을 차지하였다. 이러한 미국 원조물자의 내역은 당면한 민생안정을 위한 구호사업에 치중하고 있었으니, 생산기반의 확충을 통한 자립경제 기반의 조성과는 괴리가 있었음을 보여주고 있다. 그렇지만 시설재에 초점이 맞추어진 UN원조와 같은 것도 있었다. 이를 바탕으로 비료·방직·시멘트·판유리·제지공장 등이 건설되었으며 도로·항만・전력・통신과 같은 사회간접자본시설도 확충될 수 있었다.

한편, 원조물자의 판매대금은 대충자금계정으로 적립되고 한・미 양국의 협의를 거쳐 일반회계나 재정투융자의 재원으로 사용되었다. 대충자금은 일반회계 세입 중 30~50% 정도를 차지하였고, 1954년부터 1959년까지의 재정투융자에서는 76%를 충당할 정도였다.

2. 부흥경제의 전개

흔히 1960년대 이후의 고도성장을 지나치게 강조한 나머지 50년대의 경제는 침체일변도였던 것으로 인식하는 경향이 많았다. 그러나 실제 6・25전쟁 후의 GNP성장률은 5~7%수준으로 그리 낮은 편이 아니었다. GNP에서 차지하는 광공업 부문의 비중도 1953년에는 6%에 달하였으나, 그 후 10%이상의 높은 성장률을 보여 1960년대 초에는 GNP의 10%에 도달하였다. 1960년대 이후의 고도성장의 기반이 50년대에 이미 어느 정도 닦여가고 있었던 것이다.

1950년대 경제성장의 계기는 우선 1950년경부터 농지개혁이 이루어져 지주 농지에까지 확대 실시되고 적산공장 불하가 본격화된 점을 지적할 수 있다. 농지개혁은 농민의 이익을 적극적으로 반영하여 국내시장을 창출하는 역할까지는 아니지만, 적어도 산업화를 저해하는 전근대적 지주계층을 일소하고 아울러 자작농 형성을 통해 장차 공업노동력의 공급기반을 정비하는 구실은 충실히 수행하였다.

미군정 관리체제에 머물러 있었던 주요 적산공장들도 1949년 말 귀속재산처리법이 제정된 이후 대거 불하되었다.

그리하여 공장을 인수한 기업가들은 본격적으로 생산체제를 정비해 나갔던 것이다. 그리고 산업화에 필요한 원자재・설비・자금 등은 외국의 원조와 정부의 산업부흥국채 발행에 의해 조달되었다.

이러한 산업화의 계기를 통해 1950년대에는 이른바 재벌로 불리어지는 기업그룹이 10여 개 등장하였다.

이들은 무역업이나 일부 제조업에 종사하여 부를 축적해 갔다. 이 시기의 제조업은 원조물자를 토대로 형성된 방직・제당・제분 즉 '三白산업'이 중심인 수입대체산업이 주종을 이루었다. 또 당시에는 만성적 수요부족상태인데다 공정환율과 시중환율도 크게 차이가 났으므로 원조물자나 달러를 불하받기만 하면 막대한 독점이윤을 확보할 수 있었다.

당시의 거대기업은 적산기업체 불하에도 많이 관련되었으며 이 과정에서 상당한 특혜를 부여받았다. 적산기업체는 시가보다 훨씬 싸게 불하되었으며 더구나 인플레이션이 격심했던 시기라 불하대금의 지급부담이 크게 경감되었던 상황이었다. 산업은행 연계자금 대출사건에서 보듯이 정치권과의 유착을 통한 금융특혜 역시 기업성장에 중요한 요소로 작용하였다.

1958년 이후에는 미국의 무상원조가 감소하기 시작하였고 국내수요에 비하여 시설도 과잉상태여서 제조업 성장이 둔화되었다. 또 이는 농업부문의 부진과도 겹쳐 경제 전체를 정체에 빠뜨렸다. 그리하여 면직물・합판부문 등을 중심으로 포화상태에 이른 국내시장에서 벗어나 해외시장을 개척함으로써 불황으로부터 탈출하려는 움직임이 조금씩 나타나기 시작하였다. 1960년대 이후의 수출지향 산업구조는 바로 이러한 움직임의 연장선상에 있는 것이었다.

3. 전후복구 건설업의 발전

6・25전쟁으로 파괴된 사회기반시설의 복구와 전쟁수행에 필요한 제반 군사시설의 설비는 막대한 건설수요를 불러일으켰다. 그리하여 정부발주의 복구공사와 주한미군공사가 건설사업의 양대 축을 형성하게 되었다. 정부발주 복구공사로는 도로건설, 교량건설, 철도의 신설・복구, 발전 및 송배전시설사업, 농지개량, 하천치수, 항만건설이 중심이었다. 미군에 의한 공사발주는 항만건설, 비행장 건설을 비롯하여 도로・교량・병영・막사・창고・휴전선 지역의 작전시설 설치 등이었다.

그런데 미군공사는 여타 공사와는 다른 몇 가지 특징을 갖고 있었다. 우선 잦은 환율변동에 따른 환차익을 통해 건설업자는 높은 수익률을 보장받았다. 그리고 미군공사의 입찰은 단순한 최저가 입찰이 아니라 견적 능력을 중요시하는 방식이었으므로 덤핑입찰을 예방해 주었다. 또 미군 공사에서는 국제표준규격의 건설시방서와 설계도를 요구하고 경우에 따라서는 미국인 기술고문까지 파견하였으므로 한국건설업계의 기술향상에 크게 기여하였다.

한편, 1950년대 건설업의 급속한 팽창으로 건설업체의 과잉참여와 그에 따른 업계 재편이 불가피해지게 되었다. 치열한 경쟁 속에서 업체간 분화가 이루어졌으며, 점점 소수 대형업체가 건설공사를 독점하는 경향이 나타나게 되었다. 정부도 건설업계의 정비를 위해 1958년 3월에 '건설업법'을 제정하여 건설업을 면허제로 하였다.

당시 건설업이 국민경제에서 차지하는 비중은 <표 2-1>과 같다. 여기에서 보듯이 1950년대는 사회간접자본의 시설확충도 활발한 편이었다. 현대건설이 주로 많이 시공한 교량을 포함하여 운수・창고・통신시설은 매년 총 고정자본형성의 10～20%를 차지하였는데, 이는 1960년대 이후의 본격적인 산업화를 위한 사회기반시설(Infrastructure) 정비라는 중요한 의미를 가졌다.

〈표 2-1〉 산업별 총자본 형성의 구성

(단위 : %)

구분 / 연도	고정자본 형성						제고증가
	계	농림어업	제 조	운수·창고·통신	주 택	기 타	
1954	61.5	4.7	9.9	13.4	17.4	16.1	38.5
1955	70.6	6.3	19.3	10.5	12.2	22.3	27.4
1956	105.1	9.8	34.6	16.8	17.7	26.2	-5.1
1957	62.4	6.6	19.5	14.0	8.4	13.9	37.6
1958	69.6	6.3	21.0	14.3	9.4	18.6	30.4
1959	98.7	9.8	22.1	23.6	16.4	26.8	1.3
1960	102.6	11.4	25.6	17.6	22.7	25.3	-2.6
1961	85.2	11.1	19.2	19.0	13.5	22.4	14.8

※ 자료 : 한국은행, 『한국의 국민소득』, 1962, p.190.

1950년대 후반에 이르러 GNP 성장률이 4.7%, 광공업 성장률은 8.9%인데 비하여 건설업 성장률은 11.9%에 이르렀다. 건설업은 당시 한국경제의 견인차 역할을 하였다. 주한미군에 의한 공사는 외화 확보의 거의 유일한 수단이었다. < 표 2-2 > 에서 보듯이 건설관계 대금이 주종을 차지하는 군납 및 용역금액이 시기에 따라서는 상품수출액을 능가하였던 것이다. 정부 발주공사와 주한 미군 발주공사의 비중을 비교해 보면 1950년대 말을 기준으로 갈수록 후자의 비중이 커지고 있으며, 그 액수에 있어 1950년에는 중앙정부 · 지방정부 및 국영기업의 총 발주금액과 거의 같은 수준에 이르고 있다.

〈표 2-2〉 대 유엔군 외화수입액 및 수출액 대비표

(단위 : 원달러)

구 분 / 연 도	대 유엔군 외화수입			수출액
	총 계	군 납 표	용 역	
1955	44,040			17,966
1956	22,566			24,595
1957	40,680	12,204	906	22,202
1958	63,012	19,441	867	16,451
1959	63,324	18,992	6,632	19,162
1960	62,601	19,092	13,417	31,832

※ 자료 : 1) 한국은행, 『경제통계연감』, 1962.
2) 한국은행, 『경제연감』, 1959.

제 2 절 1950년대 민간경비의 실태

우리나라 민간경비의 태동기라 할 수 있는 1950년대의 민간경비는 미국에 의해 도입된 두 가지 유형으로 구분할 수 있다. 하나는 1950년대 미국의 원조경제에 의해 상륙한 원조물품 경비 및 검수를 위한 경비유형과, 또 하나는 미군의 주둔으로 인한 군납형태의 용역경비라고 할 수 있다.

미국의 민간경비는 100여년의 역사를 가지고 있다. 100여년의 역사와 함께 축적된 미국의 경비문화는 우리나라에 도입되면서 현대적 의미의 민간경비를 이 땅에 이식시켰다. 아울러 같은 시기에 일본에도 미 극동군의 진주로 주일 미군의 군납경비 형태의 경비제도가 도입되어 경비원을 가드 맨(Guards Man), 경비회사를 가드맨회사(Guards Man Company)라 하면서 정착하게 되었다. 그 후 일본은 1972년에 '경비업법'을 제정함으로써 일본 경비문화의 발전을 위한 기반을 조성하였고, 우리나라의 경비문화 발전에도 영향을 미치게 되었다.

1. 미국의 원조경제에 의한 민간경비의 도입

1950년대 우리경제는 원조경제시대라 해도 과언이 아닐 것이다. 당시 미국으로부터의 경제원조는 필요한 식량과 생활필수품 뿐 아니라, 전쟁으로 인하여 파괴된 사회간접자본과 산업시설의 설비와 복구를 위해 중요한 역할을 하였다. 미국의 경제원조는 해방 이후의 GARIOA(Government Administration Relief in Occupied Area)원조로부터 시작된다. 휴전성립 이후 원조협정의 기본정책으로는 재정 · 금융부분의 균형, 단일 외국어음거래소, 경쟁가격, 민간기업 육성이었으며, 원조자금의 활용도 미국에 의하여 재정 · 금융안정을 위한 자금배분 주장에 대해 한국 측의 산업부흥 중심의 자금배분주장의 양보를 통해 자본재와 소비재에 대한 투자비율이 3 :

7로 결정되었다. 미국에 의한 대한 원조의 규모 및 추이는 <표 2-3>과 같다.

〈표 2-3〉 외국 원조 수입 총괄

연도	합계	U. S. A.				CRIK	UNKRA
		GARIOA	ECA & SEC	PL 480	AID		
1950	58,706	-	49,330			9,376	-
1951	106,542	-	31,972			74,448	122
1952	161,327	-	3,824			155,534	1,969
1953	194,170	-	232		5,571	158,787	29,580
1954	153,925	-	-		82,437	50,191	21,297
1955	236,707	-	-		205,815	8,711	22,181
1956	326,705	-	-	32,955	271,149	331	22,370
1957	382,893	-	-	45,522	323,268	-	14,103
1958	321,272	-	-	47,896	265,629	-	7,747
1959	222,204	-	-	11,436	208,297	-	2,471
1960	245,393	-	-	19,913	225,,236	-	244
1961	199,245	-	-	44,926	154,319	-	-
1962	232,310	-	-	67,308	165,002	-	-
1963	216,446	-	-	96,787	119,659	-	-
1964	127,820	-	-	60,985	66,835	-	-
합계	3,185,665	-	85.358	427,728	2,093,217	457,378	122,084

※ 자료 : 한국은행, 『조사원보』, 1965년, 2호, 통계편, p.92.

1953년 이후 부흥 및 공업화와 관련된 원조 중 PL480과 CRIK(Civil Relief in Korea)는 소비재원료가 대부분이었다. 원조 가운데 고정자본 형성에 크게 공헌한 것은 UNKRA(UN Korean Reconstruction Agency)와 ICA(The International Cooperation Administration)이었다. 이중 UNKRA는 원조총액의 70%를 설비도입에 지출하였다. 이러한 미국의 경제원조는 1960

년대 우리나라 경제발전의 모태가 되었다고 할 수 있다.

미국의 경제원조에 힘입어 정부는 산업시설의 재건을 위해 처음으로 '경제부흥 5개년계획(1954년~1958년)'을 수립하여 국가기간산업의 건설에 박차를 가하였다. 1955년 문경시멘트공장과 충주비료공장 착공에 이어 1957년에는 인천판유리공장, 1959년 당인리화력발전소 재가동 등과 1955년에 한·미 석유운송협정체결 등으로 우리경제는 점차 활기를 띠게 되었다. 따라서 민간경비분야도 경제적 상황의 진전에 따라 그 수요가 발생하게 되었다.

1948년 정부수립 후 경제발전에 필요한 석유류 공급을 위하여 정부는 1952년 3월 한·미 석유협정을 체결한데 이어, 1955년 5월에는 한·미 석유운송협정을 체결하였다. 한국, 미국, 대한석유저장(주)는 KOSCO(Korea Storage Company)라는 3자협정에 의한 회사를 설립하였다. 주요 협정내용은 한국에 도입하는 석유류 제품의 외화조달을 미국정부가 보장하고, 대한석유저장(주)가 석유류 제품의 인수·저장·유통을 담당하도록 하였다.

이때부터 국내에서 소비되는 석유류는 KOSCO에 의해 미국에서 완제품으로 부산, 인천항 부두에 입항하여 하역하게 되었다. 1958년 2월 4일 설립한 합자회사 범아실업공사(설립자 尹瓘)는 부두에 야적한 석유류의 경비 및 검수를 위하여 KOSCO와 경비·검수 등에 관한 용역계약을 처음으로 미국식 영문계약으로 체결함으로써 용역경비·검수업무를 맡게 되었다. 당시 부산항 부두 주변에는 혼란한 사회분위기에 편승하여 이권과 관련된 각종 불의·부정이 횡행하고 폭력배가 난무하는 등 치안상태가 극히 불안하였다.

2. 미 8군 군납으로 시작한 민간경비

1950년 6월 25일 북한의 남침으로 시작한 한국전쟁은 UN의 개입으로 미군이 참전하게 되었으며, 1953년 7월 휴전에 이르기까지 미군 병력의 규모는 최대 32만명에 이르렀다. 이에 소요되는 보급품은 거의 대부분 미국·일본에서 조달되었으며, 한국과 가까운 일본은 특수경기를 맞이하여 전후 일본경제를 재건하는데 큰 밑거름이 되었다. 1954년 11월 18일 한·미 상호방위조약이 체결되면서 한국정부는 미군 군수품 조달을 한국에서 담당할 것을 주장하였다. 한·미 양국 간의 꾸준한 협의의 결과로, 1955년 7월 25일 일본에 주둔하고 있던 미극동지상군사령부와 미8군사령부가 서울로 이전하고, 군납대금에 청구되는 환율이 500대 1로 조정되면서 1956년 2월 23일 마침내 주한미군의 소요물자조달에 관한 한·미간 군수물자 현지구매절차를 조인하게 되었다. 실무 부서인 미8군 구매처와 미공군 및 미극동 교역처 등이 분야별 구매·건설·용역 등을 시작하게 되었다.

특히 초창기는 손쉬운 야채류의 납품과 미군 막사, 격납고의 건설부터 시작하면서 점차 잡역, 수선, 주택경비 등으로 확대되었다. 이로 인한 외화 수입은 1956년에 746만달러, 1957년 1,303만달러, 1958년 2,000만달러, 1959년 2,560만달러에 달하였다. 당시 국내 처음으로 미8군 군납경비를 맡은 업체는 1953년 설립한 용진보안공사(勇進保安公司, 설립자 : 柳和烈)이며, 1958년에 설립한 영화기업(주)(和永企業(株))과 경원기업(주)(慶元企業(株)), 그리고 1959년 설립한 신원기업(주)(新圓企經(株)) 등이 뒤를 이었다. 1971년에는 미제7사단의 철군으로 인하여 한때 큰 시련도 있었으나, 이들 선발업체가 쌓은 초창기의 신뢰와 공신력은 오늘날까지 국내 경비업계들이 미군 군납경비의 맥을 이어나가는데 밑거름이 되고 있다.

제2장

1960년대의 민간경비

유엔이 개발연대로 설정했던 1960년대에 접어들면서 우리의 현대사는 새로운 전환점을 맞게 되었으며 그 계기가 5·16이었다. 조국근대화를 당면 지상과제로 내세운 정부에서는 역사상 처음으로 장기경제개발계획에 착수하여 1962년부터 1971년까지 2차례의 경제개발 5개년계획을 추진함으로써 경제건설에 총력을 집중하기 시작하였다.

1960년대의 경제건설에 힘입어 민간경비의 시장규모도 군납을 중심으로 확대되어 갔다. 1953년 7월 대한상이군인회 산하 용진보안공사(대표 柳和烈)가 미 8군과 경비계약체결이 이루어짐으로써 군납경비가 시작되었다. 1962년 상공부에서는 군납촉진에 관한 임시조치법을 제정(1962. 1.15 공포, 법률제979호)하여 군납의 국제경쟁입찰에 있어, 우리나라의 군납업자가 유리한 입장에서 입찰할 수 있도록 하기 위한 군납장려보조금 또는 군납보상금 지급제도를 마련하여 군납업체를 적극 지원하였다.

당시 군납은 외화획득의 유일한 길이었다. 군납으로 벌어들인 외화는 1957년에 1300만달러에서 1969년에는 8900만 달러로 1970년 주한미군이 일부 철수할 때까지 군납을 통한 외화획득의 전성시대를 맞이하였다.

그리고 1958년 2월 국내기업으로서 범아실업공사(대표 尹瓘)가 민간경비회사로 설립되어 1962년에 한국석유저장(주)(KOSCO), 1963년에 미국회사 프로아(Flour)와 울산 석유공장 건설공사에, 같은 해 미국회사 벡텔 인터내셔날(Bechtel International)과 부산 감천화력발전소 건설공사 경비계약을 체결하였다.

그러나 1968년 1월 21일 무장공비의 도발 등으로 '향토예비군설치법'이 제정됨으로써 국가 중요시설경비는 방위 또는 방호의 개념으로 바뀌어 갔다.

제 1 절 1960년대의 사회경제적 배경

5·16으로 탄생한 박정희 정부는 조국근대화를 당면 지상과제로 내세워 역사상 처음으로 장기경제개발계획에 착수하여 1962년부터 1966년까지 제1차 경제개발 5개년계획을, 1967년부터 1971년까지 제2차 경제개발 5개년계획을 추진하였다.

2차례의 경제개발계획은 성공적으로 추진되어 우리경제는 자립경제의 기반이 구축되어 산업생산력이 크게 향상되었다. 국민들도 "우리도 하면 된다", "우리도 할 수 있다"는 결의와 자신감을 갖게 되었다. 1960년대 경제개발계획의 성공으로 1970년대의 우리경제가 비약적인 성장을 이룩할 수 있는 기반을 제공하게 되었다.

1960년대는 대외적으로 미국, 독일, 동남아 각국을 비롯한 정상외교, 한일국교의 정상화, 월남파병 등 자유우방국들과의 유대를 공고히 하였다. 대내적으로는 민간반공조직을 정비하는 한편, 1960년대 말에 이르러서 향토예비군을 창설, 민방위체제와 총력안보태세를 점차 다져나가기 시작하였다. 이러한 민방위태세를 공고히 한 이유는 우리가 경제건설에 주력했던 1960년대에 북한은 이른바 '4대 군사노선'과 대남 기본전략의 하나인 '3대혁명역량'을 채택, 무력적화통일을 목표로 한 전쟁준비에 광분하여 재침의 준비를 끝내놓고 1.21청와대기습기도사건, 울진·삼척 무장간첩 남파사건 등 침략적인 도발행위를 급증시키고 있던 시기였기 때문이었다.

1960년대는 박정희 대통령의 강력한 추진력으로 정치·사회의 안정을 지속하면서 국가발전을 이룩할 수 있었던 '개발의 연대'였다고 할 수 있다.

1. 4·19 및 5·16과 사회경제적 상황

1950년대 말 한국경제는 이른바 '원조경제의 위기'를 맞아 불황국면에 돌입하였고, 정치권력의 문제점도 심각한 양상을 드러냈다. 즉 경제적으로는 기업의 성장이 위축되고 실업률과 인플레이션율이 상승하며 농촌경제가 파탄에 직면하였다. 정치적으로는 이승만 정권의 극도에 달한 부패와 정치적 무능력에 대한 일반대중의 불만이 누적되었다. 그리하여 자본축적 구조와 통치구조를 혁신코자 하는 사회적 요구가 강해지고 이것이 4·19학생혁명과 5·16군사 쿠데타를 야기한 것이다.

미국은 1950년대 말 국제수지가 적자기조를 보임에 따라 무상 대외원조를 더 이상 유지·확대하기 힘들어졌다. 그리하여 1957년 3억 8,300만달러를 정점으로 1958년에는 3억 2,100만달러, 1959년에는 2억 2,200만달러, 1960년에는 2억 4,500만달러로 미국 원조금액은 빠른 속도로 줄어들었던 것이다.

원조의 감축은 기업성장에 필요한 화폐와 원료 및 생산수단의 조달을 곤란하게 하였다. 또한 원조자금이 정부의 재정수입에서 큰 비중을 차지하고 있었기 때문에 원조 감축은 정부 재정지출을 줄이는 긴축정책을 불가피하게 하였고 이 역시 경제에 악영향을 미쳤다. 그러나 1950년대 말의 불황을 단지 미국의 원조 감축 탓으로만 돌릴 수는 없다. 보다 근본적으로는 한국기업의 성장방식에 문제가 있었던 것이었다.

1950년대의 소비재 수입 대체 공업화에서 기업들은 원료·설비·자금 등의 축적조건을 우선적으로 확보함으로써 기존의 시장수요를 독점하는데 주력하였다. 그런데 이 축적조건 중 원료의 배당을 보유설비와 연관지었으므로 기업들은 어떻게든 설비를 확대하려 하였다.

이와 같은 설비투자 경쟁은 협회라는 카르텔조직을 통해 어느 정도는 조정되고 있었으나, 시장규모에 대비한 시설과잉을 피할 수는 없었다. 결국 가동률 저하라는 형태로 불황이 초래되었던 것이다. 더구나 전력·도로 등 사회간접자본의 마비와 농촌을 중심으로 한 비자본주의 부문의 온존 또한 상품시장의 발달을 제약함으로써 국내수요가 기업의 생산능력 확대에 부응하지 못하게 하였다.

이러한 상황에서 4・19의거로 등장한 민주당정권은 특혜와 독점의 배제를 내걸고 부정축재 처리문제를 제기하는 한편 불황으로부터의 탈출을 기도하였다. 그러나 정치적으로 불안정하고 취약했던 민주당정권은 곧 5・16쿠데타에 의해 축출당하고 그들의 경제적 과제는 새 정권이 떠맡게 되었다. 그런데 정치와 경제가 밀접한 관계를 맺고 있던 당시의 한국에서 4・19, 5・16과 같은 정치적 격변은 재계의 판도를 뒤바꾼 중요한 요인이었으니 특히 부정축재 처리의 영향은 적지 않았다.

물론 시간이 흐름에 따라 부정축재 처리는 처음 제기될 때와는 달리 완화되었다. 부정축재자의 대상도 축소되고 주로 벌금 환수보다는 정부가 지정한 사업에 강제투자케 함으로써 벌과금을 상쇄해 주는 방침이 취해졌다. 하지만 자유당정권시에 생산력 기반을 제대로 갖추지 못한 채 특혜에만 주로 의존했던 기업은 몰락하는 경우가 적지 않았다. 1950년대 재계를 주름잡던 태창방직이나 동립산업이 정상그룹에서 탈락한 것이 그 예이다.

마찬가지로 건설업계의 판도도 재편되었다. 민주당 정부의 부정축재처리에 의해 벌과금을 통보받은 건설업체는 대동공업(大東工業)을 비롯하여 중앙산업(中央産業)・삼부토건(三扶土建)・극동건설(極東建設)・흥화공작소(興和工作所)・대림산업(大林産業) 그리고 현대건설(現代建設) 등으로 자유당시절에 건설업계를 지배하던 상위권 기업들이었다.

2. 북한의 무장공비침투와 국가중요시설보호의 강화

북한은 5・16군사쿠데타로 말미암아 위장평화공세를 앞세운 대남공작이 완전히 좌절되자 또다시 지하당 조직보강과 유리한 정세조성을 위한 비밀공작으로 방향을 전환하였다. 그리하여 지하당조직확대공작 그리고 지하당을 핵심으로 하는 반미통일전선의 형성과 탈취투쟁을 거쳐 공산정권 기치 하에 합작과 통합으로 적화통일을 실현시키려는 각종 형태의 전술전략을 추진하였다. 이 기간에 북한공산집단은 '한일회담 반대투쟁'에 편승, 한국사회를 극도로 혼란시켜 그들의 전략적 목적을 달성하고자 하였다. 1964년 3월경 북한은 남한에서 폭력혁명을 지도·대행할 수 있는 혁명참모부를 조직하라는 김일성의 교시에 따라 임자도를 거점으로 이른바 '통일혁명당' 조직을 위한 지하공작을 본격화시켰다.

북한은 1965년에 들어서면서부터 폭력을 앞세운 적극적 대남공작을 본격적으로 감행하였다. 북한이 농촌에 혁명근거지를 확보하고 '농촌혁명화를 통한 도시포위'라는 게릴라전술 개발을 시도하고 나선 것도 이때부터였다. 그리고 제3국을 통한 우회침투라면 대부분 시선을 일본으로 돌리는 인식을 역이용하여, 1957년부터 동서통행이 용이한 동베를린에 공작거점을 두고 서구 각국에서 유학중인 한국학생들을 포섭하는 지하당공작을 시작하였다. 이것이 1969년에 우리의 주목을 끌었던 '동백림을 거점으로 한 간첩단사건'이었다.

북한은 1960년대 중반기 이후에 들어서면서부터 저돌적인 도발을 완화하면서 또다시 평화공세를 점차 강화하기 시작하였다. 이 시기에 북한은 위장평화공세의 이면에서 한국민에 의한 의거를 가장하는 도시게릴라 전술을 적용하는 대남공작을 전개하기도 하였다.

1960년대에 발생한 북한의 주요 대남 침투사건으로는 간첩 송종식사건(1960. 7. 12), 반정부·반미공작 간첩사건(1960. 12. 19), 간첩 황태성사건(1961. 10. 20), 노동당 연락국 3인조 간첩사건(1962. 7. 6), 특수공작원 노성집 사건(1965. 7. 18), 동백림을 거점으로 한 대남 적화공작단사건(1967. 7. 8), 1.21 청와대 기습사건(1968. 1. 21), 통일혁명당 간첩사건(1968. 8. 24), 울진·삼척지구 무장공비침투사건(1968. 11. 3), 위장 귀순간첩 이수근사건(1969. 1. 28), 주문진 무장공비침투사건(1969. 3. 16), 흑산도사건(1969. 6. 13), KAL기 납북사건(1969. 12. 11) 등이다.

북한의 노골적인 대남 침투사건으로 인하여 후방지역방위의 중요성이 크게 대두되자, 정부는 유사시 국가중요시설의 보호와 해안지역 및 후방취약지구의 방위를 목적으로 1968년 4월 1일 향토예비군을 창설하게 되었다. 국가중요시설이란 "적의 공격으로부터 파괴 또는 기능 마비시 국가적으로 중대한 영향을 미치는 시설로서 국가보안목표상 필요하다고 지정한 시설과 중앙부처의 장 또는 시 · 도지사가 시설보안상 지정한 시설물"을 말한다. 국가중요시설은 평상시에는 산업발전과 국력신장을 도모하고, 전시에는 전쟁수행능력을 뒷받침할 목적으로 중요도에 따라 가 · 나 · 다 · 기타 급으로 분류하여 이를 보호하고 있다. 1.21청와대 기습사건 이후 국가중요시설방호의 중요성이 더욱 부각되어 그 조직과 방위대책이 강화되었다. 민 · 관 · 군의 공동방위대책이 수립되어 대간첩대책본부의 주관하에 향토예비군, 지역방위협의회 및 중요 시설기관의 공동방위체제의 구성이 그 예이다.

한편, 시설방호는 평상시에는 산업발전으로 국력신장을 도모하고 전시에는 단독수행능력을 뒷받침하는 국가방위의 중요한 기능이 된다는 점에서 중요하다. 즉 ① 하나의 손실방지는 곧 하나의 생산이 되며, ② 보호객체가 국력과 국가기밀이며, ③ 전시 · 비상시의 전투력방호가 되며, ④ 정치 · 경제 · 사회 · 문화의 각 부문에 긴밀한 관계를 갖고, ⑤ 불시의 재해도 대상이 되며, ⑥ 적의 계획된 파괴행위도 시설경비구역을 돌파해야 하기 때문이다. 현대전을 총력전이라 할 때 시설방호는 대간첩작전 · 대유격전의 양상을 가진다. 북한은 남파간첩, 국내불만자 · 동조자 등에 의한 파괴활동으로 우리의 행정기능과 산업생산을 마비시켜 경제적 손실 등 국력소모로 인한 사회혼란 획책에 혈안이 되고 있어, 국가중요시설방호는 심리전에 대한 방호라고 하는 특수성도 갖고 있다.

국가중요시설의 방호대책을 수립하는데 있어 먼저 방호선은 제1선, 제2선, 제3선으로 나누어 구축한다. 제1선은 시설울타리 전방 취약지점에서 시설에 접근하기 전에 저지할 수 있는 예상 접근로상의 '목' 및 감제고지를 장악하는 방호선이다. 제2선은 시설울타리를 포함한 방호지역으로서 시설내부로의 침투 및 핵심시설에 이르지 못하도록 하는 선이며, 평시에는 고정 초소근무 및 순찰근무로 출입자를 통제한다. 제3선은 시설의 가동기능에 결정적인 영향을 미칠 수 있는 지역에 대한 최후 방호선으로 지하 방호벽 · 방탄망 등을 설치하고 항시 경계 · 감시하며, 유사시는 결정적인 보호가 될 수 있도록 대비하여야 한다.

방호시설물 설치에 있어 각종 중요시설은 자체방호가 가능하도록 담장, 철조망, 보안등, 초소, 참호 및 망루 등의 장애물을 평시부터 설치한다. 담장의 설치는 먼저 모든 담장은 지반이 견고하여야 하며, 철조망의 경우 월담이 불가능하게 2.7m 이상으로 하고, 담장 정상부근은 반드시 유자(有刺) 원형으로 되어야 한다. 망루 및 서치라이트는 가시 및 가청거리 100m ~500m당 1개소를 설치하며, 망루에는 유·무선 경보장치·방탄시설, 모래주머니 및 서치라이트를 설치한다. 참호는 시계(視界), 사계(射界)가 용이하고 상호 지원가능한 간격 10m ~20m당 1개소씩 구축하며, 총안(銃眼)·총좌(銃座)를 설치한다. 참호내부는 배수구 및 수류탄 처치구를 설치하되, 가능한 영구 구축토록 한다. 장애물은 철못판이나 철제로 견고하게 제작된 것으로 설치하며, 철제 또는 목제로 화분대식 위장 장애물 겸 은폐물을 제작하여 주요 위치에 비치하되, 높이는 80cm 정도, 넓이는 45cm 정도로 한다. 경보장치로는 비상벨, 사이렌, 확성기, 부자, 인터폰, 경보코일 등을 설치하고, 지휘소, 경비실, 망루, 초소, 무기고, 통제구역에는 유·무선 통신 또는 비상벨을 설치한다. 군·경·지역예비군·인접시설간 유·무선 비상통신망을 구성하여야 하며, 통신망은 지하화가 원칙이다.

중요시설에 대한 방호책임은 1차적으로 시설주에게 있는 것인 바, 관할경찰서장은 경비인력을 효율적으로 운용하여 평상시는 물론 상황발생시에도 의연하게 대처할 수 있도록 해야 한다. 중요시설에 배치되는 경비인력으로는 상황발생시 방호임무를 수행하는 직장예비군을 제외하고는 자체경비원·용역경비원·청원경찰 등이다. 중요시설 내에는 원칙적으로 청원경찰만이 경비임무를 담당하는 것이므로 경비에 소요되는 적정인원을 책정하여 연차적으로 청원경찰로 대체하고 증원하는 등의 계획을 수립·추진하여 경비인력을 확보토록 하여야 한다.

중요시설에 대한 경비인력의 운용방법은 평상시 경비와 상황발생시 방호대책으로 구분한다. 평상시 경비는 시설내의 중요 취약지점에 경비인력을 중점 배치, 시설내·외곽의 위험요소를 배제토록 하고 중요 방호지점에의 출입자 통제 및 순찰·경계임무를 수행토록 운용한다. 상황 발생시 방호대책은 직장예비군을 편성 상황발생시에 침투하는 적 및 위해요소를 격퇴·섬멸할 수 있도록 초동 타격대를 운용 및 지휘하여 경비망을 구축하는 등의 대비책을 강구토록 한다.

방호시설은 중요도에 따라 가급, 나급, 다급, 기타급으로 분류하여 이를 보호하고 있다. 가급은 국가안전보장, 국방과 국가기간산업에 고도의 영향을 미치는 행정 및 산업시설을 포함한다. 나급은 국가안보상 또는 국가경제 및 사회생활에 중대한 영향을 미치는 행정 및 산업시설이 해당된다. 다급은 국가안보상 또는 국가경제 및 사회생활에 중요하다고 인정되는 행정 및 산업시설이 해당된다. 기타 급에는 중앙부처장 또는 시·도지사가 필요하다고 지정한 행정 및 산업시설을 포함한다.

국가 중요시설의 방호책임은 평상시에는 해당 시설주에게 있으나 병(丙)종 사태시에는 경찰, 을(乙)종 사태시에는 군(지역군사령관), 갑(甲)종 사태시에는 임명된 계엄사령관이 맡는다.

중요시설의 경비강화방안은 대체로 경비계획의 강화와 경비인력의 보강 및 시설점검의 강화로 구분하여 설명한다. 즉 경비계획은 시설의 취약요소를 판단, 보호우선지역 순으로 경비원을 배치하고 경비원은 출입자 통제·방범·방화 등 자체경비는 물론 비상시에도 신속·정확하게 대처할 수 있도록 청원경찰의 무장화 등 경비인력의 보강 등에 힘써야 한다. 또한 경찰은 평시·비상시를 막론하고 지역내의 중요시설 방호상태와 방호능력을 확인·점검해야 한다.

시설점검의 방안으로는 방호진단과 지도방문이 있다. 방호진단은 중요시설의 방호능력 확보 및 유사시 대처능력을 파악하는 것이다. 지도방문은 경찰서의 간부 및 관할지·파출소장이 관내 중요시설의 경비상태를 확인·지도하는 것인데 현지방문 또는 유선점검 등으로 실시한다.

시설주나 경찰은 유사시에 대비하여 적 또는 불순분자의 침입·파괴 등에 긴급히 대처할 수 있는 자체방호능력을 향상시켜 적극적인 공격을 가할 수 있는 대적전투능력을 배양해야 한다.

제 2 절 60년대 민간경비의 실태

1960년대는 2차례의 경제개발 5개년계획의 성공으로 자립경제의 기반이 다져진 시기였다. 이 기간 동안에 많은 국가 기간산업시설이 건설됨으로써 시설방호에 대한 중요성이 대두되었으며, 이러한 경비수요의 증가는 그동안 전적으로 공경비(경찰 · 군)에만 의존하던 경비체계에 민간의 경비자원이 참여하게 되는 과도기적 성격을 제공하게 되었다. 청원경찰제도의 탄생은 이 시기 경비제도의 성격을 잘 설명해주는 대표적인 제도라고 할 수 있다.

또한 대규모 산업시설이 건설되면서 순수 민간경비회사와 경비용역계약을 체결하기 시작하였다. 그리고 1962년 1월 15일 '군납촉진에 관한 임시조치법'이 공포되면서 미군에 대한 용역경비가 본격화되기 시작하였다.

1. 청원경찰법의 제정과 청원경찰제도

1) 청원경찰법의 제정

1960년대에 2차례의 경제개발 5개년계획으로 본격적인 국가경제 건설에 들어선 우리나라는 산업국가로 진입하기 위하여 정부주도의 강력한 산업화정책이 필요하게 되었다. 따라서 전국 각지에 국가 중요 산업시설이 건설되었고, 이 시설물에 대한 경비문제가 뒤따르게 된 것이다. 그러나 당시의 경찰력 수준은 국내의 치안질서유지에도 벅찬 실정이었고, 더욱이 북한의 대남전술이 유격화된 시점에서 각종 중요 산업시설의 효과적인 방호에 큰 문제가 제기되었다. 결국 경찰인력만이 아닌 민간인 신분으로 근무지역내에서만 경찰관직무집행법에 의하여 경찰관의 직무를 수행할 수 있는 제도가 필요하게 된 것이다.

이러한 배경하에서 정부는 1962년 4월 3일 법률 제1049호로 '청원경찰법'을 제정 · 공포하였다. 이 제도는 일제시대에 전쟁준비를 위한 산업시설의 경비문제를 해결하고자, 필요경비를 기업이 부담하고 경찰력의 상주파견을 구하는 일본의 '청원순사'제도에서 유래한 것으로 보인다(박병식 : 1996).

청원경찰법의 제정 당시 주요 내용과 전문은 다음과 같다.

신규제정(1962. 4. 3, 법률 제1049호, 청원경찰법)

○ 주요 내용

소요경비를 부담할 것을 조건으로 경찰관의 배치를 신청하는 경우에 이에 응하여 청원경찰관을 배치하는 제도를 신설함으로써 경찰인력의 부족을 보완하고 건물 등의 경비 및 공안업무에 만전을 기하려는 것임.

① 청원경찰관의 배치를 신청할 수 있는 자로 중요 산업시설 또는 중요사업장의 경영자와 국내 주재의 외국기관으로 함.

② 청원경찰관 배치의 통지를 받은 자는 청원경찰 경비를 국고에 납입하도록 함.

③ 청원경찰관의 직종 · 임용 · 교육 · 보수와 상벌 등은 각령(閣令)으로 정하도록 함.

○ 전문 내용

제1조(정의) 본법에서 청원경찰이라 함은 다음 각호의 1에 해당하는 자가 소요경비(이하 청원경찰경비라 한다)를 부담할 것을 조건으로 경찰관의 배치를 신청하는 경우에 그 시설 또는 기관의 경찰에 당하게 하기 위하여 배치하는 경찰을 말한다.

1. 중요산업시설 또는 중요사업장의 경영자
2. 국내주재의 외국기관

제2조(청원경찰관의 배치)

① 청원경찰관의 배치를 받고자 하는 자는 각령(閣令)의 정하는 바에 의하여 내무부장관에게 신청하여야 한다.

② 내무부장관은 전항의 신청이 있을 때에는 그 배치여부를 결정한 후 신청인에게 통지하여야 한다.

제3조(청원경찰경비) 청원경찰관배치의 통지를 받은 자(이하 청원자라 한다)는 각령의 정하는 바에 의하여 청원경찰경비를 국고에 납입하여야 한다.

제4조(청원경찰의 직종과 직무) ① 청원경찰관의 직종은 각령으로 정한다.

② 청원경찰관은 배치된 시설 또는 기관의 구역을 관할하는 경찰서장의 감독을 받아 그 경비구역내에 한하여 경찰관의 직무를 행한다.

제5조(청원경찰관의 임용등)

① 청원경찰관의 임용, 교육, 승진, 신분, 복무 및 복제에 관하여는 각령의 정하는 바에 의한다.

② 청원경찰관의 보수와 상벌에 관하여는 경찰관에 관한 규정을 적용한다.

제6조(청원경찰관의 배치보류, 중지와 폐지)

① 내무부장관은 청원주가 청원경찰경비를 납입기한까지 납입하지 아니할 때에는 청원경찰관의 배치를 보류 또는 중지할 수 있다.

② 내무부장관은 청원경찰관을 배치할 필요가 없다고 인정할 때에는 이를 배치하지 아니할 수 있다.

③ 전항의 경우에 이미 납입한 청원경찰경비가 있을 경우에는 이를 환부하여야 한다.

2) 청원경찰제도

청원경찰이란 ① 국가기관 또는 공공단체와 그 관할하에 있는 중요시설 또는 사업장, ② 국내주재 외국공관, ③ 기타 내무부령으로 정하는 중요시설 사업장 또는 장소 등의 장이나 시설 · 사업장의 경영자가 소요경비를 부담할 것을 조건으로 경찰관의 배치를 신청하는 경우에, 그 기관 또는 사업장 등의 경비를 담당하게 하기 위하여 배치하는 경찰을 말한다.

청원경찰제도는 정부의 입장에서는 국가경비의 소비없이 경찰력이 강화되는 한편, 수요자의 입장에서는 일정비용으로 경찰공무원에 준하는 청원경찰의 배치를 공급받을 수 있으므로 시설경비에 효과적이라는 이점이 합치되어 발전을 거듭해 왔다. 특히 경제개발 5개년계획의 성공적 완수와 북한의 방해책동에 대한 대응에 있어서 서설경비업무의 중요성이 부각되었고, 아직 민간경비의 활성화가 이루어지기 전이라는 과도기적 성격임에도 불구하고 청원경찰제도는 점차 독자적으로 발전하여 왔다. 청원경찰은 채용부터 배치, 교육, 복장, 직무, 무기휴대 등에 있어서 경찰의 감독을 받게되어 있으며, 경찰과의 구분이 모호한 부분도 지적되어 왔다.

엄밀히 구분하자면, 경비구역 내에서 청원경찰로 근무할 때에는 경찰관직무집행법의 적용을 받고, 해당 경비구역 외에서는 근로기준법의 적용을 받으며 노동조합가입도 가능하였다(1973년 청원경찰법이 전면 개정되면서 노동조합가입이 불허됨). 따라서 청원경찰은 경찰의 감독하에 있는 민간인 신분의 경비업무 종사자로 보면 정확하다고 하겠다. 1970년대 이후부터는 청원경찰을 고용한 기업주들이 용역청원경찰로 전환한 경우가 늘어났다.

기업 내에서 청원경찰을 담당하는 부서는 향토예비군을 관장하는 비상계획부(실)내에 방호, 안전과를 편성하여 예비군담당, 경비담당으로 나누어 조직을 전문화 · 분업화하여 점차 전문 민간경비업무의 출현을 예고하였다.

2. 국가 중요 산업시설에 대한 민간 용역경비회사의 출현

1958년 설립된 범아실업공사(대표 尹瓘)는 KOSCO(대한석유저장주식회사)와 체결한 종합용역(경비 · 검수 · 관리등)계약을 1962년 5월 11일 경비업 만 전담하는 쌍무 경비용역계약으로 체결하였다. 이 계약은 우리나라에서는 최초의 순수 민간 용역경비 계약이라 할 수 있다. 당시 KOSCO의 주무 계약 부서의 책임자는 미국인으로서 계약서도 영문과 국문으로 작성하였다. 이로써 우리나라의 민간경비는 미국의 민간경비문화의 영향을 받게 된 계기가 되었다. KOSCO와 경비용역계약을 체결함으로써 범아실업공사는 본격적으로 부산 초량 · 사상 · 영도 각 저유소와 서울 왕십리, 울산저유소 및 외국인 주택과 유류 파이프라인의 경비업무를 시작하였다. 이어서 미국 건설회사와 건설현장 경비계약을 체결하여, 1963년 2월

3일부터 1964년 1월 11일까지 프로아 코리아(Fluor Korea Corporatiom. LTD)사의 울산정유공장 건설공사 경비, 1963년 3월 6일부터 1964년 12월 12일까지 벡텔 인터내셔날(Bechtel International)사의 부산 감천 화력발전소 건설공사 및 사택경비, 1967년 3월 27일부터 1967년 7월 12일까지 프로아 코리아사의 제3비료(영남화학)공장 건설공사, 1964년 11월 5일부터 1965년 11월 6일까지 연세대학교 부속병원건설공사의 경비를 담당하였다. 범아실업공사는 1964년 1월 15일 프로아 코리아사의 울산 정유공장 건설공사가 준공됨으로써(주) 대한석유공사의 준공된 공장과 울산정유공장의 저유소와 서울, 인천, 부산, 대구, 대전, 마산, 군산, 광주, 원주 등 9개 저유소 및 본사 사옥, 외국인주택 등과 1968년 10월 1일부터 경비계약을 체결하였다. 그리고 LG그룹 계열사인 호남정유(주)와 경비계약을 체결하여 여수 정유공장과 인천, 부산, 대구, 대전, 목포, 전주, 포항등 7개 저유소를 비롯한 본사 사옥과 외국인 사택 등을 용역청경으로 경비계약을 체결하는 등 전문용역경비회사로 성장을 거듭하였다.

3. 군납경비의 본격화

미군납은 1950년대의 혼란기 속에서도 발전은 있어 왔으나 정부의 치안부재와 당시로는 대단히 큰 이권이 있는 관계로 사회적으로 많은 문제를 야기시켰다. 특히 이권을 넘보는 폭력배가 나무하고 온갖 부정과 비리의 온상이 되자 당시 국가재건최고회의는 1961년 12월 30일 국가재건최고회의 제9차 상임위원회에 군납촉진에 관한 임시조치법안을 상정·의결하여, 1962년 1월 15일 법률 제979호로 공포하였다. 이는 군납을 통해 외화획득을 극대화하고자 하는 정부의 의지가 담긴 것으로 국내 군납업계의 경쟁력을 향상시키기 위한 방안으로 제정된 것이다.

제정당시의 '군납촉진에 관한 임시조치법안'의 주요내용은 다음과 같다.

(1) 제안이유

이 법안은 국제수지의 개선과 국민경제의 발전을 도모코자 군납의 획기적인 확충 · 강화를 기하려는 것임.

(2) 주요골자

① 군납업자의 종합적 감독기관으로서 상공부장관을 주무부장관으로 함(제3조).
② 군납업자의 동태와 군납에 관한 제반사항을 파악하여 업자를 지도 · 감독하기 위하여 군납업자의 등록제를 실시토록 함(제5조).
③ 군납거래상의 질서확립과 동업자의 공동이익을 도모하기 위하여 군납조합을 설립할 수 있도록 함(제6조).
④ 부당한 군납계약에 의한 신용추락 및 계약불이행 등을 방지하는 방법으로 군납계약을 체결하고자 하는 자는 상공부장관의 승인을 받도록 함(제8조).
⑤ 군납의 국제 경쟁입찰에 있어 우리나라의 군납업자가 유리한 입장에서 입찰할 수 있도록 하기 위하여 군납장려보조금 또는 군납보상금을 교부할 수 있도록 함(제11조).
⑥ 군납진흥을 위하여 국내에서 생산이 가능한 물품일지라도 납품규격에 합치되지 않는 것에 한하여는 일정한도까지 수입이 가능하도록 함(제12조).
⑦ 이 법의 실효성 있는 집행을 위하여 이 법 또는 이 법에 의한 명령이나 지시사항에 위반하는 군납업자에 대하여는 6월 이내의 영업정지 또는 등록을 취소할 수 있도록 함(제14조).

이 법의 제정으로 우리나라 군납업이 정비되면서 건설군납, 용역군납, 물품군납 등 3개의 군납조합이 조직되었다. 이로써 군납용역경비도 체계적으로 시작하게 되었다. 1959년 신원기경(주), 1964년 봉신기업(주), 경화기업(주), 1966년 용진실업(주), 1968년 초해산업 등으로서 1969년 기준으로 5개회사에서 248개소의 시설물에 경비인력 5,743명에 이르는 등 군납용역으로 성장하였다.

이러한 군납경비는 1969년 7월 25일 미국 닉슨대통령의 괌독트린 "전쟁 발발시에 자주국방의 일차적 책임은 당사국에 있다"는 발표에 따라 우리나라 서부전선에 배치되었던 미 제7사단이 1971년 3월부터 철수하기 시작함으로써 군납업계의 성장은 하향선을 긋게 되었다.

4. 범죄추세

1960년대에 들어서면서 우리사회는 농업사회에서 산업사회로 전환되는 과정에서 많은 변화를 겪었다. 이러한 과정에서 다양한 사회문제가 발생하였으며 범죄도 중요한 사회문제의 하나로 등장하였다.

급격한 산업의 발달과 경제성장은 국민생활에 물질적인 풍요를 가져왔고 반면에 국민의 의식 및 태도와 생활환경에는 적지않은 변화를 초래하였다. 즉 생활인의 가치관 다양화, 향락적 풍조 등 정신생활면에서의 변화와 과학기술의 발당에 따른 생활환경의 다양화 및 도시형성에 따라 파생되는 범죄 등 각종 부조리현상으로 새로운 문제점을 수반한 경찰수요는 형태를 달리하면서 날로 늘어났다.

범죄발생은 1962년도부터 계속적인 증가추세를 보이다가 1966년도 이후에는 비교적 안정세를 유지해오고 있으며, 범죄 검거율은 1962~1971년 사이에 있어서 최고 99.4%, 최저 81.7%로써 연평균 90%라는 높은 비중을 나타내 주고 있었다.

〈표 2-4〉 연도별 범죄추세

구분 \ 연도별	1961	62	63	64	65	66	67	68	69	70	71
발생건수	473,522	723,985	858,818	667,594	859,795	817,614	908,357	927,762	927,762	857,280	858,473
검거건수	422,245	422,245	622,924	746,494	838,088	710,512	669,463	823,310	922,213	817,584	801,769
검거율 연평균	89.1%	91.9%	87.6%	86.8%	86.6%	83.3%	81.7%	90.6%	99.4%	95.4%	93.4%

※ 자료 : 한국경찰사(1961~1979) 내무부 치안본부 발행, p.393.

더욱이 한 나라 안에서도 지역개발이 잘 이루어지고 도시화가 추진된 지역에서 발생하는 범죄발생률은 전통적인 사회규범이 강한 농어촌보다는 높게 나타났다. 1971년 범죄 총발생건수 858,473건 중 6대 도시(서울, 부산, 대구, 인천, 광주, 대전)에서 발생한 건수는 503,352건으로 약 59%를 차지하고 있어 총 범죄의 과반수 이상이 대도시에서 발생하고 있다.

6대도시의 범죄발생상황을 연도별 지역별로 도시하면 다음과 같다.

〈표 2-5〉 연도별 지역별 범죄상황표

구분			1964	1965	1966	1967	1968	1969	1970
6대도시	전국	발생	538,479	606,699	570,044	548,120	420,395	439,683	340,390
		비율	(100.0)	(100.0)	(100.0)	(100.0)	(100.0)	(100.0)	(100.0)
	계	발생	306,395	342178	314,234	281,186	174,249	218,232	158,563
		비율	(56.9)	(56.4)	(55.3)	(51.3)	(41.4)	(49.6)	(46.6)
	서울	발생	129,235	142,574	140,800	141,963	79,933	109,989	76,110
		비율	(24.0)	(23.5)	(24.7)	(25.9)	(19.0)	(25.0)	(22.4)
	부산	발생	77,541	87,981	82,086	61,389	43,810	47,356	26,4807
		비율	(14.4)	(14.5)	(14.4)	(11.2)	(10.4)	(10.8)	(7.8)
	대구	발생	45,232	52,783	41,613	28,503	19,338	21,168	16,491
		비율	(8.4)	(8.7)	(7.3)	(5.2)	(4.6)	(4.8)	(4.8)
	광주	발생	16,693	16,381	11,927	12,059	12,611	16,586	10,378
		비율	(3.1)	(2.7)	(2.1)	(2.2)	(3.0)	(3.8)	(3.0)
	인천	발생	26,385	28,515	25,652	24,665	8,828	14,622	18,322
		비율	(4.9)	(4.7)	(4.5)	(4.5)	(2.1)	()03.3	(5.4)
	대전	발생	11,309	13,954	13,111	12,607	9,669	8,511	10,782
		비율	(2.1)	(2.3)	(2.3)	(2.3)	(2.3)	(1.9)	(3.2)
	기타	발생	232,084	264,521	254,810	266,934	246,146	221,451	181,827
		비율	(43.1)	(43.6)	(44.7)	(48.7)	(58.6)	(50.4)	(53.4)

※ 9년간 평균 증가율 6대도시 −3.0%, 기타지역 −1.0%임. 구성비 50.7%.

※ 자료 : 한국경찰사(1961∼1979) 내무부 치안본부 발행, p.473.

5. 주민 자율방범활동

1953년 휴전 이후 각종 범죄는 날로 증가하여 경찰력으로서는 도저히 범죄예방이 어려워 자구책으로 주민 자율방범활동인 야경제도를 도시에서는 동(洞), 지방은 리(里) 단위로 점차적으로 조직적으로 확대되어갔다.

이리하여 정부는 1962년에 와서 야경제도를 주민이 방범비를 부담하는 유급 방범원제로 전환하게 되었다.

또한 방범원운영을 조직적이고 효율적으로 운영하기 위하여 동·리에서 내무부치안국으로 이관하였다. 1963년 5월 19일에는 내치보 2033~3059호로 방범위원회 운영요강을 작성 주민자율방범운동활동을 제도화하여 주민은 가구당 방범비를 동·리사무소에 납부하였다.

운영요강에서 "보다싫이 날로 증가하는 각종 범죄를 미연에 방지하고 자활적인 국민방범태세를 강화함으로써 명랑한 사회를 이룩함"을 목적으로 한다고 하였으며, 당시의 사회질서와 범죄예방은 경찰 단독으로는 불가능하였으며 경찰과 국민이 합동으로 방범조직을 구축하였다. 방범위원회도 많은 성과를 나타내 동단위에서 직장에도 조직이 확대되었다.

6. 방범위원회조직운영

1960년대 이전에 이미 방범위원회 조직과 비슷한 주민자치적인 부락단위방범조직이 있었으나, 실질적으로는 전적으로 경찰력에 의존해 왔으며, 지, 파출소의 외근경찰관에 의해 일반방범활동과 서단위 수사, 정보형사들에 의해서 특별방법활동이 이루어져 왔다.

그러나 "날로 늘어나는 치안수요와 특히 각종 범죄의 증가는 방법활동에 주민의 자활적인 방범활동의 요구는 물론, 경찰이 주민자활의 방법력을 가하여 효율적이고 완벽한 방조직을 구현하기 위하여" 1963. 5. 19 내치보 2033~3059로 방범위원회를 조직 운영하게 되었다.

방범위원회 운영요강(내치보 2033~3059, 1963. 5. 19)

제1장 총칙

제1조(목적) 날로 증가하는 각종범죄를 미연에 방지하고 자활적인 국민방범태세를 강화함으로써 명랑한 사회를 이룩함을 목적으로 한다.

제2조(종류 및 명칭) 방범위원회를 다음과 같이 나눈다.

① 시급이상 동방범위원회(이하 동방범위원회라 칭한다)

② 읍이상 직장방범위원회(이하 특수방범위원회라 칭한다)

제3조(회원) 각종 방범위원회의 회원자격을 다음과 같이 규정한다.

① 시소재지 이상에 거주하는 동민전원

② 읍소재지 이상 직장에 근무하는 직원전원

③ 외국인 주둔지역에 거주하는 주민전원

제2장 조직

제4조(동방법위원회) 동방범위원회는 시소재지 및 특별시의 행정구역 동단위별로 조직한다. 단, 지역내인 특수성에 비추어 필요하다고 인정할 때에는 시급이하에도 방범위원회를 조직운영하여야 한다.

제5조(특수방범위원회) 특수방범위원회는 외국군인이 주둔하고 있는 지역에 리단위별로 조직한다.

제6조(병합) 동방범위원회가 조직된 지역에(시급이상) 외국군인 주둔시에는 따로 특수방범위원회를 두지 않을 수 있다.

제7조(직장밤범위원회) 직장방범위원회를 다음과 같이 조직한다.

① 금융기관은 대소를 막론하고 모두 조직한다.

② 공공기관 및 공공단체도 모두 조직한다.

③ 기타 방범상 필요하다고 인정되는 기관, 회사 또는 공장에서 50명이상의 상근무직원이 있는 직장에 한하여 조직한다. 단, 50명 이하의 직장이라도 경찰서장이 필요하다고 인정하는 직장은 조직한다.

제3장 방범계도

(생 략)

제4장 야경운영

제16조(운영계획) 위원회는 야경운영에 관한 사업계획을 수립하여 시행 1개월전에 본위원회의 의결후 정기총회의 승인을 받아야 한다.

제17조(정원) ① 동방범위원회의 야경원은 최소 6명 이상 확보하여야 한다.
② 직장 및 특수방범위원회의 야경원은 자체방범에 필요 충분한 인원을 확보하여야 한다.

제18조(야경제도) 야경은 윤번제를 원칙으로 하되, 회원(주민)의 의사에 따라 야경비를 징수하여 유급제로 실시할 수 있다.

제19조(유급제 야경원의 선임) 유급제 야경원의 선임은 위원회와 지파출소장이 협의하여야 한다.

제20조(면제) 세대내의 노약자, 부녀자만 거주하는 경우에는 야경을 면제하여야 한다.

제21조(교체) 지파출소장으로부터 야경원의 교체요청이 있을시는 정당한 이유가 없는 한 교체하여야 한다.

제22조(야경원의 자격) 야경원은 20세 이상 40세 미만의 청장년으로 책임감이 왕성한 자라야 한다.

제23조(장비) 야경원의 필요한 장비는 위원회에서 확보하여야 한다.

제24조(야경비징수 및 지출) ① 사업계획에 의한 야경비 수입지출내역에 관한 회계장부를 비치하고 회원이 항시 열람할 수 있도록 하여야 하며, 매월 정기회에 보고하여야 한다.
② 야경비 징수는 위원회가 하고 반드시 복사 영수증을 교부하여야 한다.

제25조(교양) 야경비 징수에 대한 교양을 철저히 하여 불순한 민중처우로 사회물의가 야기되지 않도록 하여야 한다.

제26조(야경실시 요령) 위원회에서 연장하는 야경은 야경실시요령에 의거한다.

제5장 회의

(생 략)

제6장 지도협조

(생 략)

제7장 직장방범 위원회운영

(생 략)

제8장 상벌

제43조(포상) 위원회는 다음 사항에 해당하는 자를 포상한다.

① 방범위원회 향상발전을 위하여 적극적으로 봉사하는 자

② 회원(야경원) 중에서 범인체포에 유공한 자

③ 정확한 정보를 제공하여 범인을 체포한 자

제44조(책임) 야경원 중 다음 사항에 해당하는 자는 응분의 조치는 물론 관직을 해임하여야 한다.

① 업무 태만한 자

② 경찰관의 직무지시에 불응한 자

③ 품행이 방정치 못하다고 인정되는 자

④ 기타 신체이상을 이유로 업무를 감안할 수 있는 자

제9장 부칙

제45조(재정) 방범위원회의 부칙은 다음에 의하여 충당한다.

① 야경비 징수

② 회원의 부조금

제46조(회계연도) 회계연도는 매년 1월 1일부터 12월말까지로 한다.

제47조(세부규정) 본 운영요강에 정하지 않은 사항은 위원회에서 결정한다.

제48조(시행) 본 운영요강은 서기 1963년 5월 일부터 시행한다.

자료 : 한국경찰사(1961～1979), 1985. 10. 21. 치안본부 발행.

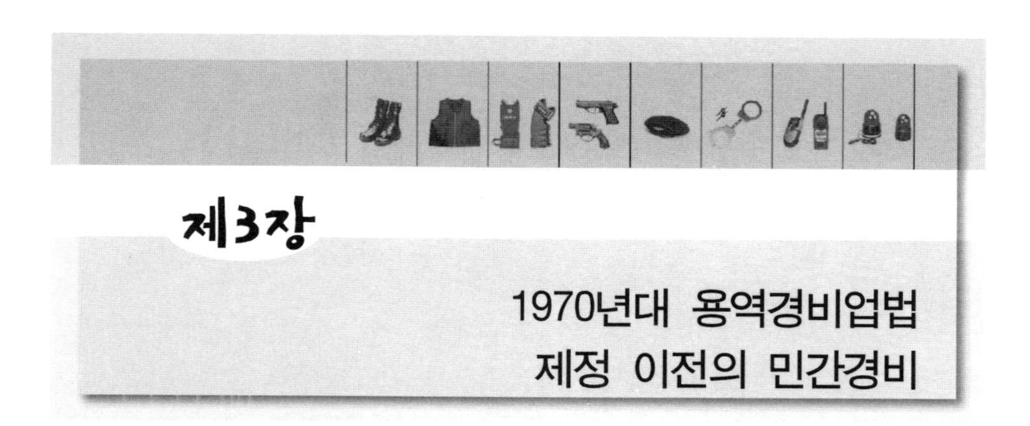

제3장

1970년대 용역경비업법 제정 이전의 민간경비

우리나라는 1970년대 전반기에 들어서면서 경제적으로 중화학 우선 공업정책을 통하여 대규모 산업단지가 조성되었고, 동서 양 진영의 화해무드에 힘입어 7·4남북 공동성명이 발표되는 등 남북 간에도 변화가 있었다. 그러나 각종 통제를 비롯한 10월 유신 등 정치적 혼란은 사회혼란으로 이어져 치안수요 증가를 가져왔다.

중화학공업 육성으로 인한 대규모 산업단지는 시설경비의 수요를 가져와 청원경찰법의 전면 개정이 불가피해졌으며, 1972년 일본 경비업법의 제정은 우리나라 민간경비산업에 신선한 충격을 주었다.

제 1 절 1970년대 사회경제적 배경

1. 1970년대 성장의 기조와 그 개황

1960년대 차관위주의 고도성장은 부실기업 발생 등 여러 문제를 노정하였다. 1970년대는 우선 그것을 해결하기 위해 다방면의 조치와 전략을 채택한 시기였다고 할 수 있다. 정부는 1972년 8·3조치를 단행하여 기업의 사채를 동결했으며, 산업에 대해 각종 세제상의 특혜를 부여하는 조치를 취하였다. 이는 1960년대 후반 고도성장의 한계를 더욱 증폭된 경기확장책으로 타개하면서 그에 부수되는 문제들에 대해서는 비상사태선언, 긴급조치 발동과 같은 직접적 통제의 강화로 대응하려는 것이었다.

그리고 1970년대에는 7·4 남북공동성명, 유신, 동서데탕트 속에서의 대미갈등 등 각종 정치적 사건이 발생하였으며, 이는 경제에도 커다란 영향을 미쳤다. 즉 남북한간 및 한·미간의 관계변화는 중화학공업화를 추진하게 만든 중요한 한 요인이었다. 중화학공업화는 저임금·양질의 노동력을 활용한 1960년대 경공업 수출정책의 한계를 극복하려는 의도를 갖고 있었지만, 군수산업 육성이라는 성격 역시 내포하고 있었던 것이다.

이상과 같은 기조하에서 한국경제는 석유파동을 비롯한 자원민족주의의 대두, 선진국 경제의 상대적 정체 등 여러 불리한 대외여건에도 불구하고 1971년부터 1980년까지 연평균 8.1%의 높은 성장률을 실현하였다. 그 결과 1인당 GNP는 1971년의 285달러에서 1980년에는 1,785달러로 증가하였다. 수출·외자 및 중화학공업 역시 급격한 양적 팽창을 이룩하였다. 먼저 수출입을 보면 수출은 1971년의 11억달러에서 1980년에는 175억달러로 급증했는데, 이를 연평균 신장률로 보면 37.4%씩 성장한 셈이다(단, 이는 경상치이므로 달러가치 하락이 무시되어 있음). 수입은 같은 기간동안 24억달러에서 223억달러로 늘어 무역적자폭은 더 커졌고 그 갭을 외자가 메워 주었다.

외자도입액(차관과 직접투자 합계)을 보면 1971년까지의 누계가 23억달러였는데 1980년까지의 누계는 도착기준으로는 10배에 가까운 226억달러, 확정액 기준으로는 292억달러에 달하였다. 한편, 중화학공업화율은 1971년의 37.5%에서 1980년에는 51%로 높아지고 공산품수출 중 중화학공업제품의 비중은 1971년의 16.5%에서 1982년에는 51%로 상승하였다. 즉 1970년대를 지나면서 마침내 중화학공업의 비중이 경공업을 앞지르게 되었다. 이하에서는 이러한 1970년대 경제성장의 과정을 경제개발5개년계획기간별로 검토하기로 한다.

2. 제3차 경제개발5개년계획기(1972~1976년)

앞선 제2차 경제개발계획기간이 수출주도형 공업화의 기초를 다진 시기였다고 한다면 제3차 계획기간은 중화학공업화의 본격적 개시기라고 할 수 있다. 이 시기에는 포항종합제철소의 완공, 현대조선의 26만톤 초대형유조선 건조 등 중화학공업화의 상징적인 사건들이 잇따랐다.

이 계획은 당초 '성장 · 안정 · 균형의 조화', '자립적 경제구조의 달성', '지역개발의 균형'이라는 기본정신하에 농어촌경제의 혁신적 개발, 수출의 획기적 증대, 중화학공업의 건설이라는 3가지 목표의 달성에 중점이 놓여져 있었다. 그러나 격변하는 정치 · 경제 정세 속에서 점차 중화학공업의 건설에 노력이 집중하게 되었다.

한편, 계획기간 중의 성과를 보자면 오일쇼크 등에 의해 연도별로 커다란 편차가 나타나기도 하였다. 그러나 한국경제는 제1차 오일쇼크 때에도 마이너스 성장을 기록하는 일 없이 선진국에 비하면 매우 높은 성장을 유지하였다.

이 성장을 지탱한 것은 수출의 순조로운 증대였다. 석유파동의 후유증이 심각했던 1975년에 다소 주춤하기는 했으나 5년 간의 평균수출 증가율은 47%이고 1976년의 수출실적은 78억달러로 1971년의 7배를 넘었다. 제1차 석유파동의 충격이 선진국에 비해 경미했던 비결은 시의적절한 수출시장 배합에 있었다는 지적도 있다.

즉 연도별로 볼 때 다음과 같은 수출시장의 변동이 확인되는 것이다. 1973년의 국제금융 재편시에 일본 엔 및 독일 마르크가 대폭 평가절상되었는데 이 해 한국의 대일 · 대독 수출은 각각 약 3배, 약 2배로 늘어나고 전체로서도 97.8%라는 경이적인 신장세를 기록하였다. 그리고 1974년에는 수출경쟁력이 약화된 일본 · 유럽 제품을 제치고 미국시장으로의 수출을 크게 늘리고 1975년, 1976년에도 대일 및 대미 수출을 확대함과 동시에 석유가격 등귀로 경제사정이 윤택해진 중동시장으로 수출을 급증시켰다. 건설업도 같은 시기에 중동 진출을 시작하였다. 한국은 이와 같이 기민하게 주요 수출시장을 변경함으로써 오일쇼크의 풍파를 극복할 수 있었던 것이다.

하지만 오일쇼크의 영향이 전혀 없었던 것은 아니다. 1974년 이후 세계적인 인플레이션의 영향을 받아 한국에서도 국내물가가 크게 상승하였다. 1976년까지 매년 GNP 디플레이터 상승률은 20～30%였고 계획기간 중의 전체 상승폭은 2.5배였다. 또 이 시기 적극적인 해외시장 개척의 영향으로 해외의존도가 크게 상승하였다. 1971년에 16.7%였던 수출의존도는 1976년에는 28.2%로 상승하고 이후 한국경제는 외적 변동의 영향을 받기 쉬운 체질을 갖게끔 되었다.

제 2 절 민간경비의 현황

1. 정부의 민간경비산업 정책

1) 치안수요 증가와 경찰의 종합방범 대책

1970년대에 들어서면서 인구의 도시집중에 따른 범죄 및 교통인구의 증가, 1일 생활권역의 확대에 따른 사회물량의 확대, 사회 여러 문화와 국민의식구조의 다양성 등 새로운 치안환경은 치안수요의 급격한 증가를 예상케 하였다. 치안수요의 급증에 따라 내무부 치안국에서는 경찰이 당면한 문제점을 해결하기 위하여 국내 치안자원의 효율적인 재배치를 통하여 이에 대처하고자 하였다.

우선 당면한 현실적 문제로는 첫째, <표 2-6>에서 보는 바와 같이 중요 경찰대상 및 경찰인력 증가추세이다. 1960년을 기준으로 범죄발생(형사)지수와 교통사고발생지수, 인구지수 그리고 경찰인력지수를 100으로 하였을 때, 1965년에 범죄발생(형사)지수는 297.2, 교통사고지수는 213.4, 인구증가지수는 114.6인데 비해, 경찰인력지수는 104.7에 불과하였다. 그리고 1971년에는 범죄발생(형사)지수가 263.7, 교통사고발생지수는 742.0, 인구증가지수는 124.5 이고, 경찰인력지수는 131.7에 이르렀다. 경찰수요에 비해 경찰인력의 증강은 극히 미흡한 실정을 확인할 수 있다.

〈표 2-6〉 중요 경찰대상 및 경찰인력 증가추세

연도별 실·지수	1960		1961		1962		1963	
구분	실재현황	지수	실재현황	지수	실재현황	지수	실재현황	지수
범죄발생(형사)	325,531	100	473,532	146.0	723,985	222.4	710,780	218.3
교통사고 발생	6,342	100	5,922	93.4	5,150	81.2	6,053	95.4
인 구	24,994,117	100	25,694,108	102.0	26,277,635	105.1	27,489,848	110.0
경 찰 인 력	33,035	100	29,835	90.3	29,910	90.5	33,879	102.6

연도별 실·지수	1964		1965		1966		1967	
구분	실재현황	지수	실재현황	지수	실재현황	지수	실재현황	지수
범죄발생(형사)	858,818	263.8	967,594	297.2	852,795	262.0	817,614	251.2
교통사고 발생	7,047	111.1	13,472	213.4	14,884	234.7	19,337	304.9
인 구	28,181,096	112.8	28,647,176	114.6	28,379,356	113.5	28,701,915	114.8
경 찰 인 력	33,882	102.6	34,572	104.7	39,352	119.1	40,622	123.0

연도별 실·지수	1968		1969		1970		1971	
구분	실재현황	지수	실재현황	지수	실재현황	지수	실재현황	지수
범죄발생(형사)	908,357	279.0	927,762	285.0	857,280	263.3	858,473	263.7
교통사고 발생	25,249	398.1	32,441	511.5	37,243	587.2	47,060	742.0
인 구	29,532,549	118.2	30,145,919	120.6	30,580,241	122.4	31,109,709	124.5
경 찰 인 력	40,121	121.5	42,498	128.6	43,003	130.2	43,516	131.7

※ 자료 : 내무부(1972), 『70년대 한국경찰의 방향』. pp.196-197.

둘째, 경찰관 인구분담률이다. 1971년말 현재 경찰관 1인당 인구분담률은 720 : 1로서 <표 2-7>에서 보는 바와 같이 외국의 예와 비교할 때 질서유지와 봉사활동에 완벽을 기대하기에는 과중한 분담률을 보이고 있다. 아울러 업무량 과다로 인한 과로근무자의 발생을 야기한다.

〈표 2-7〉 경찰관 1인당 인구분담률

구 분 \ 국 가	한 국	미 국	영 국	프랑스	서 독	일 본	스페인
분담인구	720	543	555	316	407	578	423
한국과의 비 교	1	−177 0.7	−169 0.7	−404 0.4	−313 0.5	−142 0.7	−297 0.5

※ 자료 : 내무부(1972), 『70년대 한국경찰의 방향』. p.197.

국가주요정책여건(예컨대, 7·4 남북공동성명을 계기로 북한과의 "대화 있는 대결", 경제개발을 통한 경제규모의 확대 및 산업구조의 고도화 등)이나 국내사회여건(예컨대, 도시인구증가현상, 사회물량유통의 확대, 사회여러 문화와 국민의식구조의 다양화 등)에 연유된 치안상태는 치안수요의 급증을 예견케 해주고 있으며, 이에 효과적으로 대처하기 위해서는 경찰인력의 증강은 불가피하였다. 뿐만 아니라 연평균 인구증가율 1.8%가 지속될 경우 1976년의 총인구는 약 3,500만명으로 추산되며 현 경찰정원이 고수된다면 1976년의 경찰관 1인당 인구분담률은 804 : 1로 1971년의 720 : 1보다 84명이 가중될 것이다. 따라서 경찰인력의 획기적인 증강 없이는 바람직한 치안상태를 기대할 수 없게 될 것이다.

이러한 상황에서 내무부 치안국에서는 치안행정기획단(단장 崔錫元 치안감)을 구성하여 종합방범계획을 수립하게 되었다. 특히 일본이 경비업법을 제정한 해인 1972년에 우리 경찰에서도 민간방범단체의 지도육성과 관계유지에 전력한다는 방침하에 직업적 방범기업인 경비회사(Security Co.)의 창설운영과 지도감독 및 협력관계를 법제화할 것을 1973년도 사업으로 계획한 바 있다.

경찰당국에서는 방범시설 증설방안의 하나로 "방범기구개발심사위원회" 설치를 1973년도 사업계획으로 확정한 바 있다. 이는 과학적 방범기구의 개발 및 보급을 위하여 방범기구개발심사위원회를 시·도 단위로 설치하는 것으로, 현재 우리 경비업계의 중요한 현안문제로 거론되고 있는 것이기도 하다.

2) 협력치안체제와 경비산업

경비회사의 필요성과 법적 뒷받침이 요구되고 있는 시점에서 청원경찰과 업무영역의 중첩이 발견되면서 양 제도에 대한 일원화 문제가 경찰당국에서 검토되었다. 청원경찰의 제도 및 운영상의 문제점에 대해서는 전술한 바 있지만, 청원경찰과 경비업체는 실질적 기능을 같이하므로 어느 것이 합리적이며 또한 일원화시킬 필요가 있는가에 대해서는 오늘날까지 학계와 업계에서 거론되고 있다.

이미 1972년에 경찰당국에서는 경비용역회사를 설립하여 경비용역업무를 일원화하도록 법제화하는 것이 합리적이라고 판단하였다. 따라서 주요시설 및 사업장 기타 인적·물적 보안관리대상의 보호를 위한 경비보장업무를 국가행정작용에서 분리 기업화시킴으로써, 첫째 국가재정상의 절약을 도모하고 경영합리화를 기하며, 둘째 고용증대를 통한 사회정책에 이바지하고, 셋째 나아가서는 유사시 경찰지원전력으로 활용할 수 있도록 법제화하여야 할 것이라고 하였다.

다음 < 표 2-8 > 은 경찰당국에서 검토한 청원경찰법과 경비용역회사법의 우열비교표이다. 이를 기반으로 내무부 경찰국에서는 1973년에서 1974년도 사업계획으로 경비용역회사법 제정을 확정한 바 있다.

〈표 2-8〉 우열비교표

적요		청원경찰법		경비용역회사법	
		장	단	장	단
제 도 면	1. 제도활용 난이		○	○	
법활용면	1. 자진해서 이용할 수 있다.	○		○	
	2. 누구든지 자유롭게 이용할 수 있다.		○	○	
내 용 면	1. 관리가 편리하다.		○	○	
	2. 경비절차 용이	○		○	
	3. 보장성이 좋다.		○	○	

내 용 면	4. 장래 발전성 있다.		○	○	
	5. 합리적이다.	○		○	
	6. 능률적이다.		○	○	
	7. 신분한계 명확	○		○	
	8. 경비능력 보충 용이		○	○	
	9. 무기구입관리 용이		○	○	
	10. 책임한계 명백		○	○	
	11. 감독기능 원활		○	○	
	12. 할거적 폐해	○			○

※ 자료 : 내무부(1972), 『70년대 한국경찰의 방향』. p.299.

2. 중요산업시설 경비와 청원경찰제도의 정비

우리나라 경제는 1962년 제1차 경제개발5개년계획과 1967년 제2차 경제개발5개년계획이 성공리에 진행되면서 50~60년대의 빈곤의 굴레에서 벗어나기 시작하였다. 국민소득의 증가(1970년 242$, 1972년 304$, 1974년 519$, 1976년 752$)와 함께 국가 기간산업도 눈부신 성장을 거듭하였다. 1968년 12월 경인고속도로, 1970년 7월 경부고속도로, 1970년 12월 호남고속도로가 차례로 건설되었고, 철강, 정유, 비료, 전력, 시멘트등 대규모 중화학 공업단지가 울산, 포항, 여수 등 전국에 조성되었다. 경제발전에 따른 중요산업시설의 증가는 민간경비의 수요를 늘어나게 하였다. 1970년에 경비회사 5개사 경비시설수 137개소 경비원 3,882명에서, 1976에는 경비회사 9개사에 경비시설수 286개소 경비원 5,022명으로 증가하였다.

민간경비는 경제발전에 따른 생활수준의 향상, 중요 산업시설의 증가, 북한의 무장공비 침투로 인한 위협 그리고 민간경비에 대한 인식의 변화 등으로 점차 그 수요가 증가하면서 국가안보 및 방범력에 미치는 중요성이 커졌다.

특히 정부에서는 1968년 1·21사태를 겪고 1970년대부터 국가중요산업시설이 늘어나면서 시설경비의 개념을 도난이나 화재예방의 차원에서 벗어나 국가안보적 차원에서 그 중요성을 인식하게 되었다. 용역경비의 경우도 도급을 두는 시설방호에 대한 일차적 책임을 시설주에게 두게 됨에 따라 전문적인 용역경비회사에 경비용역을 의뢰하게 되었다. 그러나 용역경비의 중요성은 점차 커져갔으나 관련법의 미비와 용역경비에 대한 인식의 부족으로 업체가 겪는 어려움은 한두 가지가 아니었다.

한 예로 당시 내무부 치안당국이 "국가 중요시설 경비태세 확립"(1972. 6.12 : 경비 2040-4712) 제하로 전국 260개소의 중요산업 시설주들에게 아래와 같은 내용의 공문을 발송하였다.

"최근 일부 시설에서 민간경비 용역회사와 시설경비에 대한 용역계약을 하여 하청시킴으로써 실질적으로 시설경비체제에 변화를 초래하고 있을 뿐만 아니라, 이질적 신분관리와 무기의 법적 문제와 국가비밀보호를 위한 보안관리에 있어 비합법적인 새로운 형태의 시설방호체제로 발전될 우려가 있사오니 다음 사항을 준수하여 시설경비태세에 만전을 기하여 주시기 바랍니다.

1. 시설경비는 평시에 청원경찰관 또는 소속직원이나 종업원으로 하여금 그 일부를 수행하고, 비상사태시에는 소속직원과 종업원으로 편성된 직장예비군에 의하여서만 방호임무를 수행하는 자위의 태세를 강조하는 대통령 훈령의 취지를 잘 이해하시고 이에 어긋남이 없도록 하실 것.
2. 이의 참뜻을 이해하시고 소속직원이나 종업원이 아닌 신분을 가진 경비원에 대해서는 1972년 7월 31일까지 청원경찰법에 의한 청원경찰관으로 하실 것.
3. 중요시설 경비임무 수행상 합법적으로 무장할 수 있는 자는 청원경찰관과 시설에 소속된 직원과 종업원으로 편성된 직장예비군만이 무장할 수 있음을 이해하시고 그 이외의 자에게 무장을 시켜 경비하는 사태가 없도록 유의하실 것."

이와 같이 강경한 의미를 담은 공문을 각 중요산업 시설주에게 보내자 용역경비업체에서는 용역경비에서 청원경찰에 의한 '용역청원경찰경비'로 경비형태를 변형시켰다. 이때부터 '용역청원경찰경비'라는 용어가 생긴 것이다. 당시 경비회사들은 이러한 자구노력을 하지 않으면 경영을 유지하기가 어려울 정도였다. 아울러 경비원들에 대한 철저한 교육훈련과 사고예방으로 중요산업 시설주로부터 공신력과 신뢰를 받기 위하여 혼신의 노력을 기울였다.

한편, 북한의 대남 침략야욕은 날이 갈수록 격화되고 후방의 국가중요시설과 산업시설에 대한 파괴 및 교란목적으로 무장간첩과 게릴라 침투가 잦아지자, 정부에서는 이에 대응하기 위하여 각종 훈령으로 청원경찰에 대한 중요성을 더욱 강조하기 시작하였다.

청원경찰은 1962년에 청원경찰법이 제정되었으나, 제도적 비현실성 때문에 시설주인 청원주는 청원경찰의 설치·운영을 기피하여 왔다. 그러나 국가중요시설 경비의 중요성과 함께 청원경찰제가 주목을 받으면서 경찰당국의 치안기획단에서 청원경찰에 대한 제도적 보완이 시도되었다.

즉, 청원경찰은 국가경찰로 일관하고 있는 우리나라에서는 예외적인 특수경찰로서(중요시설이나 중요사업장의 경영자, 또는 국내주재 외국기관이 소요경비를 부담할 것을 조건으로 청원경찰관의 배치를 요청하는 경우에 당해 시설이나 기관의 경비에 당하게 하기 위하여 소요경찰관을 배치하여주는 청원경찰제도는 청원경찰이 직접으로는 특정기관이나 개인을 위한 작용이라는 점, 경찰권의 발동이 청원자의 신청에 기한다는 점 그리고 경비도 청원자가 부담한다는 점 등에서 볼 때 실질적 의미의 경찰이라고 보기는 어려우나 제도적 의미에 있어서는 경찰이라고 해야 할 것이다(이상규, 신행정법론(下), 법문사, 1970. pp.46-47. 재인용). 그 법제상의 비현실성 때문에 청원경찰의 수요기관(시설)에서 청원경찰의 설치 운영을 기피하는 현실이 뚜렷하고 실제운영에도 문제점이 많았다.

이러한 문제점으로 첫째, 현행법상 청원경찰관이 담당할 경비대상이 지나치게 한정되어 있으므로 합리적인 제도의 현실을 위하여 경비대상을 넓힐 것이 요청된다. 둘째, 청원경찰의 경비를 국고 관리토록 되어 있어 그 절차가 번거로울 뿐 아니라 경영자 측에서 볼 때에는 일정자금의 동결을 의미하기 때문에 피해의식이 있다. 셋째, 청원경찰관의 법적인 신분관계가 불명확하여 제급여를 포함한 신분상의 혜택을 받지 못함으로써 장기근속자에 대한 처우가 불충분하고 따라서 사기저하 현실을 초래하고 있다. 넷째, 무기휴대의 법적 근거가 없다.

그러나 국가경제의 개발에 따라 중요 산업시설이나 각종 중요사업장은 늘어날 것이며, 특히 1970년대의 국내치안정세는 북한의 침략도발이 가중될 것인 바, 이들 시설이나 기관에 대한 경비수요는 증대할 것으로 예상됨에 따라 더욱 발전적인 청원경찰제도의 강구가 시도되었다.

이러한 방안으로는 첫째, 청원경찰법 및 동시행령의 개정이다. 청원경찰제도의 실제 운영상의 문제점 즉 경비대상의 제한성을 완화시켜 인적·물적 대상으로 확대시키고 청원경찰 운영 경비관리에 있어서 비현실적인 국고관리제를 지양하며 그밖에 감독체제, 신분관계, 후생, 급여 및 사회보장문제 등을 개선할 수 있도록 법령개정을 추진하고 경영자측의 청원경찰 기피현상을 시정한다. 둘째, "청원경찰수요자 부담원칙"하에서 정부기관(정부청사경비, 국회경비, 법원경비 등)이나 국가중요시설 경비는 단계적으로 청원경찰로 대체시킴으로써 일반 경찰인력 부족현상을 극복함과 아울러 특정시설 경비를 위한 국민재정 부담을 지양한다. 셋째, 청원경찰에 대한 교육훈련을 강화하여 근무능률을 향상시킨다. 즉 교육미필자의 임용을 제한하고 교육 이수자도 매 2년마다 보수교육을 실시 근무능률향상을 기한다.

내무부 치안국에서는 청원경찰제도의 현실성 있는 발전을 도모하기 위하여 1973년부터 1976년까지 청원경찰법 및 동시행령 개정, 정부등 중요시설 경비는 단계적으로 청원경찰로 대체한다는 사업계획을 수립하여 연차적으로 시행하기에 이르렀다.

1970년 1월 20일 대통령훈령 제28호 “국가 중요시설 방호지침”은 주로 방호를 위한 방호인력은 청원경찰로 하라는 내용이었다. 1974년 4월 13일 대통령훈령 제36호로는 공업단지 및 중요 산업시설에서는 오직 청원경찰로 경비업무를 담당할 수 있도록 경비태세를 확립하도록 하였다.

1976년 3월에는 울산지구 산업시설 방호 주무자에게 다음과 같은 내용을 지시하였다.

① 중요시설의 자위력 향상에 있어서 중요시설 경비원을 1981년도까지 청원경찰로 대체하여 시설경비에 대한 자위력 향상을 기할 것

② 청원경찰로 대체하는 목표는 다음과 같다.

각 시설주는 다음과 같이 목표 연도까지 연차계획을 세워 대체할 것

목 표 \ 연도별	76년	77년	78년	79년	80년	81년
100%	10%	20%	20%	20%	20%	10%

③ 정밀 방호진단 실시로 시설경비능력을 표준화할 것

그러나 한때 중요시설경비 방호지침에서 내무부 안은 청원경찰 확보를 '100%로 전환'하라는 것이었고, 상공부(산하산업기업체 포함)안은 '가능한 확보'로 각각 지침내용이 달라서 한때 혼란이 있었으나, 곧 단일 안으로 결정된 일도 있었다.

이러한 일련의 사건들은 이제 겨우 자리를 잡아갈려는 민간경비업계에 큰 타격을 주었으나, 한편으로는 청원경찰제에 대하여는 법과 제도적 보완이 이루어졌다.

청원경찰제는 1962년 청원경찰법이 제정되면서 남북대치상황이라는 우리나라의 특수한 안보적 여건으로 생긴 제도이다. 법제정 이후 제도의 시행에는 여러 가지 문제점이 있었으나, 그 당시 국가안보에 기여한 공로는 지대하였다.

1962년 4월 3일 법률 제1049호로 제정된 청원경찰법은 1973년 12월 31일 법률 제2666호로 전문을 개정하여 청원경찰의 근무제도를 합리화하였다.

1973년 12월 전문 개정된 주요내용은 다음과 같다.

○ **개정취지**

현행 청원경찰법에 의하면, 청원경찰관의 배치를 받은 시설 또는 사업장의 경영자는 그 경비를 미리 국고에 선납하게 되어 있어 그 회계절차가 복잡할 뿐만 아니라 사업자금의 불필요한 동결현상까지를 초래하고 있으므로 경비의 선납제를 폐지하고 직불제로 하는 한편 청원경찰관의 배치범

위를 조정하고 그에 대한 무기의 대여규정과 사회보장규정 등을 명문화함으로써 청원경찰제도의 합리적인 운영을 기하려는 것임.

ㅇ **주요내용**

① 법률의 목적규정을 신설함.

② 청원경찰을 배치할 수 있는 대상을 확대함.

③ 청원경찰은 관할경찰서장의 감독하에 그 경비구역에 한하여 경찰권을 행사하도록 함.

④ 청원경찰의 배치결정 및 임용은 청원주의 신청과 추천에 의하여 도지사(서울특별시장 · 부산시장 포함)가 행하도록 함.

⑤ 청원경찰의 경비는 내무부장관이 고시하는 기준에 따라 청원주가 직접 지급하도록 함

이상과 같이 개정하였지만 시설주로서는 청원경찰의 임용부터 배치, 복장, 무기관리, 교육 등의 전반적인 관리에 있어서 경찰서장의 감독을 받기 때문에 운영상 어려움은 한두 가지가 아니었다.

대한석유공사에서는 치안본부에 청원경찰제도 개선과 용역경비업법 제정을 다음과 같이 건의하였다.

청원경찰제도(법)에 대한 건의(1976. 5. 24)

1. 청원경찰의 청원방법

가. 현행법에 시설주 만이 청원경찰을 청원할 수 있도록 규정되어 있는 것을 시설주 또는 경비업무관리자(경비용역회사)가 청원할 수 있도록 건의합니다.

1) 경비용역회사가 청원경찰을 청원함으로써 경비 불실 등으로 발생한 손해에 대하여 시설주에 대한 책임을 질 수 있으며,

2) 경찰관서와 경비업무(청원업무)에 관하여 직접 협조 및 지시감독을 받게 됨으로 능률화를 기할 수 있고,

3) 경비업무 전문화로 경비를 강화할 수 있음.

2. 청원경찰의 대우 및 교육의 자율성 부여

가. 청원경찰은 청원자가 ·그 회사 실정에 맞게 자유로이 대우(보수)하고 교육을 실시함으로써 일반회사 직원과의 차별대우 의식을 없애고 융통성 있는 운영을 할 수 있을 것입니다.

3. 무기 구입허용

가. 경비업무에 필요한 무기를 경비용역회사가 자비로 구매하여 경찰의 통제 승인하에 휴대할 수 있도록 허용 바랍니다.

4. 청원경찰 배치 제한

가. 중요시설에 대하여 무조건 경비원 전원을 청원경찰로 배치할 것이 아니라 항시 무기휴대를 필요로 하는 취약지점 경비에 한하여 청원경찰을 배치해야 타당하다고 사료됩니다.

5. 경비용역회사의 법적 보장

가. 모든 사업은 법으로 보장되어야만 사업의 육성과 발전을 기할 수 있을 것입니다.

나. 외국의 예를 보아도 시설보호를 위한 경비업무는 완전 기업화되고 있어 일본인 경우 1972년부터, 미국인 경우 1850년부터 경비용역회사가 법정 보장하에 필요한 무장을 하게 되며, 주요시설의 경비업무를 그 시설주로부터 위임(용역)받아 운영 관리하고 있으며, 경비 미비로 생기는 각종 사고에 대하여 책임을 지고 있습니다.

따라서 우리나라에서도 이 제도가 활용되면 국가재정을 집약하고 고용을 증대할 수 있게 되며, 경비업무의 전문화로 사고의 위험률이 적어지고 유사시에 경찰지원력으로도 활용할 수 있을 것으로 사료됩니다.

다. 폐사는 1962년부터 정유공장과 정유시설 및 석유화학계열의 공장시설 등 전국적으로 30여 개가 중요 기간산업시설의 보호경비를 시설주로부터 위임(용역)받아 수행함으로써 국가안보시책에 적극 기여해 왔습니다.

라. 연이나 우리나라에는 경비용역회사의 법적 보장이 없어 사업육성 발전에 크게 저해되고 있습니다. 경비용역회사를 하루 속히 법으로 보장함

으로써 경비업무의 전문화로 사고의 위험이 적어지고 유사시에 경찰 지원력으로도 활용할 수 있을 것으로 사료됩니다.
또한 1972년 7월 5일 가까운 일본에서는 경비업법이 제정 공포되어 민간경비 관련 법제정의 필요성을 주장하던 우리나라 경비업계에 큰 자극을 주었다. 당시 일본에는 경비회사 775개사, 경비인원 41,146명으로 제도적 기틀을 잡아가고 있는 중이었다. 특히 일본의 민간경비는 1965년 도쿄올림픽과 1970년 오사카국제박람회와 같은 국제적 행사에 참가하여 경비임무를 성공리에 수행하면서 발전의 계기를 마련하였다.

일본의 민간경비발전에 자극을 받은 우리나라는 치안담당자를 일본에 파견하여 일본 민간경비업계에 대한 연구를 본격적으로 시작하였다. 그 결과 중요산업시설 보호에 있어 그 성격상 국가가 이를 관리・운영해야 하는 청원경찰제도보다 민간에게 위탁하여 운영하는 민간경비제도에 대한 관심이 정책당국에서도 형성되기 시작하였다.

3. 민간경비의 필요성 증대

1973년 1월 12일 조선일보기사는 '경비업법' 제정의 필요성을 역설한 적이 있었지만 당시에는 빛을 보지 못하고 보류된 적이 있었다.

당시 기사내용을 소개하면 다음과 같다.

"우리나라에서는 1950년대부터 몇몇 기업체가 경비용역을 미8군 노무처에 군납하는 형태로 활용하고 있었으며, 우리나라 산업시설에 대해서는 발전, 유류, 원자력시설 등의 경비업무를 하청(용역)을 받아 일하는 업체가 있으나 법적 뒷받침을 받지 못하고 있다. 일본의 경우 1956년 이미 200여 경비보장회사가 생겼으며 미국에는 1850년부터 보안경비회사가 생겨 일반의 민간경비업무를 맡고 있다. 내무부는 이 제도가 활용되면 국가재정을 절약하고 고용은 증대할 수 있게 되며 경비업무의 전문화로 사고의 위험 등이 적어지고 유사시 경찰 지원력으로도 활용할 수 있는 것으로 보고 있다"라고 하여 사회경제적 입장에서 용역경비의 실정과 필요성을 강조하여 경비업이 앞으로 발전할 것으로 예측하였다.

대한민국 재향군인회(회장 金一煥)에서는 1965년 2월부터 월남에 파병되어 공훈을 세운 제대 장병들에 대한 회원 취업에 많은 관심을 갖게 되었다. 여러 가지 방안 중 회원의 취업보도의 일환책으로 민간경비가 제대군인에게 적절한 사업으로 판단하여 범아공신(주)(사장 尹 瓘)과 협조하여 대한민국 재향군인회 산하업체로 1972년 7월 7일부로 설립키로 대한민국 재향군인회와 업무협정을 체결하였다. 동년 7월 12일에는 국방부장관(劉載興)의 승인을 얻어 재향군인회와 공동으로 민간경비개발 및 재향군인회원 취업보도, 경비업법 제정 등 민간경비 사업을 개척하는데 최선의 노력을 기울였다. 당시 국방부장관이 상공부장관 앞으로 발송한 취업보도 관련 공문의 전문을 소개한다.

국 방 부

편동 : 937.19-539　　　　1972. 11. 2

수신 : 상공부장관

제목 : 재향군인 회원 취업보도 협조

1. 대한민국 재향군인회는 재향군인 상호간의 친목을 도모하고 군인정신의 앙양과 군사능력을 증진하기 위한 목적으로 당부의 지도 감독 하에 설립 운용되고 있는 사단법인입니다.

2. 금반 재향군인회에서 회원의 복지증진 및 취업보도의 일환으로 산하에 아래와 같이 경비업무를 전문적으로 수행하는 업체를 설립하였기에 귀부에 협조 의뢰하오니 귀 부 산하 또는 관련 중요시설의 보안 경비상 필요하다시면 가급적 동사가 경비용역업무를 대행할 수 있도록 조치하시와 재향군인 회원의 취업보도에 적극 협조하여 주시기 바랍니다.

가. 업체명 : 대한민국 재향군인회 산하 범아공신(주)

나. 소재지 : 서울특별시 중구 명동 2가 32

(28-9405, 2309869). 끝.

국 방 부 장 관

그러나 회원 취업보도는 생각대로 잘 되지 않고, 국가중요 산업시설 경비개발(도급계약)에도 어려움이 생기자 이에 대한 대응방안을 모색하였다. 1972년 7월 재향군인회 산하 범아공신(주)이 설립되었으나, 경비용역 개발에 여러 가지 어려운 점에 봉착하게 되었다.

즉 첫째, 경비업법의 미비로 공신력을 인정받지 못하여 중요시설경비 및 재산과 인명보호를 민간경비업체에 맡긴다는 것은 여러 가지 어려운 점이 많았다. 전술한 바와 같이 당시 치안본부는 몇 개 업체에 불과한 경비회사를 불신하여 전국에 산재하고 있는 중요시설주에게 용역경비를 못하도록 공문을 발송한 바 있었다.

둘째, 당시 국가중요시설경비는 청원경찰이 담당하고 있어 경비업체가 용역경비를 하기 위해서는 경비업법 제정 이외에는 방법이 없었다. 결국 선진국 경비업의 정보를 수집하여 용역경비의 필요성을 역설하고 관련기관의 절대적인 협조를 구하기 위해 재향군인회에서는 1973년 9월 6일 청와대를 비롯하여 15개 관계기관에 법 제정의 필요성 등 건의서를 제출하게 되었다.

셋째, 경비업계에서는 1975년과 1976년 일본의 종합경비보장(주)를 2차례에 걸쳐 방문하여 일본 경비업 관련자료 등을 수집하여 당시 치안본부 경비과장 윤종한 경무관 실무책임자 박보영 총경 박동범 경감 등을 만나 협의하였으며, 내무부 차관 서정화씨 등과도 법제정에 관하여 많은 정보를 교환하였다. 그리하여 1973년 건의서를 제출한지 3년 만인 1976년 12월에 "용역경비업법"을 제정하게 된 것이다.

「경비용역 개발에 대한 건의」는 민간경비의 취지, 중요성, 법제정의 필요성과 외국 경비업의 발전상 등을 당시 범아공신 김정환 부사장이 작성, 35쪽의 소책자로 1973년 7월 발간하여 재향군인회 명의로 1973년 9월 6일부로 15개 관련기관에 배포하였다. 건의서를 배포한 15개 관련기관은 청와대 중화학공업추진위원회, 청와대 안보담당 보좌관, 국무총리 김종필, 중앙정보부장 이후락, 경제기획원장관 태완선, 상공부장관 장예준, 재무부장관 김용환, 교통부장관 최경록, 건설부장관 김주암, 문공부장관 김성진, 농림부장관 최각규, 내무부장관 김치열, 과학기술부장관 최형섭, 서울특별시장 구자춘, 문교부장관 황산덕 등이다.

건의서 내용은 다음과 같다.

「경비용역개발에 관한 건의」

경비용역 개발확대계획

一. 일반개설

1. 취지

오늘날 기업경영과 행정관리에 있어서 경비업무를 용역함으로써 경비의 효율강화, 경비인력의 절약, 경비업무를 직영함으로써 발생하는 제문제와 해소, 기업주는 경비업무에 소요되는 시간과 노력을 생산관리면에 중점 활용하게 됨으로써 그만큼 생산성은 최고로 향상되고 기업경영은 최대로 합리화되며 따라서 그것은 곧 국가경제목표달성과 어울려 국민경제향상을 이룩하는데 이바지하게 되는 것이다. 그러므로 이다지도 중요한 경비용역은 국가적 차원에서 조속히 개발 확대되어야 하겠다는 것이다.

2. 각 전략산업체의 경비부담가중과 경비용역의 긴요성 증대

현재, 우리나라는 이미 성공한 제1, 2차 경제개발5개년계획에 뒤이어 제3차 경제개발5개년계획을 수행중이며 장차 80연대까지 100억불수출, 1,000불 국민소득 달성을 위하여 앞으로 각 생산분야 즉 중화학공업, 기계공업, 조선공업, 정유공업 등이 그 주축으로서 현 산업시설의 약 4배 이상이나 더 확장될 것이며 아울러 인력소요, 자금소요, 물자소요도 그 증가율이 정비례적으로 막대한 것이며 이에 따르는 제반행정, 경영전략, 기술 등에 있어서 비범한 노력이 요청되고 있는 것이다. 특히 공산주의자들의 기본 침략성은 자타가 숙지의 사실이지만, 최근 발표된 간첩활동이 실증하다 싶이 포항제철, 한국화약 등 중요한 산업체의 파괴를 획책하고 있었던 것에 비추어 보아 앞으로 모든 중요전략산업체에 대한 경비업무는 더욱 중요하게 되는 것이다. 즉 그만큼 각 생산기업체는 경비의 부담이 가중되고 있다는 것이다.

그러므로 각 중요산업시설을 가진 기업체는 부담이 많은 경비업무를 용역함으로써 공장시설 등의 경비를 제외한 생산관리부분에만 전념하게되고 기업전략에 따른 생산성 향상과 경영합리화가 되어 기업발전을 이룩할 수 있고, 나아가서는 우리의 경제목표달성을 용이하게 할 수 있는 것이다.

3. 경비용역의 일반구비요소 및 유리한 점

가. 경비용역회사의 구비요소

경비용역을 하는 회사는 반드시 경비대상의 공장시설 등에 대한 보안, 화재, 도난의 예방을 철저히 하여야 하며, 그 원인이 천재·지변에 의하여 재해가 발생했을 때에는 그 피해를 최소한으로 감소시켜야 할 것이며, 또한 그 원인이 경비원의 경비소홀에 의하여 사고가 발생하였을 경우에는 그 피해를 경비용역회사에서 배상하여야 되는 것이다.

그러므로 적어도 경비용역회사는 첫째로 유능한 경비요원을 보유하여야 하고, 둘째는 사고발생시의 손해배상을 할만한 자력이 있어야 하는 것이다. 환언하면 경비용역을 맡은 회사는 그만큼 공신력이 있어야 한다는 것이다.

나. 경비업무를 용역함으로서의 이점

(1) 경비 및 인력이 절약된다.

ㄱ. 용역함으로서 지출되는 제반경비 즉 급료, 퇴직금, 상여금, 제수당 및 피복장구 등이 대폭 절약된다.

ㄴ. 경비원의 인사관리가 경비업무의 지휘감독 및 제반 행정업무 처리를 담당할 부서의 신설 또는 확장의 필요가 없을 뿐만 아니라 행정인력이 절감된다.

(2) 도난피해 등에 대한 피해 변상금을 전액 보상받을 수 있다.

(3) 동일단순직종의 다수인력으로 노조중심세력의 형성을 막음은 물론 집단이익추구를 위한 압력단체화를 방지할 수 있다.

(4) 경비전문화로 인하여 각종 사태에 따라 경비인원을 신축성있게 가감 운영할 수 있다.

(5) 경비업무를 강화할 수 있다.

ㄱ. 철저히 훈련된 경비원을 배치함으로써 무장간첩 및 도범 침입에 즉각 대응할 수 있다.

ㄴ. 경비업무를 용역함으로써 기업주 직원과 상호감시 및 견제가 됨으로 시설파손 및 물품관리에 대한 사전방지가 된다.

ㄷ. 유능한 교관을 통하여 경비업무 전반에 대한 철저한 훈련을 할 수 있으므로 경비업무의 만전을 기할 수 있다.

ㄹ. 경비업무에 대한 지시 및 감독할 수 있는 권한을 가지며 실질적으로 경비업무를 통제할 수 있다.

(6) 경비업무에 관련된 대외기관(경비사, 예비사단, 경찰서, 재향군인회 등)과의 연대를 가일층 강화할 수 있다.

ㄱ. 경비업무를 용역함으로써 기업주는 공장시설 등의 경비를 제외한 생산확대와 경영합리화 개발에 전념할 수 있는 이득이 크다.

二. 한국 경비용역 현황

1. 우리나라 경비용역업의 연혁과 개요

한국의 경비용역의 시초는 1954년에 8군 구매처의 계약이 되어 8군 보급창 및 사택경비로부터 개시되였고 국내경비는 (합자)범아실업공사(대표자 윤관)가 대한석유저장주식회사(KOSCO)의 저유시설 및 pipe line의 경비부터 용역계약을 맺음으로써 한국의 경비용역이 본격화되었다.

특히 1972년 7월 12일에는 범아공신주식회사가 재향군인회산하업체로 발족하여 가일층 활발하게 되었고 현재는 한국비료공업주식회사를 비롯하여 4개사와 계약이 체결되어 경비에 임하고 있다. 연이나 한국의 경비용역은 아직 미개발상태에 놓여 있어서 앞으로 필연코 개발 확대되어야 할 단계에 이르고 있는 것이다.

2. 현재 국내의 경비용역실태

이제 각 기업체는 경비용역제를 선호하는 것이 기업전략에서나 국가이익을 위하여서나 필연적이라는 것을 알게 되었는데, 그 경비용역방법에 대하여 살펴보자면 아직 우리나라는 경비용역에 관한 법령(외국의 예를 들면 경비업법)같은 것이 제정되어 있지 않지만, 현행법 테두리 내에서 개인기업체 또는 회사단체가 경비를 청부맡고 있는 것이다.

그런데 현재 미8군 관계와 국내기업체의 경비용역은 아래와 같으며 소수에 불과한 미개척상태인 것이다.

3. 국내경비업체

사명 : 범아공신주식회사(향군산하업체)(대표 김정환)
주소 : 서울 중구 명동 2가 32의 5

사명 : 합자회사 범아실업공사(대표 윤관)
주소 : 서울 중구 명동 2가 32의 5

사명 : (주) 한국보안공사(대표 최진엽)
주소 : 서울 마포구 용강동 43-1

4. 8군 경비(군납)업체

사명 : 경화기업주식회사(대표 김이남)
주소 : 서울 중구 충무로 2가 61-8

사명 : 봉신기업주식회사(대표 김형중)
주소 : 서울 종로구 신문로 2가 55

사명 : 신원기경주식회사(대표 최윤옥)
주소 : 서울 중구 충무로 2가 49-15

사명 : 용진실업주식회사(대표 유화열)
주소 : 서울 중구 충무로 2가 50-10

三. 생략

四. 경비용역대상업체 및 소요추정경비원수

(생략)

五. 경비용역개발 확대방안

1. 현재 기존법령 범위 내에서 개발확대 방안

가. 현재까지 개발해온 종래 방식으로 개발 확대한다.

나. 개발확대 대상업체 중 경비용역의 인식도가 높은 곳과 국영기업체, 영리기업체 및 이와 관여업체별로 그 우선순위를 설정하여 점점식

으로 개발 확대해 간다.

다. 개발대상업체의 장 및 그 중역진부터 경비용역 이해성에 대한 인식을 높이고 특히 대상업체의 감독관청과 또는 관리부처기관의 장 및 그 간부들에게 경비용역에 대한 인식을 철저히 시켜서 우선 제일단계로 하향식 개발방법을 사용한다.

라. 범백(凡百)의 기회를 포착하여 공사기업체의 중진과 평사원을 막론하고 광범위하게 각종 PR로서 경비용역에 대한 인식을 높이어 어느 시점에 이르러서는 일반회사 저변에서부터 자진 필요성을 느끼어 상향식 개발방법이 가능토록 한다.

마. 비교적 인식도가 높은 사기업체(대·중·소 기업)로서 특히 작전지역 내 중요 산업시설 및 수출산업 등은 정부의 지원과 각종 PR에 의하여 개발하는 것이 효과적이며, 특히 사기업체개발에 있어서는 무엇보다도 기업주(경영자, 주주)가 원하는 한국적 경비업무 즉 경비와 부수업무(호송, 교통정리, 안내역, 질서정리, 환경정리, 잡역 등)인 그 기업에 적합한 운영체제에 협조하는 것이 개발하는데 소홀히 할 수 없는 현실임.

바. 요는 가장 빠르고 효과적 방법이란 사실상 경비용역을 시킴으로써 기업전략상 생산성과 경영합리화가 최고로 발전하는 것임으로 우선적으로 국영기업체, 관리기업체 등에 대하여 정부 각 담당부처에서 각 해당기업체에 대하여 일원적으로 강력한 지시를 하는 것이 제일 좋을 것이다.

이렇게 실시된다면 별표와 같은 경비용역을 시킴으로서의 이점뿐만 아니라 280만 재향군인의 취업보도와 아울러 사기도 높아지는 것이며 이것은 곧 국가적 이익에 기여되는 것이다.

사. 기존 법중 향토예비군설치법 활용

(1) 향토예비군설치법에서

목적(제1조) 임무(제2조) 무장(제7조) 권한의 위임(제14조) 등 적절히 활용하면 임무에 있어서 즉 "예비군은 적 또는 반국가단체의 지령을 받고 무기를 소지한 자의 침투가 있거나 그 우려가 있는 지역안에서 적 또는 무장공비를 소멸하고 그 공격으로 인한 피해의 예방과 응급복구 및 중요시설과 병참선의 경비 등에 관한 임무를 수행한다" 라고 되어 있으니 만치 요는 재향군인회원으로 구성된 경비집합체가 경비대상업체와 기관의 직장예비군부대(대 · 중 · 소)가 되어 예비군으로서의 임무를 수행하면 가능한 것으로 활용할 수 있다고 보는 것이다.

만약 이렇게 향토예비군설치법을 활용하려면 협조기관으로서 국방부(예비군국), 내무부(치안국), 대간첩대책본부, 육군, 예비군관계부서 등과 협조를 얻어 대통령훈령 제18호, 24호에 의한 예비군을 동원할 수 있는 지역에 경비업무를 한다면 무기휴대도 가능하게 되는 것임.

2. 경비업법과 제도를 갖춘 개발확대방안

가. 현단계에서는 기술한 바와 같이 일차적으로 현실가능한 방법으로 개발 확대한다.

나. 앞으로 완전한 경비업법이 제정 공포되고 제도가 확립되면 경비용역업무는 전국적으로 체계화되고 계열화되어 많은 발전을 이룩할 것이다.

다. 완전한 경비용역을 전국적으로 실시하려면 다음과 같은 미비요소를 보완하여야 한다.

(1) 법적미비사항

ㄱ. 우리나라는 아직 경비에 관한 직접적인 법은 없으며 다만 향토예비군설치법(1968년 5월 29일 공포)과 청원경찰법(1962년 4월 3일 공포)이 있으나 아직 선진국처럼 기업화되고 경비용역회사를 위한 법의 미비로 금년 1월에 내무부치안국에서 경비용역법을 제정하려고 하였으나 보류상태에 놓여져 있음

ㄴ. 경비회사로서 경비업무를 기업화하는 법의 뒷받침이 없음. 따라서 조속히 경비업법 제정이 시급함.

점차 현역 군경은 본연의 임무로 허용하는 것으로 예측될 때 어느 시기에는 재향군인회원으로 조직된 경비용역회사가 예비군의 신분으로 경비용역을 실시함이 합리적임으로 이 점을 고려하여 재향군인회산하 경비업체에다 경비임무를 부여한다면 공신력과 국가방위상인 면에서 볼 때 일석이조인 유리한 결과가 될 것이다.

ㄷ. 참고로 미국은 1850년에 이미 경비용역을 위한 보안경비법 공포 이후에 현재 약 900개 사가 있고 가까운 일본은 1972년에 경비업법 공포 후 1973년도 현재 약 450개 사, 경비원 40,000명으로서 국가중요산업시설 및 중요장소는 거의 경비보장회사에서 경비업무에 임하고 있다.

(2) 임금제도관계사항

우리나라는 최저임금제도가 없으며 또한 이에 대한 적정임금수준도 없음. 단, 근로기준법에 의거 경비원은 법적 보장은 받고 있음으로 각종 수당과 퇴직금제도는 완비되어 있음.

동일직종임금(경비원)도 각 기업체마다 심한 격차(각 사마다 임금지출 차이)가 있음으로 울산공업단지 내에서도 기업체간 임금차익이 있음으로 동일자 취업 경비원의 노무관리에 애로의 모순이 많음. 이 점은 노동청 상공회의소, 경영인련합회 등에서 예의 검토중 있음.

(3) 현행정과 사회제도가 주는 영향

공사기업체를 막론하고 대부분이 경비원이라는 특수직종을 인사관리상 몰인식하고 잡종 및 다목적으로 경비원 본연의 임무 이외의 잡무를 시키는 일이 있는가 하면 또 한편으로는 혈연 · 지연 · 사연(私緣) 등 가족적인 인습으로서 경비원을 난사(亂使)하는 일이 있어서 경비용역개발에 좋지 못한 영향을 주고 있음.

(4) 장비체제상 보완사항

경비의 임무를 완수하기 위하여서는 물론 첫째, 경비원의 자질과 노력에 따르는 것이지만, 현대에 있어서는 그 최선외인 자질을 구비한 경비원에다 최선의 경비용장비를 구비시켜야 하는 것이다. 특히 그 구비시킬 장비도 이제는 기계경비시대이니만치 우수한 기계장비를 구비하여야 되는 것이다.

이 실례는 미국이나 근접국인 일본국의 경비용역 실태를 보아도 여실히 증명된다. 특히 1970년도의 일본의 만국박람회시에 그 넓고 복잡한 경비는 종합경비보장회사의 경비용역으로서 고성능 기계경비에 의하여 성공하였던 것이다.

(5) PR 강화책

전기(前記) 현실 가능한 범위에서의 개발확대방안에서도 강력히 언급한 바 있거니와 이 PR은 시간적·공간적으로 유동성과 기복성인 동적실태에 적응하게 부단히 계속적으로 범백의 기회를 포착하여 각종 매스컴을 통한 백방 수단 방법으로 최선을 다해야 하는 것이다.

PR시 특히 착안할 것은 경비용역의 개발실적 PR과 그 진행 PR를 포함한 경비용역 공신력에 대한 것과 그 효율성에 대하여 중점적으로 PR을 실시하여야 한다.

예를 들어서 우선 최소한 경비용역의 소책자가 전국적으로 산재하여 있는 중앙과 지방의 각 행정기관·금융기관 국영 및 관리기업체 대·중·소의 공공 및 사기업체 기외 각관청 학교 각 사회단체에 이르기까지 배포되어야 한다. 그리고 방문 PR을 실시하고 그 다음에는 적극적 참여권유 PR을 실시하는 것이다.

라. 국제적으로 외국경비용역기관과 상호 협력방범대책

선진국(특히 미국과 일본국)들의 경비업무는 날로 발전하고 있는데 그것은 사회 범죄수 증가에 비례하여 업무가 증대되고 있는 것이며, 특히 일본국은 정부시책에 호응 경찰인원의 감소 및 국가재정의 절약, 경찰과 민간의 상호협조와 유대강화로서 민간기업의 발전에 기여케 되고 있는 것이며, 그 예로 일본종합경비보장(주)은 전국적으로 경비원 약 8,500명, 연간소득 170억엔(1973년 현재)임. 우리도 이 방향에 경비기술업무를 도입하여 국내경비용역개발확대에 기여토록 함이 긴요한 것임. 그리하여 우선 한일경비용역기술행정협정을 체결함으로써 경비업무에 대한 상호 정보교환 및 미비점 보완과 더불어 상호 제휴 실효를 거둘 수 있다고 보는 바임.

六. 기타 참고자료

(생략)

七. 결론 및 건의

결론

국가 이익에 다목적으로 기여하는 경비용역은 기필 개발 확대되어야 할 것이다.

건의

1. 제 일차적으로 국영기업체, 관리기업체, 전국 각 공업단지, 고속도로 등 국가중요산업시설 및 병참선경비를 현재 자체경비에서 용역경비로 전환조치하여 주실 것.
2. 80연대까지 100억불 수출달성을 위하여 장차 착공하는 중화학공업, 조선공업, 정유공업 등의 건설공사부터 그 경비업무를 경비회사가 맡을 수 있도록 조치하여 주실 것.
3. 항구적이고 계획적인 중요시설 경비에 임할 수 있도록 경비업법(가제)을 제정 공포하여 주실 것.
4. 내무부(치안국) 산하 방범위원회에서 전국 850개처 방범대원 6,000명과 시경 교통과 소관(전국 운송조합에서 함) 교통지도원 500명 등을 용역으로 전환하도록 함.

八. 유첨 : 일본 종합경비보장(주) 소개지

(생략)

이 건의서로 인하여 민간경비는 새로운 사업으로 인식되기 시작하였고 그 후 용역경비업법 제정에 원동력이 되었다.

4. 용역경비업법 제정 이전의 민간경비 활동상

1970년대 초의 민간경비는 치안당국이 1972년 6월 12일 내무부 치안국 경비과 공문(2040-4712)에 의한 부정적인 조치, 특히 주 계약처인 시설주에게 민간경비를 "비합법적이고 새로운 형태의 시설방호체제로 발전할 우려가 있다"는 지침을 발표하면서 큰 타격을 입게 되었다. 당시만 하더라도 자기 기업의 재산을 외부에 노출하여 타인에게 경비를 위탁하는 것을 꺼리는 분위기였다. 그러나 이러한 악조건하에서도 1964년 1월부터 대한석유공사는 범아실업공사(사장 尹瓘)와 경비용역계약을 체결하였다.

또한 대한석유공사는 경비용역계약을 체결함에 있어 관련법의 미비로 어려움을 격자 내무부 치안본부장에게 용역경비업 개발에 관한 건의서를 제출하였다. 주요내용은, 첫째, 경비원이 법적 신분과, 둘째 유사시 책임 한계가 문제될 수 있으므로 조속한 관련법의 제정과 법적 보장이 절실함을 강조하고 용역경비관련법의 제정이 우리나라 경제발전에도 중요한 역할을 할 것이라고 주장하였다. 1970년부터 1976년 용역경비업법 제정 이전까지의 민간경비 업체수는 < 표 2-9 > 과 같이 국내기업 경비업체 5개, 미8군 군납업체 4개 등 총 9개 업체였다.

〈표 2-9〉 용역경비업법 제정이전의 국내기업 경비업체 현황

(1975년 12월말 현재)

회사명	설립일	경비시설수	경비원수	주요 계약처
汎亞實業公社	1958. 2. 4	41	568명	대한석유공사, 호남정유
韓國保安公社	1971. 1. 22	61	544명	한국전력
東西企硏(株)	1972. 2. 24	6	54명	동아제약, 종합건물관리
汎亞公信(株)	1972. 7. 7	15	398명	한국비료
韓國警保(株)	1974. 12. 19	46	484명	한국전력
합 계		169개소	2,048명	

1973년 10월에는 군, 경찰, 방위병 등이 담당하던 경부, 경인, 호남고속도로의 경비업무를 용역경비로 전환하고자 범아공신(주)은 재향군인회 명의로 당시 감독기관인 건설부와 한국도로공사에 『고속도로 경비계획』을 작성하여 협조를 구하였으나, 민간경비는 무기휴대가 불가능하다는 이유로 건설부에 의하여 기각되었다.

참고로 『고속도로 경비 계획』의 전문을 소개한다.

<u>고속도로경비계획(1973. 3.)</u>

제출처 : 대한민국재향군인회

고속도로경비계획

1. 고속도로의 중요성

가. 고속도로는 각종 수송을 함으로써 농어촌과 도시의 격차를 해소하고

농촌의 근대화와 농공업 병진을 도모하고 나가서는 시장권의 확대 및 관광사업진흥에 이바지하고 일일생활권으로서 각종 시간을 단축하는 데 기여되고 있음.

나. 일단 유사시는 군사기동력을 증진하고 군의 작전물자수송 능력을 배가하며 전략기동력(보급로 비상활주로 등)을 완전 발휘케 하여 국방력에 주는 영향 지대함. 따라서 고속도로는 국토의 대동맥이며 국방상 중요한 병참선이다.

2. 고속도로의 준비현황과 문제점

경부고속도로는 한반도 남북으로 서울, 부산간 428km 5개도(경기, 충남북, 경남북) 6개 도시로 연결되고 이 구간에는 각종 교량 30개소, 터널 6개소 기타 부대시설 등 중요한 병참선으로서 여기에 현재 대부분을 군병력과 일부 경찰관으로 경비에 만전을 기하고 있으나 어느 시기에는 군경대(軍警隊)를 전용하는 것으로 설정함.

가. 이 가정하에 계획적이고 항구적인 대체방법의 가능성 여부를 검토코저 함.

3. 군사력을 대체할 수 있는 경비방법

가. 방위소집

나. 청원경찰제

다. 향토예비군(직장예비군)

라. 경비용역회사(향토예비군)

이상 4개 방법을 설명한다면

(1) 방위소집

지역별(경찰서별)로 응소된 현역미필된 자

가. 지정된 장소에서 복무할 수 있다.

군의 특수사정과 기타 이유로 현실불능하며 또한 경부간고속도로에 면하여 있는 각 경찰의 관할문제로 인한 일원화의 결여로 지휘감독이 되지 않아 부적함.

(2) 청원경찰제

청원경찰법으로 무장(무기휴대)은 가능하나 준공무원의 신분으로 채용

발령하는데 각각 행정관할이 다른 5개 도지사의 임명권과 급료지급 및 교육훈련 등에 있어서는 복잡한 수속이 수반됨으로 행정의 일원화가 불가능하고 또한 각각 관할지역 경찰서장의 지휘감독을 받음으로서 지휘 일원화도 역시 불가능함으로 부적함.

(3) 향토예비군(직장예비군)

재향군인회 회원이 직장 및 지역별로 분산되고 인적자원도 230만명 예비군 조직을 갖고 예비군설치법으로도 가장 좋은 경비방법이나, 그 임무수행에 있어 무장(무기휴대)이 제한되어 다만 교육훈련 및 무장공비섬멸하는 전과에만 무장할 수 있으므로 현행법 테두리서는 난점이 많음.

(4) 경비용역회사(향토예비군)

아직 경비용역회사는 경비업법(현재 내무부에서 검토중)이 없어 무기휴대에 법의 뒷받침이 없으나, 다만 범아공신(주)은 국방부장관의 사업계획승인 및 국방부장관이 각부 장관에게 경비용역을 요청 등 현재 각부 장관 협조하에 각 국가중요시설을 경비하고 있음.

경비방법은 시설주인 계약회사 직장예비군에 전원 편입하고 있어 지장이 없으나, 고속도로경비의 경우 초소가 전국적으로 산재하고 있으므로 해당지역 경비사령관 또는 예비사단장의 권한으로서는 무장지시가 곤란함으로 역시 전항과 같음.

4. 해결할 수 있는 경비방법

가. 현행법하에서 가능한 방법

(1) 향토예비군설치법(7조1항)

(2) 용역회사와 청원경찰과의 혼성방법

이상 2개 방법을 설명한다면

(가) 향토예비군설치법(7조1항)

법 제7조1항을 보면

예비군은 그 임무수행을 위하여 필요시 무장할 수 있다 라고 명시된 내용으로서는 도로경비 임무의 성격에 따라 좌우될 수 있음. 즉 그 도로 경비임무 수행상 무장공비의 침투가 있거나 그 우려가 있는 지역이라면 가능함.

(나) 용역회사와 청원경찰과의 혼성방법

용역회사와 도로공사와의 경비용역계약 체결시 용역회사가 추천하는 제한된 경비원을 해당 경찰국에 청원하여 각 초소에 해당되는 인원수만 청원경찰관으로 충당함으로써 초소당 무기지급이 가능하다.

나. 현행법을 개정하는 방법

(1) 향토예비군설치법 개정

법 제7조(무장)1항에는

예비군은 그 임무수행을 위하여 필요시 무장할 수 있다.

제2항에는

출동할 때 적 또는 무장공비를 섬멸하는 전과에 한하여 무기를 사용할 수 있다 라고 제한된 무기휴대를 다음과 같이 제2항에 삽입한다.

또한 국방부장관이 필요에 따라서 국가중요시설 및 병참선을 보호경비시 무장을 명할 수 있다로 추가한다.

(2) 경비업법제정

내무부 치안국 주관하에 현재 법제정을 추진 중에 있으나 아직 검토중에 있음(일본은 경비업법 72. 11. 1일부 제정).

법안 내용은 주로 일본, 미국 등의 경비업법과 유사함.

5. 결론

결론적으로 우리나라 현행법으로는 향토예비군의 중요시설 경비업무수행에 무기휴대 여부가 애매하여 현재 군이 고속도로뿐만 아니라 전국적으로 국가중요시설과 적 및 무장공비가 침입 우려되는 광범위한 취약지구의 경비에 임하고 있어 언제 어느 때 군경대의 전용으로 중요시설의 경비상 공백이 초래될까 우려되는 바 있음.

가. 따라서 사전조치로서 경비용역회사의 향토예비군인 경비원에게 무기를 휴대케 하여 경비에 임하도록 정책적인 전환조치가 시급하고

나. 시행방법으로는 현향토예비군설치법 제7조 1항에 의거 예비군(경비용역회사의 경비원이 이에 해당함)에게 무기휴대가 허용되어야 함.

다. 근본적으로 향토예비군설치법의 개정 및 새로운 경비업법을 제정하는 안도 있기는 하나 이의 현실까지는 앞으로 상당한 시일이 소요할 것으로 예상됨.

6. 건의사항

가. 고속도로 경비에 임할 수 있도록 향토예비군설치법 제7조 1항에 의거 예비군에게 필요한 무장을 허용하게 하여 예비군(경비용역회사의 경비원이 이에 해당함)으로 하여금 경비에 임할 수 있도록 조치하여 주시기 바라며

나. 위 조치가 불가능시는 재향군인회 경비용역회사와 일부 청원경찰과 혼성하여 경비에 임할 수 있도록 건의함.

1970년대 초에는 법적 미비와 민간경비에 대한 일반 인식의 부족과 부정적인 이미지로 인하여 발전에 많은 애로가 있었다.

5. 민간경비업체의 운영 실정

1950년대 미군납 경비로 시작한 우리나라 경비업체는 법제정 이전까지의 운영에 있어서 미·일에 참고자료가 있었으나, 군에서 제대한 간부들에 의한 군대의 지식에 큰 도움을 받았다. 특히 1962년에 제정된 청원경찰법과 1968년에 제정된 향토예비군설치법에 규정된 경비업무 수행에 관한 조항을 근거로 투철한 국가관에 입각한 준군인으로서의 한국적 실정에 맞는 독창적인 경비제도의 정착에 노력하였다.

1970년대의 경비업체들은 민간경비에 대한 사회일반의 부족한 인식을 이해시키는데 많은 노력이 필요하였다. 그러나 경제개발에 따른 산업화의 급속한 진전은 필연적으로 기업의 분업화·전문화와 더불어 비용절감을 통한 경영합리화를 수반하였다. 이러한 시대적 조류에 힘입어 경비업체는 내실을 기하고 회사의 조직과 체계를 세우며, 교육훈련을 더욱 충실히 하고 장비의 현대화를 꾀하는 등 경비업무의 전문화에 박차를 가하였다.

경비수요가 증가함에 따라 전문성과 공신력을 갖춘 업체만이 경비계약에 있어 유리한 위치에 놓이게 되는 것이다. 참고로 당시 경비계약 체결

의 절차는 먼저 대상업체에 경비개발 공문을 송부한 후, 1차 방문하여 경비의 취지와 회사 소개를 하면서 견적서를 제출한다. 견적내용에 관하여 상호 협의 조정 후 계약을 체결한다. 계약체결 후 경비대 발대식을 한다.

참고로 당시 경비용역 계약서와 경비대 운영에 관한 내용을 소개하면 다음과 같다.

계약서 내용 및 목차

제1조 총칙(경비와 방호)

1. 을은 갑이 지정하는 경비구역내의 임명, 시설, 물자에 대한 도난, 파괴, 침입 등 일체의 불법행위를 방지, 제거하고 이를 안전하게 보호할 경비업무를 수행한다.
2. 을은 일반경비용역 외에 갑의 방호계획에 따른 제반업무도 수행한다.
제2조 권리 및 의무, 제3조 경비원의 고용책임, 제4조 경비원의 채용, 제5조 경비원의 통제, 제6조 근로조건, 제7조 근로시간 및 수당, 제8조 유급휴일, 제9조 피복 장구 등의 제공, 제10조 손해배상, 제11조 배상금의 우선공제, 제12조 관계기관의 협조, 제13조 경비용역비의 계산, 제14조 경비용역비의 지급, 제15조 경비용역비의 조정, 제16조 양도의 금지, 제17조 계약의 해석 및 분쟁처리, 제18조 계약의 해지, 제19조 유효기간, 부록 : 경비원 일반수칙, 경비원의 심득사항

경비원의 일반수칙

1. 근무자는 자신의 기본임무와 책임구역을 명확히 알아야 한다.
2. 근무자는 교대에 의하지 아니하고는 잠시도 이탈해서는 안된다.
3. 근무자는 전 책임구역을 살펴야 하며, 특히 외래인의 거동은 의심을 두고 감시한다.
4. 접근자는 경계하라. 접근은 적의 제일단계 공격이다.
5. 외래인의 출입통제는 친절 · 겸손히 하되, 통제원칙을 준수하여 육감이나 유혹에 이끌려서는 안된다.
6. 근무자는 소속상사의 명령에만 복종한다. 상대방의 지위나 특권의식

에 억압되어 예외를 남겨서는 안된다.

7. 근무자에게 불가항력이란 없다. 모든 사고 또는 위험성에 대해서는 비상조치를 취하며 이를 저지할 책임을 가져야 한다.
8. 보고는 신속 정확하게 한다. 지시받지 않은 사항에 대해서는 먼저 보고한 후 상사지시에 따른다.

경비원의 심득사항

1. 나는 회사의 경비원, 국민이 나를 지켜보고 있다.
2. 나의 위치를 지킴은 곧 조국의 지킴이다.
3. 나는 감독자의 명령만을 준수 이행한다.
   압력, 위협, 친분으로 임무를 포기하지 않는다.
4. 내가 무단 이탈하면 적이 침투한다.
   졸음, 악천후, 기타 모든 고난을 참고 지킴은 적을 막기 위함이다.

경비대 운영

1. 지휘체계는 경비대장이 경비대 운영에 책임지고 그 밑에 소대장(반장), 분대장(조장), 대원으로 편성되었다.

2. 임무

(1) 경비대장

1) 예하 경비대원의 지휘통솔 2) 관할구역내의 보안대책 3) 관할구역내의 방호업무계획 및 감독 4) 경비대원의 교육훈련 5) 인사관리업무 6) 장비보급품의 분배관리 7) 급여업무 8) 기타 본사지시업무와 행정업무수행

(2) 소대장

1) 대장을 보좌하여 소대원을 지휘감독 2) 일일근무배치와 순찰감독 3) 구역내의 방호업무와 안전대책 4) 교육훈련 및 교안 작성 5) 소대원의 신상파악 및 건의 6) 기타 대장으로부터 지시된 업무수행

(3) 분대장

1) 소대장을 보좌하여 분대원을 장악 2) 근무구역내의 순찰 및 감독 3)

필요에 따라 중요초소근무 4) 교육훈련시 조교업무 5) 분대원의 신상파악과 건의 6) 기타 지시된 업무수행

(4) 경비원

1) 경비담당구역내의 시설, 인명, 재산의 보호 2) 외부로부터 침입하는 불순불자와 내부에서 발생하는 불순불자를 적발

3. 교육훈련

(1) 교육훈련구분

1) 신입경비원교육 2) 일반경비원 보수교육 3) 간부경비원 보수교육 4) 직장예비군교육

(2) 교육지침

1) 경비실무교육을 위주로 하며 2) 군대생활을 통하여 습득한 군사학을 복습하고 3) 신교리에 의한 군사학을 습득하여 4) 자질을 향상시켜 일단 유사시 적을 격멸하여 국가기간산업 시설을 보호하고 생산보조업을 돕는다.

(3) 교육훈련방침(과목)(일반경비원 보수교육)

1) 일반학

① 정훈교육 ② 정신훈화 ③ 회사 제규정 ④ 경비근무일반 및 특별수칙 ⑤ 방공 방화 훈련 ⑥ 간첩식별, 신고 및 체포요령 ⑦ 제식훈련 ⑧ 구급법

2) 전술학

① 각개 전투 ② 화생방 ③ 축성법(築城法) ④ 총검술

3) 화기학

① 소총기계훈련(M1소총, 칼빙소총, S.M.G) ② 탄약관리 및 취급법 ③ 사격술

(4) 교육훈련계획

1) 신입경비원 교육

① 취업사업장의 실정에 맞는 실무교육, 자체계획에 의거 대장 책임하에 실시 ② 단독근무 가능할 때까지(3~7일간)

2) 일반경비원 보수교육

① 일반학, 전술학, 화기학으로 구분 ② 군대생활에서 습득한 군사지식의 복습 ③ 연간 교육 총시간은 180시간임 ④ 예비군교육과 중복되는 과목은 예비군교육으로 대체함

* 연간 교육총계획표 별첨

3) 간부경비원 보수교육

① 간부경비원의 자질향상을 위한 보수교육 ② 각 경비대 단위로 대장 책임하에 별도계획에 의거실시 ③ 대장급 간부는 본사 소집교육

(5) 예비군훈련

1) 직장단위 예비군교육계획에 의한 교육

별 첨 : 교육총계획표(일반경비원)

〈표 2-10〉 교육총계획표(일반경비원)

구분 / 과목	제 목	교육기간		교육방법	교 관	비 고
		연 간	월 간			
일 반 학	정 훈	12	1	강의	대장	
	정 신 훈 화	12	1	〃	〃	
	회 사 제 규정	12	1	〃	〃	
	경 비 원 수 칙	12	1	〃	소대장	
	방공방화훈련	12	1	강의실습	대장	
	간첩식별신고 및 체포요령	12	1	〃	소대장	
	제 식 훈 련	12	1	〃	〃	
	구 급 법	12	1	〃	〃	
	계	96	8			
전 술 학	각 개 전 투	12	1	강의실습	소 대 장	
	화 생 방	12	1	〃	〃	
	축 성 법	12	1	〃	〃	
	총 검 술	12	1	〃	〃	
	계	48	4			

화 기 학	소총기계훈련	12	1	강의실습	소 대 장	
	탄 약 관 리 및 취 급 법	12	1	〃	〃	
	사 격 술	12	1	〃	〃	
	계	36	3			
합 계		180	15			

1960년대부터 용역경비업법이 제정되기 전인 1970년대 전반기까지 국내 6개 경비업체가 체결한 경비계약처는 <표 2-11>과 같다.

〈표 2-11〉 법 시행전 중요 경비계약처

계약연월일	계 약 처	경 비 구 역	계 약 업 체
1962.5. 11.	KOSCO	부산, 서울, 울산	범아실업
63. 2. 3.	FLOUR-KOREA	울산	〃
63. 3. 6.	BECHTEL INTERNATIONAL	부산	〃
64. 1. 15.	주식회사 대한석유공사	울산, 인천, 서울, 부산, 대구, 대전, 마산, 군산, 광주, 원주	〃
67. 3. 27	FLOUR-KOREA	제3비료공장건설공사현장	〃
68. 3. 1.	유공왕십리 6개 대리점	유공왕십리6개대리점외곽	〃
68. 10. 1.	호남정유주식회사	여수, 인천, 부산, 대구, 대전, 목포, 전주, 포항, 오천, 김포, 판교, 서울	〃
71. 2. 1.	텍사코코리아	서울 한남동	〃
71. 5. 21.	일본까소린	울산	〃
71. 9. 14	코리아 엔지니어링	울산	〃
71. 1. 1.	한국전력(주)	전국발전소, 변전소, 사무소	(주)한국보안공사
72. 4. 14.	GULF OIL	진해	범아실업
72. 12. 31.	한국비료공업	울산	범아공신(주)
72. 12. 30	지요다화공건설(주)	울산	〃
73. 1. 10	(사)울산석유화확단지협의회	울산	〃
73. 3. 1.	동아식품, 동아제약(주)	안양, 청주	동서기연(주)
73. 4. 2	(주)석유화학지원공단	울산	〃

73. 9. 1.	한국마사회	서울	〃
73. 9. 21.	한국카프로락탐(주)	울산	〃
73. 9. 21.	세방기업(주)	부산	〃
73. 10. 1.	고려종합운수(주)	부산	〃
73. 11. 1.	신성개발(주)	서울	범아공신(주)
74. 1. 1.	은정실업(주)	서울	〃
74. 4. 1.	AOC-K(항공사운영위원회)	김포공항	한국안전기업(주)
74. 4. 4	새한자동자주식회사	서울	범아실업
74. 11. 1.	미국은행서울지점	서울	〃
74. 10. 25.	아소마코프레이숀	서울	〃
74. 12 .1	남해화학(주)	여수	한국경보(주)
76. 3. 22	한국콘티넨탈카아본공업	부평	범아실업

6. 미 7사단 철수로 인한 군납 경비업의 타격

1950년대와 1960년대의 국내 민간경비산업을 주도하던 미 8군 군납경비는 미 2개 사단 중 1개 사단의 철수로 큰 타격을 입게 되었다. 미군의 철수는 경비분야 뿐 아니라 의정부, 동두천을 비롯한 경기 일부 지역의 주민생계까지 위협하였다. 미군 1개 사단의 철수로 인하여 타격을 입은 군납경비의 후유증은 1970년 말까지도 군납업계 질서의 와해를 가져왔으며, 덤핑 등으로 인하여 외화획득에 차질을 가져왔다. 그러나 군납조합의 조정으로 기존업자들이 단합하여 위기를 극복하였으나, 1970년대 초에 비하여 경비 시설수 70여 개소가 감소하고, 경비인원도 약 1,000여명이 감소하였다. 기존 군납업체들 가운데는 업종전환을 하는 업체도 있었으며, 국내기업 경비도 겸하는 등 군납업체의 일대 개편이 이루어졌다.

1975년 12월 말 현재 군납경비업체의 현황은 아래 <표 2-12>와 같다.

〈표 2-12〉 군납경비업체의 현황

(1975년 12월 말 현재)

회 사 명	설립년월일	경비시설수	경비원수	비 고
신원기업(주)	1959. 1. 30	3개소	148명	춘천, 원주, 경기 광주지역
용진실업(주)	1954. 7. 1	36개소	665명	서울, 경기지역
경화기업(주)	1964. 3. 20	42개소	1,106명	의정부, 동두천지역
봉신기업(주)	1965.10. 19	19개소	726명	평택, 군산, 대전, 왜관지역
경신기업(주)	실적이 없고 가등록한 업체			
서흥기공(주)	실적이 없고 가등록한 업체			
풍기건업(주)	실적이 없고 가등록한 업체			
합 계		100개소	2,645명	

7. 도난경보기 및 CCTV 보안시스템

1962년 경제개발 5개년계획이 시작되면서 1966년부터 정부는 전자산업을 전략산업으로 채택하여 정책적으로 육성하였으며, 수출의 호황에 따라 경제성장도 8.5%를 기록하게 되었다. 1970년대에 들어서면서 도시화의 급진전으로 인한 부작용으로 강도, 절도 등의 강력범죄가 빈발하였다. 강・절도 범죄의 증가는 인력경비수요와 더불어 도난경보기 등 CCTV시스템의 발전을 가져왔다.

도난경보기 등 기계경비시스템은 제한된 구역에 설치하여 수신기로 음향을 감지하여 외부침입에 대처하는 것으로 주로 미닫이문, 환기통, 창문, 금고, 귀금속함, 들창문 등과 개인주택, 금은방, 금융기관, 사무소 등에 설치하였다.

도난경보기의 생산・판매・수출은 1969년 1월 28일 제정 공포된 전자공업진흥법중 국산화촉진 전자기기의 세부품목에 전자응용기기 및 장치에 경보장치(도난・화재)가 포함되어 도난경보기의 제작・판매가 성장하는 계기가 마련되었다. 이어서 1969년 11월 18일부터 11월 25일까지(8일간) 제1회 한국전자전람회가 개최되었으며, 이는 당시 국내 최대규모의 전시회로써 우리나라에서 처음으로 반도체, TV, 컬러TV, 도난경보기의 상품이 전시되었다.

감지기인 센서(sensor)의 발전은 기계경비의 발전을 한 단계 진전시키는데 기여하였다. 센서는 3대 기본 센서인 광센서, 온도센서, 자기센서 등으로서 각종 물리현상이나 화학현상을 검출하고 그것을 전기신호로 변환하여 이용할 수 있게 하는 소자의 총칭이다. 센서는 창문 출입문 등 장소에 따라 초음파, 레이더, 진동, 적외선, 자석경보기로 설치하여 이상유무를 감지하는 것으로 당시에는 대부분 미국, 일본, 유럽, 홍콩 등지에서 수입하여 판매·설치하였으나, 점차 원자재를 수입국내에서 제작하기 시작하였다. 1970년대 초 대표적인 도난경보기 판매·설치업체는 아래 <표 2-13>과 같다.

〈표 2-13〉 도난경보기 판매·설치업체 현황

(1974년 현재)

회 사 명	대표자	주 소	거 래 처	비 고
합동전자공업사	하정용	서울 종로구 장사동 182-2 한도B/D	특수기관 일반주택	
국제전자공업(주)	정일모	서울 종로구 장사동 220 대영B/D	특수기관 일반주택	
세운사	박세운	서울 종로구 장사동 세운상가 337	일반주택	
조아전자공업사	이동휘	대구시 남산동 613-24	일반주택	

우리나라의 CCTV 시스템(Closed Circuit Television System)산업은 70년대 중반부터 몇몇 중소기업이 중심이 되어 조립산업 형태로 시작되었다. 이후 사회 각 부문의 방범, 방재, 방호의 필요성에 맞추어 수요가 급속도로 증가함에 따라 은행 등 금융기관 수요 CCTV를 비롯하여 각 정부투자기관 수요의 방범·방호용 CCTV와 주요 산업체에 공급하게 되었다. 이리하여 1970년대 와서 합동전자, 국제전자 등의 유명 방범기기 제작회사 10개 업체가 이때 출범하게 된 것이다.

1977년에는 제8회 한국전자전람회에 처음 초음파집중경보장치(Total Security System) 등 방범기기 시스템을 출품하여 관람자로부터 많은 관심을 갖게 되었다. 1970년대 초 대표적인 방범기기업체는 아래 <표 2-14> 와 같다.

〈표 2-14〉 1970년대 방범기기업체

NO	업체명	설립연월일	대표자	주 소	주생산품	비고
1	합동전자통신(주)	1971.1.20	하명용	서울 성동구 자양동 625	방범기기, CCTV	
2	국제전자공업(주)	1971.3.6	정일모	서울 서초구 방배동 479	무전기, CCTV	
3	한국전자경보(주)	1971.8.25	이준복	서울 종로구 당주동 5	경보시스템, CCTV	
4	오리엔탈전자공업(주)	1971.11.24	김환호	서울 강남구 신사동 634	CCTV, 경보기	
5	조아전자(주)	1973.8.30	이동욱	대구 서구 평리동 1334	감지기, 경보기	
6	한국통신(주)	1974.3.4	고성옥	경기 부천 원미구 원미동 8-3	무인경보시스템, CCTV	
7	광림전자공업(주)	1975.2.4	김홍찬	서울 강서구 등촌동 639-12	경보기, 감지기	
8	한남전자산업(주)	1976.6.1	김종훈	서울 용산구 동빙고동7-22	감지기, CCTV	
9	서홍전자공업(주)	1977.9.5	임학철	서울 서초구 방배동 910	CCTV	
10	K&T 전자(주)	1978.3.1	김재한	경기 부천 중구 삼정동 264	경보기, 감지기	
11	이마산업(주)	1978.9.9	이준구	서울 종로구 수송동 146	경보기, 감지기	

이 시기의 우리나라 방범기기 발전과 관련된 주요 연혁을 살펴보면, 1966. 1. 전자공업을 수출전략산업으로 지정, 1967. 2 한국전자공업협동조합 설립, 1969. 1. 전자공업진흥법 제정 공포, 1969. 4. 전자공업진흥법 제8조(국산화 촉진 전자기기) 전자응용기기 및 장치에 경보장치 항목 포함, 1969 .11. 제1회 한국전자전람회 국립공보관에서 개막, 1976. 1. 도난・화재 경보기 첫 수출, 1976. 4. 한국 전자산업진흥회 설립, 1977. 10. 제8회 한국전자전에서 방범기기인 초음파집중경보장치(Total Security System-7)를 한국경비방재(주)에서 출품, 1979. 11. 범아실업공사에서 외곽경비용 PS-1 기계경비시스템을(주)유공 서울주유소에 설치하였다.

〈표 2-15〉 70년대 우리나라 경보기(도난, 화재)생산, 수출통계표

(단위 : 수량 1,000개, 금액 1,000달러)

구분 \ 연도별		1975	1976	1977	1978	1979	합계
생산	수량	0.1	13	24	222	145	404,1
	금액	55	46	576	1,877	2,114	4,668
수입	수량						
	금액						
수출	수량		10.4	9	46	73	138,4
	금액		16	267	743	1,644	2,670
내수	수량	0.09	1.6	2	137	72	212,690
	금액	43	29.5	125	475	470	1,142,5
비고	1. 수출은 1976년부터 시작됨. 2. 1970년대 품목 경보기는 도난과 화재의 합계통계임.						

※ 자료 : 한국전자공업협동조합 제공.

8. 한·일 경비문화 교류

1972년 7월 5일 가까운 일본에서는 경비업법이 제정 공포되어 민간경비 관련법 제정의 필요성을 주장하던 우리나라 경비업계에 큰 자극을 주었다. 당시 일본에는 경비회사 775개사 경비인원 41,146명으로 제도적 기틀을 잡아가고 있는 중이었다.

특히 일본의 민간경비는 1964년 도쿄올림픽과 1970년 오사카국제박람회와 같은 국제적 행사에 참가하여 경비업무를 성공리에 수행하면서 발전의 계기를 마련하였다.

아직 초보단계에 불과한 국내 민간경비는 외국으로부터 기술 및 관련업무의 제휴가 필요하였다.

따라서 도쿄올림픽 이후 발전을 거듭하고 있고 관련법도 제정한 일본과의 관련을 맺고자 (주)범아공신은 당시 대한민국 재향군인회 일본 지회장인 이인기(李麟起)씨를 통하여 일본의 종합경비보장(주) 무라이 쥰(村井順) 사장에게 경비업무에 관한 기술·행정업무제휴를 담은 다음과 같은

요지의 서신을 보내 한・일 경비업무제휴에 관하여 협의하였다.

1) 상호 제휴대상 업체

① 한국측 : 범아공신(주), ② 일본측 : 종합경비보장(주)

2) 제휴내용

① 경비에 고나한 기술행정업무에 고나하여 필요한 사항을 시찰 의견 교환한다.
그 세부사항은 다음과 같다.
㉮ 각종 경비시설 및 기기에 관한 사항, ㉯ 경비업법에 관한 사항, ㉰ 회사조직 또는 근무제도에 관한 사항, ㉱ 교육훈련에 관한 사항, ㉲ 중요시설물에 대한 보안경비 방법, ㉳ 경비에 관한 출판물 또는 기타 사항
② 제3국에 대한 경비용역의 진출이 필요할 경우 상호합작에 관한 사항
③ 한국주재 일본인의 중요시설물 또는 중요공사 중에 있어서 경비사항협조
④ 기타 상호 유리하다고 인정하는 방법

3) 제휴를 취하는 방법

① 상호 서신교환에 의하는 방법
② 상호 회사원 직접 왕래에 의한 방법
③ 기타 인편에 의한 방법

이상과 같이 경비업무에 관한 각종 제휴를 위하여 상호방문을 실시한다고 하였으며, 이는 그 후 합작의 기초가 되었다.

이러한 결실로 범아공사(주)에서는 1974년 11월 21일부터 12월 19일까지 30일간 당시 석유화학지원공단 경비대장 김재의(金在義)씨와 한국비료공업(주) 경비대장 유재현(柳在賢)씨를 일본국 종합경비(주) 무라이 쥰(村

井 順) 사장의 초청장과 신원 및 재정보증으로 동경연수소에 입소하여 연수교육을 마친 바 있다.

초청장 및 사원 재정보증서

피초청자

1. 주 소 : 대한민국 서울 성동구 금호동 1가 7
   성 명 : 김재의
   회사직책 : 범아공신(주) 석유화학지원공단 경비대장
2. 주 소 : 대한민국 경상남도 울산시 복산동 575
   성 명 : 유재현
   회사직책 : 범아공신(주) 한국비료공업(주) 경비대장

초청내용

귀하의 발전을 진심으로 축원합니다.

금번 하기 취지 내용으로 귀하를 초청하오니 상호간 일층의 업무원활화를 기하고자 하여 귀하의 양해를 구하고자 합니다.

1. 동경측 종합경비보장(주)와 서울측 범아공신(주)의 업무제휴를 원활화한다.
2. 종합경비보장(주)의 경비보장업무에 관한 연수와 상호이해를 하기 위하여 노력한다.
3. 일본 체재기간 2개월로 한다.
4. 체재비 및 항공비, 체재 중의 신원에 관해서는 당사가 보존한다.

1974년 4월 30일

주 소 : 도쿄도 지요다구 나이고마치 2정목 1~6
회 사 명 : 종합경비종장(주) 대표이사 무라이 쥰(村井 順)

이상의 초청장과 신원재정보증서로 범아공신(주) 경비대장 2명이 1974년 11월 21일부터 30일간 일본경비회사에서 교육을 받고 온 것이다.

아래 <표 2-16>은 일본 경비회사에서 교육(연수)받은 과목별 세부내용을 소개한다.

〈표 2-16〉 연수 과목별 세부내용

연수과목	세부과목내용
인간교육 (정신교육)	존경정신 "감사합니다" 정신의 철저 사장훈육, 회사개요(창업정신), 경비사(警備士)의 기본 취업규칙, 경비업법, 환경정리, 매너, 도덕, 개인대화, 예절
실기교육	단결, 규율, 사기의 기초, 체득 성실, 정확, 강력, 신속을 중점 교련, 소방실기, 호신용구취급, 호신술, 도교법(道交法) 실기
기계경비	기계경비의 기초개념 습득 카드시스템, 관재센터견학, 순회시계, 감지기, 감시기, 스프링클러, 기계와 인간(기계를 바로 쓰는 것이 인간이다)

9. 치안수요의 증가와 준경찰력의 증강

1970년 전국의 총 범죄발생 건수가 340,390건이었으나, 매년 평균 6.3%씩 증가 추세를 보여 1979년에는 총 범죄건수가 536,999건에 달하였다.

〈표 2-17〉 1970년대 연도별 범죄발생 및 검거현황

최종별 \ 연도별		1970	1971	1972	1973	1974	1975	1976	1977	1978	1979
총범죄	발생	340,390	348,622	401,137	354,403	342,906	391,252	520,795	523,955	509,300	536,999
	검거	300,694	291,918	354,301	321,647	306,687	345,170	460,719	462,704	446,910	496,289
	검거율(%)	88.3	83.7	88.3	90.8	89.4	88.2	88.5	88.3	87.7	88.0

※ 자료 : 경찰통계연보(1970년도~1979년도)

6대도시의 범죄도 1973년 179,141건이었으나, 1979년에는 293,577건으로 매년 평균 9.1% 증가하여 우리 사회의 치안상태가 위험수위에 오르게 되었다. 특히 1970년대에는 고도 경제성장과 이에 따른 향락산업의 증가, 빈곤층 및 소외계층의 상대적 박탈감에 의한 범죄의 증가, 차량의 급속

한 증가 등으로 치안수요가 급격히 늘어나 경찰인력만으로는 감당하기 어려운 상황이 되었다.

이러한 상황을 극복하기 위하여 정부는 치안력 확보를 위해 다양한 노력을 기울였으나, 경찰력 자체의 증가는 국가예산과 인력의 증가가 수반되어야 되기 때문에 한계가 있을 수밖에 없었다. 따라서 경찰력을 대신하여 사회 치안질서유지 역할을 할 준경찰의 증강이 불가피하게 되었다. 1970년대 준경찰력 확보를 위한 제도로는 방범원제도, 교통순시원제도, 용역경비업법 제정, 청원경찰법 개정 보완 등이다.

〈표 2-18〉 연도별 6대도시 범죄발생추세

구분		연도별	1973	1974	1975	1976	1977	1978	1979
	전국	발생	354,403	342,906	391,252	520,795	523,955	509,300	563,999
		비율	(100.0)	(100.0)	(100.0)	(100.0)	(100.0)	(100.0)	(100.0)
6대도시	계	발생	179,141	176,460	204,441	265,510	276,970	274,315	293,577
		비율	(50.0)	(51.5)	(52.3)	(51.0)	(52.9)	(53.9)	(52.1)
	서울	발생	97,512	90,799	110,291	135,724	146,796	151,258	160,702
		비율	(27.5)	(26.5)	(28.2)	(26.0)	(28.0)	(29.7)	(28.5)
	부산	발생	38,807	41,506	46,514	59,748	58,208	57,670	57,080
		비율	(10.9)	(12.1)	(11.9)	(11.5)	(11.1)	(11.3)	(10.1)
	대구	발생	15,239	15,924	17,548	25,053	23,980	25,110	29,291
		비율	(4.3)	(4.6)	(4.5)	(4.8)	(4.6)	(4.9)	(5.2)
	광주	발생	9,926	8,061	7,581	12,828	16,529	15,639	14,112
		비율	(208)	(2.4)	(1.9)	(2.5)	(3.2)	(3.1)	(2.5)
	인천	발생	10,372	9,631	10,090	14,394	14,344	12,616	15,691
		비율	(2.9)	(2.8)	(2.6)	(2.8)	(2.7)	(2.4)	(2.8)
	대전	발생	7,285	10,539	12,417	17,563	17,113	12,022	16,701
		비율	(2.1)	(3.1)	(3.2)	(3.4)	(3.3)	(2.4)	(3.0)
	기타	발생	175,262	166,446	186,811	255,285	246,985	234,985	270,422
		비율	(49.5)	(48.5)	(47.7)	(49.0)	(47.1)	(46.1)	(47.9)

※ 연평균 증감률 +8.8%, 6대도시 +9.1%, 기타지역 +8.5%임. 6대도시 구성비 52.0%임

※ 자료 : 경찰통계연보(1973년도~1979년도)

1) 방범원제도

방범원제도는 주민 스스로 자기 자신의 안전을 지킨다는 자위사상(自衛思想)에 근거하여 「내마을은 내가 지킨다」는 구호 아래 시작되었다. 1953년에 와서 유급방범원제도로 바뀌었고, 1972년에는 종전에 각 동단위에서 지·파출소 단위로 개편되었다. 1976년에는 경찰력 부족에 대한 대책의 일환으로 당시 인원의 30% 증원하였다.

2) 교통순시원제도

교통순시원제도는 1976년 도로교통법을 개정하면서 신설된 것으로써 그 임무는 보행자의 안전보호와 통행방법지도, 주·정차 단속, 교통장애물 제거 및 기타 교통경찰관의 보조를 위한 단속임무 등이었다. 교통순시원으로 선발된 자는 경찰에서 일정기간 교육하여 지방직 고용원 신분으로 채용하였다.

3) 용역경비업법 제정

1953년 미군의 군납경비가 시작되고, 1962년 5월에 코스코(KOSCO)와 경비계약이 체결되었으며, 이어서 1963년 2월에는 후로아(FLOUR)사와 울산정유공장 건설공사 경비계약이 체결되는 등 민간경비산업의 시장규모가 확장되기 시작하였다. 그리고 1976년에 이르러 건물의 출입통제 및 방범 방재를 위한 안전관리 수요가 급등하여 전문화된 경비용역업체가 필요하게 되면서, 기존 경비회사들의 요청으로 용역경비업법 제정과 시행이 필요하게 되어 1976년 12월에 법을 제정하게 되었다.

4) 청원경찰법 개정 보완

1962년 4월 청원경찰법이 제정됨으로써 민간인 신분인 청원경찰이 무기를 휴대한 채 국가중요시설에서 제한적으로나마 경찰관 직무를 대행할 수 있는 제도적 틀이 마련되었다. 그러나 1968년 1월 21일 무장공비 31명의 청와대 기습을 비롯하여 1970년대에 와서는 더욱 격화된 북한의 도발에 효과적으로 대처할 수 있고, 국가 중요시설에 대한 시설경비업무의 중요성이 한층 높아지게 되었다. 이에 정부에서는 기존의 청원경찰법을 1973년과 1976년에 2차례 걸쳐 전면 개정하고 보완하여 국가 중요시설경비를 위한 준경찰력 확보방안의 하나로 채택한 것이다. 청원경찰의 주임무는 시설경비, 간첩침투 대비, 무장징계, 출입자 통제 등이다.

10. 주민 자율방범활동과 방범원제도

전술한 바와 같이 치안수요의 증가와 경찰력의 부족으로 시작된 주민자율방범활동은 점차 확대되면서 1963년 5월 19일에는 내무부 치안본부 공문(내치보 2033~3059호)으로 제도화되었다. 1972년에는 종전에 각 동단위로 구성되었던 방범위원회를 각 지·파출소 단위로 개편하고 경찰서 단위에는 방범협의회가 구성되었으며, 1973년에는 경찰에서 방범대원의 근무감독을 담당하고 방범위원회에서는 방범비의 징수와 지출을 담당하며 각 방범위원회에 대한 감독은 방범협의회에서 하도록 하였다.

1976년에 들어서 경찰력부족으로 인한 준경찰력 확보방안의 일환으로 방범원을 30%씩 대폭 증원토록 하였다. 이어 1978년에는 두 차례에 걸쳐 방범원들의 급료를 인상하자, 이들의 급료는 월 50,000원에서 70,000원으로 인상되었다.

이러한 방범원제도는 법률에 근거한 법적 제도가 아니었으며 준거규정인 치안본부 지시 『방범위원회 운영요강』과 경찰국지시 『방범대원 운영지침』을 토대로 운영되었다.

당시 방범대원 운영지침에 의한 방범대원의 임무는 범죄예방 순찰활동과 현행범체포의 두 가지로 한정되어 있었다. 그들의 근무시간은 매년 10월 1일부터 이듬해 2월 28일까지 오후 8시부터 다음날 오전 6시까지 하루 10시간 근무하였으며, 3월 1일부터 9월 30일까지는 오후 9시부터 다음날 오전 6시까지 하루 9시간 근무하였다. 따라서 방범원들은 주로 야근근무를 원칙으로 하며 특별한 중대사고 발생시 현장근무를 할 수 있었다.

방범원은 파출소장의 선정에 따라 방범위원장이 임명토록 되어 있었다. 방범원으로 채용될 수 있는 자격은 23세에서 40세미만으로, 신체 및 체력은 범인 검거를 할 수 있을 정도의 건강한 자로서 병역의무를 필한 남자로 되어 있었다. 학력에 대한 제한은 없었으나 준경찰적 업무의 특수성으로 말미암아 주로 중학졸업 이상자가 채용되었다.

방범원의 정원은 방범위원회에 따라 달랐으나 8명에서 20명 이하로 규정되어 있었다. 그러나 실제에 있어서는 지역내의 방범비를 징수할 수 있는 주민의 잠재적 경제능력과 방범원의 증가필요성 등 지역실정에 따라 차이가 있었다.

〈표 2-19〉 전국 방범원 현황

(1977. 12. 31)

구분 \ 시도별	계	서울	부산	경기	강원	충북	충남	전북	전남	경북	경남	제주
방범위원회	1,122	349	90	121	80	19	41	15	49	306	111	22
방 범 원	7,444	4,247	878	815	199	72	236	137	250	443	143	24
위원회당평균	7	12	10	7	2.5	4	6	9	5	1.5	1.3	1

이러한 방범원제도에 대하여 당시 치안본부에서 방범원제도의 필요성에 대하여 파악하고자 전국적으로 각도에 1개 파출소씩 방범대원 없는 시범파출소를 운영한 바 있으며, 그 결과 방범대원의 필요성이 재확인된 바 있었다.

그러나 1985년에 와서 서정쇄신의 일환으로 방범협의회를 해체하고 방범원제도는 폐지되었다.

제 3 편

한국 민간경비의 성장기

한국경비산업발전사

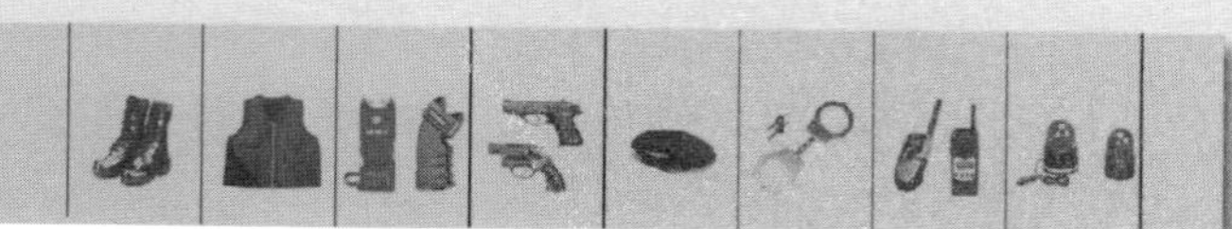

제1장

1970년대 용역경비업법 제정 이후의 민간경비

1970년대 후반 즉 용역경비업법이 제정된 이후의 1970년대는 우리나라에서 경비산업이 본격적으로 양적 성장의 기틀을 마련한 시기라고 할 수 있다. 용역경비업법의 제정은 그동안 군납경비와 국가중요시설 및 주요사업장 등의 경비업무 현장에서 부족한 치안력을 대신하면서도 법적 뒷받침이 없었던 경비업계에 제도적·법적 기틀이 마련된 의미를 갖는다.

이 시기부터 우리나라 민간경비산업은 국가와 사회 일반으로부터 인정을 받을 수 있었으며, 경비업무의 전문화를 위한 기계경비분야의 개발도 이루어지게 되었다. 그리고 한국용역경비협회가 설립됨으로써 경비업 발전을 위하여 업계의 공동 현안을 정부나 사회에 건의 혹은 홍보할 수 있는 기틀을 마련하게 되었다. 그리고 경비업에 대한 국가차원의 육성에도 관심을 가지게 되었다.

제 1 절 사회경제적 배경

1. 제4차 경제개발5개년계획기(1977 ~ 1981년)

이 계획기간은 한국경제가 굴곡이 심하였던 시기였다. 계획 초기인 1977년부터 1978년에는 고수준의 중화학공업투자가 계속되었고 국제수지 면에서도 1977년에는 소폭이나마 경상수지 흑자를 실현하였다. 그러나 이와 같은 상태는 오래 계속되지 않았다. 1979년부터는 과도한 중화학투자의 모순이 폭발하고 거기에다 제2차 요일쇼크의 타격이 겹쳤던 것이다.

원래 제4차계획은 제1차 요일쇼크를 순조롭게 극복한 것에 자신을 얻어 상당히 기세 좋게 수립되었다. 경제성장률의 계획수치는 9.2%로 6차계획기간 중 가장 높게 설정되었다. 그리고 제3차계획과 마찬가지로 중화학공업화의 추진이 중요시되었다. 이를 위해 한편에서는 투자재원 확보 특히 국내저축에 중점을 두고, 다른 한편으로는 국제경쟁력을 갖는 국내대체산업을 육성함으로써 국산화를 추진하는 데도 역점을 두었다. 나아가 3차에 걸친 계획집행과정에서 분명하게 드러난 기술력의 부족을 메우기 위해 직업훈련이나 과학기술교육 등을 통한 인적 자본육성도 강조되었다.

중화학부문에 대한 투자편중은 중복투자 · 과잉투자의 시비를 불러일으켰다. 또한 국제수지의 개선이나 중화학투자에 대한 정책금융의 급증은 통화를 팽창시켰다. 1인당 소득이 1,000달러를 초과할 정도로 눈부신 성장세를 보였지만, 이것이 저축으로 향하지 않고 내구소비재나 부동산에 대한 수요급증으로 나타났다. 그 결과 격렬한 인플레이션이 발생함과 동시에 해외저축률이 상승하였다. 게다가 급격한 경제팽창은 노동력 수요를 급증시켜 임금상승과 인플레이션의 악순환을 초래하고 기술자 부족을 초래하였다.

1979년이 되어도 물가상승과 부동산투기 열기는 식지 않았고 이러한 상황은 정부의 정책변경을 강요하였다. 그리하여 1979년 4월 정부는 지나치게 과열된 경기를 진정시키기 위해 그때까지 금기시되던 수출지원 축소나 중화학투자 조정 등 종래의 정책을 크게 전환하는 총수요억제책을 발표하기에 이르렀다. 한편, 국제적으로는 이란혁명을 발단으로 한 제2차 오일쇼크에 의해 선진국 경제가 다시금 불황에 빠지고 이는 한국경제의 성장을 지탱해 온 투자와 수출에 심대한 타격을 가하였다.

이러한 경과를 거친 제4차계획의 실적을 보면 경제성장률은 1977년에 10.3%를 기록한 후 1978년의 11.6%를 고비로 3년간 계속 하락하여 1980년에는 마이너스 4.8%를 기록하였다. 이러한 동향은 투자와 수출의 움직임에서도 마찬가지로 나타난다.

2. 용역경비업에 대한 정부의 육성

내무부는 1979년 8월 31일 경찰이 경비에 투입되는 인력의 낭비를 줄이고 경비업무를 효과적으로 운영하기 위하여 용역경비업 육성방안을 마련하여, 10월 1일부터 시행키로 하였다(1979. 8. 31/금, 매일경제신문). 이 방안에 의하면 용역경비는 경비원 3백명 이상을 보유, 풀제로 기동성 있는 경비를 할 수 있는 업자를 대상으로 허가해 주며, 앞으로 이들 업자에게 주요 시설경비 · 행사장경비(전국체전 등 국가적인 행사 제외) · 수송경비 등을 담당토록 한다는 것이다.

내무부는 또 용역경비원은 제복착용과 함께 계급별로 조원 · 조장 · 반장 · 대장의 표지장을 달게 하며 자체적으로 10일 간의 기본교육을 실시하여 소양을 높이고 관할경찰서장은 반드시 정기적으로 감사를 하도록 하였다. 내무부는 이에 따라 우선 1단계로 추석 · 연말연시 때의 고속버스터미널 · 역 등 귀성객 경비를 용역경비로 대체하고, 2단계로 정부 각 부처산하 유관기관과 공공기업체에 대한 시설경비도 용역경비로 전환시키도록 하였다.

내무부는 9월 중순 시 · 도별로 유관대상업체 책임자회의를 열고 자체

경비원 10명 이상을 둔 전국기업체에 대해서도 용역경비를 권장토록 하였다. 1979년 10월 현재 치안본부에서 조사한 자료에 의하면 경비원 10명 이상을 보유한 기업체는 전국적으로 총 215개(서울 100, 부산 13, 경기 40, 강원 2, 충북 1, 충남 7, 전북 19, 전남 7, 경북 18, 경남 8) 업체이다.

3. 경비산업과 홍보

용역경비업법이 제정된 1970년대 후반에 들어서면서 각종 신문·잡지 등 간행물을 이용한 홍보활동이 이루어지기 시작하였다. 특히 대한민국 경우회에서 주간지로 발행하는 경우신보는 경비업 관련 사설, 논단, 기사를 게재하여 용역경비에 관심이 많은 국민들에게 다양한 정보를 제공하였다.

1976년 경우회 회장에 후일 한국용역경비협회 초대 회장으로 선임된 최치환씨가 취임함으로써 민간경비산업은 용역경비업법 제정과 더불어 활기를 띠게 되었다. 경우신보의 민간경비 관련 홍보내용을 살펴보면, 1978년 8월 27일자에 "한국경비협회장 최치환씨 선출"기사, 1979년 7월 15일과 9월 16일에는 "용역경비육성의 시대적 중요성", "용역경비와 치안"이라는 주제의 사설이 게재되었다. 그리고 1977년 5월 29일부터 7월 17일까지는 논단으로 "용역경비란 무엇인가?" 시리즈를 한국용역경비협회 초대 사무국장을 지낸 치안본부 경비과 박보영(朴普榮) 총경이 기고하였으며, 그 내용으로 용역경비의 실태, 경비방법, 경비종류, 자사경비와 용역경비의 차이, 일본경비업계를 돌아보고 등 용역경비에 대한 체계적인 내용들이 소개되었다.

다음은 재향군인회의 기관지인 『안항지(雁行誌)』 이다. 1966년 10월 10일 창간한 월간 안항지는 1973년 9월호에 "한국경비용역의 현황" 주제로 경비용역은 기업의 생산성 향상 및 경영합리화의 첩경이라는 내용으로 본서의 필자인 김정환씨가 기고하였다.

또한 은행계사가 발간한 월간 『은행계』에도 민간경비산업에 대하여 소개되었다. 월간 『은행계』는 1966년 3월 27일에 창간한 금융전문지로써 금융문화의 창달과 홍보에 선도적 역할을 한 잡지이다. 당시 은행원들은 자기 고유업무 이외에 당직·숙직업무에 시달려야 했다. 당시 전국금융노조 위원장인 박융기씨가 은행원들의 당직과 숙직을 용역경비로 대체하여야 한다는 논지로 "기대되는 은행의 용역경비" 제하의 논단을 기고했으며, 김정환씨가 "용역경비는 생산성 향상과 경영합리화의 지름길"이라는 주제의 글을 1977년 6월호에 기고하였다.

기타 간행물로는 한국용역경비협회(회장 최치환)에서 경비원 교육용 교재로 『경비실무』를 1979년 3월에 발행했으며, 사무국장 박보영씨는 『용역경비』라 하여 용역경비업법 내용과 해설서를 1978년 11월에 발행하였다.

〈표 3-1〉 ' 70년대 민간경비산업에 대한 신문·잡지 게재내용

○ 신문기사

년 월 일	신 문 명	제목 및 내용	비고
78. 8. 27	경우신보	경비협회 초대회장 최치환씨 선출	
79. 8 31	조선일보	용역경비체제로 개선	
79. 8. 31	동아일보	연말년시 역, 터미널 경비	
79. 8. 31	매일경제	용역경비 적극 육성	

○ 신문사설

년 월 일	신 문 명	제목 및 내용	비고
79. 7. 15	경우신보	용역경비의 시대적 중요성	
79. 9. 16	경우신보	용역경비와 치안	

○ 논단

년 월 일	신문 및 잡지	제목 및 내용	필 자	비고
73. 9. 1	안항지 9월호	용역경비의 긴요성	범아공신 대표 이사 김정환	
77. 6. 1	은행계 6월호	용역경비는 생산성향상 경영합리화의 지름길	〃	
77. 6. 1	〃	기대되는 은행의 용역경비	전국금융노조위원장 박용기	

77. 5. 29 6. 5 6. 12	경우신보 (3회 시리즈)	용역경비란 무엇인가? • 용역경비법시행기즈음하여 • 용역경비의 실태	치안본부 총경 박보영	
6. 19 6. 26 7. 3 7. 10 7. 15	경우신보 (5회시리즈)	용역경비란 무엇인가? 일본경비업계를 돌아보고 • 일본경비업의 발전과정 • 경비방법 • 자사경비와 용역경비 • 경비의 종류 • 종합경비보장(주)소개	〃	

○ 간행물

년월일	서적명	내용	필자	비고
78. 5. 1	경찰관련법의구축해설	용역경비업법 구축해설	박보영(치안본부 총경)	
78. 3. 7	용역경비란 무엇인가?	용역경비업법 신설에 즈음하여 재정의 필요성	〃	
78. 11. 1	용역경비	용역경비업법의 내용과 이점을 해설	한국경비협회 사무국장 박보영	
79. 3. 15	경비실무	용역경비교재	경비협회장 최치환	

제 2 절 용역경비업법의 제정

1973년 1월 12일자 조선일보 기사는 용역경비업법 제정에 대한 국내의 여론형성에 많은 영향을 주었다.

당시 기사내용을 소개하면 다음과 같다.

"우리나라에서는 1950년대부터 몇몇 기업체가 경비용역을 미8군 노무처로부터 군납하는 형태로 활용하고 있었으며, 우리나라 산업시설에 대해서도 발전, 유류, 원자력시설 등의 경비업무를 하청받아 일하는 업체가 있으나, 법적 뒷받침을 받지 못하고 있다. 일본의 경우

1956년에 이미 200여 경비보장회사가 생겼으며 미국에는 1850년부터 보안경비회사가 생겨 일반의 민간경비업무를 맡고 있다.

내무부는 이 제도가 활용되면 국가재정을 절약하고 고용을 증대할 수 있게 되며 경비업무의 전문화로 사고의 위험 등이 적어지고, 유사시 경찰지원력으로도 활용할 수 있는 것으로 보고 있다".

이는 사회경제적인 관점에서 민간경비의 실태와 필요성을 소개하고 향후 이 산업의 발전가능성을 예측하면서 그 후 용역경비업법의 제정을 앞당기는 데에 영향을 주었다.

대한민국재향군인회에서는 월남파병 제대군인과 회원들의 취업에 많은 관심을 가지게 되었다. 그 일환으로 민간경비산업이 제대군인들에게 적절한 사업이라고 판단하여 1972년 7월 7일 대한민국재향군인회(회장 金一煥) 산하 경비업체로 범아공신(주)(대표 尹瓘)을 설립하였다. 재향군인회에서는 범아공신과 공동으로 국방부(장관 劉載興)의 승인을 받아 민간경비사업 개발 및 재향군인회원 취업, 경비업법 제정 등에 관하여 관계 요로에 건의하였다. 또 한편으로는 대한민국 경우회(회장 최치환)에서도 치안본부 관계자에게 수시로 법제정에 관한 의견을 제시하였다.

1. 용역경비업법의 제정배경

1970년대에 들어서면서 우리사회는 급속한 도시화・산업화에 따른 각종 사회병리현상으로 인하여 강력범죄의 발생이 급증하였다. 늘어나는 치안수요에 대처할 수 있는 경찰력은 장비와 인력의 부족, 시국치안, 대간첩작전과 그에 따른 훈련 등으로 민생치안수요에 대처하기에는 한계에 이르렀다. 경찰력의 한계를 극복하기 위한 방안이 절실히 요청되고 있었으나, 매번 예산상의 이유로 개선되지 못하였던 것이 당시의 실정이었다. 따라서 국민의 안전을 책임져야 할 경찰이 그 기본임무인 민생치안 유지 확보에 있어 한계를 들어내면서 경찰에 대한 국민의 신뢰는 이반되어 가고 있었다.

이러한 실정에 직면하여 1970년대 초 경찰에서는 부족한 경찰력에 대체할 수 있는 준경찰력으로서, 이미 선진국에서는 오래 전부터 시행하여 상당한 수준에 올라있는 경비용역에 관심을 보이기 시작하였다.

1976년 1월 김성주(金聖柱) 치안본부장이 취임하면서 보다 완벽한 치안확보대책방안으로 각 업무소관별로 준경찰력의 확대강화를 위한 시책연구과제를 지시하였다. 이를 계기로 당시 치안본부 경비과에서는 용역경비업법의 입법추진을 위한 정지작업을 시작하였다. 방호반장 박동범(朴東範) 경감을 비롯한 소속직원을 중심으로 우리나라 실정에 맞는 입법을 위하여 자료수집에 착수하였다. 한국전력을 비롯한 국가중요시설을 답사하여 경비실태를 정밀히 조사·분석하는 한편, 당시 주한 미8군 시설 경비용역업체인 경화기업, 봉신기업, 용진실업, 신원기경 등의 운영실태 및 노무관리, 장비관계 등의 제반 현황을 파악하였고, 재향군인회 산하의 독립업체인 범아공신과 범아실업공사에서는 울산정유공장을 비롯한 국가중요시설에 대한 경비용역에 경험이 있었으므로 이들 업체로부터 다양한 정보를 입수하였고, 외사경찰을 통해 미국 및 일본의 경비업에 관한 자료도 수집하여 약 7개월 간의 노력 끝에 법안을 완성하여 본격적인 제정작업에 착수하기에 이르렀다(본 내용은 1995년 11월 24일 지금은 작고하였지만, 캐나다에 거주하던 박보영씨로부터 필자 김정환이 항공우편으로 받은 원고를 정리한 것임).

2. 용역경비업법 제정의 필요성

1) 우리나라 경찰력의 여건

우리나라 경찰은 다른 나라 경찰과 같이 국민의 안전보호와 사회공공질서 등 본연의 임무 외에도 안보치안의 책임까지 가중되어 그 직책은 세계 어느 나라 경찰보다도 막중한 것이 사실이다. 더욱이 급진적인 사회발전에 따라 치안수요의 격증과 제반 치안여건 또한 복잡다양화하고 있는 현실에 입각하여 현재의 경찰력만으로 그 막중한 임무를 완수해 낸다는 것은 역부족인 현상으로서 이는 국민 누구나 공인하는 사실이다.

이의 입증자료로서 참고로 우리나라 경찰력의 인구부담비율을 외국경찰과 비교해 보면 대략 다음과 같다. 즉 우리나라의 경우 경찰관 1인대 인구부담비율은 약 8백명인데 비해 자유중국은 680명, 일본은 570명, 미국 385명, 영국 413명, 프랑스 297명, 서독 399명으로서 외국은 평균 약 5백명인데 비해 우리나라 경찰은 외국의 평균치보다 3백명이나 더 과중한 부담을 지고 있는 실정이었다.

또 어느 나라를 막론하고 치안문제는 그 나라의 사회적 여건과 실정을 정부정책의 기초로 삼기 마련이다. 이러한 여건은 정치・군사・경제・문화・사회 등의 분야를 통해서 어느 만큼의 안정된 기반이 이루어져 있는가 하는 것이 가장 중요한 척도가 되며, 이에 따른 치안수요의 여하에 의해 경찰업무의 복잡함이 고려되는 것이므로 치안시책 역시 이에 부응되는 것이어야 한다.

이렇게 볼 때 우리나라 경찰은 그 본연의 임무보다도 북한의 끊임없는 도발에 대응해서 안보적 역할이 우선적인 실정으로서 안보와 치안이라는 2원적인 사명을 띠고 있다.

2) 준경찰력의 확보

이상과 같이 우리 경찰의 막중한 임무를 수행하기 위해서는 경찰력의 보강도 불가피한 조치일 것이나, 한편으로는 제도적인 개선 등으로 경찰인력의 합리화・능율화를 도모해 나가야 될 것이다. 이런 견지에서 현시국에 적용하는 발전적 대응조치의 일환으로써 선진 각국에서 이미 오래전부터 실시하고 있는 용역경비는 국가에서 직접 경비를 담당하지 않아도 될 경미한 분야에 한해서 그 경비업무를 국민 스스로의 자력방위로써 부담토록 육성시켜 나가는 한편, 경찰은 보다 기본적인 사회공공질서 확립에 전념함으로써 차원높은 치안의 완벽을 이루려는데 이 법의 궁극적인 목적이 있다. 따라서 준경찰력의 확보에 근간을 두고 있는 것이다.

3) 기업경비의 절감

용역경비업은 사회의 근대화과정에서 나타나는 산업구조의 대형화와 기업의 독창성으로 기술부문의 개발이 날로 발전됨에 따라 성장하였다. 각 기업은 핵심적 활동인 생산활동에 전념하고 이에 부수적이면서도 필수적이라 할 수 있는 경비업무는 전문업체로 하여금 전담 또는 대행토록 하는 것이 기업경비의 절감과 정신적 부담을 해소하는 효과가 있다. 한편, 현대의 분업화원리에 있어서도 가장 합리적인 것인 만큼 경비업의 법적 제도화는 불가결한 시대적 요청이라 하지 않을 수 없다.

4) 경비업무의 민영화

이 법의 시행에 있어서 한가지 유의해야 할 것은 현행 청원경찰제도이다. 용역경비업법과 청원경찰법의 개념은 그 성격상 판이할 뿐만 아니라 그 요원의 신분 · 임용 · 감독 · 권한 등에 있어서 청원경찰법이 규제한 것에 비해 용역경비업법은 경비업무, 즉 경비제도의 순수한 민영화를 도모한다.

현재 우리가 시행중인 청원경찰제도는 일반적 경비보다는 안보적인 차원을 전제로 하고 있는 관계상 청원경찰의 임용 등은 필연적으로 총기의 구입, 일정고시액 이상의 보수지급, 신분상의 경찰감독 등 청원주 측에서 부담해야 할 제약과 경비가 과중한데다가 불편한 점이 많아 청원경찰의 임용 배치를 기피하는 경향이 현저한 실정이다.

이러한 연유로 그 단점과 결함을 보완하고 경비제도의 개선을 위한 시책으로서 민영화를 도모하기에 이르렀다고 할 수 있다.

3. 용역경비업법의 제정경위

1976년 9월초 김성주(金聖柱) 치안본부장의 "준경찰력 확보방안"에 관한 지침이 시달된 후, 각 부서 소관별로 연구검토한 보고내용 중에서 4

가지 안건이 치안본부장의 결재를 받았고, 이어 내무부장관을 거쳐 1976년 9월 20일 대통령의 재가를 받게 되었다. 이로써 우리나라 최초의 용역경비업법이 탄생하는 계기가 마련되었다.

당시 김성주 치안본부장의 "준경찰력 확보방안"에 관한 지침내용은 다음과 같다.

"준경찰력 확보방안"(경찰력 증강의 일환책)

- **경비과 소관**
  - ① 청원경찰법 개정 보완
  - ② 용역경비업법 제정
- **보안과 소관**
  - ③ 방범대원 증원방안
- **교통과 소관**
  - ④ 교통순시원제도 채택방안

이로부터 본격적인 용역경비업법의 제정작업이 시작되었으며, 대략적인 경위는 다음과 같다.

1976년 9월 28일 내무부 법제담당관의 법안심의 통과
10월 6일 동법안을 관계 각 부처에 개별통보하여 협조의뢰
10월 15일 공화・유정회 합동의정회의 상정. 보고 및 질의 답변
10월 22일 공화・유정회 합동정책심의회의 상정. 보고 및 질의 답변
10월 23일 법무부장관으로부터 심의결과 회시
10월 27일 공화당 법안심의결과 회시
제1무임소장관으로부터 심의결과 회시
11월 15일 법제처 주관으로 차관회의 통과(일부수정)
11월 16일 국무회의 통과
11월 20일 동법안 법제처로부터 국회에 제출
11월 23일~11월 25일

국회내무위원회, 법사위원회에 출석
동법안에 대한 담당 전문위원에 보고 설명

12월 3일~12월 6일
국회내무위원회 및 내무소위원회 개최
동법안에 대한 심의(제안설명, 질의 답변)

12월 7일 국회내무위원회에서 동법안 심의 가결
12월 8일 국회법사위원회 회부 · 심의(일부수정)
12월 14일 국회법사소위원회 통과
12월 15일 국회법사위원회 통과
12월 17일 국회본회의 상정 통과
12월 31일 법률 제2946호 용역경비업법 제정

이상과 같은 과정을 거쳐 우리나라 최초의 경비업법이 제정 · 공포되어 그 빛을 보게 되었다.

용역경비업법이 제정 · 공포됨으로써 우리나라 민간경비산업은 비로소 법적 · 제도적인 틀 안에서 보호 · 육성될 수 있는 기반을 마련한 셈이 되었다. 법 제정 후 1977년 6월 30일 용역경비업법시행령, 같은 해 11월 22일 내무부령 제242호로 용역경비업법시행규칙이 제정 · 공포되었다.

당시 용역경비업법 제정에 헌신적으로 기여한 내무부 및 경찰 측 관계자로는 내무부장관 김치열(金致烈), 내무부차관 서정화(徐廷和), 치안본부장 김성주(金聖住), 치안본부 제2부장 이순구(李舜九) 치안감, 치안본부 경비과장 윤종한(尹鍾漢) 경무관, 치안본부 방호계장 박보영(朴普榮) 총경, 치안본부 방호주임 박동범(朴東範) 경감 등이다. 이상의 관계자 중 당시 내무부차관 서정화씨는 1973년 내무부 기획관리실장 재직시부터 용역경비업법 제정 및 발전에 많은 기여를 하였다. 또한 경비과장 윤종한씨, 방호계장 박보영씨, 박동범 주임도 법 제정에 필요한 자료수집과 일본의 민간경비업계의 실태를 파악하고자 헌신적인 노력을 이끼지 않았다.

제 3 절 민간경비의 실태

1. 사단법인 한국용역경비협회의 설립

용역경비업법의 제정에 따라 한국용역경비협회는 용역경비업법 제15조에 의거 1978년 8월 17일 서울 무교동의 엠파이어호텔에서 10명의 회원사 대표 중 9명이 참석한 가운데 창립총회를 개최하였다.

한국경비협회는 동년 9월 21일 내무부로부터 설립인가 승인(1978. 9. 21. 내경비 2040-8356호)을 받은 후 9월 29일 서울민사지방법원으로부터 사단법인 등기(1978. 9. 29. 등기번호 1735호)를 받음으로써 공식적으로 출범하게 되었다.

이로써 우리나라의 민간경비업은 현대적인 민간경비제도가 도입된 지 20여년의 세월이 지난 후, 1976년 용역경비업법의 제정과 함께 한국경비협회의 설립으로 새로운 발전의 토대 위에 올라서게 되었다.

당시 경비회사는 11개 사로서 자동적으로 협회회원이 되었다. 협회 임・직원은 초대회장 최치환(崔致煥), 부회장 윤관(尹瓘)(범아실업공사 대표이사), 김형중(金衡中)(봉신기업 대표이사), 이사에 문학동(文鶴東)(한국경비보장 대표이사), 김명욱(金明旭)(용진실업 대표이사), 김정환(金正煥)(범아공신 대표이사), 김이남(金利男)(경화기업대표이사), 최진엽(崔進燁)(한국경비산업 대표이사), 이동웅(李東雄)(한국경보 대표이사), 김남수(金南洙)(동우공영 대표이사), 감사에 김동수(金東秀)(신원기경 대표이사), 사무국장 박보영(朴普榮)이었으며, 협회 사무국 직원으로는 관리과장 김서규(1978.9.1), 경리담당 안금선(1978.9.1), 운전기사 우동호(1978.9.6)가 임명되었다.

참고로 경비협회 사무실의 이전일과 장소는 아래 <표 3-2>와 같다.

〈표 3-2〉 한국경비협회 사무실 이전과정

순 번	주 소	이전일
1	서울특별시 종로구 낙원동 284-6 낙원빌딩 509호	1978. 9. 1
2	서울특별시 중구 을지로 2가 195-3호 한양증권빌딩 3층	1979. 9. 1
3	서울특별시 중구 을지로 3가 294-4 성진빌딩 604호	1981.12.17
4	서울특별시 중구 내자동 201-11 무궁화회관 503호	1983. 3. 1
5	서울특별시 영등포구 여의도동 35-3 교원공제회관 202호	1985. 5.31

또한 협회의 설립목적은 "용역경비업무의 건전한 발전과 경비원의 자질향상을 위한 교육훈련을 위하여 하나의 용역경비협회를 설립하여야 한다"고 명시하였다. 그리고 협회의 중요업무는, 첫째 용역경비업무의 연구발전에 관한 사항, 둘째 경비원의 교육·훈련에 관한 사항, 셋째 경비원의 후생·복지에 관한 사항, 넷째 경비소요진단에 관한 사항, 다섯째 손해배상기준의 연구발전과 쌍방 당사자의 신청에 기한 손해배상책임 등의 분쟁에 관한 화해의 권고 및 조정에 관한 사항, 여섯째 기타 용역경비업무의 건전한 운영과 육성에 관하여 필요한 사항 등으로 명시하였다.

1976년 12월 31일 법제정 후 1978년 9월 21일에 경비협회가 설립되면서 용역경비업자들은 내무부 치안본부 및 지방경찰국에 경비업 허가서류를 제출하였다. 제일 먼저 제출한 한국경비보장(주) 문학동사장(충북경찰국장, 경무관 출신)은 허가 제1호가 되었고, 그 후 1979년 12월 말까지 내무부장관 허가 11개사, 서울시장 허가 2개사, 경기도지사 허가 1개사 합계 14개사가 허가를 완료하였다.

그러나 1976년 12월 용역경비업법 제정 이후 허가받은 회사 중 국가중요시설경비에 있어서 안보적 차원에 의한 경비는 무기휴대 문제와 관련하여 여러 가지 어려운 점이 많았다. 대표적인 중요 산업시설인 한국전력(주)의 경비를 하고 있던 봉신기업은 1971년 1월부로 계약만료 후 종료되었다. 한국보안공사(당시는 한국경비산업이었음)는 1972년 1월부터 한국전력과 경비용역을 체결한 바 있었고, 한국경보(주)와 1975년 1월부터 경비계약을 체결하여 한국전력의 발전소, 변전소, 자재창고 등 전국적 시설수 100여 개에 경비원 수 1,164명으로 용역경비를 수행하였다. 그러나 이들 업체들은 무기휴대가 불가능하므로 청원경찰로 대체하여야 한다는 치안 당국의 강력한 지시로 한국전력은 1978년 5월에 용역경비를 해약하고 자체 경비단을 조직 청원경찰법에 의한 청원경찰로 전환하였다.

이로 인해 당시에 관련된 두 회사뿐 아니라 경비업계 전체 일대 타격을 받았으며 1976년 12월 용역경비업법 시행 초기부터 국가중요시설경비 업무의 주체가 청원경찰이냐 용역경비냐로 혼란을 갖게 되었다.

이러한 상황에 접한 8개사의 경비업자들은 1978년 5월 17일(임시)용역경비협회 명의로 박정희 대통령에게 탄원서를 제출하였다.

참고로 탄원서 내용을 아래와 같이 소개한다.

수신 : 대통령각하
참조 : 사정담당보좌관
제목 : 용역경비업에 대한 탄원서

제출자(임시) 용역경비협회

한국용역경비협회(임시)

제목 : 용역경비업 육성에 관한 탄원서

1. 영명하신 각하의 영도력으로 일익 근대화로 매진하는 조국의 전진대열에 불초 용역경비업자 일동도 낙오됨이 없이 진심으로 호응 미력이나마 진력코자 노력하고 있습니다.

2. 각하
   각하께서 너무도 잘 알고 계시는 바와 같이 한국전력주식회사는 일찍이 1972년 1월부터 산하 각 시설의 경비업무를 그 시설의 중요성을 감안하여 경비의 전문화 및 효율적인 경비 체제확립과 기업경영의 합리화 및 기업경비 절감 등 용역경비제도에서 오는 제장점을 선각하여 한국경보 및 한국경비산업주식회사와 용역경비체제로 오늘에 이르고

있아오며

3. 용역경비업에 관하여는 선진제국에서 이미 사회적으로 일반화 · 정착화 되어 있을 뿐 아니라 근대적 기업경영의 필요불가결한 기능을 담당하여 왔으며, 각하의 영단으로 우리나라에서도 1976년 12월 31일 용역경비업법이 제정되고 이어 1977년 6월에 동법시행령이, 동년 11월에는 동법 시행규칙이 제정 공포됨으로써 드디어 대망의 용역경비제도의 출범을 보게 되었습니다. 이에 따라 금년초부터 국내 9개 용역경비업자가 내무부장관의 엄격한 실태조사와 적격자 판정을 거쳐 내무부장관의 정식허가를 득한 후 바야흐로 우리나라의 용역경비업의 맹아가 싹트게 되었습니다.

4. 우리 용역경비업자 일동은 국가안보에 대한 확고한 신념과 준 경찰력으로써의 일익을 담당하고 사회에 기여한다는 긍지와 보람을 안고 부여된 임무를 성실히 다하려 하고 있습니다. 허가를 받은 9개업체중 4개업체는 미 8군기지 등 경비를 담당한 용역경비업체이고 나머지 5개사는 국내용역을 담당한 업체로써 2개업체(한국경보 및 한국경비산업주식회사)는 한전산하 전국시설의 경비를 전담경비 당하고 있었습니다.

5. 상기 양사는 4개 성상에 걸쳐 불철주야 노력한 보람이 있어 한국전력의 방대한 산하 시설 중에서 안보상 사고 또는 이렇다할 도난사고가 한 건도 발생한 사실이 없이 오늘에 이르렀습니다.

6. 그런데 이렇듯 용역경비관계법령의 제정을 효시로 용역경비업의 서막이 이제 열리게 되었을 뿐 아니라 내무부장관께서는 연두초에 정부시책을 밝히는 TV기자회견에서 내무부의 역점사업으로 용역경비업의 육성과 용역경비업의 활용으로 치안을 보강한다는 말씀을 듣고 앞으로 수년 내에 용역경비업의 개화기를 맞을 것으로 기대하고 있든 차제에

7. 한전으로부터 78년 5월에 돌연 전기 양사에 대하여 용역경비계약을 해지하고 경비체제를 직영한다는 통지를 받게 되었습니다.

8. 우리는 이러한 한전의 돌연한 조치에 경악하지 않을 수 없었으며 그 경위를 알아본 바 자세히는 알 수 없으나 한전의 감독관청인 동자부 장관의 지시에 따른 것이라 하기도 하며 또한 고위층 지시에 연유한 것이라고도 하옵는 바, 어리석은 저희들 상식으로는 이러한 조치가 무엇을 뜻하는 것인지 갈피를 잡기가 어려우나, 다만 한가지 우리 용역경비업자 일동이 분명히 확신하는 것은 이러한 조치는 영명하신 각하의 의도와는 거리가 있다는 사실입니다.
용역경비업계의 주류를 이루는 한전의 용역경비 해약은 우리나라의 용역경비업의 맹아를 짓밟는 조치일 뿐 아니라 이제 막 제정된 용역경비업법의 폐기를 뜻한다 해도 과언이 아닌 바,
용역경비업 관계법령 제정으로 제도적으로 보장한 내무부장관의 용역경비업 육성방안과 동자부의 용역경비 말살 방향은 어느 것이 우선하는 국가의 방침인지 불명하오나

9. 우리가 확언하옵는 바로는 각하께서 연전에 용역경비업 제도의 필요성을 인정하시어 용역경비관계법령을 제정토록 영단을 내리신 후 이제 올해부터 용역경비업자에 대한 허가 등 필요한 관계절차가 이제 막 마무리된 이때에 이 법으로 인한 특별한 하자가 발생한 사실이 없는 이 시점에서 용역경비업의 폐기와 같은 효과가 있는 한전과의 용역계약 해약조치는 각하의 본 의도에도 어긋날 뿐 아니라 내무, 동자 양부의 이견이 시급히 조정되어야 한다고 사료되옵니다.

10. 각하
우리 용역경비업자 일동은 한국경보 및 한국경비산업주식회사와 한전과의 용역경비 계약해지에 관하여 다시 한 번 내용을 검토하게 하시어 적정한 조치가 이루어지도록 관계부처 재하명하여 주시기를 업드려 비오며, 국사 다망하신 중 사소한 일로 각하에게 누를 끼치게 되었음을 진심으로 송구스럽게 생각하오며 용역경비업자 일동의 이름으로 탄원서를 제출하는 바입니다.

1978. 5

한국용역경비협회(임시)

한 국 경 보(주) 대표 이동웅
한국경비산업(주) 대표 최진엽
봉 신 기 업(주) 대표 김형중
용 진 실 업(주) 대표 김명욱
경 화 기 업(주) 대표 김이남
신 원 기 경(주) 대표 김동수
범 아 공 신(주) 대표 김정환
(합자)범 아 실 업 대표 윤 관

아래 <표 3-3>은 용역경비업법 제정 후 허가를 받은 경비업체 현황이다.

〈표 3-3〉 용역경비업법제정 후 경비회사 현황표

(1979년 12월말 현재)

허가번호	허가일자	회사명	대표자	주계약처	시설수	경비인원			비고
						청경	용역	합계	
내무장관 1	77.12.19	한국경비보장(주)	문학동						81년 3월 한국안전시스템으로 변경됨
2	〃	한국경보(주)	이동웅	한국전력(주) 남해화학	8	13	190	203	78년 5월 한국전력과 해약으로 478명 감원됨
3	78.2.13	(주)한국보안공사	최진엽	한국전력(주) 한국증권거래소	19		114	114	78년 5월 한국전력과 해약으로 686명 감원됨
4	〃	(합자)범아실업공사	윤 관	대한석유공사 호남정유(주)	50	119	631	750	
5	〃	범아공신(주)	김정환	한국비료(주) 석유화학지원공단	36	62	691	753	
6	78.4.12	용진실업(주)	김명욱	미8군 군납	28		716	716	

7	〃	신원기경(주)	김동수	〃	3		148	148	
8	〃	봉신기업(주)	김형중	〃	18		652	652	
9	〃	경화기업(주)	김이남	〃	45		1,126	1,126	
10	78.8.7	동우공명(주)	김남수	대우그룹계열사	5	20	110	130	
서울시장 1	788.16	한국안정기업(주)	황헌친	김포공항	4	115	49	164	
경기지사 1	79.2.1	한국종합경비보장(주)	김진철	인천항만	3		13	13	
내무장관 11	79.6.9	동서기연(주)	정준혁	동아제약 건물관리업	22		149	49	
서울시장 2	79.7.6	동방흥산(주)	홍승건	일반빌딩	5		74	74	
합 계		14개사			246	329	4,663	4,992	

2. 추석귀성객 혼잡경비의 시작

1978년 9월 21일 한국경비협회가 발족됨으로써 1979년도부터 본격적인 협회사업이 계획·시행되었다. 한국경비협회는 당면문제 중 1979년도 용역경비 계약시 적용되는 경비료 조정문제부터 착수하였다. 한국경비협회에서 용역경비 적정요율표를 작성하여 각 회원사에 배부하고 앞으로 경비용역 계약 체결시 기준으로 삼도록 하였다. 당시 1인당 경비료는 13만원이었다.

1979년 9월 교통부 육운국에서는 추석을 앞두고 고속버스 승차권 예매와 귀성객 수송에 대한 추석혼잡경비를 한국경비협회에 의뢰하여 협회 주관으로 혼잡경비를 수행하였다. 1차경비는 1979년 9월 21일부터 9월 27일까지 예매장 경비이고, 2차경비는 10월 3일부터 10월 5일까지 수송경비였다. 비로소 우리나라 최초의 용역경비에 의한 혼잡경비가 시작된 것이었다.

이 혼잡경비의 수행은 용역경비협회가 설립된 이후 처음으로 수행한 큰 행사로서 협회산하 6개 사가 참가하였으며, 우리나라 민간경비업계가 사회적 공신력을 인정받은 계기가 되었다.

3. 인력경비에서 기계경비의 개발

1970년 하반기에 와서 민간경비의 새로운 특징은 인력경비에만 의존해 왔던 경비체제가 도난·화재경보기 설치로 인력과 기계의 혼합 경비업무를 시도하게 된 것이다.

또한 세운상가에는 경보기를 제조·설치·판매하는 점포도 하나 둘씩 늘어났으며, 대표적인 회사는 합동전자, 국제전자, 세운사 등으로 일반 고급주택에 경보장치를 설치하는 최초의 홈시큐리티(Home Security)를 시작하였다.

경비업체에서도 사람과 기계가 혼합하여 상호 보완하는 시스템을 개발하기 위한 기술 습득을 위하여 노력하였다. 범아공신(주)은 1974년 일본 종합경비보장사에 연수생을 파견하여 기계경비의 기초지식과 관제센터, 감지기, 감시기 등을 습득하도록 하였다.

일본은 이미 1967년 일본경비보장(현 SECOME)과 종합경비보장에서 경비업무에 기계경비시스템을 도입하였고, 1973년에는 무인은행, 무인점포에 무인경비시스템을 개발하였으며, 1975년에는 컴퓨터에 의한 경비시스템을 설치·운영하는 등 우리에게 많은 관심을 갖게 하였다.

1979년에는 인력경비에만 의존하고 있던 중요산업시설 중 대한석유공사, 울산정유공장을 비롯하여 서울, 인천, 원주 저유소, 호남정유(주), 여수공장 및 저유소의 공장 및 주유소 철조망에 PS~1 경비시스템을 개발, 외부에서 침입하면 절단이나 월담을 조기 발견하는 경보장치를 설치하여 많은 성과를 올렸다. 당시 모의 간첩훈련시 침입자를 조기발견 예방하여 담당관으로부터 우수성을 인정받은 바 있다.

아래 표는 인력경비와 기계경비의 특징에 관한 내용이다.

〈표 3-4〉 인력경비 및 기계경비의 특징

인력경비	구 분	기계경비
1. 근무한계, 태만, 고의 또는 졸림등으로 인한 경계제한 2. 이상사태발생시 초동조치 가능	기능	1. 기계별 고유기능에 따라 24시간 경계가능 경비효과 상승 2. 기계적 상황통보로서 초동조치가 늦음
1. 연간 급여등 인상요인 2. 인력관리 및 간접비 발생	경비	1. 주로 5년간 계약으로 고정금액 2. 통계적으로 인력경비의 60~70% 선
1. 인사 근무관리등 복잡 2. 관리담당자 필요 3. 경비사고시 책임한계 복잡	관리	1. 용역회사 전문가가 관리 2. 책임한계가 인력경비보다 뚜렷함
1. 안전성, 경제성 및 관리면에서 기계경비에 비해 전근대적임	경영	1. 기업운영에 있어서 분업화, 전문화로 합리화 2. 자체운영→용역화→기계경비화추세
1. 경비업무 이외의 부대업무 가능 2. 광범위한 지역에는 경계사각지대 발생 (예, 순찰원이 지나간 후 다음 순찰시까지 사각)	기타	1. MAN/MACHINE SYSTEM으로 단점을 보완. SYSTEM의 구성에 따라 경계 중복 및 사각이 없음

4. 용역경비에 대한 정부 육성책

정부는 1976년 12월 31일 용역경비업법 제정공포 이후 용역경비의 활성화가 별로 이루어지지 않아 1979년 7월 24일 "용역경비 육성방안"을 안건으로 치안본부회의실에서 치안본부, 경비협회, 경비업자 등이 참석한 가운데 회의를 하였다. 이어서 8월 31일에는 치안본부에서 "용역경비 적극 육성책"을 발표하여 많은 관심과 앞날의 발전을 기대하게 하였다.

1) 용역경비 육성방안 회의 내용

치안본부는 1979년 7월 24일 상오 10시에 "내무부 치안본부 용역경비 육성방안"에 관한 회의를 개최하여, 치안본부에서 송재근 제2부장외 4명, 경비협회 고동철 회장외 1명, 경비업자 대표 사장외 13명 등이 참석하여 용역경비 육성방안을 확정 발표하였다. 회의에서 결정된 주요 내용은 다음과 같다.

내무부 치안본부 용역경비 육성방안 회의 내용

1. 육성책 회의 참석내용

가. 일 시 : 1979년 24일(화) 상오 10시

나. 장 소 : 치안본부 회의실

다. 참석자 :

치안본부측 : 송재근 치안감(제2부장)
홍세기 경무관(경비과장)
조영우 총 경(경비계장)
박동범 경 감(방호계)

협 회 측 : 고동철 회장
박보영 사무국장

업 자 측 : 범아 윤관 사장외 13명

2. 용역경비 육성방안 내용

가. 현행 용역경비 실태

(1) 중요시설 133개소 3,707명

(2) 일반시설 80개소 901명

합 계 213개소 4,608명

(3) 외국현황

일 본 국 : 용역경비원수 8만 6천명

경찰관수 17만명

미 국 : 용역경비원수 20만명

경찰관수 45만명

서 독 : 용역경비원수 5만 5천명

경찰관수 60만명

나. 용역개발대상 실태

(1) 시설경비 개발현황

치안본부에서 각 시・도별로 조사결과 10명 이상 자체 경비를 용역경비로 개발토록 함

- 10명 이상 업자수 179개사
- 경비장소 수 213개소
- 경비원 수 4,901명

(2) 혼잡경비 개발현황

치안본부에서 각 시・도별로 조사결과 작년도 104회 경비에 임하였으며 연인원 23,000명이 동원됨.

- 기성객 3회 8천명
- 체육행사 87회 1만 2천명
- 공공단체행사 14회 3천명
- 합계 104회 2만 3천명

10명 이상 전국 직영업체 현황

회사 (개수)	서울 116	부산 19	경기 6	충북 1	충남 8	전북 9	전남 6	경북 14	경남 0	제주 0	합계 179
인원	3,768	326	181	19	109	158	97	213	0	0	4,901

다. 용역경비 육성책

(1) 청원경찰 청원권 부여함

9월중 국회 상정 예정으로 내무부에서 적극 추진함.

(2) 내무부 치안본부에서 홍보활동함.

- 정부유관업체 및 국영기업체 협조문 발송 및 방문
- 교육기관은 문교부장관에 공문
- 은행, 보험회사는 재무부장관에 공문
- 종합병원은 보사부장관에 공문
- 한전 및 석공은 동자부장관에 공문

(3) 혼잡경비 육성방안

- 우선 수익성이 있는 큰 행사를 하는 주최자에게 적극 권장함.
- 전문 경비업자 1개사당 전문경비원 300명을 육성함
- 귀성객은 교통부와 방문 및 협조함
- 체육행사는 대한체육회장을 방문 및 협조함

(4) 육성방안 추진계획

- 경비업자회의 7월 24일 개최

- 시 · 도 방호계장회의 7월 27일 개최
- 시 · 도 경찰서 경비과장회의 7월중 개최

(5) 시설경비 육성안
- 10명이상 직영경비체를 각 시 · 도 경찰서장이 용역경비로 권장함
- 홍보책자 1,800부를 공문과 함께 발송함
- 용역경비 권장키 위하여 시설장회의 소집함
- 필요시 방문하여 용역경비를 권장함

(6) 용역경비협회로 하여금 홍보책자 제한 후 아래와 같이 배부함
- 내무부에서 중앙유관자에게 120부
- 시 · 도 경비과장이 유관자에게 200부
- 경찰서장이 10명 이상 업체에게 1,800부

3. 한국 용역경비의 전망

연 평균 성장률은
- 1964～1978년 20%
- 1979～1980년 말 예상 30%
- 일본은 40%로 추정함

4. 경비감독 강화

- 연 1회 이상 허가 관청에서 점검함
  (법 13조(감독)에 의거하여)
- 월 1회 경찰서장이 경비시설현장 순시함
- 경비원 소정교육 받도록 감독 강화
- 협회에서 1980년까지 교육 완료토록 함

5. 문제점 해결 노력(질의에 대하여)

- 부가가치세 각 부처와 협조 면세토록 노력
- 야간통행을 경비업무 수행자에게 해제토록 함

2) 내무부 치안본부 용역경비 육성책 발표 세부내용

내무부는 1979년 8월 31일 경찰경비에 투입되는 경찰인력의 낭비를 줄

이고 경비업무를 효과적으로 수행하기 위해 용역경비업 육성방안을 마련 1979년 10월 1일로부터 시행키로 했다.

이 방안에 따르면 용역경비는 경비원 300명 이상을 보유업체로 기동성 있는 경비를 할 수 있는 업자를 대상으로 허가하고, 앞으로 이들에게 주요시설경비 및 행사장 경비(전국체전 등 국가적인 행사 제외), 호송경비 등을 담당토록 한다는 것이다. 내무부는 또 용역경비원은 제복착용과 함께 계급별로 조원, 조장, 반장, 대장의 표시장을 달게 하여 자체적으로 10일간의 기본교육을 실시하여 소양을 높이고 관할 경찰서장은 반드시 정기적으로 감사를 하도록 했다.

치안본부는 이에 따라 1단계로 추석, 연말연시 때 고속버스터미널, 역 등 귀성객 경비를 용역경비로 대체하고, 2단계로 정부 각 부처 산하 유관기관과 공공기관에 대한 시설경비도 용역경비로 전환시키기로 하였다.

1979년 9월중에는 시·도별로 유관대상업체 책임자회의를 열고 자체경비원 10명 이상을 둔 전국 기업체에 대하여서도 용역경비를 권장키로 했다. 그리하여 1979년 9월 21일부터 10월 5일까지의 추석귀성객에 대한 혼잡경비는 종전 경찰인력으로 하던 것을 용역경비가 맡아 매표, 수송객의 질서유지에 큰 성과를 올린 바 있다. 또한 10명 이상 자체경비원을 두고 있는 전국기업체는 234 업체이며, 지역적으로 보면 서울 119, 부산 13, 경기 40, 강원 2, 충북 1, 충남 7, 전북 19, 전남 7, 경북 18, 경남 8개사였다. 이들 업체들에게 자체경비를 용역경비로 전환토록 권장문을 발송하여 큰 성과를 보았다. 그러나 법제정 후 시행까지에는 여러 가지 문제가 남아 있었다. 주요 문제점으로는 용역경비와 청원경찰과의 관계, 국가중요시설의 경비, 복제 및 장구, 신입 경비원의 교육, 경비협회 운영 등이었다.

용역경비와 청원경찰과의 마찰은 경비업무 수행에 있어서 여러 가지 문제점이 들어나 청원주인 시설주로부터 문제가 제기되었다.

첫째는 용역경비업법 시행령 제8조(중요시설의 용역경비)의 법의 해석과 시행이었다. 당시 울산공업단지에는 중요산업시설이 밀집되어 있었는데, 한국비료공업(주) 울산공장은 1972년 12월 30일에 범아공신(주)와 경비계약을 체결, 경비원 49명을 청원경찰로 배치하였다. 그러나 청원주인 한국비료공업 울산공장은 경비업무 수행에 용역경비업법과 청원경찰법 시행에 관한 문제점이 들어나 치안본부에다 청원경찰 임용 신청 및 신상책임에 대한 질의를 1978년 9월 20일에 하였는데, 치안본부는 그 질의에 대한 회시를 10월 12일에 아래와 같이 하여 문제점을 해결하였다.

내 무 부

경비 2040-008055
수신 : 한국비료공업주식회사
제목 : 청원경찰 임용신청 및 신상책임에 대한 질의 회시

방호 419(1978.9.20)청원경찰 임용신청 및 신상책임에 대한 질의에 대하여 아래와 같이 회시합니다.

◆ 질의 1.
청원경찰법 제4조 1항에 의한 청원경찰 배치신청에 있어 경비업무를 용역하고 있는 시설주가 용역경비원을 청원경찰로 임용 신청할 수 있는지?

◆ 회시
청원경찰의 임용은 청원경찰법 제4조 및 제5조의 규정에 따라 임용하되, 그 추천 대상자에 대하여는 제한이 없으므로 용역경비원 중에서도 추천하여 임용할 수 있습니다.

◆ 질의 2.
청원경찰이 총기사고등 사고를 야기하였을 때 청원주와 용역회사간의 책임한계는?

◆ 회시
용역경비업법 시행령 제8조의 규정에 의하여 근무배치 및 감독권에 관한 권한을 용역경비업자에게 위임하였을 경우에 청원경찰이 총기사고를 야기한 때에는,
첫째 : 근무 중에 청원경찰의 고의 또는 과실에 의하여 사고가 야기된 경우와,
둘째 : 근무시간 이외에 사고를 야기한 경우로 나누어 볼 수 있는 바,

첫째의 경우는 해당자의 근무를 감독하고 있는 용역경비업자에게 감독책임이 있음에 의심할 여지가 없으며,

둘째의 경우에는 일차적인 책임은 사고 야기자 자신이 짐은 물론이나 2차적인 책임으로써 신분상 상관인 청원주가 책임을 지는 것이 원칙이나 일반적으로 총기관리 책임을 용역경비업자가 지고 있는 것이 일반 관례일 뿐 아니라 용역경비업자·감독자의 일환으로 청원경찰의 평소 교양과 청원경찰 개개인의 근무태도 및 성격, 음주벽과 동태 등을 수시 파악할 수 있는 위치에 있으므로 직무이외의 사고예방에 있어서도 청원주에 비하여 용역경비업자가 더욱 효과적으로 수행할 수 있는 점 등을 감안하여 양자(청원주 및 용역경비업자)간에 계약으로써 구체적인 귀책사항을 결정할 수 있다고 봅니다.

◆ 질의 3.

청원경찰이 공무수행 중 사망 또는 부상을 입었을 때 보상에 대한 책임 소재는?

◆ 회시

청원경찰의 직무수행으로 인하여 사망 또는 부상한 때에는 청원경찰법 제7조 및 동법 시행령 제9조에 의하여 청원자가 산업재해보상보험법에 의한 산업재해보상보험에 가입하였을 경우는 근로기준법의 규정에 의하여 청원자가 보상금을 지급하도록 규정 책임을 용역경비업자에게 전가한 때에는 그에 의하여 용역경비업자가 책임을 질 수도 있다고 봅니다.

◆ 질의 4.

용역경비업법 시행령 제8조를 확대 해석하여 시설주가 용역회사에 요청하여 용역회사 대표자가 당해 시설 관할 도지사에게 청원경찰 임용신청을 할 수 있는지?

◆ 회시

청원경찰의 배치 및 임용절차는 청원경찰법 제4조, 제5조에서 명시되어 있으므로 현행 관계법령하에서는 용역경비업자에게 청원경찰 임용신청권을 위임할 수 없다고 봅니다.

한국경비산업발전사

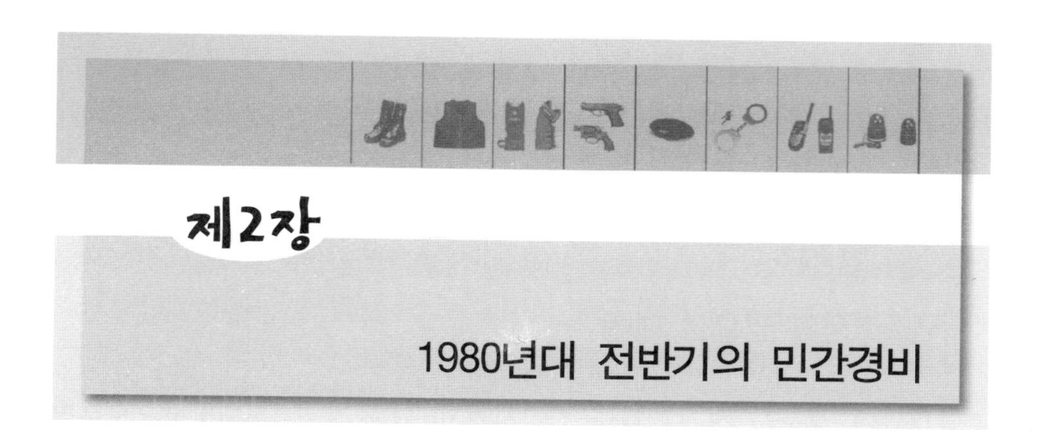

제2장 1980년대 전반기의 민간경비

1980년대에 와서는 일본의 경비문화가 우리나라에 본격적으로 상륙하게 되었다. 즉 우리나라 경비회사와 기술 및 업무제휴를 조건으로 일본의 세콤, 종합경비보장 센트럴경비보장, 전일경(全日警) 등의 업체들이 진출하면서 이를 계기로 경비업무의 유형이 인력경비에서 기계경비로 전환하는 계기가 되었다.

특히 1980년대에는 1982년 서울국제무역박람회의 행사장 경비, 1983년 프로야구단(MBC)의 스포츠행사경비, '86아시안게임, 세계 161개국이 참가하는 '88서울올림픽경기장 경비 등을 대과없이 완수함으로써 민간경비의 새로운 역사를 장식해 주었다.

이상과 같이 1980년대는 우리나라 민간경비 업무의 영역을 넓히고 경비업의 위상을 제고하는데 큰 성과를 거둔 시기였다.

제 1 절 1980년대 전반기의 사회경제적 배경

1. 구조조정의 필요성 대두

1979년에 정부는 경기과열을 진정시키기 위해 종래 정책방향으로부터 크게 선회하여 총수요억제책을 발표하였다. 또한 이 해에는 2차 오일쇼크의 발발로 세계경제가 불황으로 접어들기 시작하였다. 이때까지 한국경제의 성장을 뒷받침해 온 투자와 수출은 커다란 타격을 입었다. 이런 상황 속에서 1980년에는 미곡생산의 흉작까지 겹쳐 경제성장률이 마이너스를 기록하는 최악의 해를 맞았다.

<표 3-5>에서 보듯이 우리 경제는 플러스의 경제성장률을 회복하기는 했지만 이전 시기에 비하면 낮은 수준이었고 기업의 이윤율도 저공비행을 지속하였다. 80년대 중반 미일 경제마찰에 의해 국제환경이 호전되어 3저 호황이 시작되어서야 비로소 상황은 일변했던 것이다.

한편, 국제수지 사정도 악화되었다. 70년대 중화학공업화 과정에서 해외차입이 급증한 결과 1972년에 GNP의 30% 정도이던 외채가 1981년에는 50%를 돌파하였다. 채무상환비율도 위험수위인 20%에 육박했으며, 1978년에 9억달러에 지나지 않던 이자지급도 세계적 고금리 탓에 1981년엔 35억달러로 팽창하였다. 이른바 외채망국론이 무성하게 되었던 것이다. 이러한 외채 위기상황은 1980년대 전반 내내 지속되어 총외채는 1980년의 272억달러로부터 1985년의 468억달러로 상승일로를 치달았다.

이처럼 80년대 초반 한국경제는 폭등하는 물가, 불황에 따른 가동률 저하, 외채의 급증이라는 대내외적 위기를 맞이하고 있었고 이에 정부는 구조조정이라는 정책전환을 단행하게 된 것이다. 다만, 그것은 안정화정책으로의 선회이긴 하지만, 단순한 후퇴나 현상유지를 의미하는 것은 아니고 새로운 성장을 위한 구조조정 즉 성장지향적 구조조정이었다.

그리고 그것의 핵심은 산업구조재편, 물가·금리·환율을 중심으로 한 가격 메커니즘의 조정, 민영화로 대표되는 국가의 역할변화, 개방화와 같은 대외관계의 변화 등이었다.

〈표 3-5〉 1980~1989년간 주요 경제지표

(단위 : %)

구분 \ 연도	제 1기			제 2기				제 3기		
	1980	1981	1982	1983	1984	1985	1986	1987	1988	1989
경제성장률	-4.8	6.6	5.4	11.9	8.4	5.4	12.9	12.8	12.2	6.7
고정투자증가율	-10.5	-4.0	12.9	17.1	10.7	4.4	10.9	17.4	11.8	16.2
민간소비증가율	1.4	3.2	4.8	7.5	6.0	4.9	7.8	8.4	9.6	9.8
수출증가율	10.2	15.0	6.5	15.5	10.0	2.1	26.6	23.7	14.7	-6.3
수입증가율	9.6	17.2	-7.2	8.0	16.9	1.6	1.4	29.9	26.3	14.0
소비자물가상승률	28.7	21.6	7.1	3.4	2.3	2.5	2.7	3.1	7.1	5.7
도매물가상승률	39.0	20.4	4.6	0.2	0.7	0.9	1.5	0.2	2.2	1.5

※ 자료 : 통계청, 『한국통계연감』 각 연도

2. 중화학공업 투자조정과 산업구조의 재편

1970년대의 중화학공업화는 단기간에 우리 경제를 비약시키기는 했지만 그 압축성으로 인한 부작용이 중복투자·과잉투자라는 형태로 나타났다. 자본주의란 원래 호황–공황–불황–회복의 경기변동을 겪기 마련인바, 한국자본주의도 70년대 말에 중화학부문의 가동률이 급격하게 저하하고 성장률이 마이너스로 떨어지는 상황에 직면했던 것이다.

이러한 배경하에서 단행된 중화학 투자조정은 3회에 걸쳐서 이루어졌으며, 그 대상은 발전설비를 포함한 산업용 기계·자동차·중전기·전자교환시스템·디젤엔진·동제련 등 정부의 중점육성사업을 대부분 포함하고 있었다. 먼저 1979년 5월에 '중화학공업 투자조정위원회'는 현대양행·현대중공업·대우·삼성의 4개 업체가 참여하고 있던 발전설비 분야를 2원화하는 등 8개의 중화학공업 건설계획을 보류 또는 취소하는 투자조정

방안을 제시하였다. 그러나 이 조정은 기본적으로 투자조정이라기보다는 투자계획조정이라는 제한적 성격을 띤 것이었다. 발전설비 2원화 조치의 경우도 현대양행에 차관을 제공한 IBRD의 영향력과 업체간의 갈등에 의해 통합이 실현되지는 못하였다.

이후 1980년 8월 국보위 주관으로 발전설비 및 자동차 분야의 통합을 위한 투자조정이 시도되었다(1980년 1차 투자조정). 그 주된 내용은 발전설비는 대우에 일원화하고 승용차는 현대로 일원화한다는 것이었으나, 승용차 생산에 참여하고 있던 GM의 반발로 승용차생산 일원화는 무산되고 발전설비부문은 결국 공기업(한국중공업)화되었다.

이처럼 1, 2차에 걸친 중화학 투자조정은 경쟁이 치열한 분야에 업종별로 독점적 위치를 부여하는 효과를 갖는 것이었다. 또한 정부는 투자조정 이후에도 각 분야별로 육성계획을 수립하여 신규기업의 참여를 억제하는 등 그 독점적 지위를 보장해 주었다. 그런데 중화학 투자조정이 사실상 실패하여 시장의 독점화가 이루어지지 못한 승용차생산이 그후 오히려 비약적으로 발전했음을 볼 때, 중화학투자조정이 일시적으로는 수급안정이라는 성과를 거두었지만, 장기적으로 산업의 경쟁력 향상을 저해하는 면도 있었다고 판단된다.

1980년대 초 중반의 산업구조 조정은 중화학투자조정에 그치지 않았다. 정부는 기업군의 계열기업 정리를 촉진하고 은행보유 부실채권을 원활하게 정리하기 위해 산업합리화 대상기업을 선정하여 금융 및 세제 특혜를 부여하였다. 그리하여 1984년에는 해운업과 해외건설업을 대상으로 합리화 조치를 실시하였다. 나아가 1964년 이래 산업구조정책의 기본 골간이었던 개별산업진흥법(기계공업진흥법 · 조선공업진흥법 · 석유화학공업육성법 · 철강공업육성법 · 비철금속정련사업법 · 항공공업육성법 · 섬유공업근대화촉진법 · 전자공업진흥법) 등 8개법을 흡수 통합하여 1986년에 공업발전법을 제정하였다.

과거의 개별산업진흥법은 지정산업에 대하여 사업등록을 의무화하고 설비투자나 제품의 생산, 원재료의 조달과 같은 여러 측면에서 정부에 보고하고 승인받을 것을 요구하는 등 경쟁제한적인 성격을 갖고 있었다.

기업간의 과당경쟁에 의해 자본·기술·인재 등 경영자원이 분산되는 것을 방지하려는 의도에서였다. 반면에, 공업발전법은 적어도 원칙적으로는 이러한 시장규제 노선에서 탈피하여 자유화를 지향하는 선업정책으로 전환하고자 하는 것이었다.

다만, 이 법에서도 두 개의 예외가 있었다. 하나가 하이테크산업에 대한 지원이고 다른 하나가 산업합리화업종으로 지정된 경우의 투자조정이었으니 이 후자는 80년대 초반 중화학투자조정의 연장선상에 있는 것이었다. 즉 이 법에 의해 섬유직물·염색가공·합금철·무기질화학비료 등에 대해서는 구조불황업종으로 지정하여 노후시설 폐기, 보완투자, 업종전환을 위해 2,100억원 규모의 자금을 투입하였다. 또 중화학투자조정의 대상이 되기도 했던 중전기·건설중장비·디젤엔진·자동차에 대해서는 신규 참여의 배제와 제품별 전문화를 규정하였다.

하지만 이러한 조치들만으로는 구조적 불황을 극복할 수 없어서 국가에 의한 직접적인 자본의 재편으로서 부실기업 정리가 단행되었다. 1986년에 제정된 조세감면규제법은 재개된 한국은행 특별융자와 더불어 바로 이 부실기업정리를 순조롭게 하기 위한 제도적 장치였다. 그리하여 1986년 5월부터 5차례에 걸쳐 78개의 부실기업이 정리되었는데, 이 중 57개는 제3자 인수, 21개는 합병·청산정리 등의 형식으로 처리되었다.

이상과 같은 중화학투자조정·산업합리화조치·부실기업정리라는 세 축은 정부주도 공업화의 부작용을 역시 정부주도하에 강권적으로 처리하는 조치들이었던 셈이다. 그리고 불황기 자본의 재편을 거치고 응급수혈 조치를 받은 기업들은 점차 수익성 확보 기반을 마련함으로써 80년대 후반의 3저호황을 맞이할 태세를 갖추는 것이다.

3. 자율화·안정화·개방화의 진전

1960년대와 1970년대 정부주도의 성장지상주의 노선은 80년대에 들어와 크게 전환되었다. 정부는 "경영자·관리자로서의 정부"로부터 "규칙의 설정자·심판자로서의 정부"로, 즉 Manager에서 Judge로 그 역할을 변화시켜 나갔다. 물론 그렇다고 해서 자유방임주의를 채택하였다거나 또는 선진국에서의 정부역할 정도에 머물렀던 것은 결코 아니다. 정부의 과도하거나 부당한 개입은 여지껏 우리 경제의 골칫거리로 남아 있는 실정이다. 다만, 80년대를 분기점으로 해서 자본주의를 육성하는 정부로부터 자본주의를 보조·수정하는 정부로 방향이 바뀌어 나갔음은 부인할 수 없다. 정부주도 대신 민간주도경제라는 구호가 유행한 것도 이 무렵이었다.

정부-기업간 관계가 이처럼 변화해 간 것은 개별 초기에는 타당성을 가졌으며, 필요불가결하였다고도 할 수 있는 정부의 경제개입이 도리어 경제효율을 저해하는 양상을 드러냈기 때문이었다. 경제규모가 60년대와는 비교할 수 없을 정도로 커지고 민간의 기업 엘리트가 충분히 육성된 상황에서는 정치권력이나 관료가 미시적·거시적인 모든 차원에서 경제를 요리한다는 것이 이미 어불성설이 되어 버렸다.

경제계획의 성격을 보더라도 과거의 물동계획에서 유도계획(Indicative Planning)으로 이행하지 않을 수 없었던 것이다. 또한 80년대 단행된 은행의 자율화와 민영화는 바로 정부가 자신의 한계를 시인한 대표적 사례였다.

70년대까지 국가는 통화증발·강제저축과 지속적인 저금리정책에 의해 주도적으로 자금을 동원하고 배분함으로써 전략부문을 집중적으로 육성할 수 있었다. 그러나 이는 만성적인 물가상승과 금융부문의 기능 손상이라는 모순을 표면화시켰다. 또 민간기업들이 정부주도의 특혜적 정책금융 등 차입에 지나치게 의존함으로써 불황국면에서 그 재무구조의 취약성을 여실히 드러내었고 이는 은행부문의 부실화로까지 파급되었다.

한편, 70년대 성장일변도 기조에서 빚어진 인플레이션을 해소하고 경제안정화를 이룩하는 것도 80년대 경제정책의 주요 목표였다. 이는 또 상술한 금융자율화의 전제가 되는 것이기도 하였다. 그리하여 물가상승의 요인이 된 정부·공기업부문의 팽창을 제한하고, 통화량의 증가율도 1983년에는 전년도의 27%에서 15.2%로 억제하였다. 농업과 농민의 이해는 일단 도외시하고 농산물 등 기초 생활필수품을 수입자유화하여 가격안정을 도모하였다. 또 1980년대 정권은 근로자의 제반 권리를 규제하고 임금상승을 억압하여 기업의 수익성 회복과 물가안정을 추구하였다.

4. 전자산업의 고도화

1) 한국전자산업의 발전

(1) 한국 전자산업 발전의 시기 구분

한국의 전자산업(가정용전자기기 · 산업용전자기기 · 전자부품)은 1950년대 말에 출현한 이래 많은 변화를 보여왔다. 양적으로 고도성장을 이룩해 왔을 뿐만 아니라 질적으로도 가전기기로부터 반도체 · 컴퓨터 · 뉴 미디어와 같은 첨단제품으로 그 무게 중심을 옮기는 등 비약적인 발전을 거듭하였다. 80년대 중반 국내제조업에서의 생산비중은 8%를 넘어섰고 수출에서는 약 20%를 차지하였다.

1988년에는 섬유산업을 능가하는 제1의 수출산업이 되었으며, 그후 다시 정상의 지위를 섬유산업에 넘겼다가 1994년 이후부터는 계속 1위의 지위를 고수하고 있다.

이러한 한국전자산업의 발전과정은 몇 개의 시기로 구분할 수 있다. 제1시기는 1959~1964년으로 전자산업의 태동기이다. 금성사 등 소수의 국내업체가 설립되기 시작하여 라디오와 같은 단순가전기기를 조립하고 기본부품을 생산하는 정도였다.

제2시기는 1965~1974년으로 전자산업이 본격적으로 발전하는 시기이다. 전자공업진흥법이 1969년에 제정되고 초국적기업이 진출하였다. 초국적기업은 60년대 중반 이후엔 미국계 반도체 조립생산업체, 1970년대 초반엔 일본계 전자부품업체를 중심으로 대거 몰려들었다. 마산 수출자유지역도 이와 관련하여 1973년에 조성되었다.

한편, 이 시기 가정용기기 부문에서의 초국적기업 진출은 국내기업(금성사 · 대한전선 · 삼성전자)과의 합작과 기술도입계약을 중심으로 하였다. 그리하여 이 당시 전자산업은, 초국적기업이 전자부품을 담당하고 국내기업이 가정용기기를 담당하는 2원구조였다고 할 수 있다.

제3시기는 1975~1980년으로 이 시기는 국내자본 중심으로의 전환기이다. 전체적으로 한국전자산업이 외국인자본 위주에서 국내자본 위주로 변화해 갔다. 1, 2차 오일쇼크를 겪으면서 국내의 임금상승과 경제사정 악화로 초국적기업은 썰물처럼 빠져나갔고 잔존 사업체는 현지화되는 경향이 강하였다.

그리고 자본소유 측면에서뿐만 아니라 전자산업 내부의 생산구조에서도 국내자본 위주의 구조로 전환되었다. 이 시기에는 국내자본이 가전분야에 머무르지 않고 과거 외국자본이 점하고 있던 전자부품 분야에도 활발히 진출했던 것이다. 이는 종래 수입에 의존하던 부품들을 국산화함으로써 가격경쟁력을 향상시키려는 것이었으며 그 결과 국내기업간 분업관련이 크게 제고되었다.

제4시기는 1981년 이후로 전자산업구조가 고도화되어간 시기이다. 이 시기에 이르러 비로소 산업용전자기기의 본격적인 생산이 개시되었다. 70년대 후반부터 한편으로 가전제품에 대한 보호무역 장벽이 강화되고 핵심부품의 조달이 경쟁력 제고에 애로요인으로 작용했으며, 다른 한편 국내외적으로 정보산업화가 진전되기 시작하였다. 이러한 배경 하에서 전자산업의 질적 고도화 즉 하이테크화를 주요한 과제로 인식하게 된 것이다.

그리하여 산업용부문에서는 컴퓨터를, 전자부문에서는 반도체를 중점 육성 대상품목으로 선정하였다.

이상과 같은 네 발전단계를 총괄하여 한국전자선업의 특징은 다음과 같이 정리할 수 있다. ① 처음부터 수출을 전제로 발전하였다. ② 일본에의 수입의존, 미국에의 수출의존이라는 무역패턴으로 성장하였다. ③ 수출은 OEM에 크게 의존하였다. 80년대 중반에도 컬러TV · 냉장고와 자사브랜드 수출은 30～40%에 지나지 않았다. ④ 외국기업으로부터 기술이전을 받아가며 국내기업이 순조롭게 성장하였다. ⑤ 과점적인 산업조직이 형성되었다. 이는 특히 가전에서 현저하였다. ⑥ 수입규제에 대응하는 방안으로서 제품의 고급화보다는 라인의 다각화에 치중하였다. 즉 저수준의 제품에서 하이테크 제품까지 거의 모든 것을 취급하고 있다.

(2) 반도체산업 · 컴퓨터산업의 발전

반도체생산의 공정은 설계－웨이퍼가공－조립－검사로 구분된다. 이를 기준으로 한국반도체산업의 발전과정을 시기 구분한다면 제1기인 1965년부터 70년대 중반까지는 주로 초국적기업(페어차일드 · 시그네틱스 · 모토롤라 · 도시바 등)이 한국에 진출하여 저임금을 이용하여 반도체생산의 후공정인 조립공정을 수행한 시기이다.

트랜지스터나 IC를 단순 조립했는데 생산제품의 거의 전량을 수출하였다. 즉 이 당시의 반도체생산은 국내경제와는 별 관계를 갖지 않는 비지(飛地, Enclave)경제적 성격을 띠고 있었던 셈이다.

제2기는 70년대 후반부터 1982년까지로 트랜지스터의 일관생산이 시작되고 일부 기업이 반도체 전공정인 웨이퍼가공을 개시한 시기이다. 하지만 이 시기의 웨이퍼 가공은 어디까지나 가전제품 생산을 위한 부차적인 것이었고 반도체사업 자체에 대해서는 그다지 역점을 두지 않았다.

그런데 이처럼 저렴한 임금만을 기반으로 하는 조립부문 특화는 점차적인 임금상승에 의해 그 한계가 감지되기 시작하였다. 그리하여 제3기인 1983년 이후부터 한국반도체산업은 새로운 전기를 맞이한다. 우선 사업주체면에서 이미 70년대에 반도체 분야에 진출한 삼성 · 금성에 이어 이 시기에 현대그룹도 참여하여 본격적인 경쟁구조를 형성하였다. 그리고 메모리(DRAM)를 중심으로 하는 사업이 새롭게 대규모로 구축되었다.

이들 3대 그룹은 반도체가 향후 산업발전에서 핵심적인 지위를 차지할 것이라는 인식("반도체는 산업의 쌀이다")하에 막대한 자금을 투입하였다. 그리고 기술도입, 인재확보 및 판매거점 마련을 위해 미국의 실리콘밸리에 현지법인까지 설립했으며, 64K 및 256K DRAM의 시작(試作)에 성공하고 계속해서 VLSI(대규모 집적회로)의 개발을 주도해 간다.

5. 수출의 증대

1984년 중 우리나라 수출입은 선진 주요국의 수입규제 및 국내시장개방 압력이 그 어느 해보다도 강화되었음에도 불구하고 괄목할 만한 신장세를 기록하였다. 우리나라의 최대 교역상대국인 미국과 일본의 경기호황에 따른 수입수요 격증에 따라 수출은 연초 설정된 목표치를 훨씬 초과하는 실적을 올렸으며, 수입 또한 수출의 수입유발적 상승효과에 따라 높은 증가를 기록하였다.

그러나 대외 거래면에서는 수입을 앞지르는 수출증가로 무역수지가 크게 개선되었으나, 무역외수지가 악화됨으로써 경상수지적자폭은 지난해보다 소폭 축소하는데 그쳤다.

특히 1984년 중 수출이 목표치를 훨씬 초과 달성된 것은 세계경제를 주도하는 미국경제가 급속한 경기상향세로 인한 수입수요증대를 통하여 여타국으로 확산됨으로써 선진국의 보호무역주의 강화에도 불구하고 세계교역량이 크게 증가함으로써 우리나라의 수출은 크게 신장되었다.

따라서 1984년 우리나라의 수출은 292억 8,000만달러를 기록, 그 신장세가 1983년도의 12.1%에서 20.7%로 확대됨으로써 수출에 의한 경제성장 기여율은 1983년 38.9%에서 50.7%로 크게 높아졌다. 이에 따라 1984년도 GNP성장률 7.6% 중 수출에 의한 성장률은 3.8%에 달하였다.

특히 1984년 중 우리나라의 대외무역에서 특징적인 현상은 세계경기가 전반적으로 강한 회복세를 보임에도 불구하고 우리의 주요 교역상대국인 선진국들의 보호무역주의 경향이 두드러지게 나타났다는 점이다.

선진국들은 자국산업을 보호하기 위한 방어적 자세에서 금융·보험등 서비스 무역자유화 및 지적 소유권 보호요구 등 상대국의 시장을 개방토록 하는 공격적 자세로 정책을 선회하는 경향을 보이고 있다. 또한 GSP 수혜정지 및 축소 등 시장개방요구가 즉각적인 보복과 압력수단을 동반하고 있어 우리의 대내외 무역환경은 날로 악화되어가고 있다.

제 2 절 1980년대 전반기의 민간경비 실태

1. 민간경비업체의 실태

1976년 용역경비업법 제정시 경비회사 9개사, 경비원 5,022명이었던 우리나라 민간경비산업은 1978년 5월에 한국보안공사와 한국경보(주)에서 한국전력(주)의 발전소, 변전소, 자재창고 경비업무가 해약됨으로써 업무에 종사하던 경비원 1,164명이 돌연 해직되자, 1979년에는 전체 경비업무 종사인원이 5,012명으로 감소하였다. 1981년에 와서 경비회사는 24개사에 경비원도 5,800명으로 증가하기 시작하였다. 경비회사 소재지를 분류한다면 1980년도까지는 서울에 집중하던 것이 1981년에 와서 비로소 부산의 (합자)동광공사(대표 박신국)와 (주)정호(대표 한일덕)가 부산시장 허가번호 1·2호를 받아 영업을 하게되었다. 이어서 1982년에는 경기도 수원시에 있는 (주)대신(대표 정우영), 부산에 있는 부산용역(주)(대표 최순용)이 허가를 받았다. 1983년에는 전남 광주 소재 기호실업(주)(대표 박해선)이 전남도지사 허가1호, 1984년에는 전북 군산시의 (주)서진공사(대표 김병남)가 전북도지사 허가1호를 받았다. 이로써 지방에도 경비회사가 설립되면서 활성화되어 가기 시작하였다. 1989년 말에 와서는 우리나라 총경비회사 172개사 중 서울에 117개사, 지방에 55개사를 점하게 되었다.

〈표 3-6〉 우리나라 용역경비원 및 경비업체 연도별 증가현황

구분 \ 연도	76	77	78	79	80	81	82	83	84
경비원 수	5,022	5,484	4,876	5,012	5,632	5,800	6,396	7,812	8,631
(지수%)	(100)	(109)	(97)	(99)	(112)	(116)	(127)	(156)	(172)
연차별 증가 %		9.2%	-11%	2.4%	12.3%	2.9%	10.2%	22.1%	10.4%
경비업체 수	9	11	13	15	18	24	30	37	39
(지수 %)	(100)	(122)	(144)	(166)	(200)	(266)	(333)	(411)	(433)
연차별 증가 %		22.2%	18.1%	15.3%	20%	33.3%	25%	23.3%	5.4%

〈표 3-7〉 지역별 연도별 경비업체 현황(1977 ~ 1989년)

연 지역별	70년				1980년 대											77 ~ 89년 허가업체
	77	78	79	계	80	81	82	83	84	85	86	87	88	89	계	
서울	3	7	1	11	2	5	5	1	9	8	19	14	20	34	117	128
지방						1	3	2	2	4	1	9	8	25	55	55
釜山						1	2	1		2		1	2	5	14	14
慶南										1		1	1	2	5	5
大邱									1		1	1	2	4	9	9
慶北														2	2	2
仁川														3	3	3
京畿							1						2	3	6	6
光州								1				2		1	4	4
全南												1			1	1
全北									1					1	2	2
大田										1		2		3	6	6
忠南												1		1	2	2
忠北																
江原													1		1	1
濟州																
合計	3	7	1	11	2	6	8	3	11	12	20	23	28	59	172	183

〈표 3-8〉 경비회사 경비원 현황(1979 ~ 1981)

회 원 명	대표자	소 재 지	경 비								
			'79년도			'80년도			'81년도		
			시설	경비원		시설	경비원		시설	경비원	
				청경	용역		청경	용역		청경	용역
한국안전시스템(주)	한국섭	서울 중구 을지로 1가 50 삼성빌딩 10층							30		53
한국경보(주)	이동웅	서울 강남구 서초동 277-4 신동아빌딩 802호	8	13	190	5	20	158	4	134	23
(주)한국보안공사	최진엽	서울 서대문구 창천동 15-3 백일빌딩 1층	19		114	31	24	247	39	48	254
(합자)범아실업	윤관	서울 종로구 견지동 65-5 서흥빌딩 7층	50	119	631	72	502	485	76	576	542

범아공신(주)	김정환	서울 종로구 견지동 65-5 서흥빌딩 7층	36	62	691	41	128	674	47	179	641
용진실업(주)	김명욱	서울 용산구 이태원동 123-3	28		716	22		570	16		413
실원기경(주)	김동수	서울 용산구 원효로 1가 54-4 원일빌딩 2층	3		148	3		148	3		148
봉신기업(주)	김형중	서울 종로구 신물로 1가 58-1 구세군회관 4층	18		652	18		660	18		685
경화기업(주)	김이남	서울 용산구 한강로 3가 63-117	45		1,126	34		1,105	34		1,105
동우공영(주)	설진철	서울 중구 남대문로 5가 541 대우빌딩내	5	20	110	5	24	116	7	43	155
동서기연(주)	정준혁	서울 종로구 인사동 194-4 하나로빌딩 605호	22		149	28		198	32		230
한국산업안전(주)	황헌친	서울 강서구 과해동 294 김포공항내	22		149	28		198	32		230
한국종합경비보장(주)	김영기	서울 영등포구 당산동 4가 31-2 신우상가 4층	3		13	13		58	20		83
동방흥산(주)	홍국보	서울 용산구 한남동 224	5		74	5		80	5		80
(합자)동광공사	박신국	부산 중구 중앙동 4가 48				3		54	1		33
(주)정호	한일덕	부산 영도구 봉래동 5가 29							1	50	22
석산용역(주)	안기창	서울 영등포구 여의도동 45-15 서린빌딩 403호									0
한국종합기계경비(주)	윤관	서울 종로구 견지동 65-5 서흥빌딩 7층									0
한국워켄할(주)	김명욱	서울 용산구 이태원동 123-3									41
아세아용역산업(주)	김도곤	서울 종로구 필운동 278-6 신우빌딩 5층									0
(주)세원경보용역	우광섭	서울 강남구 방배본동 남부빌딩 206호									0
서언개발(주)	박민진	서울 종로구 관훈동 151-8 조학빌딩 409호									0
합계(22개사)			246	329	4,663	288	846	4,645	344	1,196	4,596

2. 행사장 경비의 활성화

1980년대에 와서 우리나라는 국민총생산의 성장률이 1981년에 6.2%를 시작으로 꾸준히 매년 성장하였고, 수출도 15%에서 매년 증가하여 경제기반이 튼튼하게 되어 국민화합과 국력을 신장하는데 무엇보다 국제적인 행사가 필요하게 되었다. 이 당시 대표적인 국제행사가 '82서울 국제무역박람회였으며, 이 행사에 국내 경비업체가 행사경비업무를 성공적으로 수행하였다. 박람회 기간은 1982년 9월 16일부터 11월 18일까지였으며, 국내 경비업체의 경비인원은 연인원 4,563명이 참가하였다. 이어서 1983년에는 KBS 주관 우주과학박람회에 3,378명의 경비원이 두입되었고, 호국대행진에 1,712명의 경비인원이, 로봇과학전시회에 1,488명의 경비원이 참가하여 경비업무를 무사히 완수하였다.

아래 <표 3-9>는 행사장 경비 배치 실적 현황이다.

〈표 3-9〉 행사장경비배치실적(1982 ~ 1984)

행사장	계약처명	행사기간	연인원	비고
한국전자공업진흥회	한국전자공업진흥회	82.10.22 ~ 82.11.8	322명	
'82서울국제무역박람회(1차)	무역진흥공사	82.9.16 ~ 82.10.28	2,961명	
'82서울국제무역박람회(2차)	무역진흥공사	82.10.29 ~ 82.11.18	1,602명	
프랑스 향수전	'샤넬' 서울사무소	82.10.30 ~ 82.11.4	12명	
82년도 소계			4,897명	
우주과학박람회	한국방송사업단	83.4.1 ~ 83.6.15	3,378명	
호국대행진	〃	83.6.22 ~ 83.9.8	1,721명	
로봇과학전	〃	83.7.8 ~ 83.3.20	1,488명	
샤갈미술전	〃	83.8.18 ~ 83.9.20	282명	
올림픽 제품관련 전시회	중소기업협동조합중앙회	83.9.4 ~ 83.10.1	328명	
주방기구전시회	한국방송사업단	83.8.17 ~ 83.10.1	562명	
'83 풍년대축제	〃	83.10.1 ~ 83.11.29	537명	
'83 한국전자전람회 삼성관경비	한국전자공업 진흥회	83.10.6 ~ 83.10.19	464명	
	삼성전자공업(주)		21명	
'83기계전	한국기계공업 진흥회	83.10.9 ~ 83.10.17	150명	
'83한국도자기축제	한국방송사업단	83.10.14 ~ 83.10.29	763명	
한아름 바자회	유럽선교회	83.11.4 ~ 83.11.29	150명	
팔도 명산물 전시장	한양유통(주)	83.12.6 ~ 83.12.30	50명	
83년도 소계			9,894명	
서울올림픽시범경기	서울종합운동장관리소	84.3.15 ~ 84.5.29	1,620명	
청소년 예술제	중앙국립극장	84.5.3 ~ 84.5.8	90명	
한국방송통신기계전	(주)주간가학	84.6.22 ~ 84.6.29	40명	
올림픽관련 제품전	중소기업협동조합	84.6.10 ~ 84.6.28	304명	
피카소 전시전	한국방송공사	84.5.28 ~ 84.7.1	183명	
국가발전홍보전	한국방송공사	84.9.14 ~ 84.10.17	136명	
한국전자전시회	한국전자공업진흥회	8410.6 ~ 84.10.15	262명	
한국국제기계부품전	한국전자공업진흥회	84.9.17 ~ 84.9.26	40명	
국제그룹독립관	(주)국제상사	84.9.18 ~ 84.1017	120명	
'84서울국제무역박람회	대한무역진흥공사	84.9.11 ~ 84.10.14	4,115명	
항공기부속전시전	(주)세한	84.9.18 ~ 84.10.2	50명	

올림픽제품전시회 국제우표전시전 전국도서전시전 84년 풍년제 84년 도자기 전	한국방송공사 체신부 우정국 한국방송공사 한국방송공사 한국방송사업단	84.9.23~84.10.2 84.10.15~84.11.3 84.10.14~84.10.25 84.10.14~84.10.25 84.11.5~84.11.20	384명 276명 229명 546명 220명	
84년도 소계			8,615명	
총 계			23,406명	

3. '82, '84년 서울국제무역박람회 경비실적 평가

1) '82 서울국제무역박람회 경비

"건국이후 최대의 서울국제무역박람회" 해방이후 국내 최초 최대의 국제무역박람회가 9월 16일부터 11월 18일까지 73일간 서울 강남구 삼성동 한국종합전시장과 인근 총무처 부지에 마련된 전시장에서 성대하게 개최되었다. 공식명칭은 '82서울국제무역박람회(SITRA)이다.

1981년 4월 정부의 박람회 개최 결정이후 1년 6개월 간의 준비를 거쳐 개최된 이 박람회에는 676개 국내업체와 미국 · 일본 · 영국 · 프랑스 · 캐나다 · 나이지리아 등 해외 40개국으로부터 262개 업체들이 대거 참여하였다. 박람회 개최목적은 국내외업체들의 상품비교전시회를 통해 우리나라 수출상품의 품질개선과 효과적인 수출상담 및 제5공화국 출범을 축하, 기념하기 위한 것이었다. 박람회개최기간 중 국내에서 220여만명의 관람객의 해외 97개국에서 1만여명의 바이어들이 방한, 박람회를 관람하는 대성황을 이뤘다. 해외관람객중에는 라이베리아체신장관, UAE장관, 주택성장관, 이디오피아건설장관, 나이지라아조달청장 등 주요 인사들도 많았다.

박람회를 통해 14억달러 상당의 한국상품 수출상담이 이뤄졌으며 미국 · 일본 · 스웨덴 · 노르웨이 · 핀란드 · 스페인 · 나이지리아 · UAE · 인도 · 태국 · 파키스탄 등 12개국이 참가국의 날 행사를 개최, 국제간 친선과 우의를 다졌다. '86아시안게임과 '88서울올림픽 개최에 대비한 올림픽 홍보관과 관광홍보코너를 특별히 마련, 우리나라의 문화전통을 해외에 알리는 좋은 계기가 되기도 했다.

박람회장은 4만명규모의 한국종합전시장과 인근 2만평의 총무처 부지에 마련된 건평 6000평 규모의 전시관으로 꾸며져, 한국종합전시장 옥내에는 해외참가업체들이 그리고 총무처부지 전시관엔 국내업체들이 각종 상품을 출품하여 관람객들에게 선보였다.

옥외에는 현대・럭키・삼성・대우 등 10개 재벌급 기업들이 독특한 모양의 독립관을 설치, 한국의 경제발전상을 한눈에 볼 수 있는 기회를 제공하였다. 10개 재벌기업의 독립관은 각기 우리나라의 중화학공업발전상(현대), 2000년대의 우주를 향한 삼성, 인간의 과거・현재 조명 및 인간의 미래와 대우, 미래의 전자자동화 가정생활과 럭키, 인간과 환경문제(선경), 어린이의 눈을 통해 본 희망의 나라(쌍용) 등의 주제를 최신 영상기법을 동원, 관람객들에게 보여줌으로써 연일 장사진을 이루는 인기를 끌었다. 박람회 기념복권 420만장이 발행돼 모두 7명의 관람객이 각가 1000만원의 행운을 안았으며 기념우표 800만장, 기념담배 2000만갑이 발행・발매됐다.

연일 밀려드는 관람객들의 편의와 질서 유지를 위해 연인원 1,920명의 일반 경비원과 11만 3,985명의 경찰관이 동원됐으며, 5300명의 청소년대원이 투입돼 치워낸 쓰레기만도 4.5t 트럭 565대 분에 달했다.

엄청난 관람객 인파로 박람회장 안팎은 개막 첫날부터 폐막시까지 크게 붐볐으나 이렇다 할 사건 사고는 없었다.

올림픽 등 국제규모의 큰 행사를 치러나가야 할 우리나라로서 이 박람회는 국민질서의식을 높여야 한다는 인식을 깨우쳐 준 또하나의 주요한 의미와 계기를 보여준 것이었다. '82 서울국제무역박람회 경비는 경찰에서 작성한 경비계획에 의거 경찰과 용역경비 합동으로 9월 16일부터 10월 21일까지 36일간 대과 없이 경비업무를 완수하였다.

1983년 3월 31일에 대한무역진흥공사에서는 박람회 행사를 끝낸 후 보고 형식으로 자체 분석평가보고서를 발간하였으며, 그 중에서 경비분야(경찰과 용역경비)는 9페이지의 평가문을 작성하였다. 자체평가서에서의 경비분야 평가는 다음 아래와 같다.

'82 서울 국제 무역박람회 경비실적보고서

가. 경찰경비

본 박람회가 국민화합과 국력을 신장하고 국제경제협력을 통한 공동번영 추구의 대광장이 되도록 치안 및 질서유지대책에 완벽을 기하고자 관련기관인 치안본부, 서울시 경찰국과 긴밀한 협조아래 다음과 같은 기본방침을 수립, 경비업무에 만전을 기하였다.

1) 기본방침

- 서울시 경찰국장 조정 통제하에 회장내외의 보안 및 제반질서유지에 주력할 수 있는 경비경찰본부(공동상황실)를 설치운영토록 한다.
- 경비와 관련된 용역경비 및 관련기관 파견 등 제반경비 요소가 되는 업무는 경찰경비본부에서 통합지휘토록 한다.
- 경찰경비본부는 기간 중 보안사범은 물론 폭력배, 치기배, 날치기 단속 경비반을 편성, 회장내는 물론 시내 각 위기지역에 대하여 집중 단속토록 한다.
- 교통 및 거리질서확립 특별기간을 설정하여 문화시민의 질서의식을 정착시키고 교통종사자에 대한 교육을 강화시키도록 한다.
- 회장을 중심으로 집산하는 수많은 관람객으로 인한 교통폭주에 대한 교통과 출입구 인파관리대책에 만전을 기하여 질서있고 명랑한 관람무드 조성에 최선을 다한다.
- 내한하는 외국인 VIP 및 참관객에 대한 경비안전대책을 실시하며, 친절봉사하는 국민의 이미지 부각으로 국위선양에 최선을 다하도록 한다.

2) 경비본부 편성

회장경비에 동원된 여러 경비요소 통합지휘 및 감독과 상황발생시 비상대책본부로 임무전환 및 경호경비 임무를 병행할 수 있도록 관련기관과 협의하여 경비본부를 편성 운영하였고, 특히 안전사고 발생에 대비하여 매일 09 : 00-10 : 00와 17 : 00-18 : 30 2회에 걸쳐 당일의 상황분석, 평가 및 익일대책에 만전을 기하였으며, 임시 파출소를 별도로 설치하여 전기안전공사 및 사무처 관련부서와 합동으로 전시장 및 일반 부대시설에 대한 안전검사를 매일 실시함으로 사고 미연방지에 최선을 다하였다.

3) 실적

기간 중 21,538명의 경찰관이 동원되어 위기지역을 중심으로 집중적으로 경비 및 질서유지에 임하였으며 총 1,312건의 각종 사건을 처리하였다. 경찰동원 및 사건 처리실적은 아래와 같다.

〈표 3-10〉 경찰동원 현황

구분 / 계	정 복	사 복	여 경	교 통	기 병	특수경찰	싸이카
21,538명	14,805	4,099	576	1,262	285	237	284

(가) 경찰병력 연동원 인원

*1일 최대동원병력 : 1,215명(82 1. 9)

1일 평균동원병력 : 641명(1차 기간중)

(나) 장소별 병력배치 비율

〈표 3-11〉 장소별 병력배치 비율

정복경찰	사복경찰
입장객질서유지 : 15% 매표장질서유지 : 15% 문화행사장질서유지 : 30% 복권판매장, 외곽 등 : 20% 순찰근무 : 10% 직매장 및 객정 유장 : 6% 기타 취약장소 : 4%	국내관, 국제관, 야외전시장 : 50% 내・외청 유동배치 : 20% 정복배치장소 혼성배치 : 10% 기타 취약장소 : 20%

(다) 사건발생 및 현황

〈표 3-12〉 경비본부 편성표

구 분	범죄발생					조 치					미 아			습 득			분 실		
내용 / 계	폭력	도범	교통	노점	암표	입건	즉심	통고	이첩	훈방	발생	인계	이첩	발생	인계	이첩	발생	인계	이첩
1,312	2	13	556	715	26	10	138	510	1	653	777	775	2	81	33	47	77	16	61

나. 용역경비

1) 계획

박람회장 내의 시설보호 및 안전을 위해서는 경찰의 절대적인 지원이 요구되나, 일단 자체 안전대책을 구축하기 위해 용역에 의한 경비대책을 수립하고 용역경비원으로서 1차적 시설보호, 질서유지 등 안전대책을 구축하는 계획을 세웠다.

2) 업체선정

당 공사는 용역경비를 통한 시설보호의 경험이 없고 용역경비업계의 실태를 파악하기도 어려워 경비용역업체 허가 및 감독기관인 치안본부의 추천을 받아 동 4업체 중에서 1개업체를 선정하는 것으로 원칙을 세우고 우선 치안본부에 박람회 성격, 규모 등을 설명하고 추천을 의뢰하였던 바, 경비실적이 많은 경화기업, 범아공신, 범아실업, 봉신기업 등 4개업체를 선정하여 왔으며, 이들 4개업체와 경비뿐만 아니라 청소도 겸할 수 있는 동방흥산 등 2개 업체, 경찰경비 관할 기관인 강남경찰서 관할구역 4개업체 등 도합 8개 업체 중에서 충분한 검토를 거쳐 비교적 합리적인 금액과 경비계획을 제시하였고, 기계에 의한 경비도 겸할 수 있는 범아공신주식회사와 수의계약을 체결하였다.

• 용역경비계획

범아공신(주)과 아래와 같이 기본 경비계획을 수립하였다.

(가) 대상지역 : 국제무역박람회장내 국내관 부지 및 KOEX와의 경계지역(KOEX 지역은 KOEX에 일임)

(나) 기간

－경비 : 9.16～10.21(36일간)

－수표 : 9.24～10.18(25일간)

(다) 동원인원 : 1일 55명(경비 40명, 수표 15명)

(라) 임무 : 시설보호, 도난 및 화재방지, 무단침입 및 파괴방지, 출입구 관리, 질서유지, 안내, 수표

(마) 경비요령(개최 기간 중)

• 경비 : 40명(1일 3교대 13명 배치)

경비대장 1명 : 업무총괄
관제소 1명 : 방송, 업무지시, 조정
순찰 2명 : 장내 순찰근무
고정초소 : 10명(초소근무)

- 기계장치 : 외곽, 시설물 주변, 침입자 감지
- 수표 : 수표 및 출입구 질서유지
- 기타 : 경비원은 상황에 따라 적절히 이동 배치

3) 운영

(가) 인력경비

상기와 같이 용역경비 기본계획을 수립하였으나 전시계획의 변경으로 9월초부터 기계설치가 시작되고 박람회 사무처가 본사에서 전시장으로 이전됨에 따라 9월 4일부터 경비원 6명을 국내관 입구에서 3교대로 배치하였으며, KOEX DP가 위치하고 있는 국제관은 경비가 미흡하여 해외 정밀고가 전시품은 도난의 우려가 있어서 9월 24일 10명을 증원 주간에만 국제관 지역에 파견 근무케 하였다.

또한 상상외의 많은 인파로 매표구의 증설, 추석연휴에 대비한 수표 및 질서유지 요원의 증원이 불가피하여 10월 1일부터 22명을 추가 증원 운영하였다.

한편, 박람회가 11월 18일까지 31일간 연장됨에 따라 국제관 경비 및 질서유지 요원 중 일부는 감원하고 일부는 수표요원과 독립관 경비요원 및 경찰경비 감소에 따른 야간순찰요원으로 재배치, 1일 60명으로 축소 조정하여 10월 22일부터 아래와 같이 경비에 임하였다.

〈표 3-13〉 기간별 경비인원 동원 현황

기 간	동 원 인 원	비 고
9.4~9.15	6명	증원
9.16~9.23	35명	당초계획
9.24~9.30	65명	국제관 경비 10명 증원
10.1.~10.21	87명	수표, 질서유지요원 22명 증원

그러나 한국전자전이 11월 5일로 종료하고 예상관람객도 크게 줄어들어

수표원과 독립관 경비요원 등을 감원하여 11월 6일부터 18일까지 1일 42명으로 운영하였다.

연장기간 중 경비원 동원인원은 아래와 같다.

〈표 3-14〉 행사 연장기간 중 경비인원 동원 현황

기 간	1일 동원인원	비 고
10.22~11.5 11.6~11.18	60명 42명	인원조정 수표원 등 감원

(나) 기계경비

• 박람회 본기간 중에는 인력경비 이외에 국내관에 대해서는 기계에 의한 경비를 병행함으로써 보다 정확한 경비를 실시코자 하였다. 그러나 박람회장이 소음이 많이 나는 도로변에 인접해 있고 당사 무처 및 숙직실 등이 국내관내에 위치하고 있는 등 기계에 의한 완전한 경비가 불가능하여 소기의 성과를 거두는데 다소 미흡하였다.

그러나 박람회장과 같은 대규모 시설에 대한 첫 기계경비 시도로 기계경비측면에서 박람회장 건립과 경비원배치 등에 좋은 참고가 되었다.

이번 박람회 경비에 동원된 기계와 설치지역 등은 다음 표와 같다.

〈표3-15〉 기계경비설치 현황

설치기종명	수량	설치장소	내 용
휀스탐지기 (MIC sensor)	70개	국내관 외곽담당자	담장에 설치, 소리·접촉에 따른 경보 로월담자 방지
적외선 탐지기 (Pulnix sensor)	4편	국내관내 4면	투광기에서 적외선을 발사하면 수광기가 수신, 불법침입자가 적외선 빔을 통과시 자동경보
Passive sensor	4대	국내관내 입구 양쪽	인체의 열의 변동에 따라 경보
CCTV Camera	2대	국내관 외곽	관람객의 동태 카메라에 투영
무전기	7대	경비원 소지	경비원과 상호교선

2) '84서울국제무역박람회 경비

1982년에 개최한 '82서울국제무역박람회는 관람객 220만명의 인원과 97개국에서 1만명의 바이어들이 방한, 정부수립 이후 최대의 국내 및 국제적 행사로 국민의 기대 속에서 성공리에 마쳤다. 이것이 계기가 되어 매 2년마다 개최한 것이 1984년 '84서울국제무역박람회이다. 1984년 9월 16일부터 11월 4일까지 개최된 박람회의 경비업무는 준비, 전시, 철수 3단계로 구분하여 연인원 4,115명의 경비인원이 투입되었으며, 경비업무를 주관한 서울시경찰국과의 긴밀한 협조하에 경비계획을 수립, 경비업무를 완수한 것이다.

대한무역진흥공사에서 1984년 12월에 경비업무 수행결과를 분석 평가한 "'84서울국제무역박람회 실적보고서"를 발간하였다.

<u>'84서울국제무역박람회 경비실적보고서</u>

가. 개요

범국민적 국제행사인 '84서울국제무역박람회가 국민질서의식 고양의 실천장이 될 수 있도록 하기 위하여 치안 및 질서유지에 완벽을 기하고자 용역경비업체 및 경비 유관기관인 치안본부, 서울시경찰국과 긴밀한 협조아래 종합적인 경비계획을 수립, 경비업무에 만전을 기하였다.

나. 기본방침

1) 경비의 구성요소를 경찰경비, 자체경비로 하고 자체경비는 기간 중 용역경비회사에 의한 용역경비와 KOEX 기존 경비원으로 한다.

2) 박람회 종합경비 지휘는 서울시 경찰국장 통제하에 직할 경찰서인 강남경찰서장이 동 지휘본부의 경비본부장의 임무를 수행하여 제경비요소를 총괄 지휘한다.

3) 경찰경비본부는 기간 중 경비의 업무한계를 구분하였는데, 경찰은 보안사범, 폭력배, 치기배, 날치기 등 모든 치안요소와 외사, 대공 및 장외교통소통 등 당해 경찰고유업무를 수행토록 하며, 자체경비는 장내외 일반

질서, 안내, 검표 및 기타 사무처 지시임무 수행을 하도록 한다.

4) 시트라 '82의 경험에 비추어 다수의 관람객 입장편의 및 질서 도모를 위해 입장 출입문을 최대한 개방(8개중 6개문 개방), 매표소의 증가배치, 게이트마다의 가드레일 설치 등 출입 및 매표의 편의시설을 대폭 확충한다.

5) 국내외 VIP 및 참관객에 대한 경호안전대책을 구축하며, 친절봉사의 국민 이미지 부각으로 국위선양에 최선을 다한다.

다. 경찰경비

1) 경비본부 편성운영

회장경비요소의 통합지휘, 비상대책 및 우발사태 대책본부의 역할을 위하여 다음 표와 같이 편성 운영하였다.

특히 기간중 매일 2회 조・석회의(08 : 00, 18 : 30)를 경비본부장 주관으로 모든 간부진과 사무처 측이 합동회의로 실시하였고, 매일의 상황분석, 평가 및 익일대책에 만전을 기하였으며, 임시파출소, 미아보호소, 임시소방소도 장내에 별도 설치하여 경찰, 소방관서, 전기안전공사와 사무처 합동으로 모든 시설에 대한 안전검사를 매일 실시하여 사고의 미연방지에 최선을 다하였다.

2) 실적으로는 7,320명의 경찰관 동원, 시트라 '82당시 21,538명에 비해 14,218명이 감소 운영되어 핵심취약지점에 효율적인 투입으로 경비, 치안유지에 임하였고, 사건처리도 '82당시 4,514건에 '84는 4,021건에 달하여 보다 감소된 인력으로 보다 발전적인 성과를 보았다. 경찰동원 및 사건처리 실적은 아래 표와 같다.

〈표 3-16〉 경찰동원 현황

구분 / 계	정·사복	여경	교통	특별순찰	기마	싸이카 레이카	연도별
21,548	18,904	576	1,262	237	285	284	시트라 '82 (1.2차 60일)
7,320	5,850	330	840	60	0	204	시트라 '84

△14,228	△13,054	△246	△422	△177	△285	△44	증(△)감

*1일 최대동원병력 : 487명

*1일 최소동원병력 : 220명

*1일 평균동원병력 : 244명(△397)

〈표 3-17〉 장소별 정·사복 경찰관 배치 비율

정복경찰	'82	'84	사복경찰	'82	'84
입장객질서유지	15%	30%	국내관, 국제관	50%	50%
매표소질서유지	15%	15%	내 · 외곽유동배치	20%	25%
문화행사장 질서유지	30%	20%	정복배치장소 혼성	10%	15%
복권매표소	20%	5%	기타 취약장소	20%	10%
순찰근무	10%	15%			
직매장, 객정류장	6%	10%			
기타 취약장소	4%	5%			

라. 용역경비

1) 운영계획

박람회장의 종합경비대책인 특별경비계획을 수립하고, 동 계획내에는 행사의 주체인 KOTRA에서 운영하는 기존경비원과 별도 장내 질서, 안정, 검표 등을 담당할 용역경비원을 기간 중 전문업체와의 계약으로 운영하는 세부계획을 포함하였다.

2) 업체선정

시트라 '82용역경비 운영에 경험이 있는 업체와 대규모 국제행사를 치를 능력, 인력, 공신력을 갖춘 2개 업체를 선정하여, 당 공사 집행위원회에 상정, 의결, 수의 계약을 체결하였다. 동 업체는 '82년도 행사를 성공적으로 치른 범아공시(주)와 대한재향군인회 산하업체인 향우용역(주)이 선정 · 운영되었다.

3) 기본 운영계획(요약)

가) 대상지역 : '84 서울국제무역박람회장내 전역(6만평)

나) 경비기간 : 4단계

- 제1단계(준비기간) 9.1 ~ 9.17
- 제2단계(전시기간) 9.18 ~ 10.5

–제3단계(국제관 제외기간) 10.6～10.17
–제4단계(철거기간) 10.～10.21

다) 임무 : 시설보호, 도난 및 화재예방, 무단침입 및 파괴방지, 출입문관리, 질서유지, 안내, 수표 및 검표

4) 경비원배치 및 활용계획

가) 1차계획 실시 : 그림 참조

나) 2차 증원계획 실시

–학원사태 및 타국제행사로 인한 경찰병력 감소로 9. 22～10. 14(23일간)은 용역경비인력의 증원이 불가피하게 되어 30명을 추가 배치하게 되었다.

–동 30명의 인원은 장내질서의 취약점인 야외무대공연장, 참가국의 날 행사, 잡상인문제, 독립관 경비지원등에 기동예비조로 철저히 운용되었다.

◦1차계획분 실시

〈표 3-18〉 기간별 경비인원 동원 현황

기 간	동원인원	비 고
9.1～9.17	4명	야적장 : 향우
9.11～9.17	37명	국제·국내 각 출입구 18명 증원(기존 19명) : 범아
9.18～10.5	127명	전시 1단계 : ·범아 : 99명 ·향우 : 28명
10.5～10.17	107명	전시 2단계 : ·범아 : 99명 ·향우 : 8명(20명 감원)
10.18～10.21	49명	철거기간

◦2차 증원분 실시

〈표 3-19〉 경비인원 증원 현황

기 간	동원인원	비 고
9.22～10.14	30명	기동예비운영 ·야외무대, N/D 행사장, 잡상인 통제, 독립관 질서지원

마. 기계경비

시트라 '82당시에는 인력경비 이외에 국제관에서는 휀스 및 적외선탐지기(MIC & Pulnix Sensor)와 열감지기 탐지기(Passive Sensor) 등에 의한 기계경비로 사각 또는 광역을 경계, 감시토록 계획이 실시되었으나, 소음과 도로면에 위치한 관계로 소기의 성과를 거두지 못한 문제점을 감안, 위에 열거한 기구를 제외한 아래의 기계경비를 보완 및 설치하여 인력과 기계가 갖는 최대의 성과를 거두었으며, 그 내역은 아래 표와 같다.

〈표 3-20〉 기계경비설치 현황

설치기	82년	84년	비 고
휀스탐지기	70개	0	
적외선탐지기	4개	0	
열탐지기	4개	0	
CCTV Camera	2개	5개	국내관지역 모니터는 본관에 설치
무전기	7개	25개	· 사무처 자체분 : 13개 · 범아 : 10개 · 향우 : 2개

4. 무인 경비시대 개막

한국에 대한 외국기업의 직접투자는 1962년의 제1차 경제개발5개년계획 실시와 동시에 처음으로 그 개막을 보게 되었고, 그 이후 외국인의 투자는 정부의 적극적인 직접투자 유치시책도 있고 해서, 다소 기복은 있었지만 순조롭게 증가하고 있었다. 1966년 "외자도입법"이 개정되면서 1980년도에 와서는 투자 붐에 의해 순조롭게 경비산업에도 적용이 되어 활기를 찾기 시작하였다.

1962년부터 1984년까지의 외국인 직접투자의 인가 및 도착 추이는 다음과 같다.

〈표 3-21〉 외국인 직접투자의 인가 및 도착추이

(백만달러, %)

연 도	인 가			도 착		
	건 수	금 액	건당금액	현 금	자본재	계
1962~79	746	962.6	1.3	613.8(61.1)	390.6(38.9)	1,004.4(100)
1980	36	140.8	3.9	69.3(71.7)	27.4(28.3)	96.7(100)
1981	41	145.3	3.5	84.7(80.3)	20.8(19.7)	105.5(100)
1982	55	187.8	3.4	65.5(65.1)	35.1(34.9)	100.6(100)
1983	75	267.8	3.6	65.4(64.5)	36.0(35.5)	101.4(100)
1984	103	419.0	4.1	119.1(69.8)	51.6(30.2)	170.7(100)
계	1,059	2,123.2	2.0	1,017.8(64.5)	561.8(35.5)	1,579.2(100)

1) ( ) 안은 도착액을 100으로 한 구성비임.
2) 인가현황은 현존인가기준임.
※ 자료 : 재무부

1980년대 들어서 한국에 대한 외국 기업의 투자는 민간경비산업에서도 활기를 띠게 되었다. 외국기업과 합작 및 기술제휴를 한 업체들은 아래 "외국과의 합작 및 기술제휴 일지"와 같다.

외국과의 합작 및 기술제휴 일지

1980년 7월	한국경비보장(현 에스원)과 일본의 세콤사와 합작 및 기술도입 체결
1980년 9월	한국경비보장 일본세콤과 합작 정부(경제기획원) 인가
1980년 11월	한국경비보장과 일본세콤과 기술도입 인가
1981년 11월	용진실업과 미국의 워켄핫사와 합작 한국워켄핫사를 설립 한국 55%, 미국 45%, 외국인 투자 인가
1982년 1월	범아종합경비(현 SOK)와 일본의 종합경비보장 합자계약 체결
1982년 4월	범아종합경비와 일본의 종합경비보장과 합작 정부 인가
1982년 12월	범아종합경비와 일본의 종합경비보장 외자도입 인가
1983년 11월	대한중앙경비보장과 일본의 센트럴 경비보장 합작 인가

1983년 12월	대한중아경비보장과 일본의 센트럴 경비보장 기술 도입 인가
1984년 8월	한국보안공사(현 캡스)미국 ADEMCO 사와 기술 제휴 및 대리점 계약체결
1985년 2월	한국보안공사 미국 ADEMCO사의 무인경비시스템 도입

이상과 같이 경비산업은 1980년부터 1985년 사이에 5건의 외국회사와 합작 및 기술도입에 착수하여 기계경비(무인경비)가 본격화되었다.

합작 및 제휴회사는 1980년에 한국경비보장(주)(현 에스원)를 시작으로 1981년에는 한국워켄핫(주), 1982년에는 범아종합경비(주), 1983년에는 대한중앙경비보장, 1984년에는 한국보안공사(현 캡스)순으로 합작과 기술제휴로 외국인 투자가 이루어진 것이다. 해당 업체들을 연혁을 중심으로 살펴보면 다음과 같다.

〈한국경비보장㈜(현 에스원)〉

1977년 11월	한국경비보장주식회사 설립(자본금 : 20,000,000원)
1977년 12월	내무부장관의 용역경비업허가(제1호) 획득
1980년 7월	일본 세콤사와 합작 및 기술도입계약 체결
1980년 9월	일본 세콤사와 합작투자 인가 획득(경제기획원)
1981년 3월	한국안전시스템 주식회사로 상호변경
1981년 6월	중앙관제소 개통
1981년 7월	국내 최초 무인기계경비 개시(충무로 쥬파크 귀금속)
1986년 9월	「관제시스템 전국 네트워크 구성
1988년 7월	관제 전산시스템 개발
1988년 11월	국제경비연맹(LIGUE) 가입
1988년 12월	기계경비 약 10,000 건 달성

〈일본경비보장㈜(현 SECOM)〉

1962. 7.	창립
1964. 9.	도쿄올림픽 안전관리용역 수임
1966. 6.	SP ALARM SYSTEM 개발
1967. 10.	국제경비연맹 가입

1974. 6.	도쿄증권시장 1 부 상장
1978. 1.	대만 중흥보전㈜와 업무제휴
1978. 2.	호주에 SECOM-AUSTRARIA CO. 설립
1978. 11.	도쿄에 SECOM SD CENTER 준공(컴퓨터에 의한 안전 정보처리)
1979. 3.	SECOM ED CENTER(안전시스템 단말기기개발연구소) 준공
1980.	SECOM 그룹(21 개사) 안전산업 기본적 체제 확립 · 자본금 ¥2,268,000,000 · 사원총수 8,000명

〈범아종합경비㈜(현 SOK)〉

1981년 6월	한국종합기계경비㈜ 설립
1981년 10월	용역경비업 허가취득(내무부장관 제17호)
1982년 1월	합작투자 계약체결(일본 종합경비조장㈜)
1982년 4월	합작투자인가(재무부장관)
1982년 7월	자본금 74,800,000원 증자(범아실업공사, 범아공신, 일본 합작선 각 33.3%)
1982년 12월	외자도입(과학화 경비장비 100만달러)
1983년 4월	외국인투자기업 등록
1983년 8월	비밀특례업체 지정(내무부장관)
1983년 9월	2급비밀취급인가(내무부장관)
1986년 3월	중앙관제소 개소(종로구 견지동 68-5)
1988년 12월	N.C.S(무인기계경비)사업부 신설

〈일본의 종합경비보장(綜合警備保障)〉

1965. 7.	회사창립
1965. 9.	영국박람회 경비
1965. 12.	도시은행 경비
1966. 2.	은행 현송업무 개시
1967. 9.	기계경비 개시
1968. 2.	기계경비 전국네트워크 구성
1970. 1.	경보장치 SK650 완성

1970. 3. 오사카 만국박람회 경비
1972. 2. 삿포로 동계올림픽 경비
1975. 1. 무인 CD 코너「아만트 시스템」완성
1975. 9. 빌딩종합관리「OLM시스템」가동
1978. 9. 경송업무 전국 네트워크화
1983. 3. 대만 신광보전(新光保全)(주)과 합작
1984. 10. CATV사내 네트워크 완성
1984. 10. 홈세큐리티 사업 개시
1985. 1. 통신위성 지구국차 완성
1985. 3. 과학박람회 쓰크바 85경비

〈대한중앙경비보장㈜〉

1983. 8 . 대한중앙경비보장㈜ 설립
1983. 9. 내무장관의 용역경비업 허가획득(제23호)
1983. 11. 일본 센트럴경비보장㈜와 합작투자 인가(재무부장관)
1983. 12. 일본 센트럴경비보장㈜와 기술도입 인가(내무부장관)
1985. 1. 기계경비 개시
1985. 3. 26 증자 : 자본금 ₩650,000,000

〈일본의 센트럴 경비보장(주)〉

1966. 3. 회사창립

사업목적

- 도난·화재등 위험발생의 방지를 위한 경비보장업
- 방화방범기기의 판매 및 임대업
- 경비보장에 관한 기술지도업
- 청소용역 및 건물관리업
- 전 각호에 부대되는 사업

〈한국보안공사(현㈜ 캡스)〉

1971. 1. ㈜한국보안공사 창립
1978. 2. 용역경비업허가 내무부(제3호)
1984. 8. 미국 ADEMCO사와 기술제휴 및 대리점계약 체결
1984. 8. 내무부 비밀취급특례업체 지정

1985. 2.	ADEMCO사의 무인경비시스템도입
1985. 2.	4개 고유주파소대 할당 및 남산중계소 설치인가
1985. 4.	CAPS에 의한 무인경비 실시
1988. 2.	미국 NBC방송국 용역경비 체결
1988. 5.	서울 올림픽경호대 발족
1988. 7.	정보통신 용역제공 승인

제 3 절 민간경비의 발전

1. 국가 중요시설의 과학화 경비

1) 과학화 경비와 폭발물 사고방지

1981년 3월 제5공화국은 출범 후 국가중요시설의 안전보호에 각별한 관심을 가지게 되었다. 그 이유는 첫째, 1982년 1월 21일에 제1차 대간첩 대책회의에서 대통령의 유시에 의해서이다. 즉 방위계획상에 있는 중요시설의 경비를 완벽하게 하는 데는 인력 위주로 하는 경비보다 과학화 전자장비를 이용한 경비로 방호계획을 강화하라는 것이다.

둘째, 1983년 10월 9일 미얀마 아웅산 암살폭발사건이다. 북한에서 특별히 훈련된 요원으로 선박·항공기 등을 납치·파괴하거나 국가중요시설의 파괴, 주요인물의 살해 등을 통해 사회불안을 조성하는 등 북한의 대표적 도발행위의 하나이다. 따라서 정부는 보안목표의 방호계획에서 전국에 있는 국가중요시설, 산업시설의 과학화 경비와 폭발물 사고방지를 실시하게 된 것이다. 과학화 경비는 1982년부터 본격적으로 시작하였고, 폭발물 사고방지는 1983년부터 시작하여 '86아시안게임, '88서울올림픽까지 설비가 완료하도록 관계기관에 시달하여 본격적으로 실행하게 된 것이다.

과학화 경비

1. 과학화의 배경

가. 북괴의 후방 침투 및 교란에 대비

힘의 약세에 놓인 북괴가 대한민국의 후방에 간첩, 테러, 게릴라 등을 침투시켜 국가중요시설물을 파괴함으로써 민심을 교란시키고, 정치불안을 조성하려는 기도에 대한 방비.

나. 적의 표적이 되고 있는 중요시설의 방호

간접 전쟁수단의 하나로 적은 중요시설을 표적으로 삼고 파괴를 기도하고 있으므로 이를 미연에 방지하기 위한 과학적 방호경비.

다. 적으로부터 인명손상의 방지

일반범법자가 아닌 공산분자인 경우 침투목적 달성을 위하여는 경비원(인명)을 살상하고 침투할 수도 있으며, 때에 따라서는 경비원을 안내역으로 악용할 수 있는 여지를 사전에 차단하는 방책.

라. 정부의 선진화계획의 일환

사회의 모든 분야가 현대화 추세에 있고 정부가 지향하는 선진조국 창조의 일환으로 경비의 과학화도 그 시기가 도래된 것임.

마. 정부의 선진화계획의 일환

1986년 아시안게임과 1988년 서울올림픽에 대비하고 모든 국제모임의 개최에 앞서 집회안전과 외국인 안전 및 이를 기화로 준동하여 혼란을 일으킬 적의 침투를 분쇄할 필요성.

2. 목적

가. 경비의 과학화

인력에 의한 경비에서 발생한 미비점과 불합리를 보완하고 경비대상의 모든 상황을 정밀전자장치로 자동탐지, 전송, 통제할 수 있게 과학화한다.

나. 경비의 완전화

만약의 사고라도 즉시 발견하고 이를 퇴치할 수 있는 충분한 대응태세를 갖춘 완전화 경비의 실현

다. 경비의 책임화

경비의 실시 중 발생하는 어떤 사고나 잘못에 대해서도 책임제도가 채택되어 사고재발의 방지와 피해보상을 실시해야 한다.

라. 경비의 합리화

현대경영의 모든 것이 그러하듯이 경비도 과학화함으로써 여러 지출요인을 줄여서 경비절감에 의한 합리적 경영이 되어야 한다.

〈표 3-22〉 국가 중요 과학화경비 설치 및 시공실적 현황(1989.9.30. 현재)

번호	설치공사	계약체결일자	비고
1	쌍용정유(주) 울산 온산공장(CCTV 및 적외선)	83.10.	
2	국제공항관리공단(적외선 센서)	83.12	
3	여천공업단지(CCTV 및 적외선)	83.12.	
4	포항종합제철(주)(CCTV 및 적외선)	87. 5.	
5	한국방송공사(CCTV 및 적외선)	84.11.	
6	한국과학기술원(출입관리)	84.12.	
7	한국전력공사(의정부)(CCTV 및 적외선)	85. 5.	
8	한국화약(주)(CCTV 및 휀스)	85. 7.	
9	잠실종합운동장(적외선 설치)	85. 7.	
10	호남정유(여수)(CCTV 설치)	85. 7.	
11	한국방송공사 충주방송국(CCTV 설치)	85. 8.	
12	한국전력공사 호남화력(CCTV 설치)	86. 1.	
13	한국유리(주) 군산공장(CCTV 및 적외선)	85.11.	
14	한국석유개발공사(CCTV 및 휀스)	86. 1.	
15	한국전력(주) 고리원자력발전소(적외선)	86. 6.	
16	(주)문화방송(CCTV 및 출입관리)	86. 4.	
17	한국유리(주) 인천공장(CCTV 및 휀스)	86. 7.	
18	KBS 마산방송국(CCTV 설치)	87. 4.	
19	한국유리공업(주) 부산공장(CCTV 설치)	87. 7	
20	이탈리아대사관(경보장치 설치공사)	87. 7.	
21	호남정유(주) 인천저유소(경보장치 설치공사)	87. 8	
22	KBS 울산방송국(CCTV 및 적외선)	87. 9.	
23	(주)문화방송(방송설비 및 적외선)	87.10.	
24	한국유리(주) 본사사옥(CCTV 및 적외선)	88. 3.	
25	경인에너지(주) 인천저유소(CCTV 설치)	88. 4.	
26	이탈리아 대사관(CCTV 및 자동문 설치)	88. 7.	

2. 폭발물 사고대책

1) 폭발물 사고대책의 배경

테러리즘과 폴발물에 의한 인류의 손실을 방지하려는 것은 제5공화국의 강력한 의지로서 이에 대한 구체적인 지시를 하였다.

① 우리나라는 국가방위에 있어서 남다른 불안를 안고 있으며 우리에 비해 국력의 약세와 세계속에서 주시되고 있는 북한의 호전성은 비정규전에 의한 테러와 폭발을 이용하는 파괴 및 침공의 가능성은 여러 전문가에 의하여 입증되고 있었다.

② 우리는 선진국가 성취를 향한 강력한 총화를 다지고 있고 '86아시안게임과 '88서울올림픽 개최까지는 수십차의 국제집회가 약속되고 있었다.

③ 폭발물사고는 그 성질상 단 한건이라도 미치는 영향이 범국가적이라는 사실 때문에 이를 미연에 방지하려는 것은 국가의 의지라고 하겠다.

2) 목적

① 국가시설물의 폭파예방
② 중요시설물의 폭파예방
③ 행사장(국제집회) 폭파예방
④ 경기장 폭파예방
⑤ VIP의 통과로 폭파예방
⑥ 폭발장치의 검색
⑦ 폭파장치의 제거
⑧ 폭발물의 도난 및 유출방지

3) 폭발물을 이용한 앞으로의 사고추이와 전망

(1) 정치적 측면

미얀마 아웅산 암살폭발물사건 등 일련의 국제 테러만행을 감안할 때 다이나마이트 등 고성능 폭발물을 정치적 테러의 수단으로 악용할 가능성이 있으므로 폭발물의 안전관리를 철저히 하여 도난 등 부정유출방지에 완벽을 기하여야 할 것이다.

(2) 경제적 측면

다이나마이트등 산업화약은 질적 저하, 유통질서의 문란, 공평공정거래의 결여 등 경제적 혼란을 초래하고 있는 실정에 있으므로 질적 향상은 물론 유통질서를 개선하고 해외시장을 개척하여 수출의 증대로 외화를 획득함으로써 국가경제발전에 기여해야 할 것이다.

(3) 사회적 측면

지하자원 및 국토개발과 산업발전에 따라 폭발물의 수요는 날로 증가 추세에 있다. 따라서 사고도 증가될 것이다. 그러므로 폭발물의 안전관리가 그 어느 때보다 절실히 요구되고 있으므로, 대민안전은 물론 폭발물 취급자에 대한 안전과 기술교육을 정기적으로 실행하고 업자 및 종업원에 대하여는 자체 안전교육과 안전점검을 자율적으로 절실히 수행함으로써 폭발물로 인한 화재를 미연에 방지하고 사회의 안전은 물론 산업발전에 기여해야 할 것이다.

(4) 군사적 측면

이전에 발생한 폭발물사고의 태반을 점하고 있는 탄약지뢰류의 유출을 봉쇄하고 군사격장이나 민통선의 출입, 고철(탄피)수집을 통제함으로써 군용탄약으로 인한 폭발사고를 방지하여 방위물자의 확보와 군작전의 원활화로 방위능력을 제고함으로써 국가보안에 기여해야 한다.

4) 사고유형 및 원인

〈표 3-23〉 폭발물 사고유형 및 원인

유 형	원 인
1. 화약류제조과정	• 원료약품의 배・혼합업중(이물혼입) • 건조 제조 운반중(탈락, 충격)
2. 운반과정	• 초, 훼화작업중(불순물혼입 부주의) • 장시일 체화(화기취급) • 이종화학류혼재(버스 등 승용차로 운반)
3. 사용과정	• 운반중(추락) • 발파준비작업중(화기취급) • 과제약발파(비석, 강풍, 낙반)
4. 고철수집	• 발파후작업중(잔약처리, 조기현장진입) • 폭발물의 색출발굴중(충격) • 불발탄약수집(절단, 가열) • 고철에서 폭발물선별작업(충격) • 탄착지 침범잠입중(폭파파편에 명중)
5. 습득장난	• 호기심에 폭발물을 만지다. • 폭발물을 여러 사람 앞에서 아는 체하고 건드린다. • 장난삼아 폭발물을 모닥불에 던져 • 탄을 땅에 박아놓고 못으로 타격하여 • 탄약을 땅에 놓고 돌로 타격하여
6. 어획	• 점화폭약의 수중조발 • 공병에 폭약충전타가 폭발 • 수류탄투척순간 수중조발
7. 부주의 촉발	• 지뢰밭에 침입촉발 • 발산, 임목채취 중 지뢰촉발 • 개발, 농경중 지뢰촉발 • 매몰폭발물지대에 모닥불 가열폭발 • 사격유탄적중
8. 타용도 이용	• 폭발물을 분재로 사용 • 폭발물 변형 • 폭발물제거작업 중 취급부주의
9. 기타	• 폭발물을 태양직사면에 보관 중 가열 • 폭발물안전 계몽중 취급부주의
10. 폭발물악용 (테러파괴)	• 불법유출 다이나마이트로 어획 중 수중조발 • 요인암살테러를 위해 건물에 장치폭발 • 은행갱 등 범죄용으로 휴대, 장치 등 폭발(자폭)

3. OA, HA 시대의 경비산업

1980년대에 들어와서 정부나 기업의 사무실은 서서히 변해가고 있었다. 컴퓨터가 하나 둘 눈에 띄게 되면서 타자기로 작성하던 각종 문서를 컴퓨터에 의해 손쉽게 작성하고, 작성된 서류를 디스크에 보관할 수 있게 되고, 급여계산, 물품재고뿐만 아니라 컴퓨터에 의해 문서상의 데이터를 손쉽게 교환할 수 있어 서류를 들고 이리저리 뛰어다닐 필요도 없게 되었다.

이와 같은 통신기술인 분산처리형 시스템의 개발로 OA, HA시대를 맞이하게 되었다. 처음 OA의 출현은 OA의 응용으로 HA, BA 등으로 발전, 이것이 일렉트로닉스(Electronics)기술을 이용하여 사무실 공간의 부가가치를 높이고, 주거성을 개선한 것이 '스마트빌딩'이고, 거기에 더하여 정보통신기능을 부가하여 발전시킨 것이 '인텔리전트 빌딩'이라고 할 수 있다. 일반적으로 인텔리전트빌딩이라고 하는 빌딩은 다음 기능을 가진 것이다.

① 텔레커뮤니케이션기능 : 디지털 PBX(사설전화교환국)나 광섬유를 이용한 고도통신 기능
② 사무자동화(OA)기능 : 빌딩 내에 구축된 LAN(Local Area Network)에 의해 다종다양한 OA기기가 네트워크화된 고도의 OA기능
③ 빌딩자동화(BA)기능 : 빌딩관리, 시큐리티시스템(Security System), 에너지시스템 등을 자동적으로 조절하는 기능

이와 같은 세 가지 기본기능에 의해 이용의 편리성을 갖는 것이 인텔리전트빌딩인 것이다. 한편, 일본에서는 이와 같은 기능을 가진 빌딩을 자사 OA화를 지향한 '정보무장형빌딩' 또는 'OA', '정보화빌딩' 등으로 불러왔다.

하지만 일본 건설성이 1986년 3월에 설치한 '인텔리전트빌딩 콤플렉스 추진협의회'에서는 인텔리전트빌딩을 "21세기를 전망하여 고도정보화의

진전에 대응할 수 있는 고도정보화 건출물"이라 하고, "정보통신기능의 고도화, 省에너지화, 성역화, 실내환경의 쾌적성, 정보의 안전성, 신뢰성 확보 등의 대책이 완비된 양호한 건축자산"이라고 정의하였다.

HA(홈오토메이션)은 가정자동화로 표현되는 전자화 주택으로 방범, 방재, 자동감지기능을 갖추고 전화로 밥을 짓고, 난방을 할 수 있는 HA시스템이며, 80년대에 와서 점차적으로 연구 개발하고 있다. HA시스템 중에서 가장 기본이 되는 것으로는 방범, 화재 및 가스누출 등의 안전에 관련된 상태를 감지하여 옥내 혹은 옥외로 경보를 울려주고 부재시 프로그램이 되어있는 원격지 전화번호로 비상상태를 통보해 주는 기능을 들 수 있다. 또한 비상시 사용할 수 있는 스위치를 부착하여 긴급상황 발생시 경찰이나 경비회사 및 구급차 등을 부를 수 있는 기능도 가지고 있다. 이것을 HS(홈시큐리티)이라고도 하며 HA에서 가장 중요한 시스템이다.

급속히 발전하는 정보기술, 즉 컴퓨터・통신 및 관련기술의 발달과 이들의 상호결합을 통합하여 정보화사회로의 진전과 아울러 기업의 사무자동화(Office Automation : OA)도 일반적인 경향이 되고 있다.

각종의 문서작성・검색・보관・처리 및 전달과 지적 노동의 생산성 향상을 목표로 하는 OA는 기업내외의 환경변화에 따라 그 역할과 중요성이 증대하고 있다. 특히 통신기술의 혁신에 힘입어 각종 OA기기 및 관련 소프트웨어들이 유기적으로 결합되는 통합OA(Intergrated Office Information System)로의 방향은 사무실에서의 효율성・교화성 증진뿐 아니라 그밖의 행정・금융・교육・연구・의료・유통 등의 자동화를 촉진하여 미래 정보사회의 핵심인 종합정보통신망(Intergrated Services Digital Network : ISDN)구축의 기초가 되고 있다.

국내의 OA는 80년대 초 퍼스널컴퓨터(Personal Computer : PC)・워드프로세서・팩시밀리 등의 OA기기들이 보급되기 시작하면서 부분적으로 이루어지기 시작하였다. 국내의 기업들도 환경의 변화에 따른 정보량의 절대적 증가, 정보치리작업의 효율성 제고 필요, 컴퓨터 기술의 일반적인 보급, OA기기의 가격하락, 선진제국의 있어서의 OA동향 소개 등에 힘입어 OA의 중요성을 인식하게 된 것이다.

각종 OA기기(PC · 워드프로세서 · 워크스테이션 · 복사기 등)와 소프트웨어 등의 생산 · 유통을 담당하는 OA산업은 OA에 대한 인식개선과 이의 본격적인 확산에 따라 높은 시장성과 성장성을 가지며 관련기술이 마이크로전자기술 · 메커트로닉스(Mechatronics) · 통신 등 연관 산업에 미치는 파급효과가 큰 산업이다. 또 컴퓨터와 통신(C&C)을 결합하여 정보사회로 전진하는 시대적인 추세를 고려하면 OA의 중요성은 더욱 강조된다. OA관련 기술의 발전은 사무업무, 지적 노동의 생산성 증대 및 정보유통의 원활화를 가속시키고 이를 기반으로 공장자동화(Factory Automation : FA) · 가사자동화(Home Automation : HA) 등을 촉진시켜 사회전반의 자동화를 실현시키게 되는 것이다.

빌딩오토메이션 시스템(BAS)의 궁극적인 목적은 빌딩 중에서 보다 쾌적하게 보다 효율적으로 보다 안전하게 사람들이 집무할 수 있고 거주할 수 있는 환경을 제공하는 데 있다. 이 목적에 따라 BAS의 기능은 다음의 3가지로 대별할 수 있다.

① 쾌적한 오피스환경을 확보하기 위한 공조제어 등의 빌딩관리시스템
② 주거지의 쾌적성을 손상하지 않고 설비기기의 고효율화를 기하며 에너지의 낭비를 없애는 소에너지 시스템
③ 방범 방화기능을 강화해 거주자의 안전을 확보하는 시큐리티 시스템

빌딩관리 시스템은 공조설비, 전력설비, 엘리베이터 등의 운전상태감시, 원격감시를 행하며 적정한 제어 및 일지의 작성, 보수정보의 분석 등 빌딩의 설비기기의 관리운전을 합리적으로 행하기 위한 시스템이다.

아래 표는 빌딩오토메이션 기능을 분류한 표이다.

〈표 3-24〉 빌딩오토메이션(BA)기능의 분류

빌딩관리시스템	성에너지시스템	시큐리티시스템
설비기기 최적제어시스템 · 공조기기 최적가동 · 열원기기 최적제어 · 온도자동조정 · 외기량제어 · 설비기기 소규모존(zone)운전 · 설비기기 스케줄 운전 · 설비기기 설정치변경제어 · 정전, 복전대응제어 엘리베이터군 관리시스템 설비상태관리시스템 · 전력설비상태 감시 · 위생설비상태 감시 · 공조설비상태 감시 · 기계설비상태 감시 · 에너지 계측 건축설비정보계측시스템 · 설비정보기록분석 서비스 · 메인테넌스정보 계측서비스 · 기기부품비축조달계획서비스 · 주차장관리시스템 · 쓰레기 집중관리시스템	조명설비 최적제어시스템 · 자동조광제어 · 자동점멸제어 · 브라인드집중제어 전력설비효율화 제어시스템 디맨드제어 · 변압기 대수제어 · 역률개선 성 에너지공조 시스템 · 열회수공조 · 축열조이용공조 · 열반송동력저감 · 외기냉방 · 냉매자연순환공조 태양열이용급탕시스템 절수시스템 · 중수도설비 · 절수형 자동세정 · 배수제어	방범시스템 · 모니터감시 · 출입통제 · 침입감시 · 순찰감시 소화·방화 제어시스템 · 화재감지경보 · 자동방화점검 · 자동소화 방재감시시스템 · 가스누출감지제어 · 누전감지제어 · 누수감지제어 · 비연제어 · 피난자동유도안내 · 방폭, 내진대책 · 비상시 대응제어 엘리베이터 방재시스템 · 화재관리운전 · 지진관재운전 · 자동발전원시관재 · 정전시 자동도착 · 음성응답안내

방범시스템은 건물내의 인명과 재산을 보호하기 위하여 센서(Sensor) 기술을 이용한 침입경보, CCTV모니터를 이용한 감시, 출입통제기능 등을 복합적으로 구성하여 외부로부터 침입을 방지하고 침입이 발생했을 때 이에 대한 조치를 하기 위한 시스템이다. 건물내의 방범대책으로서는 감시에 의한 방법, 물리적 보호시설에 의한 방법, 경보기능에 의한 식별에 의한 방법 등으로 구분할 수 있다.

일반적으로 빌딩에서는 이러한 방법들이 상호 유기적으로 복합되어 전체 방범시스템을 구성하고 있다. 그러나 감시에 의한 방법은 인간이 지속적으로 감시하는 데는 한계가 있고 물리적 보호시설에 의한 방법만으로는 효율적인 대책이 될 수 없기 때문에 경보기능에 의한 방법과 식별에 의한 방법을 함께 사용하여 지속적·효과적으로 감시 및 보호를 하여야 하며, 이에 따른 기록을 남김으로써 사후분석 및 조치대책을 마련하여야 한다. 안전을 도모하기 위하여 방범시스템을 건물의 중요도에 따라 적절한 방법을 적용하여야 한다.

즉 건물외곽 및 노출부분의 감시를 위한 1차감시와 1층 출입구, 주차장 출입구 등 건물내부로의 침입을 감시하는 2차감시, 건물 내에서 특정층, 특정방의 출입을 통제, 감시하는 3차감시, 보호대상물을 직접 감시하는 4차감시로 나누어져 생각할 수 있다. 빌딩의 종류, 용도, 보호대상물에 따라 보호의 깊이를 결정하고 그 감시 및 방법을 선정하여야 한다.

방범시스템은 크게 나누어 침입감시, 출입통제, 모니터(Monitor)감시, 순찰감시로 나눌 수 있다. 침입감시는 침입이 발생했을 때 신속히 건물내의 경비원 또는 외부에서 침입사실을 인지하도록 하여 그에 대한 조치를 할 수 있도록 한다. 출입통제기능은 출입을 제한된 인원에게만 허용함으로써 안전을 도모하고자 하는 것이다.

모니터(Monitor)감시는 출입을 통제할 수 없는 경우에 이를 직접 감시하여 시설의 안전을 꾀하는 것이며 침입감시와의 연동에 의한 자동록화기능을 갖춤으로써 사후대책에 활용할 수 있다. 순찰감시는 순찰자를 보호하고 한편으로 항상 규정된 바에 의하여 순찰을 하도록 하여 시설의 안전을 꾀하는 것이다.

4. 한국용역경비협회의 실적

1) 역대 회장 명단

초대 회장 최치환
재임 1978년 9월 21일～1979년 7월 5일

제2대 회장 고동철
재임 1979년 7월 6일~1982년 9월 7일

제3대 회장 황헌친
재임 1982년 9월 8일~1984년 9월 20일

제4대 회장 김형중
재임 1984년 9월 21일~1986년 9월 20

2) 역대 경비협회장 임원 구성

(1) 제1대 최치환 회장

부회장 윤 관 (합자)범아실업공사
부회장 김형중 봉신기업(주)
이 사 문학동 한국경비보장(주)
이 사 이동웅 한국경보(주)
이 사 최진엽 (주)한국보안공사
이 사 김정환 범아공신(주)
이 사 김명옥 용진실업(주)
이 사 김이남 경화기업(주)
이 사 김남수 동우공영(주)
감 사 김동수 신원기경(주)
사무국장 박보영

(2) 제2대 고동철 회장

부회장 황헌친 한국산업안전(주)
부회장 김형중 신원기경(주)
이 사 윤 관 (합자)범아실업공사
이 사 김형중 봉신기업(주)
이 사 이동웅 한국경보(주)
이 사 최진엽 (주)한국보안공사

이 사 김명옥 용진실업(주)
이 사 김이남 경화기업(주)
이 사 설진철 동우공영(주)
이 사 정준혁 동서기연(주)
이 사 홍승건 동방흥산(주)
이 사 김진철 한국종합경비보장(주)
감 사 문학동 한국경비보장(주)
감 사 김정환 범아공신(주)
사무국장 박보영

(3) 제3대 황헌친 회장

부회장 김형중 봉신기업(주)
부회장 이동웅 한국경보(주)
이 사 최진엽 (주)한국보안공사
이 사 윤 관 (합자)범아실업공사
이 사 김동수 신원기경(주)
이 사 김진철 한국종합경비보장(주)
이 사 한일덕(주)정호
감 사 정준혁 동서기현(주)
※ 사무국장을 전무이사로 명칭변경 박보영

(4) 제4대 김형중 회장

부회장 이동웅 한국경보(주)
부회장 최진엽 (주)한국보안공사
이 사 한국섭 한국안전시스템(주)
이 사 김정환 범아공신(주)
이 사 황헌친 한국산업안전(주)
이 사 김영기 한국종합경비보장(주)
이 사 홍국보 동방흥산(주)
이 사 한일덕 (주) 정호

이 사 김도곤 아세아안전기업(주)
이 사 양명선 삼주시스템(주)
감 사 김동수 신원기경(주)

3) 역대 경비회장 실적

(1) 제1대 최치환 회장

① 한국경비협회 설립인가 받고 기구 및 사무 분장
② 협회 제규정(직제, 복무, 보수, 퇴직금, 인사) 완비
③ 협회 창업기금 및 월회비 책정
④ 회원간 경합 조정을 위하여 약정서 작성
⑤ 협회 선전 책자 「용역경비」 발간
⑥ 경비원 교재 「경비실무」 발간
⑦ 경비원 신원조회를 협회명의로 일괄 조회

(2). 제2대 회장 고동철 회장

① 경비업 육성 개발에 관계기관 건의서 제출
② 최초로 치안본부 관계자와 경비업자회의 개최
③ 신규업체 허가 억제 건의
④ 용역경비 팜플렛 제작 배부 PR
⑤ 전국 14개 공업단지 및 국영기업체 등기 내무부 장관 명의로 개발 공문 발송
⑥ 행사장 경비를 용역경비화 방침에 따른 관계관 방문 및 추진
⑦ 경비협회 「협회보」 연4회 발행

(3) 제3대 회장 황헌친 회장

① 용역경비 매스컴을 통한 PR강화
② 공업단지, 국영기업, 일반기업체 10인 이상 직영 경비원 시설주에게 개발공문 내무부장관 명의로 발송
③ 경비원 민방위 교육면제

④ 신규허가업체 자격요건 강화 및 무허가업체 고발
⑤ 협회와 경비회사 임원 들 독도수비대 위문
⑥ 기계경비 활성화에 적극 추진
⑦ 용역경비육성방안 건의(통행금지 해제에 따른 경비활성화)

(4) 제4대 회장 김형중 회장

① 경비업의 과학화를 위해 국산 경비기기제조업체 허가 내지 신고제 건의
② 회원사간 상부상조 풍토 조성과
③ 경비원 교육 강화를 위해 교육분과위원회 구성
④ 교육장시설 확보 30평, 교육부장 임명

한국경비산업발전사

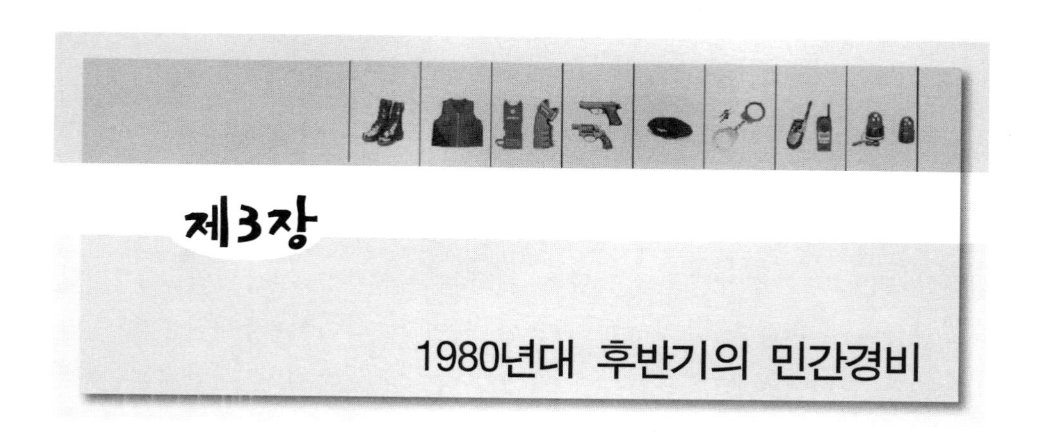

제3장

1980년대 후반기의 민간경비

제 1 절 1980년대 후반기의 사회경제적 배경

1. 3저호황 이후의 경기순환

한국경제는 1986년부터 3년간 제조업 신장률이 각각 18.3%, 18.8% 및 13.4%를 기록하는 등 제조업의 활황을 바탕으로 이 기간 동안 매년 12%를 상회하는 고도성장을 실현하였다. 특히 1986년에는 사상 최초로 무역수지 흑자 42억달러를 달성하고 계속해서 1987년에도 77억달러, 1988년 115억달러의 흑자를 실현하였다. 여기에다 물가도 비교적 안정되어 이 시기는 "고도성장, 국제수지 흑자, 물가안정"이라는 3박자가 갖추어진 유례없는 호황을 구가하였다.

이 호황은 우선 1970년대의 중화학공업이 1980년대 초·중반의 제반 구조조정을 거쳐 새로운 성장력을 부여받은 결과라고 볼 수 있다. 그러나 80년대 후반에는 다른 NIES국가 역시 고도성장을 달성한 데서 알 수 있듯이 호황의 보다 중요한 요인은 외적인 것이었다. 3저호황이라는 용어 자체가 그 점을 분명히 하고 있다. 즉 낮은 달러가치, 낮은 국제금리, 낮은 원유가격이라는 국제경제환경 변화가 호황의 주된 요인이었던 것이다.

특히 달러가치 저하는 수출증대에 결정적이었다. 미국시장에서 한국과 경쟁관계에 있는 일본의 환율변동이 한국상품의 국제경쟁력을 크게 향상시켰던 것이다. 달러에 비해 1985년 9월 이후부터 1987년 말까지 한국의 원화는 11% 평가절상된 반면 일본 엔화는 50%가량 절상되었고 이러한 엔고현상이 우리에게 유리하게 작용한 셈이다. 나아가 국제원유가 절반 수준으로 떨어지고 국제금리도 하락함으로써 교역조건이 개선되고 외채이자 부담이 경감되었다. 이리하여 이제는 마치 국제수지 흑자기조가 정착된 안정된 성장궤도에 들어선 것 같은 인상을 줄 정도였다.

그러나 3저호황의 유리한 외적 조건은 1989년부터 사라지고 국내적으로도 임금이 상승하는 등 생산비용이 앙등하였다. 그러자 수출은 1989년 2.8%, 1990년 4.2%로 그 증가율이 급격히 둔화되었다. 특히 대미 수출은 1989년, 1990년 연이어서 그리고 대일수출은 1990년에 그 절대규모가 축소하기까지 하였다.

2. 1987년 이후 노사관계의 변화

1987년 '6·10항쟁', '6·29선언' 그에 이은 7, 8월의 대규모 파업은 한국 노사관계의 지형을 크게 변화시킨 대지진과 같은 사건이었다. 그것은 사용자와 종업원의 관계, 국가와 근로자의 관계를 근본적으로 뒤흔들어 놓고 노동조합과 노동운동의 양상을 크게 변모시켰다. 따라서 한국기업의 성장체제도 심대한 충격을 받게 되었다. 1987년의 일련의 사건들은 한국경제발전에 있어 새로운 분수령이 된 것이다.

1960년대 이후 한국경제는 군사정부, 개발독재형 행정지도, 성장우위 정책이라는 특색을 갖고 있었다. 그리하여 노동조합의 조직확대나 노동운동이 억압당했고, 사용자는 전근대적 노사관계관을 고수했으며, 노동문제가 발생할 때에는 정부의 물리력에 의존하기 일쑤였다. 이러한 노사관계를 통해 한국은 고도성장을 달성하기는 했지만 그동안 근로자와 사용자·정부 사이에는 깊은 불신감이 쌓여 갔다. 표면적으로는 공권력의 규제에 의해 평온한 노사관계가 유지되는 듯이 보였지만, 내부에서는 심각한 갈등이 잠복해 있었다.

1987년의 대규모 파업은 이러한 역사적 배경의 소산이었다. 오랫동안 누적된 근로자의 불만이 일시에 폭발한 것이었다. 어느 선진국의 자본주의 발전과정을 보더라도 노동쟁의가 빈발한 시기가 있었다. 그러므로 이런 진통은 선진경제로 가는 도정에서 한국 역시 불가피하게 겪어야 하는 과도적인 것이다. 다만, 한국은 압축적 불균등 성장과정을 걸어 온 만큼 그 진통 또한 압축적이고 격렬한 양상을 띠었을 따름이다. 문제는 어떻게 빨리 이러한 고비를 극복하고 선진적인 노사관계, 선진적인 성장체제를 정착시켜 가는가이다. 한국은 아직 이런 단계에 도달하였다고 보기는 힘들다. 하지만 그것을 지향한 고군분투는 계속되고 있는 바, 1987년 '6·10항쟁'과 '6·29선언'으로 과거의 권위주의적 규제는 완화되고 정치권력도 일시적 공백상태에 처하였다. 그러자 노동조합 조직이 돌발적으로 확대되고 노동운동도 급격히 활성화되었다. 1987년에는 그때까지 2,675개였던 노동조합이 4,103개로 급팽창했으며 매년 평균 100~200건 정도였던 노동쟁의도 3,749건에 달할 정도였다.

기존의 노조에 대한 어용 시비도 빈번했으며 전국적 노동조합조직인 한국노총에 대한 비판이 제기되어 전노협이라는 새로운 전국조직이 발족했고 이는 차후 민주노총으로 확대 개편되었다. 대그룹 계열사 간의 노동조합협의회도 조직되었다. 현대그룹 노동조합총연합회, 대우그룹 노동조합협의회 등의 조직체가 갖추어졌던 것이다.

그러나 폭발적인 노동쟁의는 몇년 지나지 않아 진정국면에 접어들었다. 과거에 누적되었던 근로자의 불만이 1987년 이후 상당 부분 해소된 데다 노동문제에 대한 기업과 국가측의 대응방식이 발전했기 때문이었다. 게다가 때마침 1989년 무렵에 경기도 불황을 맞이하여 근로자들의 자숙이 사회적으로 요청되는 분위기였다.

그리하여 노동쟁의 건수는 1990년 들어 322건으로 격감하고 <표 3-25>에서 보듯이 그 후 계속해서 하향추세였다. 노조 조직률도 1989년을 고비로 저하일로를 걷고 있었다.

〈표 3-25〉 노사분규건수, 노동조합수, 조합원수, 조직률의 추이

구분 연도	노사분규 건수	노동조합 수	조합원 수	조직률(%)
1986	276	2,675	1,035,890	16.8
1987	3,749	4,103	1,267,457	18.5
1988	1,873	6,164	1,707,456	19.5
1989	1,661	7,883	1,932,415	19.8
1990	322	7,698	1,886,884	18.4
1991	234	7,656	1,803,408	17.2
1992	235	7,527	1,734,598	16.4
1993	144	7,147	1,667,373	15.6
1994	121	7,025	1,659,011	14.5
1995	88	6,606	1,614,800	13.8

※ 자료 : 노동연구원 『노동성향분석』, 1997년 1호.

3. 첨단산업의 발전

1980년대 중반까지 우리나라의 첨단산업정책은 1981년의 전자산업 고도화계획에 의거한 반도체·컴퓨터 및 통신기기 분야 육성에 국한되어 있었고 그 실제 성과도 대단치 않았다. 그런데 1980년대 말부터는 첨단산업정책이 본궤도에 올랐다. 1988년 9월에 첨단산업발전심의회가 설치되었고 1989년 10월에는 "첨단산업발전 5개년계획"이 수립되었다. 1991년에는 <표 3-26>에서 보는 바와 같이 "2000년대 과학기술 선진7개국 수준 진입"이라는 목표를 내건 "과학기술혁신 종합대책" 즉 G7 프로젝트가 수립되었다. 그리고 방대한 투자규모와 높은 투자위험 때문에 민간기업 독자적으로는 첨단산업 진출이 곤란한 점을 고려하여 정부는 여러 가지 지원체계를 마련하였다. 기업간 또는 산업간에 공동연구체제가 장려된 것도 같은 맥락에서였다.

〈표 3-26〉 G7 프로젝트

G7제품기술 개발사업	G7기반기술 개발사업
초고집적 반도체 개발	정보·전자·에너지 첨단 소재 기술개발
광대역 ISDN 개발	차세대 수송기계 부품 기술개발
고선명 TV(HDTV) 개발	신기능 생물 소재 기술개발
전기자동차 개발	환경공학 기술개발
인공지능 컴퓨터 개발	신에너지 기술개발
신의약·신농약 개발	차세대 원자로 기술개발
생산시스템 개발	감성공학 기술개발

※ 자료 : 과학기술처, 『1991과학기술연감』, p.417

4. 민간경비 인력부족 현상의 심화

1980년대 초까지는 경비원에 대한 취업희망자가 지속적으로 공급되어 업체에서는 재향군인회와 일반직업안내소를 통하여 경비인력을 충원하는 데 그리 어려움이 없었다. 그러나 1987년 6·29 민주화선언 이후 급속한 민주화와 함께 60~70년대의 고도경제성장에서 소외되었던 사회 각 계층의 다양한 욕구분출은 노사분규로 이어져 근로자들의 임금인상과 근로조건 향상으로 나타났다. 이러한 현상은 근로자들로 하여금 어려운 일, 궂은일, 힘든 일을 기피하는 풍조를 만연시켰다.

경비업계에서도 경비원들의 낮은 임금과 열악한 근무여건으로 인하여 이직자가 많이 발생하여 인력수급에 어려움을 겪게 되었다. 이러한 현상이 나타나게 된 원인으로는 첫째, 단순일용 근로자 및 잡급직 노무자들의 대폭적인 임금인상으로 인하여 경비직종의 취업을 기피하는 현상이 발생하게 되었다. 단순일용직 및 잡급직, 노무직은 어느 때고 본인이 희망하면 취업을 할 수 있을 뿐만 아니라 일당 3~5만원에 중식과 간식 그리고 술, 담배, 출퇴근 차량까지 제공되는 곳이 있어, 경비직종에 종사할 수 있는 인력이 각종 건설현장에 취업하고 있는 것이다. 이들은 1개월에 10여일만 현장에 나가 일을 하면 경비원이 1개월 동안 근무하고 받는 급료보다 수입이 많아 경비직 취업을 희망하는 사람이 더욱 적은 실정이다.

둘째, 경비직종을 기피하는 이유 중 또다른 하나는 경비직이 타업종에 비해 임금이 낮은 점도 있지만, 경비직종에 대한 사회전반적인 인식이 좋지 않고 장래 '비전'이 없다는 이유이다. 이러한 이유로 전직하거나 취업을 기피하는 현상이 두드러지게 나타나게 되었다.

셋째, 소득수준이 높아지고 각종 물가가 상승함에 따라 경비원들의 낮은 임금으로는 생계비에도 미치지 못하는 수준이어서 이직률이 높아지고 있는 것이다.

넷째, 각종 건설공사의 활황과 전반적인 인력난이 겹치면서 근로자들의 취업선택의 기회가 많아지자 어느 직종이든 경비직보다는 많은 임금을 받을 수 있기 때문에 이직률이 높아지고 신규취업을 기피하게 되었다.

다섯째, 과거에는 동료 경비대원이 경조사나 개인사유로 결근을 하게 될 때 대리근무 및 연장근무 희망자가 많았으나, 1980년대 하반기에 들어서는 연장근무 수당보다 자신의 근무시간외의 시간은 여가선용에 활용하는 현상이 두드러지게 나타나게 되어 대직자를 구하기가 어렵게 되었다.

당시 B경비회사의 경비원 이직현상을 살펴보면 이러한 현상의 심각성을 짐작할 수 있다.

〈표 3-27〉 연도별 총원 대비 퇴사 및 결원 현황

(단위 : 명)

구 분	1988	1989	1990	1991. 8. 31 현재
총 원(%)	2,112 (100)	2,415 (100)	2,453 (100)	2,292 (100)
퇴사자(%)	641 (30.3%)	1,002 (41.5%)	1,502 (61.2%)	1,051 (45.8%)
결 원(%)	74 (3.5%)	121 (5%)	235 (9.6%)	222 (9.7%)

※ 자료 : B경비회사 제공.

제 2 절 민간경비업체의 활동상

한국은 1980년대에 들어서면서 경제적 안정과 함께 국제사회에서 국가 위상이 한층 높아졌다. 국제사회에서 국가적 위상이 높아짐에 따라 '86아시안게임과 '88서울올림픽을 유치하는데 성공하였으며, 그 외에도 각종 국제행사를 다양하게 유치하였다.

특히 '86아시안게임과 '88서울올림픽의 유치는 한국 경비업역사상 최대의 수요를 창출하였다. 아울러 사회일반에 민간경비업에 대한 인식을 확산시키는 데에도 많은 기여를 하게 되었다.

1. ' 86아시안게임과 국제행사 경비

1) '86아시안게임과 민간경비

(1) '86아시안게임 개요

'86아시안게임의 서울개최는 1981년 11월 27일 인도 뉴델리 AGF임시총회에서 만장일치로 결정되었다. 당시 일본(히로시마), 이라크(바그다드), 북한(평양)이 한국의 서울과 경쟁하였으나, 경합을 철회하는 바람에 만장일치로 서울개최가 결정된 것이다.

'86아시안게임은 1986년 9월 20일부터 10월 5일까지 16일간 서울을 중심으로 경기, 부산, 대구, 광주, 대전에서 개최되었으며, 76개국 10,354명이 참가하였고 대회기간 중 OCA총회 등 46회의 국제회의가 열렸다. 대회관람인원은 총 3,670,000명(경기관람 : 1,730,000명, 문화행사관람 : 1,640,000명)이었다.

〈표 3-28〉 '86아시안게임 참가인원 현황

(단위 : 명)

구 분	합 계	선 수 단			대 표 단	보 도 진
		선 수	임 원	소 계		
인 원 수 (국가수)	10,354 (76)	3,420	1,419	4,839 (27)	947 (65)	4,568 (42)

※ 자료 : 『'86아주대회의 성과와 '88서울올림픽대회 준비상황』, 서울아시아경기대회조직위원회 · 서울올림픽대회조직위원회, 1986.11.20, 2쪽.

대회 지원인력은 <표 3-29>와 같이 총 55,990명이었다.

〈표 3-29〉 '86아시안게임 지원인력 현황

(단위 : 명)

계	자원봉사	행사요원	지원요원	용역업체	단기고용	조직위
55,990	17,411	18,953	8,716	8,604	1,222	1,084

※ 자료 : 『'86아주대회의 성과와 '88서울올림픽대회 준비상황』, 서울아시아경기대회조직위원회 · 서울올림픽대회조직위원회, 1986.11.20, 3쪽.

대회관련 시설은 <표 3-30>과 같이 총 88개소의 경기장과 기타 관련시설을 활용하였다.

〈표 3-30〉 '86아시안게임 관련 시설 현황

(단위 : 개소)

구 분	계	신 설	기 존
계	88	27	61
경 기 장	33	14	19
연 습 장	51	9	42
관련시설	4	4	-

※ 주 : 관련 MPC, ABC, 올림픽회관, 선수촌

※ 자료 : 『'86아주대회의 성과와 '88서울올림픽대회 준비상황』, 서울아시아경기대회조직위원회 · 서울올림픽대회조직위원회, 1986.11.20, 3쪽.

(2) 민간경비의 활동

'86아시안게임의 유치가 확정되면서 국내 경비업계에서는 대회경비에 참가하기 위하여 적극적으로 나서게 되었다. 특히 당시 경비협회 및 경비회사는 서울시(시장 : 廉普鉉)와 올림픽조직위원회에 건의서와 제안서를 제출하고, 1983년 중반부터 기획 · 연구 · 교육 등에 관한 준비에 착수하였다.

1983년 올림픽조직위원회에 제안한 내용 중 용역수임하고자 한 업무분야는 크게 용역경비분야와 건물관리 및 청소용역 분야였다. 용역경비분야는 경비계획(인력 · 기계경비) 수립업무, 경비인력(일반경비 : 각 경기장 및 주변경비, 호송경비 : 요인 · 선수호송과 보호 및 귀중품수송, 특수경비 : 특별히 경비와 보호를 요하는 경비)의 양성 그리고 경비수임(경기장 및 주변경비, 선수촌경비, 호송경비, 호텔경비 · 일반위락시설 및 관광유원지경비) 등이다. 그리고 건물관리 및 청소용역분야는 선수촌(APT) 건물관리 및 청소, 경비장관리 및 청소, 기타지역 시설에 대한 관리 및 청소 등이다.

1984년 4월 20일자로 당시 용역경비와 청원경찰제도에 문제점이 있어 서울시(올림픽기획단)에 담당하던 올림픽경기장 시설경비용역에 대하여 다음과 같이 건의하였다.

가. 현재 경비운영제도

1) 경비용역회사로서 계속 운영시 장점

가) 1984. 3. 15부터 시설보호를 위한 경비체제를 용역경비회사에서 담당하여 운영하고 있는 바, 경비체제나 운영방법 등이 가일층 강화되어 철두철미한 경비가 되고 있음.

나) 당소의 관리면에서도 용역경비회사가 능동적이며 체계적으로 운영하고 수시로 관리부서에 그 결과를 보고하고 있어 별도의 관리부서나 담당자가 없어도 효과적으로 운영되고 있음.

다) 법정요건을 갖춘 적격자만 철저한 교육훈련을 시켜 배치되어서 경비원 각자의 정신무장이 완벽할 뿐만 아니라 조직적인 경비기

술(교대요령, 책임임무 숙지, 점검요령, 경계요령 등)을 발휘하여 근무를 하고 있으므로, 불순분자의 침입방지는 물론 제반사고를 방지할 수 있는 능력이 인정되며 방문자와 일반출입자에 대하여도 친절, 겸손하면서 규정을 철저히 이행함으로 칭송을 받고 있는 실정임.

라) 용역경비회사가 경비를 담당함으로써 대관청인 치안기관은 물론 용역경비회사의 감독부서에서 수시감독 또는 업무를 지원할 뿐 아니라 당소에서도 언제든지 경비감독을 할 수 있어 효과적이라고 인정됨.

2) 단점

용역경비회사의 경비원은 현행법상 검색권이나 무기를 휴대할 수가 없어 취약지(무기휴대하여 배치할 장소인 중앙공급실 4개소, 각 경비장 입구 4곳 등 8개소)에는 배치가 곤란함.

3) 보완방법

검색권이나 무기휴대가 필요한 장소에는 경찰의 협조를 받아 경찰과 합동근무를 하게 하는 방법이 있으며, 또는 취약지인 8개소만 청원경찰을 배치하여 배치 및 감독권을 용역경비회사에 위임하여 운영케 하고자 함.

나. 청원경찰을 당소에서 채용하여 배치하는 제도

1) 청원경찰을 채용하여 운영시 장점

당소 전구역에 청원경찰 전원이 배치되므로 무기를 휴대시킬 수 있고 필요시 수시 검색(몸수색)을 할 수 있음.

2) 단점

가) 체육공원화시켜 시민이 자유로이 출입할 수 있는 장소임에도 청원경찰로 하여금 무기를 휴대시켜 위압감을 줄 우려가 있음.

나) 당소에서 청원경찰을 채용하여 운영시는 청원경찰을 교육하고 감독배치 관리할 부서 담당자가 별도로 있어야 함(1개과에 4~5명의 행정감독 전문요원 필요).

다) 무기를 별도 당소에서 구입(기부 체납방식)하여 관리하여야 하는

문제점이 있음.

라) 채용한 청원경찰의 신상변동에 따라 사직시나 처벌을 주어야 할 때, 인원수급의 곤란 및 벌칙 등의 규정이 별도로 있어야 하는 문제점이 있음.

마) 당소에서 청원경찰을 채용 배치시는 국가공무원법에 준하는 모든 처우를 하여야 함으로 현재의 용역경비회사에 경비를 맞길 때보다 많은 비용이 지출됨.

바) 청원경찰을 채용 배치시는 청원경찰에 필요한 피복비, 장구비, 복리후생비 등의 비용이 별도 예산에 추가로 산정되어야 하며, 사고발생시 보상 및 복구 등의 비용을 당소에서 전적으로 부담처리 하여야 하는 문제점이 있음.

또한 한국용역경비협회에서 1986년 7월 작성한 "아시안게임 용역경비에 관한 사항"에 의하면, 당시 치안본부(경비과, 올림픽경비기획단)와 대회조직위(전문위원, 총무국, 시설국, 안전국)에 용역경비의 장점을 홍보하고 IMF·IBRD·ANOC 등 대규모 국제행사경비 경험을 알렸다. 그리고 1986년 6월 한국용역경비협회는 대회조직위원회에서 요청한 경비자문에서 용역경비의 이점을 첫째, 안정성과 책임성, 들째, 능률성과 경제성의 두 가지 관점에서 강조하였다.

먼저 안정성 및 책임성은 경비기능의 강화와 손해배상의 보장으로 구분하였다. 경비기능의 강화는, 첫째 법정자격요건을 갖추고 교육훈련을 이수한 경비기능자로서 행사경비유경험자 배치, 둘째 조직적인 경비체제와 전문적인 경비기술로서 경비능력 향상, 셋째 책임경비로 인한 주인의식으로 불법행위 강력조치, 넷째 허가관청 및 시설주의 감독과 강력한 벌칙적용이다. 손해배상의 보장은, 첫째 경비담당구역내에서 경비원의 업무수행 중 고의 또는 과실로 인한 손해에 대하여 배상보장, 둘째, 법정현금공탁 또는 이행보증보험 가입의무 등이다.

다음으로 능률성 및 경제성은 경영의 능률화와 인력 및 경비절감으로 구분하였다. 경영의 능률화는 모든 분야의 기본적 필수업무인 경비분야를 전문업체에 분업전문화함으로써 경영의 능률향상과 전신적 부담해소에 두었다. 인력 및 경비절감은 첫째 자체경비로 지출되는 급료, 각종 수당, 퇴직금, 상여금, 보험료, 복지후생비, 피복장구비 등의 대폭절감, 둘째 경비원의 노무관리 및 감독과 이에 따른 업무담당부서의 신설 또는 확장 등의 인력불요 등이다.

한편, 당시 한국의 경비업 현황은 총 63개 업체에 10,055명의 경비원이 종사하고 있었다.

〈표 3-31〉 용역경비 현황

(1985. 12. 31 현재)

구분 / 업체수	도 급 업체수	대 상 업체수	경 비 원				비 고
			계	청원경찰	용역경비원		
					중요시설	일반시설	
63	952	1,582	10,055	2,515	2,750	4,790	

※ 자료 : 한국경비협회 총무부 제공.

한국용역경비협회를 중심으로 대회경비의 용역화에 주력하던 경비업계는 1985년 11월 세원방재(世元防災)가 선수촌아파트 건설현장 경비를 건설업자와 계약을 체결하여 1986년 5월 31일 건설완료까지 경비용역을 담당하였다. 경기장시설 경비는 1986년 3월 3일 신천개발(新川開發)이 올림픽회관경비를 1년간 올림픽조직위와 수의계약하였으며, 1986년 6월 3일 대신(大信)이 성균관대 수원캠퍼스의 태권도경기장경비를 성균관대와 3개월간 수의계약 하였고, 1986년 6월 18일 범아공신(汎亞公信)이 한국보안공사, 한국안전시스템과 함께 조직위의 지명공개경쟁입찰에서 낙찰되어 1986년 7월 1일부터 192일간 올림픽공원과 한강 조정경기장 경비를 담당하였으며, 1986년 7일 1일부터 6개월간 향우용역(鄕友用役)이 과천승마경기장 경비를 한국마사회와 수의계약으로 경비를 담당하였다.

또한 전국에 결쳐 경기일정에 의하여 진행중인 각종 경기장 경비를 현지 시설주의 주관에 따라 용역경비화하였다.

〈표 3-32〉 '86아시안게임 경기장 용역경비현황

(1986. 7. 2 현재)

배치일자	회 사 명	경비대상 시 설	배치인원		시설주	계약기간	기 타
			청원경찰	용역경비			
86. 3. 3	신천개발(주)	올림픽회관	20		올림픽 조직위	1년	
86. 6. 3	(주) 대 신	성대 수원캠퍼스 태권도경기장		20	성 대	3개월	
86. 7. 1	범아공신(주)	올림픽공원 경비본부		5	올림픽 조직위	192일	
		올림픽공원 중앙공급실		10			
		올림픽공원 진입로		28			
		체조경기장		7			
		역도경비장		7			
		싸이클경기장		7			
		펜싱경기장		7			
		테니스경기장		7			
		미사리 조정경기장		11			
86. 7. 1	향우용역(주)	과천 승마경기장		60	한국 마사회	6개월	
		원당 승마경기장		28			
총 계	4개사	13개소	20	198			

※ 자료 : "아시안게임 용역경비에 관한 사항", 한국용역경비협회, 1986. 7, 4쪽.

2) 국제행사 경비

1980년대 들어서면서 한국은 국제사회에서 국가위상이 높아지면서 각종 국제행사를 다양하게 유치하였다. 특히 '86아시안게임과 '88서울올림픽 개최를 앞두고 대규모 행사장경비 경험을 축적하기 위하여 국제적 행사경비에 만전을 기하였다.

1981년 양 대회 유치결정 이후 개최된 국제적 행사는 1983년도에 IPU(국제의원연맹), 제53차 ASTA(미주지역여행업협회총회) 총회가 있었다.

1985년도에는 국제육상경기대회, 서울국제마라톤대회, 제12회 아시아사이클 선수권대회, 제3회 아시아요트선수권대회, 제33회 세계양궁선수권대회, 아시아승마선수권대회 및 153개국 5,151명이 참가한 바 있는 제40차 IBRD/IMF 서울연차총회 등 7개 국제행사가 개최된 바 있다.

1986년도에는 152개국 771명 참석의 제5차 ANOC(서울올림픽연합회) 서울총회, 27개국 10,354명의 참가단이 참여한 제10회 서울아시안게임을 개최하였다.

1987년도는 87개국 607명이 참가 88대회 마라톤코스를 달리는 제2회 월드컵 국제마라톤대회, 제16회 대통령배국제축구대회, 87서울국제초청농구대회, 제4회 세계청소년여자배구대회, 87국제요트대회, 88서울올림픽 성화봉송로 달리기대회, 제1회 서울월드컵 사격대회등 27개 국제경기대회 및 행사가 개최되었다.

1988년 올림픽개최 연도는 21개국 243명 참가, 서울컵국제 아마추어 복싱대회 28개국 206명 참가, 서울국제 다이빙 및 수중발레대회 17개국 425명 참가, 제17회 대통령배 국제축구대회 등 19개의 국제경기 및 행사가 개최되는 등 총 59건의 중급 규모이상의 국제경기 및 행사가 올림픽경기시설, 지정호텔 및 문화행사 개최장소 등에서 개최되므로 모든 경기와 행사에 대한 계획수립단계에서부터 실제 안전 및 경비활동에 이르기까지 프레올림픽 차원에서 취약장소의 파악, 방호시설의 점검 보강, 출입통제, 신변보호, 우발사태, 교통·장비배치 운용상황 등 모든 분야의 작은 부분까지 예상상황의 도출과 대비책의 강구방안을 연구하는 등 경기시설 및 경비대상 분야별 대책수립에 대한 경험을 축적하고 반복적인 수정보완 과정을 통해 완벽한 수준까지 발전시키는 효과를 올리게 되었다.

특히, 1985년도 제40차 IBRD/IMF 서울연차총회는 153개국에서 각국의 재무장관, 중앙은행의 총재급 인사 300여명을 비롯 5,151명이 참석하여 1985. 9. 1부터 10. 15(행사는 10. 1～10. 11)까지 45일간의 경비기간 중 1일 23,000여명씩 연 35명을 동원 경비한 대규모 행사로 행사개최 장소는 주로 88대회시 지정호텔을 대상으로 한 바 있다. 1986년도 ANOC 서울총회(152개국, 체육계인사 등 771명 참석)와 제67회 전국체전은 86대회전 총점검 및 예행연습 차원에서 실시되었으며, 제10회 아시안게임은 경기시설, 개최기간은 물론 개·폐회식, 신변보호, 각급시설 경비실시와 문화행사, 국제회의 개최등 모든 부분에서 준 올림픽 상황하에서 실시된 대회였다. 이들 대규모 국제경기와 행사를 통한 경비경험의 축적은 88대회 경비임무를 성공적으로 수행하는데 밑거름이 되었다.

1985년부터 1989년까지 한국에서 유치한 대표적인 국제행사의 용역경비 배치실적은 아래 표와 같다.

<표 3-33>에 의하면 1985년부터 1989년까지 각종 국제행사에 배치된 용역경비원수는 연인원 총 13,492명에 이르렀다.

〈표 3-33〉 1980년대 후반 국제행사용역 경비현황(1985~1989)

행 사 장	계 약 처 명	행 사 기 간	연 인 원	비 고
'85 금형공구전시회	한국금형공구협동	85. 5. 7～85. 5.18	24명	
월드컵예선전(말연전)	대한축구협회	85. 5.19	43명	
'85 도자기축제	대한도자기공업협동조합	85. 5.24～85. 6. 9	198명	
종합전시전	대한무역진흥공사	85. 5.25～85. 5.31	21명	
대통령컵 축구	대한축구협회	85. 5.15～85. 5.17	20명	
국제방송통신기기전	국제방송통신기기전시사무국	85. 6.23～85. 7. 1	72명	
기계설계전시관	한국기계공업진흥회	85. 7. 6～85. 7.15	50명	
월드컵축구(인도전)	대한축구협회	85. 7.21	10명	
한국 40년전야축제	한국방송공사	85. 8.12～85. 8.16	80명	

코파스 전	한국기계공업진흥회	85. 8.14~85. 8.25	60명	
국제방송통신기기전	국제방송협회(IBS)	85. 8.21~85. 9. 1	108명	
피혁제품 전시전	한국피혁제품수출조합	85. 8.28~85. 9. 4	64명	
생활용품 전시전	중앙일보사	85. 9.13~85. 9.21	27명	
호주인작가 작품전시회	호주대사관	85. 9.14~85. 9.25	24명	
에너지 자제전	에너지관리공단	85. 9.14~85. 9.22	36명	
IBRD, IMF 기간중	호텔롯데	85. 9.28~85.10.12	250명	
IBRD, IMF 기간중	하얏트호텔	85.10. 1~85.10.12	117명	
KS표시 상품전	한국산업경제신문사	85.10.11~85.10.21	66명	
한국전자전	한국전자공업진흥회	85.10.14~85.10.25	264명	
한국기계전	한국기계공업진흥회	85.10.24~85.11.10	108명	
'85년 소계			1,748명	
시민문화재전시회	KBS 방송공사	85.12.26~86. 1.21	108명	
사무기기 및 컴퓨터전시	한국일보사	86. 4. 7~86. 4.22	68명	
ANOC 서울총회	(주)호텔롯데	86. 4.15~86. 4.30	499명	
〃	ANOC 서울총회사무국	86. 4.10~86. 4.30	168명	
〃	한국전시관	86. 4.20~86. 4.24	8명	
〃	백남관광(주) 프레제덴트호텔	86. 4.16~86. 4.30	180명	
한국공작기계전시전	한국공작기계협동조합	86. 4.19~86. 5. 4	140명	
한국섬유기계전시전	한국섬유산업연합회	86. 5.20~86. 6. 5	58명	
서울국제 방송통신 기계전	(주)주간과학	86. 6. 7~86. 6.16	46명	
국제 인쇄기계전시전	한국일보사	86. 8.28~86. 9. 8	42명	
한강축제전야제	한국방송공사 (KBS)	86. 9. 8~86. 9. 11	27명	
'86 서울무역박람회	무역진흥공사	86. 9.10~86.10. 1	399명	
한국공예전시장	한국공예협동조합	86. 9.15~86.10.30	32명	
서울아시안게임 경호경비	호텔롯데	86. 9.14~86.10. 6	920명	
서울아시안게임 경호경비	서울아시안게임조직위원회	86. 8.11~86. 9.10	61명	
'86 서울아시안게임 시설	서울아시안게임조직위원회	86. 9.20~86.10. 5	1,410명	

'86 한국전자전람회	한국전자공업진흥회	86.10. 4～86.10.15	286명	
'86년 소계			4,452명	
생산장비 국제전	한국무역진흥공사	87. 3.27～87. 3.28	4명	
'87 포장기계 및 식품전시	〃	87. 4. 2～87. 4.14	52명	
스위스엑스포 '87	스위스 전시장	87. 4. 2～87. 4.18	14명	
한국전자부품전시	한국전자공업협동조합	87. 5.20～87. 5.28	50명	
한국방송기기전	한국방송기기사무국	87. 5.24～87. 5.30	20명	
제7회 국제금형공구전	한국금형 공구협동조합	87. 5. 9～87. 5.17	30명	
삼양사행사	(주)삼양사	87. 8.22～87. 8.27	365명	
'87 한국기계전	한국무역진흥공사	87. 9.12～87. 9.17	12명	
제16회 대통령배 축구대회	한국축구협회	87. 6.19～87. 6.21	50명	
종합전시장안내	한국무역진흥공사	87. 5.21～87. 5.25	10명	
'87 한국전자전람회	한국전자공업협동조합	87.10.12～87.10.22	242명	
국제섬유소재 및 상품전시회	한국섬유연합회	87.10.14～87.10.26	50명	
'87년 소계			899명	
제24회 서울올림픽대회	서울올림픽조직위원회	88. 9.17～88.10. 2	2,580명	
서울 장애자 올림픽	〃	88.10.15～10.24	1,450명	
'88년 소계			4,030명	
제44차 세계성체대회	한국천주교회서울대교구	89. 9.30～89.10.11	1,668명	
한민족체육대회	대한체육회	89. 9.27～89.10. 1	695명	
'89년 소계			2,363명	
합 계		13,492명		

2. '88서울올림픽 경비

1) '88서울올림픽 개요

'88서울올림픽은 1981년 9월 30일 서독 바덴바덴에서 열린 제84차 IOC 총회에서 결정되었다. 당시 일본의 나고야와 경합 끝에 51 : 27이라는 압도적인 표차이로 서울개최가 결정되었다. 한국의 국제적 위상을 유감없이 발휘한 쾌거라 아니할 수 없었던 사건이었다.

'86아시안게임의 성공적인 개최로 한국은 '88서울올림픽의 개최능력을 확신하였다. 특히 국제수준의 경기장시설을 확보함으로써 대회개최 여건을 완비하였으며, 첨단 기술장비의 활용 및 대회운영 경험의 축적과 우수인력이 확보되었고, '86대회의 성공적 운영으로 '88서울올림픽 개최능력에 대한 대내외적 신뢰감이 제고되었다.

2) 대회기간 및 규모

'88서울올림픽 기간은 1988년 9월 17일부터 10월 2일까지 16일간 서울과 경기일원을 비롯하여 부산, 대구, 대전, 광주 등에서 개최되었다. 참가국수는 IOC 167개 회원국 가운데 161개국이 참가하였다. 참가인원은 총 26,329명에 달하였으며, 이는 '86아시안게임의 2.6배의 인원에 해당된다. 서울올림픽조직위원회 소속의 대회운영요원이 8만여명에 달하였고, 약 24만명의 관광객이 몰렸으며, 약 200만명의 관중이 경기장을 찾았다.

시설규모에 있어서는 먼저 서울종합운동장 등 35개소의 경기장이 서울과 지방에서 운영되었다. 선수촌과 대회운영본부 등 관련시설은 67개소에 이르렀으며, 73개소의 연습장이 설치 및 지정되었다.

대회기간 중 IOC개막 공연을 비롯한 주요행사, 공연, 전시행사, 연회 등 각종 문화행사가 71개소에서 125회에 걸쳐 개최되었으며, 10개소에서 40회의 국제회의가 열렸다.

3) 올림픽 개최전 국내·외 정세

(1) 국제정세

1980년대 들어서면서 국제정세는 소련과 중국의 지속적인 개방 및 개혁정책의 추진과 동서진영간 핵무기 감축협상 등 동서간 화해분위기가 조성되고 있었다. 그러나 중동, 아프간, 중남미 등 세계 도처에서 이념, 종교, 인종 및 국경문제 등으로 인한 국지적 전쟁상태와 계속적인 테러와 보복의 반복으로 예측하기 곤란한 확전위기 또한 상존하고 있었다.

한반도 주변은 미·일·중·소 등 4강의 통상관계, 개발참여 등 실질적인 상호관계 개선이 증대되고 있는 가운데, 이로 인한 소련의 아시아·태평양 진출은 극동지역의 군사력 증강과 병행됨으로써 미·소간의 세력 각축이 심화되고, 세력균형상 서방측의 열세국면을 오판한 북한의 국지 전도발을 우려하게 되었다.

미·일 등의 일부 언론은 한국의 과도기적 혼란으로 서울올림픽대회 자체가 무산될지도 모른다는 우려를 표명하고 있었다. 이 경우 시일이 급박하여 제23회 올림픽대회 개최지인 로스엔젤스가 지정될 것이라는 등 국내 시국 혼란상에 대한 비평보도가 있었다.

(2) 국내정세

평화적 정권교체와 제13대 총선이후 정치, 사회, 경제 등 사회전반에 대한 급격한 민주화 추세에 따라 급진세력과 보수세력간 심한 갈등을 내포한 가운데, 극소수 불순세력과 시국 불만층 등이 연계한 올림픽개최 반대시위와 올림픽 관련시설 집단 점거농성 등이 예상되었다. 또한 노동계 등 욕구불만 집단의 과격시위농성 등의 확산으로 일시나마 올림픽개최 자체가 어려울지도 모른다는 우려를 갖게 하기도 하였다.

올림픽 개최시기와 추석명절(88. 9. 25)이 중복되고 있어 각종 범죄의 증가와 교통체증 등 국내치안수요도 증가되어 이에 대한 별도의 대책이 요구되었다.

(3) 북한의 동향

북한은 대내적 권력세습 승계에 대한 반발 무마와 경제정책 실패 등으로 인하여 대내적 불만이 커지고 있었다. 그리고 공산권의 모든 회원국의 서울올림픽대회 참가가 기정사실화되고, 소련과 중국이 경제분야에서 지속적인 개방정책을 추진하는 과정에서 한·소, 한·중 관계가 더욱 가까워지는 등 공산권 자체에서도 고립되어 가고 있었다.

북한은 대외 국제적 선전표방을 목적으로 현실적 분단상황하에서 실현성이 불가능한 남북한 공동개최 및 선수의 남북 단일팀 구성을 주장하고, 안으로는 신형전투기(미그-23)의 도입과 휴전선상 기갑군단의 전진배치 등 국지적 무력도발 위협 증대와 '86아시안게임시 김포공항 폭파사건, 미얀마 상공에서의 KAL기 공중폭파 등 긴장감을 고조시키는 일방, 조총련, 제일동포 등 우회침투 공작을 강화 침투요원으로 하여금 유언비어 날조유포와 반정부투쟁 선전선동 등 민심교란과 사회혼란 조성을 획책하고 중동 등 33개 국제테러단체와 연계하여 무기, 자금 등의 지원과 북한 내에 유치 특수훈련을 실시하는 등 테러조직을 배후 조정, 납치, 폭파 등 테러를 감행코자 하고 있었다.

한반도상의 위기의식과 대회안전에 대한 불안을 조성함으로써 IOC회원국의 참가포기, 대회개최 분위기 저해 등 성공적 대회 진행을 방해코자 하였다.

참고로 북한의 이러한 방해책동을 나타내는 관련첩보를 소개하면 다음과 같다(치안본부, 『제24회 서울올림픽대회 치안백서』, 1989.)

- "서울올림픽을 방해하려면 간단하다. 대포함방이면 된다"(85. 7. 19 북한 노동신문 기자)
- 김일성은 "서울올림픽개최는 심각한 정치문제로서 수수방관할 수 없다"고 테러에 의한 저지의지를 공식발표(86. 3. 북한방송)
- "1백년을 헤아리는 올림픽역사에는 경기장소로 예정된 지역이 전쟁상태에 놓이게 되어 여러 번 대회가 진행되지 못한 공백이 있었으며, 제24회 서울올림픽대회가 바로 그렇게 될 엄중한 위험에 처하고 있다. 이번 올림픽의 순조로운 개최를 보장하기 위해서는 공동주최밖에 없다"는 대남협박 노골화(87. 5. 31 노동신문)
- "남조선 현정권이 존재하는 한 제24회 올림픽개최 전망은 암담하며, 12월 대통령 선거결과 민주세력이 집권할 경우 단일팀 구성, 올림픽참가 및 공동주최 문제 등이 해결될 것"이라고 공동주최 이외 단독개최는 꿈도 꾸지 말라는 식의 외신기자 상대 협박발언(87. 10. 23 북한 올림픽위원장 김유순의 인민문화궁전 외신기자 회견석상)
- "분단 올림픽 강행은 전쟁으로 가는 길" 운운(87. 9. 25 평양방송)
- 남북한이 현안문제를 해결하지 못할 경우 북한으로서 전쟁을 일으

키는 일 이외에는 달리 대안이 없을 것이다(88. 1. 22 미국의 소리방송, 북한노동신문 기사 인용보도).

4) 대회경비와 민간경비의 활동

(1) 대회경비의 기본방침

안전은 대회 성패를 가름하는 가장 중요한 문제이나, 지나치게 강조하다 보면 대회 자체가 위축될 수 있으므로 부드럽고 친절하면서도 완벽한 안전활동을 병립시켜야 한다. 따라서 첨단장비와 고도의 기술로 표면에 노출됨이 없이 활동하여 참가자의 그릇된 한국의 안전의식을 올바르게 인식시킬 수 있는 계기가 될 수 있어야 한다.

대회 경비대상 시설물은 경기장 34개소, 연습장 72개소, 관련시설 70개소, 문화행사장 88개소 등 총 264개소이다.

이러한 시설들의 총체적인 안전관리를 위한 안전방침은 첫째, 경기장 및 관련시설의 완벽한 안전확보를 위하여 전운영 요원 및 시설종사자의 안전요원화를 기한다. 둘째, 부드럽고 불편없는 출입관리 업무수행을 위하여 과학장비를 적극 활용하고 출입검색업무에 자원봉사자를 활용한다. 셋째, 안전관련 기관의 긴밀한 협조로 합동운영체제를 구축함으로써 현장 협조체제를 강화하여 상황처리능력을 제고한다.[1)]

(2) 3선 경비개념의 채택

대회관련 동원시설에 대한 절대안전의 확보는 올림픽대회의 성패를 가름하는 중요성을 감안, 대회안전경비는 치안대책위원회에서 경호지침에 준하여 실시키로 결정되고 옥내외, 도로, 수상 등 모든 대회시설에서 개별시설별로 경비구역을 3선으로 구분 책정하고(해상은 4선으로 구분) 안전 및 경비활동대책을 강구하였다.

3선 경비란 경비구역을 3단계로 구분 운용하는 것으로 경비대상에 있어 옥내외시설은 물론 도로, 수상, 해상 등 모든 시설물 등에 대하여 그

1) 서울올림픽대회조직위원회, 『서울올림픽은 어떻게 치러지나』, 서울 : 서울올림픽대회조직위원회, 1988, 40쪽.

경비구역을 내부로부터 외부로 3개의 선으로 구분하고 선별경비수준을 책정하여 3단계로 안전체크 및 봉쇄하는 활동이다. 3선경비는 경비구역내의 모든 출입, 이동사항 등에 대하여 3차례에 걸쳐 안전점검 효과를 기대하는 것을 주안점으로 한다. 3선경비는 핵심내부 1선으로부터 외곽 3선까지 각 선별 경비임무를 구분하고 중요도를 감안, 경비수준을 조정 책정하여 핵심부로부터 완벽하게 경비인력을 배치하여 임무를 수행함으로써 단계별 봉쇄활동의 개념을 명확히 하고 외곽으로부터의 조기경보체제를 유지하기 위한 경비개념이다.

서울올림픽대회 경비대상별 3선 구분내용은 <표 3-34>과 같다.

〈표 3-34〉 경비대상별 3선 구분 내역

구분 / 선별		제1선 (절대안전확보선)	제2선 (완전봉쇄차단선)	제3선 (경계 및 조기경보선)
대상구분	옥내외 시설	핵심내부 -출입문내부 -관 중 석 -핵심시설	내 곽 -1선제외 내부시설 -울타리 내곽 - 종합운동장 및 올림픽공원은 단지내	외 곽 -울타리외곽 600m이내 -감제고지등 취약지는 2km 이내 -종합운동장과 선수촌은 5km 이내
	도 로	경기코스 및 인접 고층건물	경기코스 이면도로 및 접근로 50m 이내	코스연도 양측 200m 이내 -감제고지등 취약지 2km 이내
	해 상	연안 3마일권 -보트계류장 포함	연안 5마일권 -경기장 외곽통제	연안 8마일권 -해상초계 * 제4선 : 경계수역 외곽 및 공중초계
경비임무 운용요소		출입통제조, 질서유지조, 물품보관조, 차단조, 핵심지역봉쇄조, 순찰조, 관람석 안전확보조, 감시조, 채증조	검문조 차량검색조 취약개소경비조 주차관리조 방범수사조	검문조 도보순찰조 기동순찰조 고층건물감시조

※ 자료 : 치안본부, 『제24회 서울올림픽대회 치안백서』, 서울 : 치안본부, 1989, 70쪽.

(3) 대회경비대책

경찰과 대회조직위원회는 161개국의 참가국이 확정된 서울올림픽의 성패는 안전이라는 인식하에 가용인력과 첨단장비를 총동원하였다. 특히 서울올림픽대회가 안전이 가장 큰 문제로 대두되고 있는 것은 한국이 분단국이라는 점과 1987년 11월 대한항공 KE858기의 폭파사건이 북한의 테러사실로 밝혀짐에 따라 북한의 테러를 사전에 봉쇄하여 안전한 올림픽을 치루기 위해 더욱 구체화하였다. 서울올림픽대회의 안전대책으로는 올림픽경기장 등 시설안전과 외국참가선수단, 임원단들의 입국에서 출국시까지의 한국체류기간 동안 완벽한 신변안전 등 대상이 국지적이고 제한적인 것이 아니라 전국적이라는 것이 역대올림픽과 다른 특징을 갖고 있었다.

이에 따라 서울올림픽에 대한 안전대책이 국가적 차원에서 준비되었으며, 정부는 10여 개의 정부유관부처 및 기관이 참여하는 안전조정통제본부를 설치하여 서울올림픽 조직위와 별개의 조직으로 1986년부터 운영하였다. 안전통제본부는 우선 올림픽시설의 안전을 위해 경찰인력을 주축으로 한 88올림픽경비대를 창설하여 대회전까지의 각종 올림픽경비장을 경비하였다. 안전대책의 첫 관문이 될 김포공항에는 참가선수단, 임원 및 주요인물들의 입국심사대를 별도 설치하여 운영하며, 이들 심사대에는 X레이 투시기, 금속탐지기 등 최첨단 기기를 배치하여 과학적이고 조직적인 검문검색을 하였다.

또한 올림픽시설의 보안검색은 민간경비업체에도 참여시켰다. 이는 2중 3중으로 경비에 만전을 기하기 위한 조직위원회의 방안이기도 하였지만, 86아시안게임을 통한 민간경비업계의 공신력을 인정한 결과이기도 하였다. 민간경비업체는 주로 3선경비를 담당하였는데 전국 123개 경비업체들이 각각 지역별로 올림픽시설물 등에 대한 시설경비를 전담하였다. 서울의 경우는 전문경비인력을 확보하고 있는 범아공신(주)을 비롯하여 몇몇 회사가 올림픽테니스, 역도, 체조, 펜싱, 사이클경기장 및 조정경기장에 경마장 등에 전문요원을 투입하여 시설경비에 참여하였다.

올림픽조직위는 선수촌의 경우, 2중 3중으로 주변에 철조망을 시설하고 전자감응기를 설치하여 만일의 사태에 대비하고 출입차량검색기는 물론 화폐만큼 변조가 어려운 출입카드의 디자인과 제작을 통해 세밀한 부분까지도 일반인들이 상상하기조차 힘든 방법까지 동원하여 안전대책에 만전을 기하였다.

안전조정통제본부와 올림픽조직위는 크고 작은 안전대책 마련을 위해 뮌헨, 로스앤젤레스, 도쿄, 사라예보 등 역대 올림픽 개최지에 올림픽시찰단을 파견하여 외국의 안전대책 등을 조사하고 이를 한국실정에 맞도록 개선하여 유효적절하게 사용할 준비도 하였다.

(4) 민간경비의 활동

올림픽회관 건설공사가 1986년 3월 31일 완료됨에 따라 올림픽조직위에서는 인수를 위한 점검을 시행한 후, 1986년 5월 21일 시설을 인수하여 총무국에서 관리하게 되었다. 올림픽공원(사이클, 역도, 펜싱, 체조경기장)은 1986년 5월 28일 준공하여 행사후 1986년 6월 20일부터 7월 4일까지 조직위와 서울시 관계자가 합동으로 각 분야별 점검을 시행한 후 1986년 7월 15일 시설을 인수하여 시설국에서 관리하게 되었다[2].

1988년 5월 31일 수영경기장이 추가로 건설됨에 따라 시설국관리 경기장은 사이클, 역도, 펜싱, 체조, 테니스, 수영의 6개 경기장을 관리하게 되었다. 시설국에서는 공림픽공원시설을 효율적으로 관리하기 위하여 시설관리계획을 수립하였으며, 이 계획에 따라 전문관리용역업체를 선정하여 관리하기로 하고 시설관리, 청소, 경비, 조경분야에 걸쳐 관리용역업체를 다음과 같이 선정하였다.

2) 서울올림픽조직위원회의 용역경비담당부서는 위원장(朴世直) → 행정부위원장겸 사무총장(金玉珍) → 행정담당사무처장(崔禮燮) → 시설관리국(장기찬) → 2과(심수섭) 였다.

〈표 3-35〉 올림픽공원 및 6개 경기장 시설관리 용역업체 현황

(단위 : 백만원)

분 야 별	업 체 명	86년도		87년도		88년도	
		관리인원	예 산	관리인원	예 산	관리인원	예 산
시설관리	대생개발	100	199	106	632	106	963
청 소	달마용역	128	93	132	399	115	628
경 비	**범아공신**	**94**	**147**	**115**	**457**	**132**	**698**
조 경	덕수종합	40	187	150	399	120	556
계		362	626	503	1,987	473	2,845

※ 자료 : 서울올림픽대회조직위원회, 『지원부서결과보고서 4』, 서울 : 서울올림픽조직위원회, 1995, 207쪽.

테니스 경기장은 준공이 다소 늦어져 1986년 8월 15일 공사가 완료되었으나, 준공이전에 관계직원과 관리용역업체직원이 투입되어 시설점검을 완료하였다.

올림픽공원 관리는 '86아시안게임 이후에도 1986년도와 같이 시설관리, 청소, 경비, 조경관리의 4개 분야로 나누어 용역으로 추진되었다. 그 중 경비분야는 경기장, 사무실 등의 경비와 공원출입문 경비근무 및 공원지역 순찰, 경기장 반출입 물품확인 및 통제를 주임무로 하였다.

〈표 3-36〉 올림픽공원 및 6개 경기장 1987년 용역관리 현황

(단위 : 백만원)

분 야 별	용역업체	인 원	용 역 비	비 고
계		553명	2,017	
시 설 관 리	(주)대생개발	106	632	
청 소	달마용역개발(주)	132	399	7.1부터 10명 증원
경 비	**범아공신(주)**	**115**	**457**	**3.1부터 21명 증원**
조경관리(공원)	덕수종합개발(주)	150	399	
조경관리(토성)	덕수종합개발(주)	50	130	5.20부터 관리용역 시행

※ 자료 : 서울올림픽대회조직위원회, 『지원부서결과보고서 4』, 서울 : 서울올림픽조직위원회, 1995, 208쪽.

〈표 3-37〉 1988년 용역관리 현황

(단위 : 백만원)

분 야 별	용역업체	인 원	용 역 비	비 고
계		473명 (722)	2,845	
시 설 관 리	(주)대생개발	106 (196)	963	4.1부터 수영 17명 증원
청 소	달마용역개발(주)	132 (361)	698	5.1부터 수영 12명 증원
경 비	**범아공신(주)**	**115 (135)**	**628**	
조 경	동현건설(주)	120	556	11.5부터 42명 증원

※ 투입인원 중( )는 '88대회시 투입인원임.

※ 자료 : 서울올림픽대회조직위원회, 『지원부서결과보고서 4』, 서울 : 서울올림픽조직위원회, 1995, 209쪽.

'88서울올림픽 경비는 경찰을 중심으로 경비업체와 자원봉사가 합동으로 대회경비에 임하였다. 경찰은 경기장 27개처에 22,188명, 주요 관련시설 12개처에 6,781명, 신변보호에 6,382명 등 총 39개처에 35,351명의 경비인력을 투입하였다[3].

이를 세부내역별로 살펴보면, 먼저 경기장 경비는 서울 주경기장 5개처, 올림픽공원 7개처, 과천경마장 1개처, 한양대학 1개처, 서울대학 1개처, 동대문운동장 1개처, 로얄보링장 1개처, 수원운동장 1개처, 성남운동장 1개처, 부산구덕운동장 1개처, 새마을체육관 1개처, 대구시민운동장 1개처, 대전운동장 1개처, 광주운동장 1개처, 요트경기장 1개처, 마라톤코스 1개처, 경보코스 1개처 등 27개처에 투입되었다. 주요 관련시설에는 코로리콘도, 한국콘도, 유성관광, 수성관광, 신라파크, 올림픽회관, 올림픽본부 별관, 본부신라호텔, 보도본부(MPC), 국제방송본부, 대회용훼미리 APT 종합모타풀 등 12개처에 배치되었다. 신변보호는 VIP 신변보호에

3) 치안본부, "88서울올림픽 경찰 및 용역경비 배치상황", 서울 : 치안본부, 1988. 9. 12.

1,332명이 배치되었다.

민간경비업체는 1988년 8월 30일 현재 총 10개시설에 978명이 배치되었다. 배치장소는 IBC(국제방송센터), 미국NBC방송단, 우주과학관, 올림픽공원 및 6개 경기장, 올림픽회관, 올림픽훼미리타운, 올림픽기념 조형물, 과천 경마장, 원당 경기장, 여의도 고수부지 등에 배치되었다. 그리고 경비업체에서 자원봉사한 인력은 마라톤코스 주변 경비 및 한강축제 주변 경비에 배치되었다.

1988년 9월 1일부터 10월 2일 기간 중 발생한 사건사고는 총 195건이었으며, 구체적 내역은 아래와 같다.

〈표 3-38〉 각종 사건사고 현황

사 건		사 고		검문검색 단속 실적	
총 52건		총 143건		총 28건	
괴전화접수	5건	분실물습득 및 처리	99건	불온유인물 소지자 적발	19건
도난사건	32건	등록카드분실 및 대리사용	22건	공기총적발 공기총실탄	2정 509발
폭력사건	2건	교통사고	7건	가스분사기 적발	2정
선전물훼손	4건	선수부상사고	15건	엽총실탄	3발
화재사건	1건			유탄발사기 실탄	1발
폭발물관련사건	8건			가스총 적발	3정

※ 치안본부 제공 자료, 1989.

정부는 올림픽경기장 및 관련시설을 국가중요시설로 정하고 시설경비의 용역형태를 청원경찰로 배치하였다. 국가안전기획부(현재 국가정보원)는 1986년 12월 16일 조직위 시설국장실에서 검열단(안기부 2, 치안본부 1, 조직위안전국1)과 조직위 시설국장, 시설국 담당자, 4개용역업체 대표가 참석한 가운데 용역업체들에 대한 검열강평회를 개최하였다.

강평회 주요내용을 살펴보면, 먼저 장점으로 지적된 내용은 첫째, 경찰기관과 청원경찰과의 협조체제가 대단히 좋다. 둘째, 외곽경계 및 출입인원에 대한 통제계획과 실제통제대책이 잘 되고 있다. 셋째, 각 경기장 및 기타 시설의 근무 및 기록유지상태가 철저히 잘되고 있다. 넷째, 각 초소 및 각 경기장 임무수행상태가 좋다.

강평회 결과 개선할 사항으로는 첫째, 중앙공급실 공동구(지하통로)의 거부계획이 미수립되어 있다. 둘째, 각 경기장 시설의 보호구역(통제구역)에 시건장치 상태가 불량하여, 통제구역 시건장치 설치 및 인원통제가 철저히 요망된다. 셋째, 설치된 CCTV를 활용하지 않고 있어, 고가장비를 사장시키지 않고 활용하기 위하여 기술인력의 충원이 필요하다. 넷째, 청원경찰 계약관계에 있어 최저낙찰제를 지양하고 수의계약을 실시하여 예정가격(설계금액) 임금에 가깝게 책정되어야 겠다[4].

5) 제8회 서울장애자올림픽대회

서울올림픽대회가 끝난 후 10월 15일부터 10월 24일까지 10일간 서울장애자올림픽대회가 열렸다. 이 대회 역시 서울올림픽대회 주경기장을 중심으로 서울과 경기일원에서 개최되었다. 대회 참가규모는 선수단이 60여 개 국에서 4,040명이 참가하였고, 보도진 650명, 임원 및 심판이 833명 참가하였다. 경기시설은 경기장 8개소, 연습장 8개소 등 총 16개소에서 16개 종목 888개 세부종목(특수종목 4종)의 경기를 실시하였다.

6) 서울올림픽대회 경비 성과

1976년 몬트리올올림픽 이후 12년 만에 동-서가 한데 모이는 동-서화합의 장이 된 서울올림픽은 세계인들로부터 「평화올림픽」으로 호평을 받게 되었다. 서울올림픽은 개막전은 물론 대회가 한창 진행 중일 때까지도 안전문제가 서방 언론 및 참가선수들의 최대관심사 중 하나였다. 많은 세계인들은 도발위험성이 상존하는 분단국가에서, 그것도 끊이지 않는 학생시위로 화염병과 최류탄가스가 난무하는 서울에서 올림픽이 어떻게

4) 최저낙찰제를 실시함으로써 조직위의 예산절감효과는 있었으나, 응찰업체들의 경쟁으로 인하여 단가가 낮아져서 경비원들의 임금수준이 떨어져 이직률이 높아지는 결과를 초래하였다.

순조롭게 열릴 수 있겠는가고 의심했었다.

일본 및 서방언론들은 8월 이후 2~3일에 한 번 꼴로 "적군파 테러범 서울 잠입"이라는 미확인 내용을 보도, 외국선수들은 신변보호라는 이름으로 일본에서 전지훈련을 하는가 하면, 관광객들의 숫자가 격감하는 요인이 되기도 하였다. 하지만 당초의 우려와 달리 개막팡파르가 잠실주경기장에서 울려퍼진 이후, 소액도난사건, 교통사고, 경기장관람목적의 출입증 부정사용 등 경미한 사건들 뿐이었다.

실제 서울올림픽 기간동안 일어났던 사건·사고 등은 역대 어느 올림픽 경기에서도 찾아볼 수 없는 경미한 양상의 사건·사고 정도였다. 대회 기간동안 일어났던 사건은 총 52건으로, 괴전화접수 5건, 도난사건 32건, 폭력사건 2건, 폭발물관련 8건, 선전훼손 4건, 화재사건 1건 등이었다. 그리고 발생한 사고는 모두 143건으로 습득 및 분실물 99건, 등록카드분실 22건, 교통사고 7건, 선수부상사고 15건 등이다.

특히 올림픽 직전까지 극성을 부리던 대학생들의 시위는 한건도 없었으며, 그 결과 검문검색 28건에서 불온유인물소지 19건, 가스총 적발 3건, 가스분사기 2건, 공기총 적발 2건, 엽총실탄 3발, 유탄발사기실탄 1발 등이 적발되었다[5]. 가장 많이 발생할 것으로 예상했던 교통사고가 7건이 발생했으나 선수·임원·관광객의 사상이 없었던 것은 다행한 일이었다.

서울올림픽이 이처럼 대형사고 1건 없는 안전올림픽으로 끝나자, IOC측은 공식평가를 통해 "개최국의 안전에 대한 철두철미하고 헌신적인 노력이 평화의 제전을 만들었다"고 격찬하였다.

"서울올림픽의 안전대책을 보지 않고는 도저히 말로 표현할 수 없으며, 다양한 조직력과 신중성에 있어 가장 뛰어나다"고 미국의 「유에스뉴스 앤 리포트지」가 보도하였다.

또 미국의 「크리스찬 사이언스 포니터지」는 "많은 금속탐지기와 경찰관이 배치되어 있으나 경찰관들의 겸손한 자세 등으로 금메달감"이라고 한국경찰을 극찬하였다.

소련의 「타스통신」도 "서울올림픽은 최고로 신뢰할 만한 안전조치가

5) 경우신보, 1989. 9. 17자 7면.

취해졌는데 선수촌은 갖가지 안전시설로 요새와 같고 경찰관들은 불필요한 내방객 등에 대한 봉쇄 임무를 해내고 있다"고 보도하였다.

영국의 권위지 「더타임스」도 "서울올림픽의 안전은 가장 완벽하고 철저하였으며, 어느 올림픽대회 때보다 협조적이었고, 출입증을 잊고간 기자에게 철저히 검색한 후 입장시켜 주었는데 몬트리올이나 모스크바대회, LA대회 등에서는 그런 일이 있을 수 없었다"고 다른 올림픽대회의 경비와 견주어 보도하였다.

이처럼 까다롭고 인색하기로 유명한 외국의 언론들이 올림픽 안전과 경비담당자들의 노고에 찬사를 보낸 기사가 전세계적으로 퍼짐으로써 한국의 안전관리능력의 우수성이 세계 수준임을 입증해 주었다.

서울올림픽관계자들은 서울올림픽이 이처럼 안전관리에서도 성공할 수 있었던데 대하여 올림픽성공을 갈망하는 국민들의 협조, 경찰·군·출입국관리업무 담당자 그리고 민간경비업체와 자원봉사자들의 철저한 준비와 희생이 주요 요인이었다고 분석하였다. 이들 관계자들이 서울올림픽 안전에 관한 준비에 착수한 것은 올림픽유치 1년 후인 1982년부터였다.

올림픽경비의 80%정도를 담당한 경찰은 이때부터 역대올림픽 개최국의 경비, 대테러관계에 대한 기초조사에 착수하였다. 1년여의 준비 끝에 치른 ASTA(미주지역여행자협회), IPU(국제의원연맹) 총회와 1984년의 요한바오로2세 로마교황과 미국 레이건대통령방한, 1985년의 IBRD, IMF총회 등 대규모 국제행사의 요인경호가 경비전반적인 상황을 점검할 수 있는 계기가 되었다. 1986년의 아시안게임은 올림픽경비계획의 60~70%를 발휘한 예행연습이었다. 당시 金孝恩치안본부 2차장은 "사실상 서울올림픽 경비에 대한 틀은 이때 잡혔다"고 말하였다. 호텔경비를 예로 들면 장기체류자에 대한 신변파악, 용의자 동태감시는 물론 지하실에 있는 종업원들의 세탁물통로, 환풍장치, 비상계단과 심지어 호텔출입 안마사, 윤락여성 신상파악까지 치밀하게 이루어졌다.

가장 염려하는 테러분자 입국방지를 위한 공항, 항만 입국 보안활동도 잇따라 열린 국제행사를 계기로 본격화됐다. 세계 각 국의 치안당국, 인터폴(국제형사경찰기구)과 협조하여 테러리스트 명단과 사진을 입수하였다. 이렇게 해서 경찰에 확보된 테러리스트 명단은 적군파관련자 1,800여명을 비롯하여 전세계 테러리스트 5,986명에 이르렀다.

1986년 발생한 김포공항 폭발물사건 이후 컬러검색용 장비도 보강되었다. 김포공항에만 AI97, PD5, 컬러검색기 등 대당 2천만~3천만원대의 폭발물탐지기 75대, 금속탐지봉 1백여개와 시한폭탄에 필수적인 건전지 자체분해기도 설치되었다. 이들 신형장비로 인해 1988년 한해 동안 김포공항에서 적발된 위해물은 흉기류 1,589점, 완구총 1,230점 등 모두 6,232점에 이르렀다.

대테러진압 경찰특공대인 「868특공대」도 1982년 10월 창설되어 대원 상당수가 미국, 일본, 프랑스등 외국에서 특수훈련을 받는 등 정예화하였다. 「868특공대」는 이란 인질구출작전을 담당하는 등 세계최강의 테러진압부대로 알려진 미국의 「델타부대」와 「차리원부대」 등과 3차례에 걸쳐 한-미 대테러 합동훈련을 실시하여 합격판정을 받기도 하였다. 항공기인질납치, 요인납치, 건물점거등 가능한 모든 테러사태에 즉응할 수 있는 테러진압 특공대는 경찰요원 115명, 군 2백여명 등 3백여명으로 구성하였다.

이같은 철저한 사전준비 끝에 올림픽경비가 카운트다운 된 것은 올림픽가족 입국이 시작된 9월 1일부터였다. 경비대상지역만도 주경기장 등 경기장 36개소, 선수촌-분촌 7개소, 주요호텔 34개소, 문화행사장 63개소 등 모두 311개소였다. 이들 지역에 배치된 전담경비인력 만도 경찰 4만2천여명을 포함하여 총 6만여명으로 선수촌등 주요시설 27개소는 군이 경비를 전담하였으며, 김포-김해공항, 부산-인천항 등 출입국감시지역은 군-경합동으로 담당하였다.

올림픽기간 동안 입국에서부터 출국때까지 신변경호대상인원도 각국 VIP 4백명, 국제기구대표 613명, 경기연맹관계자 1,583명, 선수-임원 등이 2만여명이나 됐다. 이들 중 주 경호대상자들에 대해서는 신변경호대 5천여명이 투입되었다. 특히 장관급 이상 요인 252명에 대해서는 2명(장관급)에서 6명(수상급)의 경호요원을 배치하여 24시간 그림자자처럼 따라다니며 경호를 하게 하였다. 또 참가선수단의 신변보호를 위해서는 이동시

셔틀버스에 동승하는 동승보호와 선수촌에 같이 기거하면서 국가별로 전담보호하는 국가별 보호팀 운영 등 3, 4종 보호팀을 운용하기도 하였다. 이는 요인테러를 철저하게 사전봉쇄하기 위해서였던 것이다.

선수촌 둘레에 쳐진 3중 철조망내의 경비전담요원 6천여명을 감안하면 선수촌 투숙객 1.5명당 1명의 안전요원이 배치된 셈이다.

서울올림픽이 안전에 대하여 세계인들로부터 이러한 호평을 받게 된 것은, 무엇보다도 대회조직위와 경찰, 군의 철저한 대비와 함께 국민들의 적극적인 협조가 한데 어우러진 결과였다. 특히 군인력 6만여명, 경찰인력 4만7천여명, 민간경비업체 1천여명 등 11만여명의 안전분야 종사자와, 11만1664명의 자원봉사자들의 노고는 서울올림픽이 세계인들의 평화축제로 막을 내리는데 크나큰 기여를 하였다.

7) 경비업과 폭발물 사고방지대책

한국은 남북한 대치상태라는 특수한 안보적 여건으로 인하여 폭발물에 의한 사고 및 테러위험이 상존하고 있다. 특히 1983년 10월 9일 미얀마 아웅산 폭발 테러사건과 1987년 11월 29일 KAL 858기 폭파사건은 1980년대의 대표적인 폭발물에 위한 테러사건이었다. '86아시안게임과 '88서울올림픽을 앞두고 있는 한국으로서는 양 대회의 성공적인 개최를 위해서 폭발물사고에 대한 대책을 세워두지 않을 수 없다. 폭발물사고는 엄청난 인명과 재산의 피해를 가져올 뿐만 아니라, 국가안보와 사회안전과도 직결된다.

한국은 북한의 비정규전에 의한 테러와 폭발물을 이용한 파괴 가능성이 다각도로 입증되고 있다. 그리고 국내에서도 군용 총포 및 화약류 등은 군에서 엄격히 관리하고 있으나, 민수용 총포화약류의 경우는 관리상의 허점이 있을 수 있다.

(1) 폭발물의 정의 및 관련 법규

폭발물이란 열역학적으로 불안정한 평형상태에 있는 하나의 또는 다수의 균일 또는 불균일계가 되는 물질로서 경미한 교란작용에 의하여 물리적 또는 화학적 변동을 일으켜 주위에 급격한 압력의 상승을 일으키는 물체를 말한다. 화약류에 대한 일반적 정의는 이용가치가 있는 폭발물로서 그 일부에 열 또는 충격을 가할 때 화학변화를 일으켜 열량과 많은 양의 가스를 발생시켜 급격한 압력을 상승시키고 고온 가스중의 활성분자의 작용에 의하여 다른 부분에 연속적으로 급격한 분해를 일으키는 것이다.

총포·도검·화약류단속법에서의 화약류란 화약, 폭약, 화공품을 말한다. 화약은 매초 약 10m ~30m의 비교적 느린 속도로 연소하는 것으로서 연소하는 폭발가스의 압력은 주로 추진작용이 이루어지는 흑색화약, 무연화약을 말한다. 폭약은 매초 약 1,500m ~8,000m의 속도로 폭발하여 가스압이 충격적으로 작용하여 강한 파괴력을 발휘하는 것으로 TNT가 대표적인 폭약이다. 화공품은 화약 또는 폭약을 사용하여 특정의 사용목적으로 제조된 것으로서 뇌관류, 공포, 도폭선 등을 말한다.

현행 폭발물사용 규제와 관련되는 법규는 총포·도검·화약류단속법(법률제3354호, 1981. 1. 11. 공포)과 군수조달에 관한 특별조치법(법률제2540호, 1973. 2. 17)이 있다. 관련법규에 의하면, 화약류는 사용지 관할 경찰서장의 사용허가제(총포·도검·화약류단속법 제16조)로 하고 있으며, 다만 일정량이하의 소량일 경우는 예외로 하고 있다(동법 시행령 제21조). 또한 동법 제17조에서는 화약류는 누구나 취급하지 못하며 누구에게나 취급기켜도 아니된다고 규정하고 있다. 화약류를 양도·양수하려는 자는 주소지관할 경찰서장의 허가를 받아야 한다(양도양수의 허가제). 화약류는 발송지 관할 경찰서장에게 신고하여야 한다(운반신고제). 동법 제21조에서는 누구든지 유실, 매몰 기타 정당하게 관리되어 있지 아니하는 총포, 도검, 화약류라고 인정되는 물체를 발견하거나 습득한 경우에는 즉시 인근 경찰서에 신고하여야 하며 경찰관의 지시없이 만지거나 이동 또는 해체하여서는 아니된다(폭발물의 발견, 습득신고제)고 규정하고 있다.

(2) 제조(취급)업체 현황

1983년 10월 현재 폭발물 제조 및 취급업체는 다음 <표 3-39>와 같다.

〈표 3-39〉 폭발물 취급업소 현황

(1983. 10. 현재)

구 분	제조업	판 매	사 용		저 장 소					비 고
업 소 별	19	66	광산	기타	1급	2급	3급	기타	계	종합제조업소는 한국화약 1개소임
생산유통량 (연 간)	25,000t	15,000t	450	1,020	450	141	840	39	1,470	

※ 민정당 행정분과치안행정소위원회, "86, 88국제경기대회개최에 따른 폭발물사고방지대책", 1983. 12. 13.

(3) 폭발물사고 실태

폭발물에 의한 사고건수는 <표 3-40>에서 보는 바와 같이 매년 줄어들고 있으나, 물적피해 규모는 늘어날 것으로 보인다.

〈표 3-40〉 폭발물 사고발생 현황

연 대	발 생	사 망	부 상	물 적 피 해
1950	387건	320명	517명	127,275원
1960	204	152	216	99,600
1970	97	106	247	10,406,390
1980	49	72	103	72,320
1983. 10월	32	24	40	17,600,000

※ 민정당 행정분과치안행정소위원회, "86, 88국제경기대회개최에 따른 폭발물사고방지대책", 1983. 12. 13.

폭발물의 안전대책을 위해서는 발생할 수 있는 사고의 유형을 안 후에 그에 따른 합리적인 대책을 세우는 것이 순서이다. 폭발물사고의 유형은 도난유출에 의한 사고, 사람에 의한 직접행위, 비밀리에 설치하는 행위, 이동체에 의한 사고 등으로 구분할 수 있다.

도난유출에 의한 사고유형의 경우 폭약류의 도난 또는 유출이 사고의 시초가 되므로 이에 대한 방지는 소유관리자의 제1의 의무이다. 도난유출의 유형으로는 외부침입에 의한 유출, 내부인의 반출에 의한 유출, 사용잔고를 입고하지 않은 경우를 들 수 있다.

사람에 의한 직접행위는 사람이 직접 지참하여 목표물에 투척하는 경우가 이에 해당된다. 이러한 유형으로는 도시락, 만년필, 화염병 등을 사용하는 유형과 은폐물을 이용한 근거리용 투척유형이 있다.

비밀리에 설치하는 유형은 사람의 눈에 띄지 않게 비밀리에 목표물에 설치하여 폭발하게 하는 경우를 말한다. 즉 시한폭탄, 지뢰, 원격조정폭탄, 충격장치폭탄(일정한 힘을 가하거나 문의 개폐 등을 이용) 등이 이에 해당된다.

마지막으로 이동체에 의한 유형으로는 주로 자살형이 이에 해당된다. 이러한 유형으로는 차량 등의 물체를 이용하여 돌진하는 유형, 신체에 장치하여 돌입 자폭하는 유형, 우편물을 이용하여 개봉시에 폭발하는 유형 등이 이에 해당된다.

(4) 경비업과 폭발물 안전

폭발물은 국토개발과 산업발전에 따라 그 수요는 날로 증가하고 있으며, 폭발물사용에 따른 안전사고도 증가될 것이다. 특히 경비업에 있어서는 북한의 테러위협이 상존하고 있는 안보적 상황에서 각종 국제행사와 국가중요시설에 대한 보안이 강조되고 있으므로 이에 대한 대비책이 더욱 강조되고 있다.

경비업에 있어서 폭발물사고의 대상분야는, 첫째 국가중요시설물의 폭파예방, 둘째 각종 행사장 폭파예방, 셋째 각종 경기장 폭파예방, 넷째 VIP의 통과로 폭파예방, 다섯째 폭발장치의 검색, 여섯째 폭파장치의 제거, 일곱째 폭발물의 도난 및 유출방지 등을 들 수 있다.

폭발물에 대한 안전대책은 경찰과 군관계기관에서 모든 대상을 상대로 강구하기가 어려우므로 각 시설주와 행사주최자가 자구적 입장에서 자체적으로 수립하지 않으면 안된다. 오늘날 화학의 발달로 폭발물은 비밀리에 손쉽게 장치할 수가 있고 크기가 작기 때문에 쉽사리 발견하기가 어렵다. 따라서 폭발물의 안전대책은 사전발견이 가장 중요하므로 폭발물의 검객은 사고방지의 기본이라 할 수 있다.

폭발물의 검색대상으로는 고정장치의 검색대상과 이동체의 검색대상으로 구분할 수 있다. 먼저 고정장치의 검색대상으로는, 첫째 국제적집회의 실내취약지점, 둘째 다중이 집결하는 행사장의 취약지점, 셋째 내·외 VIP가 머무르는 곳(호텔, 영빈관, 대사관 등), 넷째 VIP행차가 통과하는 도로의 취약지점, 다섯째 중요시설물에 출입하는 차량 등을 들 수 있다. 이동체의 검색대상으로는, 첫째 특정구역(핵심시설)에 출입하는 사람과 반입물품, 둘째 우편물 및 배달물, 셋째 위험물품 또는 중요물품을 이동하거나 운반하는 차량, 넷째 행사·집회장의 VIP좌석 및 그곳의 통로와 통과하는 사람 등을 들 수 있다.

3. 경비업체의 의욕적인 활동상

1) 첨단 기계경비의 도입

(1) 뉴미디어와 시큐리티

1980년대 후반기에 들어서면서 고도산업사회와 핵가족제도가 더욱 심화되어 각 가정과 건물, 대형 빌딩 등에 시큐리티(안전경비)에 대한 관심이 더욱 강조되고 있다.

이러한 점에 착안하여 시큐리티를 하나의 기업으로 시스템화되고 있는 것이 최근 미·일·유럽 각국 등에서 급성장하고 있는 '경비보장기업' 또는 '종합경비기업'이다.

이 '경비보장'의 기본구조는 다채널과 쌍방향성을 그 특징으로 하고 있는 도시형 CATV 원리를 이용, 오피스와 가정현관의 출입구, 대문, 안방, 리빙 룸 등에 고정밀감지기(Sensor)를 설치하여 만일 불의의 침입자나 화재 등이 발생하면 그 정보를 즉각 CATV의 케이블을 통해 경비회사의 콘트롤 센터에 전달케 하는 시스템이다.

이 정보가 전달되면 센터의 컴퓨터는 비상신호의 발생장소를 수초 내에 판별하여 테이터로 표시하고, 경비회사는 이 자료에 의해 사고 발생장소에서 가장 가까운 영업지사에 연락, 대처요원(경비원)을 현장에 급파

시키게 된다.

그 동안 안전·경비업계에서는 청원경찰이나 경비원 등을 대량 채용하여 주로 인적자원에 의한 경비와 안전업무를 수행해 왔지만, 지금은 쌍방향 CATV라는 뉴미디어를 활용, 고도의 능률적인 경비시스템을 실현하고 있다.

따라서 인적자원 의존으로부터 첨단기기를 이용한 시스템화에 성공하게 된 안전·경비업계에 있어 쌍방향 CATV의 등장은 경비업 이외에도 고도정보화사회에 적응한 기업전환 또는 기업확대의 계기를 마련해 주고 있다.

1983년 8월 全日本 내에 네트워크를 형성한 유력한 안전·경비업체인 세콤사는 미국의 웨스팅 하우스사와 제휴, 1983년 가을 미국 캘리포니아주에 있는 경비회사 웨스틱사를 매입하였다. 일본의 경비업체인 세콤사가 산하에 CATV 자회사를 갖고 있는 웨스팅 하우스사와 공동으로 경비회스를 매입한 이유는 홈시큐리티 기업이 세계적으로 가장 발달된 미국의 경비회사가 경험한 각종 기술과 운영상의 노하우를 도입·축적하려는데 그 목적을 두고 있다.

세콤사의 홈시큐리티 서비스구조와 내용을 보면 다음과 같다[6].

① 기본시스템 : 쌍방향 CATV에 의한 서비스

② 방송의 시스템 : 자주방송과 기존 TV 프로그램의 재생방송

③ 자주방송(안전·경비서비스)의 주요내용 : 도난방지용 센서의 체크, 전기·가스의 원격 검침, 긴급환자 발생 및 치료에 따른 구급정보, 화재 및 천재·지변의 긴급 재난정보, 기타 화상정보 등

④ 기존 TV의 재생 : 안전·경비서비스의 자주 프로그램을 제외한 시간에는 기존 TV 방송을 언제나 들을 수 있게 재생시킨다.

일본 경비업계의 제2위에 있는 종합경비보장(주)는 1983년부터 본사와 지사에 광섬유 케이블에 의한 쌍방향 CATV의 실험시스템을 설치하고 방범·검침·구급·경보정보의 신호전달상황을 실험하였다. 또한 같은 해 일본 케이블비전(JCV : 본사는 京都시)에 자본투자를 하여 JCV CATV 망

6) 이항의, 『뉴 미디어 총론』, 서울 : 교보문고, 1985, 256쪽.

을 이용, 가입가정이나 사무실의 방범·방재·의료구급 서비스를 시도하였다.

이밖에 일본열도의 동북부 일대에서 시큐리티 서비스를 하고 있는 동화그룹(東和警備保障/株)은 케이블 네트워크를 설립하고 지금까지의 사람(경비원)에 의한 경비보다는 CATV 시스템에 의한 기계경비, 정보검색 경비로 일대 전환을 시도하였다.

앞에서 본 바와 같이 미국과 일본의 홈시큐리티 비즈니스를 맡고 있는 업체들은 지금까지 주로 쌍방향성 CATV 시스템을 홈시큐리티에 도입하여 활용해 왔었다. 그러나 앞으로 이들 경비업체들의 뉴미디어 전략은 CATV 이외에 VAN(부가가치통신망)과 INS(고도정보통신시스템)을 활용하는 방향으로 진전되고 있다. 미국과 일본의 제휴형태로 일본 경비업계 제1위를 점하고 있는 세콤사는 1984년 11월부터 전일본열도에 걸쳐 안전관리의 온라인 시스템 Secom-Net를 설치하여 운영하였다. 이 Secom-Net은 당초 관동지방의 메가로폴리스에서 온라인망을 설치 이용하고 있다가 1984년부터 전국규모로 확대하고 있으며, 지금까지 사용해온 KDD의 특정 통신회선을 사용, 가까운 장래에 제3의 통신을 매개하는 VAN사업도 겸용할 것을 검토하였다[7].

따라서 경비업무에 VAN이나 INS시스템을 이용할 경우, 안전·경비용의 정보통신은 야간에 주로 이루어지고 낮 시간에는 회선이 놀고 있기 때문에 주간의 유휴시간을 이용, 각 기업간에 필요한 상업정보와 금융정보 등을 내보내려는 발상을 하게 된 것이다.

이러한 착상에 의해 세콤사는 1984년에 자사내에 뉴미디어(CATV, VAN, INS)에 대비한 기술연구센터를 설치하고 각종 단말, 소프트 연구개발을 하는 동시에 지진과 수해 등으로 지상회선을 쓸 수 없을 경우에 사용할 수 있는 통신위성 문제까지 검토하고 있다.

이렇듯 미·일·유럽 각국의 선진사회에서 급성장하고 있는 안전·경비업계(홈시큐리티 비즈니스)들이 손을 대고 있는 뉴미디어 전략은 앞으로 매우 다양하고 활발하게 진행될 것이다.

---

7) 전게서, 257쪽.

(2) 한국의 홈시큐리티(Home Security)

홈시큐리티 시스템은 불법침입·도난대책·화재·온도의 급격한 저하에서 오는 수도관의 동결이나 파열도 미리 방지할 수 있다. 또 집안의 요소 요소에 각종 센서가 붙어 있어, 예컨대 실온이 급격히 올라가거나 내려가면 냉방 또는 온방장치가 자동적으로 작동할 수 있게 할 수가 있다. 그리고 또 이들 자동장치 중의 어느 하나라도 고장이 나거나 또는 화재·도난 등 사건이 실제로 일어나면 시큐리티회사 사원이 수분 내에 달려오는 동시에 소방서나 경찰서에 긴급연락이 닿아 시큐리티회사 사원과 거의 동시에 소방차나 경찰차가 현장에 출동한다. 미국이나 일본에서는 이러한 홈시큐리티 업체가 설립되어 번창일로에 있다.

한국에서는 올림픽 훼밀리아파트 분양시 가사자동화를 도입한 최초의 아파트라는 광고가 나온 적이 있다. 가사자동화란 전화는 물론 컴퓨터를 비롯한 각종 정보기기들이 집에 설치되어 밥을 짓는 일에서부터 세탁·청소 등의 가사업무를 주부들이 편리하고 쉽게 처리할 수 있도록 해주는 것을 말한다.

1980년대 후반기 현재 한국에서 실용화되고 있는 가사자동화시스템은 주로 다음과 같은 세 가지 기능을 가지고 있다. 화재·도난·가스누출 등의 비상사태 발생시 음성으로 경보하는 보안기능, 외부에서 전화로 가전제품을 작동시킬 수 있는 원격제어기능, 그리고 비디오 모니터로 방문객을 볼 수 있는 확인기능이 그것이다[8]. 보안기능은 경보음을 울려줄 뿐 아니라 경비실이나 경비회사나 파출소 전화번호 등 미리 입력해 놓은 전화번호로 사고발생을 알려 집안에 사람이 없더라도 신속한 대처를 가능하게 해준다. 원격제어기능은 원하는 날짜와 시간을 가사자동화시스템에 입력시켜 놓으면 원하는 시간에 해당 전자제품을 작동시킬 수 있으며 집 밖에 나가 있을 때도 전화 한 통이면 집에 있는 것과 다름없이 전자밥솥으로 밥을 짓는다든가, 에어컨을 켠다든가, 난방을 늘 시키는 등의 집안 일을 볼 수 있다. 확인기능은 방문자의 모습을 쉽게 알아 볼 수 있는 도

8) 오명, 『정보화사회 그 천의 얼굴』, 서울 : 한국경제신문사, 1988, 144쪽.

어비디오(door video)를 통하여 노인이나 어린이가 혼자 집에 있을 때에도 안전하게 집관리를 할 수 있으며, 인터폰을 들지 않고 버튼만 눌러서 방문자의 얼굴을 확인할 수도 있어 여러 모로 편리함을 주고 있다.

(3) 무인경비시스템

「삐삐…」 서울 용산구에 있는 G경비용역회사 상황실에 비상이 걸렸다. 「삐」소리와 함께 컴퓨터 화면에는 사고현장을 알리는 지도가 나타난다. 상황실에 근무하는 K씨는 이미 지역별로 배치된 패트롤카에 긴급무선호출을 통해 경비요원들을 사고현장으로 출동시킨다. K씨는 이와 함께 화면에 나타난 관할파출소와 가입자에게 전화연락을 통해 상황을 알려준다.

컴퓨터 화면에는 건물내부 약도와 함께 괴한이 침입한 장소에서 계속 작동신호가 들어오고 있다. K씨는 현장에 급파한 경비요원에게 괴한의 침입위치를 무전기로 알려준다. 경비요원들은 5분내 현장에 도착해 괴한들을 체포한다. 마치 007영화에서나 볼 수 있는 장면들이 우리나라에서도 실현되고 있는 것이다. 컴퓨터를 활용한 무인전자경비시스템이 바로 그것이다.

무인전자경비시스템은 이 시스템에 가입하는 가입자의 점포나 주택에 각종 감지기 등을 설치해 한국전기통신공사의 전용전화회선을 이용하여 중앙관제센터의 컴퓨터에 연결하도록 되어 있다. 따라서 시설내의 주요설비, 방화·방범에 대한 점검, 감시, 기록, 긴급대처 등을 자동적으로 해결한다. 이 시스템은 24시간 운영체제를 구축하여 가입자의 현장에 설치된 감지기의 이상유무를 계속 관찰하게 된다.

가입자와 연결된 중앙컴퓨터 화면에는 가입자, 건물, 사무실 등의 자세한 도면은 물론 이상발생 등 모든 상태가 컴퓨터에 기억되어 있으며 필요할 때에는 언제든지 그 현황을 프린트로 뽑아 볼 수 있다. 이러한 무인전자경비시스템은 우리나라에서는 1981년 삼성그룹의 한국안전시스템이 일본 SECOM으로부터 기술을 도입, 본격 사업화하기 시작하였다.

1980년대 상반기 들어 범아종합경비가 설립되었고 한국보안공사 등에서 컴퓨터로 작동되는 중앙통제방식의 무인전자경비시스템을 운영하고 있다. 이 밖에도 10여개사가 비슷한 경비용역업무를 하고 있으나, 실질적인 컴퓨터운영시스템은 한국안전시스템을 비롯 5개사에서 공급하고 있다.

이 시스템은 물체를 감지할 수 있는 기계식 감지기를 비롯하여 초음파·적외선 감지기 등으로 구성되어 있다. 즉, 건물의 출입구나 창문 등에 이들 감지기를 부착하여 괴한 등이 침입했을 때에는 경보등이 켜지면서 컴퓨터와 연결된 전용회선을 통해 즉각 컴퓨터에 상황이 재현된다. 따라서 상황이 발생하면 즉시 효율적으로 대처할 수 있으며 인명피해나 재산 등을 보호할 수 있다. 이러한 시스템은 앞으로 관공서, 연구소, 기업 등의 일·숙직에서 주요시설관리에 이르기까지 상주경비원 이상의 효과를 기대할 수 있게 될 것으로 보인다.

이 시스템이 각광받게 되자 이에 따른 각종 부속장비도 날로 번성하고 있다. 국제전자 등에서는 CCTV(폐쇄회로TV)등 감시카메라를 생산하고 있는데 그 수요처가 이 무인전자경비시스템 보급과 함께 날로 확대되고 있기도 하다. 이 시스템의 주요 특징은 컴퓨터로 운영되기 때문에 신뢰성이 높고 상황에 따라 신속하게 대처할 수 있다는 점이다.

특히 이 시스템의 CAN시스템 경우는 사고현장의 약도가 상황발생 즉시 컴퓨터 화면에 나타나므로 위치를 모르는 경비요원이라도 즉시 상황에 대처할 수 있는 특징을 갖고 있다. 또한 시스템 운영방식이 주컴퓨터와 보조컴퓨터에 의해 이중으로 되어 있어 항시 상호감시하는 논스톱 시스템으로 운영돼 신뢰성이 높다.

이 무인경비시스템에 가입하고 있는 가입자들은 대략 만여 업체이다. 가입자들은 평당 30만원의 설치비와 월 5만~20만원의 비용만 있으면 생명과 재산을 안전하게 보호받을 수 있는 것이다. 컴퓨터로 운영되는 경비시스템은 각종 강력사건의 발생과 함께 그 수요가 늘어나고 있다.

2) 시국치안수요의 급증

(1) 좌경세력과 시국치안

1980년대 하반기에 들어서면서 국내 좌경세력들로 인한 사회혼란이 극심해지면서 시국치안수요가 크게 늘어났다. 좌익세력은 6·29선언 이후 사회 전반에 걸친 민주화조치로 인하여 학원, 노동계, 출판계, 문화·예술계등 사회각계에 침투·활동하면서 급속히 그 세력을 확산하였다.

특히 평민당소속 서경원(徐敬元)의원과 전대협소속 임수경(林秀卿)양 등의 입북사건을 기점으로 우리 사회에 좌경세력에 대한 경계심이 크게 일어났다. 또 실제로 우리 사회의 운동권 등 상당부분은 이미 김일성(金日成)주체사상을 신봉하는 그룹에 의해 장악됐다는 보도가 잇따르고 있다.

당시 공안당국에서 분류한 국내 좌경세력은 학원·노동·재야 등 사회 각 분야에 침투하여 자유민주주의체제를 부정하고 혁명투쟁을 선동하는 등 문제를 야기시키고 있으며, 세력규모는 1989년 7월 현재 126개 단체로서 핵심세력만 1만여명으로 추산하였다.

〈표 3-41〉 국내 좌경세력 조직실태

(1989. 7. 현재)

구 분		계	학 원	노 동	출판, 문화, 교육	재야, 종교
조 직 수	전 국	12개	2	1	4	5
	지 역	114개	20	30	25	39
세 력 수		10,500명	6,500	2,200	1,000	800

※ 자료 : 주간조선, 1989. 7, 62쪽.

학원가에 침투한 좌경세력은 내부 이념투쟁으로 다수파인 자민투와 소수파인 민민투로 양분되어 활동하였다. 좌경세력은 학생회·학보사에 침투하여 주도권을 장악하여 학원을 투쟁 거점화하고 대학신문을 투쟁선동지화하였다.

노동계에는 제적학생 등이 위장취업하여 노동자 의식화·조직화를 주도하였다. 재야에서는 「전민련」을 중심으로 노동자, 농민, 빈민 등 기층민중을 투쟁의 주체로 규정하여 반외세 자주화운동, 반독재 민주화운동, 조국통일운동을 3대 당면투쟁방향으로 설정하여 활동하였다.

출판·문화·교육계에는 제적학생 등 학원가 운동권 출신자들이 출판사와 서점 등을 운영하면서 북한 원전 등 불순서적과 유인물을 공급하였으며, 북한자료를 개방하여 반미·친북 사조를 전파·확산하였다. 종교계에 침투한 좌경세력들은 북한선전 비디오와 슬라이드를 사용하여 북한실상을 왜곡 전파하였다.

(2) 노사분규와 치안수요

1987년 6·29선언 이후 전개된 사회전반적인 민주화 흐름속에 노동조합과 조합원수가 폭발적인 증가추세를 보였다. 1989년 12월 현재 우리나라 단위 노동조합 수는 7,883개, 조합원수는 1,932,415명으로 집계되었다. 이는 1987년 6월을 기준으로 할 때 노동조합 수는 5,141개, 조합원수는 88만2214명이 증가한 것이다.

노동조합 수와 조합원수가 증가함에 따라 노사분규가 많이 발생하여 사회치안유지에 심각한 문제점으로 등장함으로써, 민생치안에 주력해야 할 경찰력을 노사분규 현장에 집중 투입하는 현상이 나타났다. 특히 1987년 6·29선언 이후 노동조합 수와 조합원수가 급격히 증가한 시기에 노사분규가 집중적으로 발생하였다. 그 원인은 6·29선언 이전에는 한국에서 노조결성과 조합활동은 그리 자유롭지 못한 것이 현실이었다. 그러자 사회전반에 걸친 민주화추세에 따라 사회 각계각층의 요구사항이 봇물처럼 터져나오면서 노동자들의 자률적 행동에 따른 소위 '민주노조'들이 대량 결성되었다.

그러나 노동자와 사용자 그리고 정부라는 3자의 상호관계는 생산과정에서의 결합·협조의 관계와 분배과정에서의 분리·대립의 관계라는 양면적 성격이 내재되어 있다.

이러한 성격을 가진 노사관계에서는 자칫하면 분쟁이 발생하게 된다. 노사분쟁은 부당해고, 부당노동행위 등 노동자에게 법적으로 보장된 이익을 침해하는 경우와, 임금인상을 비롯한 기타 근로조건 개선을 둘러싼 분쟁이 대표적이다.

1980년대 후반기의 극심한 노사분쟁은 특히 많은 수의 경영자가 노사관계에 대한 이해가 부족하여 의식수준이 크게 향상된 노동자층을 일반 생산설비와 똑같은 지배종속관계로만 파악하고 근시안적으로 대처하는데 그 원인이 컸다고 보여진다.

또 기업내에 노사관계를 전담하는 별도의 기구를 설치·운영하는 곳도 많지 않았으며, 더욱이 이에 대한 전문지식과 경험을 가진 인력이 부족하여 산업화에 대응하는 노무관리기법이 구사되지 못하였던 것도 중요한 요인이었다.

〈표 3-42〉 노사분규 현황

(단위 : 건, 천명, 천일)

구 분	분규건수	참가인원	노동손실 일 수	원인별 분규건수			유형별 분규건수	
				임금체불	임금인상	근로조건	작업거부	시위·농성
1985	265	28.7	64.3	61	84	47	108	157
1986	276	46.9	72.0	48	75	48	138	133
1987	3,749	1,262	6,947	45	2,613	566	1,226	2,516
1988	1,873	293	5,401	59	946	136	675	1,183
1989	1,616	409	6,351	59	742	21	632	899

※ 자료 : 노동부, 「노동통계연감」

노사분규가 극심해지면서 산업현장에서는 공장의 시설물과 각종 장비 및 인명을 보호하기 위하여 민간경비업체에 특별경비를 요청하게 되었다. 참고로 B경비회사에서 1987년 6·29선언 이후 연도별 노사분규 및 시위·농성현장 특별경비 현황을 보면 다음 <표 3-43>과 같다.

〈표 3-43〉 노사분규 및 시위·농성현장 특별경비 현황

(단위 : 명)

연 도	경비 구분	경비의뢰처	기 간	경비원 연인원
1987년	(주)삼양사 사옥 농성에 따른 경비	(주) 삼양사	87. 8. 22～8. 27	365
	노사분규 특별경비	현대중공업(주)	87. 10. 1～12. 31	8,350
1988년	노사분규 특별경비	현대중공업(주)	88. 1. 1～9. 30	45,600
1989년	노사분규 특별경비	현대건설(주)	89. 3. 9～12. 31	14,200

1990년	노사분규 특별경비	현대건설(주)	90. 1. 1~3. 9	3,400
	노사분규 특별경비	현대자동차(주)	90. 5. 29~8. 29	837
1991년	노사분규 특별경비	현대자동차서비스(주)	91. 1. 30~2. 28	510
	노사분규 특별경비	동서식품(주)	91. 5. 26~7. 1	2,160

※ 자료 : B경비회사 제공

한편, 노사분규가 격렬해지면서 현장에 투입된 경비원의 안전이 크게 위협받게 되었다. 실제 1988년 8월 해고근로자 복직 등을 요구하며 20일째 농성을 벌이고 있던 울산 현대엔진근로자들이 16일 농성장을 경비하던 B경비회사 소속 청원경찰에게 돌 등을 던져 그 중 오임석(吳任錫)씨가 숨지는 사고가 발생하였다.[9)]

3) 민간경비와 경찰

(1) 경찰력의 한계

1980년대 하반기 한국경찰은 영욕이 엇갈리는 시기였다. 이 시기에 한국경찰은 '86아시안게임과 '88서울올림픽을 역대 어느 대회보다 안전에 있어서 성공적으로 치르는데 주도적인 역할을 담당하였다. 그러나 6·29선언 이후 사회전반의 민주화추세에도 불구하고 경찰은 1987년 1월 박종철(朴鍾哲)군 고문치사사건, 같은 해 6월의 이한열(李韓烈)군 최류탄사망사건 등으로 정권안보 차원의 시국치안에 대한 지탄을 받게 되었다.

또한 1988년 10월 탈주범사건은 우리 사회의 치안공백상태에 대한 충격을 던져주었다. 권총을 든 탈주범들이 9일 동안 수도치안을 쑥밭으로 만들고 연 20만명이나 동원한 경찰병력을 비웃기나 하듯 자살-유혈극으로 막을 내림으로써 치안공백에 대한 비난을 받게 되었다.

한국경찰은 8·15해방 직후인 1945년 10월 21일 미군정청 경무국이 그 시발이다. 창설당시 관방, 총무, 공안, 수사 통신과등 5개과에 불과한 경찰기구는 그동안 정권이 바뀔 때마다 확대개편을 거듭하여 오늘날에는

9) 한국일보, 1988. 3. 17자.

치안본부산하에 5조정관 11부 4관 32과, 13개 시・도경찰국, 10개지구해경대, 경찰서 198개, 지・파출고 3,180개를 거느린 거대조직으로 성장하였다. 그러나 이같은 외형적인 성장에도 불구하고 국민들의 가슴속에 자리잡은 경찰상은 불신과 부정적인 이미지로 가득차 있다. 특히 4공화국의 유신체제이후 5공화국에 이르기까지 각종 시위와 노사분규현장에서의 경찰의 활동은 부정적 이미지를 한층 더해주었다.

1980년대 하반기 국내치안상태에 대한 국민들의 불안은 더욱 심해지고 있었다. 1988년 11월 28일 한국갤럽이 조사한 국내치안조사 결과[10]에 의하면, 도둑맞은 적인 있다는 집들이 해마다 늘어나고 있으며, 1988년에 들어서만도 1백가구중 평균 13가구가 도난을 경험했다는 조사결과가 나왔다. 이 자료에 따르면, 전체조사대상자 중 13%가 본인이나 가족이 돈이나 물건을 도둑맞았다고 응답, 1984년의 5%, 1986년의 11%에 비해 뚜렷이 늘어난 것으로 나타났다. 지역별로 보면 서울이 20.6%로 가장 높게 나타났으며, 그 다음이 경남 13.9%, 경기 12.4%, 경북 11.1%, 충청 10.8%, 전라 6.8%의 순이었다. 또 지난 1년간 괴한이 집을 부수고 침입했거나 침입하려했던 사실이 있는지를 나타내는 과한의 주거침입경험률은 7%로(1984년 3%, 1986년 5%) 집계됐으며, 지역별로는 중소도시지역이 11%로 가장 높은 반면 대도시지역이 9%, 면단위지역은 3%로 나타났다. 지난 1년간 폭행을 당한 적이 있느냐는 물음에는 조사대상의 2%만이 그런 적이 있다고 대답, 1984년의 1%, 1986년의 2%에 비해 큰 변화가 없었다.

한편, 거주지의 치안상태를 알아보기 위해 현재 살고 있는 곳의 반경 2km이내 지역에 밤에 혼자 걷기가 겁나는 곳이 있느냐는 물음에는 조사대상의 36.5%가 '있다'고 답변했고, 특히 서울지역에서는 43.4%가 이같은 반응을 보였다. 이와 함께 조사대상자의 23.2%가 밤에 집안에 있어도 안전하지 못하다고 느낀다고 응답, 상당수의 사람들이 우리나라의 치안상태에 대해 불안감을 갖고 있는 것으로 나타났다.

10) 한국갤럽조사연구소가 우리나라 치안유지상태를 측정하기 위해 1988년 9월 중순 제주도를 제외한 전국의 20세 이상 남녀 1,500명을 대상으로 면담조사를 실시하여 1988년 11월 28일 발표하였다(조선일보, 1988. 11. 29).

아래 <표 3-44>에서 보는 바와 같이 1980년대 하반기에 들어서 총범죄발생건수와 인구 10만명당 범죄발생 비율의 경우 지속적인 증가추세를 보였다.

〈표 3-44〉 유형별 범죄발생건수

연 도	총범죄건수	인구 10만명당 발생비율	형법범	특별법범
1985	810,416	1,986	271,621	538,795
1986	809,660	1,965	254,332	555,328
1987	946,090	2,273	262,927	683,163
1088	968,965	2,305	239,660	729,305
1989	1,073,997	2,530	242,332	831,665

※ 자료 : 대검찰청, 「범죄분석」.

그러나 한국경찰은 전체의 40%를 넘는 전·의경을 포함해 12만 5천여명에 달하고 있으나, 직업경찰관은 6만7천명으로 경찰관 1명당 평균 635명의 주민에 대한 치안업무를 담당하고 있어 미국(356명), 영국(395명), 서독(313명), 프랑스(261명) 등에 비해 훨씬 많은 실정이다. 이에 따라 늘어나는 치안수요에 제대로 부응하지 못하고 있다.

(2) 경찰의 민간경비에 대한 지도육성

경찰은 늘어나는 치안수요에 효과적으로 대응하기 위한 방안으로 민간경비의 지도·육성을 통하여 해결하려는 노력을 기울였다. 1980년대 하반기에 들어서 경찰은 '86아시안게임과 '88서울올림픽 양 대회의 경비를 민간경비업체와 공동으로 수행하였다. 민간경비업계에서도 국가대사를 대과없이 치루면서 사회일반으로부터 공신력을 인정받게 되었다.

1980년대 하반기에 들어서면서 경찰은 민간경비의 사회적 역할을 중시하게 되었다. 치안본부는 1987년 1월 17일자 "용역경비회사 지도점검 및 실태파악"(치안본부 : 경비(2) 02642-0725) 제하의 공문을 통하여 1987년 1월 20일부터 27일까지 8일간 경비업체에 대한 일제점검을 실시, 경비업체의 철저한 실태파악으로 미비점의 보완자료를 수집하여 개선방안을 강구코자 하는 노력을 시도하였다. 1987년 1월 당시 치안본부에서 파악한 경비업체수는 총 89개 업체에 경비원수 1만2625명에 이르렀다. 업종별로는 총 89개업체 중 인력경비 66개, 자사경비 10개, 인력경비 및 기계경비 6개, 미8군경비 4개, 기계경비 1개, 공항경비 1개, 외국파견경비 1개업체였다.

치안본부의 점검대상업체는 총 89개 업체중 각 유형별로 대·중·소 3개사를 선정하여 표본점검을 실시하였다. 즉 지방경비용역회사로 동해용역(강원), 용우산업(강원), 대산(경기)을 선정하였고, 미8군 경비용역회사로 봉신기업, 한국경보, 경화기업을 선정하였다. 그리고 기계경비용역회사로 한국안전시스템, 한국보안공사, 한국기계경비보장을 선정하였으며, 인력경비 용역회사로는 범아공신, 명신방호, 태광실업, 아세아 안전기업, 신천개발을 선정하였다. 이들 업체에 대한 중점점검 내용은 회사운영실태, 경비원 후생복지사항, 경비원교육 실적사항, 각종 신고사항 이행여부 등이었다.

먼저 회사운영실태에 있어서는 자본금·사업계획·영업실적·도급료율·적정여부 등과 임직원 수성사항, 보험가입사항(이행보증보험, 공탁금 체결) 등을 중점 점검하였다. 둘째, 경비원 후생복지사항으로는 보수지급내용, 급대여품 지급사항, 퇴직금 적립 및 각종 보험(의료보험, 산재보험) 가입 등을 점검하였다. 셋째, 경비원교육 실적사항 중 점검사항은 교육장 확보사항과 교육계획 수립 이행여부 및 교육실적이었다. 넷째, 각종 신고사항 이행여부 중에서는 임원·법인주소 변경, 지사·출장소 설치, 보험가입, 경비원 명부의 비치와 채용신고, 경비원의 배치 및 폐지신고 등을 중점 점검하였다.

1988년 11월 16일자 "용역경비 지도감사계획 통보"(치안본부 : 경비(2) 02642-17564) 제하의 공문을 통하여 용역경비의 건전한 발전육성을 도모하고 우수한 준경찰력을 확보토록 행정지도 노력을 기울였다. 당시 치안본부에서 파악한 업체는 총 144개이며, 경비원수는 1만 8585명(일반경비원 15,138명, 청원경찰 3,447명)이었다. 업종별로는 총 144개 업체 중 인력경비 112, 인력 및 기계경비 9, 기계경비 7, 자사경비 10, 미8군경비 5, 공항경비 1개 업체였다. 감사기간은 1단계가 1988년 11월 21일부터 12월 10일까지이며, 2단계가 1989년 1월 15일부터 6월 30일까지였다.

감사대상업체는 한국용역경비협회를 포함하여 규모 및 운영실태에 따라 3등급으로 구분하여 대상을 선정하였다. 치안본부에서는 감사반을 3개 반으로 구분하여 감사를 실시하였다. 1반(경비2과장, 김중곤 경위)에서는 한국용역경비협회, 범아실업공사, 범아공신, 명신방호실업, 한국산업안전, 석산마스타기업, 한국종합경비보장, 삼원테크, 향우경비, 용진실업, 동서기연, 백상기업, 승연용역개발을 감사하였다. 2반(황인웅 경정, 이종훈 경위)에서는 한국안전시스템, 신천개발, 봉신기업, 동우공영, 서운개발, 초해산업, 청석실업, 삼중용역경비, 한국보안실업, 경서개발, 대덕용역, 서림주택관리, 명신종합경비보장 등을 감사하였다. 3반(황성채 경감, 권순화 경위)에서는 대한중앙경비보장, 서석실업, 한국보안공사, 국제전자공업, 아세아안전기업, 일경산업, 동방흥산, 경화기업, 신한영, 삼구개발, 선진개발, 대로흥업, 유정기상 등을 감사하였다.

1차감사(1988.11.21~12.10) 중점 감사항목은 회사운영실태, 교육실시, 경비원 후생복지, 기타로 구분하였다. 먼저 회사운영실태로는 법인의 대표이사, 법인자본금, 대표이사 재산상태, 임직원 현황(임원수, 전직 경찰확보사항, 임원 변경사항 신고 이행여부, 직원 현황), 경비원 현황, 사무실 확보실태, 장비보유 현황, 보험가입사항(이행보증보험, 공탁금, 손해배상보험, 기타 보험) 등을 중점 감사하였다. 교육실시와 관련사항은 교육장 확보(평수), 교육계획 수립내용(지도, 방법, 내용, 교관, 교안 및 교재작성 여부, 교육실적) 등을 감사하였다. 경비원 후생복지 관련 감사항목은 보수지급(본봉의 최고 및 최저, 상여금, 가족수당, 체불여부), 급대여금지급 이행여부(피복, 장비, 기타), 퇴직금 적립, 보험가입(의료보험, 산재보험 등) 사항 등을 중점 감사하였으며, 기타사항으로는 범죄발생신고 및 조치사항, 사건사고발생시 경찰과의 협조사항, 피도급업자 의견청취 및 참고사항 등을 중점 감사하였다. 1989년 5월 1일부터 6월 3일까지 실시한 2차감사는 총 152개 업체를 대상으로 실시하였다. 감사관은 치안본부에서 경인

지역의 118개 회원사를 대상으로 2면1조 3개반으로 편성하였으며, 시・도에서는 지방의 34개 회원사를 시도별로 1개반을 편성하여 실시하였다.

감사 중점사항은 운영실태, 경비원 교육실시사항, 경비장비 확보운영, 경비원의 후생복지, 범죄예방 및 검거활동, 기타 회원사별 권장사항 발굴 등이었다.

1989년 11월 경비협회보 제30호에 게제된 감사결과자료에 의하면, 제2차 감사결과에 대한 총평을 " … 향후 군소업체 난립 및 과당경쟁을 방지하고 용역경비의 건전한 육성발전을 위해 관련법령을 정비하고 경비업체에 대한 지속적인 지도, 감사와 교육을 강화하는 일방, 경비원 후생복리증진 도모를 촉진하고 경비사고 발생에 대한 손해배상제도를 정착시킴으로써 경비업체의 공신력을 제고하는 등 준경찰력으로서의 경비업의 건전하고 지속적인 발전을 위한 대책을 강구하여야 할 것임"이라고 평하였다.

분야별 점검사항은 먼저, 법규이행여부(허가사항・변경신고 등)에 있어서는 관련법령 이해부족으로 임원(이사, 감사등) 변경사항을 신고치 않은 경우가 지적되었으며, 다음으로는 사무실 및 교육장 확보실태에 있어서 일부업체를 제외하고는 재무구조 취약으로 허가신청시 권장평수 35평의 시설을 확보치 못하고 별도 교육장시설을 보유하지 못한 것으로 지적되었다.

권장사항으로는 연간 발생한 각종 사고를 사례별로 분석, 평가한 교육교재로 활용가능한 경비사례집 발간, 연공가산제를 도입하여 급여에 반영, 경비원 자녀 장학금 지급, 경비원 위로금 지급, 우수경비원 부부동반 위로여행 실시, 경조비 지급, 우수경비원 관리직사원으로 발탁, 유공경비원 포상 등을 제안하였다.

현지지도 조정사항으로는 경비원 교육강화 촉구, 허가사항 변경신고 촉구, 전직경찰 확보권장, 이행지급보증보험 및 손해배상보험 가입 촉구, 경비원 급여 상향조정 권유, 도급 과당경쟁 지양, 퇴직충당금 적립 촉구, 경비원 피목의 규정색상 지급, 산재・의료보험 가입촉구 등을 지적하였다.

감사결과 도출된 경비업계의 문제점과 개선대책은 아래 <표 3-45>와 같다.

〈표 3-45〉 문제점 및 개선대책

문 제 점	개 선 대 책
1. 부실업체가 많음.	○ 업체의 영세성, 신용도에 따라 청문후 허가취소등 행정조치 자진폐업 종용 ○ 정책적 차원의 지원대책 수립
2. 경비회사의 청원경찰 관리 ○경비원과 청경이 동일시설에 배치된 경우 근무배치 및 감독권한을 위임받을 수 있으나, ○실제로는 경비업자가 청경을 모집, 임용하는 사례	○법적 미비점 보완 및 지도감독 강화
3. 경비원 교육 부실	○현행 교육기간 10일을 1주간으로 단축 및 교과목 조정 필요 ○VTR, 슬라이드 등 시청각 교재 확보, 교육효과 거양
4. 업체간 과당경쟁으로 저임금 지급 등 경비원 사기저하	○청경 보수기준액 고사에 준하는 경비원 임금최저기준액을 설정하여 도급계약에 반영될 수 있는 제도적 장치 필요 ○업체간의 과당경쟁 방지를 위해 협회에서 윤리위원회 상정 시정 촉구
5. 아파트 경비업체의 법제 2원화	○관계부처와 협조, 공동주택관리령이 용역경비업법에 정면 배치되므로 개정 촉구
6. 경비원에 대한 사회적 인식부족과 저임금등으로 우수인력확보 곤란 및 이직률 증가	○경비원 후생복지 등 처우개선을 위한 법령 보완 ○경찰과의 협력을 강화하고 지긍심 고취 ○홍보물 제작 및 세미나 개최등 사회적 인식제고
7. 예비군훈련으로 인한 근무공백 우려로 비예비군 채용	○국방부 협조
8. 용역경비료 부가세 징수	○경비료의 83%가 직접노무비인 인건비이고 간접노무비 17% 중에도 피복, 장구비 등은 직접노무비에 준하므로 부가세 면세조치가 타당할 것으로 부가세 면세범위에 포함되도록 재무부와 협조추진
9. 경찰관서 직원들의 용역경비원에 대한 이해부족	○지도감독 ○범죄예방 및 검거활동에 유기적 협조체제 유지
10. 허가사항 변경 등 신고의무 불이행	○수시 또는 정기적 지도감독 강화
11. 피복색상 다양화	○시행세칙 개정으로 피복색상 자율화(경찰, 군의 유사복장 색상을 제외하고는 색상의 자율화 추진)
12. 현행 이행보증보험계약은 지급보증에 불과	○법상 규정된 이행보증보험외에 공제조합 등 각종 보험계약을 인정하도록 법령 보완

그리고 감사를 통하여 접수된 경비업계의 애로 및 건의사항은, 첫째 경비원의 예비군동원 또는 훈련보류 요망, 둘째 경비업체의 성실도에 따라 등급을 분류하여 청원경찰을 관리할 수 있도록 조치 요망, 셋째 경비업을 중소기업 범위에 포함하여 줄 것, 넷째, 경비업무용 순찰차량의 긴급자동차 지정 등이었다. 치안본부는 1989년 11월 8일자 "청원경찰・용역경비 지도감독 강화 지시"(치안본부 : 경비 02640-17255) 제하의 공문을 각・시・도 경찰국장과 한국용역경비협회에 발송하여 청원경찰과 용역경비의 지도감독을 강화할 것을 강조하였다. 당시 치안본부에 의하면, 민생치안수요격증에 따른 청원경찰과 용역경비원의 준경찰력으로서 기능과 역할이 크게 요청되고 있는 바, 청원경찰과 용역경비의 관리운영과정에서 사회물의를 야기하는 등 많은 문제점이 노정되고 있어 철저한 지도감독과 교육훈련을 통한 전문 경비원으로서의 자질향상을 기함으로써 준경찰력을 확보할 필요성이 대두됨에 기인한 것이었다.

치안본부에서 파악한 경비업계의 현황은 경비업체수 173개, 경비원수 2만 2069명이었고, 청원경찰은 2만 9503명의 인원이 4,659개소의 시설의 경비를 담당하고 있었다.

치안본부에서 지적한 경비업계의 운영상 문제점은 첫째 경비업의 공공성 및 신뢰성 저하였다. 경비업자의 탈법과 여러 의무 위반사례가 속출하고 있었으며, 구인난으로 인한 경비원의 자질이 저하되고 있었고, 경비원의 책임감이 결여되고 이직률이 증가하여 전반적인 경비기능이 저하되는 문제점이 지적되었다.

둘째, 불합리한 처우와 계약체결로 사회물의를 일으키는 업체가 문제점으로 지적되었다. 시설주와 경비업자의 관계법령에 대한 소양의 부족과 과당경쟁과 불공정 계약으로 저임금이 지속되었다.[11] 계약서상에 무기휴대조항을 규정함으로써 국정감사에서 지적되어 문제화된 경우도 지적되었다. 좌익운동권의 철거민 선동여부를 파악하라는 지시로 공권력 위

11) 당시 무창인력(주)과 서초구청은 우면동 택지예정지역 계약시 경비원의 과반수가 30만원 미만의 보수를 수령했던 사례가 있었다(청원경찰・용역경비 지도감독 강화 지시, 치안본부 : 경비02640-17255, 1989. 11. 8).

임에 대한 시비를 자초한 예도 있었다.[12] 그리고 일시고용한 단순노무자를 호수주변 무허가 노점상 철거에 동원하여 공권력 위임에 대한 시비를 일으키기도 하였다.

셋째, 관할경찰서의 지도감독업무 소홀이 문제점으로 지적되었다. 특히 민간경비에 대한 준경찰력으로서의 기능과 역할증대에 대한 이해가 부족하였으며, 관계법령에서 규정한 지도감독 및 교육훈련이 미진하였다. 그리고 경비업체의 범법행위와 사회적으로 물의를 일으키는 행위에 대한 실상파악이 미진하다는 지적이 있었다.

경비원이 군전투복을 착용하고 근무함으로써 인접군부대에서 국방부에 보고하여 차관회의에서 국방부차관이 내무부차관에게 시정을 촉구한 사례도 있었다.[13] 내무부에서는 민간경비업의 육성·발전을 위하여 정부기관과 정부투자기관 등에 협조공문을 발송하여 민간경비의 활동상에 대하여 홍보하고 적극 활용하여 줄 것을 요청하였다. 내무부 1987년 10월 29일자 "용역경비업 육성발전을 위한 협조요청"(경비(2) 02642-3859) 공문에 의하면 경비업의 발전상과 역할에 대하여 소개하고, 특히 88올림픽에 전문화된 용역경비원에 위한 경비가 이루어지도록 기본방침을 정한바 있음을 강조하였다. 그리고 각 기관은 자체경비에서 용역경비체제화함으로써 책임성과 신뢰성을 갖춘 전문경비가 시대적 추세라고 적극 권장하였다.

내무부 1989년 1월 6일자 "용역경비업 육성 발전을 위한 협조요청"(경비(2) 02642-14) 공문에서도 민간경비업의 육성 발전을 위하여 정부 각 부처에 정예화된 용역경비원에 의한 경비가 이루어지도록 적극 권장하였다. 공문에 의하면, 이미 오래전부터 선진 외국에서는 용역경비업이 발전하여 상당수준에 도달하였으며, 경비업자에 의한 경비활동이 각종시설, 행사장 혼잡경비 및 수송은 물론 주택경비 등에 걸쳐 도난, 화재, 기타 혼잡 등으로 인한 위해발생을 방지하고, 손해발생시 보상을 책임지는 등

12) 당시 하동기획(주)과 송파구청의 석촌호수 경비용역 계약시 이러한 사례가 있었다(청원경찰·용역경비 지도감독 강화 지시, 치안본부 : 경비02640-17255, 1989. 11. 8).
13) 서울시 한강관리소(여의도 고수부지) 근무 청원경찰에게 군전투복을 착용케 하여 배치한 사례가 있었다(청원경찰·용역경비 지도감독 강화 지시, 치안본부 : 경비02640-17255, 1989. 11. 8).

조직적이고 정예화된 경비원으로 하여금 책임경비를 실시하고 있다고 강조하였다.

'88서울올림픽을 성공적으로 마치는데 용역경비원이 서울종합운동장과 올림픽공원 등에 1천여명이 투입되어 기여한 바와 같이 경찰은 부족한 경찰력의 효율적 운영을 위해 수익성있는 민간주최 행사장 등에 대한 혼잡경비 및 일정규모 이상의 시설에 대하여는 조직적이고 정예화된 용역경비원에 의한 경비가 이루어지도록 적극 권장하였다.

내무부에서는 위의 공문을 중앙행정기관 30개처, 외청 및 국 18개처, 각 시도교육위원회 14개처, 내무부 각실과, 국 70개처, 내무부 직속기관 8개처, 이북5도 5개처, 정부투자기관 32개처 등 총 177개 기관에 발송하여 협조를 요청하였다.

4. 언론매체에 의한 홍보

1980년대 민간경비산업의 양적 성장과 질적 변화는 사회일반의 공신력을 얻는 성과를 가져왔다. 이러한 성과는 각종 서적과 언론매체에서 다양하게 소개됨으로써 더욱 효과를 가져올 수 있었다.

다음은 1980년대 각종 서적과 언론매체에 소개된 내용들이다.

〈표 3-46〉 컴퓨터를 이용한 민간경비산업 관련 서적 및 신문기사

서적명	관련제목	저자명	발행처 (발행일자)	내 용
「뉴미디어총론」 -21세기 정보사회를 사는 기술과 지혜-	"뉴미디어와 시큐리티업계" (pp.256-257)	이환의	(주) 교보문고 (85. 9.15)	○ 쌍방향 CATV로 효율적인 경비시스템 활용 ○ 한·일 합작사(세콤)의 홈시큐리티서비스 ○ VANINS에도 손을 대는 경비업계 ○ 시큐리티 시스템의 보호, 감독, 지도 ○ 늘어나는 컴퓨터범죄와 방지택

「첨단과학시대」 -21세기 생활과학-	"정보화시대 컴퓨터 네트워크는 가정의 재난도 예방" (pp.237-238)	김정흠	청아출판사 (86. 7. 5)	○ 컴퓨터와 연결된 통신망은 가정의 안전도 보장해 준다. ○ 홈시큐리티 시스템을 쓰면 불법침입, 도난대책, 화재, 온도의 급격한 저하를 미리 예방할 수 있다. ○ 미국이나 일본에서는 그러한 시큐리티회사가 여러개 설립되어 번창일로에 있다.
「정보화사회 그 천의 얼굴」	"버튼 하나로 집안 일을 척척" (pp.144-145)	오 명	한국경제신문 (88. 2. 20)	○ 현재 우리나라에서 실용화되고 있는 가사자동화시스템은 화재, 도난, 가스누출 등의 비상사태 발생시 경보하는 보안기능을 갖추고 있다. ○ 보안기능은 경보회사등 미리 입력해 놓은 전화번호로 사고발생을 알려 집안에 사람이 없드라도 신속한 대처를 가능케 해준다.
「하이테크혁명과 미래의 충격」 -일선기자가 본 정보화 사회의 명과 암-	"컴퓨터시대에 산다. 컴퓨터 이색지대 -무인경비시스템-" (pp.240-241)	매일경제신문 과학기술부	매일경제신문사 (88. 7. 8)	○ 무인전자 경비시스템: 가입자의 점포나 주택에 각종 감지기능설치 전용선 이용, 관제센터에 연결하여 24시간 운영 ○ 가입자 현장에 설치된 감지기기 이상유뮤 관찰 ○ 가입자와 연결된 중앙컴퓨터 화면에는 건물, 사무실등의 자세한 도면이 있어 이상발생등 모든 상태가 컴퓨터로 출력가능 ○ 상황 발생시 즉시 효율적인 대처 가능
「정보사회 정보문화」	"컴퓨터는 만능이다- 컴퓨터 경비원" (pp.195-197)	이용태	(주)정보시대 (88. 12. 25)	○ 가정 안전시스템은 독자적인 주택내의 안전관리와 주택내의 안전관리를 외부기관과 연결하는 두 종류가 있다. ○ 가정안전시스템이 보다 효율적으로 가동할려면 외부기관과 유기적으로 자동 연결되는 종합시스템으로 발전되어야 한다.

〈표 3-47〉 민간경비산업 관련 주간지 기사

년월일	주간지명	제 목	기사내용	취재기자
83. 9. 8	「주간매경」	"방범기기도 첨단기술시대"	지난 62년 울산정유공장등 7개 시설물에 220명에 불과하든 경비업체가 현재 370개 업체에 600여 시설과 약 8,000명의 경비원으로 늘어났으며, 최근 재벌그룹도 경비산업 대열에 참여가 두드러짐. 또한 전자장비로 무인화 경비기법이 다양화되고 있음.	이주호
84. 4. 8	「주간한국」	"불안한 주택가 앉아서 당할 수만 없다."	최근 주택가에서 빈발하는 살인, 강도, 강간 등 강력사건들로 시민들은 "앉아서 당할 수 없다"는 생각에서 함께 모여 지체방범조직을 만들기 시작했다. 또 방범용역회사에 의뢰, 온동네가 전자방법시스템을 갖춘곳도 생겨나고 있다.	최정동
84. 11. 18	「경우신보」	"한국용역경비협회에서 경찰특공대에 TV등 위문품 전달"	한국경비협회(회장 김형중)는 지난 8일 치안본부 대테러부대(대장 오세찬)를 방문 위문품을 전달하고 위로 격려했다.	
85. 3. 15	「선데이 서울」	"도둑을 잡아줍니다. -서울에만 30여개 회사 성업-"	"도둑을 잡아줍니다" 날로 포악 지능 퇴락해가는 밤죄로부터 인명과 재산을 보호해주는 방범회사들이 성업중. 서울에만 30여곳 이중 일부는 최신과학을 이용 24시간 감시체제와 무전기를 단 차량까지 갖추고 짭짤한 재미를 보고 있다.	김재성
85. 8. 20	「이코노미스트」	"모든 위험의 완벽한 방패역"	한국안전시스템은 77년 11월에 설립된 한국경비보장(주)라는 이름으로 출범하여 80년 9월 일본세콤과 기술 및 자본 합작관계를 맺고 자본금을 8억원으로 증자하면서 현재의 이름으로 바꿨다. 빌딩경비와 VIP경호도 맡아 미국의 "아이아코카 크라이슬러 회장 내한시 경호를 맡았다.	

〈표 3-48〉 민간경비산업 관련 주간지 기사

년월일	주간지명	제 목	기사내용	취재기자
86. 6. 5	「주간매경」	방범방재의 새첨병 "용역경비산업" 각광	최근 들어 도난 화재 각종 방범방재에 대처하는 노력이 한층 다각화되고 있다. 전문 용역경비원과 시설을 갖춘 경비회사에 기업이나 가정의 방범방재 업무를 맡기는 사례가 늘고 있다. 용역회사에서 고용하고 있는 수 만도 11,000명을 넘고 거래를 맡긴 곳도 2,800개소 이상이 된다.	김영우
87. 3. 15	「경부신보」	일, 민간경비회사 각광	최근 일본에서 기업 간부를 대상으로 한 폭력사건이 늘어나자 신변경호나 자택경비 "붐"이 일어나 민간경비회사들이 큰 인기를 누리고 있다.	
87. 8. 21	「민경신보」	용역경비 준경찰력화 추진	용역경비협회에서는 용역경비업법안이 우리의 체질과 현실에 맞지 않는다고 생각, 현행 용역경비업법중 기계경비시스템 도입과 경비업자의 의무, 경비원의 제한, 연령, 손해배상제도를 준경찰력 확보라는 차원에서 개정을 서두르고 있다.	
88. 12. 30	주간여성	88년 10대 풍속도, 첨단 방범장비 설치 붐	떼강도 극성에 고급주택가에는 자구책으로 태권도 등 무술을 익힌 20대 건강한 청년들을 경비원으로 배치하고 있다. 이들은 경찰관보다 더 철저하게 방범 및 범인체포에 나서고 있으며, 이들을 고용하고 있는 용역경비회사 가입자수는 날이 갈수록 급증하고 있다.	
89. 10. 2	민경신보	한국경비협회 11주년 기념식	이날 11주년을 맞은 한국경비협회는 78년 8월 17일 협회창립 발기인 10명이 모여 정관을 작성하고 78년 7월 21일 내무장관의 승인을 득하였다.	
89. 12. 13	민경신보	"용역경비업법 난항 거듭" 일본경비업체를 돌아보고	180여개나 되는 용역경비업체가 난립해 과당경쟁으로 인한 덤핑업체가 늘고 있어 이에 대한 규제를 하는 반면 용역경비업법안을 강화하여 범국민적 차원으로 끌어올리기로 함	

〈표 3-48〉 민간경비산업 관련 일간지 기사

▌1981년

년월일	신문명	제 목	기사내용	취재기자
81. 1. 15	중앙일보	전자방범 장치 한일합작 생산	삼성그룹은 일본의 최대 경비용역회사인 "일본경비보장회사"와 합작 기계경비 시스템인 (SP알람 시스템)을 한국에 보급키로 했다.	
81. 4. 21	중앙일보	주택가 곳곳에 사설 방범대	강절도에 시달리다 못한 주민들이 자구책 마련에 발 벗고 나섰다. 각종 강력범죄가 밤낮을 가리지 않고 활개를 치자 일부 주택가에서 사설 방범원을 고용	전병훈
81. 4. 22	중앙일보	방범 어떻게 해야 하나?	늘어나는 강도·절도 수법 및 대비책을 알아본다. 시민의 대비책으로는 외진 곳을 갈 때 주위 살피고 이웃과 비상벨 연결토록하고, 용역경비회사의 경비원은 모두 확실한 신원조회를 거쳐 피해시 보상을 원칙으로 하고 있는 곳을 이용하는게 안전하다	오홍근
81. 5. 12	한국일보	전문화 되어 가는 용역경비	용역을 맡고 시설주 대신 서설물의 경비와 관리를 책임지는 회사가 있다. 이른바 경비업을 전문으로 하는 용역경비회사이다. 전국의 정유공장, 은행 등 금융기관, 호텔, 미군시설에 가면 청원경찰과 비슷한 제복을 입은 경비원이 있다.	김기영
81. 5. 17	동아일보	교사 숙직 부담 덜어준다.	문교부는 16일 교사들의 숙직부담을 덜어주기 위해 관계부처와 협의하여 청원경찰 또는 숙직을 용역회사에 의뢰하거나 별도의 숙직요원을 채용하는 방안을 놓고 검토중이다. 용역경비회사는 현재 전국에 117개사가 성업중이다.	
81. 10. 6	조선일보	기계가 도둑을 지켜주는 "새경비 시스템" 도입	사람 대신 기계가 도둑을 지켜주는 기계경비 시스템이 우리나라에도 도입되 업계의 큰 관심을 끌고 있다. 이 시스템의 원리는 방범이 필요한 지역에 각종 감지기를 설치하여 이상시 중앙관제 센터에서 즉각 알아낸다.	
81. 11. 13	한국일보	외국인 투자로 미국 원켄하트사와 경비업 설립	용신기업(대표 김명욱)은 45대 55의 합작비율로 한국 원켄 하트(주)를 설립하여 경비원을 양성하고 중동지역에 진출계획	

▌1982년

년월일	신문명	제　목	기사내용	취재기자
82. 4. 19	중앙일보	외국인 투자 8건 도 인가	일본의 종합경비보장 주식회사가 범아실업과 합작 한국종합경비회사를 설립하기 위해 11만 달러(지분율 33,3%)를 투자함	
82. 5. 11	조선일보	경비 대행회사 성업중	작년 삼성그룹이 일부 출자 설립한 한국안전시스템은 인체적외선 탐지기. 실내온도를 알리는 열선 감지가 등 설치하였음. 현재 국내에는 도난 화재의 위험이 높은 건물 안전경비 대행업체가 성업중	남상흔
82. 5. 31	매일경제신문	경비용역 전문회사 발족	주요산업시설과 가정의 방범문제가 제기되어 경비산업이 각광을 받으면서, 컴퓨터시스템으로 지역 경비용역을 맡은 전문적인 기계경비회사가 등장하였는데, 범아종합경비회사가 바로 이 회사다.	
82. 6. 1	매일경제신문	경비용역은 산업사회의 수호자	사회안전과 경비업의 육성방향을 범아종합경비사장(윤관)이 제언함 재난방지는 치안에만 의존 못해 경보시설 등에 과감한 투자 필요	
82 6. 11	조선일보	도둑, 화재 기계가 지켜준다.	범죄수법이 다양해지고 화재발생율이 높아지면서 최근 이러한 위험의 예방이나 처치를 대신 떠맡은 민간용역 경비업이 성업중이다. 용역경비업계에도 특히 사람 아닌 기계경비라는 새로운 형태의 업종이 등장하고 있다.	김창기
82. 6. 28	매일경제신문	통근해제 6개월, 달라진 경제현장	야간 경비업 서울만 22개사. 올들어 5개사 개업. 기계도 동원해 대상물건 조금씩 느자 아직 인식부족	임철
82. 9. 7	중앙일보	무인경비 용역업 성업	무인경비 시스템은 화재, 도난 뿐 아니라 정전, 비상통보, 경비시설 파손 등 위급할 때도 똑같이 경보 신호를 보낸다. 특히 은행이나 사무실 등은 숙직 직원을 두지 않고도 방을 비워 둘 수 있는 장점이 있다.	한천수
82. 12. 14	조선일보	은행창구 "가스총"무장	연말 방범비상... 경비력 강화, 은행가에 삼엄한 연말 방범 비상이 걸렸다. 모든 청원경찰은 물론 출납 창구직원까지 가스총 발사하는 신종무기가 이미 지급됐거나 곧 지급될 계획이다.	박세훈

1983년

년월일	신문명	제목	기사내용	취재기자
83. 1. 10	중앙일보	생활 새풍속 사설경비	사회가 복잡해지고 범죄수법이 다양해짐에 따라 경비용역회사라는 전문경비회사가 신종유망기업으로 각광을 받기 시작했다. 현재의 기존경찰력만으로 정밀 완벽한 치안서비스가 힘들게 됐다.	박보준
83. 5. 31	매일경제신문	독도 경비대에 내의 등 위문품	한국용역경비협회(회장 황헌친)는 독도경비대에 쌍안경, 내의 등 위문품을 전달했다. 독도 위문에는 30개사 가운데 8개사가 참가했다.	
83. 12. 11	한국경제신문	부상하는 경비용역업	산업사회의 "민간 경찰" 등장 최신장비를 이용한 무인경비시스템은 사고가 나면 5분내에 출동. 도난이나 화재예방도 척척..., 실수 땐 적정보상.	조용만

1984년

년 월 일	신문명	제목	기사내용	취재기자
84. 1. 29	한국경제신문	빌딩 관리회사 속출	자사 사옥의 경비와 청소업무를 관장하는 기업들이 속출하고 있다.	한정희
84. 2. 25	조선일본	"초고감도"로 발전하는 도난 방지 장치 종류와 이용실태	도독을 막는 전문경비회사로 이미 전국에 30여 업체가 성업 중에 있다. 이들 업체 중에는 완전히 기계정비를 하는 회사도 등장하였다.	윤미호
84. 3. 22	한국경제신문	방재 산업 업체들 호황	근래들어 자주 발생하고 있는 강력사건의 영향으로 방범기기를 생산, 판매하는 방재산업업체들이 활기를 띠고 있다.	
84. 3. 22	동아일보	내집을 지키는 방범의 지혜	한국용역경비협회 최부장은 "용역경비 업체 중 30군데에서 인력경비 업무를 맡고 있고 4군데는 무인 자동경비를 한다."고 밝혔다.	성한운
84. 3. 28	조선일보	강도 막을 수 있다.	최근 늘어나고 있는 빌라단지에서는 경비업무 모두를 아예 경비용역회사에 맡기고 있다. 방범용역비 월 2만원-6만원 비용은 부담스럽기도 하지만, 문제가 아니라는 것이 주민들의 얘기다. 재난 방지는 경찰에만 의존 못해 경보시설 등에 과감한 투자를 필요로 한다.	김현호
84. 4. 1	한국일보	방범산업 총정보 - 용역경비, 경보기-	현재 한국용역경비협회에는 30여 회사가 등록돼 있는데 이중 무인자동경비를 하는 곳은 5곳이다. 계약처의 방범 및 방화를 위해 필요한 곳에 감지기 및 비상통보 시스템을 설치해 놓고 도난, 화재 등 이상정보를 중앙관제센터의 통보를 받아 처리한다.	김주언

84. 5. 1	조선일보	금은방 금고 노려 벽 뚫어	각종기계를 동원한 절도범들이 금은방 건물 시멘트 벽을 뚫고 금고 속에 든 3억원어치의 귀금속을 훔쳐 가려다 금고와 경비회사간 연결된 비상벨이 울려 경비원들이 출동하자 달아났다.	
84. 5. 3	매일경제신문	방범산업 크게 성장	최근의 잇단 강력사건에 자주 주택이나 빌딩회사 등 각종시설물의 경비가 늘어나고 있다. 용역경비회사에 경비를 의뢰하고 있다.	
84. 5. 16	매일경제신문	잘 팔리는 도난 방지기기	강력사건이 잇달아 일어나면서 도난방지기기 업체 및 시장이 활기를 띠고 있다. 종전엔 대형빌딩 및 상가, 공장 등에 국한됐던 도난방지기 수요가 최근 아파트 및 연립 등 공동주택단지를 중심으로 확산되는 추세이다.	
84. 6. 13	한국경제신문	서비스 산업의 부침. 서울에 경비용역 33업소	경비, 청소용역업이 국내에서 본격적으로 등장한 것은 역시 60년대 이후 개발경제정책이 급속히 추진되면서부터이다. 70년대에 들어 산업사회가 고도로 분업화되면서부터 이같은 용역사업은 보다 인식의 폭을 넓혀가고 있다.	
84. 12. 5	조선일보	건물관리도 완전 컴퓨터 시대	빌딩관리에 새시대가 열리고 있다. 수십층 높이의 대형건물의 방재, 방범은 물론 냉방, 환기, 조명 등 광범위한 관리기능을 단지 몇 개의 버튼만으로 척척 이루어지는 빌딩자동화 시스템	김형기

▌1985년

년 월 일	신문명	제목	기사내용	취재기자
85. 3. 8	경향신문	방범회사 성업, 도둑을 잡아줍니다	첨단과학을 이용 도둑을 지켜주는 회사들이 번창하고 있다. 도둑을 잡아야 할 경찰들이 고유의 기능을 제대로 발휘하지 못해 도둑의 공포에 떨고 있는 시만들이 많다는 사실을 알고 최신의 전자장비 등을 갖추고 24시간 기켜주는 경찰의 역할을 훌륭히 해내고 있다.	임은순
85. 3. 8	중앙일보	은행 털려고 숨어든 20대, 경보컴퓨터 울려 들통	3일 서울 조흥은행 길동 지점에 정광옥씨가 들어가 은행 1층 출납창고 밑에 숨어 있다가 은행 안에 설치된 경보컴퓨터에 발각되는 바람에 경찰에 붙잡혔다.	
85. 4. 25	중앙일보	용역경비업체 요인경호까지 영역 확대 모색	86아시안게임과 88올림픽 등 대규모 국제행사를 앞두고 외국 민간 주요인사들의 방한이 잦아지자 지금까지의 시설경비와 단순경비에서 용역범위를 확대할 움직임을 보이고 있다.	
85. 4 25	경찰신문	용역회사 경호까지 책임집니다.	한국용역경비협회 소속 50개 용역회사 중 대형 경비업체 3, 4개 사는 우리나라에 오는 주요 외국 민간인사를 대상으로 경호업무를 다룰 것을 추진 중이다.	

85. 9. 19	한국일보	올림픽 경비단 발족, 자원봉사 요원 2천명도 선발키로	오는 10월 중순께 "올림픽 경비단"이 발족한다. 치안본부는 86아시아게임과 88올림픽 기간을 전후한 테러 등 살상, 파괴를 대비 경찰 이외의 경비인력을 국내 3대 용역회사에 경비원 3천명의 선발을 의뢰하고 심사 후 선발키로 함	
85. 10. 18	동아일보	강·절도 활개 시민들 "자구경비" 비상	주택가에 밤낮을 가리지 않고 강도, 절도 사건이 빈발하자 집안에 전자경보시설을 갖추는 가정이 늘고 있다.	
85. 11. 12	동아일보	86, 88때 "민간경비원" 채용	치안본부는 86아시아경기와 88서울올림픽 때 유급 민간경비원을 대거 채용 각 경기장과 선수촌 등에 배치해서 경찰이 보조 경비인력으로 활용키로 했다. 9월에 개최되는 86아시아 경기대회에 민간인 용역경비원 3천명을 동원키로 방침을 정했다.	

▌1986년

년 월 일	신문명	제목	기사내용	취재기자
86. 1. 30	한국일보	새벽 3인조 도둑 자동경보에 잡혀	20일 서울 용산구 갈월동 69-72 에스에스 패션 대리점에 황석범씨 등 3명이 대형절단기로 철제 셧터문의 자물쇄를 자르고 침입하다 경비회사의 자동경보기가 울리는 바람에 황씨는 붙잡히고 2명은 달아났다.	
86. 3. 22	한국일보	컴퓨터 경비시대 열린다	반경 600km 까지 커버 원격제어.... 빌딩, 주택, 점포 등 활용	강영현
86. 6. 11	스포츠 서울	도둑 막아주는 "불침번 24시"	선택방법과 설치요령은 값싸고 성능 좋은 신제품 많이 나와 눈에 잘 띄지 않는 곳에 작은 것 설치해야 구실. 자력원리 이용한 마그네틱식 1쌍 2천원 정도 됨	이형미
86. 8. 3	경향신문	올림픽공원 경비요원 과잉검문	86대회, 88올림픽때 이처럼 과잉경비를 한다면 대외이미지 어떨까 우려	박준철
86. 11. 17	한국일보	도난경보기 설치 가정 늘어 첨단기술도입 100여종 시판	60여평 주택공사비 120만원선 장치, 잘못하면 무용지물 우려	김용선
86. 12. 12	한국경제	세모 "경비용역"호황	연말연시를 앞두고 강력사건이 잇따라 발생하면서 은행, 공장 등 주요시설들 안전하게 지켜주는 경비용역업체들이 호황을 맞고 있다. 올들어 65사에서 89사로 경비원도 3천명으로 증가됨	
86. 12. 13	한국경제신문	경비용역	요즘 경비용역 업체들이 대호황이다. 물론 세밀인 관계도 있긴 하지만 잦은 학생시위와 강력사건이 빈번해지면서, 은행·대형건물은 물론 대학까지도 경비의뢰를 해 온다는 것이다.	

▌1987년

년 월 일	신문명	제목	기사내용	취재기자
87. 1. 12	한국경제	신종 서비스산업 경비용역	한국용역경비협회에 따르면 경비용역회사들이 지난 한해 동안 의뢰 맡은 경비용역건수는 모두 4천여건으로 85년의 1,612건에 비해 2배 이상 증가됨. 주요기관, 주택가, 회의장 주변 보호하고 장비도 전자화되고 있다.	
87. 6. 15	동아일보	도난방지기 뜨거운 판매전	민간1천억 시장, 대기업도 가세. 도난방지기 및 CCTV 설치산업이 유망업종으로 부각되고 있다.	
87. 11. 5	매일경제	무인전자경비 화랑 5곳 뿐	그림 도난을 막을 수 없나. 미술품이 점차 고가화되자 도난사고가 잇따르고 있으며 경비시스템 도입 시급.	정영수

▌1988년

년 월 일	신문명	제목	기사내용	취재기자
88. 2. 12	매일경제	도난 경보기 잘 팔려	잇단 강력사건 발생에 따라 초음파 감지기 등의 수요가 올들어 2배로 늘어 판매가 급증하고 있다.	
88. 9. 2	동아일보	청소, 경비 등 전문 용역 시대로	지난해 "6.29선언"이후 기업체마다 노조설립이 활성화되고 노사문제가 기업운영에 주요변수로 대두되면서 기업들이 청소, 경비, 운송, 시설관리 등 지원업무에 대한 고용인원을 줄이고 전문 용역업체에 하청을 주는 경우가 크게 늘고 있다.	
88. 10. 27	한국경제신문	대형빌딩 급증 관리업체 "성업"	서울 올림픽을 전후해 호텔 및 사무실 빌딩이 급격히 늘어나면서 이의 시설관리 및 경비, 청소, 방역 등 제반 업무를 맡아주는 시설관리 전문업이 부상하고 있다.	
88. 12. 1	민경신보	민생치안에 청원경찰화 시대 도래	현재 140여 민간경비업체에 용역경비 활용	오명석
88. 12. 16	한국경제신문	"치안허술" 용역경비 호황	연말연시를 앞두고 각종 강력사건에 대비 주요산업체를 비롯 은행, 백화점, 호텔 등이 자체경비를 다투어 강화하는 바람에 경비용역업이 큰 인기를 끌고 있다.	

1989년

년 월 일	신문명	제목	기사내용	취재기자
89. 1. 1	조선일보	"가정자동화"시대 열렸다.	88년말 현재 전국적으로 가정자동화 시설을 설치했거나 추진중인 대규모 아파트단지는 85개에 달하고 있으며 가구수도 3만 3천 가구나 된다. 가정자동화는 원격제어에 의한 방범, 방재 등이 속한다고 한다.	
89. 4. 19	조선일보	테러방지 대책 세미나	정준혁 한국경비협회장은 4월 21일-22일 회원사 대표 200명을 초청 수안보에서 테러방지 대책 세미나를 개최한다	
89. 4. 20	서울신문	테러방지 대책 세미나 열어	정준혁 한국용역경비협회장은 4월 21일-22일 양일간 수안보 파크호텔 대회의실에서 전국의 회원사 대표 200여명을 초청 대 테러방지를 위한 대책 연구 세미나를 개최한다.	
89. 6. 8	전자신문	가정보안경보시스템 잘 팔린다.	도난사고 등 범죄 늘어 업계 센서응용 다기능 제품 앞 다퉈 개발.	
89. 6. 24	세계일보	"내몸 내가 지키자" 방범산업 호황	시민들이 최근 경비용역업체에 방범을 위탁하거나 가스총 구입·홈오토메이션 설치 등 자구책을 강구하고 나서 이른바 "방범산업"이 호황을 누리고 있다.	이익수
89. 6. 28	스포츠 서울	컴퓨터 이용 도둑 쫓는다.	만능불침번 도난경보기, 마그네틱식 감시소자장치, 20만원 안팎 광선이용한 "카드맨" 등 이용.	이형이
89. 6. 28	중앙일보	경비업법 개정 공청회	한국경비업협회는 6월 29일 오후 2시 협회강당에서 치안본부, 공안행정학회 및 경비회사 대표 등 관계인사 1백명을 초청 "용역경비업법 개정 공청회"를 연다.	
89. 6.. 29	전자신문	컴퓨터로 재산, 생명을 지켜줍니다.	"민생치안" 구멍..., 무인경비 시스템 인기. 설치, 운용비 저렴 급속 확산	정창훈
89. 7. 19	한국경제신문	단순업무 외부에 용역	노사분규에 대비하고 효율적 인력관리를 위해 운전·타이핑·경비·자료관리·안내 등 단순업무를 외부 용역회사에 맡기는 기업들이 크게 늘고 있다.	이동우
89. 7. 19	중앙일보	피서철의 불청객 빈집털이 기승	대비책으로 이웃과 비상벨 설치, 전자도난 방지장치 설치. 용역회사 경비 70% 예방 가능	
89. 7. 28	스포츠 서울	주택가 마다 "도난경보 방범용역" 우리집 지켜주세요	경비의뢰, 예방시설 설치 가정 부쩍 늘어 컴퓨터 첨단시스템 이용한 무인 기계경비까지 등장	이형미
89. 8.2	조선일보	중소은행지점 17억 도난, 남의 일 아니다	도난예방위해 건물 벽 보수, 적외선 장치도... 무인경비체제 도입 바람직.	임호영

89. 8. 6	조선일보	동네 비상벨 대낮 강도 잡았다.	범죄 공동방호를 위해 같은 통반 내 가정까지 연결 설치된 도난경보기에 의해 대낮 강도가 붙잡혔다.	
89. 8. 25	한국경제신문	"치안부재" 경비업 호황	민생치안 부재현상이 장기화되면서 공권력에 대한 불신이 가중, 사설 경비용역회사에 방범을 의뢰하는 금융기관, 기업체, 일반가정 등이 폭발적으로 늘고 있다.	
89. 10. 1	전자신문	센서시장 활황국면 돌입, 수요급증	88년 3백 50억원서 50% 이상 신장 다양한 제품개발 업체 참여 줄이어	
89. 10. 8	조선일보	"소도둑 막자" 농가에 경보기 붐	강원, 도로변 가구에 1천2백개 설치 도난사고 격감, 군청에서 비용 융자 등 적극 장려, 갈수록 인기	임효영
89. 10. 20	세계일보	경비원 연령 59세까지 국무회의 개정안 의결	국무회의는 19일 국민의 평균수명 연장과 다른 직종과의 형평을 기하기 위해 경비원의 자격연령을 현행 18-55세에서 18-59세로 연장하는 것 등을 골자로 용역경비업법 개정안을 의결했다.	
89. 12. 6	서울신문	강력범 기승에 경비용역업체 "성업"	강·절도, 폭력배 등이 기승을 부리면서 사설경비원을 쓰는 일이 부쩍 늘고 있다. 이에 따라 민간경비용역업체 및 소속 경비원 또한 급증하고 있다. 5일 치안본부에 따르면 전국의 허가 받은 업체는 모두 2백개로 지난해의 140개에 대해 43%가 늘어났다.	유민

1980년대에 기계경비산업의 도입과 '86아시안게임, '88서울올림픽 대회 경비 그리고 각종 언론매체를 통해 사회일반과 국민들로부터 얻은 신뢰는 뒤에 오는 1990년대 우리나라 민간경비산업의 놀라운 양적 성장의 토대가 되었다.

제 4 편

한국 민간경비의 발전기

한국경비산업발전사

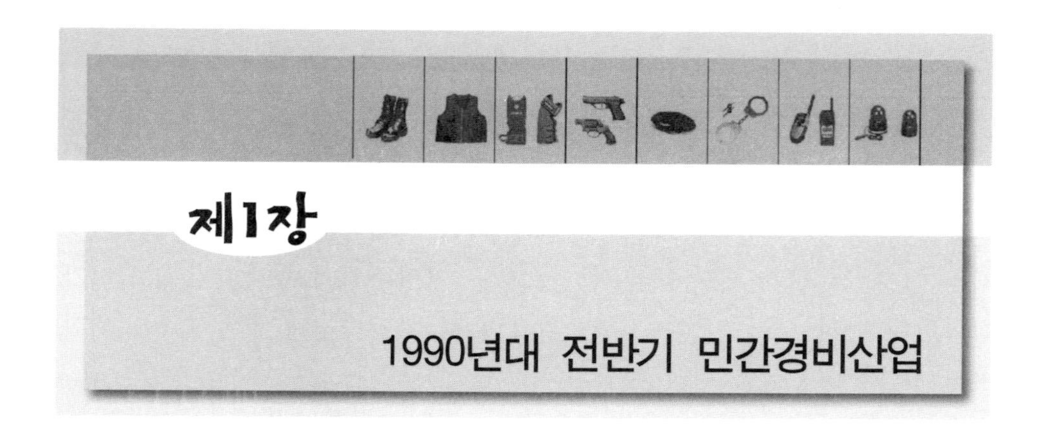

제1장 1990년대 전반기 민간경비산업

제 1 절 1990년대 전반기의 사회 · 경제적 배경

1. 대내외적 경제 환경의 변화

1990년대 전반의 우리경제는 대내외의 급격한 변혁과정으로 개방화 · 국제화추세에 효율적으로 대처하기 위해 경제의 체질과 구조를 개선하려는 노력을 지속적으로 추진하였다. 또한 세계화라는 국정지표 하에서 정부 · 기업 · 개인이 지구촌 변화에 맞도록 자기개혁을 도모하는 시기로 특징지을 수 있다. 대외적인 여건변화를 보면 첫째, 세계경제는 범세계주의와 지역주의가 병존하는 가운데 국경 없는 경제종합화가 진전되고 있다. '95년초에는 범 세계주의의 중심축인 GATT가 7년여에 걸친 UR다자간 협상이 최종 타결됨으로써 GATT체제를 흡수하면서 강력한 법적구속력과 분쟁해결 능력을 갖춘 새로운 세계무역기구(WTO)로 출범하였다.

한편 유럽에서는 통화동맹은 물론 정치 통합까지 목표로 하고 있는 유럽연합(EU)의 탄생('93.11), 미주에서의 역내무역증진과 자원의 효율적 배분을 추구하는 북미자유무역협정(NAFTA)의 발효('94.1) 등 거대한 지역 경제 블럭이 형성되었다. 아시아지역에서도 ASEAN 6개국이 아세안자유무역지대(AFTA)의 창설에 합의('93.1)하였다. 또한 느슨한 관계에 머물렀던 아·태경제협력체인 APEC이 보고르선언('94.11)을 계기로 실질적인 지역경제공동체로 발전하는 토대가 마련되었다. 이처럼 WTO출범을 계기로 국가 간의 경제관계가 범세계주의적 규범에 의해 지배되는 「국경 없는 무한경제시대」로 접어들면서도 다른 한편으로는 지역주의에 입각한 분업질서가 강화됨에 따라 다자주의와 지역주의가 혼재되는 가운데 자국이익을 위한 국가 간 경제 분쟁이 더욱 격화되고 있는 상황이다.

또한, 미국, EU 등 선진국을 중심으로 Green Round, Blue Round, Technology Round 등으로 불리는 새로운 이슈들, 즉 무역에 영향을 미치는 환경문제, 노동권, 기술개발정책 등에 대한 다자간 규범의 제정 필요성이 논의되고 있어 향후 국제무역환경을 변화시키는 결정적 요인으로 작용할 것으로 보인다. 특히 그중에서도 우리나라는 환경과 관련된 다자간 무역규범에 대한 공감대를 바탕으로 WTO준비 위원회 산하에 무역과 환경소위원회를 설치하는데 합의하고 있다.

이에 따라 우리나라는 경제수준에 비해 환경보호관련 투자비율이 낮고 환경기술개발수준이 낮아 환경선진국이 환경규제수준차이에 대한 무역규제를 해 올 경우 규제 물질관련 산업의 생산차질, 대체 물질 수입 등에 다른 경쟁력저하가 예상되고 장기적으로는 에너지공급구조개편 등에 따른 경쟁력저하가 예상되고 산업구조에도 큰 변화를 가져올 것으로 보인다.

그리고 선진국들이 경기회복을 위해 공금리를 계속 인하한 결과 국제금리가 거의 역사상 최저를 기록하고 있는 유럽지역에서의 통화위기의 대두, 멕시코사태('94.12)로 야기되고 있는 국제외환시장의 불안요인이 가중되는 속에서 엔화는 초강세를 보여 달러당 85엔대까지 평가 절상되는 엔고현상을 보이고 있다. 엔화가치의 급등은 우리상품의 수출경쟁력회복에 큰 도움을 주는 면도 있으나, 기계류·부품 등의 높은 대일의존도를 감안할 때 수입액증가, 생산원가부담, 인플레압력 등 부정적인 영향도 적지 않을 것으로 우려된다.

다음으로 우리경제의 대내적인 여건변화를 보면 첫째, 1980년대 후반 장기간의 고도성장으로 유효노동력이 소진되고 정치·사회적 민주화가 급진전되면서 극심한 노사분규와 급속한 임금상승, 기술개발과 구조조정의 부진 등으로 대외경쟁력이 저하되고 있다. 둘째, 정책 운용면에서도 경제규모 확대와 민주화의 진전으로 정부주도에 의한 정책추진은 오히려 민간기업의 창의력과 위험부담의지를 약화시켜 경제전반의 효율을 저하시키고 있다. 셋째, 우리나라도 WTO협정을 비준('94. 12. 16)함에 따라 「하나의 세계시장」으로 향하는 자유무역체제와 그 흐름에 동참하게 되어 우리경제의 개방화・국제화는 피할 수 없는 선택이 되고 있으며, 96년 OECD에 가입함에 따라 외환・자본자유화와 금융개혁을 당초계획보다 앞당겨 실시하지 않을 수 없게 되었다.

〈표 4-1〉1990년대 전반기 주요경제지표의 실적 및 전망

구 분	1990	1991	1992	1993	1994
〈성 장, %〉					
G N P	9.6	9.1	5.0	5.8	8.2
초 소 비	10.1	9.3	6.8	5.3	7.0
고 정 투 자	25.9	12.6	-0.8	5.2	11.4
〈국제수지, 억 달러〉					
무 역 수 지	-20	-70	-21	19	-31
경 상 수 지	-22	-87	-45	4	-48
수 출 증 가 율	4.2	10.5	6.6	7.3	16.8
수 입 증 가 율	13.6	16.7	0.3	2.5	22.1
〈물 가, %〉					
생 산 자 물 가	4.2	4.7	2.2	1.5	2.8
소 비 자 물 가	8.6	9.3	6.2	4.8	6.2
경상GNP(조원)	178.3	214.2	238.7	265.5	302.9
경상GNP(억 달러)	2,518	2,920	3,057	3,308	3,769
1인당GNP(달러)	5,883	6,757	7,007	7,513	8,483
저 축 율 (%)	35.9	36.1	34.9	35.2	35.2
투 자 율 (%)	37.1	39.1	36.8	35.2	36.1

※ 자료: 재정경제부, 「경제백서」, 1995년판, 1996년판.

넷째, 1991년 기초 및 광역지방의회의 구성, 1995년의 지방자치단체장선거의 실시 등 30여년 만에 부활된 지방자치시대를 맞이하여 중앙정부에 집중된 행정기능의 지방분산화, 중앙예속적인 지방경제구조개선 등으로 지역경제의 큰 변화가 초래되었다. 끝으로 사회주의체제 붕괴, 북한의 경제난 가중, 金日成사망('94.7) 및 美·北핵회담의 진전 등으로 통일에의 가능성이 매우 커지게 되었다.

2. '90년대 전반기 국내 경제 상황

1990년 초반 정부는 경제활성화종합대책(4.4)을 수립해 기업의욕을 제고하고 수출과 설비투자를 촉진토록 하는 동시에 4·13부동산투기억제대책을 수립해 1990년 초 토지가격의 급등과 투기적 거래의 성행에 대처하였다. 이어 대기업과 금융기관의 비업무용 부동산처분 및 신규취득억제를 골자로 한 5·8특별보완대책까지 수립했고 토지공개념제도의 시행령 및 시행규칙을 제정하였다.

1990년 중 우리경제는 국내총생산(GDP)과 제조업의 성장률이 1989년의 6.4%, 4.2%에서 9.5%, 9.7%로 각각 높아지고 고정투자도 건설투자의 활황과 설비투자의 회복으로 25.9% 확대되어 연초 널리 인식되었던 경제위기의 어려운 상황에서 벗어나게 되었다. 수출은 해외시장여건악화로 4.2% 증가에 그쳤으나 수입이 13.6% 증가함으로써 무역수지가 전년의 46억 달러 흑자에서 20억 달러 적자로 반전하였다.

1991년 들어 전해에 이어 내수주도의 높은 성장과 물가불안이 계속되고 경상수지적자가 대폭 확대되는 등 경제의 대내외불균형이 심화되자 경제안정화시책을 더욱 강도 있게 실시하였다. 1991년 중 우리경제는 소비, 투자 등 내수의 신장세에 힘입어 GNP성장률이 9.1% 높은 수준을 유지하였다. 각종 안정화시책으로 건설투자는 13.0%로 크게 둔화되었고 설비투자는 견실한 증가세를 지속했으나, 총 소비가 9.3% 증가해 연3년째 경제성장률을 상회했다. 수출은 시장 다변화노력으로 전년보다 다소 회복(10.5%)되었으나 수입이 내수증가에 기인해 16.7%로 급증해 무역수지적자 규모가 69.8

억 달러로 대폭 확대되었고 물가는 소비자물가가 9.3%로 전년의 상승세를 지속하였다.

1992년은 1991년 확정된 제7차 경제사회발전5개년계획을 추진한 첫해로서 정부는 연초부터 우리경제의 현안과제인 물가안정, 수출확대, 임금안정, 자금흐름개선 및 금리안정을 실현하기 위한 다각적인 경제안정 및 산업경쟁력제고대책추진(1.14)에 박차를 가하였다. 그리고 제조업 경쟁력향상을 위한 제2차 기계류·부품·소재 국산화 5개년계획확정, 중소기업의 첨단·자동화설비들에 대한 감가상각내용연수단축과 임시공제시한연장(1.25%), 과학기술투자를 GNP대비 2.8%로 늘리기 위한 종합과학기술진흥시행계획확정(5.14)등의 조치를 실시하였다. 이러한 정책적 노력에도 불구하고 1992년 중 우리경제는 GNP성장률이 1981년 이래 가장 낮은 5.0%로 둔화됐는데 이는 민간소비(6.6%)와 건설투자(-0.6%)가 저조한 가운데 기술개발부진, 임금 급등에 의한 산업의 대외경쟁력약화, 불투명한 경기전망 등이 복합적으로 작용해 설비투자가 －1.1%로 위축된데 크게 기인하였다. 중소기업의 도산이 급증하면서 매년 3%이상이던 취업자 증가율이 1.9%로 낮아졌다. 제조업의 임금은 총액임금제실시 등에도 불구하고 중소기업의 인력난 지속, 업종간 인력수급의 불균형 등에 기인해 노동생산성을 상회하는 15.7%의 높은 상승률을 보여 제조업의 가격경쟁력을 약화시키는 요인이 되었다. 이에 반해 물가는 소비자 물가가 6.2% 상승하고 부동산가격도 하락세를 나타내는 등 지난 2년간에 비해 뚜렷한 안정세를 보였다. 수출은 경공업제품의 가격경쟁력 저하로 전년보다 낮은 6.6%증가에 그쳤으나, 수입은 내수둔화로 전년 수준에 그쳐 무역수지적자폭(21억 달러)이 크게 개선되었다.

1993년에는 2월 출범한 새 정부가 「한국병」이라고 지칭한 우리경제의 문제점을 치유하기 위해 「신경제5개년계획」을 수립하여 제도 및 의식면에서 경제개혁을 과감하게 추진하였다. 그 첫 단계로서 3월에 경제 활성화, 중소기업 구조조정, 경제행정 규제완화, 공직자 의식개혁 등 7대과제와 고통분담에 초점을 맞춘 신경제 100일 계획을 추진하였고 7월에는 국민의 참여와 창의를 발전의 원동력으로 하는 신경제를 건설하기 위해 금융, 재정, 행정규제 등 경제제도와 경제의식의 개혁을 핵심내용으로 하는 「신경제5개년

계획」을 확정·발표하였다. 이러한 개혁추진의 일환으로 8월21일을 기해 대통령 긴급재정경제명령에 의한 「금융 실명제」를 예고 없이 전격 도입해 금융기관과의 거래를 반드시 실명으로 하도록 하고 기존 비실명예금을 10월 21일까지 실명 전환하도록 하는 획기적인 조치를 단행한데 이어 부작용을 최소화하기 위한 여러 가지 후속 보완조치를 시행하였다.

금융실명제실시는 지하경제양성화, 부정부패척결, 공정과세를 통한 분배정의실현 등 사회경제적 효과뿐만 아니라 금융면에서 거래의 투명화, 자금흐름의 개선, 각종 불건전 금융관행의 시정 등 금융정상화를 통해 낙후된 우리금융을 획기적으로 발전시키고자 하는 개혁이었다. 이러한 가운데 1993년 중 우리경제는 상반기까지 투자 감소와 소비둔화가 이어져 부진했으나 하반기에 투자가 증가로 반전하면서 국민총생산(GNP)이 이전보다 높은 5.8%로 성장하였다. 대외거래 면에서는 수출이 개도국의 수입수요 증가와 엔화 강세로 착실한 신장세(7.3%)를 보인 반면 수입은 내수부진과 단가하락으로 소폭증가(2.5%)한데 그쳐 무역수지가 흑자(18.6억 달러)로 돌아섰다. 무역외 및 이전수지도 해외건설용역수입이 늘어나 전년보다 개선돼 경상수지는 전년의 45억 달러 적자에서 3억8,000만 달러의 흑자로 반전하였다.

1994년에 들어 대외적으로 세계경제의 전반적인 경기회복세가 전망되고 대내적으로도 지난 한 해 동안 제도개혁으로 경제운용의 새로운 기틀이 어느 정도 마련됨에 따라 우리경제를 더욱 발전시켜 나가기 위해 국제화·개방화 촉진과 관련되고 내실을 기하는 각종 시책들이 연중 계속 이어졌다. 연초 정부는 안정기조하의 경제 활성화에 중점을 두고 농어촌대책의 본격화, 기업환경의 획기적 개선, 사회간접자본 확충과 지역균형발전, 경제제도의 국제화 및 구조조정추진, 물가안정과 국민생활의 질적 개선들을 주내용으로 하는 새해 경제운용방향을 확정·발표(1.11)하였다. 연중에 실시된 정부의 구체적인 주요 시책내용을 보면 연초부터 외국관광객 유치 증대를 위한 「'94한국 방문의 해」가 설정되었다. 재정개혁차원에서는 성격이 유사한 석유사업기금 등 5개 기금을 에너지 및 지원사업 특별회계로 전환하는 에너지특계법(약칭)확정(3.24), 산업정책차원에서는 기업의 경쟁력강화를 위한 대외무역관련 경제행정규제완화(1.1), 하반기부터 실시되는 건축

분야 규제완화방안확정(8.3), 남북무역물품통관관련규제완화 등을 비롯한 일련의 경제적 규제완화조치가 취해졌다. UR협상타결로 산업에 대한 직접적인 수출지원 수단에 대한 국제적인 규제가 강화되고 있어 기술력확보를 통한 경쟁력강화를 위하여 정부지원확대가 불가피해짐에 따라 국내산업의 구조조정 및 기술수준의 고도화를 겨냥한 외국인투자의 적극적인 유치정책이 추진(3.2)되고, 수출지원제도로서 수출보험의 중요성이 커짐에 따른 수출보증법개정(11.4), 산업계의 기술인프라 수요에 부응토록 하는 산업기술기반조성사업계획발표(5.31), 서울을 제외한 전국 14개 시・도에 과학기술반 설치 등이 실시되었고, 농어업경쟁력강화를 위해서는 총 15조 규모의 농어촌특별세투자계획이 확정(7.5)되었다.

다음으로 1994년은 우리나라 지방행정사상 최대 규모의 개혁이 단행되었다. 기초자치단체인 전국 260개 시・군・구 가운데 35개의 시와 군이 각각 합쳐져 통합시를 탄생시키게 되고(95년 초 실시), 새로운 국정지표인 세계화 추진과 「작지만 강력한 정부」 구현을 위해 중앙정부의 조직 및 기능에 대해서도 경제기획원과 재무부를 재정경제원으로, 건설부와 교통부를 건설교통부로 통합하는 등 행정혁명이라 할 수 있는 대폭적인 조직개편을 단행('94.12)하였다.

이 같은 경제여건 및 정책의 변화 속에서 1994년 중 우리경제는 수출이 엔화강세, 선진국 경기회복 등에 힘입어 꾸준히 늘어나고 설비투자도 큰 폭으로 증가한데 기인해 경제성장률이 1991년 하반기 이래 가장 높은 8.4%의 GDP성장률을 기록해 본격적인 경기확장국면에 진입하게 되었다. 대외거래면에서는 전기, 전자제품, 자동차 등 중화학제품 등을 중심으로 한 높은 수출증가세(16.8%)에도 불구하고 자본재수입 등 수입이 보다 큰 폭으로 증가(22.1%)해 연중 무역수지는 31억 달러 적자를 보여 전년의 19억 달러 흑자에서 큰 폭의 적자로 반전하였다.

한편 연중 물가는 소비자물가가 가뭄 및 무더위로 인한 농축산물 가격상승과 공공요금 현실화 등으로 7~8월 중 7% 내외의 큰 폭의 상승이 있은 이후에는 보합세를 보였으나 전년보다 높은 6.2%의 상승률을 기록했고 생산자물가도 해외원자재 가격상승으로 공산품가격의 오름세가 지속됨에 따라 전년보다 높은 2.8% 상승하였다. 반면 부동산시장에서는 토지 가격이 하락세를 지속하고 주택매매 가격도 보합세를 나타내는 등 안정세를 유지하였다.

3. '90년대 전반기 국내 사회적 환경과 범죄경향

1960년대 이후 30여 년 동안 우리나라가 겪은 사회적 변화는 질적인 면이나 양적인 면에서 그리고 변화의 속도 면에서 놀라운 것이었다. 그러나 사회병리적 현상이 심화되는 등 부작용도 적지 않았으며, 범죄의 증가 또한 대표적인 병리적 현상의 하나로 지적되고 있다.

범죄문제는 일반적으로 사회변화와 밀접한 관련이 있다고 알려져 있다. 흔히들 1960년대 이후부터 현재까지의 사회변화 양상을 산업화, 도시화, 지방화, 세계화, 정보화로 거론하고 있다. 이러한 사회변화의 양상은 부작용도 발생하여 신종범죄로 나타나기도 한다. 아래 <표 4-2>에서 보는 바와 같이, 우리나라의 총인구는 1960년 약 2천 5백만 명에 불과하였으나, 지속적인 인구증가율의 감소에도 불구하고 1994년에는 4천 4백여 만 명에 달하여 약 77.7%가 증가하였다.

〈표 4-2〉 우리나라의 인구추이

구 분	'60	'65	'70	'75	'80	'85	'90	'91	'92	' 93	' 94
총인구 (천명)	25,012	28,705	32,241	35,281	38,124	40,806	42,869	43,268	43,663	44,056	44,453
지 수	100	114.7	128.9	141.0	152.4	163.1	171.4	172.9	174.5	176.1	177.7
인구밀도 (명/km²)	254.1	291.5	328.2	357.1	385.1	411.6	431.8	435.7	439.6	443.3	447.3

※ 자료 : 경찰청 『경찰백서』, 1995, p.149.

인구증가와 범죄와의 관계에 있어서는 단순한 양적 팽창 그 자체보다는 6.25전쟁 이후 출산율의 증가로 70~90년대 들어 비교적 범죄성향이 높은 것으로 알려져 있는 20~30대의 연령층이 차지하는 비중이 커졌다는 점이 중요한 요인이 될 수 있다. 인구증가와 함께 인구의 도시 집중률은 '93년도의 경우 84.2%로 전체인구 가운데 약 3천 8백만 명이 도시에 거주하는 것으로 나타나 있다. 이는 10년 전과 비교할 때 12.1%가 증가한 것으로 빠르게 도시집중화가 진행되고 있음을 보여주고 있다.

1990년대는 우리 사회가 더욱 복잡・다원화되면서 세대간・계층간・이해집단간 긴장과 갈등이 특히 심하였던 시기였다. 전기협 주도의 철도 및 서울지하철노조의 불법파업 등 예년에 볼 수 없었던 공공부문에서의 노사분규가 급증하고, 종교연구가 탁명환씨 살해사건, 자식이 부모를 잔인하게 살해한 한약상 부부 피살사건 등 패륜범죄가 잇따라 준법질서의 확립과 윤리・도덕성 회복을 바라는 국민적 공감대가 확산되었다. 또한 '95년 본격적인 지방화 시대의 개막을 앞두고 지역이기주의적 성향의 각종 집단민원이 분출되어 치안에 커다란 부담이 되었다.

그리고 '93년 아시아나 여객기 추락, 서해 훼리호 침몰 등 대형 사고에 이어 '94년 10월 21일 아침의 성수대교 붕괴와 3일 뒤의 충주호 유람선 화재 등 계속된 대형사고로 많은 사상자가 발생하였다. 이와 같은 대형사고가 대부분 책임감 결여와 "안전 불감증"에서 비롯된 인재(人災)로 밝혀져 국민의 울분을 자아냈으며, 이로 인해 "안전한 사회"에 대한 국민의 기대와 욕구가 증대되었다.

뿐만 아니라 '94년은 연초부터 3인조 "연쇄 떼강도 사건"이 발생하여 범죄의 불안 속에서 한해가 시작되더니 급기야 9월에는 우리 역사상 가장 잔혹하다고 일컬어지는 "지존파 사건"이 발생하여 온 국민을 경악하게 만들었다. 특히 "지존파" 범죄는 범행 자체의 흉악성과 함께 우리 사회의 부조리한 단면을 그대로 표출하였다는 점에서 더욱 충격을 주었다.

"지존파" 범죄는 일반적으로 범죄의 원인으로 지적되어 온 사치향락풍조와 황금만능주의의 만연, 생명경시풍조와 도덕의 타락, 사회의 아노미 현상, 가정의 해체 등 그 모두를 함축하고 있다. 그리고 범죄의 변모양상으로 지적되는 광역・기동화, 흉포화・집단화 등도 그대로 내포하고 있어 뚜렷한 대안을 마련하기 조차 어렵게 만들었다.

그럼에도 불구하고 이를 계기로 범죄문제의 심각성에 대한 범국민적 공감대가 폭넓게 형성되었으며, 특히 개인정보보호의 중요성과 불법총기의 확산에 대한 깊은 관심을 갖기 시작한 것은 불행 중 다행한 일이 아닐 수 없었다.

제 2 절 민생치안과 경찰의 활동

1. 범죄 추세와 경찰의 대응

우리사회는 1990년대에 들어서 그해 10월 「범죄와의 전쟁」을 치러야 할 정도로 범죄문제가 커다란 사회문제로 대두되었다. 범죄문제의 해결에 일차적인 책임이 있다고 할 수 있는 경찰은 치안의 제일선에서 범죄예방과 검거를 위해 최선을 다하고 있으나 국민의 기대 수준에는 미치지 못하고 있는 것이 사실이다.

1970년대 이후 총 범죄 및 강력범죄 발생은 지속적으로 증가하고 있는 가운데 1990년 10월 「범죄와의 전쟁」으로 감소 추세를 보이다가 1993년 이후 다시 증가하는 추세를 보이고 있다.

〈표 4-3〉 총 범죄 및 강력범죄 발생현황과 검거현황 (단위 : 건)

구 분		1970	1975	1980	1985	1990	1991	1992	1993	1994
총범죄	발생	340,390	391,252	620,710	794,708	1,147,752 (100)	1,185,648 (103.3)	1,210,786 (105.5)	1,304,349 (113.6)	1,309,326 (114.0)
	검거					1,049,005 (100)	1,090,413 (103.9)	1,107,818 (105.6)	1,248,010 (118.9)	1,184,208 (112.8)
강력범죄	발생	2,955	4,453	6,565	8,480	10,681 (100)	8,610 (80.6)	8,736 (87.7)	10,763 (100.7)	12,114 (113.4)
	검거					10,025	8,074	8,792 (87.7)	11,821 (117.9)	12,213 (121.8)

※ 강력범죄는 살인, 강도, 강간, 방화 등 4가지 범죄임.

※ ( )안은 1990년을 기준으로 한 백분율임.

※ 경찰청, 『경찰백서 1995』, 경찰청, 1995. 재구성.

위 표에 의하면 1994년도에 총 130만 9,326건의 범죄가 발생하여 1990년에 비하여 14%가 증가하였으며, 경찰은 이 가운데 118만 4,208건을 검거하여 1990년에 비하여 12.8%가 증가하였다. 94년도에 강력범죄는 총 1만 2,114건이 발생하여 1990년에 비해 13.4% 증가하였으며, 이 가운데 1만 2,213건을 검거하여 1990년에 비해 21.8% 증가하였다.

인구의 도시집중화가 지속되면서 범죄도 대도시에 집중되는 양상이 나타났다. 강력범죄의 발생지역별로는 대도시에서 발생하는 강력범죄의 비율이 1975년 50.4%에서 1985년 59.6%, 1990년 67.9%, 1993년 71.2%로 각각 증가하였다(경찰청, 1995 : 156). 교통과 통신의 발달과 자동차 보급의 확대로 범죄의 광역화 기동화 현상이 심화되었다. 경찰은 차량이용범죄의 확산을 방지하기 위하여 차량번호 자동판독장치(AVNI: 주행 중인 차량번호판을 카메라가 촬영, 컴퓨터 영상인식장치에서 즉시 수배여부를 검색할 수 있는 첨단장비임) 설치를 확대하였으며, 112순찰차에 휴대용 컴퓨터를 보급키로 하였다.

컴퓨터를 중심으로 지적정보가 주도하는 정보화 사회의 진전에 따라 컴퓨터범죄, 신용카드범죄, 지적재산권침해범죄, 개인정보 불법거래범죄 등 이른바 정보범죄가 새로운 사회문제로 등장하였다.

전체 범죄자 가운데 여성 및 소년범죄자가 꾸준한 증가추세를 보이고 있다. <표 4-4>에 의하면 1990년도에 19만 2,935건이 발생하여 전체 범죄자의 17%를 차지하였으며, 1994년에는 29만 1,748건이 발생하여 전체 범죄자 중 약 20%를 차지하였다.

〈표 4-4〉 여성 및 소년범죄자 현황 (단위 : 명)

구 분	1990	1991	1992	1993	1994
총범죄자	1,146,745	1,303,807	1,302,228	1,500,707	1,463,186
소년범죄자	83,269	85,207	86,941	103,655	108,721
여성범죄자	109,666	128,011	124,082	170,075	183,027

※ 경찰청, 『경찰백서 1995』, 경찰청, 1995.

범죄로 인한 인명피해도 심각한 실정이다. 아래 <표 4-5> 에서 보는 바와 같이 1990년도에 사망자가 2,676명에 부상자 11만 3,800명이, 1994년에는 사망자 2,367명에 부상자 15만 3,521명으로 나타났다. 사망자는 11.6% 감소하였으나 부상자는 34.9%나 증가하였다.

〈표 4-5〉 형법범에 의한 사망자 및 부상자 현황 (단위 : 명)

구 분	1990	1991	1992	1993	1994
사망자	2,676 (100)	2,230 (83.3)	2,005 (74.4)	1,938 (72.4)	2,367 (88.4)
부상자	113,800 (100)	86,504 (76.0)	83,392 (73.2)	85,164 (74.8)	153,521 (134.9)

※ ( )안은 1990년을 기준으로 한 백분율임.
※ 경찰청, 『경찰백서 1995』, 경찰청, 1995.

2. 「범죄와의 전쟁」 선포

1) 배 경

우리나라는 8·15해방 이후 6·25 한국전쟁, 자유당 정권시의 혼란상태, 5·16군사쿠데타 등 사회적 혼란기를 거치면서 70년대의 성장위주의 불균형 경재발전으로 빈부격차가 심화되어 상대적 빈곤의식이 고조되었다. 1980년대 들어 민주화가 확산되면서 집단 민원성 시위가 빈발하였으며, '88 서울올림픽 이후 개방화에 따른 외래문화의 유입으로 사치풍조가 팽배하였으며, 이러한 위기적 상황은 각종 강력사건들로 이어졌다. 이에 대한 종합적 치유정책의 일환으로 사회 안정 기조를 파괴하는 범죄와 무질서, 폭력과 불법, 과소비와 투기, 퇴폐와 향락을 추방함으로써 질서 있고 건강한 사회를 건설하기 위하여 정부에서는 대 범죄전쟁을 선포하기에 이른 것이다.

2) 범죄와의 전쟁 선포

1990년 10월 13일 노태우 대통령은 모든 경찰관을 무장시켜 범죄와 폭력에 정면 대응할 것이라는 「범죄와의 전쟁」을 선포하여 범죄에 대한 전면적인 소탕을 선언하였다.

1980년대 후반의 잇단 집단시위와 노사분규로 치안역량이 민생분야로 전환되지 못하면서 강력범죄가 이어 발생하는 등 사회의 불법과 무질서가 팽배하였다. 그동안 정당성이 취약한 정권이 낳은 경찰력의 시국분야 투입이 결과적으로는 국가 공권력의 첨병인 경찰의 왜소화를 초래하여 종국에는 '전쟁'이라는 강도 높은 표현으로 범죄척결을 선포한 것이다. 예전에는 신문에 연일 보도될 정도의 강력한 사건들이 이제는 예사로 발생될 정도로 범죄의 질적 · 양적인 강도(强度)가 심화되었다. 이 시기의 범죄가 다른 때와 비교하여 차별화되는 특징으로는 집단화 · 흉악화 · 기동화 · 연소화 경향을 들 수 있다.

〈대통령 대국민 호소문 요지(1990. 10. 13)〉

국민 여러분이 직접 뽑아 주신 대통령으로서 임기 후반을 맞은 저는 국민 여러분의 여망에 부응하여 다음 세 가지 일에 정부의 역량을 집중적으로 투입 할 것입니다.

첫째, 저는 우리 공동체를 파괴하는 범죄와 폭력에 대한 전쟁을 선포하고 헌법이 부여한 대통령의 모든 권한을 동원해서 이를 소탕해 나갈 것입니다.

둘째, 민주사회의 기틀을 위협하는 불법과 무질서를 추방 할 것입니다.

셋째, 과소비와 투기, 퇴폐와 향락을 바로 잡아 일하는 사회, 건강한 사회로 만들어 나갈 것입니다.

정부는 이를 위해 사회 각계의 힘을 결집할 것이며 실천과 행동으로 이 사회의 모든 과도기적 현상을 매듭지을 것입니다. 모든 외근경찰관을 무장시켜 범죄와 폭력에 대하여 정면으로 대응하도록 하겠습니다.

이제 범죄피해자의 인권과 이 사회의 안전을 위하여 흉악범과 누범자에 대해서는 온정주의적인 형사정책을 전환해야 합니다. 저는 이와 관련한 입법과 법률 집행에 있어 국회와 법원의 적극적인 협조를 기대합니다. 우리는 또한 청소년범죄의 심각성을 간과할 수 없습니다. 청소년범죄가 더 이상 확산되는 것을 막고, 우리의 다음 세대가 비행의 어두운 길로 빠져들지 않도록 국민적인 노력을 기울여야 합니다.

3) 대범죄 전쟁 추진성과와 문제점

범죄와의 전쟁을 선언한 후 1년이 지난 1991년 9월에 경찰에서는 그 동안의 성과를 정리하였다. 먼저, 범죄예방체제의 확립을 통하여 경찰관서별

방범기구를 보강하였다. 이때에 「보안부」 또는 「보안과」가 「방범국」 또는 「방범과」로 개편되었으며, 방범인력의 보강과 112순찰차등 방범장비의 보강이 이루어 졌다. 그리고 이동 방범파출소운영으로 방범사각지대 해소에 주력하였으며, 방범진단의 실시로 과학치안토대를 구축하였다. 범죄 신고를 활성화하기 위하여 컴퓨터 자동신고 및 설치확대로 범죄신고망을 개선하였으며, 방범기기 전시회를 후원하여 자율방범의식 고취에 주력하였다.

둘째, 민경협력 체제강화 차원에서 주민자율방범대 활동을 가시화 하여 1990년 10월 1만 56개 조직에 15만 6,889명이던 자율방범대가 1991년 9월 1만 460개 조직에 18만 4,740명으로 증가하였다. 예비군 향방훈련을 지역방범에 기여토록 하여 이 기간 중에 1일 평균 4,847명의 예비군이 1991년 4월 1일부터 11월 30일 동안 연 87만 2,371명이 참가하여 지역 주민에게 심리적 안도감을 부여하고 주민자율방범 의식 확산에 기여하였다. 금융기관 자율방범 강화차원에서 청원경찰증원, 기계경비설치확대, CCTV추가설치 등을 실시하였다.

셋째, 범죄 분위기를 제압하기 위하여 중요 5대 범죄가 전 년도 27만 4,455건에 비하여 2.7% 감소한 26만 7,003건이 발생하였다. 검거실적은 전 년도 20만 3,071건에서 7.4%증가한 21만 8,106건이 발생하였다. 조직폭력배를 253개파 850명을 검거하고 이중에서 762명을 구속함으로써 폭력조직을 와해하였다. 그리고 명절과 피서철의 치안수요상승시점 특별 단속으로 범죄 활동을 위축시켰다. 이 기간 중에 총 104회의 전국일제 특별단속을 실시하여 70만 6,471명을 검거하고 2만 1,434명을 구속하였다.

넷째, 범인성 환경을 정화하기 위하여 범인성 유해업소 지도단속강화, 행락질서확립, 미성년자 출입제한구역 운영강화, 학교주변 유해업소 정화 및 단속, 비행 청소년 자생교육실시, 중·고등학교 학생 방범교실 운영 등을 중점 추진하였다.

그러나 범죄와의 전쟁 기간 중 주요범죄 감소는 강력 단속에 의한 일시적인 위축이며, 상황 변화에 따라 다시 격증할 징후가 잠재하고 있는 것이다. 그리고 민생 치안이 주로 순찰 검거 등 현장 대처에 주력하였고, 사회 각 분야의 범죄 근원제거를 위한 유관부처와의 종합적 대처가 미흡하였다.

표면에 나타나는 범죄현상에 대하여 불안해 할 뿐 심층의 범죄 유발요인에 대한 국민적 분담·제어의식이 부족하였다. 또한 현재의 사회환경 및 국민기강과 범죄 자위역량은 선진국에 비하여 극히 열악한 상태이다.

3. 경찰법 제정과 경찰청 출범

1) 경찰청 신설 주요골자

국립경찰이 지난 1945년 10월 21일 창설 된지 45년이 흘렀다. 경찰이 내무행정기관에서 독립하여 하나의 정부부서로 된 적은 1900~1902년의 경무부와 1945~1948년 미군정치하의 경무부로 두 차례 있었지만 정치적 중립으로 본연의 임무인 민생치안에만 전담토록 하는 제도적 장치가 절실히 요청되어 온 것이다.

1991년 7월 제정된 경찰법 중 경찰조직과 관련된 주요내용은 다음과 같다.

- 경찰청은 내무부의 외청으로 둠으로써 독립적인 관청 형태를 취함.
- 경찰위원회 신설
- 각 시·도에 치안행정협의회 설치
- 각 시·도의 경찰국을 지방경찰청으로
- 해양경찰대는 해양경찰청으로 개칭하는 것 등이다.

여기에서 경찰청장은 치안총감으로 보하고 차장을 치안정감으로 보하도록 되어 있으며 경찰위원회는 경찰행정업무를 심의·의결하고 의결된 사항은 경찰청장이 이행하도록 법규에 명시되어 있다.

경찰위원회 위원은 ① 임명 전 3년간 당적을 갖지 않는 자, ② 임명 전 3년간 선거에 의하여 공직에 취임한 경력이 없는 자, ③ 임명 전 3년간 경찰, 검찰, 안기부, 군인의 직무를 행한 공무원 전력이 없는 자 중에서 국무총리의 제청으로 대통령이 임명토록 되어 있다.

경찰청장은 경찰위원회의 동의를 얻어 내무부장관이 대통령에게 제청토록 하고 있다.

2) 경찰법 제정이유

경찰법의 제정은 그동안 여러 법령(법률 7건, 대통령령 11건 등 총 29건)으로 산재해 왔던 경찰 조직 관계법령을 하나도 통일하고, 나아가 내무부장관 소속의 치안본부를 내무부의 외청인 경찰청으로 독립시키는 의미를 담고 있으며 1991년 7월에 제정되어 우리나라 국립경찰 조직은 커다란 변화를 맞게 되었다. 따라서 경찰법은 경찰의 민주적인 관리・운영과 효율적인 임무수행을 위하여 필요한 경찰의 기본조직과 직무범위를 정하려는 것이다. 경찰법은 분단국가인 우리나라의 특수한 치안상황과 치안여건에 효율적으로 대처하기 위하여 국가경찰체제를 유지하면서 경찰의 기본조직을 중앙은 현재 내무부장관의 보조기관으로 되어있는 치안본부를 내무부장관 소속하의 경찰청으로, 지방은 시・도지부 보조기관인 경찰국을 시・도지부 소속기관인 지방경찰청으로 개편한다. 그리고 경찰법은 내무부에 경찰위원회를 두어 경찰행정에 관한 주요제도 및 인권남용을 하지 못하도록 하여 국민의 자유와 권리를 최대한 보장함으로써 경찰에 대한 국민의 신뢰를 회복하고 진정한 민주경찰로서의 발전을 도모하려는 취지에서 제정되었다.

○ 주요골자

1. 중앙경찰기관으로 내무부장관 소속하에 경찰청을 설치하고, 지방경찰기관으로는 지방경찰청과 경찰서를 두며, 해양경찰청과 해양경찰서를 둠.
2. 경찰의 임무를 명확히 하고 직무수행에 있어서는 헌법과 법률에 따라 국민의 자유와 권리를 존중하고 국민전체에 대한 봉사자로 공정중립을 지키도록 함과 동시에 권한의 남용을 금지함.
3. 경찰의 인사・예산・장비 등에 관한 주요정책과 경찰행정에 관한 업무발전 및 인권보호에 관한 사항 등을 심의・의결하기 위하여 내무부에 위원 7인(임기 3년)으로 구성되는 경찰위원회를 두되, 위원 중 2인은 법관의 자격이 있는 자로 하도록 함.
4. 경찰위원회 위원은 내무부장관의 제청으로 국무총리를 거쳐 대통령이 임명하도록 함.
5. 경찰위원회 위원은 국가공무원법상의 공무원의 신분상 업무규정을 준

용하여 정치운동을 할 수 없게 하고 직무상 비밀을 엄수하도록 함.
6. 경찰청에 경찰청장 및 차장을 두고 각각 치안총감 및 치안정감으로 보하도록 함.
7. 지방경찰청장 및 해양경찰청장은 경찰청장의 지휘·감독을 받아 소관 사무를 관장하도록 함.
8. 경찰공무원의 임용 등 인사에 관한 사항과 직무수행에 필요한 사항 등은 따로 법률로 정하도록 함.

〈1991. 8. 1. 경찰청 설치 시 경찰헌장〉

우리는 조국 광복과 함께 태어나, 나라와 겨레를 위하여 충성을 다하며 오늘의 자유민주사회를 지켜온 대한민국 경찰이다.

우리는 개인의 자유와 권리를 보호하며 사회의 안녕과 질서를 유지하여, 모든 국민이 평안하고 행복한 삶을 누릴 수 있도록 해야 할 영예로운 책임을 지고 있다. 이에 우리는 맡은 바 임무를 충실히 수행할 것을 다짐하며, 우리가 나아갈 길을 밝혀 스스로 마음에 새기고자 한다.

1. 우리는 모든 사람의 인격을 존중하고 누구에게나 따뜻하게 봉사하는 친절한 경찰이다.
1. 우리는 정의의 이름으로 진실을 추구하며, 어떠한 불의나 불법과도 타협하지 않는 의로운 경찰이다.
1. 우리는 국민의 신뢰를 바탕으로 오직 양심에 따라 법을 집행하는 공정한 경찰이다.
1. 우리는 건전한 상식 위에 전문지식을 갈고 닦아 맡은 일을 성실하게 수행하는 근면한 경찰이다.
1. 우리는 화합과 단결 속에 항상 규율을 지키며, 검소하게 생활하는 깨끗한 경찰이다.

○ 경찰청

〈그림 4-1 경찰청 기구표〉

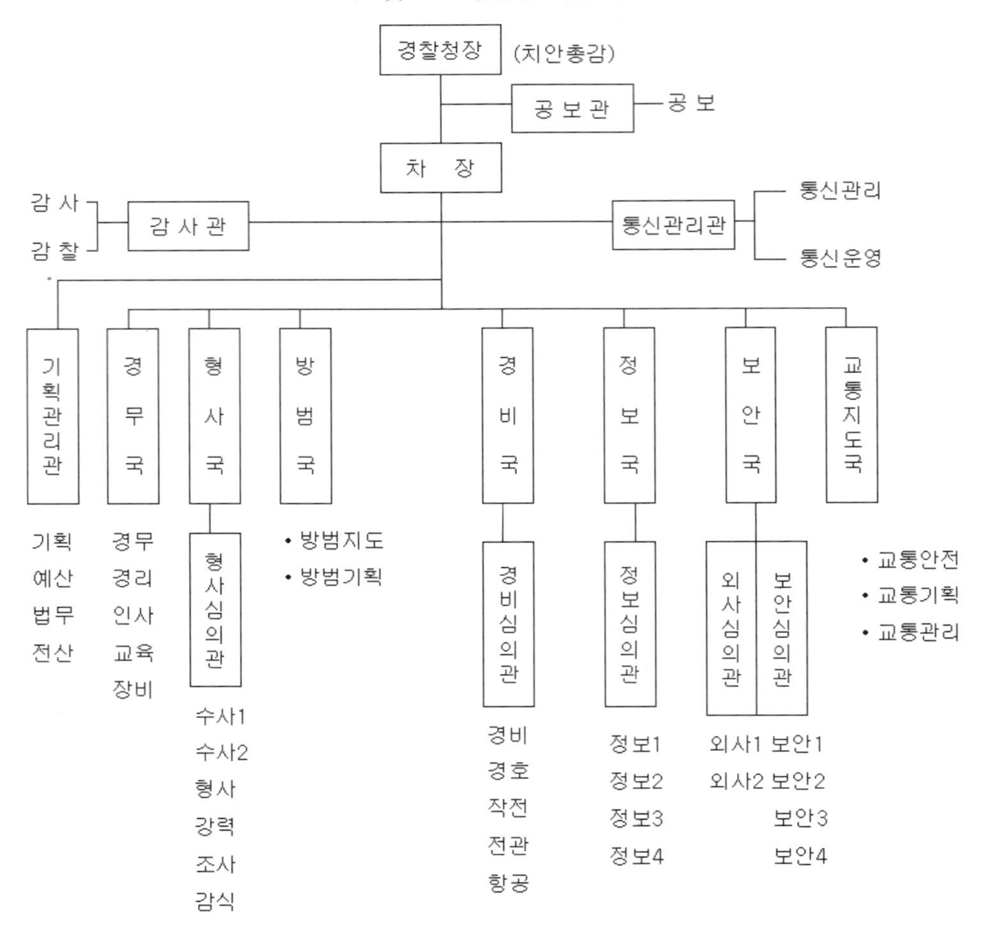

○ 서울지방경찰청

〈그림 4-2〉 서울지방경찰청 기구표

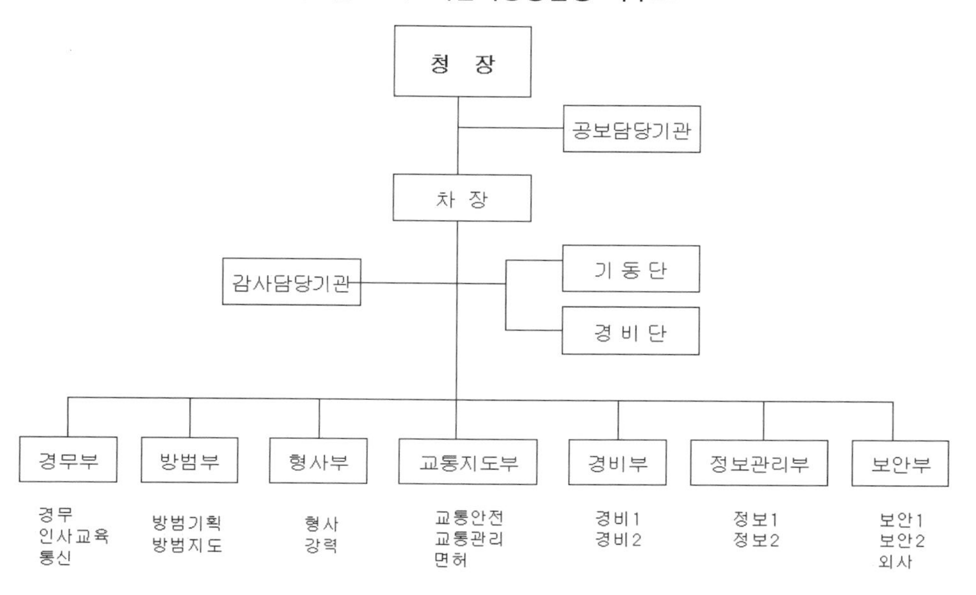

○ 직할시 · 도 지방경찰청

〈그림 4-3〉 각 시 · 도지방경찰청 기구표

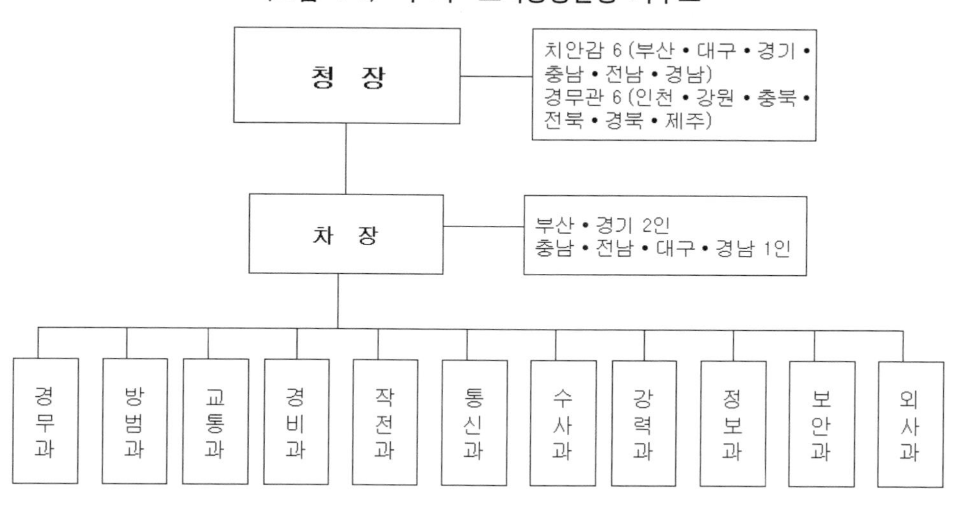

제 3 절 방범전시회 및 대전박람회 경비

1. '91 한국방범전시회

1) 전시회 배경 일지

• 1970년 초 전자제품판매처인 세운상가를 중심으로 도난경보기 및 CCTV 수입품을 조립설치 할 당시 합동전자, 국제전자, 세운사, 조아전자 등 점포위주로 홈시큐리티사업 시작
• 1976년 전자공업진흥육성 차원에서 우리나라에서 도난 및 화재경보기를 제조하여 내수 및 수출을 처음으로 시작
• 1977년 제8회 한국전자전시회에서 한국경비방재(주)가 방범기기인 초음파집중경보장치 출품
• 1979년 범아실업공사에서는 외곽경비용 PS-1 기계경비시스템을 개발 (주)유공서울저유소에 설치
• 1981년 쥬파크 귀금속점과 한국안전시스템이 무인경비 국네 제1호 계약 체결
• 1982년 서울국제무역박람회 전시관에 펜스(fence : MIC)센서 70개, 적외선센서 4대, 패시브(passive)센서 4대 CCTV카메라 2대를 설치하였다.
• 1982년 한국종합경비(전한국 SOK)가 일본 종합경비보장(주)와 제휴함으로써 외국자본도입 및 기계경비를 시작하였다.
• 1982년 울산에 쌍용정유공장에 기계경비를 한국종합경비에서 설치하여 운용
• 1983년 정부에서는 국가중요시설에 과학화(기계)경비 적극권장으로 공항, 방송국, 정유공장 등에 기계경비설치
• '86아시안게임 및 '88서울올림픽을 대비하여 올림픽훼밀리APT에 HA(Home Automation), HS(Home Security)설치
• '88년 서울올림픽 중요시설에 로칼(Local)경비시스템 설치
• 1990년 무인경비시스템 본격적 개시 – 컴퓨터와 통신을 이용한 첨단기

술로 송·수신기기, 관제기기, 감지기기(센서)로 이용 : 일반점포, 주택, 은행 등에 설치하여 경비업체에서 운영

2) 제1회 '91 한국방범기기전시회 개요

(1) 목 적

고도 산업사회에서 경비업무의 역할을 조명하고 첨단장치를 이용한 기술 집약적 과학화 경비시스템 및 방범기기를 널리 전파·보급하여 민생치안에 기여하고자 함.

(2) 방 침

- 발전된 기기 발굴
- 고도로 발전된 기기 집약
- 인력경비에서 기계경비로 전환
- 국내 전시에서 국제전시화로 발전
- 홍보활동을 통한 기계경비 확충

(3) 전시회 개요

가. 명칭 : '91 한국 방범기기 전시회
KOREA SECURITY INSTRUMENTS EXHIBITION(KOSIX '91)

나. 전시장소 : 한국 종합 전시장 (KOEX) 별관 5호관

다. 전시규모

- 전시 총 면적 : 1,610m²
- 전시장 부스 : 87부스

(4) 전시 추진

가. 전시장 확보 : 1,610m²(약 487평) KOEX 별관 5호관

나. 홍보계획

- 출품안내서
- 초청장

- 무료입장권
- 간행물 홍보
- 가두 선전물 : 선전탑, 현수막
- 언론매체를 통한 홍보활동 전개

(5) 치안본부의 후원

당시 치안본부장인 이종국 치안총감은 "국민들의 자율방범 의식을 고취하기 위하여 최신 방범기기를 전시, 홍보하게 된 것은 매우 뜻 깊은 일이라고 생각합니다."라는 내용의 격려사를 보내왔는데, 그 내용은 아래와 같다.

격 려 사

최근 우리사회가 급속하게 산업화되는 과정에서 각종 범죄가 빈발하여 사회불안을 조성하고 있을 뿐만 아니라 범죄양상 또한 지능화 되고 집단·흉포화 되어 그 동안 경찰에서는 범죄예방 및 검거와 범인성 유해환경 정화 등 민생치안활동에 전력을 기울여 왔습니다마는, 국민의 기대수준에는 미흡하여 민생보호를 위한 각별한 대책강구로 범죄로부터 두려움 없는 사회를 이룩하는데 최선을 다하고 있습니다.

그러나 범죄는 경찰의 노력만으로써 일시에 완벽하게 척결, 예방한다는 것은 매우 어려운 일로써 어느 때 보다도 전 국민의 동참과 성원이 절실히 요청되고 있습니다.

이러한 시기에 한국경비협회가 국민들의 자율방범의식을 고취하기 위하여 최신방범기기를 전시, 홍보하게 된 것은 매우 뜻 깊은 일이라고 생각합니다.

아무쪼록 이번 전시회가 가정·직장·지역단위의 自警活動을 일층 촉진하는 계기가 되어 自警노력의 일상화를 통한 범죄예방과 범인검거에 획기적인 성과를 거두는 전기가 되길 진심으로 기원합니다.

끝으로 이번 전시회를 위하여 애써주신 한국경비협회와 한국종합전시장(KOEX) 및 품질 좋은 방범기기를 출품해 주신 여러분들에게 심심한 감사를 드리는 바입니다.

1991. 6.

치안본부장 치안총감 이 종 국

(6) 제1회 '91 한국방범기기전시회 참가업체(32社)

〈표 4-6〉 참가업체정보

NO.	업체명	대표자	주 소	주요품목	비 고
1	경보시스템(주)	이용준	서울 서초구 양재동 88-7	가정용·상업용경보기, 유선보안 관리시스템 등	
2	고려안전시스템(주)	박종호	서울 마포구 상산동 260-27	기계경비시스템, 112비상통보시스템, 자체방범시스템 등	경비업체
3	광림전자(주)	김진성	서울 강서구 등촌동 639-12	도난방지기(경보기), 무전기 등	
4	금강양행	이상익	전분 완주군 소양면 황운리 산 87-5	자물쇠, 오토바이용 자물쇠 등	
5	(주)금맥	김성환	서울 송파구 삼전동 69-12	CCTV시스템, Security 시스템 등	
6	대한중앙경비보장(주)	박병기	서울 종로구 공평동 1번지	컴퓨터무인기계경비시스템, CCTV 등	경비업체
7	(주)대현상공	김명석	서울 종로구 신도림동 410-13	열선감지기, 적외선센서, 카메라 등	
8	대흥실업(주)	정봉채	서울 종로구 연지동 1-30	Intelligent CCTV 시스템구성 수입판매 등	
9	(주)몬트카	이중석	부산시 중구 광복동 1가5	I.S.C. 알람시스템, DOOR LOCK등	
10	민영전자(주)	안강태	서울 송파구 오금동 85-15 민영B/D 3층	CCTV4화면 분리기 및 CCTV 시스템	
11	범아종합경비(주)	윤 관	서울 강남구 역삼동 832-2	도시기계경비(무인)시스템소개, 과학화 기계경비시스템 등	경비업체
12	(주)전신보안산업	이동휘	경기도 부천시 남구 송내동 377-2	CCTV, 카메라, 주변기기, 도난경비기 등	
13	세화양행	박승환	서울 성동구 하왕십리 966-11	수입판매, 감시카메라, 감시시스템	
14	시그날 상사	최승현	경기도 안양시 안양 2동 30-1	중앙수신기, 무선경보시스템 등	
15	신성공업(주)	이한국	서울 서초구 서초동 1308-4	경보기, 브레이크 등	
16	신성사	양승만	서울 서초구 방배 2동 2610	경비복 및 장구일절	
17	아세아 안전기업(주)	임명세	서울 강남구 역삼동 797-16 명호 B/D	카메라 및 경보장치, 공장·빌딩관리시스템	경비업체

18	오리엔탈전자공업(주)	김경호	서울 강남구 신사동 643-10	CCTV 카메라 및 무인경비 시스템 설치 등	경비업체
19	우나전자	최양일	서울 용산구 한강로 2가 16-2	충전식 라이트	
20	이마산업(주)	이준구	서울 종로구 수송동 146-1	중앙경보실 및 울타리 감시설비	
21	이한시스템테크	조진원	서울 강남구 포이동 244-4	SX-V 무선경보기, 중앙관제 시스템 등	
22	(주)오리엔탈안전시스템	이병호	서울 강남구 청담동 91	컴퓨터 온라인 방범시스템, CCTV카메라 등	
23	K&J전자(주)	김재한	부천시 중구 삼정동 264-5	원격비상경보시스템, 자석, 유리, 적외선 등	
24	태우안전물산(주)	김정욱	서울 영등포구 여의도동 45-11	무인기계경비, 무선시스템 CARD KEY 등	
25	(주)한국보안공사	최진엽	서울 동대문구 장안동 358-19	무인기계경비, CCTV 무인은행 CD시스템	경비업체
26	(주)한국기전	간준기	서울 용산구 한강로 2가 16-1	적외선 및 열선감지기, 기타 보안기기	OPTEX한국대리점
27	한국전자경보(주)	이준복	서울 종로구 적선동 29	CCTV시스템 설계, 시공	경비업체
28	한국안전시스템(주)	이동우	서울 중구 을지로 1가 50	BSS시스템, HANKS시스템, SECURITY LOCK 등	경비업체
29	아시안안전산업(주)	지현섭	서울 구로구 구로동 604-6	중앙관제용컴퓨터, 프린터기, 감지기	
30	(주)현대금속	김원세	서울 성동구 구의동 546-1	도어록 생산 판매	
31	한국호신장비개발공사	강인구	서울 성동구 홍익동 302-9	GAS분사기	
32	제일정밀	박용철	서울 서대문구 남가좌동 115-18	방범분사기 (GAS총)	

※ 자료 : 한국경비협회.

3) 사업실적 보고[1]

(1) **개최기간** : 1991.6.15 ~ 19(5일간)

(2) **장소** : 한국종합전시장(KOEX) 별관 5호

(3) **출품회사 및 전시품목** : 32개사(87부스) 570여종

(4) **관람인원**

- 국회내무분과위원장, 치안본부장, 서울시경 1부장 외 관계인사 다수
- 유료 : 4,907명
- 무료 : 64,760명
- 계 : 69,667명(1일 평균 13,933명)

※ 무료는 경찰관 및 협력단체위원

(5) **언론보도**

- 한국일보('91. 6. 15) : "방범기기전시회열어 600여종의 방범기기소개"
- KBS-TV('91. 6. 16, 07 : 10 ~ 07:13, 3분간) : 자율방범체제필요성 강조, 전시회내용은 자막으로 방영
- MBC-TV('91. 6. 17, 18:40 ~ 18:45, 5분간, "생방송 저녁") : 전시회기획취재방영
- PBC 소비자시대('91. 6. 17, 11:15 ~ 11:30, 15분간)방송
- 조선일보('91. 6. 19) : "도둑 막아 드립니다." 제하(題下) 전시회 소개
- 기타 전 일간지, 특수지 게제홍보

(6) **특이사항**

- 일본방범방재신문사 사장 외 일행 14명이 참관 후 일본전시회에 비해 손색이 없으며 대성공이라고 존평
- 주한미국대사관에서 전시회사실을 늦게 알아 참관치 못하여 안타깝다면서 홍보물 송부요청
- 청와대비서관(비상기획관실), 경호실안전처관계자 11명 단체관람

---

1) 92년 2월 13일 한국경비협회 사업실적보고 자료를 인용한 것임.

• 농협 등 금융기관 관계자 다수 관람
• 동국대, 한양대, 중앙대 교수 등 관람

(7) **각계반응**

가. 관람자

• 좋은 장비가 많아 설치하고 싶다.
• 저렴한 가격의 기기를 개발하였으면 좋겠다.
• 서울 뿐 아니라 전국 대도시를 순회하면서 개최요망
• 광범위한 홍보 요망

나. 참가업체

• 출품하기를 잘 하였으며, 성과에 만족한다.
• 앞으로 더욱 크게 전시회 개최 요망

다. 경찰관

• 감탄했다.
• 방범활동에 많은 도움이 될 것 같다.
• 홍보를 강화하여 방범효과를 증대시켰으면 좋겠다.

(8) **성 과**

• 방범전시에 관한 주민들의 인식제고 및 대중화에 기여
• 자율방범의식 높임
• 전시관련 산업의 육성 및 신제품개발활성화에 기여

4) 전시회 평가

(1) **종합평가**

• 협회의 위상을 높여 업계발전의 획기적 계기 제공
• 방범기기 기술수준을 과시하여 주민의 민간경비업에 대한 인식 전환에 기여
• 방범 주무기관인 경찰관서 관계자 및 협력단체직원이 다수 관람함으로

써, 외근활동, 회의 등을 통해 전시회 효과의 장기적 지속을 기대
- 매스컴에 보도되어 방범기기의 의의와 효용을 널리 인식
- 방범기기 관련 산업의 육성 및 기술개발 동기 부여

(2) **찬양사항**

- 치안본부와 긴밀한 협조체제 유지로 전시회 성공의 관건을 제공
- 집행부 전 직원의 협동
- 전시장 전 공간을 전시품목으로 채움
- 좋은 기후와 작은 사고 한 건 없이 전시회 종료
- 협회 전 임직원의 적극적 참여
- 흑자 경영으로 협회 전시회 추진예산 절감

(3) **시정사항**

- 인력 부족, 경험 부족으로 전체적, 체계적 계획수립이 미진하고, 그 때 그 때의 임기응변식 대처
- 출품업체 다양한 욕구(무료입장권, 안내문, 출입증, 전시품 반·출입 등)를 충족시키지 못하고 서비스 부족
- 전시장 내 음향장치 통제, 관람객 방명록 비치 등 출품업체 행정지도 미숙
- 개관 전 홍보 부족
- 전시장 냉방장치 결여

2. '93 대전EXPO 경비

1) '93 대전EXPO 개요

"새로운 도약에의 길"이라는 주제의 '93 대전EXPO(공식명칭 "대전세계박람회")가 1993년 8월 7일부터 11월 7일 까지 93일 간의 일정으로 충남 대전에서 개최되었다. 대전EXPO는 한 시대가 달성한 성과를 확인하고 미래를 전망하는 무대로서 일반 상거래를 목적으로 하는 무역전시회와는 달리

경제 · 과학 · 문화의 올림픽으로 불리며, '88올림픽에 이어 '93 대전EXPO의 성공적인 개최는 우리의 국력을 세계에 과시하는 동시에 선진 사회로 진입하는 가장 확실한 발판으로 평가되었다(정진환, 1995).

대전시 대덕연구단지에서 개최된 '93 대전EXPO는 총 회장 규모가 27만 3천 평(과학 공원지역 75,950평, 국제전시구역 75,600평, 장외지역 121,450평)에 세계박람회 사상 최대 규모인 108개 국가와 33개의 국제기구가 참가하였다. 대회 기간 중 총 1,400여만 명, 1일 최고 25만 명의 관람객이 다녀갔다.[2] 이는 '88서울올림픽 못지않은 사상 초유의 대규모 국제행사라 아니할 수 없다.[3]

2) 민간경비의 활동상

조직위원회에서는 박람회장의 자유스러운 분위기를 유지하면서 신속하고 친절한 자세로 회장 내에서의 질서유지와 범죄예방에 만전을 기함으로써 성공적인 박람회 운영에 기여한다는 경비목표를 설정하였다.[4]

'93 대전EXPO 경비의 중요성을 감안하여 조직위원회에서는 행사 경비를 주로 경찰과 군에 의지하던 그동안의 관례를 벗어나 민간경비업체에 맡기기로 결정하였다. 조직위원회는 한국용역경비협회에 의뢰하여 영업년수 5년 이상, '91 경비업 매출액 10억 원 이상, 경비원 수, 보유 장비, 경비업법 위반여부 등을 감안하여 25개 우량업체를 추천받았다. 추천받은 25개 업체 중 컨소시엄을 구성하여 제안서를 제출한 업체는 3개 팀 11개 업체였다. 이들 업체에 대하여 학계를 비롯한 외부 전문가와 조직위원회 간부로 "제안심사위원회"를 구성하여 회장 경비계획의 적정성 및 인력, 장비 확보 능력, 교육 · 훈련계획 등을 중점 기준으로 향우 경비를 주관업체로 한 범아공신, 선진실업, 경원산업 4개 업체[5]를 확정하였다.[6] 이들 업체들은 조직위, 경찰

---

2) 관람객 수는 당초 예상했던 총 관람객수 1,000만 명, 1일 평균 107,000명 보다 훨씬 상회하는 인원이다.

3) "대전세계박람회 개최 개요", 1992, 대전세계박람회 조직위원회 제공.

4) 대전세계박람회조직위원회, 부문별 결과보고서 회장방호단,1993.

5) 한국보안산업은 후에 추가로 참여하게 되어 최종적으로는 5개 업체가 참여하였음.

6) 이러한 절차를 통하여 업체를 선정한 이유는 업자간 운영협의회 조직 및 주간업체 선정

과 합동으로 「조직위 경비대」를 편성, 효과적인 경비 업무를 수행하도록 하였다.

이러한 조직위 경비대의 운영상 목적은 박람회장의 질서유지와 방범 활동으로 성공적인 박람회 운영에 기여하고, 경찰 등 유관기관과 유기적 협조체제 구축으로 완벽한 경비를 수행하며, 각종 첨단 장비를 활용하여 경비업무의 효율화를 기하고 긴급 상황에 신속히 대처하는 것으로 규정하였다.[7)]

조직위원회는 민간경비업체에서 선발한 269명의 경비원으로 「조직위 자체방호대」를 편성하여 출입문 초소 근무(인원 및 물자 출입통제), 동・서・남문 입장 정리 및 검표보조, 조직위 관련시설 경비 지원업무를 수행하게 하였다.

박람회 경비에 참가하게 된 민간경비업체는 「경비업체 운영 협의회」를 구성하여 박람회장 경비업무 참여 회사 간 긴밀한 협조체제를 유지함으로써 성공적인 박람회 운영에 기여하였다. 협의회는 향우경비전무이사가 위원장을 맡고, 다른 4개 업체 임원 각 1명이 위원을 맡았다. 협의회의 업무내용은 경비인력 수급 대책 수립, 장비확보 및 운영, 교육 훈련 계획 수립, 단계별 경비운영계획에 의한 세부시행 대책수립, 시행 중 도출 문제점 개선방안 마련 등이다.

민간경비업체들은 우수한 경비인력확보를 위하여 각종 돌발 사태에 적절히 대처할 수 있는 인원확보와, 회장 개장시간이 장시간이고 경비요원 근무가 격무인 점을 감안하여, 최선의 서비스를 제공할 수 있는 적절할 교대실시를 중점으로 하여 아래 표와 같이 경비인력을 배치하였다.

으로 종합적 운영과 돌발사태 발생 시 대처능력이 확보되며 경비협회를 중심으로 능력있는 용역업체를 참여시킴으로써 준치안능력을 확보하고자 함에 있었다.

7) 대전세계박람회조직위원회, EXPO '93 경비업무메뉴얼, 1993.

〈표 4-7〉 경비인력 배치기준

배치장소		배치기준
동・서・남문		• 개장시간 : 개찰기 2개당 1명 배치 • 폐장시간 : 초소에 2명 배치
출입문초소 (8개소)		24시간 2명 배치
순 찰		지휘요원 8명 감독 실시
조직위시설	관 리 동	7개소 16명 배치
	전시관동	6개소 31명 배치
	EXPO타운	30개소 69명 배치

※ 자료 : 대전세계박람회조직위원회, 「부문별 결과보고서」, 회장방호단, 1993, p.21.

조직위는 경비업무수행 기본방침으로 먼저 3선 개념의 경비체제를 채택하여, 1선 경비는 각 전시관, 공연장 등 건물 내부영역을 담당하고 사업주체측이 참가 구역 내 책임경비를 맡고 필요시 조직위 경비대가 지원하기로 했으며, 2선 경비는 참가자 자주경비관할구역을 제외한 박람회장 지역(주차장, 갑천 포함)으로 조직위 경비대의 책임경비구역으로 설정하였다. 그리고 3선 경비는 1, 2선을 제외한 박람회장의 외부지역(외곽도로 및 교량, 산악지역 포함)으로 군 지원 병력 또는 경찰이 담당하도록 하였다.

민간경비업체들은 박람회 경비단계를 ① 사전 경비 단계(1992. 5. 1.~1993. 7. 23.), ② 회기 중 경비 단계(1993. 7. 24.~1993. 11. 7.) : 개최 15일 전부터 본격 경비 실시, ③ 회기 후 경비 단계(199. 11. 8.~1993. 12. 8.) : 참가자 시설철거, 퇴거 시까지 경비, 철거진도에 따라 경비규모 신축운용 등으로 구분하여 실시하기로 하였다.

경비단계별 인력은 아래 표와 같이 확보하였다.

〈표 4-8〉 단계별 인력확보

구분	사전경비			회기 중 경비	회기 후 경비
	1단계 ('92 5. 1.~12. 31.)	2단계 ('93. 1. 1.~3. 31.)	3단계 ('93. 4. 1.~7. 23.)	'93. 7. 24.~11. 7.	'93. 11. 8.~12. 31.
상황 (공사 진척도 등)	총 24개소 시설물 중 7개소 준공	17개소 준공(40%)	4개소 준공(100%)	박람회 개최	시설물 철거 및 전시기자재 반출
소요시설	초소 4개소	초소 8개소	초소 13개소	초소 21개소 임시파출소 3개소	초소 8개소
경비인력	36명	77명	111명	269명	128명

※ 자료 : 대전세계박람회조직위원회, 「부문별 결과보고서」, 회장방호단, 1993, p.23.

경비 대상별 추진방침은 아래 표와 같다.

〈표 4-9〉 경비대상별 추진 방침

경비대상	추진방침	비 고
VIP경호	• 계획일정 절대 보안유지 • 사전 안전 검측 철저 • VIP체류실, 승하차 지점, 이동로 등 접근 봉쇄	
참가자 및 관람객 신변보호	• 범죄와 각종 사고로부터 신변보호 • 피해 발생시 신속처리 함으로써 피해 극소화	
관리 공급시설 경비	• 기계, 전기, 통신시설 등 중요시설 중점 경비 • 일반 관람객 등 외부인 출입통제	
전시시설 경비	• 전시관 내부는 각 참가자가 1차 책임 경비 • 예방 및 사고 발생시 신속조치 • 지역 내 방범활동 및 질서 유지	
위락시설 경비	• 위락시설 운용자 1차 책임 하에 사고 예방 • 안전사고 예방 및 사고 발생시 신속 조치 • 지역 내 방범활동 및 질서 유지	
주차장 경비	• 주차장 내에서의 도난 방지 • 교통사고의 예방 및 조치 • 주차질서 확립(주차관리 요원과 협조)	
갑천주변 경비	• 고수부지 이용 시 혼잡경비 • 추락 위험지역 접근 통제	

	• 수상사고 예방을 위한 제반활동	
행사장 경비	• 개회식과 폐회식 경비 • 대공연장, 중공연장 등에서의 대규모 문화 공연 • 퍼레이드 등 놀이마당 및 동선에서의 행사 시 혼잡 경비	
회장 내에서의 일반	• 입퇴장 시 질서문란 행위 예방 및 단속, 질서 유지 및 서비스 • 회장 내 동선확보를 위한 혼잡경비 업무지원(안내원 등 관계 요원과 협조) • 회장 내외의 잡상인 등 질서 문란자 단속	
대 테러 대책	• 유관기관과 협조, 국제테러분자 국내침투 봉쇄 • 전담부대를 편성하여 사태 발생 시 즉각 대응체제 구축 • 전문교육 훈련과 장비보강으로 대 테러능력 강화	

※ 자료 : 대전세계박람회조직위원회, 「EXPO '93 운영기본계획」, 1991, p.72~73.

민간경비업체에서 주관하여 배치된 경비원에 대한 교육훈련은 신임자 교육과 보수교육, 관리 감독자 교육으로 구분하여 실시하였다. 신임자 교육은 기초 및 직무지식과 근무자세 정립, 책임의식 고취, EXPO관련 업무 숙달을 중점으로 4단계로 구분하여 실시하였다. 교육과목은 21개 과목에 총 40시간을 실시하였다. 보수교육은 매월 1회 실시하였으며, 직무의식 및 기술습득, 의식 개혁, 주인의식 고취, EXPO관련 내용을 중점으로 하였다. 교육과목은 정신교육, 용역경비업법・형사법, 대공이론・화생방・소방, 봉술・교통정리요령 등 4개 분야에 4시간씩 실시하였다. 관리감독자 교육은 간부로서의 책임의식, 근무지도 및 감독교육을 중점으로 총 7회에 걸쳐 63명의 감독자를 교육하였다.

조직위 민간경비업체로 구성된 용역경비대는 EXPO 조직위 각종 규칙에 근거한 위반행위 단속 및 출입자 통제・안내, 질서유지업무를 수행하는 민간경비원 269명이 경비운영센타 2층에 사무실을 설치하여 경찰경비단과의 긴밀한 업무연락을 도모하였다.

대회 조직위는 회장경비의 원활화, 효율화를 기하기 위하여 감시카메라, 감시모니터 등 제반 첨단 방범장비를 최대한 확보하여 본격적인 기계경비 체제를 구축하였다. 방범장비는 회장 내 혼잡도 측정과 분석으로 관객의 유도・분산・이동・통제 등의 활용과, 무단침입자 감시에 활용되었다. 방재장비는 소방 및 방제센터에 신속한 화재정보의 제공과 입장객의 안전 대비를 위한 방송정보제공에 활용되었다. 아래 표는 방범 및 방재 장비 현황이다.

〈표 4-10〉 방범 · 방재 장비 현황

구 분	장비명	수 량
방범장비	감시카메라	25대
	모 니 터	10대
	적외선감지기	47식
	광 케 이 블	8.2km
방재장비	그래픽 판넬	1식
	화재경보 정합장치	52세트
	전화케이블	17.6km

※ 자료 : 대전세계박람회조직위원회, 「부문별 결과보고서」, 회장방호단, 1993, p.40.

조직위 방호단은 제반 경비활동 외에 각종 범죄 대처, 분실물 · 습득물 처리, 미아보호 및 지리안내 등 서비스 활동 및 부상자 등 요보호자 보호활동 등을 수행하였다. 아래 표는 사안 별 처리 상황이다.

〈표 4-11〉 사안별 처리상황

구 분	8월	9월	10월	11월	계
강 력 범	1	·	·	·	1
폭 행	1	2	2	1	6
상 해	·	·	1	·	1
기 물 파 손	1	1	1	·	3
화 재	1	1	·	1	3
잡 상 인	12	2	1	·	15
불법반출입	18	7	2	2	29
무 단 출 입	25	8	6	9	48

습득물처리	7	2	4	2	15
교 통 사 고	5	1	1	·	7
구 호 활 동	1	5	4	2	12
고 충 처 리	2	·	1	·	3
계	74	29	23	17	143

※ 자료 : 대전세계박람회조직위원회, 「부문별 결과보고서」, 회장방호단, 1993, p.51.

3) '93 대전EXPO 경비 성과

'93 대전EXPO는 박람회 행사 약 15개월 전(1992. 5. 15.)부터 공사현장에 대한 화재예방 및 출입통제 활동 등 사전경비 및 소방 활동을 실시하여 회기전 각종 사고를 미연에 방지함으로써 성공적인 박람회개최에 기여하였다.

박람회장 관람객 출입구에 조직위가 별도 제작한 경비원 복장을 착용한 민간경비원을 배치하여 경찰과 합동으로 도우미와 상호협조 하에 관람객에 대한 친절한 서비스와 질서유지를 실시 함으로써 박람회장의 축제분위기 유지에 일조하였다.

회장 내 국제관은 62개의 모듈에 140여개 국가 및 국제기구에서 전시한 곳으로 화재발생시 국제적인 문제 발생우려가 있는 장소였다. 회장방호단은 대전 북부소방서의 협조를 받아 조직위 직원과 합동으로 폐장이후 국제전시관 화재예방에 만전을 기하였다.

경찰에서는 단기간의 준비일정을 극복하고 대전EXPO의 성공적 수행을 위하여 절대 안전, 성숙된 질서, 최상의 친절봉사를 주요과제로 선정하여 치밀한 종합경비계획을 수립하였다. 아울러 범시민 질서의식 고취 및 홍보활동과 기초질서사범의 지속적인 계도단속, 교통체증 해소를 위한 교통관제센타와 전자 신호체제 운영, 안내소설치, 가변차선제 운영 등 사전준비에 임하였다. 회기 중에는 완벽한 경비를 수행하여 성공 EXPO의 원동력이 되었으며, 조직위 운영요원과 도우미, 자원봉사자, 군지원단 등과의 유기적인 협조와 국민의 성원으로 대전EXPO의 경비를 성공적으로 수행할 수 있었다.

제 4 절 국가중요시설 경비업무의 이원화

1. 국가중요시설경비의 개념

일반적으로 국가중요시설이란 적의 공격으로부터 파괴되거나 기능이 마비될 경우 국가적으로 중대한 영향을 끼치는 시설로서 국가보안목표로 지정된 시설과 중앙부처의 장 또는 시도지사가 시설보안상 필요하다고 인정한 시설을 말한다(경찰대학, 1998: 226).

여기서 국가보안목표란 적에게 노출되거나 파괴되었을 때 막대한 손실이 예상되기 때문에 특별한 보호를 요하여 지정된 시설로서, 예컨대 전략무기를 생산할 수 있는 국가방위산업시설, 기간산업시설, 주요 행정관청, 전기통신시설, 국민생활에 중대한 영향을 미치는 상수도나 급수원, 군사시설 등이 포함된다(경찰대학, 1998).

〈표 4-12〉 국가중요시설의 분류기준

구 분	유 형
유 형	국가기간산업시설,발전시설,변전소,방송국,통신시설, 교통시설,공항,항만,수원지,과학연구시설,교정
가 급	국방・국가기간산업 등 국가의 안전보장에 고도의 영향을 미치는 행정 산업시설
나 급	국가보안상 국가경제・사회생활에 중대한 영향을 끼치는 행정 및 산업시설
다 급	국가보안상 국가경제・사회생활에 중요하다고 인정되는 행정 및 산업시설
기타급	중앙부처장 또는 시・도지사가 필요하다고 지정한 행정 및 산업시설

※ 자료 : 경찰대학, 「경찰경비론」, 1998, pp. 177-181.

통합방위지침상의 국가중요시설[8]은 국가기밀에 속하는 사항이며, 국가

8) 이러한 국가중요시설의 방호책임은 당해 시설의 장 또는 시설주에게 있으며, 관계법령의 규정에 의하여 지정된 산업단지의 자체방호책임은 각 산업단지를 관리하는 대표자에

정보원에서 지정·하달하고 있고 그 중요성이나 시설의 등급여부에 따라 지정내용이 상이하므로 매년 국가중요시설 지정상황이 동일하지 않다.[9)]

2. 청원경찰의 국가중요시설 경비

우리나라에서 국가중요시설 및 산업시설 경비업무에 민간경비가 도입된 계기는 1961년 7월 22일 제1차 경제개발5개년계획이 발표되면서 울산공업단지 건설이 활기를 띠고 중화학분야인 발전, 석유, 비료공장 등을 건설하면서 부터이다. 이 당시 한미합작에 의한 정유공장에 미국의 플로어(Flour)사와 벡텔(Becktel)사가 참가하면서 1962년 한국의 민간경비업체인 범아실업(대표 : 윤 관)이 건설공사 경비업무를 담당하게 되었다. 당시 경비원 휴대장비로는 경봉이 유일하였으며, 중요시설 경비업무 일부는 경찰이 직접 담당하기도 하였다.

경제개발이 본격화 되면서 중요시설 경비업무의 수요도 늘어나고 한정된 경찰력으로는 국가중요시설 경비업무에 한계가 있게 되자, 1962년 4월 3일 민간경비의 일환으로 「청원경찰법(법률 제 1049호)」이 제정·공포되었다. 그러나 일부 청원주(시설주)는 생산에 전념하고 경비업무에 대한 책임을 부담스럽게 생각하는 경향이 나타나고, 한미합작회사의 경우 경비업무는 전문경비업체에 위임하면서 책임도 함께 지게하는 미국의 경비문화를 선호하게 되었다. 이는 1953년 이후 미8군 군납경비의 사례에서도 볼 수 있다.

1968년 1월 21일 북한 무장 게릴라 김신조 일당의 청와대 기습사건은 우

게 있다.

9) 이러한 국가중요시설은 청와대, 국회, 대법원과 정부청사, 국책은행 등 금융기관, 국가경제에 막대한 영향을 미치는 철강회사, 조선소, 정유저장소 등 중화학공업시설, 중화기 생산시설 등 방위산업시설이 포함된다. 최근의 모든 시설은 에너지가 공급되지 않으면 가동이 불가능한 경우가 절대다수이다. 따라서 발전소, 변전소 등 전력공급시설 또한 국가중요시설이며, 일반시민의 정보교류는 물론, 국가의 신경망으로 가동 중인 정보통신시설과 각종 인적, 물적 수송을 담당하는 교통시설, 교량과 철도, 공항, 항만 등 운송시설도 국가중요시설이다. 이 외에도 산업 활동 및 국민 생활과 직결되는 수원지, 첨단기술을 개발하는 연구시설, 각종 범죄자들의 교화를 담당하는 교도소 등이 모두 포함 되는 바 국가의 근간을 이루는 다양한 시설들이 총 망라되어 있다.

리나라 경비업무에 일대 전환점을 갖게 하였다. 이 사건을 계기로 향토(국가중요시설)방위를 목적으로 1968년 5월 29일 「향토예비군설치법」이 제정·공포된 것이다. 당시 박정희 대통령은 향토예비군 창설식장에서 "내 나라는 내 힘으로, 내 고장도 내 힘으로"라는 슬로건을 강조하였다. 따라서 각 고장의 국가중요시설 경비업무는 종전의 도난·화재예방에서 방호·방위라는 개념으로 강화되었으며, 휴대장비도 경봉에서 무기 휴대로 전환되었다. 경비업체의 경비원이 직장예비군으로 편입되면서 예비군 자격으로 무기를 휴대하면서 경비업무를 수행한 것이다.

청와대 기습사건 이후에도 북한의 무장게릴라들이 산악 및 해안선을 통하여 침투해 오면서 남한의 정국을 불안하게 하였다. 정부에서는 국가중요시설 경비업무를 강화하고자 「대통령 훈령 제28호('70. 1. 10)」를 시달하였으며, 국가중요시설경비 시행지침에 방호인력을 청원경찰로 운영하라고 하였다. 「대통령 훈령 제28호('70. 1. 10)」제31조의 내용은 다음과 같다.

제31조 【국가 중요시설 방호지침】 국가 중요시설 방호 지침은 다음 각 호와 같다.

① 국가 중요시설 방호 개념

1. 국가 중요시설에 대한 방호는 군, 경, 향토예비군, 민방위 등 범국가적인 노력을 집중하여 3지대 방호 개념에 의해 수행한다.
2. 국가 중요시설 방호를 위한 방호 인력은 청원경찰로 임용 운용하되 시설 유형별, 지역별, 규모별 적정수준의 방호인력을 확보 운용한다.

② 국가 중요시설 방호책임

1. 국가 중요시설의 방호책임은 시설장(주)에게 있으며 공업단지의 방호책임은 공업단지 관리의 장에게 있다.
2. 용역경비업체에 도급을 주어 시설방호시 시설장은 시설방호에 대한 책임을 용역경비업체에 전가할 수 없다.

③ 국가 중요시설 방호 지휘 체제

1. 국가 중요시설 시설장(주)은 비상계획 담당관의 보좌를 받아 당해 시설 내 경비 및 방호업무를 관장하는 전 작전요소(비상계획부, 직장예비군, 청원경찰, 소방대, 방호담당과, 기타 작전요소)를 통합하여 중요시설 방호 지휘체제를 일원화한다(단, 군·경이 직접 경계책임을 담당하는 시설은 별도 정하는 바에 따른다.).
2. 용역경비업체에 도급을 주어 시설 방호시 용역 경비인력(청경)은 시설방호 담당관인 예비군 지휘관의 지시를 받아야 한다.
3. 시설장(주)은 비상계획관과 예비군 지휘관의 업무한계를 명확히 구분하여 임무를 수행하도록 하여야 한다.

제31조 ③항의 2호를 보면 "용역경비업체에 도급을 주어 시설 방호시 용역경비인력(청경)은 시설방호 담당관인 예비군 지휘관의 지시를 받아야 한다."고 명시되어 있다. 이는 민간경비회사의 용역경비원은 청원경찰 신분으로 경비업무담당이 가능하였다는 것이다. 이로써 처음으로 '용역청원경찰' 또는 '용역청경'이라는 용어가 생기게 되었다.

청원경찰법은 1973년 12월 31일(법률 제 2666호) 전면 개정되었다. 개정된 청원경찰법을 근거로 국가중요시설 경비는 민간의 신분으로 경비구역 내에서는 경찰관의 직무를 수행할 수 있도록 하는 준 경찰제도로서 산업시설, 공공시설, 국영기업체, 방송국, 공항, 항만 등 광범위한 국가 중요시설에 시설주가 청원주가 되어 청원경찰로 경비업무를 수행 하도록 치안본부 및 관계기관에서 권장하였다.

이어서 시달된 「대통령훈령 제36호(1974년 4월 13일)」도 용역경비업에 의거 경비업무를 하고 있는 공업단지 산업시설을 청원경찰로 경비토록 한다는 내용인데, 여기서 관련조항인 ⑤항 나의 1호를 살펴보면 다음과 같다.

「공업단지 방호지침」

⑤항 나의 1 : 공업단지 및 중요산업시설에 가능한 한 청원경찰이 경비하도록 한다.
(내무부에서는 청원경찰로 대체할 것을 강제로 제의하고 있음.)

국가중요시설 경비업무에 있어서 교육훈련은 예비군교육에 치중한 교육계획을 도입하였고, 경비원 직위명칭도 분대원, 분대장, 소대장, 대장으로 준 군대식이었다. 경비원의 일반수칙도 「나의 위치의 지킴은 곧 조국의 지킴이다」라 하여 국토·향토방위를 강조하였다.

3. 민간경비의 국가중요시설 경비

1976년 12월 31일 용역경비업법이 제정·공포되면서 시행령 제9조(국가중요시설의 용역경비)가 규정되면서 합법적으로 용역경비업이 국가중요시설 경비업무를 담당하게 되었으며, 청원경찰법 시행령 제19조 2항(근무배치등의 위임)에서도 "청원경찰의 근무배치 및 감독의 권한을 당해 용역경비업자에게 위임할 수 있다."고 신설하면서 용역청경이 가능하게 되었다.

<청원경찰을 용역 경비업자에 위임할 수 있는 법 조항>

○ 용역경비업법시행령(1977. 6. 30. 공포)

제9조 【중요시설등의 용역경비】 기관·시설 또는 사업장에 청원경찰에 의한 경비원 용역경비가 동시에 실시되는 경우에는 경비의 효율화를 위하여 청원경찰에 대한 근무배치 및 감독의 권한을 용역경비업자에게 위임할 수 있다.

○ 청원경찰법시행령(1980. 5. 8. 신설)

제19조의 2 【근무배치등의 위임】 용역경비업자가 중요시설의 경비를 도급받은 때에는 청원주는 그 사업장에 배치된 청원경찰의 근무배치 및 감독에 관한 권한을 당해 용역경비업자에게 위임할 수 있다.

그러나 용역경비업이나 청원경찰법에 규정된 "근무배치 및 감독의 권한을 용역경비업자에게 위임할 수 있다."라는 조항은 국가중요시설의 경비업무를 청원경찰이 담당하여야 하고, 그 근무배치 및 감독의 권한을 위임할 수 있다고 하여도 경비업자가 청원권을 갖지 않고서는 국가중요시설 경비업무수행에 있어서 근무에 혼선이 생길 수 있다. 따라서 1978년 10월 12일 국가중요시설 경비업무를 담당하고 있는 시설주가 내무부장관에게 용역경비원을 청원경찰로 임용·신청할 수 있는지 서면질의를 하였고 그에 대한 회신은 기존 경비원을 청원경찰로 임용하는 용역청경을 가능케 하였다.[10)]

한편, 내무부는 1979년 9월 13일 용역경비 육성을 위한 홍보차원에서 자체경비를 하고 있는 국가중요시설을 비롯하여 10명 이상을 고용하고 있는 시설주에게도 용역경비를 권장하는 서한을 각 지방 경찰국장 및 경찰서장에게 발송하였다.

10) 1978년 10월 12일 내무부로부터 '청원경찰의 임용은 청원경찰법 제4조 및 제5조의 규정에 따라 임용하되 추천대상자에 대하여는 제한이 없으므로 용역 경비원 중에서도 추천하여 임용할 수 있다.'는 내용이었다.

제목 : 용역경비 육성 방안에 따른 지시

경비 : 2042-6846 (79. 7. 23.)로 이미 하달한 바 있는 용역경비 육성방안 중 용역경비의 홍보를 위한 지원책으로써, 홍보에 소홀함이 없도록 할 것.

1. 자체경비원 10명이상의 상주경비 시설로써, 치안 및 방범상 취약성이 있는 시설.
2. 용역경비로 경비체제를 전환 실시함이 보다 합리적이며 바람직하다고 인정되는 시설(청원경찰 배치여부 불문)

4. 이원적 운영에 따른 문제와 개선 노력

1980년대에 들어서면서 1981년 10월 7일 「대통령훈령 제 46호」 "보안업무시행규칙"이 시달되면서 경비업자는 용역청경운영에 큰 차질을 초래하게 되었다. 관련 내용 중 국가중요시설 경비지침을 보면 다음과 같다.

「국가중요시설경비지침」

국가중요시설 및 공업단지를 전·평시 각종 위해활동으로부터 효과적으로 방호함에 필요한 경비지침은 다음 각 호와 같다.

1. 국가중요시설경비 및 방호책임
   국가중요시설의 경비 및 방호책임은 시설장(주)에게 있으며, 공업단지의 경비 및 방호책임은 공업단지관리의 장에게 있다.
   가. 대기업(직장예비군 대대급이상 편성시설)은 단일 전무 직속 하에 예비군 지휘관이 당해시설의 전 작전요소를 통합 지휘할 수 있도록 전·평시 체제를 일원화하며, 예비군 지휘관 지휘감독 권한을 전무급이하로 위임되는 것을 금한다.
   나. 중소기업(직장예비군 중대급 이하 편성시설)은 시설장(주) 책임 하에 예비군지휘관이 당해시설의 전 작전요소를 통합 지휘할 수 있도록 전·평시 지휘체제를 일원화 한다…….이하생략

이상 「대통령훈령 제 46호」로는 용역청경으로 국가중요시설 경비업무를 수행할 수 없게 되었다. 따라서 용역경비제도와 청원경찰제도의 이원화제도로 국가중요시설경비업무수행에 혼선이 생기자 1982년 3월 17일 한국용역경비협회(회장 황헌친)에서는 용역경비업자에게도 청원권을 부여하는 내용을 내무부장관에게 건의하였으며, 내무부와 치안본부에서는 이것을 검토

하여 1983년 3월에 용역경비와 청원경찰 이원화로 인한 마찰을 개선하고자 연계발전책을 추진하고자 청와대(당시 전두환 대통령)에게 보고 후 개선책을 모색하였다.

「청원경찰운영개선」을 보면 다음과 같다.

〈청원경찰 운영개선〉

▲ 1983년도 현황

• 제도도입경과

경찰이 담당하던 주요시설경비를 청경으로 대처하기 위하여 '62. 4.청원경찰법 제정.

• 설치시설 인원

계		국가기관		국영기업		개인기업	
시 설	인 원	시 설	인 원	시 설	인 원	시 설	인 원
3,019	17,638	753	6,061	880	4,949	1,416	6,627

• 증가추세

연도별	77	78	79	80	81	82
인 원	7,849	10,302	12,587	14,353	16,165	17,638
전년비(%)	–	31	22	14	13	11

〈개선안〉

▲ 용역경비제도

• 선진국의 경비산업제도 도입 '76. 12 용역경비업법 제정 시행

• 경비업체 및 인원 : 27개 업체, 4,912명

• 청경 및 용역경비제도비교

용역경비	청원경찰
• 경비업체간 경쟁으로 전문 연구 • 과학화된 기계경비도입 • 비용절감(5 ~ 15%) • 전문교육 및 중점지도감독가능 • 단, 경찰권결여 및 비무장으로 중요시설 방어불리	• 시설 내 경찰권행사 • 무장으로 중요시설 방어유리 • 단, 과학화, 전문화 미흡

▲ 개선방안

① 청경과 용역경비의 연계발전책 추진
- 양제도의 장 · 단점 보완
• 중요시설 경비원에게 무장휴대 및 경찰권 부여
• 시설경비제도의 육성방안 연구

② 임용방법개선 적격자 확보
• 임용승인시 경찰면접 부적격자 배제
• 승진제도실시 및 처우개선으로 우수자 유치

③ 교육 및 지도감독 강화
• 시도별 집체교육
- 경찰국장 책임하 1주간(40시간) 집체교육
- 교육비 시설주 부담(강사료, 교재비 등)
• 직무교육
- 지역권별 소집교육
- 자체교육시 교범지원
• 청경운영지도감사 - 경찰국 검열관 편성 연 2회 실시
• 근무현지지도 - 경찰서 월 1회 점검

이와 같은 개선안을 보고하였으나, 시기상조라 하여 보류된 바 있었다.

그러나 한국용역경비협회는 회장이 교체되면서 신임 윤관회장은 협회에 법 개정 심의위원회를 설치 1986년 4월 9일 제1차 회의, 11월 11일 제2차 심의회에서 청원경찰법 제5조(청원경찰임용)를 시설주에만 가능한 것을 추

가로 용역경비업자에게도 임용권을 부여하도록 내무부 치안본부에 건의하였다.

관계법	현 행	개정안
청원경찰법 제5조(청원경찰임용 등)	① 청원경찰은 제 4조 제 2항의 종전에 의한 청원경찰 배치결정을 받은 자(이하 청원주라 한다.)가 임용하되 그 임용에 있어서는 미리 도지사의 승인을 얻어야 한다.	① (----)또는 대통령령이 정하는 바에 의하여 청원주로부터 중요시설 경비를 도급받은 용역경비업자(이하 용역경비업자라 한다.)가 임용하되 그 임용에 있어서는 미리 도지사의 승인을 얻어야 한다.

이상과 같이 청원경찰법 개정(안)을 치안본부에서는 적극 검토 분석한 결과 타당성을 인정하여 1987년 5월 4일 청원경찰법 및 용역경비업법 관계법령 개폐공청회를 개최하였다.

학계에서 서재근 교수(동국대), 정진환 교수(인천대)가 참가하였고, 치안본부 경비과장, 윤관 협회회장, 회원사 대표 등 20여명이 참석하였는데, 내용은 다음과 같이 법 5조(청원경찰의 임용 등) 시행령 제 19조의 2(근무배치등의 위임)에 중점을 두어 개정하는 방향으로 공청회를 마쳤다.

한편, 대간첩본부에서는 매년 국가중요시설 경비점검이 있었으나 1987년 7월 25일의 점검 결과는 문제점을 제시하고, 발전방향으로 용역청경을 시설청경으로 전환조치 하는 등의 내용공문을 관할 상공부에 발송하였다. 그 내용의 일부를 보면 다음과 같다.

<국가중요시설 방호 인력>

(1) 현 실태

- 청원 경찰 분류
  - 시설청경 : 청원주(시설장) 임의선발, 시・도지사의 승인을 받아 시설의 직원으로 채용 시설방호 임무 수행
  - 용역청경 : 시설장 명의로 임용만 하고 용역경비업체 직원으로 운용
- 청원경찰 보수(급여) 기준
  - 내무부 장관이 고시하는 순경급 보수에 기준(령 18조)

- 시설청경 : 동종 또는 유사 근로자 보수기준에 준하여 지급
- 용역청경 : 시설장으로부터 소요경비를 일괄지급 받아 제 경비 공제 후 순경급 보수 수준 지급

(2) 문제점

• 용역업체 청경 시설방호 임무 수행 법적 근거 무
(화재 도난 방지 등 재산상의 관리 업무만 계약)
• 용역청경 신분미보장(1년 계약)으로 소속감 결여 및 처우불만 등으로 노사분규 발생 가능성(이직률 30%)

(3) 보완 발전 방향
• 국가중요 시설은 청경 확보 운용
• 현 용역청경은 시설 청경으로 전환 조치

1987년 당시 용역청경으로 운영하고 있는 회사는 21개사 이고, 인원은 3,625명에 이르고 있었다. 그러나 대간첩본부에서는 국가보안목표시설 점검 때마다 청원경찰지휘체계의 이원화에 항상 문제점을 제시하고 있었다. 그리하여 대간첩본부에서 개최된 관계관회의에서 합의된 사항을 내무부에서는 이것을 협회 회원사에게 시달하기 위하여 내무부 주관으로 청경사용 회원사간의 회의가 주최되었다. 회의주최 목적은 청경설치시설장과 업자간의 책임의 한계와 지위를 명백히 하는데 있었다. 아무리 경비업무를 도급받았다고 하여도 간첩출현 등 비상사태시에는 시설장이 경비업무를 갱신하도록 도급계약을 갱신하여, 갱신한 도급계약서를 내무부의 확인을 거쳐 이행하도록 하였다.

회의에서 합의된 사항을 정리하여 동년 10월 16일에는 각 회원사에게 다음과 같은 「용역경비업 도급 계약 관련 내용시정시지」공문을 시달하였는데, 핵심내용은 다음과 같다.

<지시사항>

• 경비책임의 한계(범위)를 경비도급 계약내용에 반드시 명기 포함 할 것
• 청원경찰관리 용역경비업자(국가중요시설에 진출한 경우에 한함)는 경비도급 계약서 2부 작성 계약효력 발생 10일 전에 당부 사전심사를 받을 것

청원주(시설주)경비책임	용역경비업자 경비 책임
(비상시 경비위주) 1) 관내에 적정이 발생하였거나 발생할 징후가 예상 될 시 2) 인접지역에 발생하였거나 적의 침투가 예상 될 시 3) 계엄이 선포되기 전의 치안상태라고 볼 때 4) 대규모 집단사태의 발생으로 치안 질서가 극도로 혼란하게 되었거나 징후가 현저한 경우 5) 간첩 또는 불순분자 색출을 위한 경계 지역 내의 검문검색이 필요한 경우	(준 비상시 및 평상시 경비위주) 1) 국가중요시설 등 내의 화재, 도난, 경비, 혼잡 등으로 인한 위해 발생을 방지하는 경비 업무 2) 관계기관(관할경찰서 포함) 정보 및 첩보에 의하여 적 및 불순분자의 침투에 대비한 경계강화 등 필요하다고 인정 될 시 3) 국경일, 기념일, 공휴일 등에 중요치 않은 상태가 발생하여 치안질서가 현저하게 혼란되었거나 징후가 현저한 경우 4) 평상시 인원·물자 등 출입통제를 위한 검문검색이 필요한 경우

1988년 11월 5일 서울올림픽 종료 후 한국경비협회(회장 윤관)는 용역청경에 대한 문제점 해결이 미흡하여 좀 더 근본적으로 용역경비회사가 국가중요시설경비업무를 합법적으로 하기 위해서 「대통령훈령 제 28호」규정을 개선하는 청원서를 관계기관에 발송하였다. 이어서 1989년 5월 18일 한국경비협회(정준혁 회장)에서는 청원경찰법 제 5조(청원경찰임용) 동 시행령 제 19조의 2(근무배치의 위임)을 1986년에 이어서 치안본부에 법 개정을 건의하였다.

경찰청은 1994년 1월 7일 「청원경찰운영 및 급여실태 일제 점검지시」라 하여 행정쇄신위원회 국민제안사항으로 청원경찰운영과 급여실태에 대한 공문을 지방경찰청에 보내고 같은 내용을 한국경비협회에 발송하였다. 내용을 보면 다음과 같다.

제목 : 청원경찰 운영 및 급여실태 일제 점검 지시

국가기관 또는 공공단체와 기타 민간경영시설 및 사업장에 배치 근무하는 청원경찰 중 일부가 매년 고시한 청원경찰경비 최저부담기준액 보다 낮은 급여를 받고 가족수당 등 기본 제수당을 받지 못하고 있다는 내용을 행정쇄신위원회에서 국민제안사항으로 접수 심의중임으로 아래와 같이 지시하니 각시도 지방청장은 본 건 중요도를 감안 청원경찰 운영 및 급여실태 점검에 철저를 기하기 바랍니다.

1. 국민제안내용
   - 은행, 농협, 수협, 투자신탁 등 금융기관에 근무하는 청원경찰 대부분은 경비용역 회사소속이며
   - 상여금, 가족수당, 근속수당 등 제수당을 지급받지 못하고 있으며
   - 청원경찰법에 의한 급여(봉급, 제수당, 피복비, 교육비 등)는 경찰관 중 순경의 것을 참작하여 매년 고시한 수준을 받게 되어 있는데 시행되지 않고 있다.
   - 입사한지 1년이 지나야 상여금을 받는 청경도 많으므로 청원경찰 운영 및 실태를 점검하여 정당한 급여와 수당을 받도록 조치
2. 중점 점검 착안사항
   - 청원주가 청원경찰 배치 승인을 받은 후 용역경비업자에게(시설경비 용역계약시) 근무배치 등의 위임을 하는 경우에도 근무배치 및 감독에 관한 권한을 위임하는 것이므로 용역경비업자가 보수지급, 채용, 임명 등 행위는 위법임(청원경찰법시행령 제 19조 2)
3. 조치사항
   - 청원경찰 소속을 청원주에게 환원
   - 청원경찰 급여는 청원주가 경찰청장이 고시한 최저부담기준액 이상으로 지급토록 하고
   - 용역경비업자에게 청경을 위임하는 경우 근무배치 감독 외의 권한 위임 불허

한국경비협회는 용역경비회사가 1960년대부터 국가중요시설경비업무를 수행해 오면서 용역경비업법과 청원경찰법의 이원화 사이에서도 1994년까지 용역 청경으로 경비업무를 수행했으나 국가정책상 청원경찰을 용역경비회사에 위임받고자 하는 것을 시설주에 환원하도록 하라는 것에 대하여 한국경비협회 회장단 명의로 탄원서를 작성하여 내무부장관, 경찰청장, 청와대, 감사원, 국회, 국무총리, 경찰위원회 등 13개 부처에 제출하였다

제 5 절 민간경비산업의 홍보와 교류

1. 민간경비 홍보지(1990~1994)

1) 일간신문

(1) 1990년

년 월 일	신문명	제 목	기사내용	취재기자
1. 7	세계일보	금융기관 경비, 현금 수송전담	정부는 6일 금융자율화에 따라 각종 금융기관의 지점망이 급격히 늘어나고 각종 강력범죄가 잇따르자 금융기관에 대한 경비와 현금수송을 전담할 민간용역업체 설립을 허용할 방침이다.	
1. 3	조선일보	아파트 경비원, 청원경찰, 파출소 비상망연결, "투망식 방범체제"큰 성과	신고 즉시 인근경비원 출동. 절도, 마약중독자 등 현장서 검거. 범죄발생 예전 10% 수준 격감. 관할 지역을 "범죄 없는 동네"로 만들어 가고 있다. 사설 경호회사가 생겼다	석종훈
2. 6	동아일보	민간경비산업 갈수록 호황	동국대 이윤근 박사 논문 통해 조사, 업체 2백여 개, 10년 새 10배 늘어 산업시설경비 가장 많고 주택도 1.8%	임체정
2. 11	한국경제	무인경비 용역업 각광	야간 무인경비 시스템을 이용하는 기업이 늘어나면서 경비용역산업이 전망 밝은 첨단산업으로 각광받고 있다. 연간 시장규모가 5백억 원대로 신장하고 있다.	
3. 6	매일경제	금융기관, 외국공관 정부기관경비 민간용역기관에 맡겨	앞으로 금융기관을 비롯하여 주한 외국공관 등 주요 정부기관에 대한 경비는 민간 전문 용역업체에서 맡게 된다.	
4. 25	세계일보	"전문 경비사"제 내년 실시	민생치안의 효율성을 높이고 "제 2의 경찰"인 사설 경비용역업체의 질적 서비스 개선을 위하여 우리나라에도 "전문 경비사"제도가 도입된다.	김영호
5. 20	매일경제	은행, 보석점, 주택, 안전상황 한눈에	컴퓨터로 건물도면까지 입력, 이상땐 즉각 출동 강력사건 빈발에 수요	민호기

			급증, 없어 팔지 못하는 상황이다.	
8. 1	스포츠서울	빈집 "철벽보안" 책임집니다.	경비산업 성업. 현재 경비업무를 대행하는 회사는 100여 곳 있으며 최근 첨단장비를 갖춘 곳은 15~16곳이다	임명규
10. 29	조선일보	"보안산업" 가정서 기업까지 "안전책임"	기계 인력경비 등 200여 회사 성업, 상황실 - 순찰차도 갖춰 10분 이내 출동	강효상
11. 18	한국경제	방범 전문산업 호황 "경찰만 믿을 수 없다." 가정과 기업 자구책	경비용역업체 210개사로 급증, 년 20%씩 성장, 1천 100억 시장 무인경비 비중 높아져 각종 첨단장비도 속속 개발	이체열
12. 16	조선일보	첨단방범기기 설치 붐.	흉악범죄기승 상가, 아파트 단지 자구책. 적외선, 초음파 탐지기 등 불티, 신축건물은 관제시스템으로 무장	고종원

(2) 1991년

년 월 일	신문명	제 목	기사내용	취재기자
2. 4	조선일보	"첨단기계방범"수요 급증	24시간 경비, 백여 업체 성업 적외선 감지기 등 전자 눈 설치 용역비 월 18만원	석종훈
6. 17	전자신문	제1회 방범기기전 개막	첨단 전자기술 각양각색 전자시스템 이용 연간 5백억 원	김광일
8. 8	전자신문	"전자경비"지방보급 확산 부산, 인천 등에 1만 8천 회선 넘어	무인전자경비 수요급증으로 호황을 누리고 있는 가운데 올해 들어 부산, 인천, 대구 등 지방 주요 도시를 중심으로 전자 경비서비스 채택이 늘고 있다.	
8. 30	전자신문	현금수송 전문 "한국금융안전" 본격 진출에 경비업계 바싹 긴장	정부방침에 따라 국내 주요은행이 공동출자로 설립, 현금수송 또한 경비분야로서 앞으로 무인경비 시스템 진출 가능	오명석
10. 11	전자신문	은행"전자경비"도입 본격화	은행의 현금자동인출, 예금, 통장정리 등 24시간 관리 운영할 수 있는 무인전자 시스템이 국내에서도 본격적인 도입기에 접어들고 있다.	

(3) 1992년

년 월 일	신문명	제 목	기사내용	취재기자
2. 7	중앙일보	첨단방범 산업 호황 은행, 금은방 등 주문 잇따라 치안불안에 부유층 고객 급증	카드키에서 컴퓨터 경비까지 무인컴퓨터 경비업체는 전국적 네트워크를 형성하고 가입자 5만 명 이르고 있다	오영환
5. 20	한국일보	초등학교 "무인경비제"운용	인천시내 초등학교 올 하반기부터 무인경비 시스템이 운영된다.	김명용
5. 22	전자신문	원격 안전관리 서비스 빠르면 올해 중 상용화	빠르면 연내 컴퓨터와 전화회선을 이용 화재 가스누출, 외부 침입 등 긴급 상황을 용역경비업체나 관계기관에 즉시 알려주는 원격안전관리 서비스가 상용화 전망	
6. 20	매일경제	유통가 도난방지 비상, 전자감응장치 설치붐	최근 점포 내에서 물건을 도난당하는 사례가 자주 발생하면서 유통업체들 사이에 이를 방비하기 위한 EAS 도입이 급속히 늘고 있다. 따라서 의류, 슈퍼 매장 등 급속 확산하고 있다.	

(4) 1993년

년 월 일	신문명	제 목	기사내용	취재기자
3. 6	내외경제	방범 방재업 유망 기업으로 각광	수요급증 1,200억 시장 대행업체 30여 곳 성업. 경비용역업과 함께 성업을 이루는 업계는 카드키, 가스총, 고성능 자물쇠, CCTV,자동 감지기 등이다.	
4. 19	매일경제	원격통신 사업 강화 대도시 검침 안전 서비스 확대	한국통신은 올해 안에 서울, 부산, 대구, 대전, 광주, 인천 원격 안전 관리 서비스를 제공한다.	
4. 27	세계일보	민간경비 인력양성기관 설립필요	• 대학에 테러예측·방지 기술 교육 교과과정 도입시급 • 기존 경비용역업체 교육도 강사, 장소부족 효과 적어 • 경비협회 홍종학 회장은 사회 안전관리 경찰과 민간경비업체 분담해야	한용걸
4. 27	세계일보	선진국 민간경비 경찰과 공동보조, 사회	무기, 수갑, 패트롤카 갖춘 준경찰요인 신변경호, 현금수송 등 담당하는	한용걸

4. 27	세계일보	선진국 민간경비 경찰과 공동보조, 사회안전망 구축	무기, 수갑, 패트롤카 갖춘 준경찰요인 신변경호, 현금수송 등 담당하는 민간경비업 미국 백 49만명, 일본 25만명, 영국, 프랑스도 확산추세	한용걸
6. 3	전자신문	사회 안전 관리체제 구축시급 전자경비 시스템 수주선 가열	• 집단주택 효율적 방범 • 방재기능 부각 • 신축아파트 겨냥 집중판촉	
6. 10	한겨레	경찰, 경비업체와 방범 협조	• 최첨단 장비 갖추고 현장 출동 검거활약 • 예산, 인력부족 메우기 위해 공조체제 적극 검토 • 도난방지기 및 CCTV설치산업이 유망업종으로 부각되고 있다.	이길우

(5) 1994년

년 월 일	신문명	제 목	기사내용	취재기자
2. 8	한국경제	무인경비시스템 실명제 특수	금융실명제 실시로 현금을 선호하는 경향이 늘어나면서 현금을 안전하게 보관하기 위한 주택에 무인경비 시스템 수요가 급증	
3. 20	조선일보	비상벨 설치 등에서 지원	신청자가 선택할 수 있는 비상벨 종류는 두 가지가 있는데 하나는 가까운 두세 집이 서로 연락을 취하는 "이웃 간 인터폰 식"과 둘째는 직접 경찰에 신고되는 "텔레콤방범시스템" 등 이다.	윤영신
4. 13	매일경제	한국통신 무인방범 6월 시범서비스	서울 등 6곳 가입자 대상 전화선 통해 자동신고 서비스	주호석
4. 30	경향신문	[학교폭력] 예방시민모임출범	학교폭력과의 전쟁을 선언한 학부모단체 [학교폭력예방을 위한 시민들의 모임]공식출범, 후원 의사를 표명한 국제경호협회, 서울경호시스템, 해병전우회, 삼성전자 등에서 후원 약속	박설걸
5. 1	동아일보	경비용역, 불공정 약관 고객피해 많다. 공정거래위원회 시정명령	최근 급속도로 늘고 있는 경비용역업체들이 부당하게 경비요금을 징수하는데 불공정 약관을 시정	

12. 16	매일경제	WTO 협정 발효에 따른 국내 필요 조치 판매전	서비스 분야 협정 내용 국방, 치안 등 정부제공 서비스를 제외한 모든 서비스를 대상으로 함에 따라 민간 경비업 개방	
12. 21	대한검찰	경호 일반도 쉽게 이용가능	아직까지 경호하면 특정인만이 이용하는 전용물이거나, 해결사 차원에서 거론하는 경향이 있으나 실상 일반 시민들도 저렴한 비용으로 이용할 수 있어 경호에 대한 인식전환이 필요한 시점에 와 있다.	오성환

2) 주간지

년 월 일	주간지명	제 목	기사내용	취재기자
'90.1.25	민경신보	범죄수요 급증, 국민신뢰 업고 준경찰 역할 뿌리내려	한국경비협회는 지는 19일 서울타워호텔에서 김우현 치안본부장을 비롯하여 정준혁 협회장과 회원 간부 150명이 참석한 가운데 90년 정기총회를 열다.	
'90.2.4	주간한국	"강력사건 예방 경찰만으로 안 된다."전문가드 시대	민간방범시대 개막 국내최초로 신변경호전문용역 "보디가드라인"탄생함. 전직 경찰특수부대 출신 및 체육특기자 등 71명이 이 회사에서 활동 중이다. 범죄가 날로 흉포화, 조직화, 대형화하고 경찰의 손길이 미처 닿지도 않고 인명피해가 늘어나자 민간차원에 의한 범죄예방 자구책 개발	
'90.2.22	민경신보	한국경비업협회 연구소 설치	국내 실정에 맞는 경비제도 정립키 위해 협회 부설연구소를 설치하고 앞으로 사경비에 대한 이론적 학문적 체계를 정비하여 국내 실정에 맞는 경비제도를 정립하는데 그 목적이 있다.	
'91.7.25	한국치안 신문	미, 일 "민간경비"의 현 주소	• 미국의 민간경비 실태, 미국의 민간경비의 발달, 미국의 기계경비의 규모를 소개, 미국의 경비협회 및 경비 산업의 과제 • 일본 민간경비 실태, 일본의 민간경비 역사 및 경비업계의 현황 소개, 일본의 민간경비 당면하고 있는 과제 등	

'91.12.10	치안공론	민간경비업의 활성화가 시급하다	경찰력 수요의 일부를 민간경비업에서 대행함으로써 경찰인력의 부족을 해결해 준다.	송필수
'93.8.4	주간매경	매출 급신장 경비산업 호황 가스중간밸브까지 잠그도록	경비산업. 전반적 불경기 중에 호황 누리고 있다.	문형남

3) 월간지

년 월 일	월간지명	제 목	기사내용	취재기자
'90년 2월호	직장인	이색시업, 이색기업인 신변안전의 사각지대에 외롭게 뛰는 한국판 보안관	국내 최초로 문을 연 경호전문 에이전시 "보디가드라인" 이청풍 사장 강력사건이 느는 것과 때 맞춰 국내에도 경호업무를 전문으로 하는 보디가드 에이전시가 문을 열었다.	김기욱
'90년 3월호	리크루트	이색기업인 전문경호서비스업 처음 선봐	"폭력으로부터 당신을 보호해 드립니다."지난해 11월 국내에서는 처음으로 전문 경호 서비스업체인 보디가드라인이 문을 열게 되어 필요에 따라 일반인도 보디가드를 곁에 둘 수 있게 되었다.	유동현
'90년 4월호	샘이 깊은 물	새로운 직업 경호회사의 등장과 험악한 세상	사설 경호회사가 미국 같은 나라에는 전국에 1,000군데가 있고, 서독에도 40군데 넘게 있다. 지난해 말 우리나라에도 개인이나 단체의 경호를 전담하는 사설 경호회사가 생겼다. 이 글을 취재하는 동안 경호전문회사가 생기는 것이 결코 바람직한 사회가 아님을 새삼스럽게 느꼈다고 한다.	이정호
'90년 5월호	월간 정보시대	올 가이드 방범비상, 내 집은 내가 지킨다.	날로 늘어가고 있는 각종 범죄로부터 가정을 지키기가 두려워지고 있다. 사람의 힘이 아닌 각종 첨단기기를 이용한 가정보안시스템으로 재난을 대처하는 가정이 하나, 둘 늘어가고 있다. 순서 내용을 보면 · 시큐리티시스템이란, 시큐리티시스템 구성장치들, 전문제품현황, 시큐리티 전문용역회사 등장	유춘희

'91년 8월호	월간 노동법률	탐방 경비과학화의 첨병 - 범아종합경비 주식회사를 찾아서	범아종합경비(주)를 찾아서 : 한번 계약한 고객과 30년 이상 계약갱신을 할 수 있다는 것이 바로 범아의 자랑이다. 범아의 주력사업은 NCS시스템, OL시스템, COSMO시스템이 핵심이다.	박지현
'91년 8월호	마케팅과 셀스	업계동향 첨단산업으로 자리매김하는 방범, 방재산업	사회가 고도로 발전하면서 범죄도 날로 흉폭화 되고 있어 안전에 대한 방범, 방재 관련 안전산업이 각광받고 있다. 우리나라 최초로 민간경비업체가 선보인 것은 1958년 범아실업공사가 주로 안보 차원의 국가 중요시설 경비를 담당했던 것이 시초임을 소개	
'93년 7월호	월간조선	특종 카지노원조 유화열 독점인터뷰	1954년 유화열씨는 당시 8군 사령관을 만나 1953년에 설립한 것이 미군경비용역업체인 "용진실업"이다. 그 때부터 그는 본격적인 사업에 뛰어든다. 그가 경비용역업을 할 당시 함께 군납업을 하던 사람이 조중훈, 정주영씨 등이다. 용진실업이 경비용역을 맡아 하는 곳 중에 부평미군기지가 있었다.	최장원 김연광

4) 일반서적

년 월 일	서적명	제 목	기사내용	취재기자
'93. 11. 5	미래로 가는 하이테크물결	컴퓨터경비 - 전자경비 시스템	전자경비시스템은 원하는 가입자에게 건물 안팎에 갖가지 센서(감지기)를 설치하고 이를 통신회선으로 대처하는 사설경비장치다. 경찰의 치안력이 급증하는 범죄에 효율적으로 대응하지 못하면서 최근 2~3년 사이에 국내에서도 수요가 폭증하고 있는 첨단의 사설방범, 방재 서비스업이다. …이하생략	최득용
'94. 11. 10	멀티미디어 세상을 두 번 살게 한다	꿈을 현실로 대화형 서비스	멀티미디어 서비스 - 대화형 서비스는 비디오감시로 ATM의 원격감시, 빌딩감시, 홈시큐리티가 된다.	허행량

			스마트하우스 프로젝트라는 서비스는 심지어 가정 내 홈오토메이션 장비 모두 CATV망으로 연결 된다.	
'94. 12. 1	정보고속도로 및 뉴 비즈니스 - 21세기 기업의 성패는 정보 인프라 활용에 달려 있다	네트워크형 비지니스	미국의 NII에 예시된 주요 멀티미디어 서비스 전국 치안네트워크. 일본의 정보통신 기반 프로그램 도시 기능 분야에서는 환경제어 방재, 방범 등. 현행 정보통신 시스템과 초고속 정보통신 시스템 비교 설명.	최병항
'94. 12. 29	전자 미디어 사회 - 새로운 커뮤니케이션 환경의 사회심리	전자 미디어가 생활을 변화 시킨다	우리 가정생활이 변화한다 - 일본은 2020년 초고령화 사회가 될 것으로 전망됨. 인간다운 생활 누릴 수 있도록 다양한 서비스 제공은 중요한 문제이다. 사회 환경에 어떤 변화가 있는가? 정보통신 시스템 네트워크의 고장이나 사고로 인한 영향은 그만큼 커지게 된다. 컴퓨터 범죄 증가로 컴퓨터 시스템의 기능 저해와 컴퓨터 시스템을 부정한 방법, 목적으로 사용하게 된다.	한국 정보 센터

5) 한국경비협회 회보

한국경비협회에서 발행하는 협회지는 1987년 5월호가 「월보」로 창간되면서 1987년에 7회, 1988년 12회, 1989년에 12회, 1990년에 11회, 1991년부터는 「회보」로 제호를 변경하여 8회, 1992년에 4회, 1993년에 3회, 1994년에 2회를 발행하였다.

한편, 1990년 8월에 제 39호로 발행한 협회지에 설문을 만들어 매월 독자에게 빠짐없이 배달되는지 여부, 가장 흥미 있는 기사, 주요 업무보고, 협회소식, 회원사 동정, 질의회시, 공지사항 등 9새 항목에 관해 설문을 실시하였다. 그 내용을 보면 아래와 같다.

설문지 주요 항목

1. 월보를 매월 받고 있는지?
   - 매월 잘 받고 있다.(89.3%)
2. 결재과정은?
   - 대표자 결재(77.8%)
3. 월보 중 가장 흥미 있는 기사는?
   - 주요업무보고(50.0%)
4. 주요업무보고는 참고가 되는지?
   - 참고가 된다.(67.2%)
5. 협회단신은 참고가 되는지?
   - 참고가 된다.(67.5%)
6. 회원사 동정은 참고가 되는지?
   - 참고가 된다.(59.8%)
7. 질의회시는 참고가 되는지?
   - 참고가 된다.(77.0%)
8. 공지사항은?
   - 참고가 된다.(86.8%)
9. 월보는 필요하다고 생각하는지?
   - 필요하다.(97.5%)

6) 일본 경비산업 정보지

(1) 경비업계 대표적 전문 잡지

① 「Security Times」

일본경비협회에서 발행하고 있으며, 1973년 6월 처음 「회보」를 발행한 후 1983년 5월부터 「Security Times」로 바뀌어 1995년 1월 까지 매월 1회 통권 174호로 12,000부가 발행되고 있다. 우리나라에도 소수의 구독자가 있다.

② 「安全과 管理」(Safety & Management)

일본실무출판(주)에서 발행하고 있는 시큐리티잡지로서 1974년에 창간 이후 매월 1회 월간으로 발행하고 있으며 시큐리티 기기, 설비, 설계, 멘테난스, 경비 등 기계경비 및 설비에 독자가 많다.

③ 「警備評論」

(주)경비평론사에서 1972년 창간 이래 매월 1회 월간으로 발행하고 있으

며, 전반적으로 현장감이 넘친 잡지로서「민간경비전문지, 시큐리티기자회 회원」이라고 표제를 달고 있다.

(2) 경비산업 전문 신문

① 警備保障新聞

1977년 12월에 발행 이후 월 3회 발행하고 있다. 1995년 1월 현재 626호가 발간되었다. 가장 권위 있는 신문으로서 많은 독자가 있고 우리나라도 일부 구독하고 있다.

② 防犯防災新聞

1978년 6월 창간 이후 1995년 1월 까지 342호를 발간하고 있다. 신문사 대표는 羽切一正사장으로 서울 올림픽 이후 우리나라 민간경비 산업에 관한 기사도 활애하고 있으며, 1992년에는 한국방문시찰단 단장으로서 한일 양국 경비산업 발전에 기여하고 있다.

(3) 경비산업 대표적인 연감

①「Security 年鑑」

일본실무 출판사에서 1990년 처음 출판 된 후 매년 나오고 있다. 표제에는「정보화 사회와 시큐리티비지니스의 확대」라고 하여 분야별 경비산업, 기기시스템, 시스템 설계, 시공, 설치 등 기계경비에 치중하고 있다.

②「警備業年鑑」

경비보장신문사에서 창간 15주년 기념사업으로 발간하였으며, 내용은 경비산업을 총망라한 전망 예측, 실정, 교육 등 관련기관 단체, 경비업체 연혁, 매출 등을 기록하고 있다.

③ 빌 멘(빌멘테넌스)年鑑

빌멘정보센터에서 1982년에 발행, 매년 출판하고 있다. (사)전국빌멘테넌스 협의회와 관련된 내용 중 빌딩의 건설 동향, 기자재의 개발 상황, 노동문제, 업계내부동향 등 전반적인 자료를 수록하고 있다.

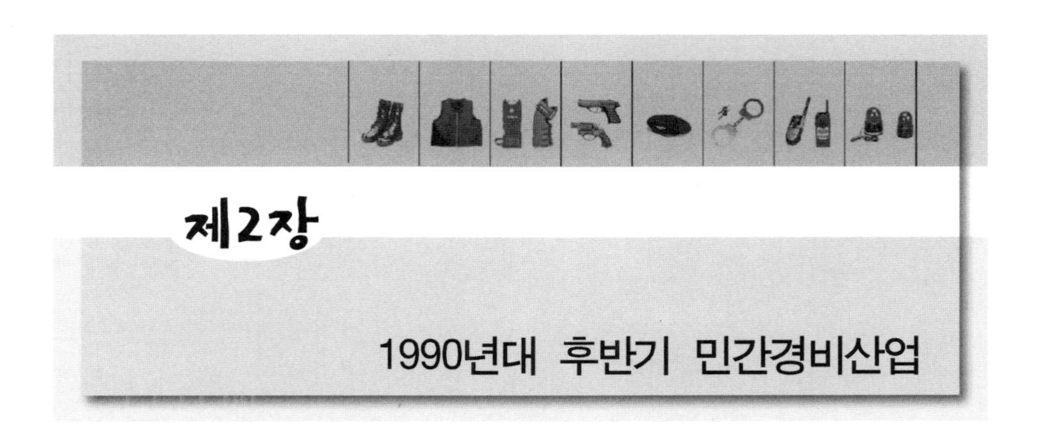

제 1 절 1990년대 사회 · 경제적 배경

1. 경제위기와 금융 구조조정(1997~2000년)

1997년 12월 외환위기가 발발한 지 거의 3년 가까이 지난 2000년, 우리 경제는 제 2의 위기 가능성을 우려하였으며, 제 2의 위기가 발생한다면 그 위기는 금융시장에서 발생할 가능성이 가장 높을 것으로 전망하였다. 외환위기의 뿌리는 금융산업의 부실에 있었다. 한보그룹('96.12)과 기아자동차('97.7)의 도산 등 대기업의 연쇄 도산을 계기로 우리 금융기관들의 건전성에 대한 국제금융시장의 신뢰가 무너지고, 동남아 국가들의 통화위기로 민감해 있는 외국의 금융기관들이 우리 금융기관들이 빌려왔던 외자차입에 대한 차환을 거부함으로써 우리 경제는 국가 부도 직전의 위험에 직면하게 되었다.

국제통화기금(IMF)은 1997년 12월 3일 우리 정부에 긴급자금지원 협약을 체결하면서 그 조건으로 금융산업의 건전성 회복을 위한 강력한 금융 구조조정(Funancial Restructuring)을 요구했다. 부실 금융기관의 정리 추진은 1998년 들어 금융시장의 자금 흐름을 마비시키는 심각한 신용경색을 가져왔으며, 그 결과로 1998년 상반기 중 기업들이 대량 도산하고 실업률이 급상승하였다. 정부는 1998년 6월에 5개 부실은행을 정리하면서 은행들의 자금 공급이 재개됨으로써 경기는 바닥을 벗어날 수 있었으며, 1998년 말 제일은행의 해외 매각 협상이 타결되고 난 후 1999년 1월에야 국가신용등급은 비로소 투자적격등급을 회복할 수 있었다.

당초 정부의 계획은 1999년 말까지 금융산업의 건전성 회복을 위한 구조조정을 마무리하고 2000년부터는 금융기관들의 수익성을 제고하기 위한 운영 구조 조정에 착수하는 것이었다. 그러나 1999년 7월 대우그룹의 부도사태가 발생하자, 대우 계열사의 채권을 다량 보유하고 있는 투자신탁 펀드들의 환매 문제가 금융시장 불안정의 핵심과제로 대두되었다. 정부는 대우채 편입펀드들의 수익증권 환매를 부분적으로 정지했고, 투신 환매를 둘러싼 소위 「11월 금융대란설」과 「2월 대란설」로 금융시장의 불안은 계속되었다. 또한 투신의 건실화를 추진하는 과정에서 2000년 5월 현대투신의 부실 문제가 노출되고 이어서 현대그룹의 자금난으로 연결되어 7월까지 금융시장은 심각한 혼란 상태에 있었다.

이상에서 간략히 살펴본 바와 같이 경제위기 문제는 금융부문에서 시작되어 금융부문으로 귀결된다. 금융 부실이 외환 및 경제위기를 가져온 만큼 금융 구조조정은 위기 극복의 필수조건이자 우리 경제를 튼튼히 하고 효율적인 경제운영 시스템으로 전환케 하는 체제전환의 과정으로서 중대한 의미를 가지고 있다.

2000년 현재까지 109조원이 투입되어 단군 이래 최대의 프로젝트라고 할 금융 구조조정의 실체와 목표는 무엇이었며, 어떻게 추진했기에 여전히 50조원의 자금 투입을 필요로 하고 있는가? 과연 2단계 금융 구조조정은 이러한 국민경제적 과제를 해결할 것인가? 우리나라 현대사에 획을 긋는 경제위기와 금융 구조조정을 통해 우리 경제는 어떤 교훈을 배웠는가?

IMF사태를 맞은 직후부터 3년간 국내에서 추진한 금융 구조조정을 평가해 보면 다음과 같다.

첫째, 경제위기 초기에 금융 구조조정은 위기국면을 수습하기 위해 매우 폭넓고 신속하고도 강력하게 추진되었다. 대체로 IMF가 금융 구조조정 정책의 성공 조건으로 제시하고 있는 폭넓은 접근(A Comprehensive Approach), 즉각적 행동(Prompt Action), 퇴출 정책(Firm Exit Policies) 등을 충족하는 것으로 평가된다.

1997년 12월 종금사 정리와 1998년 6월 25일 5개 은행 퇴출, 제일은행의 해외 매각 등은 국제금융시장으로부터 신뢰를 얻고 총체적 위기상태로부터 경제를 구출하는데 크게 기여했다.

둘째, 1998년 6월 단행된 은행 구조조적으로 상반기에 기업들의 대량 도산을 가져왔던 은행권의 신용경색이 하반기부터 해소됨으로써 1단계 금융 구조조정은 경기를 회복국면으로 전환시켜 경제위기의 국민경제의 고통을 조기에 완화하는데 크게 기여했다.

셋째, 1997년에서 2000년 8월 말까지 은행 10개를 포함하여 전체 금융기관의 23.2%에 해당하는 총 487개 금융기관이 퇴출되었다. 특히 은행도 부실해지면 문을 닫는다는 시장규율이 정착되었다는 점에서 금융기관 퇴출은 큰 진전이라고 평가된다.

넷째, 비은행 금융기관들의 건전성 문제가 남아 있으나, 부실자산 정리와 공적 자금의 투입으로 금융산업의 건전성은 크게 개선되었다. 1998년 3월 국제기준에 의한 부실채권 규모 112조원에서 1999년 말까지 92조원을 정리하였으나 대우의 구조조정과 워크아웃 등으로 31조원의 추가 부실이 발생하여 1999년 12월 말에는 51조 3000억 원으로 감소하였으며, 금융권 전체의 총여신에 대한 부실자산의 비중은 동기간 중 14.5%에서 8.7%로 낮아졌다. 특히, 은행권의 부실채권 비율은 1998년 3월 16.9%에서 1999년 말 5.1%로 크게 낮아졌다.

다섯째, 금융기관의 건전성 기준이 대폭 강화되고, 적기 시정조치가 실시되는 등 감독체계가 크게 강화 되었다. 금융기관의 건전성 기준은 1998년 7월 은행권의 「고정이하」 자산의 분류기준을 종전의 6개월 이상 연체에서 3개월 이상 연체로 강화하였으며, 1999년 3월에는 은행의 강화된 기준을 보험・증권・상호신용금고에도 확대 적용하였다. 1999년 말에는 은행권의 자산건전성 분류 기준을 국제기준인 미래상환능력(FLC)으로 강화하였다.

〈표 4-13〉 금융기관 구조조정 현황

(단위 : 개, %)

금융권별	1997년 말 총기관수(A)	구조조정 현황					2000.8 현재 기관수
		인가 취소	합 병	해산 · 매각 등	계(B)	비중(B/A)	
은 행	33	5	5	-	10	30.3	23
비은행	2,069	87	131	259	477	23.1	1,635
종 금	30	18	3	–	21	70.7	9
증 권	36	5	–	1	6	16.7	42
보 험	50	5	6	2	13	26.0	40
투 신	31	6	1	3	10	32.3	27
상호신용금고	231	43	19	16	78	33.8	164
신용협동조합	1,666	2	101	237	340	20.4	1,335
리 스	25	8	1	0	9	36.0	18
합 계	2,102	92	136	259	487	23.2	1,658

※ 자료 : 재경부「공적자금백서」

1999년과 2000년 중 전반적인 산업동향은 1997년 말 국제통화기금(IMF) 위기로 인한 1998년의 침체에서 급격한 회복세를 보였다.

1999년 국내총생산(GDP)은 436조7985억 원이었다. 이는 1998년 394조 7104억 원보다 10.7% 증가한 수치로, 설비투자의 빠른 회복과 수출의 신장세 확대 등에 기인한다.

2000년 상반기에도 1999년 동기 대비 11.1% 증가하였다. 경제활동별 국내총생산은 제조업과 서비스업의 증가세가 큰 폭으로 확대되고 농림어업과 광업은 증가세가 지속되었으며 건설업은 감소세가 지속되었다. 제조업의 경우 중화학공업 생산이 자동차, 반도체, 컴퓨터, 산업용기계 등의 내외수요 호조로 큰 폭으로 확대되고 경공업 생산도 증가세가 확대되어 1998년의 -7.4% 성장에서 1999년 21.8%, 2000년 상반기 중 19.7%의 성장세를 기록했다.

또 전기 · 가스 및 수도업은 1998년의 0.6% 성장에서 1999년 9.1%, 2000년에 15.0%로 성장세가 가속되고 있는 추세다. 서비스업도 1998년에는 -7.2%로 침체했으나 1999년에는 도소매업, 운수업, 통신업, 광고업 등의 증가세가 크게 확대되어 11.7% 성장했다. 그러나 2000년 상반기에는 이보다 약간

낮아진 10.9%의 성장세를 기록하고 있다.

농립어업은 고추, 마늘 등 채소류와 배, 포도 등 과실류의 작황 호조로 1998년 -6.6% 성장에서 1999년에는 4.7% 성장으로 회복되었다. 그러나 2000년 상반기 중에는 -0.7% 감소세로 반전되었다. 한편 건설업은 1998년 -8.6% 침체에 이어 1999년에도 도로·항만 등 사회간접자본시설의 건설의 증가세가 크게 둔화되어 -10.1%로 감소했고, 2000년 상반기 중 5.9%의 감소를 나타냈다.

〈표 4-14〉 산업별 성장 동향

연 도	1995	1996	1997	1998	1999	2000상반기
국내총생산(GDP)	8.9	6.8	5.0	-6.7	10.7	11.1
농립어업	6.6	3.3	4.6	-6.6	4.7	-0.7
제조업	11.3	6.8	6.6	-7.4	21.8	19.7
전기 · 가스 · 수도업	7.5	12.0	11.5	0.6	9.1	15.0
건설업	8.8	6.9	1.4	-8.6	-10.1	-5.9
서비스업	9.6	7.8	5.4	-7.2	11.7	10.9

※ 자료 : 한국은행

2. 세계 속의 한국 경제

세계은행 자료에 의하면 1999년 우리나라의 국내총생산(GDP)은 4067억 달러로 세계 13위 수준인 것으로 나타났다. GDP가 가장 높은 나라는 미국(9조2561억 달러)으로 우리나라의 23배 수준이며, 그 다음으로 일본, 독일, 영국, 프랑스 순이었다. 우리나라의 1인당 GDP는 8680달러로 세계 30위였다. 주요 국가의 1인당 GDP는 미국 3만3510달러, 일본 3만4380달러, 독일 2만5711달러 등이며, 국내총생산에서 7위를 기록한 중국은 768달러에 그쳤다. 한편, OECD는 1999년 우리나라의 GDP를 4069억 달러로 발표했으며, 우리나라는 OECD 국가 중 10위를 차지했다.

〈표 4-15〉 국내총생산(GDP) 순위 (1999) (단위 : 억 달러)

순 위	국가명	국내총생산	1인당 GDP
1	미 국	92,561	33,510달러
2	일 본	43,492	34,380달러
3	독 일	21,129	25,711달러
4	영 국	14,397	24,527달러
5	프랑스	14,309	24,298달러
6	이탈리아	11,712	20,424달러
7	중 국	9,645	768달러
13	한 국	4,067	8,680달러

※ 중국은 1998년
※ 자료 : 한국은행. IMF

1999년 우리나라의 경제성장률은 10.7%로 1990년대 들어 처음 두 자리 성장률을 나타냈다. 1998년 마이너스 성장(-6.7%)에 따른 상대적 영향도 있었다. 미국은 1997년부터 3년 연속 4% 이상 성장률을 보이고 있으며, 일본, 말레이시아, 인도네시아는 우리나라와 같이 1998년 마이너스 성장에서 1999년 플러스 성장으로 전환하였다.

1999년 우리나라의 무역규모(금액 기준) 세계 순위는 1998년 보다 한 단계 오른 13위를 기록했다. 1999년 우리나라의 수입액과 수출액을 더한 총교역액은 2635억 달러로, 세계 무역에서 차지하는 비중이 1998년 2.1%에서 2.3%로 커졌다. 1999년 세계 무역규모는 총 11조4870억 달러로 1998년에 비해 3.6% 증가했다. 교역규모 1위는 미국(1조 7540억 달러)이 차지했고, 독일, 일본, 영국, 프랑스가 뒤를 이었다. 중국은 1998년 11위에서 홍콩, 벨기에를 제치고 9위를 차지해 새로 10위권에 진입했다. 수출액만 놓고 보면 우리나라는 세계 12위, 수입액은 세계 14위를 차지하고 있다. 세계 최대의 수출군은 미국으로 세계 총 수출액의 12.5%를 차지하고 있으며, 뒤이어 독일, 일본, 프랑스, 영국 순으로 나타났다. 세계 최대의 수입국 역시 미국으로 세계 총수입액의 18.3%를 차지하고 있다.

한국경제연구원이 경제협력개발기구(OECD)회원 29개국과 대만 등 30개국 3506개 품목의 세계 시장 경쟁력(점유율·순위·독점력)을 분석한 자료에 따르면, 우리나라의 경쟁력 세계 1위 품목은 55개로 독일, 미국은 물론 중국, 대만보다 뒤쳐져 있다. 5위권 안에 드는 품목 수도 한국은 414개로 일본 1416개, 중국 1047개, 대만 728개 보다 적은 것으로 나타났다.

한국이 세계 최고의 경쟁력을 갖고 있는 품목은 일부 섬유·직물, 세탁기, 반도체, 액정표시장치(LCD) 등이다. 이중 반도체와 LCD를 제외하고는 세계 시장 독점력이 낮아, 머지않아 중국 등 경쟁국의 추월을 허용할 가능성이 높은 것으로 조사됐다. 또 한국이 세계 시장 점유율에서 일본과 중국 모두에 절대우위를 보이는 품목은 전체 품목의 10분의 1, 중국에 대해서 절대우위인 품목은 전체의 3분의 1, 일본에 대해 절대우위인 품목은 4분의 1 수준이었다.

국가경제의 건전도와 실질적인 부를 평가하는 지표인 국부지수 조사 결과, 우리나라가 40개 개발도상국 가운데 3위로 평가되었다. 매년 4월, 9월 두 차례 국부지수를 발표하는 미국의 월간지 「월드타임즈」는 2000년 9월 조사에서 한국의 국부지수를 이스라엘, 대만에 이어 개발도상국 중 3위로 발표했다. 국부지수는 조세부담률·남녀간 임금격차 등 경제환경과 문맹률·인구 1000명당 컴퓨터 보급률 등 정보교환, 평균수명·의사 1인당 인구수 등 사회환경, 3가지 분야의 점수를 합산해 산출한다. 한국은 경제환경에서 9위(512점)를, 사회환경에서 19위(589)를 차지했으나, 정보교환에서는 1위(569점)를 차지해 합계 1670점을 받았다.

스위스 로잔에 본부를 둔 비영리기관인 국제경영개발원 (IMD)이 발간한 「2000 세계경쟁력연감」에 의하면 우리나라의 국가 경쟁력은 세계 28위로 나타났다. 선진국과 신흥공업국 47개국을 대상으로 한 이 순위에서, 우리나라는 1999년보다 10단계 상승했다. 그러나 아시아권 경쟁국인 싱가포르(2위), 홍콩(14위), 일본(17위)은 물론 대만(22위) 보다는 뒤쳐졌다. IMD측은 우리나라의 10단계 상향조정의 근거로 국내총생산(GDP) 6.7%성장과 1999년 43위에서 20위로 뛰어오른 경제력 등 주목할 만한 경제력, 국제화, 정부, 금융, 인프라, 관리능력, 기술력, 국민수준 등 8개 부문 290개 항목에 걸친 객관적 수치를 근거로 종합 평점을 매기고 있다.

미국 헤리티지 재단과 월스트리트 저널은 1994년 이후 세계 161개국을 대상으로 무역과 관세, 통화 정책의 자유화, 임금과 물가에 대한 규제 정도를 평가, 각국의 경제 자유도 순위를 발표했다. 2000년 11월에 발표한 경제 자유도는 6개국이 빠진 155개국을 대상으로 했으며, 이 중 우리나라는 29위를 차지했다.

최근 낮은 인플레율로 인해 1999년 33위에서 네 단계 상승했다. 1위는 홍콩이 차지했으며, 싱가포르. 아일랜드, 뉴질랜드 등이 뒤를 이었다. 북한은 최하위인 155위를 차지했으며, 리비아 · 이라크(공동 153위), 쿠바(152위), 이란(151위) 등도 순위가 매우 낮았다.

우리나라는 아시아 및 미국, 호주 등 14개국 중 호주, 미국, 일본에 이어 네 번째로 정치적으로 안정 돼 있는 반면, 경제적 위험도는 11위인 것으로 평가되었다. 우리나라는 정치적으로 10여 년간 지속적으로 민주주의를 발전시켜 왔으며, 지난해의 남북 정상 회담과 4월 총선 등으로 정치발전을 이어왔다고 평가됐다. 그러나 경제적으로는 개혁 의지의 퇴색으로 외국 기업인들의 우려를 사고 있다고 평가되었다. 정치적으로 가장 안정된 호주는 경제적 위험도 역시 가장 낮았으며, 인도네시아는 정치 안정도와 경제 위험도가 각각 14위와 1위에 올라 정치· 경제 모두 매우 불안한 나라로 평가 되었다.

미 금융기관인 멜릴린치가 발표한 투자 유망국 순위에서 우리나라는 총 35개 대상국 중 13위에 올랐다. 투자유망국 순위는 500점 만점에서 자본공급, 기술수준, 인적자원, 정부정책 · 사회구조, 신용위험도 등 5개 부문에 대한 점수를 매긴 결과다. 우리나라는 자본공급과 기술수준 분야는 각각 12위(58.4점)와 15위(68.6점)를, 정부정책 및 사회구조와 신용 위험도 부문에서는 46.9점(19위)과 49.7(17위)을 각각 받았다. 인적자원 부문에서는 68.8점(100점 만점 기준)으로 가장 점수가 높았다. 투자유망국 1위는 총점 362.8점을 받은 스웨덴이 차지했다.

아셈회의 서울 개최에 맞춰 통계청이 발표한 「아셈 국가 주요 통계 지표(1999년 기준)」에 따르면 우리나라 경제성장률은 아셈국가 중 10.7%로 가장 높았으며 아일랜드(9.8%), 룩셈부르크(7.5%), 중국(7.1%) 등이 뒤를 이었다.

그러나 GDP는 4067억 달러로 8위, 1인당 GDP는 8680달러로 17위에 머물렀다. 1인단 GDP는 룩셈부르크(4만 4951달러)가 1위였으며 일본(2만 5738달러), 덴마크(3만 2692달러), 스웨덴(2만 6939달러) 등이 그 뒤를 이었다. 수출액은 9위, 수입액은 10위였으며 무역의존도는 약 65%로 아셈 회원국 중 중간 정도였다.

1998년 390억 3100만 달러의 무역 흑자를 기록한 이후, 우리나라 무역 흑자 기조는 3년째 이어졌다. 2000년 9월 말 현재 수출입 실적은 수출 1272억 7700만 달러로 1999년 동기 대비 25.9%다 증가했다. 수입은 1189억6400만 달러로 41.5% 늘어났다. 2000년 9월 말까지 무역수지 흑자규모는 83억 1300만 달러로, 2000년 무역수지 흑자 예상액인 100억 달러에 바짝 근접했다. 그러나 10월 들어서 수출이 급감하였으며, 2001년 수출 전망이 밝지 않은 편이어서 2001년에도 무역수지 흑자 기조를 유지할 것인지는 확실하지 않은 상태였다.

2000년에는 고유가로 인한 에너지 수입 증가분(119억 달러) 때문에 무역흑자 규모가 당초 예상보다 크게 줄어들었다. 2000년 9월 말까지 에너지 수입액은 269억 달러이며, 특히 원유 수입액은 1999년 94억 달러에서 2000년에는 180억 달러 수준까지 늘어났다.

1970년 우리나라 최대의 수출품은 섬유(3억 4100먼 달러)로 전체 수출의 40.8%를 차지했고, 합판, 가발, 철광석, 전자제품, 과자류, 신발, 담배류, 철강제품, 금속 제품 등이 수출 10대 품목이었다. 2000년 현재 우리나라 10대 수출 품목은 반도체, 컴퓨터, 자동차, 석유화학, 무선통신기기, 선박, 철판, 의류, 섬유직물, 전자관 및 부분품 순이다. 1999년 최대 수출품목인 반도체(188억 달러)는 전체 수출액의 13.1%를 차지했고 자동차(111억 달러)와 컴퓨터(103억 달러)가 2·3위를 기록했다.

3. IMF와 생계형 범죄

경찰은 1998년 연초부터 사회적 불안감이 증폭되고 범죄심리가 확산되어 강·절도 등 민생침해범죄가 크게 증가할 것으로 예상됨에 따라 「민생치안 종합대책」을 마련, 각종 민생침해 범죄에 대한 강도 높은 검거활동을 통해 살인·강도 등 주요민생침해 5대 범죄 290,160건을 검거하였으며 계절별·지역별 특성에 맞는 방범활동을 전개하였다.

경찰은 「특별방범활동기간」을 정하고 전 경찰력 및 장비를 방범활동에 집중 투입하여 금융기관 등 현금취급업소 주변에 대한 무장경찰활동을 전개했다. 빈집이 많은 주택가 지역과 치기배들의 무대가 되는 역·터미널, 상가주변에는 매일 「이동파출소」를 운영하였으며, 각종 범죄분위기를 사전 제압하고 범법자·수배자 검거를 위하여 취약지역·시간대를 선정, 평균 주 1회 이상 「일제검문검색」을 실시하였다. 또한 수도권 등지에서 강·절도 범죄가 빈발함에 따라 「목」 배치 근무 중심의 효율적인 방범활동을 벌여나갔다.

한편 농촌지역에서 빈발하는 「농·축산물 절도범죄」 예방에도 힘을 기울여 이들 지역에 대한 방범진단 및 순찰활동을 강화하여 자위 방범의식을 고취시키는 한편 발생사건에 대한 검거에도 주력하였으며 각종 사무실, 공장밀집지역, 사찰 등 도난 사건 다발지역에 대한 방범활동도 병행하였다. 이러한 가시적인 방범활동 및 형사활동으로 IMF 사태 이후 1998년 2월 27.7%까지 치솟던 강·절도 등 생계형 5대 범죄 증가율이 12월말 현재 월평균 12.1%로 안정추세를 나타냈다.

IMF로 인한 국내경기의 어려움으로 절도, 강도, 사기, 횡령 등 재산범죄가 증가하여 형법범죄가 크게 늘어났다. 형법범죄는 1998년 633.235건이 발생, 전체범죄의 37.0%를 차지하였으며, 그 중 87.3%인 552,823건을 검거하였고, 특별법범죄는 1,078,998건이 발생하여 95.2%인 1,026,905건을 검거하였다. 형법범죄는 1990년 이후 꾸준한 증가추세를 보이고 있다.

〈표 4-16〉 죄종별 강력범죄 발생 및 검거 현황 (단위 : 건)

구분		1990	1991	1992	1993	1994	1995	1996	1997	1998
계	발생	10,681	8,610	8,736	10,763	12,114	9,762	10,655	11,599	13,602
	검거	10,025	8,074	8,792	11,821	12,213	9,413	10,026	10,846	13,152
살인	발생	633	595	620	808	653	630	679	784	963

	검 거	606	577	642	849	650	640	680	770	975
강 도	발 생	4,760	3,289	3,112	3,730	4,580	3,674	3,670	4,420	5,516
	검 거	4,308	3,192	3,432	4,254	4,631	3,537	3,364	4,027	5,316
강 간	발 생	4,247	3,669	3,919	5,298	6,173	4,844	5,580	5,627	5,978
	검 거	4,367	3,605	3,897	5,984	6,261	4,673	5,307	5,327	5,745
방 화	발 생	1,041	1,057	1,085	927	708	614	726	768	1,145
	검 거	744	700	821	734	671	563	675	722	1,116

※ 자료 : 경찰청, 『경찰백서』, 1999.

IMF시대의 경기침체와 실업증가로 인하여 각종 비행이나 범죄 증가가 예상됨에 따라 경찰은 IMF시대 치안환경의 특성에 맞추어 다음과 같은 정책방향을 설정했다.

1) 경찰 현장능력 강화

새로운 치안환경에 적극 재처하기 위해 조직의 틀과 운영방법을 현장중심으로 재편, 현장능력을 강화하였다.

조직과 인력을 지역치안 특성과 치안수요에 맞게 재배치, 민생치안부서 위주로 과감한 자체구조조정을 단행하여 지역책임체제를 확립하였고 강도 높은 「민생치안 특별대책」을 추진하였다.

2) 엄중하면서도 탄력적인 대응

시민들의 범죄피해 가능성에 대한 두려움이 증가함에 따라 IMF시대에 편승한 악질성 범죄에 대하여 엄중한 단속 및 처벌을 하였다. 그러나 생활고로 인한 생계형 범죄자, 선의의 중소기업 및 자영업체 관련 경제사범에 대하여는 탄력적으로 대응하였다.

3) 효율적인 협력치안 방범체제 구축 마련

경찰은 민생치안 확보를 위해서는 주민과 함께 하는 협력방범체제의 구축이 어느 때보다도 긴요하다고 보고 민간분야의 활동을 독려하고 지원하기 위한 대책마련에 힘썼다. 주민 자율방범대를 정비・확대하여 활성화하고 실직자를 유급 방범원으로 활용하였으며 생업종사자들을 범죄 신고 요원화 하였다.

4) 지속적인 범죄대책 마련과 장기적 연구 추진

경기침체와 대량실업은 범죄현상에 직접적이고 단기적인 영향을 미칠 뿐만 아니라 장기적으로 지속적인 영향을 미친다. 이러한 IMF시대의 범죄문제는 1998년도 후반 이후부터 보다 본격적인 양상을 보일 것으로 예상됨에 따라 경찰은 이에 대한 장기적이며 체계적인 연구와 대책마련에 힘썼다.

제 2 절 민생치안과 경찰의 활동

경찰청은 '창립 50주년 경찰의 날'을 맞아 국민으로 하여금 경찰을 이해하는 길잡이가 될 「경찰백서」를 창간하는 등 국민의 가까이에서 민생 치안과 생활의 안전을 위하여 최선의 노력을 다 하고 있다.

1995년 10월 21일 박일용 경찰청장의 창간사 중 다음과 같은 내용이 눈에 띈다.

「아무쪼록 이 백서를 통하여 경찰에 대한 국민여러분의 신뢰와 사랑이 증진되고 경찰이 더욱 분발하는 하나의 계기가 되기 바라는 마음 간절합니다.」

이와 같이 1995년 처음 발간된 「경찰백서」는 1990년대 하반기 경찰 활동에 있어 범죄 대응시에 국민의 참여와 협력이 절대적으로 요구되고 있음을 시사하고 있으며, 경비 분야에서도 반드시 주목해야 할 부분이다.

1. 범죄 대응에 국민의 참여와 협력 확보

1) 범죄신고 활성화 대책 추진

(1) 범죄수사의 56%를 신고에 의해 착수

선진 시민사회를 이루기 위한 필요조건으로 시민들의 높은 신고율이 무엇보다도 중요하다. 이는 나와 공동체의 안전을 지키겠다는 자발적인 참여라는 점에서 건강한 시민사회를 이루기 위하여 중요한 사회 안전판 역할을 하는 것이기 때문이다.

1998년 발생한 범죄 중 경찰이 수사에 착수하게 된 단서를 살펴보면, 전체 범죄의 55.5%, 형법범의 경우 72.8%가 범죄 신고에 의한 것으로 나타났다.

〈표 4-17〉발생범죄의 수사단서별 현황(1998년) (단위 : 건, %)

구 분		총범죄	형법범	특별법범
계		1,712,233(100.0)	633,235(100.0)	1,078,998(100.0)
현행범		613,807(35.8)	148,323(23.4)	465,484(43.1)
신 고	소 계	950,995(55.5)	460,852(72.8)	490,143(45.4)
	피해자 신고	319,053(18.6)	148,135(23.4)	170,918(15.8)
	고 소	304,002(17.8)	284,426(44.9)	19,576(1.8)
	고 발	210,985(12.3)	3,263(0.5)	207,722(19.3)
	자 수	41,783(2.4)	1,840(0.3)	39,943(3.7)
	진정 · 투서	3,721(0.2)	2,640(0.4)	1,081(0.1)
	타인신고	71,451(4.2)	20,548(3.2)	50,903(4.7)
미신고	소 계	147,431(8.6)	24,060(3.8)	123,371(11.4)
	불심검문	86,638(5.1)	5,181(0.8)	81,457(7.5)
	피해품 발견	534(0.03)	471(0.1)	63(0.01)
	변사체	437(0.02)	346(0.1)	91(0.01)
	탐문 정보	18,546(1.1)	7,315(1.2)	11,231(1.0)
	여 죄	11,828(0.7)	2,658(0.4)	9,170(0.9)
	기 타	29,448(1.7)	8,089(1.3)	21,359(2.0)

※ 자료 : 경찰청, 『경찰백서』, 1999.

그러나 중요 강력범죄에 대해서는 여전히 피해자나 목격자의 신고율이 높지 않으며, 특히 강간범죄(32.8%)와 폭력범죄(35.0%)의 신고율이 저조한 것으로 나타났다.

〈표 4-18〉 중요 강력범죄 피해자의 범죄신고 현황 (단위 : 건, %)

구 분	강 도		강 간		절 도		폭력	
년 도	1997	1998	1997	1998	1997	1998	1997	1998
발생건수	5,516	4,972	5,978	6,359	91,438	89,395	226,409	282,274
피해자 신고	2,454	2,346	1,958	2,171	50,688	47,679	79,172	94,253
신고율	44.5	47.2	32.8	34.1	55.4	53.3	35.0	33.4

※ 자료 : 경찰청, 『경찰백서』, 1999.

(2) 범죄 신고의 활성화

경찰은 범죄신고 활성화를 위하여 직업의 특성상 취약시간대에 활동하고 가두상황 목격이 용이한 생업종사 주민을 「범죄 신고요원」으로 위촉하였다. 이에 따라 신문 배달원, 미화원, 24시간 편의점 종사자 등 전국에서 158,443명이 파출소별로 활동하고 있으며, 모범택시, 콜택시, 햄(Ham) 등 20,231명은 「112센터」와 연계하여 민간인 「112신고요원」으로 활동 중에 있다.

신고요원에 의한 신고건수는 총 6,325건이며, 신고출동에 의해 1,160명의 위법 행위자를 검거하는 성과를 거두었다.

〈표 4-19〉 범죄 신고요원 활동 현황(1998년) (단위 : 건, 명)

범죄신고 건수			신고에 의한 범인 검거자 수
계	범죄신고요원	112신고요원	
6,325	4,080	2,245	1,160

※ 자료 : 경찰청, 『경찰백서』, 1999.

또한 국민들이 적극적으로 범죄신고에 나설 수 있도록 다각적인 방안을 마련하여 추진하고 있으며 '범죄신고자보호및보상에관한규칙'에 따라 최고 500만원까지 신고자에게 적절한 보상금을 지급토록 하고 있다. 1998년에는 지난해보다 135.9% 늘어난 3,682명을 대상으로 12억 2,105만원을 지급하였으며, 이를 통해 2,786건의 중요 범죄를 해결할 수 있었다.

〈표 4-20〉 범죄신고 보상금 지급실적 (1995~1998) (단위 : 건, 명, %)

구 분	보상금지급액	대상범죄(건)							대상 인원 (명)
		계	살인	강도	강간	조직 폭력	뺑소니	기타	
1995	5억 9,100만원	992	56	298	89	95	218	236	1,043
1996	7억 2,550만원	1,172	59	383	73	33	278	346	1,199
1997	7억 7,680만원	1,409	65	462	76	52	279	475	1,561
1998	12억 2,105만원	2,786	68	639	109	31	1,112	827	3,682
대비(%)	57.2	97.7	4.6	38.8	43.4	40.4	298.6	74.1	135.9

※ 자료 : 경찰청, 『경찰백서』, 1999.

※ 1998년 지급실적은 경비교통국에서 교통사고 후 도주사건(뺑소니)에 대한 신고 건수 1,096건데 대해 지급한 4억 9,613만원을 포함한 것임

이와 함께 위험을 무릅쓰고 범인을 검거한 시민들에 대하여는 보상금 외에 '용감한 시민상'을 수여하고 있으며 사회적인 관심을 집중시키는 중요 강력범죄가 발생하였을 경우에는 특별 보상금을 최고 5,000만원까지 지급하여 시민들의 집중적인 신고를 유도하고 있다.

아울러 범죄 신고에 따른 불편을 해소하고 범죄 신고자의 신변을 보호함으로써 적극적인 범죄 신고를 유도할 수 있도록 범죄 신고시 방문조사를 하고 신고자의 신변보호에도 각별히 주의하고 있으며 매년 11월 2일을 '범죄 신고의 날'로 11월은 '범죄신고 강조의 달'로 정하여 캠페인을 벌이는 등 국민들의 범죄에 대한 경각심과 신고의식 제고를 위하여 홍보활동도 강화하고 있다.

2. 주민 자율방범역량 확충

1) 주민 「자율방범활동」 활성화

'자율방범대'는 자원봉사자를 중심으로 지역 주민이 마을 단위로 조직하여 관할 파출소와 상호협력 관계를 갖고 방범활동을 하는 자율봉사 조직이다. 자율방범대는 경찰과 합동 또는 자체적으로 3~5명이 조를 편성, 심야 취약시간에 순찰활동을 전개하고 있으며 순찰 중에 발견된 범죄현장 신고, 부녀자 안전 귀가, 청소년 선도보호활동등 활발한 지역방범 활동을 펼치고 있다.

1999년 자율방범대는 전국적으로 총 3,471개 조직에 9만 7천여 명으로 구성되어 있으며 한 해 동안 34,422건의 범죄신고와 29,381명의 형사범을 경찰관과 합동 검거하는 실적을 거두는 등 지역치안 활동에 크게 기여한 것으로 나타났다.

〈표 4-21〉자율방범대 활동상 (1996년~1999년) (단위 : 건, 명)

구 분	범죄신고	형사범 합동검거실적			
		계	강·절도	폭 력	기 타
1996	6,652	5,326	189	1,487	3,650
1997	6,580	5,907	145	1,476	4,286
1998	15,526	15,338	3,558	4,846	6,934
1999	34,422	29,381	2,767	11,312	15,302

※ 자료 : 경찰청, 『경찰백서』, 2000.

경찰에서는 자율방범 활동의 활성화를 위하여 자율방범대원이 보람과 긍지를 갖고 활동할 수 있도록 민방위 해당자는 기본교육을 면제 조치하고, 모범대원 및 형사범 합동검거 유공자 4,721명에 대하여 포상을 실시하는 한편, '범죄신고자보호및보상에관한규칙'에 의거 보상금을 지급해 사기를 진작시키고 있다.

또한 각 파출소별로 구성된 방범자문위원회는 정기적으로 파출소 직원들과 지역 치안에 관한 회의를 갖고 주민의견을 경찰활동에 반영하고 있으며 자율방범대의 활동을 지원하는 등 활발한 활동을 벌이고 있다.

2) 범죄 취약개소에 방범기기의 설치 확대

경찰은 범죄발생시 긴박한 상황이거나, 불안・공포, 부재로 인하여 「112」전화신고를 할 수 없을 때를 대비해 자동으로 신속히 신고할 수 있는 첨단 방범기기를 권장하여 설치가 확대되고 있다.

금융기관 등 고액현금 취급업소에는 경비회사의 「무인기계경비시스템」을 설치토록 지도하여 전국 약 21만여 개소에서 활용하고 있으며, 소규모 상점, 개인점포 등에서 컴퓨터를 이용하여 긴급한 상황시 신고자 위치가 경찰서 신고센터에 자동으로 나타나는 「컴퓨터 범죄자동신고 시스템」 등이 설치되어 있다.

방범기기는 1998년 전국 약 54만여 개의 취약지에 설치・운용되고 있다.

〈표 4-22〉방범기기 설치 현황(1995~1998) (단위 : 개소)

구 분	계	경찰관서 연결				민간경비	시·군·구청
		소 계	컴퓨터자동 신고시스템	자동경보기 (전화통보기)	비상벨	무인기계 경비시스템	이웃간 비상벨
1995	1,018,748	76,946	21,901	39,094	15,951	17,069	863,499
1996	943,470	57,075	27,839	16,248	12,988	126,918	759,477
1997	1,142,071	117,238	107,424		9,814	232,471	792,362
1998	549,464	42,471	32,683		9,788	215,669	291,324

※ 자료 : 경찰청, 『경찰백서』, 1999.

3. 민간경비 분야의 지도 · 육성

1) 민간경비의 발전

사회가 갈수록 복잡・다양화 되면서 이에 따른 치안수요도 계속 증가하게 되었고, 국민들은 보다 다양하고 전문화된 치안서비스를 요구하게 되었다. 이에 따라 관련 법령 등 각종 제도가 정비되면서 민간경비는 눈부신 성장을 거듭해, 근래에 와서는 경찰 치안활동의 협력자로서 상호 보완관계를 유지하고 있다.

'민간경비'란 개인이나 단체 등 민간이 특정 개인이나 단체의 생명과 재산을 보호하기 위해서 일정한 댓가를 받고 그에 따른 경비서비스를 제공하는 활동을 말하는데, 현행 제도 하에서는 '계약경비'와 '자체경비'로 크게 나뉜다.

'계약경비'는 자체경비를 두지 않은 시설이나 사업장에서 경비사업자와의 도급계약에 의해서 경비를 실시하는 것이다. '자체경비'는 시설주(시설관리 책임자)의 책임 하에 실시하는 모든 경비 활동을 총칭하는 것으로 조직내에 경비부서를 두고 자체적으로 경비업무를 수행하는 형태와 '청원경찰'등 다양한 형태로 운영되고 있다.

이러한 민간경비는 최근 기계경비시설을 이용한 경비분야가 꾸준히 증가하고 있으며, 시장개방에 따른 외국의 선진업체들도 진출할 것으로 보여 급속한 발전이 있을 것으로 전망된다.

2) 경비업의 지도 · 육성

'경비업'이란 국가중요시설 · 산업시설 · 공공시설 · 사무소 · 흥행장 · 주택 등 경비를 필요로 하는 시설 및 장소에서의 도난 · 화재 등으로 인한 위험발생을 방지하는 업무(시설경비업무), 운반 중인 현금 · 유가증권 기타 물건에 대하여 도난 · 화재 등 위험발생을 방지하는 업무(호송경비업무), 사람의 생명이나 신체에 대한 위해발생을 방지하고 그 신변을 보호하는 업무(신변보호업무)의 일부 또는 전부를 도급받아 행하는 영업행위를 말한다.

경비업은 매년 급성장을 거듭하여 1998년 총 1,375개 업체에 52,343명의 경비원이 경비업무를 수행하고 있다. 경비업은 인력경비와 기계경비로 나뉘는데, 기계경비업의 경우 막대한 자본과 기술을 필요로 하여 대체로 인력과 기계경비를 혼합한 형태로 운영하고 있다.

1998년 전체 1,375개 업체 중 기계경비업을 신고한 업체는 86개로 전체의

6.3%에 머물고 있고, 경비업체 대부분이 인력경비 위주의 영세성을 면치 못하여 민간경비의 질적인 향상을 위한 개발·투자를 하지 못하고 있는 실정이었다.

〈표 4-23〉 경비업의 증가 추세 (단위 : 개소, 명)

구분	1990	1991	1992	1993	1994	1995	1996	1997	1998
경비업체	252	320	420	539	690	785	975	1,151	1,375
경비원 수	21,557	29,000	31,341	37,607	40,223	44,720	52,489	62,419	52,343

※ 자료 : 경찰청, 『경찰백서』, 1999.

1995년 경비업법 개정시에는 민간경비의 발전을 위하여 「경비지도사」제도를 신설하였으며, 1996년 12월에 신설된 경비지도사제도의 시행을 위하여 경비지도사 시험을 공고, 1997년 2월 시험을 실시하여 1차 2,398여 명, 1999년 2차 7,875명의 경비지도사를 선발하였다. 선발된 '경비지도사'는 한국경비협회가 실시하는 소정의 교육을 이수한 후, 경비업체에서 경비원들과 호흡을 같이 하면서 경비원에 대한 교육계획의 수립과 실시, 경비현장 순회점검 등 경비근무 전반에 대한 체계적 교육을 담당하게 되었다.

경찰은 '경비지도사'제도의 시행으로 경비를 단순노무로 인식하고 있었던 국민들의 종래의 인식을 전환함은 물론 과학경비에 소극적으로 임했던 경비업체들에게 투자와 교육활성화의 유인을 제공하여 우리의 경비수준을 한 차원 높이는 계기가 되었다.

3) 청원경찰 및 공동주택경비원 지도 · 감독

청원경찰은 주요시설 및 사업장의 경영자가 소요경비를 부담할 것을 조건으로 국가중요시설 또는 사업장 등의 시설보호와 범죄예방 및 기타 위해발생 방지를 담당하게 하기 위하여 배치된 경찰을 말한다.

청원경찰은 국가예산 지원 없이 경찰력이 강화되는 한편, 경영주의 입장에서는 일정비용으로 경찰력에 준하는 경비인력을 배치할 수 있는 장점이 있으나 1980년대 이후 경비업이 본격적으로 등장하면서 그 역할과 기능이 중복된다는 지적과 함께 차츰 그 규모가 줄어드는 추세이며, 특히 IMF 이후 그 수가 크게 감소했다.

1998년 청원경찰은 국가기관, 지방자치단체, 국영기업체, 개인기업체 등 3,767개 시설에 26,314명이 배치되어 있다.

〈표 4-24〉 청원경찰 현황 (단위 : 개소, 명)

구 분	1990	1991	1992	1993	1994	1995	1996	1997	1998
시설수	5,027	5,846	6,226	6,539	5,673	5,360	5,293	5,129	3,767
인 원	30,975	32,036	32,997	33,689	30,976	30,243	30,806	30,632	26,314

※ 자료 : 경찰청 경비국 제공.

경찰은 청원경찰에 대하여 신규 임용시 경찰교육기관에서 2주간의 기본교육을 실시하였으며, 관할 경찰서장이 매월 1회 이상 배치구역에 대한 근무상황을 지도·감독하고 있다.

또한 아파트 등 공동주택의 자위방범역량 강화를 위하여 아파트 등 경비업무 종사자 76,929명에게 연 2회 범죄발생추세, 112신고 및 범죄대응요령 등 방범교육을 실시하여 경비능력 향상을 도모하고 있다.

제 3 절 민간경비 성장과 과제

1. 민간경비산업의 현황과 과제

1) 민간경비 일반 현황

1980년대의 경제성장에 힘입어, 1985년의 71개사가 1990년에는 294개사로 증가하였고, 1995년에는 931개사로 증가하였다. 1999년 말 현재 경비업체 수는 1,439개사로 놀라운 양적 성장을 기록하였다.

당시 국내에서 경비업체가 담당하고 있는 시설물은 약 12,000개소에 경비원 75,090명이 배치되었다. 이 숫자는 무인경비, 즉 시스템 경비시설물은 제외된 것으로 시스템 경비 대상물은 약 29만 개소에 이른다고 볼 수 있다.

물론 여기에는 경비산업 자체의 성장요인도 있었겠지만 관련 용역산업 즉 시설관리업이나 위생관리업, 주택관리업, 인력파견업에서 불황타개와 시장 확보를 위해 경비업 시장에 뛰어든 것도 주요 요인 중의 하나로 꼽힌다.

이처럼 경비업에 대한 일반인의 인식도 많이 달라지고 경비를 용역으로 수행케 하는 업체가 증가일로에 있는 것도 사실이지만 경비업을 너무 쉽게 생각하고 창업하는 경우가 많은 탓에 해마다 수백여 업체가 도산하거나 사업을 포기하는 현상 또한 발생하였다.

한국경비협회의 자체조사 자료에 의하면 1999년도 한국경비협회에 등록된 회원업체 1,439개사 중 허가기준 1년 미만업체가 314개사로 26%를 차지하였고, 3년 미만 업체는 40%인 495개사에 이른다. 그러나 10년 이상 된 업체 즉 '88년 서울올림픽 이전 창업(허가)된 회사는 132개사에 불과하다. 중요한 것은 5년에서 10년 된 중견업체를 육성하는 것인데 당시 전국적으로 약 322개사 (26%)가 활동하고 있으나 대다수가 겸업을 하고 있으며 이들 중 경비원 보유가 200명을 넘은 업체는 7% 내외인 것으로 파악되어 이들 기업의 경비업 전문화가 선결되지 않고서는 장기적인 발전도 기대하기 어려운 실정이었다.

〈표 4-25〉 한국 민간경비업체 및 경비원의 년도별 증가현황

년 도	1976	1980	1985	1990	1995	1999
경비원수 (지수%)	5,022 (100)	5,632 (112)	10,873 (217)	25,559 (509)	60,000 (1,195)	75,090 (1,495)
경비업체수 (지수%)	9 (100)	18 (200)	71 (789)	294 (3,267)	931 (10,344)	1439 (15,989)

※ 자료 : 한국경비협회

시도별 경비업체 분포를 보면 서울 중심의 경비업체도 지방화시대를 맞아 부산, 경기, 대구, 충남, 인천 순으로 활동범위도 전국적으로 서서히 넓어지고 있다.

〈표 4-26〉 경비원과 경비대상 시설물의 시도별 분포현황(1999)

시도별	서 울	부 산	대 구	인 천	울 산	경 기	강 원	충 북
경비원수	48,213	5,584	3,472	2,046	1,040	5,176	453	719
시설수	6,075	1,063	721	536	18	1,002	70	119
업체수	701	126	98	59	22	133	19	22

시도별	충 남	전 북	전 남	경 북	경 남	제 주	합 계
경비원수	3,248	618	618	977	1,311	127	75,090
시설수	697	148	493	191	206	29	11,548
업체수	79	24	64	53	52	9	1,439

※ 자료 : 한국경비협회

대상 시설을 살펴보면 산업시설, 빌딩, 금융기관, 주택 순으로 골고루 분포되어 있다.

〈표 4-27〉 경비업체의 대상시설별 현황(1999)

구 분	시설물							
	국가기관	외국기관	국민기업체	산업시설	금융기관	언론기관	학 교	공 항
시설수	116	29	195	4,223	1,759	42	169	27
경비원수	559	1,770	1,729	30,781	5,825	290	118	880

	항 만	빌 딩	주 택	백화점 · 상가	정유시설	기 타	합 계
시설수	24	2,123	923	454	106	1,348	11,548
경비원수	241	16,560	8,089	2,920	197	4,131	75,090

※ 자료 : 한국경비협회

또한 이러한 경비업체의 외적 규모를 확인할 수 있는 총인원별 현황을 살펴보면 200인 이하의 업체에 집중되는 현상을 보이고 있음을 알 수 있다.

〈표 4-28〉 민간경비업체의 총인원별 현황(1999)

경비원수 (명)	1~20	21~ 50	51~ 100	101~ 200	201~ 300	301~ 400	401~ 500	501~ 600	601~ 700	701~ 1,000	1,001~ 1,500	1,501 이상	계
업체수 (개)	723	407	176	83	14	12	7	2	3	5	2	5	1,439

※ 자료 : 한국경비협회

경비업체가 활동하고 있는 영역에 대하여 살펴보면 < 표 4-29 > 에서와 같이 시설경비와 호송경비에 편중되고 있는데 이러한 현상은 민간경비업체의 총인원별 현황에서 알 수 있는 바와 같이 업체의 영세성이 문제라 할 수 있다.

〈표 4-29〉 민간경비업체의 허가업종별 현황(1999)

경비형태	시설경비	호송경비	신변보호	기계경비	합계
경비업체수 (지수%)	1,437 (60.7)	781 (33.0)	60 (2.5)	91 (3.8)	2,369 (100.0)

※ 자료 : 한국경비협회

※ 업체수가 전체보다 많은 것은 겸무하는 업체수를 합한 것임.

2) 기계경비 현황

(1) 시도별 기계경비업체 현황

1999년 12월 말 전국의 기계경비업체는 121개사에 이르렀다. 서울에 39개 업체가 집중되어 30.1%의 점유율을 나타내고 있지만 경기를 비롯하여 대구, 전남, 부산, 충남 순이며 지방에서도 기계경비가 뿌리 내리고 있음을 알 수 있다.

〈표 4-30〉 경비업체의 시도별 기계경비 현황(1999) (단위 : 명, 개)

구 분	시 도 별														계
	서울	부산	대구	인천	울산	경기	강원	충북	충남	전북	전남	경북	경남	제주	
업 체	39	9	13	4	3	16	1	5	8	5	10	2	6	0	121
경비원	4,267	139	166	29	87	458	20	47	73	23	48	184	71	0	5,612

※ 자료 : 한국경비협회

(2) **계약 건수**

1999년 12월말 계약건수는 29만여 건이며 산업시설은 백화점, 상가, 주택, 외국기관, 금융기관 순이다.

〈표 4-31〉 경비업체의 기계경비대상 현황(1999) (단위 : 명, 건)

대처 요원	순찰 차량수	가입자수									
		산업 시설	금융 기관	학 교	빌 딩	국가 기관	백화점 및 상가	주 택	외국 기관	기 타	총 계
3,307	1,573	52,264	33,782	4,797	12,671	15,077	43,434	34,575	34,575	103,233	295,266

※ 자료 : 한국경비협회

3) 민간경비산업 발전을 위한 주요 과제

민간경비산업은 그 긍정적인 출발만큼이나 사회적 기여도가 대단히 크다고 인정된다. 부족한 경찰력과 늘어나는 범죄, 그리고 시민안전의 중요성이 부각될 때마다 민간경비업의 존재 의의와 중요성은 커질 수밖에 없다.

그러나 민간경비업의 일천한 역사와 더불어 아직도 많은 시행착오를 거듭하고 있는 것이 우리의 모습인 것도 사실이다. 따라서 한국의 민간경비업계가 처한 문제점들을 질적인 측면에서 면밀히 분석, 검토하여야 하며 이에 따른 보완책 내지는 대책이 마련되어야 한다.

(1) **경비업법, 청원경찰법 통합 및 단일화**

경비업법과 청원경찰법에 의한 이원적 문제점과 그에 대한 통합 내지는 단일화의 과제이다. 한국의 민간경비제도는 1970년대의 국가근대화사업에 수반되는 국가 주요시설의 경비 문제를 해결하고자 고안된 청원경찰과 용역경비의 이원적 체제로 운용되었다.

두 제도는 각기 고유한 특성과 영역을 가지고 나름대로의 역할과 기능을 수행하며 발전해 왔으나 사회의 변화와 시대적 흐름에 따라 청원경찰의 존재의의와 독자적인 고유영역이 점차 축소됨으로써 그 혼선의 폭은 심화되었다. 이러한 실정에도 불구하고 청원경찰의 폐지와 함께 용역경비로의 일원화에 관한 법적, 제도적 노력이 아직 이루어지고 있지 않았다.

국가중요시설의 경비의 경우 용역경비업법에서는 시설경비업무에 국가중요시설의 경비가 포함되었고 동법시행령에서도 " … 효율화를 위하여 청원경찰에 대한 근무배치 및 감독의 권한을 용역경비업자에세 위임한다"고 하여 청원주(시설주)로부터 용역경비업자는 청원경찰의 지휘·명령권을 위임받게 되면서 「용역청경」이 시작되었다. 또 청원경찰법시행령에서도 용역경비회사가 청원경찰을 근무배치 및 감독할 수 있도록 보완되어 있었다.

그러나 1994년 3월 22일 경찰청 공문은 '사회정의를 확보하기 위하여는 부득이 현행법대로 근무배치 및 감독은 도급받는 경비회사가 실시하고 임용, 신분관리, 급여는 청원주(시설주)에게 환원하라'는 것이었다.

그렇다면 경비회사는 근무배치나 감독권만으로 도급이 가능하느냐가 문제점으로 대두되었다. 현식적으로 불가능함으로 결국 기존에 경비를 하고 있는 계약처는 해약이 되고 청원경찰의 용역은 불가능하게 되는 것이다.

이 문제는 당시 동국대 이윤근 교수가 1992년에 발표한 "용역경비업법과 청원경찰법의 통합 및 단일 법안에 관한 연구"라는 논문에서와, 1994년 제2회 치안정책학술세미나에서 발표된 "민간방범 역량 강화를 위한 사경비제도 발전 방안"에서도 "청원경찰법과 용역경비업법에 의한 이원화 운영 체제와 개선방향"과 1995년 치안연구소에서 발행한 치안논총(제11집)에서 "이원전운용(청원경찰법, 용역경비업법)의 현황과 문제점(162쪽~172쪽")에서도 거론된 바 있다.

(2) 영세성을 면치못한 경비업체의 발전방안

경비업체의 증가는 바로 신규 업체수가 비약적으로 증가하는 것으로 바람직한 현상이라고 할 수 있지만, 업계의 중추역할을 담당하는 중견업체가 수적으로나 점유율에서 감소하고 있다는 사실에 우리는 주목할 필요가 있다. 신규업체의 난립은 제한된 시장에서 과당경쟁으로 인한 덤핑계약이라는 폐해를 낳고 있다.

덤핑계약은 필연적으로 경비원의 후생복지를 해치게 되며 경비원의 교육훈련에 대한 투자를 등한시하게 되고, 나아가 민간경비업 자체의 이미지를 저하시키는 결과를 낳게 된다. 자본주의 사회에 있어서의 자유경쟁원칙도 중요하지만, 민간경비업은 고객의 생명과 신체 및 재산을 수호함을 임무로 하는 공공성을 띤 안전산업(Security Industry)인만큼 여타 산업과는 그 성격을 달리하는 만큼 이러한 점을 감안하여 경비업체의 '등급제'와 '최저가격입찰제'를 조심스럽게 검토할 필요가 있겠다.

〈표 4-32〉 경비회사 규모의 증감율

	1992		1993		1994		1995		1996		1997		1998		1999		92:99 대비 증감율
	회사수	증감율	회사수	증감율	회사수	증감율	회사수	증감율	회사수	증감율	회사수	증감율	회사수	증감율	회사수	증감율	
전체	372	100%	464	24.70%	550	18.50%	691	25.60%	877	26.92%	988	12.66%	1,225	23.99%	1,571	28.24%	422.3%
20명 미만	174	100%	284	63.20%	386	35.90%	530	37.30%	716	35.09%	489	-31.70%	699	42.94%	966	38.20%	555.2%
20명 이상~100명 미만	144	100%	132	-8.40%	121	-8.40%	118	-2.50%	118	0.00%	408	245.76%	318	-22.06%	522	64.15%	362.5%
100명 이상~200명 미만	23	100%	19	-17.40%	17	-10.50%	17	-	18	5.88%	52	188.89%	51	-1.92%	43	-15.69%	187.0%
200명 이상~300명 미만	12	100%	11	-8.40%	8	-27.30%	8	-	8	0.00%	21	162.50%	15	-28.57%	19	26.67%	15.8%
300명 이상~3,000명 이하	19	100%	18	-5.30%	18	-	18	-	17	-5.56%	18	5.88%	24	33.33%	21	-12.50%	11.0%

※ 자료 : 한국경비협회

(3) 공동주택관리령의 개선

일반적으로 '경비원'은 아파트 경비원을 연상하는 것이 보통이지만 경비업법의 관점에서 보면 아파트의 경비원은 관리인의 한 사람이지 경비업무를 수행하는 경비원이 아니다. 전문 경비업체의 경비원처럼 교육 의무가 없을 뿐 아니라 경비와 관련된 전문교육을 거의 받지 않는다.

우리나라 전체 주거 중 공동주택의 점유율이 급격하게 상승하고 있고 그에 상응하게 공동주택에서의 강·절도 발생률이 상당히 높은 실정이다. 따라서 주거인구가 밀집되어 있는 아파트 등의 공동주택에서 전문 경비업체에 의하여 과학경비, 책임경비로 실시될 수 있도록 조속한 법제도 개선이 이루어져야 할 것이다.

1995년 통계에 의하면 총 주택은 7,935,897가구인데 주택형태의 내용을 보면 단독주택 43.9%, 3,489,315 가구이고 공동주택은 56.1%, 4,446,582가구이다. 여기에 종사하는 경비원도 약 50,000명 이상으로 추산된다.

(4) 방범 설비의 표준화 및 서비스 향상에 정부지원 필요

경비업을 '3D업종'으로 보는 시각과 그에 따른 경비업계의 구인난 그리고 지능화 되는 범죄에 대비하기 위해서는 첨단 방범기기와의 연동에 의한 기계경비로의 전환이나 인력경비와의 병행이 불가피하였다. 그럼에도 불구하고 현행 용역경비업법에는 적응체제 구축이나 오보대책, 그리고 대처차량 및 대처요원에 대한 기준 등 기계경비업에 대한 중요내용이 결여되어 있었으며, 방범기기의 국산화에 대한 국가적 지원도 전무했다.

경비시설에 관한 기준은 용역경비업법시행령에서 보면 ①전문인력은 전기통신 2급 이상의 기능자격자 5명 포함 10명 이상, ② 장비는 송신기 · 수신기 · 감지기 · 단말기 등으로 정하고 있다.

이와 같은 기계경비의 발전은 바로 방범기기의 발전이다. 그러나 당시 방범기기의 종류·생산·판매·유통·설치 등이 거의 파악이 안 되고 있는 실정이어서 기계경비의 발전은 물론 경비산업의 발전에 있어서 시급한 문제로 대두되었다.

이를 극복하기 위해서는 다음과 같은 두 가지를 보완하여야 한다.

첫째, 기계경비의 발전을 위해서는 방범기기를 취급하는 전문 인력을 양성하여야 한다. 따라서 취급에 기술이 요함으로 기능사 제도가 있어야 한다. 일본은 1992년에 「방범설비사제도규정」을 제정하여 「방범설비사」 자격증 소지자가 1995년말에 이미 3,000명에 이르고 매년 수백 명이 응시 합격하고 있다.

둘째, 방범기기 제조업체의 파악과 업체에 대한 적극적인 관리 육성이 시급하다. 방범기기의 생산업자를 등록받아 국가에서 관리육성 하여야 기술발전과 저렴한 가격으로 우수한 제품을 생산할 수 있고, 방범기기의 규격화, 표준화를 기하여 외국과 경쟁하는데 손색이 없어야 한다. 그러나 우리나라는 그동안 시장조사가 없어서 품명·규격·가격이 일원화 되어 있지 않았다. 또한 기계경비업무의 경비료와 즉응체제에 있어서 오보에도 밀접한 관계가 있기 때문에 반드시 방범기기 제조업체의 관리와 육성은 민간경비산업에 가장 시급한 문제였다.

(5) 새로운 경비제도 개발

가. 교통유도경비 및 교통순찰경비제도

우리나라 교통행정 업무의 부처별 업무분장을 보면 교통정책 및 교통행정을 담당하고 있는 부서는 건설교통부이고, 경찰청은 교통행정의 일부인 교통사고의 예방과 원할한 소통을 확보하는데 있다고 할 수 있다. 1994년 경찰청의 교통안전 관리를 위한 관련예산도 243억원으로 1993년 보다 72%가 증가하였다.

우리나라는 자동차 보유량 1천만대를 초과하고 있으며 최근 10년간 자동차는 평균 23%의 증가 추세에다가 교통사고도 세계에서 1위 내지 2위인 26만 6천여 발생건에 10,087명의 사망을 보여주고 있어 주요 선진국 교통사고 사망자에 비해 가장 많다는 오명을 갖고 있다.

교통사고를 줄이기 위한 봉사단체도 많으나 수익자 부담원칙에 입각하여 교통경비 업무를 개발하여 지하철·공항·항만·도로·주택단지의 건설현장, 유원지·공원·행사장·주차장 기타 혼잡장소 등에서 경비업무의 일환으로 교통경비를 실시할 수 있을 것이다.

그뿐만이 아니라 교통순시원, 주차장관리 등 분야까지 진출할 경우에는 민간경비는 2만 명 내지 3만 명의 경비원의 고용효과를 보게 되고 기계경비 분야와 같이 가장 유망한 직종이 될 것이다.

나. 경비원의 사회적 지위 향상을 위한 자격증 및 검정제도

우리나라 통계청에서 발행하고 있는 「한국표준직업분류」를 보면 경비원은 단순노무종사자로 최하위로 분류하였다. 그 내용을 보면 "주로 수공구의 사용과 단순하고 일상적이며 어떤 경우에는 상당한 육체적 노력이 요구되고 거의 제한된 창의와 판단만을 필요로 하는 업무를 수행한다."라고 되어 있다. 직능 수준도 "일반적으로 5~7세 시작하여 6년 정도 시행되는 교육으로서 교육과정(초등학교과정수준)정도의 정규교육 또는 훈련을 필요로 한다. 이러한 수준의 직업에 종사하는 자는 최소한 문자 이해와 수리적 사고능력이 요구되는 간단한 직무교육으로 누구나 수행할 수 있다."로 명기되어 있다. 그러나 현행 경비업법·령에 의한 경비원 신임교육과목의 학과교육은 헌법 및 형사법, 경비업법 등이고, 실무교육은 시설방호, 불심검문 요령, 소방 등 과목으로 볼 때 최소한 중등 및 고등학교 수준이어야 될 것이다.

여기서 또 문제는 통계청의 「한국표준직업분류」의 내용이

- 취업알선을 위한 구인구직 안내기준
- 직종별 급여 및 수당 지급 경정기준
- 산재보험률, 생명보험률 또는 산재보상액, 교통사고 보상 등의 결정기준으로 경비용역계약 체결시 국가기관, 공공기관 등에서 이용하고 있다는데 그 심각성이 있다. 이 자료는 그대로 경비원의 사회적·경제적 지위를 결정짓는 효과를 가져오는 것이다.

따라서 이들 기관에서는 비정규직(단순노무종사자) 종사자 및 직종별 급여 수준을 책정할 때 최하위 초등학교 수료 정도의 예산을 세워 급여를 지불하기 때문에 경비원 연봉이나 급여는 최하위 층에 포함되어 있다.

그렇다면 경비원의 사회적 지위 향상을 위하여도 자격증이나 전문분야에 대한 인증제도를 도입하여 경비업의 전문성을 높이는 것이 가장 시급한 과제일 것이다.

2. 새로 도입된 경비지도사 제도

1) 도입 취지

「경비지도사」 제도는 1990년 4월 24일, 치안본부에서 민생치안의 효율성을 높이고 민간경비업체의 전문성 제고를 위해 도입하였다. 치안본부는 민생치안 수요가 경찰력만으로는 대응하기 어려운 한계에 이르렀다고 판단하여 시민들의 자율방범체제를 강화하면서 급속히 늘고 있는 용역경비업체들의 업무효율을 높이기 위해「용역경비업법」등 관련법규를 개정, 이들 업체에 전문 경비지도사 제도를 도입하였다.

치안본부는 이를 위해 관련부처와의 협의를 거쳐 개정안을 확정, 국회를 거쳐 1991년 1월부터 「경비지도사」 제도를 실시하였다. 치안본부가 마련한 용역경비업법 개정안에는 경비업체는 반드시 경비원 50명당 1명의 경비지도사를 고용해야 하며 경비지도사는 3개월에 1회 이상 정기적인 교육과 훈련 등을 실시해야 한다고 명시하였다.

경비업은 경찰력의 절대부족현상으로 경찰대신 경비, 신변보호 등의 서비스를 제공하고 그 댓가로 보수를 받는 업종으로 치안수요가 폭주하면서 호황을 누렸다. 「경비지도사」 제도 도입 당시 우리나라의 경비업체는 전국에서 2백33개 업체가 허가를 받았고 무허가업체도 1백여 개가 난립해 있었다. 이들 업종에 종사하는 경비원은 모두 2만5천여 명으로 전・의경을 제외한 순수경찰 7만 3천여 명의 3분의 1에 이르며 용역건수는 50만 건을 웃돌았다.

이들 업체는 지난 79년 15개에서 10년 사이 15배 이상 불어났으며 해마다 수요가 30~40%씩 급증하는 등 급성장하고 있었다.

2) 경비지도사 제도 도입 일지

95. 12. 03 경비업법 개정(95.12.31 법률 제5124호)
경비원의 자질향상을 위하여 경비원의 지도・감독 및 교육을 전담하는 경비지도사 제도 신설

96. 01. 21 경비업법시행령 공포를 앞두고 경찰청 회의실에서 간담회 개최(경찰청 4명, 학계 2명, 업계 10명)

96. 05. 30 경비업시행령·시행규칙 개정 앞두고 경비협회에서 최종의견을 경찰청에 제시

96. 07. 01 경비업법 시행령 개정(96.7.1 제15108호)

96. 07. 12 경비협회에서 시행령 개정에 따라 경비지도사 응시 및 교육 등에 대한 계획 책정

96. 08. 05 협회는 경비업무 종사자에 대한 경비지도사 강습과정 및 교육 일정 발표(기간 96.8.14 ~ 11.27) 교육 과목, 교육시간, 강사 발표

96. 08. 14 제1회 경비지도사 양성과정 개강

96. 10. 16 경비지도사 시험관리업무 추진 계획 발표
(시험관리위원회 구성 : 위원장 1명, 위원 10명)

96. 10. 28 제3차 아시아 경비업자총회(APSA)
박병식 교수「한국의 경비산업에 있어서 가격제도의 도입과 기대 효과」주제 발표

96. 11. 27 제1회 경비지도사 양성과정 종료(619명 신청자 중 최종 수료자 512명)

96. 12. 23 경찰청 제1회 경비지도사 자격시험 시행 계획 공고

97. 01. 09 경비지도사 시험 접수마감
총 13,004명(일반 경비지도사 12,317명 중 소방학 1,070명, 범죄학 1,532명, 경호학 9,715명, 기계경비지도사 687명(기계경비개론 553명, 기계경비시스템 기획 및 설계 134명)

97. 02. 23 제1회 경비지도사 자격시험(서울 외 5개 지역에서 실시)

97. 03. 25 합격자 발표
응시자 13,004명 중 합격자 2,398명(1차시험 면제자 1,786명 일반응시자 612명)

97. 04. 25 경비협회에서 경비지도사 합격자 중 채용가능 인원 부족으로「경비지도사 제도 개선 건의」

97. 04. 29 경비협회에서 경비지도사 합격자 직능 교육
10주간 80시간 강의 시행(97.4.29 ~ 7.4)

97. 07. 25 경비협회에서 경비지도사 소요인원 대비 채용 가능 인원
부족 286명으로 대책 수립 후 경찰청에 건의

97. 08. 28 경찰청에서 경비지도사 교육실태 점검 개선방안 발표

97. 11. 03 경비협회 경비지도사 의무 고용 관련 제도 개선 의견서 작성

98. 03. 16 98년도 경비지도사 기본교육계획에 따라 교육 실시
대상자 1,016명(합격자 2,398명 중 미수료자)

99. 01. 27 제2회 경비지도사 양성과정 개강(99.1.27 ~ 5.19)

99. 03. 31 경비업법 제7차 개정(99.3.31 법률 제5940호)
① 경비지도사 응시연령 조정(18세 이상)
② 감독관청의 경비원 및 경비지도사의 해임명령권 삭제

99. 10. 31 제2회 경비지도사 시험 실시
응시 18,474명, 합격 7,875명(일반 7,205명 기계 670명)

3) 제1~2회 경비지도사 합격 현황

〈표 4-33〉 제1회 경비지도사 합격 현황(1997.3.25)

○ 지역별 현황

구 분 \ 지역별		계	서 울	부 산	대 구	대 전	광 주
계	응 시	13,004	8,167	1,476	1,113	1,146	1,102
	합격(률)	2,398 (18.4)	1,652 (20.2)	247 (16.7)	153 (13.7)	193 (16.8)	153 (13.8)
1차시험 면제자	응 시	7,961	5,133	789	683	669	687
	합격(률)	1,788 (22.3)	1,274 (24.8)	164 (20.7)	103 (15.0)	137 (20.5)	110 (16.0)
일반 응시자	응 시	5,043	3,034	687	430	477	415
	합격(률)	610 (12.0)	378 (12.4)	83 (12.1)	50 (11.6)	56 (11.7)	43 (10.3)

※ 자료 : 한국경비협회

○ 직업별 현황

구 분	계	경찰공무원			경비업종사자				일반인
		계	경 찰	경호원	계	양성과정	퇴직경찰관	일 반	
계	2,398	1,480	1,469	11	496	187	15	294	422 일반315 퇴직107
일반경비지도사	2,160	1,460	1,449	11	312	114	13	185	388 일반281 퇴직107
기계경비지도사	238	20	20		184	73	2	109	34 일반34 퇴직

※ 자료 : 한국경비협회

〈표 4-34〉 제2회 경비지도사 합격 현황(1999.10.31)

○ 지역별 현황

구 분	계	일반경비지도사			기계경비지도사		
		소 계	면 제	비면제	소 계	면 제	비면제
계	7,875	7,205 (91.5)	2,968 (37.7)	4,237 (53.8)	670 (8.5)	162 (2.0)	508 (6.5)
경 찰 공 무 원	2,834 (35.9)	2,713	2,656	57	121	120	1
일 반 공 무 원	89 (1.1)	79	2	77	10		10
양성과정수료자	321 (4.1)	284	284		37	37	
경비업종사자	1,351 (17.2)	1,058		1,058	293		293
군 인	165 (2.0)	162		162	3		2
학 생	755 (9.6)	723		723	32		32
회 사 원	862 (10.9)	777		777	85		85

자 영 업	243 (3.1)	221	11	210	22	1	21
기 타	1,255 (16.1)	1,188	15	1,173	67	4	63

※ 자료 : 한국경비협회

○ 지역별 취업현황

구 분	계	서 울	부 산 경 남	대 구 경 북	인 천	경 기	광 주 전남북	대 전 충남북	강 원	제 주
취업희망자	199	83	23	9	15	35	14	18	1	1
의뢰업체수	113	58	·	·	9	36	4	5	1	·
채용된 수	35	22	·	·	2	8	·	3	·	·

※ 자료 : 한국경비지도사협회

○ 연령별 현황

구 분	계	일반경비지도사			기계경비지도사		
		소 계	면 제	비면제	소 계	면 제	비면제
계	7,875	7,205 (91.5)	2,968 (37.7)	4,237 (53.8)	670 (8.5)	162 (2.0)	508 (6.5)
18-20	222 (2.8)	213		213	9		9
21-30	1,748 (22.3)	1,582	3	1,579	166		166
31-40	2,990 (37.9)	2,697	1,308	1,389	293	59	234
41-50	1924 (24.4)	1,763	1,049	724	151	65	86
51-60	834 (10.5)	793	508	285	41	30	11
60이상	157 (2.1)	147	100	47	10	8	2

※ 자료 : 한국경비지도사협회

4) 경비지도사제도 개선건의

1997년 2월 실시한 경비지도사 시험 제 1회 합격자 2,398명 중 공무원(현직 경찰관)이 1,469명으로 62%를 점유하고 있었다. 나머지 인원 918명으로는 1,149업체에 소요인원 1,354명에 숫자상으로만 533명의 부족현상이 나타나 한국경비협회에서는 긴급회의를 열어서 경비지도사제도 개선건의안(1997.04.25)을 작성하여 관계 기관에 협조를 의뢰하면서 「경비지도사제도 개선건의안」을 제출하였다.

〈경비지도사제도 개선건의안 (1997.04.25)〉

○ **분 석**

- 소요예상인원 대비 채용가능인원이 절대 부족
- 합격자가 소요인원을 초과하는 회원이 상당수 있어 채용가능인원 잠식(특히, 기계경비지도사)
- 채용가능 합격자중 상당수가 취업불원
- 채용예정 인원부족 및 기본 교육 실시 기간 등을 고려 금년도 경비지도사 선임은 사실상 불가
- 소요판단

구 분	소요예상인원 (96.12.31)	채용가능인원 (경비지도사 합격자 중)	과부족	비 고
일반경비지도사	1,203	706	-497	
기계경비지도사	61	219	+158	

※ 각 회원사 현황 자료 누락으로 실제 소요인원 증가

○ **대책(건의)**

- 경비지도사 선임(채용) 기간 연장
- 경비업무 종사 경력 7년 이상이고 현재 경비업체 대표자 등은 면접시험만 실시 후 경비지도사 자격 부여 또는 경찰공무원 7년 이상 재직경력자와 동일하게 1차 시험 면제

※ 붙임개정령(안) 참조(경비지도사 선임기간은 상당기간 자동 연장될

것이므로 개선 가능한 시행령 및 시행규칙 개정)

〈용역경비업법시행령중개정(안)〉

1. 제안이유

경비지도사 자격시험과 관련한 현행법령의 불합리한 부분을 현실에 맞게 개선하여 경비지도사 제도의 조기정착과 효율을 극대화함에 있음

2. 주요개정골자 (1999.09.09 개정)

한 개의 경비지도사 자격을 취득한자 등, 시험의 일부면제 범위를 확대함(영제 16조)

〈용역경비업법시행규칙중개정(안)〉

1. 제안이유

경비지도사 자격시험 합격자 기본교육관현 현행법령의 불합리한 부분을 개선하여 피교육자의 부담을 줄이고 교육에 효율을 기하고저 함

2. 주요개정골자(1999. 9. 21. 개정)

경비지도사 자격시험 합격자 기본교육 대상범위를 보완함

(규칙 제7조 제1항)

이어서 한국경비협회는 1997년 11월 3일 경비지도사 의무고용관련제도 개선의견서를 작성하였다.

〈경비지도사의무고용관련제도개선의견서〉
(1997.11.3)

사단법인 한국경비협회

○ 개선방안(1)에 대해

• 일본의 경우 유사한 제도시행에 따라 경비기술과 기능 향상으로 선진경비업으로 조기 정착할 수 있었다.

• 우리나라 경비업의 취약점인 경비원의 교육, 지도감독체계를 크게 보완할 수 있고 경비업 기능 향상과 전문화로 대회 신뢰도 제고 등 경비업의 순기능이 기대되므로 일부내용을 보완하여 비지도사 제도 시행원칙에 동의했다.

○ **개선방안(2)에 대해**

• 개선방안(2)내용 외에 → 경비지도사 선임배치기준(제11조관련) 제 3호 경비지도사 선임 · 배치 된 지방경찰청 관할지역에 배치되는 경비원이 30인 이하인 경우 제 1호 각목의 규정에 불구하고 경비지도사를 따로 선임배치하지 아니할 수 있다를 경비원 100인 이하로 완화하는 내용을 추가했다.

• 시행초기에는 영세한 경비업체의 과중한 부담을 최소화하여 충격을 완화하는 것이 이 제도 조기 정착에 효과적이다.

○ **개선방안(3)에 대해**

• 경비원 명부 비치 및 정리의무 삭제를 → 삭제 또는 경비원 명부 서식 간소화

• 경비업자는 경비원을 배치(채용)하거나 폐지(해임)시 배치지 관할 경찰서장에게 의무적으로 신고하게 되어 있어 경비원 파악에 어려움이 없으므로 비치 및 정리 의무삭제가 요구되나 감독상 존치가 필요하다면 현행 불필요한 내용의 경비원 명부서식을 대폭 간소화하였다.

○ **개선방안(4)에 대해**

• 경비지도사 확보를 위하여 현행 용역경비업법시행령 부칙 제3항 경비지도사 선임 배치기준에 관한 경과조치 중 1999년 12월 31일 까지였던 시행일을 2000년 12월 31일까지의 연장이 아닌 → 용역경비업법 부칙 제1항 단서규정의 1997년 1월 1일부터 시행을 2000년 1월 1일부터 시행으로 연장

• 경비지도사 자격증 취득자가 수요인원에 비해 절대적으로 부족하고

경비지도사 자격 취득에 필요한 기본교육 실시 여건 등을 감안할 때 2000년 까지는 완전 선임·배치 불가

○ **개선방안(5)에 대해**

• 경비지도사 1차 시험 면제대상에 군인사법에 의한 하사관 이상 군 공무원으로 재직한자 외에 → 경비 업무종사자 경력이 7년 이상인 용역경비업체 대표자를 추가하였다.

• 경비지도사 제도 시행의 궁극적 목적인 책임경비를 위해서는 책임과 의무에 있어 당사자인 경비업체 대표자에 대한 시험의 일부면제가 우선되어야 할 것이다.

※ 외국의 예(일본)

○ **경비원 지도교육 책임자 자격증 제도**

• 임 무

- 경비원 지도 계획 작성 시행과 그 계획에 기초하여 경비원을 실습지도하거나 그 기록 작성
- 경비원 교육 계획 작성하거나 그에 기초한 경비원 교육관리
- 경비원 교육 실시 관리 기록 기재 감독에 관한 것
- 경비원 지도 및 교육에 대해 경비업자에게 필요한 조언

• 자 격

- 경비원 근무경력 7년 이상인자로서 강습과정 수료 후 자격시험에 합격한 자
- 경비원의 지도 및 교육에 관한 업무에 의하여 전호의 자와 동등한 지식 및 기능을 가졌다고 인정되는 자
- 경비원의 지도 및 교육에 관한 감독업무종사 경력이 7년 이상이고 경비원의 지도 및 교육에 대한 충분한 능력을 가졌다고 인정되는 자
- 경비원의 지도 및 교육에 관하여 전호의자에 준하는 지식 및 능력을 가졌다고 인정되는 자

• 선임기준
 - 기본적으로 영업소 마다 1인 배치
 - 자사 경비원으로 많은 합격자를 내어 충원 및 회사 홍보

○ **기계경비업무관리자 자격증 제도**

• 임 무
 - 경비업무용 기계장치를 이용한 대상 시설의 경계, 기계차량의 유지관리 및 기계장치 운용 등 원활히 하기 위한 계획을 작성하거나 기계장치 운용 경비원 및 관계자 감독
 - 지령업무에 관한 기준마련과 그 기준에 따라 지령업무 통제요원 및 경비원 지도
 - 경비원에 대한 경찰기관과의 연락요령 지도
 - 대기소에 배치한 경비원의 성명, 경비대상시설의 명칭 및 소재지 그 외의 총리부령으로 정한 서류의 기재방법 감독
 - 기계경비업무 관리에 대해 경비업자에게 필요한 조언

• 자 격
 - 기계경비업무 관리에 관하여 강습을 받거나 그 과정을 수료한자
 - 기계경비업무 관리에 관하여 전호의자와 동등 이상의 지식 및 능력을 가졌다고 인정되는 자

• 선임기준
 - 각 기지국마다 1인

※ 경비지도사와 경비원의 급여차이

현재 경비지도사의 급여기준이 없으나 경비지도사는 경비원에 대한 교육 및 감독적 지위에 있으므로 경비원과 상당액의 급여 차가 있을 것으로 판단되며 현재 자사종사자로서 경비지도사 자격취득자에 대해서는 이에 상응한 급여상 대우를 하고 있다.

〈표 4-35〉 경비지도사 선임 배치소요

구분 / 경비원수	업체수	소요인원	비 고 (제 1회경비지도사자격증취득자)
계	1,149업체	1,345명	1,166명(633명) (괄호안은 채용가능 인원)
200명 이하	1,122	1,122	
300명 〃	11	22	
400명 〃	2	4	
500명 〃	2	6	
600명 〃	1	5	
800명 〃	2	12	
1,000명 〃	1	9	
1,100명 〃	1	10	
1,500명 〃	2	26	
2,000명 〃	1	19	
2,300명 〃	1	22	
2,600명 〃	1	25	
3,200명 〃	1	31	
3,300명 〃	1	32	

※ 채용 가능 인원 중에서도 취업불원자가 상당수 포함

※ 자료 : 한국경비협회

5) 경비지도사 기본교육 실시

용역 경비업법 제6조의3 제1항 및 동법시행규칙 제7조 규정에 의한 소정 교육실시

- 채용 가능한 일반인은 97년도 중 교육 실시
  - 서울, 중부 · 경인 지역은 97년도 전반기(97.4.29 ~ 7.4)
  - 부산, 대구, 광주 등 지방은 97년도 후반기(97.8.25 ~ 9.5)
- 채용 불가한 현직 공무원은 원칙적으로 98년도 실시

○ **교육 실시**

• 전반기 실시

- 교육기간 : 97.4.29 ~7.4(주1회 8시간 10주 총 80시간)
- 교육장소 : 한국경비협회 교육장
- 교육인원 : 809명
- 교육대상 : 서울, 인천, 경기, 대전충남북지역 합격자
- 교육편성 : 주중 화, 수, 목, 금 4개반 편성

• 후반기 실시

- 교육기간 : 97.8.25 ~ 9.5(1일 8시간 10일연속 80시간)
- 교육장소 : 부산
- 교육대상 : 부산, 대구, 광주, 제주 지역 일반 및 현직 경찰
- 교육인원 : 258명

〈경찰청 경비지도사 교육실태 감사〉

경찰청 감사실에서는 한국경비협회가 경비지도사 기본교육을 1997년 4월 29일 부터 7월 4일까지 (주 1회 8시간, 10주 총 80시간)교육에 대한 감사를 실시, 1997년 8월 28일에 한국경비협회장에게 「경비지도사 교육실태 점검 결과」를 작성하여 시행에 있어 여러 가지 문제점을 지적 개선방안을 마련·통보하였다.

다음은 그 실태 및 문제점이다.

「경비지도사」 교육실태 점검 결과

경비지도사 자격시험 합격자에 대해 한국경비협회에서 실시하고 있는 교육과 관련 그 실태를 점검한 바 법정과목 무단 변경, 비합리적인 교육 시간 편성, 강사의 자질부족 등 일부 문제점이 도출됨에 따라 실효성 있는 교육을 위한 개선방안을 마련하였다.

□ 현 황

• 추진 경과

– '95.12.30 :「경비지도사」 신설 법적근거(용역경비업법 개정) 마련

– '97. 2.23 : 제1회「경비지도사」 시험실시(합격자 2,398명 중 경찰관 1,466명 : 61.1%)

※ 시험과목

구 분	1차시험	2차 시험
	선택형	선택형 또는 기입형
일반경비지도사	법학개론, 용역경비업법(청원경찰법 등 관계법 포함), 민간 경비론	소방학, 범죄학 및 경호학 중 1과목
기계경비지도사		기계경비론, 기계경비기획 및 설계 중 1과목

– '97.4.29 ~ 7.4 : 한국경비협회에서 상반기(4차 : 서울) 809명 교육실시

– '97.8.25 ~ 9.5 : 후반기(5차) 258명 부산에서 교육실시

구 분	계	일반경비지도사	기계경비지도사
(명)	808	658	150

• 자격증교부 현황

※ 자격증은 시험에 합격하고 교육수료한 자에게 교부

• 향후 계획

– 97.9.22 ~ 11.18 : 후반기(6,7차:서울) 400명에 교육 실시 예정

※ 나머지 합격자 889명에 대해서는 98년도에 교육실시 위계

□ 실태 및 문제점

[교과 편성]

• 교육과목 선정 부적절

– 경비지도사에 대한 기본교육과목이 16개 과목(세부과목 22개)에 달해 제한된 시간(80시간)에 이수를 시키기 위해서는 형식적인

교과편성 및 교육이 이루어질 수밖에 없는 형편이었다.
- 법학개론(헌법, 형법, 형소범, 민법총칙)의 경우 규정된 8시간은 강사가 교재 제목을 읽어주는 정도로 교육을 마치기도 했다.
  ※ 교육생들은 법학개론, 용역경비업법, 민간경비론 등 이론과목보다 실무와 접목될 수 있는 실습 및 사례중심의 교육을 희망했다.

• 법정 교과과목 무단 변경
- 경비지도사 교육과목은 용역경비업법시행규칙 제7조 1항에 규정되어 있어(16개과목, 80시간) 이에 따라 교육을 시켜야 함에도 법정되어 있지 않는 소양과목을 5시간이나 무단으로 편성하여 교육을 실시했다.

• 일반 및 기계경비지도사 교육과목 미분리로 교육효과 반감
- 경비지도사는 시설, 호송, 신변보호 등을 담당하는 일반 경비지도사와 기계경비를 담당하는 기계경비지도사로 구분되고 담당업무가 달라 과목 및 교육이 분리되어야 함에도 실습시간 (16시간)을 제외하고 같은 과목(15과목, 64시간)으로 편성하였다.
  ※ 일반경비지도사의 경우 기계경비시스템 기획 및 설계(8시간), 기계경비개론(8시간) 등, 기계경비지도사의 경우 경호학(3시간) 등에 대한 교육 필요성이 상대적으로 적다.

• 비합리적인 교육시간 편성
- 강사 선정이 어렵고 강사의 편의를 위해 「민간경비론」, 「기계경비 기획 및 설계」의 경우 하루에 6시간을 계속 강의하여 교육효율성이 현저히 떨어지는 결과를 낳았다.

[강사 선정]

• 강사 자질부족 및 강의평가 제도 미비
- 강사는 일정한 자격요건을 갖추어야 함에도 관련학문에 대한 전문가가 부족하다는 이유로 선임된 강사 17명 중 4명이 자격요건에 미달하였고, 자격기준이 적합한 강사라도 부실한 교재와 성의

없는 강의로 교육생의 불만을 초래하였으나 강의평가제도가 마련되어 있지 않아 자질부족 강사가 계속 위촉되는 등 부실교육 개연성이 농후하였다.

[교육 환경]

• 칠판의 글씨가 보이지 않는 등 열악한 교육 환경
  - 교육장(213m²)이 너무 넓고 200여 명의 교육생을 한꺼번에 수용교육하여 교육장 뒷자석에 앉은 교육생의 경우 칠판의 글씨가 보이지 않는 실정이었다.
    ※ 강단으로부터 교육생좌석 최원거리지점까지 거리가 약 18m에 달함
  - 시청각교육 시에도 동 교육장내에 TV수상기(25인치)가 강단 앞부분에 단 1대만이 설치 되어 중간 부분 이후에 앉아 있는 교육생의 경우 화면을 볼 수 없었다.
  - 마이크 울림현상이 심해 강사의 강의 내용을 알아들을 수 없는 등 교육 환경이 매우 열악하였다.
    ※ 부산상공회의소 연수원은 78년도에 건립된 건물로 노후 되어 교육 중 누전으로 작은 화재가 발생하여 잠시 강의가 중단되기도 했다.(97.8.26)

[학사 관리]

• 현업종사자의 대리출석 등 학사관리 부실
  - 보충교육 등의 제도가 마련되지 않아 현업종사자들은 10일간 계속되는 교육에 참석할 수 없어 대리출석 시키는 경우가 많았다.
  - 경비협회에서도 200여 명이 넘는 많은 교육생에 대해 1명의 관계자가 교육장에 들어가 좌석이 빈 경우 결석으로 체크하는 등 형식적인 학사 관리로 부실 교육이 우려 되었다.

[기 타]

• 용역경비업자의 경비지도사 채용기피로 자격증 소지자의 불만 초래

- 인건비를 줄이고 선임에 따른 노사갈등을 우려하여 경비지도사 채용을 기피하고 있어, 취업을 희망하는 약 200여 명의 자격소지자가 취업이 되지 않아 불만이 팽배하였다.
  ※ 용역경비업자는 경비원 200인까지는 1인, 200인을 초과하는 매 100인 까지 마다 1인씩의 경비지도사를 선임하여야 함(용역경비업법 시행령 제11조 제2항 및 부칙 제3항)
  ※ 97.7 현재 전국의 용역경비업수는 약 1,090개사에(고용 경비원 수 약 52,000명)에 달하여 경비지도사가 약 1,400명이 필요하다고 추산
  기 배출된 경비지도사 808명 중 현업종사자, 경찰관 등을 제외한 200여 명이 취업을 원하고 있으나 채용되지 않는 실정이었음

• 자격시험답안지에 현직 경찰관인지 여부를 표기하게 함으로써 특혜 오해 소지
- 경비지도사 자격시험 답안지에 잠재적 자격증 소지자 파악을 위해 현직 경찰관인지 여부를 표기하게 함으로써 일반 응시생으로부터 1차 시험도 면제해 주는데 채점과정에서도 경찰관에게만 특혜를 주고 있다는 오해의 소지를 낳았다.
  ※ 경찰관으로 7년 이상 근무한자에게는 1차 시험(3과목)면제 혜택

• 교재대금 과다 징수 의혹
- 경비지도사 기본교육 교재로 3권을 자체 발간하여 수강료(124,000원)와는 별도로 교재대금 16,000원을 받고 교육생에게 지급하였다.
- 본 교재의 제작비용이 10,000원을 넘지 않음에도 시행초기라 정확한 견적을 낼 수 없었다는 이유로 약 6,000원 상당을 과다 징수한 의혹이 불거졌다.

[여 론]

• 경찰청에 대한 불만 여론 다수
- 경비지도사 자격증소지자 및 교육생들은 자격증을 교부 받으면 바로 취업이 되는 줄 알았다가 취업이 되지 않자 경찰청이 경비지도사 및 교육 계획을 잘못 수립하여 이러한 결과를 낳았다.

– 경찰청이 용역경비업체의 로비를 받아 배치 기준을 99년까지 유예하도록 하였고 현행법상 배치기준을 위반해도 행정처분 등을 하지 않고 있는 상황에서 경비지도의 선발은 무의미하다는 불만 여론이 모아졌다.

※ 유예된 배치기준(99.12.31까지)

▸ 지방청 관할 구역별로 1인 선임 배치

▸ 경찰청장이 정하는 중요공공시설에 전담 경비지도사 선임 배치

□ 조치건의

주무국인 방범지도국에서는

• 불합리한 교육관련 규정을 현실성 있게 개정하는 방안 강구

– 교육 과목, 시간 및 강사자격 기준, 경비지도사 선임 등 관련 조항을 합리적이고 현실성 있게 개정 검토하였다.

• 교육전반에 대한 지도 · 감독 강화

– 강사선정, 강의평가, 출석 및 시험관리 등 교육전반에 대한 주무부서의 지도감독 강화로 부실 교육을 사전에 예방하고

– 효율적인 교재개발, 시청각자료 확충, 2~3개 반 편성, 교육장소 물색 등 교육환경이 개선될 수 있도록 경비협회 지도감독을 강화하였다.

• 경비용역업체의 경비지도사 선임여부에 대한 행정지도 강화

– 경비지도사 선임하지 않고 있는 업체에 대한 행정지도 강화로 관련업체 위업행위 방치, 경비지도사 집단 불만 표출 등 문제발생 소지를 차단하였다.

• 자격시험 답안지 현직경찰관 표기 삭제 조치

3. 신변보호(사설경호) 경비 업체의 활성화

과거 주로 안보·치안을 담당하던 경찰은 1974년에 들어서며 경호근무에 대한 필요성을 자각하고 그에 대한 전문성을 기하기 위하여 「22특별경비대」(76년에 22특별 경호대로(명칭변경))를 설치하였다. 주 임무는 주요행사장 경호와 지방행사장 경호지원이었으며, 1975년 9월 30일에는 치안본부 경비과에 경호계와 방호계가 설치되면서 경호에 대한 국민들의 관심을 모을 수 있었다.

우리나라는 1980년대에 들어서면서 국제간 산업, 문화, 체육 등의 활발한 교류로 1982년과 1984년의 서울국제무역박람회, 1986년 아시아게임, 1988년 서울올림픽 등 대규모 국제행사를 개최하게 되었다. 그러나 그러한 각종 교류를 위해 내한하는 수많은 외국 인사에 대한 경호를 경찰에만 일임하는 것은 역부족임을 깨닫고 민간 경비업체에서도 경호(신변) 업무의 필요성을 느끼게 되었다.

민간경비에서의 경호(신변) 경비의 본격적인 시작은 1985년 4월 18일, 미국 자동차 회사인 크라이슬러사의 CEO 아이아코카 회장의 삼성그룹 방문 시였다. 당시 한국안전시스템(현 에스원)은 아이아코카 회장의 공항 도착부터 출국까지 2박3일 동안 5명의 경호원을 붙였는데 그 사항은 국내에선 큰 이슈가 되기도 하였다.

이어 1986년 아시안게임 때에는 외국 인사의 경호경비 수행에 있어서 경찰 인력만으론 부족하다는 점을 인식하고, 민간경비업체 범아공신(주)가 아시안게임 조직위원회와 호텔 롯데와 계약을 체결하여 9월 14일부터 10월 6일까지 호텔에 투숙하는 외국의 체육계 인사의 경호경비 업무를 경찰과 합동으로 수행하였다.

1988년 서울 올림픽 때 한국경비협회는 서울올림픽 기간 중 방한하는 저명인사(VIP) 중 국가기관 경호 담당 이외의 인사들이 개인의 신변경호 요청시 민간경비회사가 경호경비를 할 수 있도록 하는 수주 창구의 일원화에 대한 내용을 치안본부에 협조의뢰 하면서 다음과 같이「개인신변 경호 경비 계획」을 세웠다.

〈개 인 신 변 경 호 경 비 계 획〉

– 국가기관에서 경호를 담당하는 요인 이외의 인사 –

한국경비협회는 올림픽기간 중 내한하는 주요인사 가운데 국가기관에서 경호를 담당하는 요인 이외의 인사로서 개인신변경호를 희망하는 인사에 대한 신변경호를 담당하는 문제를 치안본부에 협조하기 위해서 경비협회가 수주창구로 단일화하여 개인 신변경호 의뢰가 있거나 있을 것으로 예상되는 유관기관에 널리 활용할 수 있도록 협조 요청하였다. (한경협제 88542호 신변경호경비계획에 관한 협조의뢰)

동(同)내용에는

「신변경호경비요원의 자격요건으로 연령 25~35세, 신장 170이상, 무술유단자, 1개국 이상의 기초적 외국어를 구사할 수 있는 자로 하고 장비로는 가스분사기를 필수 휴대품으로 하고 협회주관으로 소정의 기본소양교육을 필하도록 되어 있다. 요원은 무술전문대학 기관과 협조하여 적격자를 확보하도록 하였으며 사후발생에 대비, 보험에 가입하여 충성스런 경호를 담보하도록 하였다.

"살아있는 방패"로서의 역할을 충분히 하여 제도경비의 공신력을 드높이고 민간외교에도 일익을 담당할 것이다.

개인 신변경호는 용역경호업법의 적용이 제외되나 제도경비의 이점을 살려 회원사에서 담당하는 것이 공신력이 있으며, 국가기관의 조력(助力)과 지원도 받을 수 있을 것이다.

그러나 협회와 치안본부는 관계기관 등과 원만한 해결책을 찾지 못해 수주창구 단일화에 차질이 생기게 되자, 경비회사가 스스로 수주하기에 이르렀다. 그에 따라 1988년 2월에는 한국 보안공사(현 CAPS)가 서울 올림픽 미국 NBC 방송사와 계약을 체결하여 경호대를 발족하여 경호업무를 수행하였고, 범아공신(주), 향우경비(주), 신천개발(주)는 각각 올림픽 경기장, 호텔, 경마장의 일부 VIP경호와 시설 경비를 경찰과 합동으로 수행하였다.

1990년대에 들어 경제발전에 따른 각종 범죄에 노출된 많은 국민들이 범죄에 대한 두려움을 갖게 되자 대통령이「범죄와의 전쟁」(노태우, 1990.

10.13)을 선포하기에 이르렀다.

1991년 통계청에서 조사한「91사회통계조사」내용을 살펴보면 9가구 중 1가구는 범죄의 피해자로 되어 있고 범죄피해에 대한 두려움도 갈수록 커져 전체의 57.6%가 평소 두려움을 갖고 있으며, 특히 여성의 경우 67.2%가 두려움을 느낀다고 말했다. 이는 88년 조사결과인 전체 50.9%, 여성 53.6% 이던데 비해 훨씬 높아진 것이다. 또한 전체의 48.9%가 집근처에 밤에 걷기 두려운 곳이 있다고 답했으며 여성은 60.9%가 이같이 대답했다.

그러나 막연한 두려움에 떨기보다는 자신의 안전을 스스로 보호하고 피해를 방지해야 한다는 생각이 부쩍 늘면서 국민으로 하여금 개인의 신변보호에 관심을 갖게 되자, 개인을 경호하는 보디가드 회사가 하나둘씩 설립되었고 생활안전에 없어서는 안 되는 기업으로 성장하기 시작하였다.

그러나 자유업이다 보니 선의의 경쟁에서 여러 가지 부작용이 발생하면서 공신력에 흠집을 내는 경우도 빈번히 생기게 되었다. 이에, 경찰청에서는 신변보호 업무를 제도화하기 위해, 1995년 12월 30일에 개정된 경비업법에 신변보호업무를 신설하고 자유업에서 허가업으로 전환하면서 허가요건을 갖추어야 영업을 할 수 있도록 하였다.

〈주간매경(1996.3.27. p.19)에 수록된 경호경비 관계 기사의 내용을 살펴보면〉

경호업은 대표적인 선거 업종의 하나로 꼽힌다.

선거철을 맞아 각 정당의 행사가 피크를 이루고 있으며, 개인적인 정치활동도 크게 늘어나고 있다. 각종 정치 행사와 유세장 및 대주민 홍보 등 대부분의 선거운동에는 유명 정치인과 후보자 신변 보호를 위해 경호업체 경호원들이 동원되는 경우가 많다.

이들 경호원을 쓸 경우 대개 4인 1조를 기본으로 하루(8시간)에 48만~60만원(1인당 12만~15만원)의 비용이 든다.

경호업체들은 선거 관련 수요가 업체당 50~100건에 이를 것으로 예상하고 있다. 각 업체들은 매출 규모를 밝히지 않지만, 1건을 하루로만 계산해도 선거로 인한 수입이 2천400만원에서 6천만 원에 이를 것이라는 계산이 나온다.

또한 선거로 인한 경호시장 규모는 10억 원 정도에 이르는 것으로 추정할 수도 있다. 그러나 이는 홍보물 인쇄나 정치광고 시장에 비하면 매우 작은 규모의 시장이라고 할 수 있다. 정치광고회사와 경호회사가 서로 협력 관계를 유지하기도 한다. 정치광고회사인 H사는 고객이 경호를 필요로 할 경우 D사를 소개해 주곤 한다.

경호업체는 대부분 매출 규모가 수천만 원대의 영세 회사들이다. 1년 전에 있었으나 지금은 없어진 업체가 5~6개사이며, 그 사이에 새로 생긴 업체도 그만큼 된다. 지난해 12월에는 8개의 경호전문회사가 모여 경호업계 발전을 위해 협회 구성 등을 논의하긴 했지만, 아직 진전이 없는 상태다.

경호업체는 소수의 직원과 다수의 회원으로 운영된다. 상근 직원수는 10명 미만인 경우가 많고, 50~100명의 회원을 경호원으로 활용하고 있다.

직원수 10명 미만이 태반

1996년 현재 활동 중인 경호 전문 업체가 서울에 10여 개와 지방 주요 도시에 1~2개씩 등 모두 20여개에 이른다. 대표적인 경호업체로는 대한경호시스템, 서울경호시스템, 한국경호경비시스템, 국제경호협회, 대한경호협회, 한국경호협회, 한국경호경비협의회, 한국경호센터 등을 들 수 있다. 이들 가운데는 고객에게 신뢰감을 주기 위해 협회나 협의회라는 명칭을 사용하는 경우도 있다.

과거에는 선거 때 출마자들이 지역의 청년조직을 사설 경호원으로 쓰는 경우도 많았다. 그렇기 때문에 민간 경호원과 경호업체에 대한 좋지 않는 시각도 있었다. 그러나 최근 들어 경호 전문 업체들의 활동이 늘어나고, 경호원 수요자와 일반인들의 인식이 바뀌면서 경호업체들이 자리를 잡아가고 있다.

경호업체 경호원들의 경호 방법도 크게 변하고 있다. 종전에는 머리 짧은 건장한 청년들이 검은색 양복을 입고 무전기를 손에 들고 다니곤 했다. 그러나 최근 들어서는 이러한 경호는 시대 상황에 맞지 않는 방법이 됐다. 유권자들에게 위화감을 주기 때문이다. 이제는 경호원들이 티를 내지 않고 선거 운동원들과 똑같은 복장을 하고 경호를 한다.

국내에 경호회사가 등장한 것은 80년대 후반이다. 그동안 생겼다 사라진 회사들은 수없이 많다. 경호업계 관계자들은 경호업이 일반인들에게 본격적으로 알려진 것은 90년대 들어서 「보디가드」, 「모래시계」, 「이연걸의 보디가드」등의 영화 덕분이라고 말한다. 경호업체를 운영하거나 경호원으로 활동하는 사람은 과거에 경호 관련 업무에 종사했던 경우가 많으며, 경호회사를 통해 연수를 받은 후 활동하는 경우도 있다.

경호업체들은 선거 특수가 큰 금액은 아니지만 대목인 것만은 분명하다고 말한다. 또한 선거뿐만 아니라 세계화 바람에 따라 국제적인 각종 행사가 늘어나면서 경호 업무에 대한 수요가 많아지고 있고, 연예인들도 주요 고객이 되고 있는 추세다.

4. 경비료 문제의 현황과 대책

1) 현행 경비료의 실정

경비료는 보통 시설주와 경비업체가 체결할 때 책정되는 것으로, 경비업무에 따라 다양하지만 통상 인력경비의 1인당 단가를 말한다. 경비협회는 1985년부터 정관 제5조 8호의 「용역경비 적정요율 조정에 관한 사항」에 의거하여 청원경찰 4호봉을 기준으로 경비요율표를 작성하여 각 회원사에 배부해 왔다.

경비료는 직접노무비, 간접노무비(일반관리비 포함), 이익금으로 대별하여 구성되는데, 1986년부터 1997년까지 경비협회가 권장해 온 경비료의 추이는 다음< 표 4-36 >과 같다.

〈표 4-36〉 한국경비협회 권장 경비료의 추이(1985~1997)

연 도	경비료	이익금	근 거
1985	308,680원	22,668원	청경 10호 기준
1986	331,253원	27,351원	청경 7호 기준
1987	355,552원	32,323원	청경 1호 기준
1988	393,390원	35,763원	청경 1호 기준
1989	451,434원	37,274원	청경 1호 기준
1990	521,148원	43,030원	순경 3호 기준
1991	600,127원	49,552원	순경 3호 기준
1992	745,953원	61,592원	순경 임금 기준
1993	826,053원	68,206원	순경 임금 기준
1994	922,928원	83,903원	순경 임금 기준
1995	978,114원	88,919원	순경 임금 기준
1996	1,040,483원	94,589원	청경 4호 기준
1997	1,120,070원	101,825원	청경 4호 기준

※ 자료 : 한국경비협회 「경비요율표」

1997년도 경비협회 경비요율표의 예는 다음< 표 4-37 > 과 같다.

〈표 4-37〉 1997년도 경비요율표(경비원 1인당 적정단가)

구 분		금액(원)	산출내역	근거
기준임금		시간당 2,092원	472,700÷226시간	청원경찰4호봉 기준
직접노무비	기 본 급 여	472,792	2,092×226시간	
	연 장 수 당	54,476	2,092원×4시간×150/100×4.34주	근로기준법 제46조
	심야근무수당	84,795	2,092원×30.4일×8시간×1/3×50/100	근로기준법 제46조
	국경공휴수당	33,472	2,092원×16일×8시간×1/12×150/100	근로기준법 제46조
	월차유급수당	16,376	2,092×1일×8시간100/100	근로기준법 제47조
	소 계	661,911	(①~⑤+)	
	연차유급수당	13,947	2,092원×10일×8시간×1/12×100/100	근로기준법 제48조
	상 여 금	137,898	472,792원×350/100×1/12	기본급여의 350%

	근 무	67,813	813,756원×1/12(⑥+⑦+⑧)	근로기준법 제28조
	국 민 연 금	16,275	813,756원×20/1,000(⑥+⑦+⑧)	국민연금법 제75조 및 부칙 제4조에 의거 표준보수월액의 2%
	소 계	235,933	(⑦+⑧+⑨+⑩)	
	계	897,844	(⑥+⑪)	
간접노무비	피 복 장 구 비	34,150	409,800원×1/12	피복 및 제장구비
	산 재 보 험 료	4,883	813,756원×6/1,000(⑥+⑦+⑧)	산재보험법 제21조에 의거 평균임금의 6/1,000
	장애인고용부담금	2,340	195,000×60/100×2/100	장애인고용촉진등에 관한 법률 제35조
	의 료 보 험 료	9,683	645,535원×15/1,000(①+②+③+④)	기본급여+제수당의 1.5%
	위 험 부 담 금	8,138	813,756×1/100	손해배상보장(표준보수월액의 1%)
	고 용 보 험	6,510	813,756×8/1,000	고용보험법 제57조
	교 육 훈 련 비	6,209	(73,507+75,520원)×1/2×1/12	97년도청경 경찰교육비기준
	일 반 관 리 비	48,488	969,757원×5/100(⑫+⑬~⑲)+	국가를당사자로하는계약에관한법률시행규칙 제8조 1항 12호
	소 계	120,401	(⑬~⑳+)	
	계	1,018,245	(⑫+)	
이익금		101,825	1,018,245원×10/100	국가를당사자로하는계약에관한법률시행규칙 제8조 2항 4호
합 계		1,120,070	(+)	(부가세 별도)

※ 자료 : 한국경비협회

그러나 경비협회는 물론 경찰청까지 경비요율표의 준수를 당부함에도 그것이 제대로 지켜지지 않았다. 이는 경비료에 관한 명확한 가격체계가 경비업계에 세워지지 않았다는 점도 일부 작용하였지만, 시설주가 자체경비의 직영체제를 용역경비로 전환할 때에 그 목적을 경영합리화에 둔다는 데에서 주된 요인을 찾을 수 있었다. 즉, 시설주는 저렴한 인건비로 도급을 주려하며, 그 결과 외형상으로는 쌍무계약의 형식을 띠나 실제로는 시설주의 의도대로 결정되는 것이 현실이었던 것이다.

실제로 B사의 경우를 보면 경비협회의 1997년 권장경비료가 1백 12만 70원이었으나 이를 초과한 사업장은 전체의 27.6%에 불과하였으며 경비원수는 전체의 31.5%였다.(< 표 4-38 > 참조)

〈표 4-38〉 B사의 경비료(1997년)

구 분	사업장(105개)		인원(1,106명)		비 고
	수(개)	비율(%)	수(명)	비율(%)	
85만원 이하	28	26.7	323	29.2	97년 경비협회 권장료 :112,070원
95만원 이하	34	32.4	231	20.9	
105만원 이하	14	13.3	203	18.4	
120만원 이하	15	14.3	141	12.8	
140만원 이하	9	8.6	182	16.4	
140만원 이상	5	4.7	26	2.3	

※ 자료 : B경비회사 제공

또한 경비직종은 당연히 보안서비스직으로 분류되어야 함에도 한국표준직업분류에서는 단순노무서비스직으로 분류되어, 정부나 정부투자기관이 용역경비를 시행할 때 일용직 수준으로 예산을 책정하여 경비직종을 도급함으로써(국가를당사자로하는계약에관한법률시행규칙 제8조 참조) 경비협회가 정한 경비요율표는 무용지물이 되고 있었다.

〈표 4-39〉 용역경비료 원가 계산 (1997년도)

구 분			산출내역	월평균 금액		비 고
				1인 평균	월간 금액	
근로조건			3조 3교대 근무 기준으로 주1회 유급 공휴 부여시			
(A) 직접 노무비	1) 월급여	① 기본급여	시간급×226시간			
		② 연장근로수당	시간급×4시간×150%×4.34주			
		③ 야간근로수당	시간급×8시간×50%×26.08일×1/3			
		④ 국경공휴수당	시간급×8시간×15일×150%×1/12			
		⑤ 월차휴가수당	시간급×8시간×150%			
		(소계)				
	2) 년차휴가수당		시간급×8시간×10일×150%×1/12			
	3) 상여금		① × 300% × 1/12			
	4) 퇴직적립금		[1) +2) +3)] × 1/12			
	5) 국민연금		[1) +2) +3)] × 2%			
계						
(B) 간접 노무비	6) 피복장구비					
	7) 산재보험료		[1) +2) +3)] × 0.6%			
	8) 의료보험료		[1)] × 1.5%			
	9) 고용보험료		[1) +2) +3)] × 1%			
	10) 장애자고용부담금		195,000원×60%×2%			
	11) 교육훈련비		(73,507원+75,520원)×1/2×1/12			
	12) 위험부담금		[1) +2) +3)]×1%			
	13) 복리후생비					
	(소계)					
(C) 기타	14) 공과비		[(A)+(B)] × 1%			
	15) 일반관표내 관리비		[(A)+(B)] × 5%			
	16) 이익준비금		[(A)+(B)] × 10%			
	계					
합 계			(A)+(B)+(C)			
비 고			상기 용역비 이외 시설주 부담 사항 1)경비실 2)냉·난방 시설 및 연료 3)통신시설 4)식사 현물 제공 5)기본 장구 이외의 특수 장비			

※ 자료 : 한국경비협회

가) 원가 계산 내역 분석

• 근로 조건 : 보통 근로 형태는 2교대를 기준으로 하였으나 근로 기준법이 정하는 1일 8시간 근무 3교대로 용역경비원도 점차적으로 전환 되어야만 사회적 인식이나 근로자 개인의 직업의식 또는 최저임금에도 위반되지 않는 시간급이 산출 될 것

(A) 직접노무비

(1) 월급여

① 기본임금 : 기본임금은 근로기준법 제49조에 의한 주 44시간 근무기준을적용하며 산출 내역은 평일 8시간, 토요일 4시간을 기준으로 월 평균 산출한 시간을 반영

② 연장근로수당 : 근로기준법 제49조 및 55조에 의한 토요일 4시간 연장근무에 대하여 연장근무수당(150%)을 적용

③ 야간근로수당 : 근로기준법 제55조에 의한 심야 근로시간(하오 10시부터 상오 6시까지)에 대하여 통상임금 50/100을 반영

④ 국경공휴수당 : 근로기준법 제55조에 의한 휴일근무수당을 적용하며 국경일 을 포함 년 15일을 국경 공휴일로 지정 시행

⑤ 월차휴가수당 : 근로기준법 제57조에 의한 것으로 통상 임금의 100%만 지급하면 되지만(대법원 민사2부 주심 김상원 대법관의 판시) 경비직은 24시간 공백이 없는 근무 특성상 150%를 계산 적용

(2) 연차휴가수당 : 근로기준법 제59조에 의거 1년간 개근한 자에 대하여는 10일, 9할 이상 출근자에 대하여는 8일의 휴가를 주며 2년 이상 계속근로한자에 대하여는 1년을 초과하는 계속 근로년수 1년에 대하여 1일을 가산하여 통상급의 100%만 지급하면 되나, 월차수당과 같은 취지로 150% 반영

(3) 상여금 : 경비용역업계가 전반적으로 기본급의 약 200%를 적용하였으나, 최 소한 300% 이상은 반영되어야만 경비원의 위상이 정립될 것으로 봄

(4) 퇴직적립금 : 월평균 임금의 1/12 계산

⑸ 국민연금 : 국민연금법 제75조 및 부칙 제 4조에 의거 표준보수월액의 6% 반영(본인부담금 2%, 퇴직전환금 2%, 회사부담금 2%)하였으나 연금 확대 계획에 의거 1998년 1월부터는 9%로 (본인부담금 3%, 퇴직전환금 3%, 회사부담금 3%) 인상

(B) 간접노무비

⑹ 피복장구비 : 용역경비업법 시행규칙 제7조 1항, 제7조 2항 규정에 의한 피복 및 장구 등을 구입하는 비용

⑺ 산재보험료 : 산재보험법 제21조에 의거, 평균 임금의 6/1,000을 반영했으나 산재의 범위 확대 등으로 요율은 계속 높아짐

⑻ 의료보험료 : 기본급여 및 제수당의 1.5% 반영

⑼ 고용보험 : 1995. 7.1, 30인 이상의 사업장에 대하여 시행하고 있는 것으로 총 1.3%를 부담(고용보험료 0.3%, 고용안전사업 0.2%, 직업능력개발사업 0.5%, 근로자 부담 0.3%)

⑽ 장애인고용부담금 : 장애인고용촉진 등에 관한 법률 제35조 시행령 제34조 에 의거, 상시 300명 이상 사업체에서는 근로자 총수의 2/100를 채용하여야 하나특수직 채용에 어려움이 있으므로 40%를 감면한 60%를 납부

⑾ 교육훈련비 : 경비 사원 교육에 필요한 교재대금, 교관 강사료 및 출장비 등으로 매년 내무부에서 고시하는 청원경찰 보수 기준액의 교육비 이상을 반영하였으며 더욱 확대됨

⑿ 위험 부담금 : 산재보험 이외의 근로자 재해보험과 도난사고 등에 따른 위험 부담금

⒀ 복리후생비 : 현장 종사원에게 지급되는 학자금(년2회), 경조금(발생시 지급), 야식비, 체력단련비, 사기진작비 등을 사업장 특성에 맞게 반영

⒁ 공과부담금 : 사업소득세, 인지세, 법인세, 기타 공과부담금으로 임금의 1% 반영

⒂ 일반관리비 : 기업 유지를 위한 관리 활동에 소요되는 제비용으로서 본사 임직원의 보수, 상여금, 퇴직금, 복리후생비, 여비교통비, 지급임차료, 차량유지비 등으로 용역업의 경우 정부 예산 회계법 계약처리사

무규칙 8조 1항 12호에 의한 직·간접비용의 5%를 적용

⒃ 이익준비금 : 국가를당사자로하는계약에관한법률 시행규칙 제8조 1항 4호에 의거, 이윤율은 10%까지 반영하였으나 실제적으로는 용역업체 난립에 따른 과다 출혈 경쟁으로 2~3% 반영도 어려운 실정

이상 경비용역 견적 개요에 나타난 바와 같이 인건비의 법정부담금을 제외하면 경비회사 관리비로 사용할 수 있는 금액은 6~8%정도에 불과한 실정이었고, 또한 신규 영업시 용역사의 덤핑경쟁에 따른 인건비 부담의 과다한 지출 및 예상치 못한 간접비 지출(장비, 보험료, 도난 및 인사사고 처리비 등)로 인하여 용역비 집행에 많은 어려움을 겪었으며 기업의 궁극적인 목표인 이윤 추구에 전혀 도움이 되지 않고 있었다.

2) 낮은 경비료의 원인 및 배경

⑴ 신규업체의 급증과 덤핑계약

<표 4-40>은 1992년부터 1998년까지의 규모별 업체수의 증감을 나타낸 것이다. 6년 사이에 무려 853개사가 증가하여, 매년 평균 142개사씩 늘어나고 있는 것으로 나타났다. 그러나 그 대부분이 50명 이하의 신규업체 혹은 영세업체로, 1998년의 경우만 보더라도 경비원 20명 미만의 경비업체가 57.1%에 달하여 전체적으로 영세업자가 많았다.

〈표 4-40〉 규모별 업체수의 증감(1992년-1998년)

기 준 \ 구 분		업체수							증감수 (92년 기준)
		1992년	1993년	1994년	1995년	1996년	1997년	1998년	
인원(명)	시설(개)	372	464	550	691	877	988	1,225	+853
0-20	100	174	284	386	530	716	489	699	+525
21-50	100-200	97	91	85	83	84	289	305	+208
51-100	201-300	47	41	36	35	34	119	131	+84
104-200	301-500	23	19	17	17	18	52	51	+28
201-300	501-1,000	12	11	8	8	8	21	15	+3
301-500	1,001-2,000	5	4	3	4	4	5	10	+5
501-1,000	1,501-2,000	8	8	9	8	7	4	9	+1
1,001-2,000	2,001-3,000	5	5	5	5	5	4	3	−2
2,001-3,000	3,001-4,000	1	1	1	1	1	5	2	+1

※ 자료 : 한국경비협회

또한, 증감을 보면 6년 사이에 무려 329.3% 증가하였으나, 20명 미만 업체가 401.7%, 20명 이상 100명 이하가 302.8%, 100명 이상 200명 이하가 221.7%로 각기 증가하는 등 폭발적인 증가세를 보인 반면, 200명 이상 업체는 20%대의 증가에 머무르고 있다. (< 표 4-41 > 참조)

〈표 4-41〉 규모별 업체 증감의 추이('92-' 98)

기 준 \ 구 분	1992년		1993년		1994년		1995년		1996년		1997년		1998년		증감율 (92년 기준)
	업체수	증감율 (%)	업체수	증감율 (%)	업체수	증감율 (%)	업체수	증감율 (%)	업체수	증감율 (%)	업체수	증감율 (%)	업체수	증감율 (%)	
인원(명)	372	기준	464	12.4	550	11.8	691	12.6	877	26.9	988	12.6	1,225	24.1	329.3
0-20	174	기준	284	16.3	386	13.6	530	13.7	716	12.6	489	-31.7	699	42.9	401.7
21-100	144	기준	132	-8.3	121	-8.3	118	-2.5	118	0	408	262.5	436	6.8	302.8
101-200	23	기준	19	-17.4	17	-10.5	17	0	18	5.8	52	288.8	51	-1.9	221.7
201-300	12	기준	11	-8.4	8	-27.3	8	0	8	0	21	262.5	15	-28.6	25.0
301-300	19	기준	18	-5.3	18	0	18	0	17	-5.6	18	6.0	24	33.3	26.3

※ 자료 : 한국경비협회

이렇듯 급격히 증가한 영세업체나 신규업체 중 일부는 생존을 위해 타사의 거래처를 더 싼 가격으로 입찰하는 등 수단과 방법을 가리지 않았기 때문에, 기존업체는 이에 대응하기 위해 계약을 해지하거나 낮은 경비료로 계약을 할 수밖에 없는 등 적자경영이 불가피하게 된것이다. 그 결과 1998년만 하더라도 100여 개의 부실업체가 발생하였다.

(2) 준조세의 증가

중소기업청이 1996년말 2백 69개 중소기업을 대상으로 한 해 동안 지출한 준조세 성격의 비용을 조사한 결과, 1995년 기준으로 업체당 평균 부담액은 6천 1백 78만 원에 이른 것으로 나타났다. 이는 93년의 5천 5백 97만원에 비해 불과 2년 사이에 10.4% 증가한 규모이다. 이같은 준조세 부담규모를 95년의 중소기업 경영실적과 비교하면 평균 매출액의 0.77%, 평균 당기순이익의 21.9%, 평균세금납부액의 19.6%, 평균 연구개발비의 64.1%에 해당한다.

준조세부담액은 내용별로 공과금이 전체의 94.6%를 차지했고, 각종 기부금은 전체의 5.4%였다. 준조세 중 세금을 제외한 각종 공과금은 10여 가지가 넘는 것으로 조사되었는데 그 종류는 다음과 같다.

- 국민연금·의료보험·산재보험료 등 사회복지성부담금(73.2%)
- 상공회의소 회비·업종별 협동조합회비 등 사업자단체회비(8.5%)
- 가스안전관리기금·에너지이용합리화기금 등 각종 기금(8.9%)
- 교통유발부담금·직업훈련분담금·환경개선부담금 등 법적부담금(7.8%)
- 하천공사부담금·개발부담금 등 수익자부담금(1.6%)

또한 기부금의 내용은 다음과 같다.

- 장학금·학교후원금·근로복지기금 등 공익기부금(33.5%)
- 학술 및 기술진흥단체 기부금(24.1%)
- 재해연금·심장병어린이돕기성금 등 불우이웃돕기성금(19.3%)
- 국가 및 지방자치단체기부금(14.5%)
- 결핵협회기부금·사회복지단체기부금 등 각종 사회단체기부금(8.6%)

한편, 자유기업센터는 1997년 6월 10일「늘어나는 재정규모, 비대해지는 정부」라는 보고서에서 「정부는 지난해 예산규모를 GNP 대비 16.2%에 불과하다고 발표했지만, 이는 국세에 국한한 것으로 여기에 지방세를 더하면 21.2%, 기금을 더하면 34.8%. 또 부담금을 더하면 35.8%로 국민부담은 급격히 늘어나게 된다」면서, 이같은 수치는 같은 기준(GNP 대비 세금 +준조세 또는 기금)으로 경쟁국인 싱가포르(14.4%)나 홍콩(18%) 등과 비교할 때 턱없이 높은 것이며, 사회보장을 원칙으로 하는 미국(36.8%), 일본(37.5%), 독일(51%)에 근접하는 수준이라고 지적하고 있다.

이에 기업들은 부담금관리기본법을 제정, 부과목적이 달성된 부담금의 폐지, 유사목적의 부담금의 단일화, 지나치게 높은 부과율의 현실화 및 행정기관의 자의적 부과를 금지하는 내용을 명문화하여 기업부담을 대폭 덜어주도록 건의하고 있다.

(3) 사회복지성 보험의 증가

1985년 이후 경비료 원가분석에서 나타난 사회복지보험 및 부담금이 국민소득에 비해 거의 선진국형 사회보장에 가까워 기업부담이 늘고 경영에 압박을 가하고 있다.

한국경영자총협회가 1997년 5월 27일 내놓은「사회보장제의 현황과 문제점」이라는 보고서에 의하면 4대 사회보험 가운데 기업과 근로자가 부담하는 보험료는 국민연금 5조 8천 1백 21억 원, 산재보험 1조 7천 3백 83억 원, 고용보험 7천 9백 24억 원, 의료보험 2조 2천 9백 12억 원 등 모두 10조 6천억 여원에 달했다. 또 노사가 부담하는 4대 보험료 외에 사업주가 부담하는 직업훈련분담금과 장애인고용촉진기금을 합칠 경우, 기업과 근로자가 부담하는 사회보험 관련비용이 11조를 훨씬 넘을 것으로 추산되었다. 그러나 사회보장비 중 정부지원비율을 보면 우리나라는 6%에 불과한데 비해 미국은 29.6%, 일본은 36.8%나 돼, 정부가 책임져야 할 사회보장비의 상당부분을 기업과 근로자가 떠안고 있는 것으로 나타났다. 이처럼 매년 늘어나는 간접노무비가 영세한 경비업자에게는 경영압박 요소로 작용하였다.

대표적인 4대 보험인 산재보험, 의료보험, 국민연금, 고용보험의 회사 및

근로자의 부담은 다음과 같다. (< 표 4-42 > 참조)

〈표 4-42〉 4대 보험제도의 부담

구 분	개인부담	회사부담	비 고
산재보험		산재보험료율 6/1,000	산업재해보상보험법 • 1963.11.5 제정 • 1964년 실시 • 136개국 채택
의료보험	급여+상여+ 수당총액의 1.5%	지급급여총액의 1.5%	의료보험법 • 1976.12.22 전문개폐 • 1977.7.1 실시 • 84개국 채택
국민연금	급여+상여+ 수당총액의 4.5%	가입자급여총액의 4.5%	국민연금법 • 1986.12.31 전문개폐 • 1988.1.1 실시 • 공적 연금 135개국 채택
고용보험	급여+상여+ 수당총액의 0.5%	급여+상여+수당총액의 ①150명 이하 : 9% ②150명 이상 : 1.3% ③우선지원대상기업 : 1.1% ④1,000명 이상 : 1.5%	고용보험법 • 1993.12.27 제정 • 1995.7.1 실시 • 40개국 채택

가. 산재보험

산재보험제도는 근로자의 업무상 재해를 신속·공정하게 보상하고 재해예방 기타 근로자의 복리증진 등 근로자의 보호에 기여하기 위한 것으로, 1970년 12월 31일 산업재해보상보험법의 제정으로 출발하였다.

산재보험요율은 매년 9월 30일 현재 사업종류에 따라 과거 3년간의 재해율을 기초로 하고 연금 등 보험급여에 필요한 액수를 감안하여 노동부장관이 구분하여 정하는데, 경비업의 산재보험요율은 「기타 각종사업」에 포함되어 1985년에는 1000분의 2였다가 1997년에는 1000분의 6으로 인상되었으며 1998년에는 1000분의 5로 인하되었으나 1999년에는 재차 1000분의 6으로 인상되었다.

나. 의료보험

의료보험제도는 1963년에 의료보험법이 제정된 후 1970년과 1976년 두 차례에 걸친 법개정을 거쳐 1977년 7월 1일부터 시행되었다. 처음에는 상시 근로자 500인 이상 사업장을 대상으로 시행되었으나, 1982년 12월 21일에는 상시 근로자 16인 이상 사업장으로 (5인 이상 사업장 임의적용 병행), 1988년 7월 22일에는 상시 근로자 5인 이상사업장으로 확대 적용되었다. 1989년 7월 1일부터는 전국민이 의료보험의 혜택을 받을 수 있는 전국민의료보험제도로 정착하였다.

다. 국민연금

국민연금제도는 1973년 국빈복지연금법을 제정하여 1974년부터 도입할 계획이었으나, 석유파동 등에 따른 경제적 여건의 악화로 실시가 무기한 연기되었다. 1986년 들어 국민복지연금법을 국민연금법으로 전면 개정하고, 1988년 1월부터 비로소 10인 이상의 사업장 근로자를 당연적용 대상으로 국민연금제도가 실시되었다. 1992년부터는 이를 5인 이상 사업장으로 확대했으며, 1995년 7월부터는 농어촌 지역거주자영업자까지 국민연금을 당연 적용하게 되었다.

연금자가입자가 납부하는 보험료는 월소득의 9%로 사용자와 근로자가 각각 4.5%씩 부담한다. 다만, 제도도입의 초기에 가입자의 경제적 부담을 완화하기 위해 88~92년까지는 3%(노·사 각 1.5%), 93~97년에는 6%(노·사 퇴직준비금 각 2%), 98년부터는 9%의 보험요율을 적용하였다.

라. 고용보험

고용보험제도는 정부의 효율적인 인력정책 추진방향에 따라 실직자의 생활안정은 물론 근로자의 고용안정과 능력개발을 도모하고 체계적인 노동시장의 관리체계 구축, 기업의 인력확보 지원, 원활한 인력수급 조절효과 등에 취지를 두고 1995년 7월 1일부터 시행되었다. 고용보험제도의 시행으로 선진국 진입의 지표로 삼고 있는 4대 사회보험을 모두 갖추게 되었다.

출범 당시 70인 이상의 사업장에 한해 고용안전, 능력개발 2개 사업에만 적용했던 고용보험제는 96년 7월 1일부터 30인 이상 사업장에 실업급여가

지급되면서 기본골격을 완비하게 되었다. 그리고 고용보험제도는 실업급여, 고용안정, 직업능력개발 등 3대 사업으로 구성되는데, 실업급여는 1998년 1월 1일부터 적용대상이 「10인 이상」으로, 3월 1일부터 「5인 이상」으로 확대되었다가 10월 1일부터는 1인 이상의 사업장에도 모두 적용하게 되었다. 또한 교용안정 및 직업능력개발사업의 적용 대상도 1998년 1월 1일부터 「50인 이상」으로 확대된데 이어 7월 1일부터 「5인 이상」으로 확대되었다가 10월 1일부터는 1인 이상의 사업장에는 모두 적용하게 되었다.

고용보험의 사업별 보험요율은 개인이 0.5%이고, 회사부담은 150명 이하 사업장 0.9%, 150명 이상 1,000명 이하는 1.3%, 1,000명 이상 1.5%, 우선지원 대상기업은 1.1%이다.

(4) 각종 세금 부담

경비업체는 법인세, 주민세, 사업소세, 부가가치세를 납부하고 있다.

이 가운데 사업소세는 공장의 면적 및 종업원수에 따라 부과되는 세금이다. 1976년 12월 31일 신설되면서 경비업에서는 종업원인 경비원의 인건비의 0.5%를 지출하고 있다.

또한 경비업은 인건비 급여에서 이미 각종 근로세, 종합소득세, 사업소세 등을 부담하고 있음에도 불구하고, 1976년 이후 부가가치세로 인건비를 이중으로 부과하고 있다. 이에 경비협회를 비롯한 각 업체도 경비업의 거의 90% 이상이 인건비사업이라는 점에서 유관기관에 면세를 꾸준하게 건의해 왔으나 이루어지지 않고 있다. 경비업이 민생치안의 공익에 기여하고 있는 산업인 만큼, 그 발전을 위해서는 과감한 정책적 배려가 필요하다.

(5) 최저임금법의 경비원 적용 추진

1986년에 최저임금법이 제정됨으로써 1988년부터 최저임금제도가 시행되고 있다. 최저임금은 노동부장관이 매년 11월 30일까지 다음 연도에 적용할 최저임금을 결정하면, 대통령령이 정하는 바에 의하여 노·사·공익 대표로 구성된 최저임금심의위원회에 심의를 요청하고 최저임금심의위원회가 심의·결정한 최저임금안에 따라 최저임금액을 결정한다. 최저임금법에 의해 사용자는 최저임금의 적용을 받는 근로자에 대하여 최저임금액 이상의 임금을 지급하여야 한다.

그런데 현재 경비원은 최저임금법 제7조 및 동시행령 제6조 제4호에 의한 「감시 근로에 종사하는 자」에 해당되어 서울특별시 지방노동위원장에게 감시적·단속적 근로에 종사하는 자에 대한 적용제외 승인서를 신청한 후 승인을 받도록 되어 있다. 노동부는 경비협회의 질의(한경협(교)제89-541호 1989.11.13)에 대해 경비원은 최저임금법의 적용을 받지 않는다면서 다음과 같이 회신해 왔다.

「감시적 근로에 종사하는 자로서 노동위원회의 승인을 받은 자에 대하여는 최저임금법 제7조 및 동법시행령 제6조의 규정에 의하여 최저임금이 적용되지 않는 바, 동 근로자의 근로제공에 대하여는 당사자간의 합의에 의하여 결정된 임금이 지급되어야 할 것이며, 또한 동근로자는 근로기준법 제 49조의 규정에 의하여 근로기준법상 근로시간, 휴게, 휴일에 관한 규정이 적용되지 않으므로 근로기준법상 연장 근로수당 및 휴일근로수당의 문제는 발생하지 않으나 야간근로 (하오 10시부터 상오6시까지)에 대하여는 통상임금의 100분의 50 이상을 야간근로수당으로 가산 지급하여야 합니다.

(노동부 임금 32240-19949<503-9733> 1989.11.28)

그러나, 경비원을 최저임금법의 적용에서 제외시키는 것은 옳지 않다.

경비원이 「감시적 근로」를 행하는 직종이라는 점에 대해서는 누구도 이의를 제기하지 않을 것이며, 앞서 소개한 노동부의 회신도 「감시적 근로」에 해당한다는 이유로 경비원이 근로기준법의 적용 대상에서 제외된다고 하고 있다. 그러나 경비원을 단지 「감시업무」를 행한다는 이유만으로 근로기준법의 법정 근로시간 등에서 제외시킨다는 것은 법취지에 어긋난다. 즉, 경비원을 근로기준법 적용의 예외로 한 것은 감시업무 외에 다른 이유가 있기 때문으로 보인다.

5. 경비회사의 IMF 극복을 위한 자구책

1) IMF시대 경쟁력 강화를 위한 계약사/현장관리

(1) 계약사 및 현장의 상황 변화

1997년 말에 불어닥친 IMF의 영향으로 모든 기업이 도처에서 도산되고 경제는 최악의 불황의 늪으로 빠져들며 그 여파가 경비업체에 까지 미치게 되었다. 계약사 자체의 기구 축소 또는 기구 통폐합 등의 구조조정을 통해 자체 인원을 감원하면서 경비분야에까지 조정을 가하는 계약사가 점차 늘어나게 된 것이다.

그에 따라 외곽초소의 폐쇄 또는 감축, 인원 및 차량의 출입 통제와 물품 반출입 통제가 필요한 출입구 등에 한하여 초소를 운영토록 조정함으로써 경비인력에 대한 감소현상이 두드러지게 되었다. 그런가 하면 출입구 초소도 2~3명의 근무시스템에서 1~2명으로 축소하고, 3교대 근무를 2교대 근무, 또는 격일제 근무제로 전환하였다. 그 결과 경비인력이 감원되고 실직자 및 실업자의 증가로 인해 날로 증가하고 있는 각종 범죄발생과 상반되어 경비업무의 과중과 위험부담은 더욱 커지는 상황이었다.

매월 적기에 지급하여야 할 경비료 또한 계약사 사정을 이유로 지연 지급하는가 하면 심지어는 어음으로 지급하는 경우도 있어 경비회사로서는 매우 큰 어려움을 겪고 있었다. 뿐만 아니라, 물가상승 및 인건비 상승과 함께 매년 정기적으로 인상 조정되던 종전의 경비료 또한 IMF 한파가 몰아닥치면서 대부분 동결되는 추세를 보이며 오히려 기존의 경비료를 하향 조정하는 계약사도 발생하는 등 계약사의 경영사정 악화가 경비업에게 직·간접적으로 미치는 영향이 얼마나 큰가를 피부로 느낄 수 있었다.

그럼에도 불구하고 계약사에서는 오히려 범죄증가와 사회적 현상 등을 우려하여 교육을 포함해 순찰감독 등 현장 근무지도에 더욱 많은 것을 요구하고 있는 실정이라 계약사 및 현장관리에 더욱 관심과 노력을 기울이게 되었다.

특히, 신경을 써야 할 점은 대량 실업사태 이후 각종 범죄가 증가한다는 것이었다. IMF 사태 여파로 실직자가 쏟아져 나오고 이에 따라 각종 범죄도 크게 늘고 있다는 보도가 연일 계속되어 사회 불안은 더욱 가중 되었다. 법무부는 IMF사태가 발생한 이후 1997년 12월 10,549건이던 절도사건이 1998년 1, 2월에는 14,501건으로 37.4% 증가, 강도사건은 606건에서 941건으로 55%가 증가, 살인사건도 58% 증가했다고 발표하였다.

비단 강력사건뿐 아니라 가전제품, 의류, 고철 등을 노리는 좀도둑에서 공장, 빌딩, 은행, 기타 건물과 시설물 등에 침입하여 금고를 털고 컴퓨터, 노트북 등 사무용 비품 및 장비를 절취해 가는 범죄가 연일 발생하는 상황이었다. 뿐만 아니라 생활고에 시달리는 외국노동자들의 범죄도 부쩍 늘어 외국인의 강절도가 전년도 같은 기간에 비해 3~9배나 늘어났다. 그래서 "IMF형 범죄"또는 "생계유지형범죄"라는 신조어가 탄생하기도 했다.

이에 따라 경비회사에게는 경제악화와 함께 날로 늘어나는 범죄 건수에 반비례하여 경비초소와 인원은 줄고 있는 현실을 직시하고 시대 및 상황변화에 따른 계약사 및 현장관리에 필요한 대응책이 절실하게 요구되었다.

(2) 상황변화에 따른 대처방안

앞에서 설명한 바와 같이 계약사 및 현장, 그리고 사회적 상황이 불안정함에 따라 그에 따른 능동적인 변화와 대처방안을 강구하여 계약사 및 현장관리에 있어 한 치의 소홀함도 발생해서는 안 되는 상황이었다. 특히, 새로운 고객을 확보하는 것 이상으로 기존의 고객을 열과 성을 다해 관리할 때 새로운 고객을 확보할 수 있는 거점과 교두보를 마련할 수 있었다.

〈상황변화에 따른 몇 가지 주요 대처 방안〉

첫째, 정성과 열정을 쏟는 계약사 관리

기업의 내외부 환경과 사정이 좋지 못할수록 계약사 즉, 고객관리에 한층 더 신경을 써야 한다. 고객 관리를 함에 있어 가장 중요한 것은 고객이 무엇을 원하고 바라는가 그리고 불만은 무엇인가를 미리 알아서 이를 해소시켜 주는 것이다. 다시 말해서 고객의 가려운 데를 긁어주는 방법이다.

그러기 위해서는 계약사 및 현장을 자주 방문해서 대화하고 고객의 의견을 수렴하는 등 유대관계를 돈독히 해야 한다. 경우에 따라서 다소의 비용이 소요될지라도 고객과의 만남을 소홀히 해서는 안 된다.

둘째, 현장지도 방문과 야간순찰의 강화

IMF시대를 맞아 범죄는 기하급수적으로 늘고 범죄 양상도 전문화, 지능화, 흉폭화 되는 상황에서 사고 예방과 근무 기강의 확립을 위한 현장 지도방문과 순찰을 더욱 강화하여야 한다.

특히, 야간근무자의 졸음 방지를 위한 정기 및 비정기적 심야순찰을 실시하여 야간근무자로 하여금 주의를 환기시키고 위로 격려하여 줌으로써 책임감과 사기 진작의 효과를 기대할 수 있었다. 본래 지도방문과 순찰의 목적은 지적이나 적발을 떠나 근무의 중요성과 책임의식, 사명감을 심어주는 데 있다.

셋째, 교육 훈련의 강화

교육은 백년지대계라는 말처럼 교육은 가정과 국가는 물론 기업에서도 빼놓을 수 없이 매우 중요한 사안이다.

특히, IMF 위기상황으로 인해 도처에서 범죄가 급증하고 있는 현실에서 우리의 원천사가 매우 불안해한다는 점을 착안, 그러한 우려를 해소시키기 위해 현장 경비사원들에게 날로 증가하는 범죄 양상과 수법에 따른 경계 및 감시요령, 주요 착안 사항 등을 사례 중심으로 교육하여 올바른 정신자세와 효율적인 근무 자세를 확립시켜나간다.

그에 발 맞춰 명실상부한 교육훈련이 이루어지도록 함은 물론, 계약사 측의 교육에 대한 지대한 관심과 지원 또한 뒤따른다.

계약사에 따라서는 매월, 분기별, 정기적으로 교육을 실시해 달라거나 최소한 반기 1회(년2회) 교육을 실시해 줄 것을 바라는 계약사도 많은 만큼 계약사에서는 교육에 대해 지대한 관심을 갖고 있는 상황이다.

교육장소가 없을 경우 사업소장실을 교육장으로 활용하도록 특별 배려하거나 교육시 전원 참석을 위해 계약사 직원으로 경비근무를 대체시켜주는 경우, 그리고 계약사의 담당간부나 사업소장이 교육시작부터 종료시까지 참석하여 수강을 하는 사업장도 많을 정도로 교육에 크나큰 관심을 보인다.

교육은 단시간에 커다란 효과가 나타는 것이 아니므로 지속적으로 반복숙달 교육을 통해야만 유, 무형의 효과를 기대할 수 있다.

넷째, 계약조건에 대한 검토 보완

계약사의 사정에 따라 초소와 인원이 감축되고 있는 상황에서 기본의 계약서대로 역무지역과 책임, 임무 등을 그대로 유지할 경우 위험부담이 가중될 것은 당연하다.

물론 계약서를 수정보완 하는데 있어 피계약자의 입장이 그리 자유롭지만은 않다. 그러므로 이것은 계약사로 하여금 기분을 상하지 않고 책임회피라는 인식을 느끼지 않도록 조심스럽고 신중하게 접근해서 초소와 인원 감축시 야기되는 문제와 책임, 임무 등을 설득하여 보완한다.

다섯째, 경비인력의 신중한 선발 채용

실직자 및 실업자의 증가로 인력난이 해소된 것은 사실이다. 그러나 사람은 적재적소에 배치해야 되고 특히, 계약사의 귀중한 인명과 재산과 시설에 대한 책임을 맡기는 임무란 점을 재인식해서 인성, 품성, 적성, 성실성, 책임감, 그리고 신원 및 신상관계 등을 면밀히 파악 후 채용하여야 한다.

경비회사는 사람이 재산이요 상품과 같은 역할을 하므로 현장 근무자의 근무 자세를 포함한 언행 등 일거수 일투족이야말로 경비회사의 신뢰와 명예 그리고 회사의 공신력과 직결되는 매우 중요한 사항이다.

2) 경쟁력 강화를 위한 경비업체의 자세

다음은 경쟁력 강화를 위한 자세 몇 가지를 간략하게 제언한 것이다.

(1) 자신을 정확히 알고 나부터 변해야 한다.

모든 업무를 내 회사, 내 집일로 생각하고 부지런하게 뛰려는 마음의 변화, 행동의 변화가 앞서야 한다. 철저한 변신 없이는 무한 경쟁시대에 개인도 기업도 살아남을 수 없기 때문이다.

⑵ 시간을 창조적으로 활용해야 한다.

개인과 기업의 성공 여부는 시간을 얼마나 창조적으로 활용하느냐에 의해 좌우되는 것이다.

사무실에 앉아 있다고 해서 또는 밖에 나갔다고 해서 일을 많이 하고 시간을 잘 활용했다고 생각하는 것은 잘못된 생각이다.

⑶ 매사는 목표를 정하고 계획성 있게 행동하여야 한다.

모든 업무는 사소한 분야라도 목표를 세운 후 계획성 있게 실천해서 시작과 끝을 확실히 맺어야 하고 결과와 기록을 남겨야만 한다. 목표가 없는 사람은 준비성과 계획성도 없다.

⑷ 문제의식과 도전의식을 갖고 일해야 한다.

무한한 문제의식과 도전의식을 통해 연구와 창조가 이루어져 기업이 성장할 수 있고 아울러 자기발전을 가져올 수 있는 것이다. 모든 일에 관심이 깊은 사람은 문제의식과 도전의식이 떠오르게 되어 있어 기업발전의 원동력이 될 수 있다.

⑸ 21c 경쟁력은 질과 서비스(고객만족)가 좌우한다는 것을 명심해야 한다.

경쟁력을 갖추기 위해서는 신기술 개발과 철저한 품질관리(QC, QM) 고객제일주의의 정신 등, 진심으로 고객을 위하고 생각하는 마음의 자세가 갖추어져야 한다.

무결점과 차별화 없이는 고객을 만족시킬 수 없다. 그러기 위해서 항상 고객의 소리에 귀를 기울여야 한다.

⑹ 항상 자기 자신을 되돌아보고 생각하며 반성할 줄 알아야 한다.

나는 과연 회사를 위해, 내가 속한 조직을 위해 옳은 일을 하고 있는가를 돌이켜 볼 줄 알아야 한다.

3) IMF로 인한 회사 경영상 최선의 대처 방안 강구

한국에 IMF를 예견했던 월(WALL)가의 유명한 기자가 또다시 한국의 위기가 98년 가을에 닥칠 것이라고 예견하였고 한국은행 부총재는 한국경제의 최악의 상황이 99년 가을에 올 것이라고 했다.

그에 따라 경비업체들은 이러한 난국을 극복하기 위하여 전반적인 회사 운영에 분야별로 최선책이 무엇인가를 검토하고 대처할 수 있는 공통분모를 모색, 공생할 수 있는 방안을 강구하여야 한다.

〈검토 방안〉

01. 각 회사 본사에 중역, 간부, 사원, 여직원 수가 적정한가?
    (회사별 수준에 따른)
02. 각 회사 본사에 중역, 간부, 사원, 여직원들의 급여 수준은 적절한가?
03. 상여금 수준은 어떠한가?
04. 년봉제 실시 방법은?
05. 갑사와 계약시 – 관리비 및 재세공과, 이윤의 적정 수준은?
06. 향후 회사 자본금의 기본 적정 수준은?
07. 근무하고 있는 사원들의 중도 퇴직금 요구시 대처방안은?
08. 용역비 수금시 어음이나 수금지연에 따른 최선에 대처 방안은?
09. 향후 급여 수준은?
10. 국민연금, 의보, 고용보험, 장애인 부담금 등에 적정한 공제를 하고 있는가? 납부 고지서 금액은 정확한가?
11. 장애인 채용방법과 부담금 납부의 장단점은?
12. 급여 착오, 대근 등 대처 방안은?
13. 거래처 관리
    13-1. 사장의 거래처 방문은 어느 정도 term이 적정한가?(매월, 분기, 년간)
    13-2. 본사 인원들의 정상적인 거래처 방문은?
    13-3. 본사 인원들의 현장 교육의 term은?
14. 회원간 회사 경영에 대한 공동 대처방안과 업무협조사항과 결점부

분의 개선안은?

15. 감원에 따른 대안중 휴직처리 방안은?

6. 지방화시대의 개막과 경비업

1) 지방화시대의 개막

1989년 12월 19일 여야의 합의로 지방자치법이 국회를 통과했다. 1991년 3월 26일 기초자치단체인 시군구 의원선거와 6월 20일 광역의원인 전국 시도의원선거가 각각 실시됨으로써 지방자치시대의 서막이 열렸다. 그리고 1993년 2월 문민정부 수립 이후 1995년 6월 27일 각급(시도군구) 지방자치단체장 선거가 실시됨으로써 본격적인 지방화시대가 개막되었다.

경비업도 이러한 흐름을 타고 1991년 경비업허가가 서울 29개 업체에 비해 지방이 32개 업체로 처음으로 서울세보다 지방세가 앞서나가기 시작하였고, 1995년 말에는 경비업허가가 서울 77개 업체에 비해 지방은 86개 업체로 이러한 경향은 향후에도 지속될 것으로 예상되었다.

지방화가 뿌리를 내리면서 경비업체의 체제도 서울의 본사와 지방의 출장소, 사무소 체제가 지방에 지사 현지법인을 두는 체제로 전환되고 있다. 지방도 부산, 대구, 인천, 대전, 광주광역시에서 부터 중도시, 소도시에서 군, 읍, 면 소재지까지 업체가 확대되고 있으므로 이러한 경향은 향후 더욱 확산될 것으로 보인다.

〈표 4-43〉 시도별 연도별 경비업체 허가현황 (1995.12.31 현재)

년 / 지역	1970년대				1980년대											1990년대							허가업체총계
	77	78	79	계	80	81	82	83	84	85	86	87	88	89	계	90	91	92	93	94	95	계	
서 울	3	7	1	11	2	5	5	1	9	8	19	14	20	34	117	47	29	22	62	81	77	318	446
지 방						1	3	2	2	4	1	9	8	25	55	36	32	39	67	72	86	332	387
부 산						1	2	1		2		1	2	5	14	5	5	8	13	15	16	62	76
대 구									1		1	1	2	4	9	7	6	3	5	8	10	39	48

인 천														3	3	5	2		4	2	3	16	19
광 주								1				2		1	4	1	2	2	2	5	4	16	20
대 전										1		2		3	6	5	2	5	5	8	7	32	38
경 기							1						2	3	6	6	3	7	17	12	17	62	68
강 원													1		1		1	2	1	1	2	7	8
충 북																2	1		3	4	6	16	16
충 남												1		1	2	2	2	1	3	1	4	13	15
전 북									1					1	2		2	1	3	3	5	14	16
전 남												1			1	2	2	3	2	3	4	16	17
경 북														2	2	1	2	3		1	2	9	11
경 남										1		1	1	2	5	1		3	8	8	6	26	31
제 주																	1	1	1	1		4	4
합 계	3	7	1	11	2	6	8	3	11	12	20	23	28	59	172	83	61	61	129	153	163	650	833

※ 자료 : 한국경비협회

2) 한국경비협회의 지회설치

경비협회에서는 지역간 균형을 위해 1987년 4월 27일 「지회운영규정」을 제정하여 지방화시대에 대비하였으며, 1995년 7월 21일까지 3회에 걸쳐 개정하였다. 지회는 1989년에 대구경북지회가 설치된 것을 시작으로 현재 전국에 6개 지회가 있다.

「지회운영규정」 제30조는 회원업체가 30개사 이상인 당해 시 · 도는 언제든지 지회를 설치할 수 있도록 규정하고 있고 제5조는 본회업무를 지회에 위임하고 있다.

① 지회업무는 지회설치규정에 의한 업무와 본회에서 위임하는 업무를 수행한다.

② 본회는 다음 각호의 업무를 지회에 위임할 수 있다. 다만 위임한 업무에 대하여 지회가 처리하는 것이 적절치 않다고 판단되는 특별한 사유가 있을 때에는 위임업무를 회수할 수 있다.

1. 공통문서의 전달

2. 회비수납(지로업무포함)
3. 경비원 신임교육 위탁증 및 수료증 발급
4. 이행지급보증보험 확인서 발급

경비협회지회 현황

지회명	소재지	설치년월일	비고
대구경북지회	대 구	1989.8.17	
익산경남지회	익 산	1990.12.6	
중부지회	대 전	1992.12.15	대전 및 충남북
광주전남북지회	광 주	1995.8.18	
인천지회	인 천	1997.9.26	
경기지회	수 원	1997.9.26	

※ 자료 : 한국경비협회

3) 시도별 경비업체의 허가 및 인력경비 배치현황

(1) 지방 경비업체의 허가

1976년 12월 21일 용역경비업법이 제정 공포되어 시행령 제2조(허가신청)에 의거 1997년 12월 29일 국내에서 처음으로 한국경비보장(주)가 허가 제1호를 취득한 이래, 한국경보(주), 한국보안공사, 범아실업공사, 범아공신(주), 용진실업(주), 신원기경(주), 봉신기업(주), 경화기업(주)의 순으로 서울 소재 업체가 허가를 받았다.

지방업체로는 1979년 2월 1일 한국종합경비보장(주)가 경기도 인천에 소재하면서 경기도지사 허가 제1호를 취득하였으나, 1981년 2월 25일 내무부장관 허가 제14호를 받고 반납하였다. 1980년대 들어 비로소 부산시의 (주)정호가 1981년 5월 4일에 지방업체로서 허가를 받아 지금도 영업중에 있으며, 뒤이어 1982년에 경기도 수원시의 (주)대신, 부산시의 (주) 동해선박, 익산용역(주), 1983년에 광주시의 기호실업(주), 부산시의 동광공사, 1984년에 대구시의 한국산업보장(주), 전북 군산시의 (유)서진공사, 1985년에 부산시의 동양안전(주), 경남 창원시의 기원실업(주), 대전시의 한국보안산업(주)가 허가를 받아 각각 영업을 개시하였다. 이리하여 1989년 현재 충청북도와 제주도를 제외하고 전국 183개 업체 가운데 서울 128개 업체, 지방 55개 업체가 있었으나, 지방업체는 서울의 43%밖에 미치지 못하는 정도였다.

그러나 1990년대에 들어서 지방자치제 실시의 영향으로 91년에는 서울이 29개 업체가 허가를 받은데 반하여 지방은 32개 업체가 허가를 받아 처음으로 지방세가 서울세를 추월하는 현상이 나타났으며, 90년대 총 허가업체도 서울보다 지방이 더 많았다. 전체 업체수로는 아직 서울이 많지만 거의 서울세와 비견할 정도로 성장하였으며, 이러한 추세는 향후에도 가속되리라 판단된다.

〈표 4-44〉 지역별 허가번호 1호 경비회사

(경비업법 1991.5.31 < 경찰법 > 개정까지)

허가 번호	허가 년월일	회사명	대표자	주 소	창립 년월일	비고
내무장관 제1호	1977.12.29	한국경비보장(주)	문학동	서울시 중구 무교동 21	1977.2.1	1981.3.1 한국안전시스템으로 변경 1996.2.29 에스원으로 변경
서울시장 제1호	1978.8.16	한국안전기업(주)	황헌친	서울시 강서구 과해동 294	1978.5.1	1980.2.18 내무장관 허가
부산시장 제1호	1980.6.2	(합)동광공사	박신국	부산시 중구 중앙동 4가 48	1972.9.1	1983.6.9 내무장관 허가
대구시장 제1호	1984.2.3	(유)한국경보실업	박준범	대구시 달성구 만촌1동 424-6	1983.12.30	1990.12.31 제명
인천시장 제1호	1989.10.27	대성경보산업(주)	이대영	인천시 남동구 구월동 394-201		
경기도지사 제1호	1979.2.1	한국종합경비보장(주)	김진철	인천시 중구 중앙동 4가 2	1972.2.1	1981.2.25 내무장관 허가
강원도지사 제1호	1979.3.10	동해상운(주)	안명수	강원 삼척		1981.3.11 자진포기
충북도지사 제1호	1989.12.9	(주)한국종합개발공사	김경배	충북 청주시 범명2동 671-2		

충남도지사 제1호	1987.2.23	(합)쌍용실업	권재운	충남 천안시 구성동 480-1		
전북도지사 제1호	1984.1.27	(유)서진공사	김명남	전북 군산시 미원동 107	1984.1.14	현재 영업중
전남도지사 제1호	1983.7.25	기호실업(주) 기아자동차 자사경비	박해선	광주시 서구 내망동 702	1983.5.31	1988.1.13 휴업
경북도지사 제1호	1988.11.19	원진(주)	정명태	경북 포항시 죽도동 675-32		
경남도지사 제1호	1982.9.30	옥포공관(주) : 대우조선 계열회사	김우호	경남 거제군 장승포 야영리 825	1982.2.1	1988.1.26 경남지사 재허가
제주도지사 제1호	1989.3.1	녹산개발(주)	김찬식	제주시 연동 300-3		현재 영업중

※ 자료 : 한국경비협회

30여년 만에 지방자치단체장 선거가 재개되면서 본격화된 지방자치제는 그동안 서울로만 향하던 사회의 모든 흐름을 지방으로 되돌려 놓는 등, 사회의 모든 면들의 변화를 예고했다. 지방은 이제 단순한 행정단위가 아니라 국가경쟁력의 기초단위이자 원천으로서 지방의 경쟁력이 곧 국가의 경쟁력이 되며 세계의 무한한 경쟁의 최일선을 담당하게 된 것이다.

지방화시대로 접어들면서 경비업은 몇 가지 사항에 주목했다.

첫째로, 전국적으로 공업단지를 비롯하여 도로, 항만, 댐, 철도 등의 시설물이 새롭게 건설되거나 개발계획이 수정되었다. 특히 2020년까지 총 1천 4조원을 투자할 것으로 추산되는 사회간접자본(SOC) 건설은, 지방화시대에 부응하여 각 지역의 균형개발을 의도하고 있어 향후 전국의 산업지도는 크게 다른 모습으로 바뀔 것으로 예상되었다. 수도권과 동남권을 연결한 경부축으로부터 아산, 군산, 목포, 광양 등을 연결함으로써 새로운 U자형 산업지도를 만들겠다는 것이다.

지방자치제 실시는 경제적으로 자치단체 스스로가 주민의 보다 풍요로운 생활을 위해 지역사회를 개발하고 지방경제를 활성화시키기 위한 노력을 경주하게 되었다는 것을 의미한다. 화성, 송탄, 당진, 인주, 서산, 보령, 군산, 영암, 율촌, 부산, 광주, 완주, 달성에는 자동차공장 및 부품공장 그리고 철강단지 등의 주요민자공단이 입주할 예정이었다. 이러한 지방화시대의 흐름에 따라 경비업도 지방의 개발 계획에 관심을 갖고 수요에 적절한 공급체계를 구축해 나갔다.

둘째로, 통계청의 자료에 의하면 1993년의 경우 서울, 경기, 경남의 순으로 지역총생산(GRP:Gross Reginal Product)이 많으며 지역 간에 상당한 격차가 있는 것으로 나타났다. <표 4-45>는 시도별 지역총생산과 인력경비를 대비한 것으로, 양자의 시도별 순위가 조금씩 차이는 나지만 대체로 일치하고 있다고 볼 수 있다. 경비업이 지역경제와 밀접하게 연관되고 있음을 여실히 나타내주는 좋은 예이다. 지방화시대에 따라 지방정부의 개발계획에도 끊임없이 관심을 가지는 한편, 지방경제의 현황까지도 면밀하게 분석하는 과학적 대응이 요구되었다.

〈표 4-45〉시도별 지역총생산(1993)과 인력경비(1995)의 대비

지 역	지역총생산(1993)		인력경비(1995)	
	(10억원)	순위	(명)	순위
서 울	57,252	1	14,560	1
부 산	15,205	4	3,125	3
대 구	8,401	8	1,197	7
인 천	10,703	7	2,329	5
광 주	4,874	14	699	14
대 전	5,179	13	1,164	8
경 기	36,682	2	7,725	2
강 원	5,758	12	730	13
충 북	6,776	11	926	12
충 남	7,958	9	1,143	9
전 북	7,635	10	978	11
전 남	11,591	6	1,066	10
경 북	14,316	5	1,580	6
경 남	23,926	3	2,658	4
제 주	2,131	15	229	15

※ 지역총생산은 통계청, 「지역내총생산」, 1995에 의거함
※ 인력경비현황은 한국경비협회 제공

셋째로, 지방자치제의 실시로 중앙정부의 일부 기능이 지방으로 이전된 만큼 기업경영도 이같은 상황변화에 대응할 수 있도록 기능분권화를 추진하였다. 과거에는 대다수 기업들이 서울에 본사를 두고 지방에 지사 내지는 사업소를 개설하였으나, 이제 지역의 비중이 무시 못할 만큼 커졌고 특히 지방자치제가 시행되자 기업들도 앞다퉈 지역사무소를 지방본사로 격상시켜 현지경영체제로 탈바꿈하고 있었던 것이다. 그러한 흐름은 경비업도 그 예외가 아니어서 본사의 본부를 지방으로 이전하거나 본사기능을 지방 각지에 분산하는 사례가 늘어나는 등, 지역실정에 맞는 제도의 운영을 도모해 나가기 위해 새로운 마케팅전략을 세우고 경영의 합리화를 추진해 나갔다.

넷째로, 지방경찰제의 실시 여부가 관심의 초점이 되었으며 「지역안전」 혹은 「생활안전」이라는 용어가 사용되기 시작하였다. 이는 지방화시대에 따라 지역안전활동의 중요성이 크게 부각된 것으로, 대폭 개정된 용역경비업법(법률 제5124호)에도 반영되었다. 즉, 경비업체의 허가권한을 지방경찰청장에게 대폭 이양하였으며 경비원의 현장교육을 강화시키고자 「경비지도사」 자격을 신설한 것이다. 경비업은 경찰력과 함께 지역안전활동이라는 바퀴의 한 축임을 자각하고 지역과 현장의 특성에 따른 범죄현상과 치안수요에 맞도록 최선의 노력을 경주하였다.

〈표 4-46〉 시도별 인원 및 시설 현황

배치 지역 / 구분	인원						시설					
	계		용역경비		청원경찰		계		용역경비		청원경찰	
	인원수	구성비	인원수	구성비	인원수	구성비	시설수	구성비	시설수	구성비	시설수	구성비
전 국	40,109	100	38,164	95.2	1,945	4.8	7,244	100	7,135	98.5	109	1.5
서 울	14,560	36.3	13,891	36.4	669	34.4	2,245	38.0	2,217	31.0	28	25.7
지 방	25,549	63.7	14,273	63.6	1,276	65.6	4,999	62.0	4,918	67.5	81	74.3
부 산	3,125	7.8	2,925	7.7	200	10.3	703	9.7	691	9.7	12	11.0
대 구	1,197	3.0	1,182	3.1	15	0.8	373	5.8	370	5.2	3	2.8
인 천	2,329	5.8	2,154	5.6	175	9.0	530	7.3	521	7.3	9	1.4
광 주	699	1.7	672	1.8	27	1.4	24	0.3	18	0.3	6	5.5

대 전	1,164	2.9	1,157	3.0	7	0.4	186	2.6	183	2.6	3	2.8
경 기	7,725	19.3	7,584	19.9	141	7.2	1,450	20.0	1,442	20.2	8	7.3
강 원	730	1.8	665	1.7	65	3.3	117	1.6	113	1.6	4	3.7
충 북	926	2.3	923	2.4	3	0.2	196	2.7	194	2.7	2	1.8
충 남	1,143	2.8	1,141	3.0	2	0.1	241	3.3	240	3.3	1	0.9
전 북	978	2.4	977	2.6	1	0.1	218	3.0	217	3.0	1	0.9
전 남	1,066	2.7	857	2.2	209	10.7	187	2.7	176	2.5	11	10.1
경 북	1,580	4.0	1,560	4.1	20	1.0	366	5.1	363	5.1	3	2.8
경 남	2,658	6.6	2,349	6.2	309	15.9	380	5.2	368	5.2	12	11.0
제 주	229	0.6	127	0.3	102	5.2	28	0.4	22	0.3	6	5.4

※ 자료 : 한국경비협회(1995.09.18 기준)

〈표 4-47〉 지역별 연도별 경비업체 현황(1990~1999)

년 도 / 지역별	1990년~1999년									
	1990	1991	1992	1993	1994	1995	1996	1997	1998	1999
서 울	175	204	226	288	369	446	538	608	712	701
지 방	91	123	162	229	301	387	465	555	692	738
부 산	19	24	32	45	60	76	92	105	131	126
경 남	6	6	9	17	25	31	37	44	54	74
대 구	16	22	25	30	38	48	61	74	89	98
경 북	3	5	8	8	9	11	15	19	23	35
인 천	8	10	10	14	16	19	28	42	56	59
경 기	12	15	22	39	51	68	72	88	117	133
광 주	5	7	9	11	16	20	28	34	42	41
전 남	3	5	8	10	13	17	19	25	30	23
전 북	2	4	5	8	11	16	17	20	25	24
대 전	11	13	18	23	31	38	42	44	55	53
충 남	4	6	7	10	11	15	17	20	22	26
충 북	0	3	3	6	10	16	22	26	30	22
강 원	1	2	4	5	6	8	11	11	14	19
제 주	0	1	2	3	3	3	4	3	4	5
합 계	266	327	388	517	670	833	1003	1163	1404	1439

※ 자료 : 한국경비협회

7. 지역별 경비업 현황

1995년말 현재 경비업체는 서울특별시를 비롯한 5개 광역시, 9개 도, 32개 시, 10개 군에 소재하였으며 점차 전국적으로 확대되어 갔다. 이에 각 지역의 경비업 현황에 대해 상세하게 살펴보고자 한다.

1) 서울특별시

1976년 법제정부터 1995년 법개정까지 서울에는 두 가지의 허가가 있었다.

하나는 영업구역이 2개 이상으로(서울특별시, 부산시 포함) 걸칠 때에는 내무부장관 (이후 경찰청)의 허가를 받아야 했고 서울특별시에서만 영업을 할 때는 서울특별시장(이후 서울지방경찰청장)의 허가를 받았다.

내무부장관 허가는 1977년에 3개 업체, 78년에 10개 업체, 79년에 11개 업체 80년에 13개 업체로 늘어가고 있었다. 1995년 법개정 이후에는 경비업 허가권이 주 사무소 소재지를 관할하는 지방경찰청으로 변경되었다. 서울특별시 허가 제1호는 1978년 8월 16일 한국안전기업(주) (대표 황헌친)이고 제2호는 동방용역(주) (대표 홍승건)이었다.

서울특별시 행정구역은 25개 구 522개 동으로써 거의 전 지역에 골고루 경비회사가 소재하고 있다. 99년 말 701업체 중 강남에 456업체, 강북에 232업체가 있고 서울특별시의 구 가운데 강남구에 135개사, 서초구에 97개사, 영등포구 72개사가 영업하였다.

95년에서 99년까지 4년간 증가가 많은 구는 강남, 서초, 영등포, 송파구 순이었다.

〈표 4-48〉 연도별 업체 현황 (1999.12.31현재)

년도별	1990	1991	1992	1993	1994	1995	1996	1997	1998	1999
업체수	175	204	226	288	369	446	538	608	712	701

※ 자료 : 한국경비협회

〈표 4-49〉 서울특별시 구별 경비업체 현황 (1999.12.31 현재)

구역별 \ 업체	업체수			비고
	1995년	1999년	증 감	
강 남	77	135	58	
서 초	74	97	23	
영등포	49	72	23	
송 파	22	54	23	
마 포	36	48	12	
중 구	27	45	18	
동대문	24	27	3	
종 로	21	27	6	
용 산	16	22	6	
관 악	19	21	2	
동 작	13	18	5	
강 동	5	18	13	
광 진	7	15	8	
강 서	7	14	7	
성 동	9	13	4	
금 천	1	12	11	
서대문	10	9	−1	
구 로	10	9	−1	
성 북	8	8	0	
강 북	2	6	4	
양 천	1	6	5	
중 랑	4	5	1	
은 평	2	5	3	
노 원	1	1	0	
도 봉	1	1	0	
휴 업	0	13	13	
합 계	446	701	242	

※ 자료 : 한국경비협회

2) 부산광역시

부산의 경비업은 1980년에 (합)동광공사(대표 박신국)가 최초로 허가를 받아 영업을 시작한 이래 80년대 14개사, 90년 19개사가 허가를 받아, 1995년말 76개 업체가 있었으며 전국적으로 9.1%의 점유율을 기록하여 서울의 뒤를 이었다. 1999년에는 126업체가 생겼다.

부산에는 15개 구, 1개 군이 있는데 경비업체는 강서구, 사상구, 기장군을 제외하고 중구, 서구, 남구, 북구, 해운대구, 사하구, 금정구, 연제구, 수영구, 영도구, 부산진구, 동래구 등 13개구에 산재되어 있다.

〈표 4-50〉 연도별 업체 현황 (1999.12.31 현재)

연도별	1990	1991	1992	1993	1994	1995	1996	1997	1998	1999
업체수	19	24	32	45	60	76	92	105	131	126

※ 자료 : 한국경비협회

〈표 4-51〉 구역별 경비업체 현황 (1999.12.31 현재)

구역별 / 년 도	부산진구	동구	동래구	중구	서구	해운대구	연제구	남구	금정구	북구	수영구	서하구	영도구	사상구	강서구	기장군	합계
1995년	14	17	5	10	7	2	2	3	5	4	2	2	3	0	0	0	76
1999년	26	25	16	12	9	6	6	5	5	4	4	4	2	2	0	0	126
증 감	12	8	11	2	2	4	4	2	0	0	2	2	-1	2	0	0	50

※ 자료 : 한국경비협회

3) 대구광역시

대구의 경비업은 1984년 (유)한국경보실업이 최초로 허가를 받아 영업을 시작한 이래 80년대의 9개사, 90년 상반기의 39개사가 허가를 받아, 1995년말 현재 총 48개 업체가 활동하였으며 5.8%의 점유율을 기록하였고 1999년 말에는 1995년에 비하여 48개 업체가 증가한 96개 업체이다.

대구에는 중구, 동구, 서구, 남구, 북구, 수성구, 달서구 등 7개 구, 1개 군이 있는데, 경비업체는 전 지역에 골고루 분포되어 영업활동 중에 있다.

〈표 4-52〉 연도별 업체 현황 (1999.12.31 현재)

연도별	1990	1991	1992	1993	1994	1995	1996	1997	1998	1999
업체수	16	22	25	30	38	48	61	74	89	98

※ 자료 : 한국경비협회

〈표 4-53〉 구역별 경비업체 현황 (1999.12.31.현재)

구역별 / 년 도	수정구	중 구	동 구	북 구	달서구	남 구	서 구	달성군	휴업·제명	합 계
1995년	5	12	7	5	4	6	2	2	5	48
1999년	29	17	15	10	9	8	7	1	2	98
증 감	24	5	8	5	5	2	5	−1	−3	50

※ 자료 : 한국경비협회

4) 인천광역시

인천의 경비업은 1989년에 3개사로 출발하였는데 제1호는 대성경보실업(주)(대표 이대열)이다. 1990년에는 8개사 1995년에는 19회사로 2.3%의 점유율을 기록하였으며 1999년에는 95년에 비하여 40개사가 증가, 59개 회사가 있다.

인천은 8개 구, 2개 군이 있으나 경비회사는 7개 구에 분포 영업활동 중에 있다.

〈표 4-54〉 연도별 업체 현황 (1999.12.31 현재)

연도별	1990	1991	1992	1993	1994	1995	1996	1997	1998	1999
업체수	8	10	10	4	16	19	28	42	56	59

※ 자료 : 한국경비협회

〈표 4-55〉 구역별 경비업체 현황 (1999.12.31 현재)

구역별 / 년 도	남동구	부평구	남 구	연수구	동 구	중 구	계양구	서 구	강화군	옹진군	합 계
1995년	5	7	5	0	0	2	0	0	0	0	19
1999년	17	15	12	5	4	3	3	0	0	0	59
증 감	12	8	7	5	4	1	3	0	0	0	40

※ 자료 : 한국경비협회

5) 광주광역시

광주의 경비업은 1983년 기호실업(주)(대표 윤영흠)이 제1호로 허가를 받아 영업을 시작한 이래 80년대의 4개사, 94년에는 16개사가 허가를 받아, 1995년에는 총 20개 업체가 활동했으며 2.4%의 점유율을 기록했다. 1999년 말에는 1995년에 비해 21개사가 증가, 41개 업체로 늘었다.

광주에는 5개 구, 84개 동이 있으나 경비업체는 동구, 서구, 북구에만 소재하고 있고, 광산구에는 경비업체가 없다.

〈표 4-56〉 연도별 업체 현황 (1999.12.31 현재)

연도별	1990	1991	1992	1993	1994	1995	1996	1997	1998	1999
업체수	5	7	9	11	16	20	28	34	42	41

※ 자료 : 한국경비협회

〈표 4-57〉 구역별 경비업체 현황 (1999.12.31 현재)

구역별 / 년 도	북 구	동 구	남 구	서 구	광산구	휴업 · 제명	합 계
1995년	5	7	2	5	0	1	20
1999년	23	10	5	3	0	0	41
증 감	18	3	3	−2	0	−1	21

※ 자료 : 한국경비협회

6) 대전광역시

대전의 경비업은 1985년 3월에 최초로 허가를 받은 이래 80년대의 6개사, 90년대의 32개사가 허가를 받아, 1995년말 현재 총 38개 업체가 활동하였으며 4.6%의 점유율을 기록하였다. 특히, 1993년의 EXPO 기간 중에는 지역업체로서 유일하게 한국보안산업(주) (대표 윤규호)가 참가하여 주목을 받은 바 있다.

1999년말 1995년에 비하여 14개 업체가 증가 하여 총 52개 업체이다.

대전에는 동구, 중구, 서구, 유성구, 대덕구 등 5개 구 76개 동이 있으며 경비업체는 5개 구에 골고루 분포되어 영업활동 중에 있다.

〈표 4-58〉 연도별 업체 현황 (1999.12.31 현재)

연도별	1990	1991	1992	1993	1994	1995	1996	1997	1998	1999
업체수	12	14	19	24	32	38	42	44	55	53

※ 자료 : 한국경비협회

〈표 4-59〉 구역별 경비업체 현황 (1999.12.31 현재)

구역별 / 년 도	서 구	중 구	유성구	동 구	대덕구	휴업·제명	합 계
1995년	7	15	2	3	3	8	38
1999년	17	15	7	7	6	0	52
증 감	10	0	5	4	3	−8	14

※ 자료 : 한국경비협회

7) 경기도

경기도지사 허가 제1호는 1979년 2월 1일 한국종합경비보장(주)가 받고, 1981년 2월 25일 반납, 1989년 2월 1일에는 (유)세화실업공사(대표 최종찬)가 허가번호 1호를 물려받았다.

경기도에는 수원시의 17개사를 필두로 하여 안산시 15개사, 안양시 9개사, 평택시 7개사, 성남시 6개사, 광명시 4개사, 과천시 2개사, 부천시 2개사, 군포시 1개사, 송탄시 1개사, 연천군 연천읍 2개사, 이천군 이천읍 1개사, 김포군 양촌면 1개사 등 1995년말 현재 총 68개 업체가 활동중에 있으며 8.2%의 점유율을 기록하고 있다.

경기도내 총 18개 시 가운데 파주시, 동두천시, 군포시, 김포시, 오산시, 하남시에는 경비업체가 없다.

〈표 4-60〉 연도별 업체 현황 (1999.12.31 현재)

연도별	1990	1991	1992	1993	1994	1995	1996	1997	1998	1999
업체수	12	15	22	39	51	68	72	88	117	133

※ 자료 : 한국경비협회

〈표 4-61〉 구역별 경비업체 현황 (1999.12.31 현재)

구역별 \ 년도	1995년	1999년	증감
안산시	15	28	13
수원시	17	27	10
평택시	7	17	10
성남시	6	14	8
안양시	9	11	2
고양시	0	9	9
부천시	2	9	7
시흥시	0	4	4
용인시	0	3	3
구리시	0	2	2
화성군	0	2	2
이천시	1	1	0
과천시	2	1	−1
의정부시	0	1	1
의왕시	0	1	1
남양주시	0	1	1
광명시	4	1	−3

가 평 군	0	1	1
안 성 시	0	0	0
하 남 시	0	0	0
파 주 시	0	0	0
오 산 시	0	0	0
동 두 천 시	0	0	0
군 포 시	1	0	−1
김 포 시	1	0	−1
휴 업 · 제 명	3	0	−3
합 계	68	133	65

※ 자료 : 한국경비협회

8) 강원도

강원도의 경비업은 1979년 동해상운(주) (대표 안명수)가 최초로 허가를 받아 설립 후 바로 폐업된 후, 1995년 말 점유율 1.0%로 8개 업체였으나 1999년말 11개 업체가 증가, 총 19개 업체가 영업중이다.

강원도에는 7개 시 11개 군이 있는데 경비업체는 6개 시에 산재되어 있다.

〈표 4-62〉 연도별 업체 현황 (1999.12.31 현재)

연도별	1990	1991	1992	1993	1994	1995	1996	1997	1998	1999
업체수	1	2	4	5	6	8	11	11	14	19

※ 자료 : 한국경비협회

〈표 4-63〉 구역별 경비업체 현황 (1999.12.31 현재)

구역별 / 년 도	원주시	강릉시	춘천시	속초시	동해시	삼척시	태백시	청원군	합 계
1995년	4	2	0	1	0	0	0	1	8
1999년	8	4	3	2	1	1	0	0	19
증 감	4	2	3	1	1	1	0	−1	11

※ 자료 : 한국경비협회

9) 충청북도

충청북도에는 청주시의 12개사와 충주시의 4개사 등 1995년말 1.9%의 점유율을 기록하며 총 16개 업체가 활동하였으나 1998년에는 30개 업체로 2배 가까이 늘었다가 99년에는 8개 업체가 줄어 22개 업체이다.

충북도는 총 3개 시와 1개 군 전역에 경비업체가 골고루 분포하고 있다.

〈표 4-64〉 연도별 업체 현황 (1999.12.31 현재)

연도별	1990	1991	1992	1993	1994	1995	1996	1997	1998	1999
업체수	3	3	3	6	10	16	22	26	30	22

※ 자료 : 한국경비협회

〈표 4-65〉 구역별 경비업체 현황 (1999.12.31 현재)

구역별 / 년 도	청주시	충주시	제천시	음성군	휴업·제명	합 계
1995년	10	3	0	0	3	16
1999년	17	2	1	1	1	22
증 감	7	−1	1	1	−2	6

※ 자료 : 한국경비협회

10) 충청남도

충청남도의 경비업체는 천안시 7개사, 아산시 4개사, 서산시 1개사, 서천군 장항읍 1개사, 예산군 예산읍 1개사, 당진군 당진읍 1개사 등 총 15개사가 지역별로 분포되어 있으며 1.8%의 점유율을 기록하고 있다. 충남도의 총 6개시 가운데 공주시와 대천시에는 아직 경비업체가 없다.

〈표 4-66〉 연도별 업체 현황 (1999.12.31 현재)

연도별	1990	1991	1992	1993	1994	1995	1996	1997	1998	1999
업체수	4	6	7	10	11	15	17	20	22	26

※ 자료 : 한국경비협회

〈표 4-67〉 구역별 경비업체 현황 (1999.12.31 현재)

구역별 / 년 도	천안시	아산시	서산시	논산시	당진군	예산군	청양군	서천군	휴업·제명	합 계
1995년	5	3	3	0	0	1	0	1	2	15
1999년	16	5	1	1	1	1	1	0	0	26
증 감	11	2	−2	1	1	0	1	−1	−2	11

※ 자료 : 한국경비협회

11) 전라북도

전라북도의 경비업체는 1984년 군산시의 (유)서진공사가 도 단위로는 경기도에 이어 두 번째로 허가 받은 이래, 전주시의 7개사를 비롯하여 익산 5개사, 군산시, 4개사 등 1995년말 총 16개 업체가 활동, 1.9%의 점유율을 기록하였고 1999년에는 24개 업체로 늘었다.

전북도내 총 6개 시 가운데 김제시, 남원시, 정읍시에는 아직 경비업체가 없다.

〈표 4-68〉 연도별 업체 현황 (1999.12.31 현재)

연도별	1990	1991	1992	1993	1994	1995	1996	1997	1998	1999
업체수	2	4	5	8	11	16	17	20	25	24

※ 자료 : 한국경비협회

〈표 4-69〉 구역별 경비업체 현황 (1999.12.31 현재)

구역별 / 년 도	전주시	익산시	군산시	김제시	남원시	정읍시	합 계
1995년	7	5	4	0	0	0	16
1999년	14	7	3	0	0	0	24
증 감	7	2	−1	0	0	0	6

※ 자료 : 한국경비협회

12) 전라남도

전라남도의 경비업체는 1987년 2월 여천시의 (주)남우진흥이 허가를 받아 영업을 시작한 것이 효시이며, 1995년말 순천시 6개사, 목포시 3개사, 광양시 3개사, 여수시 2개사, 여천시 1개사와 해남군 해남읍 1개사, 완도군 완도읍 1개사 등 총 17개 업체가 활동하였으며 1999년말에는 5개 업체가 늘어 총 23개 업체이다.

전남도내 총 5개 시 가운데 나주시에는 아직 경비업체가 없다.

〈표 4-70〉 연도별 업체 현황 (1999.12.31 현재)

연도별	1990	1991	1992	1993	1994	1995	1996	1997	1998	1999
업체수	3	5	8	10	13	17	19	25	30	23

※ 자료 : 한국경비협회

〈표 4-71〉 구역별 경비업체 현황 (1999.12.31 현재)

구역별 / 년 도	여수시	목포시	순천시	광양시	나주시	영광군	화순군	해남군	완도군	합 계
1995년	3	3	6	3	0	0	0	1	1	17
1999년	8	5	5	3	0	1	1	0	0	23
증 감	5	2	−1	0	0	1	1	−1	−1	6

※ 자료 : 한국경비협회

13) 경상북도

경상북도 경비업체는 1995년말 총 11개 업체가 활동했으며, 1.3%의 점유율을 기록하였고, 1999년 말에는 35개 업체로 3배 이상 늘었다.

10개시 가운데 포항시 5개사, 구미시 4개사, 경산시에 1개사, 달성군 현풍면에 1개사, 11개사 중 김천시, 연천시, 영주시, 상주시, 문경시에는 아직 경비업체가 없다.

〈표 4-72〉 연도별 업체 현황 (1999.12.31 현재)

연도별	1990	1991	1992	1993	1994	1995	1996	1997	1998	1999
업체수	3	5	8	8	9	11	15	19	23	35

※ 자료 : 한국경비협회

〈표 4-73〉 구역별 경비업체 현황 (1999.12.31 현재)

구역별 / 년 도	포항시	구미시	경주시	칠곡군	안동시	김천시	달성군	경산시	휴업·제명	합 계
1995년	5	4	0	0	0	0	1	1	0	11
1999년	13	8	4	3	2	0	0	1	4	35
증 감	8	4	4	3	2	0	−1	0	4	24

※ 자료 : 한국경비협회

14) 경상남도

경상남도에는 1995년말 창원시 9개사, 울산시 6개사, 마산시 6개사, 전주시 3개사, 김해시 2개사, 거제시 1개사와 양산군 양산읍 3개사, 거창군 거창읍 1개사 등 총 31개 업체가 활동, 3.7%의 점유율을 기록하였으나, 1999년말에는 총 74개 업체로 두 배 이상이 늘었다.

경남도내 총 10개시 가운데 진해시, 통영시, 삼천포시, 밀양시에는 아직 경비업체가 없다.

〈표 4-74〉 연도별 업체 현황 (1999.12.31 현재)

연도별	1990	1991	1992	1993	1994	1995	1996	1997	1998	1999
업체수	6	6	9	17	25	31	37	44	54	74

※ 자료 : 한국경비협회

〈표 4-75〉 구역별 경비업체 현황 (1999.12.31 현재)

구역별 / 년 도	울산시	창원시	마산시	진주시	김해시	양산군	거제시	밀양시	거창군	합 계
1995년	6	9	6	3	2	3	1	0	1	31
1999년	22	32	8	5	3	3	1	0	0	74
증 감	16	23	2	2	1	0	0	0	−1	43

※ 자료 : 한국경비협회

※ 울산시는 1997년 7월 15일 울산광역시로 승격

15) 제주도

제주도의 경비업체는 1991년에 처음으로 허가를 받은 이래 1999년말 총 5개사가 영업중인 후발지역이다.

〈표 4-76〉 연도별 업체 현황 (1999.12.31 현재)

연도별	1990	1991	1992	1993	1994	1995	1996	1997	1998	1999
업체수	0	1	2	3	3	3	4	3	4	5

※ 자료 : 한국경비협회

〈표 4-77〉 시군별 경비업체 현황 (1999.12.31 현재)

구역별 / 년 도	제주시	서귀포시	합 계
1995년	3	0	3
1999년	3	2	5
증 감	0	2	2

※ 자료 : 한국경비협회

8. (사)한국건축물관리연합회 구성과 시설물 안전관리

1995년 6월 29일 오후 5시 57분 서울 서초동에 있는 삼풍백화점이 붕괴

되자, 국가 이미지도 함께 땅에 떨어졌다.

1970년 4월 8일 와우아파트 붕괴 이후 4반세기가 지났는데도 여전히 사고는 「닮은꼴」이었다. 그동안 1인당 국민소득은 500달러에서 꼭 20배인 1만달러로 늘어났다.

후진국형 인재로 불리는 각종 대형 사고는 한국이 선진국 문턱에 도달했다고 자화자찬할 때부터 집중적으로 일어나기 시작했다.

- 1993년 부산 구포역 열차 전복, 78명 사망
- 1993년 7월 아시아나 항공기 추락, 66명 사망
- 1993년 10월 위도 서해 훼리호 침목, 292명 사망
- 1994년 10월 성수대교 붕괴, 32명 사망
- 1994년 12월 아현동 가스기지 폭발, 12명 사망
- 1995년 4월 대구 지하철 공사장 가스 폭발, 101명 사망
- 1995년 6월 삼풍백화점 붕괴

한국은 국제사회에서 부실사례 연구의 대표적인 국가로 떠올랐다. 대형사고의 배후엔 언제나 기업이 자리잡고 있었다. 정부기관은 사고 때마다 방조자, 아니면 공범으로 지목됐다. 무서울 정도의 안전불감증과 기업 윤리 부재가 원인으로 지적됐다.

사고 때마다 되풀이되는 현상이지만, 사고 때 마다 효율적인 재난 방지 체제를 찾아 볼 수 없었다는 게 전문가들의 공통적인 지적이다. 경찰과 소방서 · 군 · 서울시 등 정부 조직은 따로 놀았다. 여기에 민간인 · 민간 기업들도 가세했다. 현장에서 구조를 총괄 지휘하는 현장지휘부의 모습은 찾을 수 없었다. 의욕만 앞섰지, 공조 체제 구축은 요원한 일이었다.

1994년 10월 성수대교 붕괴 이후 정부는 부랴부랴 「시설물안전관리에관한특별법」을 제정, 이듬해 4월부터 시행하였다. 또 지난 4월 대구 가스 폭발 사고 이후 「인위재난관리법」을 제정, 응급구난본부를 운영하겠다고 나서 민간경비업무를 비롯하여 각 관련 용역단체가 연합하는데 힘을 모았다. 여기서 탄생한 것이 (사)한국건축물관리연합회다.

연합회 구성과 인원은 다음과 같다.

(사) 한국건축물관리연합회

• 허가일자 : 1994.1.21
• 주무부 : 건설부(허가증 제70호)

구 성	(사)한국경비협회	(사)한국위생관리협회	(사)한국방역협회	(사)한국건축물유지관리협회	(사)한국건설방식기술연구소
감독기관	경찰청	보사부	보사부	건설부	건설부
회원구성	550개 회원사 (50,000명)	280개 회원사 (600,000명)	119개 회원사 (2,000명)	36개 회원사 (18,000명)	12명

※ 자료 : 한국건축물관리연합회

이리하여 시설물안전관리특별법 제정에 맞추어 민간 용역 관련 5개 법인 단체 (사)한국경비협회, (사)한국건축물유지관리협회, (사)한국방역협회, (사)한국위생관리협회, (재)한국건설방식기술연구소가 연합하여 1994년 1월 21일에 건설교통부에 허가를 득하여 건설교통부장관 허가 제70호로 (사)한국건축물관리연합회를 설립하였다. 연합회의 설립요지와 연합회 설립취지문은 다음과 같다.

설립 요지

• 건축물의 효율적 운영 방안 강구
• 국제교류의 창구 일원화
• 단체간 분기되는 제반 문제점 및 협회간 공동관심사 대정부건의
• 국가시책에 대한 협조 및 홍보활동

〈연합회 설립 취지〉

우리나라 건축물도 시대발전에 따라 향상되어 선진국의 건축물에 비하여 조금도 손색없이 그 기법도 다양해지고 있으며, 관계법령 역시 잘 정리되어 있다고 생각됩니다.

더욱이 첨단과학의 획기적인 발전과 고도성장으로 건축물 구조 양상도

크게 달라져 점차 대형화, 고층화, 정보화 되어 가고 있으며 인테리젠트화 하고 있습니다.

그러다 보니 이 건축물을 유지관리하는 비용도 막대하게 투자되어야 하며, 효율적인 유지관리에 대한 주위의 관심 또한 점차 높아지고 있는 실태입니다. 그러나 아직도 정부나 건축주가 이 유지관리에 대한 관심도가 건축에 비해 적으며, 이를 관리하는 업체 역시 선진국에 비해 많이 뒤떨어져 있는 것도 사실입니다.

그래서 건축업계에서는 수년전부터 이 건축물을 유지관리 하기 위한 다각적인 노력을 기울여 왔으며 분야별로 사단법인 한국경비협회 및 한국위생관리협회, 한국방역협회, 한국건축물유지관리협회 및 재단법인 한국건설방식기술연구소를 설립 관계부처에 허가를 득하여 나름대로 이 업종 발전에 기여하고 있다고 자부하고 있습니다.

그래서 5개 단체회장들은 회원사 사장님들의 적극적인 지원과 후원하에 그동안 수차례 걸쳐 공동 관심사에 대하여 논의도 하고 건축물 유지관리에 대한 정보도 교환하면서 애로사항을 타계하다보니 자연히 연합회의 구상도 하게 된 것입니다.

또한 추구하는 목표는 같은데 기능이 분산되어 비능률적이라는 것도 터득하게 되었으며, 선진국과 교류도 하다보니 선진국에서는 오래전부터 연합회가 구성되어 활발히 운영을 하고 있다는 것도 알게 되었습니다.

그래서 저희 회장단에서는 공동관심사에 대한 창구의 일원화, 국제사회의 위장제고, 국가기관 산업발전에 대한 정보교환, 대외적인 홍보활동은 물론 기능 인력의 교육 및 안전사고예방 등 목표를 설정 금년 1월 건설부장관의 허가를 득하여 오늘에 이르게 되었습니다.

통상 건축물의 형태에 따라 그 수명을 50-100년으로 보아 그 비용을 따져 전체의 약 20%는 건축비에 나머지 80%는 시설비로 소요 되는데도 20%의 건축비에는 많은 관심과 노력을 기울이면서도 80%의 관리유지에는 너무나 소홀히 함으로써 발생되는 국가적인 손실은 가히 천문학적인 숫자라고 추측됩니다.

또한 근간에 일어난 각종 대형사고 및 안전사고, 기타 건축물 관리를 위한 인재사고가 발생되고 있으나 그 때마다 사후약방문에 그치고 있으니 이제부터라도 선진국의 관리기법을 연구 답습하여 건축물 유지관리에 만전을 기해야 할 것입니다.

그리고 건축물 유지관리에 대한 기술적인 연구와 기술개발도 이룩하고, 더욱이 환경과 위생은 국가적인 사업일뿐만 아니라 세계적인 관심사로 부각되고 있으며, 각종 범죄예방에서 국민의 재산을 보호해야 한다는 것이 우리 사업의 목표이기도 합니다.

이러한 시대적 사명에 소명을 다하기 위하여 5개단체 회장 및 회원사들은 때늦은감이 있으나 지금이라도 건축물 유지관리를 위하여 공동보조를 강구하여 경영자를 위한 세미나 개최, 회원사 직원들에 대한 기술교육 및 안전교육, 해외연수를 통한 기술습득, 유관협회와의 정보교류는 물론 필요한 경우 대정부 건의도 하고 언론보도를 통한 홍보활동도 전개할 계획입니다.

그리고 이제는 관계연구기관(국토개발연구원, 한국건설기술연구원)에서도 관심을 보여 건축물 유지관리에 대한 합리적인 연구논문이 곧 발표될 것이며 우리 업체에 자료요청을 요구해 오고 있는 실정입니다.

이상과 같이 건축물 유지관리에 대한 관심도는 관계자 누구에게나 그 공감대가 형성되어 있는 실정이므로 저희 회원사들께서는 이 점을 깊이 이해하시어 국가기관 산업인 건축물 유지관리가 훌륭하게 제도적으로 잘 관리될 수 있도록 합심 노력하여 줄 것을 기대하는 바입니다.

1994년 12월 6일 5개 단체 관계자가 참석 회장 1명 부회장 2명 감사 1명으로 하고 임기는 1년으로 합의하여 (사)한국건축물관리연합회는 회장 최두형 부회장 홍종학, 전승표, 감사 정덕균을 선출하였다. 다음은 최두형 회장의 인사말을 요약하면 다음과 같다.

〈인사말〉

우리가 하고 있는 이 업종은 고도성장의 그늘에 가려 빛을 보지 못하지만 이 직종이 국가 기간산업발전은 물론 국민 안녕에도 얼마나 긴요한 것인가를 새삼 느끼게 하는 오늘이기도 합니다.

성수대교 붕괴, 충주호 화재사고, 마포가스폭발사고도 유지관리의 소홀로 인한 인재로 판명되고 있으며 정부에서도 이제는 유지관리의 필요성을 깊이 인식하여 국무총리실 산하에 유지관리에 특별반을 구성 대책을 세우고 있으며 국회에서는 의원입법으로 "시설물의 안전관리에 대한 특별법안"이 상정되어 이번 회기에 처리될 것으로 전망되고 있습니다.

우리들 역시 건축물의 유지관리를 육성발전시킬 수 있는 연합회가 구성되었고 특히 이번 성수대교 붕괴에 따른 원인규명과 진상파악에 적극 참여하여 매스컴에서도 각광을 받았던 한국건설방식기술연구소도 연합회 일원으로 우리 업계에 크게 도움되리라 믿습니다.

각종 범죄로부터 국가 재산을 보호하고 보건위생과 각종 질병예방으로 쾌적한 환경을 조성하는 우리들의 이 업종이 시대 흐름에 따라 각광받는 업종으로 부각되고 있는 현실이기도 합니다.

남이 하기 싫어하며 영세한 업종이라 정부의 도움도 제대로 받지 못하고 그늘에서 묵묵히 일하면서 오늘의 발전을 이룩하기까지 이직에 종사한 근로자 여러분은 물론 이 사업을 천직으로 알고 오로지 자부심과 긍지로서 이 업종을 이끌어 주신 회원사 사장님께 고개숙여 감사 드리며 다시 한 번 분발을 촉구하는 바입니다.

우리업계도 이제는 이 시대의 중요성을 깊이 통찰하시어 서로가 겸허이 반성하고 상대를 존경하는 의식으로 전환되어야 하겠습니다.

이것이 곧 시대의 흐름에 동참하는 것이요 우리업계가 나가야 할 스스로의 개혁이라고 생각합니다. 과다경쟁, 서로의 불신, 저단가 수주로 인한 유지관리의 부실, 기술개발의 소홀 등은 우리업계가 추방해야할 당면 과제라 생각합니다.

눈앞에 닥친 우루과이라운드를 슬기롭게 대처하고 국제화, 개방화 시대를 맞이하여 우리가 무엇보다 우선해야 할 일은 서로가 단결하고 양보하면서 투철한 써비스 정신으로 기술개발에 혼신의 힘을 기울여야 할 때입니다.

1995년 1월 5일에 「시설물의안전관리에관한특별법」을 제정하는데 직접적인 근거는 다음과 같은 대형참사 수습 회의와 대책은 있었으나 통합법이 없었다.

① 부산 구포 무궁화호 열차 전복(1993.3.28)
사망자 : 78명

대책 : • 부실 시공업체 관급공사 배재
• 총리를 위원장으로 하는 관계장관 대책회의 및 교통부차관을 위원장으로 하고 각 부처 차관보급을 위원으로 대책실무위원회 구성
• 철도 해운 항공 지하철 고속버스 등 수송수단 특별 안전점검
• 부실시공 면허 취소토록 건설관계법 개정
• 감사원 대형 정부 발주 공사 특별감사
• 감사원 건설 시공·감리 분리 건의

② 전남 해남 아시아나항공기 추락(1993.7.26)

사망자 : 66명

대책 : • 항공사 특별 안전점검과 항공기 운항 및 정비규정 전면적 재정비 작업착수
• 항공운항 안전체제 전면 재정비, 전국 14개 공항 일제 점검

③ 서해훼리호 침몰(1993.10.10)

사망자 : 229명

대책 : • 여객선 운항관리자에 준사법권 부여키로 결정
• 감사원 지하철 건설 및 안전운행과 백화점 호텔 재래시장 지하접객업소 특별감사

④ 서울 성수대교 붕괴(1994.10.21)

사망자 : 32명

대책 : • 「부실공사종합방지대책」 강력 시행 결의
• 건설부, 민간시설물이라도 부실 때는 시장·군수가 철거령을 내릴 수 있도록 시설물 안전관리에 관한 특별법 개정
• 총리를 의장으로 하는 민관합동 중앙안전통제회의를 구성하고 건설부 등 관계부처에 중앙안전점검대책반, 시·도에 지방안전점검대책반 설치
• 112·119·129를 119로 통합하는 응급체계 일원화
• 내무부 산하에 긴급상황 통제실 운영

- 전문대에 응급구호과 설치
- 특수대형공사에 최적격 낙찰제 도입
- 대형공사 외국회사 감리 허용
- 안전관리특별법 제정 추진
- 대형사고 재발방지를 위한 「시설안전진단공사」 설립 및 감리 제도 강화

⑤ 충주호 유람선 화재(1994.10.24)

사망자 : 29명

대책 : • 내무부, 전국 소방서에 구조·구급업무 담당 전담부서 설치키로 결정
- 해상 안전관리체제 일원화
- 미숙련 선원 숙련자로 대체
- 여객선 운항 검사실태 안전점검

⑥ 서울 아현동 가스 폭발(1994.12.7)

사망자 : 12명

대책 : • 서울시, 한국가스안전공사 및 가스공급회사와 합동으로 가스 배관망, 정압기 등 도 가스 시설 특별 안전점검
- 무자격자의 도시가스 시설공사 하도급 금지
- 도로중복 굴착제도 개정
- 신도시 아파트 안전점검 추진
- 가스기기 검사제도 도입
- 취약시설 개·보수에 1조4천억 투입

⑦ 대구 지하철 공사장 가스 폭발(1995.4.28)

사망자 : 101명

대책 : • 피해 발생지역을 특별재해지역으로 선포, 복구와 보상 등에 관한 특별예산 지원의 법적 근거 마련
- 가스 전기 통신 등 지하매설물의 합리적 관리를 위한 「안전관리청」 신설 추진

- 신도시 · 신시가지 공동청 설치 규정 도입
- 가스공급 배관 일제 점검
- 감사원, 통상산업부와 가스안전공사 특별 감사
- 서울시 「안전사고 예방 대책회의」개최
- 가스종합관리제 도입
- 인재관리법 제정
- 96년 국내 설계 시장 개방

⑧ 서울 삼풍백화점 붕괴(1995.6.29)
사상자 : 1천수백명

이상과 같은 대형참사에 대한 책임을 철저히 추궁하고 완전히 부실업체를 추방하겠다고 하여 「시설물의안전관리에관한특별법」 법률제4922호를 1995년 1월 5일에 동시행령은 1995년 4월 2일 동시행규칙은 1995년 6워 3일에 공포했으나 법시행에 앞서 정부 관련부서간 업무 협조와 책임소재가 원만하게 이뤄지지 못해 별다른 성과를 거두지 못했다.

9. 대학에 경호 · 경비 및 경찰 관련학과 설립

1) 경호 · 경비 관련 학과의 개설

사회적 수요와 시대적 요청에 따라 대학과 전문대학에서도 점차적으로 경호학과가 빛을 보기 시작하여 1995년 3월에 한국체육대학교에 우리나라에서 최초로 안전관리학과(경호학과)가 개설 되었다.

이어서 1996년에는 용인대학교에도 경호학과가 설립, '보디가드는 경호학'이라는 이미지가 굳어지며 인기학과로 부상되었다. 용인대학교에서는 정원 30명을 선발하는데 208명이 지원 6.9대 1의 높은 경쟁률을 나타냈다. 용인대 경호학과 준비 위원장 김상철 교수는 「최근 사설경비업체가 등장하고 영화와 TV드라마 등을 통해 보디가드의 이미지가 신세대 젊은이들 사이에 부각되면서 경호학과를 지원하는 수험생이 많아진 것 같다.」라며 이어서 「단순 보디가드 역할을 벗어나 경호와 비서, 홍보업무까지 수행할 수 있는 전문직업인 육성을 목적으로 하고 있다.」라고 포부를 피력했다.

국내 경호경비 관련학과 대학교 및 전문대학을 살펴보면 다음과 같다.

〈표 4-78〉 전국 경호 · 경비학과 현황 (2003. 3. 기준)

학 제	대학교명	학과명	신설년도	소재지
4년제	경기대학교	경호안전전공	1998	경기 수원
	대불대학교	경호경비학과	2000	전남 무안
	동서대학교	경호무도학전공	2000	부산 사상
	서남대학교	경호학전공	2000	전북 남원
	용인대학교	경호학과	1996	경기 용인
	중부대학교	안전경호학전공	1998	충남 금산
	초당대학교	경호비서학과	1999	전남 무안
	한국체육대학교	안전관리학과	1995	서울 송파
	한서대학교	경호비서학과	1996	충남 서산
2년제	기전여자대학	여성경호전공	2000	전북 전주
	대경대학	경호전공	1997	경북 경산
	대구과학대학	경찰경호행정과	2000	대구 북구
	부산정보대학	안전관리전공	1998	부산
	성화대학	비서경호전공	1999	전남 강진
	제주관광대학	경호전공	2000	제주 북제주
	주성대학	경호비서과	2000	충북 청원
	진주전문대학	경호호신술전공	2000	경남 진주

1995년부터 1998년 사이에 경호 · 경비 관련 학과를 설립한 4년제 5개 대학의 학과 개설 당시의 개설취지를 보면 다음과 같다.

<u>한국체육대학교</u>

• 대학 및 학과명 : 한국체육대학교 안전관리학과

• 학과개설연도 : 1995년

• 학과개설취지

고도화된 과학문명의 발달로 인하여 인간사회에서 일어나고 있는 각종 위험요소를 제고하고 안전을 도모하고자, 안전분야에 대한 이론과 실기를 통하여 사고 예방 및 감소에 필요한 전문인력을 양성하여 사회와 국민들에게 봉사하기 위함이다.

용인대학교

- 대학 및 학과명 : 용인대학교 경호학과
- 학과개설연도 : 1996년
- 학과개설취지

현대사회는 도시화 · 산업화로 인한 각종 범죄의 흉폭화 · 지능화에 따라 주요 산업시설 및 공공시설의 안전을 도모하고 국민의 생명 · 신체 및 재산보호에 관한 필요성 및 관심이 높아지고 있다. 이에 따라 선진외국에서는 공경비(public security)와 더불어 민간경비(private security)가 발달되어 왔다. 그리고 이러한 사회적 · 시대적 요구에 부응하여 학문적 연구가 깊이 있게 전개되고 있는 바, 그 결과 새롭게 탄생한 것이 안전학(science of security)이다. 또한 한국의 안전문화를 창달하고 21세기 안전을 책임질 인재를 육성하는데 교육목표를 두고 경호학과는 1996년에 주간 30명, 1997년에 야간 30명 정원으로 신설되었다.

한서대학교

- 대학 및 학과명 : 한서대학교 경호비서학과
- 학과개설연도 : 1996년
- 학과개설취지

산업사회의 발전에 따라 국민(개인)의 생명과 재산을 보호하기 위한 경호 및 안전과 산업시설 및 공공건물의 안전관리에 대한 학문분야가 필연적으로 요구되고 있다.

또한 승객의 안전을 위한 경호와 국가기관 및 기업의 중요인물에 대한 개인경호, 그에 따른 부수적인 업무인 비서 및 행정에 관련된 학문분야의 연구, 산업시설 및 공공건물의 안전관리를 위한 재산 및 생명의 보호, 재해방지 및 수습대책과 관련된 도난방지 · 소방 · 구급 등에 관한 전문분야의 연구가 시급히 요구되는 시점이라 이 분야에 전문적으로 종사할 수 있는 우수한 인력을 양성 배출하고자 한다.

경기대학교

• 대학 및 학과명 : 경기대학교 체육학부 경호행정 전공
• 학과개설연도 : 1998년
• 학과개설취지

최근 현대사회가 고도로 발달된 다차원적 산업사회로 발전됨에 따라 다양한 인적, 물적 자원에 대한 효율적인 관리운영의 필요성이 증대되고 있으며 산업 및 공공건물의 안전관리와 개인의 생명과 재산권에 다한 보호가 요구되고 있는 실정이다. 이러한 관점에서 제반 시설의 안전 및 경호에 관련된 체계적인 교육과정을 통해 개인의 신변보호 및 경호업무와 안전관리 측면의 경비업무 등에 종사할 수 있는 전문인력을 양성하고자 함이다.

중부대학교

• 대학 및 학과명 : 중부대학교 안전경호학과(2006년 경찰경호학과로 명칭 변경)
• 학과개설연도 : 1998년
• 학과개설취지

현대산업사회의 발달로 인하여 산업시설 및 공공건물의 경비와 안전관리의 수요가 증가하고 있다. 또한 각종 사건・사고로부터 국민의 생명과 재산의 완벽한 보호에 대한 사회적・시대적 요구에 부응하여 안전 및 경호・경비에 대한 학문적 연구와 교육의 필요성이 생기게 되었다. 이에 본 학과의 설립취지는 안전문화의 창달과 안전・경호・경비분야의 인재를 양성하는데 있다.

2) 경찰 관련 학과의 개설

1962년 우리나라에서는 처음 동국대학교에 경찰행정학과를 신설한 이후 2000년 6월 현재 전국 대학에 35개 경찰행정학과가 있다. 학교마다 차이는 있지만 대부분의 학과에서 민간경비를 교과과정으로 반영하고 있다.

〈표 4-79〉 전국 경찰행정학과 현황 (2000년 6월 현재)

• 4년제

학 제	대학명	학과명	신설년도	소재지
4년제	계명대	경찰학부	1996	대구
	경기대	경찰행정학과	2000	경기 수원
	경남대	경찰행정학과	2000	경남 마산
	경운대	경찰행정학과	1998	경북 구미
	광주대	법정학부 경찰행정(전공)	1999	광주
	관동대	경찰행정학과	1992	강원 강릉
	동국대	경찰행정학과	1962	서울
	대구대	경찰행정학과	1998	경북 경산
	대불대	경찰행정학과	1998	전남 영암
	동양대	경찰행정학과	2000	경북 영주
	성결대	경찰행정학과	1998	경기 안양
	순천향대	경찰행정학과	1999	충남 아산
	서남대	경찰행정학과	1997	전북 남원
	용인대	경찰행정학과	1997	경기 용인
	중부대	경찰행정학과	1996	충남 금산
	원광대	경찰학부	1995	전북 익산
	전주대	경찰행정학과	1999	전북 전주
	우석대	경찰행정학과	2000	전북 전주
	초당대	경찰행정학과	1999	전남 무안
	탐라대	경찰행정학과	1998	제주
	한세대	경찰행정학과	1998	경기 군포
	한려대	경찰행정학과	1997	전남 광양
	목포 해양대	해양경찰학과	1999	전남 목포
	한국해양대	해양경찰학과	1994	부산
	호원대	경찰행정학과	2000	전북 군산
25개 대학				

• 2년제

학 제	대학명	학과명	신설년도	소재지
2년제	건양대	경찰행정학과	2000	충남 논산
	공주영상정보대	경찰행정학과	1999	충남 공주
	대경대	경찰행정학과	1998	경북 경산
	대구 미래대	경찰행정학과	2000	경북 경산
	대구 과학대	경찰행정학과	2000	대구
	대덕대	경찰행정학과	1999	대전
	동광대	경찰행정학과	2000	전남
	성화대	경찰행정학과	2000	전남 강진
	여수공업대	경찰행정학과	2000	전남 여수
	카톨릭 상지대	경찰행정학과	2000	경북 안동
10개 대학				

동국대학교 경찰행정학과는 우리나라 민간경비 발전에 기여한 바가 크다. 특히 고인이 된 서재근 교수와 이윤근 교수의 학문적 발자취를 살펴보면 다음과 같다.

1962년 12월 29일	경찰행정학과 창설, 문교부로 부터 인가
1963년 3월 2일	법정대학 내 경찰학과 정원 120명으로 학과개설
1976년 12월 31일	경비업법 제정 후 경찰행정학과에 민간경비 교과과정 개설
1982년 6월 30일	경찰행정학과 부속 공안행정연구소(소장 서재근교수)주최로 조선호텔에서 우리나라 최초로 민간경비세미나인 "경비업 현대화를 위한 국제연구발표회"개최
1983년 5월	서재근교수 최초 민간경비논문발표, 연세행정논총(제 10집)에 "한국경비업무의 현대화 방안에 대한 고찰"을 계재
1984년 4월 10일	이윤근교수(2004년 7월 27일 작고) 최초로 석사학위논문을 미국 Wichita State Univ in kansas 「미국에 있어서 국가경비기관과 민간경비회사간의 관계개선에 관한연구」로 부터 취득 ※ 원문 : The Study of The Relationships Between Private And Punlic Security Agencies In The United State

1990년 2월 23일	이윤근교수 동국대학교 대학원에서 "한국 사경비 경찰방안에 대한 조사연구"로 경찰학 박사 학위 취득
1990년 6월 25일	각계 대표로 구성된 민간경비 방문단으로서 학계 이윤근 교수, 업계 김정환 회장, 치안본부 정채옥 경정, 협회 이제천 전무 등이 일본, 홍콩 경찰청과 업계의 활동사항 시찰
1991년 1월 20일	한국경비협회 부설 연구소로 최초로 연구위원 동국대 서재근, 이윤근교수, 인천대 정진환교수 위촉, 민간경비연구논문집 발간
1999년 12월 3일	한국민간경비학회 설립말기인 대회에서 이윤근 교수 "민간경비분야의 학문적·실무적 발전을 도모하기위한" 말기 취지문 발표
2000년 12월 19일	한국 민간경비학회 창립총회에서 학회장 이윤근교수 선임 이어서 창립학술세미나 개최

이상과 같이 민간경비분야를 실무적, 학술적 산실로 그 토대를 세웠다.

10. 민간경비 관련 학회, 협회, 연구소

우리나라의 민간경비 연구개발 관련 학회로는 1987년 한국공안행정학회(회장 서재근)최초로 창립되었다.

그 후 1990년대 하반기에

1996년 1월 26일 한국안전교육학회

1996년 3월 16일 한국경호경비 학회

2000년 12월 19일 한국민간경비 학회가 설립되었다.

또한 한국경비협회 경비업체 및 각 연구소에서도 연구 활동이 활발하였으며, 경찰청에서도 치안시책 개발 연구를 위한 치안연구소를 1994년 1월에 새로이 확대·개편하면서 매년 민간 경비에 대한 연구를 활발히 하였다.

1) 한국공안행정학회

- 설립일 : 1987년 11월 28일
- 명칭 : 한국공안행정학회
- 목적 : 공안행정 제분야의 연구조사를 통하여 한국공안행정의 발전에

기여한다.

• 연구 분야 : 경찰행정, 소방행정, 교도행정, 비행 및 범죄, 사경비
• 사 업
  1. 학술연구발표회, 강연회, 강습회 및 전시회의 개최
  2. 학회지, 학술 간행물 및 기타 도서의 간행
  3. 조사연구, 자료수집 및 연구의 장려
  4. 국내외 학술교류
  5. 공안행정분야 및 공익사업의 협찬, 건의 및 자문
  6. 기타 본회의 목적 달성에 필요한 사업

〈표 4-80〉 학술 세미나 개최 현황

회 수	일 시	주 제	장 소	학회장
第1회	1987.11.28		동국대	서재근
第2회	1988		〃	〃
第3회	1989		〃	〃
第4회	1990.11.16		〃	〃
第5회	1991.12.07		〃	〃
第6회	1992		〃	〃
第7회	1993		〃	이황우
第8회	1994.10.22		〃	〃
第9회	1995.11.11	국제범죄의 실태와 대응	〃	〃
第10회	1996.06.08	학원폭력의 실태와 그 대응방안	〃	이상현
第11회	1997.06.13	신용사회에 있어서 국제 범죄의 양상	서울교육문화회단	〃
第12회	1998.11.07	한국 경찰조직의 운영 발전방안	동국대	〃
第13회	1999.09.17	정보사회와 하이테크 범죄양상	〃	김보환

〈표 4-81〉 학회보(한국공안행정학회보) 발간 현황

발행호수	발행일	발행인	발행처
제1호	1991.12.01	서재근	한국공안행정학회
제2호	1993.03.31	이황우	〃
제3호	1994.08.16	〃	〃
제4호	1995.08.31	〃	〃
제5호	1996.11.03	이상현	〃
제6호	1997.12.30	〃	〃
제7호	1998.11.07	〃	〃
제8호	1999.10.30	김보환	〃

〈1991년 11월 한국공안행정학회 회보 창간호 발간 창간사〉

1987년 11월 28일 한국공안행정학회가 발족한지 어언 4년이 지나고 이번에 제3회 학술발표회를 갖게 되었고 1988년에는 '지방자치와 경찰의 민주화'란 논제의 심포지엄을 동국대학교 부설 공안행정연구소와 공동주최한 바 있었으나 그동안 여러 가지 사정으로 인하여 연구논문을 발간하지 못하였다.

이번에 여러 회원들의 적극적인 지원과 연구위원 여러분의 협조로 한국공안행정학회보 창간호를 발간하게 된 것을 진심으로 뜻깊게 그리고 기쁘게 생각한다.

본 학회는 그 구성원에 의해서도 이해할 수 있듯이 경찰행정, 형사사법, 교도행정, 소방행정, 사경비, 범죄학 등을 대상으로 하는 비교적 폐쇄적인 미개발 분야의 연구가와 실무자를 중심으로 한국공안행정분야의 발전을 위하여 상호간의 긴밀한 협력체제를 구축하여 바람직하고 민주적이며 종합적인 발전을 목표로 하고 있다.

한국공안행정학회를 "Korea Assosiation of Public Safety and Crimianl Jistice"로 하고 있는 것에서도 학술적으로나 실제면에 있어서 각별한 의의를 가지고 있다.

그 이유는 한국의 공안행정이 주로 대륙법계의 전통속에서 영미법계의 법집행방법 접목시켜 발전시켜 나가야 할 창조적인 노력이 필요하기 때문이다.

본 학회보가 앞으로 그 '격'과 '실'을 갖추어 학계와 실무계에 지대한 기여를 할 수 있을 것이며 한국공안행정의 발전과 형사사법의 정의실현을 위해 커다란 역할을 다할 것이라고 생각한다.

끝으로 학계와 실무계의 기탄없는 조언과 평가를 바라며, 본 학회보의 발간을 위해 노고가 많았던 위원 여러분께 감사하는 바이다.

1991년 11월
한국공안행정학회 회장 서재근

2) **한국안전교육학회**

- 설립일 : 1996년 1월 26일
- 명칭 : 한국안전교육학회
- 목적 : 안전교육학의 이론과 실제에 관한 연구를 촉진시켜 한국 안전교육의 발전에 기여한다.
- 사 업
  1. 세미나 및 연수회의 개최
  2. 회지 및 연구물의 발간
  3. 안전교육 관련교재의 연구개발
  4. 안전교육 발전의 정책수립 및 건의

〈표 4-82〉 학술세미나 개최 현황

일 시	장 소	비 고
1996.1.26	한체대 강당	이근배 회장
1996.7.21	한체대 강당	이근배 회장

〈표 4-83〉 학회지(한국안전교육학회지) 발간 현황

발행호수	발행일	발행인	출판사
제1권 제1호	1997.5	이근배 회장	도서출판 정담
제2권 제1호	1998.4	이근배 회장	도서출판 정담
제2권 제2호	1998.12	이근배 회장	도서출판 정담

〈한국안전교육학회 창립 취지문〉

현대 산업사회의 발달은 우리의 사회생활에 안락함과 편리함을 가져다주는 반면에, 예기치 않은 인위적 사고 또는 자연환경적 재난을 야기함으로써 인명손실 및 신체적 부상과 다대한 재산상의 손실을 불러일으키고 있습니다. 근래 각종 안전사고가 다발하고 있는 우리의 현실을 볼 때, 위험을 피하고 위험을 통제 관리함으로써 인명과 재산을 보호하는 안전교육의 실시가 절실하다고 하겠습니다. 특히 현행 제5차 및 제6차 교육과정의 고등학교 교련교과 내용체계가 안전 및 보건으로 구성되어 있으며, 그 내용의 충실화를 위한 노력이 가일층 요구 되고 있습니다. 그러나 우리나라의 안전교육은 아직 초보적인 단계에 있으며, 그에 관한 학문적 연구 또한 미비한 상태입니다.

이에 비해서 미국의 경우를 보면 이미 안전교육 및 보건교육이 고등학교의 필수교과로 되어 있으며(예: 뉴욕주), 대학의 석・박사 과정도 개설되어 있습니다(석사과정: 200개 대학, 박사과정: 40개 대학).

이에, 안전교육에 관한 연구활동과 발표 및 토론의 광장을 마련하여 연구성과를 공유함으로써 한국의 실정에 맞는 안전교육 관련교재를 개발하고 바람직한 정책 대안을 제시하는데 전력을 기울이고자 합니다. 안전교육의 관련분야에서 업적을 쌓아 오신 선생님들의 많은 성원과 적극적인 동참을 부탁드립니다.

다만 안전교육 관련분야에 관심을 갖고 연구하시는 선생님들의 면모를 정확히 파악하지 못 한 관계로 안전・보건학과의 교수님, 초・중등학교의 관련 교과 선생님, 그리고 관련 연구단체에 근무하시는 분들게 본 학회의 창립취지만 및 창립총회 안내문, 회원가입 신청서를 발송하게 되었습니다. 끝으로 병자년 새해를 맞이하여 선생님의 건강과 행운을 기원드립니다.

1996년 1월

한국안전교육학회발기위원회 회장 이근배

3) 한국경호경비학회

- 설립일 : 1996년 3월 16일
- 명칭 : 한국경호경비학회
- 목적 : 경호경비학 및 이에 관련된 학술의 조사·연구·발표 및 발전과 보급을 기하고 회원 상호간의 협력을 도모한다.
- 사 업
  1. 경호, 경비, 소방 및 기타 안전에 관련된 학술의 연구 및 조사
  2. 회지 및 기타 간행물의 발간
  3. 연구발표회 및 강연회의 개최
  4. 학회와 목적을 같이하는 내외 여러 단체와의 제휴
  5. 기타 학회의 목적을 달성함에 필요한 사업

〈표 4-84〉 학술세미나 개최 현황

회 수	일 시	과 제	장 소
제1회	1996.8.31	경호경비업의 발전 과정과 전망	한국체육대학교 강당
제2회	1997.6.21	경호경비행정의 미래 지향적 발전 방향	한국체육대학교 강당
제3회	1998.7.11	신변보호 및 시설경비 사전 예방 활동	한국체육대학교 강당
제4회	1998.12.19	2002년 월드컵 축구대회에 대한 경호경비	중부대학교 강당
제5회	1999.12.11	21C 정보화 사회와 사전 예방적 경호경비 대책	한국체육대학교 강당

〈표 4-85〉 학회보(경호경비 연구) 발간 현황

발행호수	발행일	발행인	출판사
창간호	1997.10.6	김두현 회장	공안행정연구원
제2호	1999.3.31	김두현 회장	공안행정연구원

〈설립취지문〉

경제 성장과 함께 세계 공통으로 성장해온 많은 것 중 하나가 경호경비(Security) 산업일 것이다. 우리나라도 예외 없이 실로 엄청난 경호경비 산

업의 성장률을 보여 주고 있다. 이제 경호경비 시장 개방을 앞두고 논리와 풍부한 경험을 보유하고 있는 선진 외국 시큐리티 회사들이 국내 진출이 예상된다.

그러나 우리의 현실을 감안 해 볼 때 관심과 참여 업체는 증가하고 있지만 체계화된 논리나 전문성이 결여된 채 외형만 방만해지는 기형 성장이 계속되고 있어 우리 스스로 '무질서한 시큐리티 체제'로의 위험에 직면해 있는 것이다.

경호경비를 단순한 행동으로 생각하는 잘못된 고정관념에서 비롯되는 문제점들은 이제는 누군가가 책임을 져야 할 때이다.

경호경비의 목적이 주는 비전과 체계적인 활동을 하기 위한 완전한 준비가 이루어지지 않은 채 계속되는 이상 현상을 더 이상 방관 할 수가 없어 비록 늦은감이 없지 않으나 경호의 전문화와 경호의 법치주의 등을 개선할 수 있도록 학문적인 뒷받침을 해 줄 수 있는 경호경비학회를 창립하고자 한다.

무엇보다도 새로운 것을 시작하는 어려움은 있겠지만 회원 모두의 강한 책임감을 바탕으로 다양한 분야에서 종사하고 있는 많은 사람들이 한자리에 모여 서로 연구와 토의를 통해 경호경비 이론에 대한 정립과 선진국과의 세미나 개최 등을 통한 새로운 학문체계를 받아들여 급변하는 환경에 대처할 수 있는 정책대안을 제시할 수 있도록 해야 할 것이다.

이에 따라 우리는 투철한 사명감과 더 높은 긍지를 가지고 경호경비의 새로운 학문적 금자탑을 이룩하고자 하는 취지로 한국경호경비학회를 설립한다.

1996년 2월

한국경호경비학회장 김두현

4) (사)한국경비협회 (부설연구소 및 연구 자문위원회)

〈표 4-86〉 한국경비협회 연구사업 현황

년 도	운영 내용	실 적	연구위원 위촉
1995년	명칭 : 부설연구소 ('90.02.15)	• 과제부여 - 세계화 개방화에 대비한 경비업자의 바람직한 경영자세 - 외국업자의 국내진출에 대한 효율적 대처방안 - 첨단과학 기술을 우리 업계에 접목하는 방안 - 경비업 대국민 홍보 방안 - 지방업자의 육성방안 • 연구위원 초청 간단회 개최	1990년 2월 15일에 연구위원 3명을 위촉함 • 연구위원 정진환 교수 서재근 교수 이윤근 교수
1996년	명칭 : 자문위원회 ('96.07.05) 경비기능의 전문화	연구소 조직 • 자문위원회로 명칭 변경 • 자문위원회 - 학계 : 4명 - 노동관계전문화 : 1명 • 자문위원활용 - 경비지도사 강습과정 강사위촉 - 고용보험법상 직업능력 개발사업적용 제외청원 - 교재발간 - 대내외 행사시 연사 위촉	• 자문위원 위촉 1996년 7월 5일 자문위원을 위촉함. 정진환 교수 이윤근 교수 박병식 교수 김두현 교수 권도영 위원장
1997년	명칭 : 연구자문 위원회 ('97.05.30) 연구 자문위원회 운영활성화	가. 자문위원회를 연구위원회로 개칭하여 위원회로 신설하는 위원회 설치 규정 개정(1997.5.30) 나. 연구위원회 구성 • 사경비전공 대학교수 : 4명 • 노동관계전문가 : 1명 • 용역경비업체대표 : 1명 다. 연구위원회 운영 • 과제부여 - 고용보험법개정 - 불법주차단속업무 용역경비화 방안 - 경비지도사 제도개선 방안 - 텔레캅 서비스 대응방안(텔레캅 도난보험제도 포함) - 경찰업무 중 민간업체가 수행할 수 있는 업무이양 방안 - 경비진단기준 - 신변보호업무 전문교육 프로그램 개발	• 연구자문외원회 위촉(1997.3.28) 정진환 교수 이윤근 교수 박병식 교수 주희종 교수 권봉안 교수 권도용 이삼택

		– 장애인고용촉진법 개정 • 위원회 개최 : 2회 • 연구위원 경비지도사 기본교육 및 경비원 신임교육 강사 활용	
1998년	명칭 : 연구자문위원회 활용 극대화	가. 위원회 구성 • 사경비 전공대학교수 5명 • 노동관계 전문가 1명 • 용역경비업체 대표 1명 나. 위원회 활동 • 과제부여 – IMF체제하에서의 경비시장 확대 방안 – 경비지도사 제도의 효율적 방안 – 민간경비와 경찰과의 협조체제 구축 방안 – 경비원 교육훈련 제도의 현황과 개선 방향 – 민간경비산업 활성 방안 · 경비업체에 청원권 부여 · 경비원 전문자격증 제도 · 용역경비업법, 청원경찰법 통합 법안 제정 – 기계경비업 발전방향 · 오경보 대책 · 즉응태세확립 · 제도보완 · 건축물 방범기기 설치의무화 · 방범기기 산업과 연계방안 – 임금채권 보장법 개정 · 용역경비업의 부과 기준율 인하 조정 방안	
1999년	명칭 : 연구 자문위원회 운영계획과 당면문제들 설정	가. 연구자문위원회 활용 극대화 나. 연구위원 신규 위촉 : 1명(전 고려대총장 홍일식 박사) 다. 위원회 운영 • 연구자문위원 강사 활용 – 경비원 신임교육 – 경비지도사 양성과정 교육 • 과제부여 – 경비지도사제도의 효율적 운영방안 – 불공정계약 근절 방안 – 협회 부설 교육원 설립 방안 – 새천년 경비업 활성화를 위한 경영자의 자세 – 근로자 파견업 허가의 문제점 및 대책	연구자문위원 위촉 (1999.11.17) 정진환 교수 이윤근 교수 박병식 교수 홍일식 교수 손원식

〈표 4-87〉 경영자 세미나 개최 현황

회 차	일 시	장 소	특강내용
제8차	1996.10.18 ~ 19	유성리베라호텔	특강 : '경영전략과 뉴리더십' (이한동 국회의원) 경찰청 구종태 방범국장 초청강의 표명열 강사 : 경영자의 직업의식과 리더십 홍문기 강사 : 경제난 극복을 위한 경영인의 자세
제9차	1997.10.29 ~ 30	부산 롯데호텔	특강 : 경영자의 적극적 사고와 주인정신 (변우량 강사) 안영일 강사 : 21세기 성공 전략
제10차	1998.9.24 ~ 25	서울교육문화회관	특강 : 생긴 대로 건강법 경영혁신사례 발표 (서울대 허정 명예교수)
제11차	1999.10.14 ~ 15	전남 화순 금호리조트	특강 : 21c 민간 경비산업의 전망과 발전방향 (정선모 총경)

※ 자료 : 한국경비협회

5) (주)에스원 및 산하연구소

(1) 국제 시큐리티 포럼 개최

(주)에스원은 1997년 6월 17일 호텔신라에서 국내 최초의 세계적 시큐리티 행사인 '97서울국제시큐리티 포럼을 개최했다.

미국산업안전협회(ASIS)가 후원한 이 포럼은 세계적 권위를 자랑하는 전문가를 초빙해 시큐리티와 방재 등에 관한 선진 지식과 노하우를 전파하고, 국내외 유관기관 및 인사들간의 교류의 장을 마련하기 위한 것이었다.

당시 우리나라 시큐리티 관련 시장은 1조원 정도로 추정되고 있었으며, 1988년 이후 연 30% 이상의 고성장을 해왔다. 그러나 국내 업체들은 대부분 자본력이나 기술력에 있어 영세한 규모라 외국 선진기업에 비해 크게 떨어지고 있었다. 그런데 1997년부터 국내 시큐리티 시장이 전면 개방돼 외국 선진기업이 국내 시장에 진출할 경우 많은 어려움이 예상되고 있었다. 이런 상황에서 우리나라 시큐리티 업계의 현황을 점검하고 해외 선진업계의 첨단기술과 최신정보를 습득해 앞으로의 발전방향을 가늠할 수 있는 기회로 삼고자 마련한 행사였다.

이 포럼에는 1996년 애틀랜타 올림픽 보안감독위원이었던 레이즈번(Rathburn)을 비롯해 세계적 시큐리티 관련기업인 미국 센서매틱(Sensormatic) 그룹의 리치(Ritchey) 부사장, 존스톤(Johnston) 전 백악관 경호실 수행과장, 그라시(Grassie) 전 ASIS 시큐리티 공학분과위원장, 콜(Cole) 호주NFPA(National Fire Protection Association) 전문위원 등 세계적인 권위자들이 참가했다.

에스원은 국내 시큐리티 업계 최초의 국제규모 행사를 성공적으로 치러냄으로써 대외적 위상을 제고했으며, 국내 시큐리티 산업에 대한 수요와 관심을 제고시켰다. 시큐리티산업을 미래 유망산업으로 성장시킬 수 있는 가능성을 제시한 것이다.

(2) 범죄예방연구소

(주)에스원은 1999년 8월 1일 국내 최초로 범죄예방연구소를 개소했다. 다양한 범죄의 발생원인과 유형을 조사・분석하고, 효율적인 대처방안을 체계적으로 연구해 범죄예방 및 안전한 사회형성에 기여함으로써 시큐리티산업을 리드하는 회사의 이미지를 제고하기 위함이었다. 범죄 및 각종 사고위험으로부터 안전한 사회를 만들기 위해 관련 연구 프로젝트를 수행하고 대외활동을 하는 것이 범죄예방연구소에 주어진 임무였다.

범죄예방연구소의 주요 업무는 ①범죄 실태와 그 원인을 분석하고, ② 범죄 예방 적책 및 효과적인 대응책을 제시하는 연구라 할 수 있다. 그 결과를 학회에 발표하고, 보고서와 논문으로 출판하여, 범죄예방 심포지엄을 개최하거나 지원하기도 하였다. 또한 경찰과 검찰, 관련 연구소 등과의 끊임없는 교류와 공동연구를 계속하고 있다. 경찰공무원에 대한 범죄학 관련 교육도 담당하고 있으며, 범죄자에 대한 심리분석을 수행해 관련 자료를 제공하였다. 그 밖에도 민간단체와 공동으로 청소년 범죄 예방 관련업을 추진하였다.

6) 경찰청 부설 치안 연구소

(1) 치안연구소의 활성화

○ **배 경**

경찰조직은 막대한 인력과 예산으로 치안질서 유지라는 국가 기능의 중추적 역할을 담당하고 있음에도 불구하고, 효율적인 치안정책을 위한 연구·개발 노력은 극히 저조하여 경찰의 치안능력 제고를 위한 각종 정책개발을 전담하는 연구기관의 설립이 절실히 요망되었으며, '92년 한국개발연구원의 용역 연구보고서인 「2000년대 경찰행정발전방안」에서 연구기구 설치의 필요성을 인정하는 등 폭넓은 대내·외적 공감대가 형성되어 있었다.

○ **추진과정**

1992년 5월경부터 경찰과학연구기구 설치에 대한 타당성을 경찰청에서 검토하기 시작하여, 경찰대학 치안연구소와 공안문제연구소, 과학수사연구소의 일부 부서 등 경찰조직 내·외 연구기관을 통합하는 특별법에 의한 정부출연 특수법인 형태의 '경찰과학연구원' 설립계획을 수립하여 추진하였다. 그러나 1993년 6월 정부의 기구 확대 억제방침을 이유로 보류되고 이후 현실적 대안인 치안연구소 활성화 계획으로 변경 추진하였다.

○ **확대개편 내용**

지난 1980년 경찰대학의 설립과 함께 그 부설기관으로 설치된 치안연구소는 경찰대학의 교수가 소장을 겸임하고 하부조직이 없이 경찰대학 교수진이 연구를 담당하던 체제에서 직제개정으로, 경찰청 기획관리관 또는 경찰대학교수를 소장으로 보할 수 있도록 하고 치안행정연구실 등 5개 연구실과 연구운영계를 설치하였다

○ **연구사업**

• 과제연구 추진

1995년 4워부터 총 44개 연구과제를 발굴하여 각 연구실별로 연구지도위원과 협의 및 자체조정을 거쳐 치안의 질적향상과 경찰행정을 계량화·객관화하고 실천적 대안제시가 가능한 23개 과제를 연구과제로 선정하고 나머지 21개 과제는 예비 연구과제로 분류하여 자문위원회의 심의를 거쳐 사업계획을 확정하였다.

• 치안정책학술세미나 개최

• '치안시책자료' 발간

• 치안정책 용역연구 공모제 실시

(2) **민간경비 분야**

○ **세미나**

일 시	세미나명	주제(민간경비)	발표자
1994.12.14	제2회 치안정책 학술세미나	민간방범역량 강화를 위한 사경비제도 발전 방안	이백철
1996.10.17	제5회 치안정책 학술세미나	한국 민간경비산업의 과제와 발전 방안	이윤근

○ **학술지**

학술지명	발행년도	제 목	저자(연구진)
치안논총 (제11집)	1995	민간방범역량강화를 위한 사경비제도 발전 방안	지도 : 이백철(경기대교수) 연구 : 한병락(총경) 이강덕(경정) 주희종(범죄사회학박사) 박병식(법학박사) 임형진(경기대강사)
치안정책연구	1996.9	한국 민간경비산업의 과제와 발전 방안	이윤근 교수
연구보고서 (98-06)	1998.7	기계경비업의 효율적인 관리 방안	연구위원 : 박병식(용인대교수) 연구지도위원 : 이상현(동국대 교수) 연구실장 : 김철주(총경) 연구관 : 장전배(경정)
연구보고서 (98-08)	1998.9	국가중요시설경비의 효율화방안에 관한 연구 – 경비전문화방안을 중심으로 –	연구위원 : 이윤근(동국대 경찰행정학과교수) 연구원 : 최선우(동국대 경찰행정학과강사) 안창훈(경찰청 송무계장) 연구실장 : 이현규(총경) 연구관 : 김상준(경감)

11. 민간경비관련 홍보 및 전문지

1) 일간지

○ 1995년

일 자	신문명	제 목	기사내용	취재기자
1.16	경향 신문	도난 경보기 차단 금은방 털어	경비 용역사 퇴직자 등 수사 무인경보 시스템 가입 업소 설치된 경보인 입선 절단	경태영
1.19	일간 스포츠	사설경호원"인기"	신세대는 스릴 있는 직업을 좋아해. 지난 10월 협회 정식발족 7백여 명 활동. 신설된 한체대 경호학과 높은 경쟁률 보여	고병석
2.17	일간 스포츠	[모래시계]화제는 멈추지 않는다. 경호원의 사회인식 높여줘	SBS TV 모래시계에서 침묵의 보디가드 재희 역(이정재)이 국제경호협회로부터 공로패를 받았다.	임재만
2.19	경향 신문	엉터리 "방범회사" 많다	인력 장비 제대로 안 갖춰 전국 6백여 곳 난립. 가입자 피해 잇따라 업체당 순찰차 1.4대 꼴. 빌딩, 주택, 점포 등 활용	조장래 박태용
3.7	매일 경제	대기업, 외국용역업체 무인경비 시장 몰린다. 현대, 미핑키톤사 등 진출 본격화	미,일 등 대형 경비업체들이 국내시장 진출 등 적극 추진하고 있고 국내재벌 그룹들도 시장진출을 서두르고 있다.	허준
3.13	조선 일보	사설보디가드 700명 국내 활약	개인의 비밀 경호원격인 개인 보디가드, 각종 행사장 지키는 행사, 안전한 장소까지 이동하는 긴급 통행, 테러로부터 보호하는 저명인사 등의 보디가드 등 다양하다. 1인 1조에 15만원, 4인 1조에는 50만원.	이거산
4.14	조선 일보	프로 야구장 경찰철수 주최측에 자체경비 요청	민간단체의 수입성 행사에 경찰력이 동원됨으로써 민생치안에 지장을 받아왔다. 수익자 부담원칙에 따라 자체 경비요망	우병현
7.9	매일 경제	무인 경비용 단말기 ACT II 본격판매 급팽창	일진이 국내에서 무인경비 용역업체를 대상으로 무인경비 단말기인 ACT II와 ACT III를 본격 판매한다. 한국경비협회에 따르면 94년 말 현재 경비용역을 제공하는 범인이나 단체는 738개 회원사에 시장규모 7천억 원 정도로 추정된다.	서인석

○ 1996

일 자	신문명	제 목	기사내용	취재기자
4.1	동아일보	공무원 숙직 없앤다. 내년부터 용역에 맡겨	공무원 인력낭비 줄여 도난방지, 화재예방 업무 민간용역에 맡긴다.	
4.19	매일경제	통신보안 시스템 구축 활발 인기	컴퓨터 범죄 침입자를 차단하기 위한 방호벽(보안 시스템) 설치가 증가하고 있다. 지난해 4천만 명을 넘어선 인터넷 시장이 올해는 두 배 이상 성장할 것으로 예상되는 가운데 보안문제가 발등의 불로 떨어졌다.	장박원
5.14	매일경제	학원, 경비, 시내버스 운송업 외국인에 내년 개방	경호경비 등 외국인이 마음대로 차려 영업할 수 있게 된다. 97년 외국인 투자 추가개방 업종 : 탐정경호 및 경비	
5.14	조선일보	경호, 경비업 완전 자유화	경호, 경비업(97년) 사설 경비용역 회사나 경호 서비스회사도 내국인과 마찬가지로 시설 등 일정한 요건만 갖추면 내년부터 설립이 가능	박정훈
8.2-8.3 (2회 시리즈)	중앙일보	혼돈의 지구촌	안전시대가 없다. 자살, 테러 등. 피의 보복 얼굴 없는 추악한 폭력, 테러. 지구상에서 활동중인 테러 조직은 수없이 많다. 지난 88년 미국 정부 테러 연구기구는 [테러백서]에서 144개의 테러조직을 공개했다. 현재 줄잡아 51개 국가에 근거지를 두고 있다.	오영환
8.12	조선일보	민간경비업 관리강화	시민권 침해 못 하게 통제 신한국당에서 교육훈련, 장비 지원 확대키로	이종원
9.24	중앙일보	정보고속도로, 금맥을 찾아라. 꿈의 사이버공간, 뉴 비즈니스 가이드	온라인 사업에서 무인경비 시스템은 정보고속도로를 통해 보안해주는 업종	최성욱

○ 1997

일 자	신문명	제 목	기사내용	취재기자
1.8	한국 경제	무인방범 텔레캅 서비스, 한국통신 상용화	방범센서가 설치된 가정, 상가 등에 외부인이 침입했을 때 전화선과 원격통신 시스템을 통해 관할 경찰서 상황실에서 무인방범 시스템 서비스가 본격 서비스 된다.	윤진식
1.8	경향 신문	한통, 첨단무인 방범 서비스	최첨단 무인방법 서비스가 한국통신에서 올해 상반기 중 서울의 강남, 송파, 청량리, 동부 등 10개 경찰서 관할지역과 대구, 대전의 전 지역을 대상으로 무인방범 서비스 "텔레캅 서비스"에 나선다고 한다.	최득용
1.23	매일 경제	1백20억 투자, 경비시스템 확충	범아 종합경비시스템이 시스템 경비산업을 강화한다. 범아는 이를 위해 1백 20억 원을 투자해 주요 도시 서비스 연결망인 기존 19개 지사에 제주, 안산을 추가하여 지점망을 21개로 늘린다.	정인철
1.28	전자 신문	전자 경비업계 영업망 대대적 정비	전자시스템 경비 업계가 올해 경비시장 개방에 대비 대대적인 영업망 확충작업에 나서고 있다. 27일 전자시스템 경비 3사는 올 경비시장 개방에 따라 외국업체들의 진출이 본격화될 것으로 전망	정창훈
2.13	전자 신문	시스템 경비 가입자 유치 경쟁 치열	시스템 경비업체들이 올들어 새로 문을 여는 대형유통상가 등을 대상으로 가입 확장경쟁에 본격적으로 나서면서 업체간의 과다경쟁이 우려되고 있다.	정창훈
2.18	전자 신문	인천 국제공항 경비보안 시스템. 입찰 국내외 업체 힘겨루기	총 1천 300억 규모의 인천 국제공항 경비보안 시스템(시큐리티 시스템) 수주겨냥이 국내외 업체들이 수주전이 본격적으로 가열되고 있음	정창훈
2.19	경향 신문	은행 보안시스템 '농락'	18일 오전 3시 40분쯤 케이블 끊고 침입 3천5백만 원 털어	김영이

2) 주간지

○ 1995

일 자	주간지명	제 목	기사내용	취재기자
5.18	주간 조선	'생활테러' 대응도서 배포	신변안전 관심이 고조되고 있는 시기에 '국민생활 테러 예방법'이라는 책이 출간, 무료로 배포될 예정이어서 주목 끈다. 대화산 경화시큐리티의 대표 이동욱사장이 주인공	김덕한
6.7	주간 매경	5년연속 법인이익 증가한 일본 기업들 불황반영 회사수 급감	5년 연속 수익증가 기업가운데 수입이 컸던 25개사 중 용역경비 회사에서는 '세콤과 종합경비보장(주)'이 각각 5년간 성장률 62.0%과 57.0% 기록	
8.2	주간 매경	'사업보안' 자문해 줍니다.	미국 핑커톤사 서울사무소에서 국제조사 알선. 외국진출 한국사 한국진출 외국사 모두 고객확보중. 보안 프로그램 내용을 보면 • 설비계획 및 적재적소 • 분배, 경비 지원 • 출입통제 및 주변 경계, 정보 및 컴퓨터 보안, 야간등화 및 CCTV, 경보기 및 모니터링(감지감시) 등	여홍일

○ 1996년

일 자	주간지명	제 목	기사내용	취재기자
3.6	중앙경찰 신문	"범죄 예방은 민간경비 회사, 범인체포는 경찰에서 담당"	한국경비협회 제18차 정기총회가 23일 성황리에 개회. 박일용 경찰청장 축사를 통해 "범죄예방은 수익자 부담원측에 의한 민간경비 회사에서 담당하는 역할분담이 자연스럽게 이루어져야 한다"고	이정찬
4.3	주간매경	기업 IR 코너 – 에스원 돈 있는 모든 곳이 "경비시장"	공장용지 걱정않고 무한한 시장과 원자재걱정이 필요없는 사업이 있다면 돈을 벌 확률은 크게 높아진다. 70년대 원양어업이 여기에 해당되었고, 최근의 인터넷사업 또한 마찬가지다. 그러나	노성호

			최근 이에 버금가는 사업으로 떠오르는 게 있으니 바로 경비산업이다. 우리나라 87년부터 시스템경비로 돌입했다. 그 선구자는 바로 (주)에스원임	
5.1	이코노미스트	용역의 예술화 아웃소싱	용역경비를 비롯하여 "외부화"로 경영역량을 최대화하고, 단순 업무는 떼어주고 핵심부문에 전력투구하고 있다. 아웃소싱은 최근 들어 관리 분야에서 생산과정에 이르기까지 광범위하게 확산되고 있다. 70년대 말부터 도입된 청소나 경비의 아웃소싱이 80년대 후반 들어 주차관리 등 각 방면으로 확산되고 있다.	민국홍
5.1	중앙경찰신문	24시간 깨어있는 "에스원"	에스원은 1977년 용역경비업 제1호 등록업체로 시큐리티산업을 선두하고 있는 업체 1981년 일본 SECOM과 기술제휴를 도입해 국내 시큐리티산업의 과학화, 첨단화된 시스템 경비로 전환하는데 중추적인 역할을 수행	이정찬
7.3	중앙경찰신문	국내 최초 시큐리티 전문기업 "범아" "CAPS를 찾아"	• 인간존중 책임경비 실현 • 1958년 경비회사 설립 후 35년간 외길걸어, 현재 전문기업만도 4개사 범아실업공사, 범아공신(주), 범아종합경비(주), 범아건물관리(주) • 경비 로봇, 통신위성 경비 등을 도입, 미래지향 경영을 실천하고 일본 종합경비보장(주)와 자매 회사이다.	이정찬

○ 1997년

일 자	주간지명	제 목	기사내용	취재기자
2.5	중앙경찰신문	재도약 기틀마련 한국경비협회 사무실 이전	세계시장 개방과 무한경쟁 시대를 맞이하여 협회 사무실을 서울 여의도에서 용산구 원효로로 이전하고 경비원 신입교육 및 각종교육을 자체에서 사용하는 교육장 확보 등 재도약의 기틀을 마련하였다.	이정찬
3.12	중앙경찰신문	민생치안 협력의 역군 경비협회 총회	한국경비협회는 지난 2월 27일 서울 교육문화회관에서 제19차 정기총회를 경	이정찬

			찰관계자와 유관기관 단체장들이 참석한 가운데 성황리에 개최하고 허증 신임회장 선출.	
4.2	주간매경	범아종합경비 6년 만에 매출 15배 증가 '다크호스'	지난 3월말 벤처기업들의 장외등록 전단계인 코스닥 공개입찰. 범아종합경비가 54대 1 입찰 경쟁을 기록. 지난해 1백82억 원 올렸고 올해는 2백40억 원을 예상한다.	박영암
5.17	중앙경찰신문	민생치안 협력업체로 재도약 기틀마련 허증 회장	한국경비협회는 용역경비업법에 의거 1978년 9월 21일 설립 이래 현재 1천여 회원사를 두고 있는 국내 유일의 민생치안 협력업체로서 국내 준치안업무를 담당하고 있다.	이정찬
6.18	주간매경	경비산업 "안전제일주의" 불황속 호황 구가	경비시장이 뜨겁게 달아오르고 있다. 경비시장 규모 오는 2000년에 2조원을 돌파할 것으로 예상되면서 대기업들이 잇달아 경비산업에 뛰어들고 있다. 지난해 기준 1조원에 추정된다.	문형남
7.2	중앙경찰신문	미국의 경찰제도에서 민간경비와의 관계 (시리즈1)	상설 경찰의 한계와 경비조직의 필요성 대두	
7.30	중앙경찰신문	미국경찰제도에 서 민간경비와의 관계 (시리즈3) (시리즈2)	경비산업의 영역과 의무 의뢰자의 이익을 위하여 영업	

3) 전문월간지

(1)『시큐리티월드(SECURITY WORLD)』

○ **시큐리티월드 매체 소개**

- 매체명 : 월간 시큐리티월드
- 잡지사명 : 시큐리티 정보
- 소재지 : 서울시 마포구 마포동 34-1 신화빌딩 502호
- 발행인 : 최수용
- 창간년월일 : 1997년 1월 25일
- 광고책임자 : 강명년

- 전화번호 : 02) 719－6931～4
- 규격 : 208mm ×280mm
- 평균면수 : 150～200페이지

- 전체 개관

일반인들이 생활 속에서 접하게 되는 각종 안전문제를 비롯해 국가간의 산업스파이 문제 등의 산업보안까지를 총망라해서 다루는 시큐리티월드는 시큐리티 업계에서 다른 경쟁매체가 없는 국내 시큐리티 산업의 유일한 대변자로서 굳건히 자리매김하고 있다.

CCTV, 출입통제, 생체인식, 무인전자경비, 홈시큐리티, 보안・안전기기 등 총체적인 보안분야를 주 아이템으로 신제품・신기술 정보, 시장・산업 동향, 각 업체의 연구개발 사례 및 보안 컨설팅 등을 Security News, Issue & Viewpoint, 스페셜리포트, Security Power Up 등의 섹션으로 분류, 집중 취재함으로써 효율적인 보안・안전관리의 노하우를 아낌없이 전수하고 있다.

디지털 시대의 대변혁기를 맞아 국내 환경에 적합한 최적의 솔루션을 제공, 국내 최초・최고・유일무이한 보안 전문잡지로 시큐리티월드는 또 한 번 새롭게 거듭나고 있다.

- 지향하는 방향

본지는 보안산업 전 분야에 걸쳐 업계동향을 전함으로써 업계관계자를 비롯한 독자들에게 보안산업의 추세를 조망할 수 있도록 하고, 보안산업에 대한 전망을 통해 향후 보안산업이 나아가야 할 방향을 제시하는 길잡이 역할을 자임하고 있다. 이와 함께 생활 속에서 접할 수 있는 각종 보안・안전 문제를 다룸으로써 일반 독자들도 보안에 대한 이해의 폭을 넓히고, 쉽게 접근할 수 있도록 하는 데 앞장서고 있다.

- 독자층

본지의 독자층은 보안관련 제조업체(8.3%), 보안관련 판매 및 제조업체(19.5%)가 가장 높은 비율을 차지하고 있으며, 통신 및 설비업종

(9.2%), 건설 및 건축업종(10.3%), 금융·증권·보험·회계업종(7.6%), 기타 제조업체(6.2%) 등과 정부 및 공공기관(5.7%)에도 상당수 독자층이 확보되어 있다. 아직까지는 보안관련 업체의 CEO 및 마케팅 담당자 그리고 일반 기업체의 보안부서 담당자가 주 독자층이 되고 있는데, 향후에는 보안 분야에 관심을 가지고 있는 대학생 및 일반 독자 그리고 일반 기업체의 CEO에 이르기까지 돋자층의 폭을 넓히기 위한 노력들이 진행되어야 할 것으로 보인다.

• 발행목적

본지는 국내 보안산업이 매년 20~40% 이상씩 급성장하는 추세를 보이고 있는 상황에서 관련업계의 시장현황이나 기술동향 등의 요구를 충족시킬 수 있는 고급 정보를 제공하여 궁극적으로 국내 보안산업의 발전에 기여하고자 발행되었다.

또한 개인의 신변과 재산보호에 대한 의식이 높아지고는 있지만 이에 대한 구체적인 방범대책을 수립하지 못 하는 일반인들에게 보안·안전 정보를 제공함으로써 일반인들의 보안의식 향상에 일조하고자 하는 것이 발행목적이라고 할 수 있다.

〈창 간 사〉

이번에 창간될 월간「SECURITY WORLD」는 개인의 호신용 장비에서부터 방범/방재용 장비, IBS(Intelligent Building System), 기업의 네트워크 보안 솔루션 등을 총망라하는 폭넓은 아이템으로 일반인들에게는 보안과 안전에 관한 인식확산을 위한 대중지로서, 현장 실무자들에게는 정보제공과 기술개발 방향을 제시하는 대변지로서 배가의 역량을 발휘할 것을 약속드립니다.

뿐만 아니라 월간「SECURITY WORLD」의 창간으로 그동안 경험으로만 대처해오던 이 분야를 보다 체계적이고 과학적인 연구개발로 승화시키는데 일조함은 물론 국내 보안산업의 발전을 위해 새로운 장을 열어가는데 최선의 노력을 경주할 것을 거듭 약속드립니다. 아울러 본지의 창간으로 보다 많은 정보의 신속한 교환과 産·學·硏이 함께 참여하는 대화의

장이 국내에도 하루 빨리 정착되기를 기대합니다.

끝으로 본지의 창간을 위해 다각적인 노력과 관심을 기울여주신 정부당국자 및 업체 관계자 여러분들께도 진심으로 감사를 드리며, 이제 막 첫걸음을 내디딘 본지가 더욱 발전할 수 있도록 여러분들의 따뜻한 관심과 기탄없는 질책을 당부드리는 바입니다.

1997년 1월 25일 발행인 최수용

○ "시큐리티월드" 연별 주요 수록 기사 소개

• 1997년

월 호	기획특집 및 테마특집	발행처
창간호 (2월호)	초고속 성장이 기대되는 국내 시큐리티산업 해부	시큐리티정보
3월호	CCTV 시스템의 활용 마스터	〃
4월호	빌딩내 1차 보안! - 출입통제 -	〃
5월호	24시간 방화체제 구축 자동 화재탐지시스템	〃
6월호	기업 전산망 보안 환경 구축과 그 대책	〃
7월호	설치 사례로 살펴본 무인전자경비 시스템	〃
8월호	홈도어록 - 기계식에서 디지털 번호키까지	〃
9월호	애플리케이션에 따른 기계식 카드키의 현주소	〃
10월호	매장의 로스 감시 EAS가 몰려온다	〃
11월호	디지털 화상감시 시스템에 대해 알고 싶은 몇 가지	〃
12월호	첨단기술로 수호하는 학교보안	〃

• 1998

월 호	기획특집 및 테마특집	비 고
1월호	보안/안전관리 제일주의를 지향하는 운송보안	시큐리티정보
2월호	21세기 보안산업을 이끌어갈 생체인식	〃
3월호	가정방범수칙 제1항, 우리 집은 내가 지킨다.	〃
4월호	'98 일본 SECURITY SHOW 현장을 가다.	〃

5월호	CCTV렌즈 기초에서 활용까지	〃
6월호	빌라에서의 보안시스템	〃
7월호	범람하는 위조지폐 우리가 막는다.	〃
8월호	'98 상반기 국내 보안·방범산업을 결산한다.	〃
9월호	국제보안·방범기기종합전, '정보유출 생활안전' 해법 찾는다.	〃
10월호	전원주택, 지금이 적기다.	〃
11월호	경제전쟁시대의 산업스파이 방어전략	〃
12월호	수출만이 살길, 중국! 시큐리티 시장 기회의 땅인가	〃

• 1999

월 호	기획특집 및 테마특집	발행처
1월호	사내 비밀문서의 관리와 보관	시큐리티정보
2월호	상가보안 시스템의 구축제안과 활용사례	〃
3월호	「Security & Safety」로 중무장한 자동차 안전기기	〃
4월호	당신의 비밀이 새고 있다	〃
5월호	가정에서 사무실까지 통신보안, 이것이 최선책이다	〃
6월호	'뛰는 진품, 나는 모조품' 브랜드별 판별비법 있다	〃
7월호	위험수위 넘은 불법복제, 더 이상 방치해선 안 된다	〃
8월호	당신도 테러의 표적이 될 수 있다	〃
9월호	생활범죄 유형별 수법과 예방법 심층 분석	〃
10월호	확실한 나만의 비밀번호, 인체특성	〃
11월호	내 몸이 열쇠되는 생체인식시대 서막 올랐다	〃
12월호	1999-2000 테마별 국내 보안산업의 빛과 그림자	〃

(2) 시큐리티총람 소개

1998년 처음 발간한 시큐리티총람은 국내 보안업체 및 그 제품을 망라한 국내 유일의 보안시장 가이드이다. 매년 발행되어 각각의 보안 분야별 보안업체에 대해 모두 소개하고, 보안업체 관련 종사자들이라면 필수적으로 알아야할 정보를 제공하고 있다. 1998년 시큐리티총람에서는 정보보호, CCTV, 보안안전, 출입통제, 홈시큐리티, 빌딩관리, 무인전자경비 등의 순서로 특별기고의 형태로 해당 분야에 대한 시장 및 기술동향에 대한 소개와 해당업체들과 제품들이 가나다순으로 기재되어 있으며, 부록에서는 소방시설용 특수감지기에 관한 기준 개정안, 신제품개발제품 등의 공공기관 우선구매 지원제도 등 업체 종사자들이 알아두면 유용하게 쓰일 수 있는 각종 정보들을 제공함으로써 보안업체에서는 물론 일반기업에서도 필수적으로 구비해야 할 보안시장 전문가이드이다.

(3) 『월간 '빌딩문화'』

월간 '빌딩문화'는 우리나라의 건전한 빌딩문화의 정착 및 빌딩 경영, 관리, 기술의 보급을 목적으로 1991년 3월에 창간된 전문지이다.

이 잡지는 빌딩의 설계, 건설, 관리에 이르기까지 빌딩에 관한 전문 기술과 경영에 관한 정보를 주테마로 다루고 있다.

특히, 경영과 관련해서는 FM을 도입한 신 빌딩경영기법의 보급을 주도적으로 추진해 왔으며, 사무환경 개선을 통한 지적 생산성의 향상, 그리고 빌딩관리 관련사업(빌딩경영관리업, 건축물 유지관리업, 경비업, 위생관리업, 방역업 등)과 이에 종사하는 사람들을 위한 빠르고 신속한 정보를 전달하는 역할을 담당해오고 있다.

또한 기술분야에 있어서는 IBS 기술뿐만 아니라 빌딩의 정보화에 필요한 건축 인프라의 구축, LCC(Life Cycle Cost)기법을 도입한 빌딩관리, 에너지관리기법 등의 신기술 보급과 올바른 산업발전을 위한 기사를 중점 게재함으로써 빌딩산업의 발전에 지대한 영향을 미치고 있다.

창간 당시 우리나라 초고층 빌딩의 장을 연「대한생명 63빌딩」의 건설경험과 관리 노하우를 국내에 보급한다는 일념으로 창간된 이 잡지는 5×7배판의 크기에 200면 내외의 분량으로 발행처와 발행인은 (주)정성D&M의 강신화 사장이다.

○ 빌딩문화 매체 소개

- 매체명 : 월간 빌딩문화
- 잡지사명 : (주)정성D&M
- 소재지 : 서울시 용산구 원효로4가 178번지 빌딩문화 사옥

• 발행인 : 강신화
• 창간년월일 : 1991년 3월 1일
• 광고책임자 : 성태욱(011-391-5424), email : 3915424@hanmail.net
• 전화 : 대표 : 3272-9977 / FAX : 3272-9823
• 규격 : 228mm×290mm
• 평균면수 : 168page ~ 200page
• 매체성격 : 빌딩의 설계, 건설, 경영관리 및 인테리어, IBS Network, 시큐리티, FM사례발행부수 : 40,000부

(4) 협회지

○ (사)한국경비협회 기관지 "회보"

연도별(발행횟수)	발행월(호)	발행인	발행지 명칭
1995(2회)	9월(60)	김건치 회장	"회보"
	12월(61)	〃	〃
1996(5회)	3월(62)	〃	〃
	5월(63)	〃	〃
	7월(64)	〃	〃
	9월(65)	〃	〃
	12월(66)	〃	〃
1997(5회)	4월(67)	허증회장	〃
	6월(68)	〃	〃
	8월(69)	〃	〃
	10월(70)	〃	〃
	12월(71)	〃	〃
1998(3회)	3월(72)	〃	〃
	6월(73)	〃	〃
	10월(74)	〃	〃
1999(3회)	1월(75)	〃	〃
	4월(76)	〃	〃
	7월(77)	〃	〃

○ 한국경비지도사협회 경비지도사보

연도별	발행월(호)	발행인	발행지명칭
1997	8월(창간호)	김윤회 회장	"경비지도사보"
	11월(2호)	김윤회 회장	〃
1998	7월(3호)	김윤회 회장	〃
1999	5월(4호)	이승기 회장	〃

12. 한국경비협회 활동상

1) 협회 조직 및 기구

협회는 1995년 2월 7일 제17차 정기총회에서 정관을 개정 본회 임원중 부회장과 이사의 수를 증원함에 따라 협회조직기구 및 위원회를 확대 개편하였으며 그 내용은 별지와 같다.

〈그림 4-4〉 협회 조직 기구(1995.02.07 정관개정)

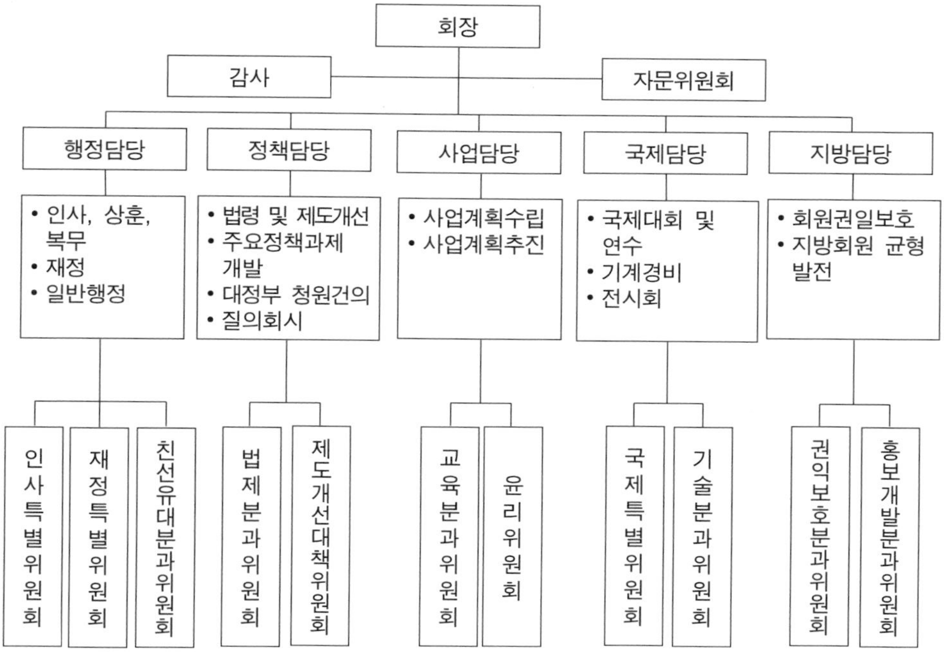

회장

감사

자문위원회

행정담당
- 인사, 상훈, 복무
- 재정
- 일반행정

인사특별위원회 / 재정특별위원회 / 친선유대분과위원회

정책담당
- 법령 및 제도개선
- 주요정책과제 개발
- 대정부 청원건의
- 질의회시

법제분과위원회 / 제도개선대책위원회

사업담당
- 사업계획수립
- 사업계획추진

교육분과위원회 / 윤리위원회

국제담당
- 국제대회 및 연수
- 기계경비
- 전시회

국제특별위원회 / 기술분과위원회

지방담당
- 회원권일보호
- 지방회원 균형 발전

권익보호분과위원회 / 홍보개발분과위원회

이어서 1998년 5월 1일에 직제규정 개정에 따라 조직기구가 개편되었다.

〈그림 4-5〉 조직 기구(1998.05.01)

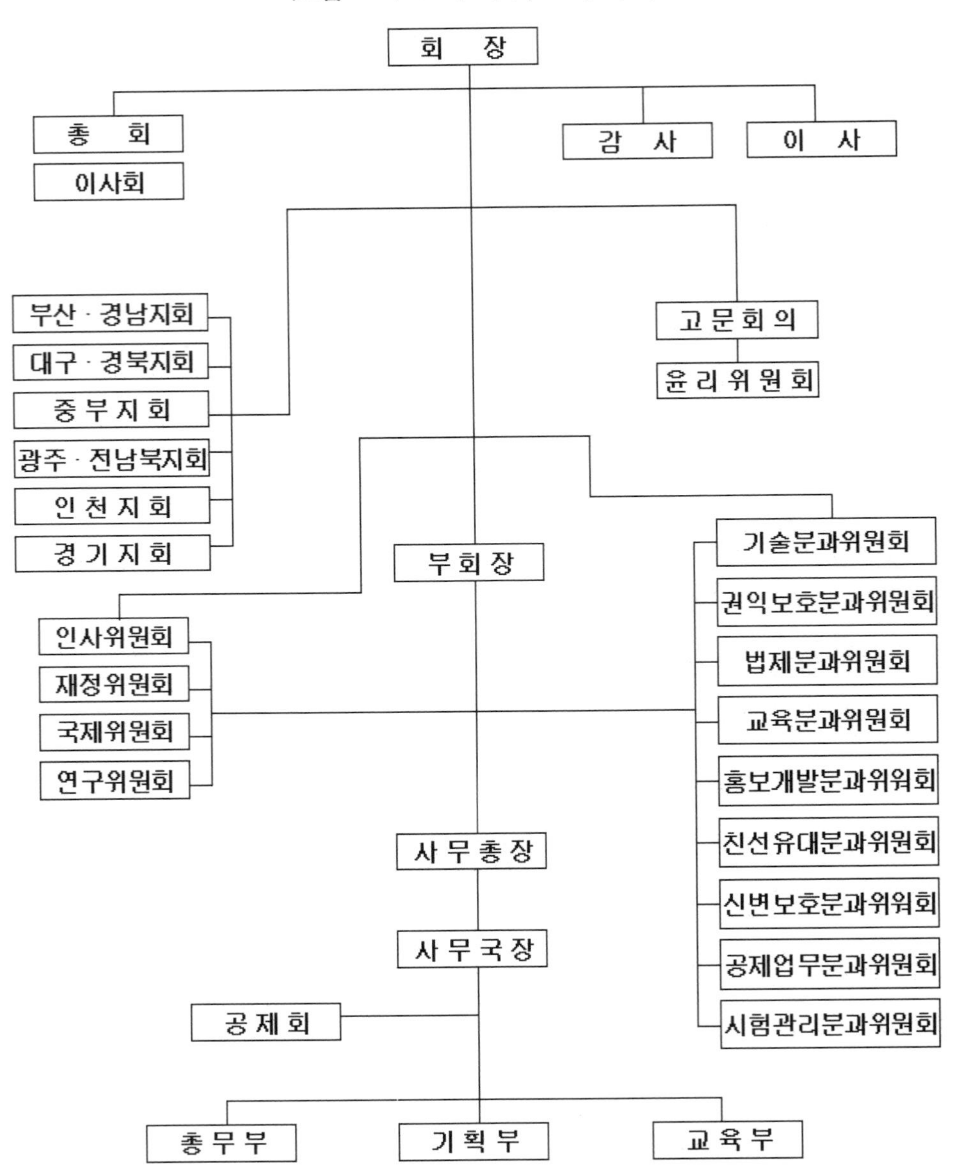

〈표 4-88〉 협회 지회 설치 현황

지회명	지회소재지	설치년월일	설치시 회장
대구경북지회	대구	1989.8.5	전준혁
부산경남지회	부산	1990.11.27	〃
대전충남북지회	대전	1990.11.27	〃
광주전남북지회	광주	1995.7.21	김건치
경기지회	수원	1997.9.26	허증
인천지회	인천	1997.9.26	〃

2) 제9대 김건치(金健治) 회장 실적(1995.2.7~1997.2.23)

- 1995.06.21 '95 한국국제건축물관리전시회 개최(6.21 ~ 6.25)
- 1995.06.23 회장 등 5명 제2회 APSA 서울총회 유치차 일본 방문
- 1995.07.21 지회운영규정 제정
- 1995.08.18 한국경비협회 광주전남북지회 설치
- 1995.08.28 부회장 황학준 · 이삼택 APSA 서울총회 유치차 일본 방문
- 1995.09.28 용역경비업무 경찰청 경비국에서 방범국으로 업무이관
- 1995.10.17 제2회 APSA 서울총회 개최(~ 10.19, 15개국 431명 참석)
- 1996.01.25 용역경비업법시행령 시행규칙 개정에 관한 간담회 개최(방범국)
- 1996.08.26 경비지도사교육업무처리지침 제정
- 1996.10.28 회장 외 2명 태국 방콕의 제3회 APSA 총회 참석, 부회장 피선
- 1997.01.22 회원사 종사자 대상 경비지도사 양성교육 실시
- 1997.02.12 경비지도사 시험관리 위원회 조직
- 1997.02.23 경비지도사 최종합격자 2,398명 발표

3) 제10대 허 증(許 增) 회장 실적(1997.02.23~1999.02.26)

- 1997.04.25 국가 지방자치단체 주차관리업무 용역화 건의
- 1997.07.23 건설교통부장관 방문, 공동주택관리령 문제점 개선 건의

- 1997.09.06 회장단 일본경비업계 시찰
- 1997.09.26 한국경비협회 인천지회, 경기지회 신설
- 1997.10.02 중소기업기본법 개정 등 용역경비업무 관련법규 제정 건의
- 1997.10.15 필리핀 마닐라에서 개최된 제4회 APSA 총회 참석, 부회장에 피선
- 1997.10.29 부산롯데호텔에서 경영자 세미나 개최(~10.30)
- 1997.12.05 각 정당 방문, 청원경찰법과 용역경비업법 통합법 제정 건의
- 1998.01.07 회장 외 3명 서울지방경찰청장 방문 애로사항 건의
- 1998.02.26 임원선임 및 사업계획·예산의 경찰청장 승인을 보고사항으로 개선
- 1998.03.22 상도동 새마을금고 침입강도 검거한 최금희씨 격려금 전달 격려
- 1998.03.27 공제회운영규정 제정
- 1998.04.30 용역경비업손해배상책임공제규약 제정 및 손해배상책임공제 실시
- 1998.05.15 경비원을 근로자파견업종에서 제외시켜 회원의 권익보호
- 1998.05.21 신변보호업무 광고방송 금지대상에서 해제
- 1998.09.20 '한국경비협회 20년사' 발행
- 1998.11.28 말레이시아에서 개최된 제5차 APSA 총회 참석
- 1999.11.26 세계경비업자 회의 참석
- 1999.12.08 인도 뉴델리에서 개최된 제6차 APSA 총회 참석
- 2000.09.15 회관건물 구입(지상 6층 연건평 1,040.89평)
- 2000.09.28 서울시 성동구 성수동 2가 273~24 협회회관 건물로 입주
- 2000.11.08 제7차 APSA 총회 참석
- 2000.12.15 열림의 쉼터에서 불우이웃돕기

제 4 절 민간경비산업의 국제화 노력

1. 1인당 국민소득 1만 달러 시점의 한 · 일 민간경비산업 비교

1) 국민소득 1만 달러 시기의 경제 사회적 상황

우리나라는 용역경비업법이 제정된 1976년 당시 1인당 국민소득이 불과 752달러에 불과했다. 그 후 19년이 지나 OECD(경제협력개발기구) 가입을 목전에 두었던 1995년 말, 국민소득 10,076달러를 달성해 대망의 국민소득 1만 달러 시대 진입에 성공했다. 1984년 일본이 1만 달러를 넘을 때만 해도 해외 전문가들 사이에서는 다른 아시아 국가들은 1만 달러를 넘기기 어려울 것이라고 진단했었다.

우리나라의 국민소득이 2천 817달러이던 지난 1984년에 일본은 1인당 국민소득 1만 544달러로 1만 달러 시대를 맞이했다. 당시 일본의 경제 · 사회적 특징을 살펴보면, 1980년대 초부터 여러 가지 새로운 변화의 물결이 밀려오고 있었다.

우선 풍요로운 사회 속에 그간 일본 경제를 지탱해온 근로관 · 가치관이 매우 다양하게 변화했다. 가계지출의 형태는 내구재나 소비재 비중이 줄어들면서 스포츠, 교양, 여행 등 삶의 질을 풍요롭게 하기 위한 서비스 구입 비중이 커졌다. 산업의 중심도 철강, 석유화학, 자동차 등의 기존 중화학공업에서 구미와의 무역마찰 격화 등 일본을 둘러싼 국제환경도 크게 변화했다.

이밖에도 일본에는 경제 · 사회적으로 많은 새로운 변화의 물결이 밀어닥쳐, 그 때까지 일본의 경제 발전을 지탱시켜 온 일본 경제의 양태에 수정을 가하게 되었다. 즉, 산업의 근대화, 국제경쟁력 강화, 국민의 소득 수준 향상 등 '양의 경제'를 지향하는 고성장으로부터 국민의 복지에 대한 욕구를 충족시킬 수 있는 '질의 경제'를 지향하게 되었다.

1만 달러 소득 시대를 맞은 우리나라의 경제 사회의 모습도 11년 전 일본의 1만 달러 진입시기의 경제 사회 양상과 비슷한 점이 많다. 산업구조가 중화학공업 중심이고, 정보산업이 급속도로 발전되고 있으며, 가계의 소비 행태가 삶의 질을 풍요롭게 하는 쪽으로 변화하고 있다.

그러나 전반적인 국민 삶의 질은 아직 선진국 수준과 상당한 격차를 보이고 있다. 특히 치안에 있어서는 중앙일보(1997.3.7일자, 12면)가 서울과 5대 광역시의 1천 가구를 대상으로 직접면접을 통해 얻은 치안에 대한 시민들의 체감불안 조사에 의하면, 평소 밤거리를 걸어 다닐 때 66.3%(여자 78.6%)가 불안을 느끼고 있다고 했다. 집에 도둑이나 강도가 들어올 수 있다는 걱정을 하는 시민이 53.2%(여자 58.3%)에 달하고 있는 것으로 보도되었다. 1992년에 이뤄진 Van Dijk과 Mayhew의 조사결과와 비교하면 당시 정치적 혼란이 한창이던 폴란드나 체코보다 불안감이 더 큰 것으로 나타났다. 치안불안도 측면만을 따진다면 완벽한 후진국으로 분류된다 하더라도 할 말이 없게 된 셈이었다.

〈표 4-89〉 밤거리를 다닐 때 느끼는 불안감 비교 (단위 : %)

한 국	폴란드	체 코	미 국	뉴질랜드	이탈리아	영 국	호 주	벨기에	캐나다	핀란드	스웨덴
66.3	45.4	43.6	41.0	38.2	35.1	33.0	31.1	21.1	20.0	19.6	13.5

※자료 : 중앙일보, 1997.3.7일자 12면 인용

2) 한 · 일 민간경비산업의 내적 비교

(1) 한 · 일 민간경비산업의 개관

우리나라와 일본의 민간경비산업의 교류는 1970년대 초부터 꾸준히 지속되어 왔다. 범아공신(주)은 1974년부터 1976년까지 그리고 1979년 일본 경비업계에 사원 연수 및 임원 시찰을 목적으로 일본을 방문했다. 특히 일본에서 1972년 경비업법이 제정되자 이에 자극 받은 우리나라 민간경비 관계자가 시찰 · 연수 등으로 일본을 방문했다.

그러다가 1980년대 초부터 일본의 대표적인 경비업체인 SECOM, 종합경비보장(주), 센트럴경비보장(주), (주)전일경 등이 우리나라의 경비업체와 기술합작, 업무제휴 등 사업관계를 맺게 되면서 교류가 더욱 활기를 띠게 되었다.

한국경비협회는 1979년 9월 오사카경비업협회(회장 무라야마시) 일행 25명의 방한을 계기로 일본 각 지방경비업협회와 교류를 지속했으며 개별 업체 차원에서도 상호 기술 및 자본에 관한 제휴가 이루어졌다. 그 후 1980년대에 들어서면서 한국경비협회는 일본 경비업계 시찰과 일본 경비업협회와의 상호 교류증진을 위해 매년 협회 회장단을 일본에 파견했다.

1988년 서울올림픽 취재차 방한한 일본 방범방재신문 하기리 사장과 FB(주)의 히타노 사장은 우리나라 민간경비산업을 일본 방범방재신문에 소개한 바 있다.

1990년대에 들어서면서도 한국경비협회의 일본 시찰은 계속되었다. 1990년 6월에는 범아공신 김정환 회장, 동국대 이윤근 교수, 경찰청 정채옥 경정 등 산・학・관 관계자가 일본 경비업계를 시찰했다.

1992년 4월에는 동국대 경찰행정학과 서재근 교수가 일본 동경에서 열린 국제범죄학회에 참석하여 우리나라의 민간경비산업을 소개했다.

1994년 9월에는 오사카경비업협회 창립 25주년 행사에 초청받아 당시 홍종학 한국경비협회장 일행이 방문하기도 했다.

가. 한국의 민간경비산업 개관

우리나라 민간경비산업은 미국의 원조경제에 의한 물자 검수 및 관리와 주한 민구의 군납경비에서부터 출발했다. 1960년대에 들어서 국가안보적 차원에서 중요시설을 보호하기 위해 1962년 청원경찰법이 제정되자 민간인 신분이면서 부분적으로 경찰의 법적 권한을 보유한 청원경찰제도가 시행되었다. 1976년 용역경비업법이 제정되면서 우리나라 민간경비산업은 법적・제도적 기반 하에서 발전의 초석을 다지게 되었다.

1986년 아시안게임, 1988년 서울올림픽은 민간경비산업이 정부와 국민들로부터 공신력 확보와 이후의 양적 성장을 구가하게 된 중요한 계기가 되었다. 1993년 대전 EXPO는 기존의 인력경비 위주의 경비 유형에서 기계경비 분야가 성장하게 된 기틀을 제공했다.

민간경비산업의 양적 성장은 경비업법이 제정되는 1976년 9개 업체에 5,022명의 경비원수가 1980년 18개 업체 5,632명으로 증가한 후, 1985년 71개 업체 10,873명으로 증가했다. 1990년에는 294개 업체에 25,559명의 경비원이 1995년에는 931개 업체 60,000명으로 증가하였으며, 2000년에는 1,838개 업체 81,819명의 경비원으로 증가했다. 1976년에서 2000년까지 25년 동안 경비업체는 204배, 경비원은 16배 이상 증가했다.

경비유형별로는 2000년 말 기준 시설경비가 1,437개(60.7%)업체, 호송경비 781개(33.0%)업체, 신변보호 60개(2.5%)업체, 기계경비 91개(3.8%)업체의 분포를 보였다.

이러한 양적 성장에도 불구하고 우리나라의 민간경비산업은 인력경비 중심의 경비구조, 경비업체의 영세성, 경비지도사제도의 현장과의 괴리, 고질적인 덤핑, 적정 경비요율의 문제, 형식적인 경비원 교육훈련, 경찰과의 역할체계의 미흡 등의 문제점을 안고 있었다.

나. 일본의 민간경비산업 개관

일본의 민간경비산업은 전후 미국으로부터 도입되었다. 일본은 1964년 동경올림픽을 계기로 국민들로부터 신망을 얻으면서 도약의 기틀을 맞이했다. 일본의 민간경비산업은 고도의 경제성장과 정보통신산업의 발전, 범죄발생율의 증가와 함께 오늘날 일본 최대 성장산업으로 발전했다.

민간경비산업의 양적 성장은 경비업법이 제정되던 1972년 775개 업체에 41,146명의 경비원수가 1982년 3,546개 업체 133,946명의 경비원으로 증가한 후, 1992년 6,578개 업체 291,320명으로 증가했다. 1995년에는 8,154개 업체에 358,415명의 경비원이 1999년에는 9,722개 업체 406,109명으로 증가했다.

1972년에서 1999년까지 27년 동안 경비업체는 125.4배 경비원은 9.9배로 증가했다.

경비유형별로는 1999년 말 기준 시설경비가 5,872개(60.3%) 업체(상주 4,311, 순회 772, 기계 789), 교통유도 4,709개(48.4%) 업체, 귀중품 운반 457개(4.7%) 업체(현금운송 339, 핵연료물질 등 운반 16, 기타 102), 경호 64개(0.7%) 업체의 분포를 보였다.

일본의 민간경비산업은 사회적 신뢰를 바탕으로 성숙기에 접어들었다고 볼 수 있으나, 인력부족 현상으로 인한 경비원의 질적 저하, 경제수준의 상승으로 인한 노동시간의 단축문제, 경비요금의 적정화, 가치관의 다양화로 인한 안전에 대한 새로운 수요욕구의 대응문제 등의 문제점을 안고 있다.

(2) 1인당 국민소득 1만 달러 시점의 한 · 일 민간경비산업 비교

<표 4-89>는 1인당 국민소득 1만달러 시점의 한·일 민간경비산업의 내적 비교 항목들이다. 이들 항목들을 중심으로 경비산업 규모, 경비인원별 업체현황, 협회조직, 자격제도, 경비원 검정제도, 교육제도, 경비료, 매출액, 해외진출, 경비업 전문지 등에 대하여 비교·고찰하고자 한다.

〈표 4-89〉 1인당 국민소득 1만달러 시점의 한 · 일 민간경비산업의 내적 비교 현황

주요항목		한국(1995년)	일본(1984년)	비 고
경비 산업 규모	경비업법 제정 (1인당 GNP)	1976년(800$)	1972년(3,000$)	
	경비업체수	785개사	3,757개사	
	경비원수	44,720명	153,344명	
	기계경비계약건수	122,000건	301,784건	
경비 원별 업체 현황	총업체수	691(100%)	3,757(100%)	한국 총 785사중 자격정지, 휴업 등 94사 제외
	0~50명	613(88.8%)	3,117(83%)	
	51~100명	35(5.0%)	378(10%)	
	101~500명	29(4.2%)	236(6.3%)	
	501명 이상	14(2.0%)	26(0.7%)	
협회 조직	전국경비협회	1	1	
	지역경비협회	4	47	
자격 제도	일반경비	일반경비지도사	경비지도교육책임자	일본은 82년 법 개정, 한국은 95년 법 개정 시행
	기계경비	기계경비지도사	기계경비업무관리자	
경비원 검정제도		없음	공항보안경비 1,2급 상주경비 1,2급 귀중품운반경비 1,2급 교통유도경비 1,2급 핵연료물질운반경비 1,2급	일본 82년 법 개정 시행
교육 제도	신임교육	15시간	15시간	
	직무교육	매월4시간	매월 3시간	

경비료	한국(경비협회 기준) 일본(효고견협회 기준)	978,114원	24시간 : 915,100엔 8시간 : 305,000엔	84년 100엔 : 331원
경비업체 매출액		S1:170,160백만 원	SECOM : 70,078,100만 엔	
		범아(실업, 공신, 종합경비) : 73,600백만 원	SOK : 61,350,100만 엔	
		CAPS:73,200백만 원	센트럴경비보장 : 8,844,100만엔	
경비업체 해외 진출		없음	대만 2사, 한국 3사	
경비업 전문지	전문 신문	없음	2개지	
	전문 잡지	없음	2개지	
	협회지	있음	전국 및 지방지 있음	

가. 경비산업 규모

한・일 양국의 1인당 국민소득 1만 달러 시기의 경비업체 수에 있어서는 한국이 785개사, 일본이 3,757개사였으며, 한국은 일본의 21% 수준이었다. 같은 시점 양국의 경비원수는 한국이 44,720명이었고, 일본이 153, 344명이었으며, 한국은 일본의 29% 수준이었다.

한편, 기계경비계약건수는 한국이 122,000건, 일본이 301,784건이었고, 한국은 일본의 40% 수준이었다.

나. 경비인원별 업체 현황 비교

1995년 우리나라 총 경비업체 785개사 중 자격정지 및 휴업 등 94개사를 제외한 691개사 (100%)와 1984년 일본 총경비업체 3,757개사를 기준으로 할 때 경비원 50명 이하인 업체수가 우리나라가 613개사(88.8%), 일본이 3,117개사(83.0%)이다. 경비원 50명 이하인 영세업체수에 있어서 우리나라가 5.8% 높은 편이다.

경비원 51명에서 100명 사이를 기준으로 할 때 우리나라가 35개사(5.0%), 일본이 378개사(10%)이다. 경비원 101명에서 500명 사이를 기준으로 할 때 우리나라가 29개사(4.2%), 일본이 236개사(6.3%)이다. 그리고 경비원 501명 이상인 업체를 기준으로 할 때 우리나라가 14개사(2.0%), 일본이 26

개사(0.7%)이다. 백분율을 기준으로 볼 때, 경비원 501명 이상인 업체가 일본이 우리나라보다 낮게 나타났으나, 오늘날 일본의 대표적인 경비업체인 SECOM과 SOK는 세계 5대 경비업체에 속할 만큼 규모가 큰 업체로 성장했다.

다. 경비협회 현황 비교

1995년 우리나라는 전국적인 경비협회가 1개, 지역 경비협회가 4개를 두고 있었다. 일본은 1984년에 전국적인 경비협회 1개, 지역 경비협회 47개를 두고 있다.

라. 자격 및 검정제도 비교

자격 및 검정제도에 있어서는 우리나라의 경우 1995년 경비업법 개정에 의하여 일반경비지도사와 기계경비지도사 제도를 두고 1997년 제1회 경비지도사 시험을 통하여 일반경비지도사 2,159명, 기계경비지도사 239명, 총 2,398명의 합격자를 배출했다. 그리고 1999년 제2회 경비지도사 시험을 통하여 일반경비지도사 7,205명, 기계경비지도사 670명, 총 7,875명의 합격자를 배출했다.

일본은 1982년 경비업법 개정을 통하여 경비원지도교육책임자와 기계경비업무관리자 강습제도를 두었으며, 경비원 검정제도도 공항보안경비, 상주경비, 귀중품운반경비, 핵연료물질운반경비 1・2급을 두었다. 일본은 경비원지도교육책임자와 기계경비업무관리자 강습을 통하여 매년 우수한 경비업 지도자들을 배출하고 있으며 경비원 검정제도를 통하여 1999년 말 현재 1급 검정취득자 2,677명, 2급 검정취득자 55,418명을 배출했다.

마. 경비원 교육제도 비교

경비원 교육제도는 우리나라가 신입교육 15시간, 직무교육 매월 4시간이며, 일본은 신임교육 15시간, 직무교육 매월 3시간이다.

바. 경비료 비교

<표 4-89>에 의하면 1995년 우리나라의 경비료는 1일 8시간을 기준으로 하여 978, 114원이고, 일본은 1984년 24시간 기준 915,100엔, 8시간 기준

305,000엔이다. 국민소득 1만달러 시점에서는 한·일 양국이 8시간을 기준한 경비료가 비슷한 수준을 보이고 있다. 그러나 문제는 이러한 기준이 현장에서 얼마나 제대로 적용되느냐에 있다.

일본은 경비업 종사자의 경제적 처우 수준이 타업종과 비교해서 평균 수준에 이르고 있는 반면에 우리나라는 몇몇 업체를 제외하고는 경제적으로 최하위 수준의 처우를 받고 있는 종사자들이 많으며, 하물며 일부에서는 정부의 최저임금 수준에도 미치지 못하는 실정이었다.

사. 경비업체 매출액 비교

경비업체 매출액 비교는 한·일 두 나라의 대표적인 3개사를 기준으로 한다. 우리나라의 대표적인 3개 업체의 1995년 매출액을 합한 금액이 원화로 환산했을 경우 1984년 일본의 3개 업체 중 1개사의 매출보다 적게 나타났다. 두 나라의 경제 규모를 감안하더라도 매출액 규모의 격차는 매우 큰 것이다.

아. 기타 비교

민간경비산업의 해외진출에 있어서 1995년 우리나라는 전무한 반면, 일본은 1984년에 이미 대만에 2개사, 우리나라에 3개사가 진출해 있다. 우리나라도 이제는 중국시장과 동남아 시장을 겨냥한 민간경비산업의 해외진출도 적극적으로 모색해야 할 것이다.

이외에 민간경비 전문지 현황 비교에 있어서도 1995년 우리나라는 전문신문이나 잡지가 전무하고 협회에서 발간하는 협회지가 있을 뿐이나, 일본은 전문신문이 2개지, 전문잡지가 2개지, 그리고 전국 및 지방협회에서 발간하는 협회지가 있다.

2. APSA 아시아경비업자 회의

1) APSA(아시아 경비업자) 총회

〈표 4-90〉 APSA 총회 참가 현황

구 분 / 차 순	개최기간	개최지	국내 참가자	비 고
창립	1993.11.1	태국 방콕	홍종학 회장 외 15명	7개국 참가
1차	1994. 3.22 ~ 3.23	태국 방콕	홍종학 회장 외 3명	19개국 참가
2차	1995. 10.17 ~ 10.19	한국 서울 (워커힐 호텔)	김건치 회장 외 100여 명	14개국 참가
3차	1996. 10.28 ~ 10.30	태국 방콕	김건치 회장 외 10명	박병식 교수 특별 강연
4차	1997. 10.15 ~ 10.17	필리핀 마닐라	허증 회장 외 29명	
5차	1998. 10.28 ~ 10.30	말레이시아 페낭	허증 회장 외 19명	
6차	1999. 12.8 ~ 12.10	인도 뉴델리	허증 회장 외 22명	

※ 자료 : 한국경비협회

2) A.P.S.A 설립과정(Asian Professional Security Association)

APSA는 아시아지역의 경호·경비 관련 공인국제기구로서 1993년 태국 방콕에서 창립되었다. APSA는 또한, 각국 인정 관련 협회를 각 나라 수도에 두어, 예를 들면 'APSA 한국서울지부' 등의 명칭으로 법령인정 협회장을 지역 해당국가 지부장 및 APSA 당연직 부회장으로 임명, 시설 경비·경호 관련 기술정보 세미나 등의 국제대회 개최·주관하고 있다.

우리나라에서는 1995년 9월 쉐라톤 워커힐 호텔에서 제2차 APSA 총회를 개최한 바 있으며, 현재 가입 국가는 한국, 태국, 필리핀, 홍콩 인도네시아, 중국, 대만, 호주, 인디아, 방글라데시, 영국, 말레이시아, 부룬디, 남아프리카공화국, 뉴질랜드, 캐나다, 미국, 오스트리아, 이스라엘, 싱가폴 등이다.

다가오는 2000년대에는 태국 방콕에서 (W.S.F) 세계경비연맹이 탄생되어 전세계의 유일한 시큐리티 관련 국제기구의 위상 정립과 업무면에서 21세기를 대비한 새로운 경비 기술 개발과 정보공유로 전세계 안전관리를 하나로 묶는 네트워 시스템을 구축할 것이다.

현재 APSA 산하 부설 교육기관으로는 일반 경비 관련 교육만을 실시하는 V.I.P 시큐리티 트레이닝 스쿨이 있으며, 각국 관련 업체 운영자를 위주로 교육을 실시하는 비즈니스 경영과정 국제 시큐리티스쿨(BAISS)이 있어 이의 관련 국제교육을 실시하고 있다.

3) 창립총회(1993.11.10)

○ 창립 과정

아시아 경비업자(APSA) 총회의 창립은 1993년 11월 1일 태국경비협회장 솜밧트 핌생(Sombat Pimsang)의 주도로 한국, 일본, 싱가폴, 말레이시아, 필리핀, 홍콩 등 7개 국가 협회 대표자들이 발기인이 되어 이루어졌다.

○ 설립 목적

(1) 회원국간 문화, 관습, 전통에 관한 상호 이해 증진

(2) 회원에게 경비 목적의 첨단기술, 지식 및 정보의 전파

(3) 경비시스템의 개발과 교육 기회 제공

(4) 국제 기구 참여

(5) 국내, 국제정치 불간섭 등이다.

○ 경위 및 과정

아시아 태평양권역이 세계의 중심권역으로 서서히 부상되는 정세를 감안하면 아시아 지역 경비업자 총회를 창립하여 경비업의 발전을 가로 막는 각국의 제도, 의식, 문화를 공동으로 힘을 모아 타개하자는 데에도 뜻이 있었다.

솜밧트 핌생 태국협회장은 1993년 11월부터 1994년 2월까지 아시아 19개 국가를 순방하여 아시아 경비업자 총회를 홍보하고 참가회원을 모집했다.

우리나라에는 1994년 1월 25일부터 28일까지 체류하면서 협회 16차 정기총회에 참석, 아시아 총회 참가를 권유하였다.

한국경비협회는 1993년 11월 참가자를 모집하여 회장 홍종학 외 15명이 참가 등록을 마쳤다.

※ 제2차 총회 서울 유치

총회는 회원국 중에서 연 1회 순환 개최하는데 제2차 총회 개최 희망국은 일본, 대만, 우리나라 3개국이었다. 총회 이사회에서 제2회 개최지를 투표로 결정하였는데 일본은 투표 직전 포기하여 개최지 대상에서 제외되고 우리나라와 대만이 경합, 7:4로 우리나라가 확정 발표되었다.

3월 23일 폐회식에서 다음 개최지로 '서울'이 발표되자 참가자 일동이 '코리아'를 연호하고, 다음 개최지를 상징하는 현수막을 펼쳐든 채 '서울의 찬가'를 열창하는 등 온통 축제 분위기였다.

총회 기간 중 한국 전시실을 따로 설치하여 '94방범전시회를 촬영한 영상물과 관광 풍물 영상(한국관광공사 제공)을 상영하고, 한국의 경비산업현황 카다로그와 관광공사가 제공한 카다로그, 부채 등을 관람자에게 배포하였으며 경비산업 현장을 촬영한 사진을 전시하는 등 한국붐을 일으킨 것이 크게 주효했던 것이다.

또한 이 날은 한국관광공사에서 제공한 한국풍물 영화도 상영하여 '코리아의 밤'이라 평가 될 만큼 인기가 높았다.

※ 제2차 총회 준비

서울에서 열린 제2차 '95아시아 총회는 회원사들의 절대적 지지와 후원 속에서 개최되었다. 협회의 사항은 다음과 같다.

(1) 준비위원회 구성
(2) 회원국에 사절단 파견하여 참가 유도
(3) 경찰청 및 정부기관과 관련협회, 단체의 적극적 협조 유도
(4) 국제회의 전담 용역회사에 회의 소집, 진행 일체를 의뢰
(5) 각국 회원에 인사장과 총회 카다로그 배포
(6) 매스컴에 서울유치상황 홍보
(7) 국내회원 총회 가입 권유
(8) 아시아 총회 실황 비디오테이프 대여 등

4) 제1차 아시아 경비업자 총회 (1994. 3.22~3.24)

제1차 총회는 태국의 수도 방콕 소재 샹그리라 호텔에서 태국수상 후안 릭패이 외 정부각료들이 임석하여 아시아 19개 국가 670명이 모인 가운데 성대하게 개최되었다. 이하 아시아 총회 개회 상황을 간략히 서술한다.

○ 준비물

아시아 총회에 참가하기에 앞서 우리의 경비역량을 국제 사회에 과시하고, 국위를 선양하기 위하여 아래와 같이 준비하였다.

(1) 국기, 협회기(총회장소 게시용)

(2) 복장 통일(정장), 휘장 부착

(3) 기념물(각국 대표자 증정)

(4) 한국경비협회 현황 카다로그

(5) '94방범전시회 촬영 영상물(한국전시장 운영)

(6) 기계경비장구 사진(한국전시장 운영)

5) 제2차 아시아 경비업자 총회(1995.10.17~10.19)

제2차 APSA 총회는 대한민국 서울 쉐라톤워커힐 호텔 무궁화룸에서 성대히 개최되어 우리의 국력과 경비역량을 국내외에 널리 알리는 계기가 되었다. 주최국을 비롯하여 오스트레일리아, 방글라데시, 중국, 홍콩, 인도, 인도네시아, 일본, 대만, 말레이시아, 필리핀, 싱가폴, 태국, 영국 등 14개국 500여명의 각국 협회 관계자 및 경비관련 전문가가 참석하였으며, 경비기술 및 지식에 관하여 상호 의견을 교환하고 회원국 간의 친선을 도모하였다.

(1) 배 경

태국의 방콕에서 개최된 제1차 총회에서 차회 개최지로 서울이 결정된 후, 협회에서는 1994년 8월 3일 정부로부터 국제회의 개최를 승인 받아 경찰청 등 관계기관의 적극적인 후원 아래 대회조직위원회를 구성하여 「다가오는 21세기의 제도적 경비와 안전을 위하여」라는 테마를 내걸고 준비를 주관했다.

준비기간 중에는 각국의 경비협자총회 등의 회의참석과 회원국 순방 등의 홍보활동을 전개하였다.

1994.11.12	인도네시아 경비업자 총회 참석
1994.12.9	APSA 홍콩지부 창설 대회 참석
1995.1.19	APSA 태국지부 창설 대회 및 APSA 집행위원회 참석
1995.4.19	필리핀 마닐라 경비업자 총회 및 APSA 필리핀지부 창설 대회 참석

APSA 서울총회는 협회 창설 이래 처음 맞이한 국제 행사로, 많은 어려움에도 불구하고 회원들의 적극적인 참여와 협조로 무사히 마쳤으며 한국경비업의 위상을 국내외에 선양하고 21세기의 한국경비업이 국제화로 나아가는 하나의 이정표가 되었다는 평가를 받았다.

(2) 주요행사

○ 개회식 및 APSA 서울지부 창설식

회원국의 경비관련 전문가들과 국내외 내빈이 다수 참석한 가운데 먼저 아시아 경비협회 서울지부창설 현판제막 행사가 있었고 뒤이어 개회식에서 김건치 회장은 대회사를 통해 「우주촌 시대를 맞이하여 자국의 안전만을 생각하는 구시대적 사고를 버리고 각자가 갖고 있는 역량을 모아 서로 돕고 협조하면서 보다 나은 경비시스템 개발에 전력하자」 라고 말했다.

또한 솜밧트 핌상 APSA 회장의 기조연설, 박일용 경찰청장의 축사와 구천서 의원의 격려사가 있었다. 이들은 참석한 회원들에게 날로 증가되는 범죄의 위협으로부터 안전하고 평화로운 사회를 만드는데 앞장서 줄 것을 당부했다.

○ 특별강연 및 주제발표

특별강연은 '게이세이 미야모토' 아시아 범죄방지재단 부이사장이 하였으며 '레이몬드 크라크' 씨를 비롯하여 국내외 저명인사 8명이 그들이 연구한 논제를 발표했다. 주제발표자와 논제는 아래와 같다.

레이몬드 크라크(영국)	경비산업을 위한 교육의 역할
리차드 포스트(미국)	경비 판매 경영방법
피터 치유 구(대만)	대만 민간경비산업 개발연구
죤 류이스(싱가폴)	지능적인 빌딩경비와 안전대책
데이비드 푸렛처(영국)	경비기구관리방법
마크 제이 골스비(호주)	경비운영에서의 위험분석
김 정 수(한국)	전자 경비장비의 현황 및 전망
이 윤 근(한국)	한국 민간경비의 과제와 전망

○ 문화행사

협회창립 이래 처음으로 제작한 협회 현황을 소개하는 영상물을 방영하였고 한국관광공사는 한국고유의 풍습과 문화를 담은 관광풍물을 비디오로 소개했다.

서울 미동초등학교 어린이들의 태권도시범 묘기에 모든 참석자들이 놀라움과 찬사를 아끼지 않음으로써 한국의 국기인 태권도의 위상을 더욱 높이는 계기가 되었으며 환영 만찬시에 펼쳐진 한국민속공연은 총회를 더욱 빛내 주었다.

○ 경비기기 전시 및 견학

경비기기 전시는 설치비용의 부담과 극소수의 업체들만이 희망함으로써 당초의 계획을 취소하고 신성사와 신영공업사에서 출품한 간소한 경비용품만을 전시했다.

앞으로는 회의장내에서 설치하기 어려운 여러 가지 문제점을 고려하여 별도지역이나 상설 전시장을 이용, 대규모의 전시회를 회의기간 중 동시에 가짐으로써 보다 새롭고 당양한 행사가 되도록 검토되어야겠다.

2일간의 총회일정을 마친 후 참가국에서 경비업체 견학을 희망한 회원들은 한국보안공사와 한국안전시스템을 방문하여 현황을 청취하고 기계경비시스템을 관심 있게 살펴보았다.

태국과 중국 참석자들은 별도로 63빌딩, 중앙전자(주), 대우자동차(주) 등을 방문하여 경비현장과 생산공장 등을 두루 견학하였다.

⑶ 평 가

서울총회는 협회창설이래 처음 맞이한 국제행사로 유치에서부터 준비과정에 많은 어려움이 있었으나 국내회원들의 적극적인 참여와 협조로 회원국과의 우호증진은 물론 한국경비업의 위상을 국내외에 크게 선양하고 다가오는 21세기의 한국경비업이 국제화, 세계화로 가는 하나의 이정표가 되었다는 점에서 높이 평가할 수 있다.

그러나 언론매체를 통한 홍보활동의 미흡, 경험부족으로 인한 회의 분담업무의 조직적인 역할수행 부족, 경비기기전시 규모 및 질적 수준 미달로 내실 있는 행사로 연계되지 못한 아쉬움 등은 시정보완 되어야 할 것으로 지적되었다.

한국경비협회는 서울총회를 통해 국제화· 세계화에 대비, 새로운 기술습득과 광범위한 정보교류로 우리 경비산업 발전의 계기로 삼아 안으로는 국제회의 전문 업체의 대행 없이도 수행 가능한 자체역량을 축적하고 밖으로는 효과적인 홍보활동을 전개하여 경비 산업의 위상을 제고하는데 더 큰 노력이 필요하다는 자체평가를 내릴 수 있었다.

6) 제3차 아시아 경비업자 총회(1996.10.27~10.30)

태국 방콕 닛코 마하나콘 호텔에서 개최된 제3차 아시아 경비업자 총회에는 주최국인 태국을 비롯해 한국, 중국, 홍콩, 필리핀, 말레이시아, 인도네시아, 싱가폴, 보르네오 등 아시아권의 10여개 국가의 대표들과 많은 경비업자들이 참석하여 상호의견과 경비산업 발전을 위한 지식과 정보를 교환하는 기회를 가졌다.

우리 협회측에서도 김건치 회장, 김영기 고문, 허증 수석부회장, 이삼택 부회장, 박종석 감사 등 회장단과 여러 회원들이 참석하여 국제 경비업자들과의 친선을 돈독히 했다.

제3차 아시아 경비업자총회는 대만의 대북에서 개최하도록 전년도 서울총회시에 결정되었으나, 대만측의 사정에 의해 회의 개최를 할 수 없게 됨에 따라 APSA본부에서는 각국의 대표와 전송통신을 통한 합의로 방콕에서 개최하게 되었다.

제3차 총회시에 대만 경비협회는 공식 대표단을 파견하지 않았으며 1명의 옵서버만 참가한 반면, 중국 대표단이 11명 참가하여 APSA의 정식회원이 되었다.

또한 베트남 옵서버단 2명, 미얀마 옵서버단 3명, 남아연방 경비협회 사장단 20명, 오스트레일리아 및 뉴질랜드 경비협회에서 각 2명, 영국의 경비관계 잡지사 편집장과 미국 경비협회 임원들이 참석하였다.

이들 아시아권 이외의 경비협회관계자들은 차기 2000년에 개최예정인 세계경비업자 대회에 관한 가능성을 관찰하였다.

총회기간 중 집행위원회에서는 제2대 APSA회장으로 솜밧트 핌생 현회장을 만장일치로 재선하였으며 부회장으로는 김건치 회장과 까오 중국 보안협회장이 선입되었다. 야롱 필리핀 대표는 차기 APSA총회가 종료될 때까지 당연직 부회장으로 선출되었다.

한국과 중국의 경비협회는 회장단 회의를 갖고 상호 긴밀한 교류와 협조를 통하여 양국의 경비업 발전을 위하여 노력하기로 했다.

총회 기간 중에는 각국 대표의 인사말과 특별강연과 주제 발표가 있었으며 우리 측에서는 협회 자문위원인 박병식 교수가 「경비산업에 있어서의 자격제도의 도입과 기대효과」라는 제목으로 강연함으로써 참석자들로부터 깊은 관심과 호응을 얻어냈다.

7) 제4차 아시아 경비업자 총회(1997.10.15~10.17)

제4차 아시아 경비업자 총회는 필리핀 마닐라 국제컨벤션센타에서 개최되었다. 국내협회에서는 허증 회장, 김영기 고문, 김건치 고문을 비롯하여 회원 및 가족 등 29명이 10월14일 출발하여 4박 5일 동안 마닐라 총회에 참가하고 주변관광을 한 후 10월 18일 귀국하였다.

10월 15일 오전에는 APSA 집행위원회 회의가 있었는데 거기서 토의된 주요 내용은 APSA 회원의 연회비를 종전까지는 회원국의 총 연회비 중 30%를 APSA 본부로 보내도록 했던 것을 각국의 회원규모에 관계없이 일률적으로 연회비 150불과 뉴스레타지 연 4회 제작비 100불로 책정하였다.

APSA 집행위에서는 허증 회장을 부회장으로, 김건치 전 부회장을 고문으로 각각 선임하였다. 그리고 제5차 아세아 경비업자 총회는 말레이시아 쿠알라룸푸르에서 개최하는 것을 잠정적으로 결론을 맺고 폐회하였다.

10월 16일 개회식 행사에서는 (주)가드원에서 "보디가드" 시범을 실시하여 참가자들로부터 아낌없는 갈채를 받음으로써 우리 경비업계의 위상을 한층 더 높였다.

개회식에는 오텔리오 에스 야롱 필리핀 경비협회장의 환영사, 솜밧트 핌생 회장의 APSA 회장의 격려사, 알프레도 에스, 림 마닐라 시장의 기조연설 그리고 회원 참가국 대표 소개 등으로 진행되었으며 이어서 본회의와 분과회의를 개최하여 연사들의 강의와 토의가 있었다.

10월 17일에는 금번 APSA 총회를 종합 보고하는 폐회식이 있었으며 만찬에는 회원 참가국 대표의 인사말과 참가증서 수여 및 기념품 교환 등으로 마지막 행사를 성대하게 장식하였다.

기간 중 외국인 참석자들의 선택관광 프로그램에서 우리 일행은 여행사의 일정에 따라 마닐라 시내 리잘 공원, 산티아고요새 팍상한 폭포 푸에르토아즐 및 히든벨리 등 주변 명소를 돌아보았다.

비록 4박 5일간의 짧은 기간이지만 이러한 국제행사를 통해 주최국의 문화와 전통을 이해하고 아시아 회원국으로부터 새로운 정보와 지식 습득의 기회를 가짐으로써 우리의 경비업이 보다 빠르게 선진화로 나아가는 계기가 마련될 수 있는 것이다.

8) 제5차 아세아경비업자 총회(1998. 10.28~10.30)

제5차 아시아 경비업자 총회는 말레이시아 페낭에서 개최되었다.

"시큐리티 인터넷 워크"를 테마로 한 이번 총회는 개막식 경비업 전문가들의 초청발표 및 토의, 환송, 연회 및 선택 관광 등의 프로그램으로 진행되었으며 최신 경비관련지식과 정보습득, 회원국간의 친선교류 증진 그리고 말레이시아 고유의 전통과 풍물을 감상할 수 있었다.

9) 제6차 아시아경비업자 총회(1999.12.8~12.10)

인도 뉴델리에서 개최된 제6차 아시아 경비업자 총회에는 허증 회장을 비롯해서 회장단 및 회원사 대표 22명이 한국경비협회를 대표하여 회의에 참가하였다. 참가일행은 12월 5일 출국하여 인도 경비산업현장의 견학 및 문화유적지를 관람한 후 9일 총회 개회식 및 행사에 참가하고 13일 귀국하였다.

허증 회장은 총회 개회식에서 21세기 아시아 민간경비산업의 공동발전을 위해 각국의 새로운 기술, 지식, 정보를 적극 교환할 것을 제의하였으며, 아시아인 모두가 평화로운 환경 속에서 즐거운 삶을 누릴 수 있도록 최선의 노력을 경주하자는 내용의 연설을 하였다.

폐회식에선 제7차 APSA 총회 개최지를 태국으로 정했으며, 총회 참가자에 대한 참가증서 수여 및 가국 기념품 교환 순서로 제6차 APSA 총회를 마무리 했다.

3. APSA가입 주요 국가 경비업

1) 말레이시아의 경비업

(1) 말레이시아 개요

- 인구 : 1천 950만 명
- 면적 : 32만 9천 758km²
- 수도 : 콸라룸푸르 (인구 109만 명)
- 정부수립 : 1975년 영연방가맹 독립국
- 정치체제 : 말라야연방 13개 주에서 국왕선출, 임기 5년, 현국왕은 자파르안마르흠 압둘라만
- 1인당 GNP : 4,283달러(1997년도)
- 한국과의 관계 : 1960년 2월 23일 국교수립, 무역 10대 교역국

⑵ 치안 상황과 안전 활동

말레이시아는 2020년까지 선진국에 진입하고자「VISION 2020」운동을 범국가적으로 추진 중에 있다. 특히 외국 자본을 적극적으로 유치하여, 성장 비즈니스를 창출하는 투자환경의 조성에 적극적이다. 세계 50개국에 3,000개사가 진출하고 있다.

말레이시아의 치안상태는 아시아국가 중에서 비교적 양호하다고 평가되어 왔으나 급격한 공업화로 말미암은 외국인 노동자의 고용과 밀입국 등에 의해 약물범죄와 강도, 절도 범죄가 증가하고 있다.

이러한 상황에서 국가와 도시의 치안은 강력한 권한을 가진 군대와 국가경찰에 의해 유지 되었으며, 일반 시민자원봉사원에 의한 지역안전활동의 전국조직으로 1972년에 발족한 「레에라」(전국안전방지활동조직)가 지역 안전에 공헌하고 있다.(22개 소대에 23만 9천명이 가입)

1995년 범죄 발생건수는 81,000건이며, 1일 평균절도사건은 72건, 가옥침입 45건, 바이크도난 44건, 살인은 1건이다. 불법 입국자로 약 2백만 명으로 되었다.

경찰조직은 내무부에 속하고 국가경찰로서 독립 되었으며 약 8만 명의 경찰관을 보유하고 있다. 경찰 조직은 우리나라와 비슷하며, 경찰청 장관 아래 주에는 경찰본부, 도시와 지방에는 경찰서, 파출소 등이 있다. 경찰의 권한은 검문소 설치, 집회 및 행진의 허가, 항공기의 수색, 공안질서를 위해 외출 금지 포고, 규칙 제정 등이다.

⑶ 민간경비의 현황

가. 경비업체와 경비원

말레이시아에 경비업이 탄생한 것은 1962년이며, 1996년 현재 120개 경비업체와 25,000명의 경비원이 있다(정부통계에는 174개사이나 여기에는 조사업체가 포함되어 있다).

경비업은 1971년에 제정된 경비업법에 의해 내무부의 엄격한 감독과 법적 규제를 받고 있으며, 그다지 높은 평가를 받지 못하고 있다. 경비업체과 경비원은 경비업법에 의해 각종 제약을 받는다. 경비업은 내무부장관이 발행하는 면허증이 없으면 영위할 수 없다.

경비원도 지방경찰청장 또는 경찰서장의 승인을 요한다. 경비원의 자격요건은 신체 건강한 자, 충분한 보험금을 받을 수 있는 자, 노동법의 적용을 받는 자, 절도 있는 자이어야 하며, 매년 건강진단을 받아야 한다. 경비원은 업체를 불문하고 전원 동일한 제복을 착용하여야 하며, 경영자를 포함하여 경찰의 심사를 받는다. 60세까지밖에는 경비업무를 수행할 수 없다.

경비원 교육시간은 정해져 있지 않으며, 경찰이나 군대 출신의 사원이 담당한다. 말레이시아에서 제일 큰 회사는 1984년 설립한 우이락 시큐리티 회사이며 종업원은 약 1,000명으로서 주로 경비업무는 총기를 휴대하여야 하는 경비와 휴대치 않는 시설경비 · 현금수송경비 · 개인조사업무 · 대여금금고업이며 총기도 90정을 소유하고 있고, 현금수송차 13대, 현송특별장치차 18대를 보유하고 있다.

나. 경비업무

상주경비와 현금호송경비가 주요 업무이며, 권총 등의 장비수급이 가능한 회사에만 인정된다. 권총 및 라이플의 소지 · 휴대가 인정되는데, 건클럽(gun club)에서의 훈련을 거쳐 경찰의 판단으로 허가한다. 현금호송업무는 특장차 및 특수장치, 총기소지 허가, 보험 관계 등으로 인하여 회사가 한정되어 있어 장래성이 유망한 부문이라고 판단된다.

한편 기계경비는 모니터 감시와 부저방식(알람)으로 이루어지나 전화회선이나 전용회선 등 인프라의 미정비로 인해 오보가 많고 다민족 국가인 이유로 관제요원은 영어, 중국어, 말레이어 등의 회화가 가능한 자이어야 한다는 점이 장애로 작용하고 있다.

경비업무 주요내용

① 상주경비 주로 시설 경비

② 현금호송경비

③ 경비기기 판매, 대여, 보수

④ 신변보호경비

⑤ 기계경비

⑥ 조사업무

다. 경비협회

1980년 내무부의 허가를 얻어 경비협회가 설립되었다. 자본금 10만 링기(약 3천만 원) 이상의 기업만이 입회할 수 있다. 174개 업체 가운데 101개사가 가맹되어 있다. 협회의 주요활동은 다음과 같다.

① 경비원, 경비감독, 직원을 대상으로 한 월 1~2회 교육 실시
② 오픈 코스(open corse) 세미나의 개최
③ 적극적인 국제 세미나의 참가
④ 전문 신문에의 경비요금표 게재
⑤ 제복의 제정과 조달
⑥ 정부와의 경비요금 교섭
⑦ 감독관청과의 관계 유지
⑧ 회원사에 대하여 자문 역할

협회는 회원사간 친목을 도모하고 회원사의 의견이나 건의를 받아드려 관계기관에 경비문제에 대하여 교섭한다. 경비업의 감독관청인 내무부의 경비업자 174개사가 적정인 것으로 판단 그 이상 허가를 주지 않고 신규허가 신청은 동결하고 있다. 경비원 교육은 법정 교육이 없으며 자체회사에서 하고 있다.

(4) 일본 경비업의 진출

일본경비업은 1991년도 SECOM과 동해경비안전보장이 진출하고 있다.

가. SECOM 말레이시아(주)

일본 SECOM사가 출자 1991 4월에 개업. 사원은 100여 명으로 주업무는 기계 경비 및 출입관리시스템, 감시카메라, 경비기기를 판매하고 있으며 계약건수는 1,000여 건이다.

나. 세이프가드(SAFE GUARD)사

1967년에 설립, 말레이사아에서 두 번째로 큰 회사로 1991년 일본의 동해

경비안전보장(주)와 업무제휴를 하고 있으며, 매상고는 2천만 불(말레이시아 화폐)이며, 기계경비 70%, 수송경비 30%이다.

(5) 한국과의 경비교류

1994년 태국에서의 APSA 창립 총회시 한국과 같이 창설하였고 1995년 제2차 서울 총회에는 많은 인원이 참가했으며, 1998년 제5차 말레이시아 페낭 총회시에는 한국 대표 허증(한국경비협회) 회장 외 많은 인원이 참가하여 양국 우호를 돈독히 하였다.

2) 태국의 경비업

(1) 태국의 개요

- 인구 : 5,951만 명
- 면적 : 51만4천 km²
- 수도 : 방콕(인구 590만 명)
- 정부수립 : 1782년 리마1세가 현재의 차크리왕조를 창건
  1932년 절대왕제에서 입헌군주제로 됨
- 정치체제 : 푸미폰 아둔야데트 국왕. 1946년 즉위
- 1인당 GNP : 2,463$(1997년도)
- 한국과의 관계 : 1950년 한국전쟁 참전
  1958년 10월 1일 수교

(2) 태국의 치안상황

태국의 치안상황은 총기나 폭탄 등에 의한 살인사건 등의 강력사건의 발생건수가 대단히 많다. 총기의 소지 휴대는 허가를 받도록 되어 있으나 총기에 대한 관리가 엄격히 행해지고 있지는 않다. 방콕 가정의 약1/3이 총기를 보유하고 있으며, 38구경 권총이 약 30여만 원에 시판되고 있다.

경찰은 사회적 지위가 높고 전국에 15만 명의 경찰이 배치되어 있으며 소방, 수상, 산림, 출입관리, 철도 등 폭넓은 권한을 행사하고 있다. 그러나 근래 각종 범죄가 증가되고 치안이 악화됨에 따라 경찰의 한계점과 방콕

등은 고층빌딩의 건축 붐에 의해 경비수요가 급증하고 있다.

⑶ 경비산업

가. 경비업체 및 경비원

경비업은 완전한 자유업으로 법적규제나 행정에 의한 경찰의 감독제도는 없다. 이것이 발전에 여러 가지 저해요인이 되고 있다. 따라서 영세업자가 난립하고 있어 경비업계의 정확한 실태를 파악할 수 없다.

1993년 현재 상업 등기된 약 2,000개 업체가 수도 방콕에 집중되어 있고, 나머지 약간의 업체가 제2의 도시 첸마이에 진출하고 있는 실정이다.

경비원의 연령은 대체로 18~50세로 우리보다 낮으나 이는 노동시간이 길고 차량유도 등의 업무가 힘들기 때문에 고령자에게 적합한 직업이 아니라는 인식 때문이다. 또한 학력과 자질 수준이 대단히 낮은 실정이다.

경비원의 자질향상을 도모하기 위해 경비원 훈련학교를 설립하여, 유료로 매월 1회, 정원 40명을 대상으로 15일간의 기본훈련 및 30일간의 현장교육을 실시하고 있지만, 이를 실시하고 있는 경비업체는 태국 최대의 경비업체인 VIP시큐리티서비스사 뿐이다.

나. 경비업무

경비업무의 대부분은 백화점, 귀금속점, 레스토랑 등을 대상으로 한 상주경비이다. 그러나 그 실태는 건물외부에서의 차량의 출입유도와 안내가 대부분이다. 야간의 경비도 외부에서의 동초(動哨)로 이루어진다. 또한 백화점과 호텔 등의 대형 시설 내부에서의 방범 및 방화는 사원이 직접 행하며, 경비원은 내부에 들어갈 수 없다. 귀금속점의 경비도 경비원을 점포 내에 가둔 채 밖에서 자물쇠를 채워 밖으로 나올 수 없는 형태로 이루어진다. 이는 경비원의 자질이 낮고 경비원이 관여된 도난사건도 많이 발생하여 경비원을 신뢰하고 있지 않기 때문이다.

고객이 직접 경비실시 요령을 지시하고 있는 등 태국의 경비업은 일부 업체를 제외하고는 경비업이라기 보다는 인재파견업에 가까운 실정이다. 또한, 경찰관의 부업이 인정되고 있어서 비번의 경찰관은 제복을 착용하고 권총을 휴대한 채로 경비업체에서 아르바이트를 하기도 한다. 다만, 그들은 다른 경비원의 감시역으로 활동할 뿐 직접 경비업무를 행하지는 않는다.

법의 규제가 없다보니 민간경비의 경비 업무 수행에 있어서 어려운 점이 많다. 경비업무 중 경찰의 복장과 장비가 유사한 것이 있어 혼돈이 생겨 경비업 발전에도 문제점이 되고 있다.

다. 경비협회

현재 태국에는 Security Services Association(경비협회), Thai Executive Security Services Association(타이 경비업 운영협회) 등 두 협회가 있다. 양 협회는 타이 최대 경비업체인 VIP시큐리티서비스사의 사장(솜밧트 핌생 Sombat Pimsang－현 APSA 회장)이 회장으로 역임하고 있으며 경찰 간부가 고문에 취임하고 있는 등 어디까지나 경비업체 임원의 친목단체로써 우리의 경비협회와는 성격이 다르다.

그러나 태국경비협회는 특히 아시아경비업의 발전과 친목에 착안하여 아시아에서 선두주자로 뛰고 있는 것이 사실이며 2000년에는 의욕적으로 제1회 세계경비업회의를 개최하는 등 주도권을 쥐고 활동 중이다.

(3) 일본경비업 태국에 진출

태국은 경비분야가 대부분 상주경비이며 기계경비가 취약하다. 일본 SECOM이 1988년 9월 현지의 유력기업인 사하파타나 그룹과 합작하여 설립한 '타이SECOM 피타키'사가 유일하게 기계경비를 일본대사관 및 일본 진출 기업을 중심으로 2,400여 건을 하고 있다. 전기와 전화 등 인프라가 정비되지 않아 저렴한 인건비가 기계경비의 발전을 막고 있다.

(4) 한국과 태국의 경비업 교류

1994년 태국 방콕에서 창설한 제1차 아시아 경비업자 총회시 홍종학 회장의 참가를 계기로 인연을 맺게 된 이후 제2차 총회 개최지 결정 역할을 한 현 솜밧트 핌생 회장의 노력으로 서울 총회시 태국에서 많은 인원이 참가하였고 제3차 방콕 총회시에는 우리나라에서도 많은 인원의 참가하는 등 태국의 경비업과 친목 및 유대를 깊게 맺고 있는 것이 인상적이다.

3) 대만의 경비업

(1) 대만의 개요

- 인구 : 2,129만 명
- 면적 : 3만6,190km²(금문, 마초지구 포함)
- 수도 : 타이 (Taipei, 臺北, 인구 270만 명)
- 정치체제 : 1945년 장개석 국민당 정부가 본토에서 대만으로 정착,
  국민당(집권당) 민진당, 신당 등의 정당이 있다.
- 정부수립 : 1949년 12월
- 1인당 GNP : 13,198$(97년)

(2) 대만의 민간 경비

이미 17세기 초에 민간차원의 보안 기구가 존재하였다. 명조 말기(약 1613~1643)에 의류판매업상의 의류호송을 호위하기 위해 민간보안요원이 고용되었으며, 청조 초기(1644~1700)에는 무술에 능한 사람들이 과거시험을 위해 상경하는 사람들과 동행하였다고 한다.

그러나 현대적 의미의 민간경비업체가 대만에 최초로 등장한 것은 1978년 일본 SECOM과 합자투자한 중흥보전복무유한공사(中興保全服務有限公司)의 설립이다.

그 후 폭력범, 재산범, 불법시위로 국내질서가 혼란하여 사람들에게 심리적 불안감을 심어주었던 1987년부터 1991년의 4년 사이에 15개사가 설립됨으로써 본격적인 민간경비시대의 막을 올리게 되었다. 그리고 1991년 12월 30일에는 「민간안전법(民間安全法)」이 제정 시행되고 1992년 11월 20일 운영기준의 규제사항이 제정됨으로써 안전업무의 운영, 훈련, 의무 등에 대한 법적 기준을 정립하게 되었다.

자본주의의 발달과 함께 대만의 민간경비시장은 지속적으로 성장할 것으로 전망되고 있는데, 특히 현재 경찰이 책임지고 있는 은행, 제철소, 정유공장, 우체국, 학교 등의 국영산업이 민영화되면 민간경비가 더욱 발전할 것으로 예측되고 있다.

(3) 대만의 경비산업

가. 업체 및 인원과 매출액

대만의 민간경비업체는 총 230여 개 정도 있는데 1994년 11월 현재 79개의 보안회사가 등록되어 있다. 그리고 1994년 현재 상위 19개 민간 경비업체에는 5,218명의 경비원이 경비업무를 수행하고 있다. 또한 상위 5개 업체의 1994년 매출액 성장률은 전년도에 비해 20% 증가하였으며 54,638명의 고객을 확보하고 있는 것으로 나타나고 있다.

특히 기계경비의 경우에는 일본업체가 투자하여 설립한 4개 업체가 전체 시장의 96%를 점하고 있으며, 그 중에서도 일본 SECOM의 합자회사인 「중흥보전복무유한공사(中興保全服務有限公司)」와 일본 종합경비보장(주)의 합자회사인 「신광보전복무유한공사(新光保全服務有限公司)」가 기계경비의 90.48%를 독점하고 있는 실정이다.

나. 경비업무별 현황

대만의 민간경비 업무는 우리 민간경비의 개념보다 범위가 넓어서 ① 도난 방지, ② 화재 예방, ③ 기계 정비, ④ 장갑차량 서비스, ⑤ 경비서비스는 물론, ⑥ 노사분쟁의 해결까지도 민간경비에 포함된다. 최근 각 업체는 전문화를 꾀하고 있으며 대부분의 회사가 주로 기계경비에 의한 도난방지를 행하고 있다(78%).

수요가 많은 서비스로는 상주경비(12%), 장갑차량 서비스(4%), 소방(3%), 경호(1%)의 순이다.

고객의 분포를 살펴보면 보석상 슈퍼마켓과 레스토랑 45%, 주택과 아파트 16%, 공장 15%, 전기제품 판매점 13%, 금융기관 4%, 보석가게 4%, 관공서 3%이다.

민간안전법은 순찰, 상주경비, 현금수송, 경호의 네 가지 유형을 정하고 있다. 경비원에는 구역 내의 경보시스템에 응답하는 순찰요원(beat engineer)과 특정지점의 안전 확보를 위한 상주 경비원(stationed security guard)의 두 종류가 있다. 순찰요원은 전체 경비원의 22%를 차지하고 있으며, 순찰요원이 되기 위해서는 운전면허를 소지하여야 하고 신장 168cm 이상, 체중

55kg 이상에 전과 기록, 가족사항, 사회적 배경 등의 신원조회를 받도록 조사되었다. 순찰요원의 59%는 25~29세이며 경찰 및 군대 출신자가 절대 다수를 차지하는 것으로 나타났다. 그리고 상주경비원은 전체 경비원의 52%를 점하고 있으며 그 23%가 45세 이상으로 저학력과 노령인 점이 특징이다. 또한 현금수송은 4%의 시장 점유율로 24시간 인원이 배치된 통제센터에서 이를 관할 감시한다. 그리고 경호원은 점유율이 0.3%로 대단히 낮다.

(4) 주요경비회사와 일본 경비업체의 독점

대만의 민간경비는 기계경비가 주를 이루고 있는데, 일본 업체가 대만의 현지업체와 합작투자하여 설립한 아래의 4개 업체가 전체시장의 96%를 점하고 있을 정도로 대만의 기계경비를 독점하고 있다.

○ **중흥보전복무유한공사(中興保全服務有限公司)**

- 1978년 일본 SECOM이 합작 투자하여 설립
- SECOM의 최초 해외진출 업체로 대만 최초의 경비업체
- 대북(臺北), 대중(臺中), 대남(臺南), 고웅(高雄) 등의 주요 도시를 망라하는 기계경비업체로서 일본계 기업과 대만 대기업의 사무실, 공장, 점포 등을 대상으로 1995년 현재 36,000건의 계약을 체결하고 있다.

○ **신광보전복무유한공사(新光保全服務有限公司)**

- 1980년 일본 종합경비보장(주)가 합작투자하여 설립한 회사
- 1992년 계약건수 20,000건을 돌파한 대만 제2의 경비업체

○ **동해보전복무유한공사(東海保全服務有限公司)**

- 1989년 일본 동해경비보장(주)가 대만 제3위의 아주보전복무유한공사(亞洲保全服務有限公司)와 업무제휴하여 설립

○ **금흥보전복무유한공사(金興保全服務有限公司)**

- 1991년 일본 (주)전일경(全日警)이 합작 투자하여 설립

(5) 한국과 대만의 경비업 교류

대만은 1995년 10월 APSA 서울총회에 참가하는 등 꾸준히 교류를 하고 있다.

서울 총회시 대만 중앙경찰대학 교수 피터칙 유쿠오 씨는 「대만의 민간경비산업 개발에 대한 연구」에서 다음과 같이 경비산업의 전망을 발표한 바 있어 소개하고자 한다.

「대만정부는 지난 10년간 자유시장의 국제화와 개방화를 도모해왔다. 최근에 많은 국유회사와 정부 재산을 민간부문에 매각했는데 이러한 사유화 과정으로 많은 자본가들이 생겨나게 되었다. 동시에 그들은 전보다 더 안전을 필요로 하고 있다. 그 결과 대만에서는 자본주의와 민간 안전산업은 나란히 성장하고 있다.

민간안전산업의 기민한 경영자들은 앞으로 경비시장이 발전하리라 전망하고 있다. 조사에 따르면 민간안전회사의 대다수가 국영산업(은행, 제철소, 정유공장, 우체국, 학교 등)이 사유화되면 이들 분야에서 시장을 발전시키고 싶어 한다. 현재는 경찰이 그들의 물리적 안전을 책임지고 있지만 사유화가 되면 이 시장은 경쟁체제에 돌입하게 될 것이다. 게다가 공항과 항구에서의 안전조사는 현재처럼 경찰이 하기보다는 민간안전회사에 의해 실시될 것이다. 앞으로 공공경찰의 역할은 점차적으로 민간 부문에 의해 잠식될 것이다.

대만의 민간안전산업은 빠르게 성장하는 산업이다. 필자의 결론은 일반대중과 자신들에게 유익하며 필수적인 민간안전산업의 질을 향상시키자는 것이다. 효과적인 업무수행을 도모하기 위해서 안전회사는 일에 대한 설명, 훈련, 안전 책자, 국민에게 필요한 장비 등을 제공받아야 한다. 업무를 맡기 전의 사전 훈련과 계속적인 훈련이 제공되고 점점 증가되어야 한다는 것이 중요하다. 앞으로는 자격시험도 마련되어야 할 것이다.」

4) 필리핀의 경비업

(1) 필리핀 개요

• 인구 : 6,980만 명

- 면적 : 29만 9,404km² (대소섬 7,109개)
- 수도 : 마닐라(792만 명)
- 정치체계 : 대통령 중심제 민주 공화국, 임기 6년
- 정부수립 : 미국 식민지로부터 1946년 7월 4일 독립
- 1인당 GNP : 1,166달러(1997년도)
- 한국과의 관계 : 1949.3.3 한국과 수교
  1950.6.25 한국전쟁 참전
  1954.1.1 상주 공관 설치

⑵ 필리핀의 치안상황과 민간경비

1993년 필리핀의 살인사건 발생건수는 14,181건으로 인구 10만 명당 22.8건 꼴로 나타났다. 우리보다 인구가 2,200만 명 정도 많다고는 하지만, 1993년의 우리나라 살인사건 발생건수가 806건(1994년에는 705건)이었던 것과 비교하면 얼마나 필리핀의 치안상황이 심각한지 알 수 있다. 필리핀에 있어서의 범죄발생의 특징은 총기사용 범죄가 많고 유괴사건이 빈번하다는 점이다. 이러한 치안의 악화에도 불구하고 경찰관이 절대적으로 부족하기 때문에 필리핀 정부는 민생치안을 경비업자에게 담당토록 하기 위해 정보수집을 하였다.

1999년에 우리의 용역경비업법에 해당하는 「사립탐정(Watchman) 경비기관의 운영과 조직을 규정하는 법률」이 제정되었다. 경찰은 경비업체의 운영에 관한 전반적인 감독을 행하며, 비상시나 재해시에는 경비업체에 경찰임무의 보조를 목적으로 경찰의 대리를 명할 수 있다. 이 때 경비원은 경찰서장으로부터 직접 지시를 받는다.

⑶ 필리핀의 경비산업

가. 업체수 및 인원수와 경비업무

1993년 12월 현재 925개 업체가 면허를 획득하고 경비원이 188,834명으로 업체의 수나 인원수에서 우리보다 훨씬 많다. 수도인 마닐라만 하더라도 623개 업체에 125,081명의 경비원이 있다. 허가된 총기수는 80,646정이다.

경비업무는 경호서비스나 주차장관리, 시큐리티 점검 등을 행하고 있으

나, 상주경비가 대부분으로 기계경비는 행해지고 있지 않다. 예컨대 마닐라 교외의 고급주택가의 경비원은 출입자 체크와 순찰 외에도 교통단속과 위반자에 대한 벌금징수까지 행한다.

경비원은 총기소지 허가를 받아 권총이나 나이프 등의 총기를 휴대할 수 있는데, 허가는 경비원 개인이 아니라 회사 차원에서 받는다. 총기는 45구경 이하로써 경비원 2명당 1정을 초과해서는 안 되지만 1인 1정을 초과하지 않는 범위 내에서 폭동 진압용 산탄총을 소지할 수 있다. 총기소지는 귀중품과 현금경비를 제외하곤 제복을 착용하고 경비업무에 임하고 있는 자에 국한된다. 또한 선거 기간 중에는 선거관리 위원회의 허가를 받지 않고서는 휴대할 수 없다.

나. 경비업체의 허가 및 취소와 경비원의 조건

경영자나 매니저는 대졸 혹은 군의 장교인 자이어야 하고 경범죄의 전과가 없어야 하며 ① 군대에서 해고 또는 면직된 자, ② 정신적으로 부적격한 자, ③ 수면제나 마약 상습자, ④ 알콜의존증을 가진 자는 경비업체의 허가를 받지 못한다. 또한, 필리핀 시민이어야 하며 고등학교를 졸업하고 체력적 정신적으로 적합한 자로 21세 이상 50세 이하, 신장 5피트4인치(약 163cm) 이상이어야 한다. 경비업체는 외국 경비업체의 진출이 법으로 금지되어 필리핀의 시민이 최소 자본금 5천 페소 이상을 100% 출자하여야 하며, 둘 이상의 경비회사를 조직하거나 이해관계를 가져서는 안 된다. 그리고 지점을 포함하여, 1개 업체당 고용 경비원수를 200명 이상 1천명 이내로 제한하고 있는데 그 기준은 다음과 같다.

① 마닐라 지역 : 1천명 이하
② 1급 도시 또는 자치단체 : 5백명 이하
③ 2급 도시 또는 자치단체 : 3백명 이하

즉, 200명 이상이란 기업 성립의 최저조건으로서 요구하는 것이며, 1천명 이내로 제한하는 것은 특정 기업의 독점을 막기 위한 것이지만, 그 배경에는 퇴역군인 등이 적정한 규모의 기업에 취직할 수 있는 기회를 확보하기 위한 의도가 자리잡고 있다.

한편, ① 허가나 갱신에 필요한 사항을 허위로 보고한 경우, ② 최저요금 이하의 저렴한 경비요금으로 계약한 경우, ③ 최저임금 이하의 임금을 지불한 경우, ④ 갱신시에 고용 경비원수가 2백 명 이하인 경우에는 허가가 취소되거나 갱신이 거부된다.

다. 경비원 교육

경비원이 권총 소지가 가능하므로 철저한 계획에 의거하여 신임교육을 경찰이 지정한 시큐리티 아카데미에서 15일간 받아야 하고 수료증을 경찰에서 발행 소지하여 한다.

경비원의 고용기간은 2년간이고 갱신할 때마다 시큐리티아카데미에서 56시간 교육을 받아야 한다. 여기에는 사격훈련도 포함된다. 총기의 소지 보관은 경비업체에서 하는 것이 원칙이나 계약처에서도 보관을 의뢰할 수 있다.

라. 경비협회

1969년 필리핀 국가경찰의 감독하에 경비협회가 설치되었다. 경찰청장은 현행법의 범위 내에서 경비협회와 경비업에 대해 필요한 규제를 제정할 수 있는 권한이 있다. 경비협회는 경비업의 면허조건, 경비업자의 상호경쟁, 방범활동, 경비원의 보험제도에 관하여 지도한다.

현재 필리핀은 경찰관의 절대수 부족으로 민생치안 부문에서 경비협회의 역할도 막중하다. 협회는 국립 경찰의 범죄 예방의 상담역 및 자문역으로서 큰 역할을 하고 있다. 경찰은 협회로부터 치안유지에 필요한 정보를 수집하거나 경비업무의 적정한 실시 등 건전한 육성을 도모하고 역할분담도 잘 이루어지고 있다.

마. 한국과 필리핀 경비업 교류

1994년 3월 태국 방콕 APSA 창립총회시 한국과 같이 창설 회원으로 인연을 맺은 후 1995년 10월 한국서울총회시 많은 인원이 회의에 참가하였으며 1997년 10월 제4차 APSA필리핀 마닐라 총회시에는 한국에서 많은 인원(회장 외 28명)이 참석하였다.

5) 중국(중화인민공화국)의 경비업

(1) 중국 개요

- 면적 : 959만 6,960km²
- 인구 : 12억 6,000만 명
- 수도 : 북경
- 정치체제 : 인민공화제, 중국공산당
- 1인당 GNP : 792$
- 한국과의 관계 : 1992.8.24 국교 수립

(2) 경찰제도의 개요

중국의 경찰 행정부인 내각(국무원) 안에 공안부(公安部)가 있고 지방에는 경찰기관으로서 22개 성(省), 자치구 5개 구, 직할시(북경, 상채, 천진) 3개시, 합계 30개이며 1급 행정구에는 공안국(公安局)이 있다. 또 행정기관과 해방군 사이에는 중간적 성격의 치안기관으로 중국인민무장 경찰부대가 있다. 경찰의 업무수행은 광범위한 것이 특징이다. 이들은 호적관리, 소방, 출입국관리, 외국인 거주관리, 변경지대 경비 등에 종사하고 있다.

경찰기관 종사인원에 대한 비공개자료에 의하면 전국에 인민경찰 84만 명, 무장경찰 62만 명으로 총 146만 명이라고 한다. 중국의 경찰기관은 중국공산당에 의하여 총괄되고 있으며 당 중앙에는 치안담당 조직으로서 중앙정법 위원회 및 중앙사회치안 종합처리 위원회가 있다.

(3) 민간 경비업 현황

중국에서 경비회사는 보안공사(保安公司)라 하고 1985년 신천에서 최초로 설립되어 지금은 중국 전체에 약 1,500개사 경비원 25만 명이 활동하고 있으며 계약건수는 약 9만 건을 유지하고 있다. 경비업무는 주로 인력경비이며 근래에 와서는 기계경비도 발전하고 있다.

- 시설경비 : 수호(守護)
- 출입 및 창고의 경비 : 문위(門衛)
- 순회경비 : 내부순위(內部巡衛)

- 현금수송 : 금융기관, 은행관의 현금수송
- 위험물수송 : 폭발물 등

현재 경비업법은 없고 1988년 이후 국무원의 명령 및 지시로 규제하고 있다. 여기서 경비회사가 해서는 안 되는 금지업종이 있는데 ① 개인의 신변 보호, ② 노동쟁의, ③ 빌린 돈 찾아주기 세 가지이다.

경비원의 제복과 장비는 거의 통일되고 있으며 복장은 감색 한 종류이고 무기는 물론 경봉도 휴대해서는 안 된다. 그러나 아르바이트로 있는 현직 경찰관이나 군인은 휴대가 가능하다.

⑷ 경비업의 사회적 지위와 경비협회

중국의 경비업은 경찰과 역할분담이 잘 되어 범죄방지에 큰 역할을 하고 있으며 민생치안에 있어서 없어서는 안 되는 조직이다. 그 실적으로 ④ 1년간 8만 건의 사건처리 협력, ② 1년간 10만 명의 범인 검거, ③ 1년간 25만 건의 사건 사고 미연 방지이다.

경비회사 설립요건에 있어서 그 내용을 살펴보면 대표자 또는 임원은 반드시 현직 경찰관을 두지 않으면 허가가 불가하다.

경비원 모집과 채용에 있어서도 반드시 경찰 및 군인 출신이 많다.

교육훈련도 경찰과 같은 시설에서 같은 훈련을 받으며 일상업무도 경찰의 감독과 지도를 받는다. 따라서 경비원은 배치에 앞서 경찰학교에서 3개월~6개월 간 교육훈련을 받아야 한다.

경비협회는 1992년 12월에 중국보안협회(회장 위건평(魏建平))라 하여 북경에 사무소를 두고 활발한 활동을 하고 있다. 그에 비해 경비회사에 대한 인식은 아직도 미흡하며 경비원의 보수도 일반노동자보다 약하다.

⑸ 중국에 일본 경비업 진출

○ 동해 경비 안전보장(주)

1988년 이래 중국의 경비회사와 「업무제휴에 관한 각서」를 통해 교육, 연수 교류, 영업활동 및 기계경비 기술, 지식제공 등 기업의 합리적 경영에

협력하여 북경, 상해(2개시공), 신천, 광주, 물산 등 6사 진출 중

○ **세콤(SECOM)**

1993년부터 북경, 대련, 해남에 주로 기계경비 위주로 한 합작회사 3사 설립

○ **공동경비보장(주)**

1994년에 북경에다 49% 투자, 합작회사 설립

○ **기타 이도쮸상사 및 에스피도무사는 항주(抗州)에 합작회사를 각각 설립**

(6) 한국과 중국의 경비업 교류

1992년 8월에 한국과 국교를 맺은 이후 매년 교역액이 증가하고 있다. 공식적인 경비업 교류는 1991년 이후 한국 경비협회 회장단이 수차 중국 경비업계를 시찰 방문한 바 있으며 중국은 1995년 10월 APSA서울 총회에 대표 5명이 대회에 참가하고 꾸준히 교류하고 있다. 최근 모 경비회사는 심천의 공안국과 합작투자를 체결로 내년이면 중국진출 제1호 회사가 될 전망이다.

중국은 고도성장과 시장경제의 발전으로 경제사범을 비롯한 민생치안의 악화, 인구에 비해 경찰력의 절대부족으로 인하여 경비업이 날이 갈수록 성장하고 있다. 1998년 11월에 김대통령의 중국방문시 "한중공동선언문"의 내용을 보면 앞으로 21C에는 전산업이 동반자로서 협력강화를 합의함에 따라 경비업도 교류가 가일층 강화 될 것이다.

6) 인도네시아의 경비업

(1) 인도네시아 개요

- 면적 : 190만 4,000km²
- 인구 : 2억 2,478만 명
- 수도 : 자카르타
- 독립 : 1945.8.18

- 정치체제 : 대통령 중심 공화제
- 1인당 GNP : 682$
- 한국과의 관계 : 1973.9.18 국교 수립

(2) 경비업 개요

치안을 맡고 있는 경찰은 육・해・공군과 같이 국군 총사령관의 지휘・통솔을 받고 있다. 경찰 조직은 경찰장관 아래 지방경찰로 분류되고 있다.

민간경비업은 정책상 원칙적으로 불가하며 경비업에 대해서도 어떤 법적 규제도 없고 경비업은 개인이나 법인이나 영업을 규제하고 있으며 영업을 할 때는 국가 경찰본부 시민지도국의 엄격한 관리 하에서 감독을 받게 된다.

지역 안전은 경찰서에서 하는 일이나 다만 다음과 같은 내용의 경비업 분야가 있다.

① 경비원(삿판) : 대도시에서 기업을 위주로 하는 경비원 수가 전국에 20만 명이 있다.
② 자경단(사스캅린그) : 지역 위주를 자체 안전을 지키기 위한 조직이다.
③ 경비원과 자경단 혼합 조직 : 주로 대학, 공공시설 등을 혼합하여 경비업무를 수행하고 있다.

1980년까지는 경비업은 누구나 자유롭게 영업을 하고 자리를 잡았으나 일부 업자의 경비원의 자질 저하와 경비원에 의한 범죄로 사회적으로 불신을 받게 되어 1981년부터는 경비업을 금지하고 회사, 공장, 공공시설 등의 경비를 자체에서 경비원을 고용, 자사 경비원으로 전환되었다. 이리하여 경비원의 교육 및 관리만 경찰이 하고 있다.

그러나 1994년 일본 경비회사 세콤이 인도네시아 군・경 산하 4개사와 합작회사 '세콤 인도푸라다마(주)'를 설립하였다. 이것이 계기가 되어 정부에서도 민간경비에 대한 인식이 달라졌으며 경비업에 대한 개념도 새롭게 정립되었다.

- 치안 정보의 제공, 경비관계의 상담

• 경보장치, 방범기기 판매 활성화
• 경비원의 교육훈련도 경찰학교에 의무적 교육으로 전환되었다.

인도네시아 경비원 총 수는 20만 명이고 거의 자체경비원이며 나머지 일부는 공군제대 군인이 공군 시설을 경비하고 있으며 귀중품, 현금수송은 경찰과 경비원이 공동으로 하고 있다. 경비업협회는 있으나 경찰관계기관의 일부이며 활동도 일부 경비업자만 관계하고 협회간부도 현직 경찰 간부가 협회를 운영하고 있다.

7) 싱가포르 경비업

(1) 개 요

• 면적 : 649km²
• 인구 : 415만 1,000명
• 수도 : 싱가포르
• 독립 : 1965.8.9
• 정치체제 : 공화제(영연방), 내각책임제
• 한국과 관계 : 1975.8.8 국교 수립

(2) 치안상황과 민간경비

1980년대 싱가포르 국가경찰(RSP)은 싱가포르 경찰제도 일부를 일본이 하고 있는 교반(일종의 파출소) 제도(Neighborhood Police Post System(NPP 시스템)을 도입했다.

도시국가로 인구 300만의 도시로 민간 경비는 둘로 나누어지고 있다.

첫째는 경찰보도기관(Auxiliary Police Forces)이고 둘째는 민간경비회사이다. 민간경비회사는 다시 경비업(Security Guard Agencies)과 조사업(調査業, Private Investigators) 두 가지로 나뉜다.

경찰 보조 기관은 민간경찰이라고도 하며 민간단체가 고용하고 특히 대기업 쉘 석유회사 등이 자체적으로 경찰보도기관을 가지고 허가를 받았다.

경찰보조기관은 11개 조직으로 되어 있으며 그 중 주요 5개 조직을 보면

'상업·산업을 경비하는 경찰보조기관(Commercial and Industrial Security Corporation-CISCO)', '싱가폴 항만 당국에 속하는 경찰보도 기관(Port of Singapore Authority-PSA)', '싱가폴 공항 터미널 서비스 경찰보도 기관(Singapore Airport Terminal Services-SATS)', '국제공항 경비서비스 경찰보도 기관(Changi International Airport Services-CIAS)', '쉘 석유회사 시설이 있는 경찰보도기관' 5개가 있다.

민간경비회사는 크게 두 종류가 있다. 경비업과 탐정업(조사업)이다. 민간경비는 1973년에 민간경비업 법률이 제정되고 당시는 35개였다. 1990년에 200여 개사가 있으며 1992년에는 일본 세콤이 싱가포르 데구노로지즈그룹과 경찰공제회와 합작하여 '세콤 싱가포르(주)를 설립, 주로 기계 경비 분야에서 활동하고 있다.

경비업은 허가제이며 교육과 연수 등에 대한 국가경찰의 감독이 철저하며 하며 경비회사에서 새로운 기계 장치를 사용할 때에도 신고하고 협조를 받는다.

탐정업(조사업)은 주로 두 가지 업무를 취급하고 있다.

그 중 하나는 남녀 혼인과 이혼관계를 주로 조사하고 둘째는 등록된 상표의 위조여부 및 모조품 확인 등과 상거래에서 신용조사와 비즈니스 시스템 관계 조사 등이다.

싱가포르의 경찰관 수는 약 8,000명인데 비해 민간경비원 수는 약 10,000명이며 2,000명이 많다.

싱가포르의 경찰과 민간경비는 상호 교류와 역할 분담이 잘 이루어지고 있다.

8) 베트남 경비업

(1) 개 요

- 면적 : 32만 956km²
- 인구 : 7,877만 4,000명
- 수도 : 하노이
- 독립 : 1945.9.2

- 정치체제 : 사회주의 공화제
- 1인당 GNP : 374$
- 한국과의 관계 : 1992.12월 국교 수립

(2) **치안상황과 민간경비**

다른 사회주의 국가와 같이 경비업은 100% 국영으로써 경비원은 전부 베트남 경찰관으로 구성되고 있는 것이 다른 국가와 다르다.

그것도 일본의 경비회사 (주)세프레24(대표 가구다)가 베트남에 진출, 베트남 내무부의 허가를 받고 베트남의 '단론회사'와 합작, 이름을 베트남 '단론 · 세프레24 하노이(주)'라는 경비회사를 설립 베트남에서는 처음으로 민간경비회사가 탄생되었다. 그 후 회사가 확장 호치민(하노이)을 비롯하여 대도시에 지사를 설치하고 있다.

경비업무도 처음 상주경비가 70%, 기계경비가 30% 점유하고 지금은 50% 정도로 균형을 맞추고 있다.

주로 경비업의 경영도 일본식으로 하고 있으며 경비 대상 업체는 외국진출 사무소, 일본 사무소, 호텔, 아파트, 공장 등 다양하게 하고 경비원도 약 200명이다. 경비원은 주로 경찰관으로 구성, 지식수준도 높다. 아쉬운 점은 우리나라는 베트남에 제4위의 투자국이며 1992년 12월에 국교가 수립되었지만 경비업의 진출은 아직 없다는 것이다.

4. 경비업과 ISO(국제표준기구) 인증

1) ISO의 중요성

국제표준화 기구는 ISO(국제표준화기구), IEC(국제전기표준회의)가 있다. IEC는 전기, 전자 분야이고 이외의 모든 분야는 ISO가 담당하고 두 기구에서 국제규격을 제정해 나가고 있다. ISO는 1946년 창설 국제간에 체계되는 규격으로 각국의 규격이 국제적으로 발전한 것이다.

우리나라도 국제화 · 세계화 흐름과 OECD 가입을 앞두고 ISO, IEC에 대비하여 주무관서인 공업진흥청은 1993년 12월 27일 「공산품품질관리법」을

「품질경영촉진법」으로 전면 개정하였다.

1994년부터 1998년까지 「품질경영추진 5개년 계획」을 수립하여, 매년 실시하는 전국품질관리대회를 전국품질경영대회로 명칭을 변경하고 품질경영체제 조기 확립을 위한 수단으로 국제품질보증체제인 ISO9000인증을 활용하는데 적극 나서고 있다. 또 공업진흥청은 1998년까지 ISO인증을 5000개사로 보조를 맞추고 있다. ISO는 전기 전자를 제외한 분야로 우리나라의 건설, 제약, 화학, 제강 경비・건물관리 등 기업체에서 설계, 개발, 가공, 조립, 시험, 검사, 사후서비스까지의 경영분야에서 적용되는 가장 광범위한 국제품질경영규격이다.

우리나라는 1992년 5월부터 세계에서 55번째 국가로서 ISO시리즈에 따른 인증작업을 시행하였다.

2) ISO의 기구

1994년부터 국내에 도입하여 시행된 국제표준화기구(ISO)는 국제규격의 제도를 통해 물자와 서비스 무역을 용이하게 하기 위한 목적으로 지난 47년에 발족된 비정부기관이다. ISO는 발족 이래 전기・전자분야를 제외한 전 산업분야의 국제규격제정활동을 벌여 왔으나 국제품질보증시스템인 ISO9000의 운영과 환경경영에 관한 국제표준안(ISO14000)을 마련하는 작업을 주도하면서 기업들의 주목을 받기 시작했다.

ISO는 정회원국 77개국, 준회원국 22개국, 간행물구독회원국 6개국 등 모두 1백6개 회원국을 확보하고 있다. 우리나라는 지난 63년 정회원으로 가입했고 이 기구의 운영에 직접 참여하는 이사국으로 선출된 바 있다. 정회원은 투표권이 있는 회원으로 국제기준제정회의 참석과 투표참여의 의무와 권리가 주어진다. 준회원은 국제기준 제정시 투표권한은 없으나 각종 정보를 받아 볼 수 있다.

자국내 표준화업무를 전담하는 조직이 없는 경우 정회원이라 할지라도 만약 국제규격의 투표에 참여하지 않거나 이에 대한 충분한 회신이 없는 경우 자동적으로 준회원으로 지위가 전환될 수 있다.

ISO의 조직은 총회 이사회 기술관리부 중앙사무국 자문위원회 기술위원회소위원회 작업반 등으로 구성돼 있다. 총회는 전체 회원국의 대표가 참석하는 최고의결기관으로 매년 개최되며 1개국 1표의 투표권만이 부여된다. ISO조직 가운데 가장 관심을 끌고 있는 기구는 국제기준제정의 실무를 맡고 있는 기술위원회(TC)이다. 최근 국내기업이 앞 다퉈 인증을 획득하고 있는 ISO9000시리즈 규격은 바로 TC 176에서 제정됐으며 1996년부터 시행되기 시작한 ISO14000 관련 표준화작업은 TC 207에서 다룬다.

기술위원회는 몇 개의 분과위원회(SC)를 구성해 분과위원별로 업무를 분할해 추진한다. 분과위원회 또한 업무영역이 모두 관할하지 못 할 정도로 많을 경우에는 몇 개의 작업반(WG)을 구성하게 된다. 기술위원회와 분과위원회는 상설기구의 성격을 가지나 작업반은 특정업무를 일정기간동안 추진하기 위해 잠정적으로 조직, 운영되는 임시기구의 성격을 갖는다.

경우에 따라서는 기술위원회가 직속의 작업반을 구성하는 경우도 있다.

환경경영의 국제표준화작업을 맡고 있는 TC 207은 SC1부터 SC6까지 6개의 분과위원회와 하나의 작업반을 가지고 있고 각 분과위원회는 모두21개의 작업반을 나누어 가지고 있다.

ISO는 강제적인 표준이나 검사제도의 절차를 규정하지 못 하고 권고적 국제표준을 제정하는 기구여서 상대적으로 그 중요성을 충분히 인정받지 못하고 있는 경향이 없지 않다. 그러나 이제는 거의 모든 국가가 회원으로 가입해 있고 표준제정 작업도 상당한 수준으로 진행되고 있는데다 강제력을 가진 국제협정 등에서 가급적 기존의 국제표준을 채택하는 경향이 커짐에 따라 그 지위가 날로 증대되고 있다.

특히 최근 ISO9000시리즈의 인증이 국제적 품질보증체제로 확고한 자리를 굳힘에 따라 그 중요성은 더욱 부각되고 있다.

3) 품질경영 5개년 계획 주요 내용

공업진흥청은 산업경쟁력 강화의 수단으로 품질경영을 전 산업에 확산시키기 위한 방안으로 품질경영 5개년 계획을 마련, 1994년부터 본격 추진하기 시작했다. 공진청은 품질경영 5개년 계획의 기본 목표를 3가지로 정했다.

(1) 기업의 품질경영체제 확립을 위한 구체적인 실천 수단으로 전 산업에 걸쳐 ISO9000인증을 획득하도록 유도, 종업원 50인 이상 전 제조업체가 품질경영을 도입, 실천할 수 있도록 98년 말까지 ISO9000인증 획득업체를 5천 개로 확대시킨다.

(2) 전 산업체의 종업원이 품질분임조 활동에 참여하도록 함으로써 자율적 품질경영 실천기반을 구축, 종업원 30인 이상 전 제조업체의 분임조원수를 2백40만 명으로 확대시킨다.

(3) 기본 목표는 품질 제일주의 기업문화의 정착과 소비자주권의 신장을 통해 품질혁신을 가속화함으로써 품질선진국으로 도약한다.

- 1차(1994년) : 품질대학 운영 등으로 최고경영자 의식개혁교육을 강화하고 품질경영촉진법 시행을 위한 하위법령 정비, ISO9000 국제품질보증체제의 국내인증 실시 등 품질경영추진기반 구축을 위한 제도정비에 주력한다. 또 품질경영1백선제도를 처음으로 실시했고 품질경영 교육체계를 전면 개편했다.
- 2차(1995년) : 국제품질보증체제 인증제도 아·태 상호인정기구를 설치하고 종업원 50인 이상 제조업체에 분임조직을 완료한다. 추진 본부별 품질경영수준 평가를 실시하고 소비자가 참여하는 품질비교평가제도를 시행한다.
- 3차(1996년) : 종업원 30인 이상 전 산업의 분임조 조직에 착수하며 서비스분야 품질보증체제 인증제도를 본격적으로 실시한다. 전 등급업체가 ISO9000인증을 획득할 수 있도록 유도하고 ISO9000 국내인증기관의 국제인증기관과의 상호인정을 추진한다. 또 광고의 신뢰성 검증을 위한

품질비교평가사업도 실시한다.

- 4차(1997년) : 중소기업 품질경영본부를 39개에서 1백 25개로 확대, 중소기업에까지 품질 경영체제가 정착될 수 있도록 유도하고 소비자를 위한 품질정보제공사업의 민영화를 추진한다. 또 귀금속 품질에 관한 특별관리제도를 신설하고 전기용품 안전관리제도를 선진화한다.
- 5차(1998년) : 종업원 30인 이상 전 산업의 분임조 조직을 완료하고 민간주도형 국제품보증 체제 인증제도 확립을 위해 품질인증관리원 설립을 추진한다. 추진본부 중심의 자율적인 품질경영체제가 정착되도록 지원하고 품질비교평가 사업을 민간소비자단체에 이관한다.

공진청은 품질경영 5개년계획을 성공적으로 추진하기 위해 「품질의 노래」를 보급하는 등 중점추진시책을 설정했다.

「품질제일주의」를 정착시키기 위해 품질대학 등 경영자 관리자 및 사무영업부문요원 현장사원들에게 품질의식을 심어줄 수 있는 교육을 강화하고 품질의 노래가 담긴 테이프를 제작해 각 사업장과 사무실에 보급, 품질의 노래 경연대회도 매년 개최하였다.

또 품질경영 표어 · 포스터 공모, 전 산업 「1사 1혁신 운동」 전개 등 매년 대대적인 품질혁신 캠페인을 벌였다. 품질경영 확산을 위한 제도 및 추진여건정비분야에서는 1993년, 공산품질관리법을 품질경영촉진법으로 개정한데 이어 1994년에는 시행령 및 시행규칙을 개정하였으며, 품질경영성과가 우수한 1백 개 업체를 선발하는 품질경영1백선제도를 시행하였다.

컨설팅엄체육성 및 컨설턴트 양성을 위해 컨설팅회사 기업체 컨설턴트 등을 회원으로 하는 품질경영협회를 설립하였으며, 모기업과 협력업체간의 품질경영 연계체제를 강화하는 등 중소기업에 대한 품질경영 지원방안도 다각적으로 마련하였다.

4) 국내 대표적인 인증기관

국내에는 현재 외국 인증기관을 포함해 20개 이상의 ISO 인증기관이 활동하고 있다.

〈표 4-91〉 정부에 등록된 인증기관 가운데 대표적인 8개 인증기관

	인증기관	대표자	설립년도	비 고
1	한국능률협회인증원	박종화	1996	인증서최대발행
2	한국생산성본부인증원	전철순	1994	미자동차회사 인증
3	한국품질인증센터	김우현	1993	국내첫인증기관
4	산업기술시험평가연구소	김항래	1995	7개국과 협정
5	한국건설산업연구원	홍성웅	1996	중소기업진흥공단
6	중소기업인증센터	김용국	1995	중소기업인증출자
7	한국환경품질인증지원센터	신영범	1994	국내시스템개발
8	DNV인증원	김영호	1972	노르웨이본사 한국지사

5) 중소기업의 ISO 인증 유도

정부는 중소기업의 ISO인증을 유도하기 위해 인증업체에 대해 KS 공장심사 면제 등 다양한 지원 혜택을 준다. 그 내용을 보면 다음과 같다.

(1) 세액 공제

인증 획득을 위해 지출된 금액의 15~20% 범위에서 세액공제혜택이 부여된다.

이 비용에는 품질경영진단에 소요되는 비용, 인증심사비용, 연수기관의 지도 및 연수비용 등이 포함된다.

또 인증획득비용을 충당하기 위해 기술개발준비금으로 적립하는 경우 수입액의 3~4%를 비용으로 인정해 준다. 대기업이 중소기업의 ISO인증 획득을 지원하기 위해 지출한 비용도 세액공제혜택이 주어진다.

(2) 공공입찰 가산점 부여

길이 1백m 이상의 교량공사 공동주택건설공사 등 국가를당사자로하는계약에관한법률 시행규칙 제23조에 규정한 22개 공사입찰시 인증획득업체에 대해서는 가산혜택(2점)이 부여된다.

(3) 병역지정업체 추천기준

병역지정업체 추천시 인증획득업체에 대해서는 총 1백점 중 5점을 주어 유리하게 추천될 수 있도록 한다.

(4) 단체수의계약시 우대

단체수의계약 물량 배정시 인증획득업체에 대해 품질수준배점부문(45점) 배점시 우대한다.

(5) 100PPM심사시 일부항목 심사면제

1백만 개 제품을 생산하는 가운데 불량품을 1백 개 이하로 줄인 기업에 주어지는 100PPM 달성업체 심사시 총 19개 심사항목 중 16개 항목을 면제해 준다.

(6) 기술신용보증기금 우대

기술신용보증기금 기술평가시 재무분석 위주에서 기술력 위주로 심사기준을 바꿔 기술우대 심사기준표상 기술력을 종전 5점에서 40점으로 상향조정함에 따라 ISO인증 취득업체에 그만큼 유리해진다.

6) 경비관련 기업의 인증회사(1994~1999)

대표적인 회사를 보면 (주)에스원, (주)캡스, (주)조은시스템, 신천개발(주) 등 회사가 경쟁적으로 ISO 9000을 인증 획득하였다.

다음은 1994년부터 1999년까지 경비업 및 건물관리, 위생관리회사 ISO 9000 인증획득회사이다.

〈표 4-92〉 ISO9000 인증획득 경비 및 건물관리업 회사 (1994 ~ 1999)

	회사명	전화번호	범위코드	지역명
1	건도기업(주)	062-523-0235	314	광주
2	경원산업관리(주)	02-836-4381	314	서울
3	경인산업개발(주)	032-432-3440 ~ 4	314	인천
4	(유)고산개발	062-525-3799	314	광주
5	(주)관우개발	02-539-6100	314	서울
6	광명종합기업(주)	051-461-0055	314	부산
7	국민서비스(주)	02-3271-4592	314	서울
8	국제흥업(주)	02-3473-5411	314	서울
9	(주)뉴신성	031-486-8581	314	경기
10	(주)달마	02-523-5757	314	서울
11	(주)대교산업	02-783-2774	314	서울
12	대산기업(주)	042-526-9935	314	대전
13	동광개발(주)	062-222-9940	314	광주
14	(유)동양실업	063-831-8100	314	전북
15	명신종합관리(주)	02-2282-2581	314	서울
16	(주)미성산업개발	02-701-7223	314	서울
17	백선기업(주)	042-472-5611	314	대전
18	부산용역(주)	051-413-3000	314	부산
19	(주)삼구개발	02-817-4182	314	서울
20	삼성기업(주)	042-524-6017	314	대전
21	(주)삼익	064-747-2601	314	제주
22	(주)서비스뱅크	031-411-0113	314	경기
23	서진환경(주)	02-583-1480	314	서울
24	선일기업(주)	042-626-3141	314	대전
25	(합)세진	042-581-2650	314	대전
26	(주)순원기업	02-836-8670	314	서울
27	(주)순일기업	02-836-8670	314	서울
28	신천개발(주)	02-732-9676	312	서울
29	(주)신천산업	053-754-7114	314	대구

30	(주)신천엔지니어링	02-2203-3347	314	서울
31	(주)에스원	02-3449-8491	314	서울
32	(주)영보써비스	02-552-4684	314	서울
33	영창흥업(주)	042-626-2600	314	대전
34	(주)우성	051-818-1381	314	부산
35	우지기업(주)	02-737-8822	314	서울
36	원방기업(주)	02-548-2814	314	서울
37	(주)원봉	051-441-1223	314	부산
38	(주)제일기업	051-552-1172	314	부산
39	(주)조은시스템	02-774-7001	314	서울
40	(주)지아산업	02-535-1017	233	경기
41	진양메인티넌스(주)	02-522-3611	314	서울
42	(주)청송안전시스템	031-653-8411	314	경기
43	(주)청원종합관리	031-482-4579	314	경기
44	(주)캡스	02-3407-8021	314	서울
45	(주)태광실업	042-523-2354	314	대전
46	태림전자(주)	031-445-7226	161	경기
47	(주)태성공사	02-871-8545	314	서울
48	(주)한국비이엠	02-586-1500	314	서울
49	한국종합관리(주)	053-427-9898	314	대구
50	(주)한국토탈서비스	02-557-0461	314	서울
51	현대주택관리(주)	062-225-5009	233	광주
52	회산기업(주)	02-753-1291	314	서울

※ 자료 : 한국품질환경인증협회

(주)에스원은 "에스원 이십년사"(2001.03.20. 발행)353 ~ 355쪽에서 "ISO 9001과 9002인증획득"에서 에스원은 품질경쟁력을 확보해 고객에게 보다 나은 시스템 경비서비스를 제공할 수 있게 되었다고 한다.

(주)에스원 이십년사 내용

ISO 9001과 9002 인증획득 – 21세기 경쟁력의 강화

에스원은 1997년 12월 19일 국내 시큐리티 업체로는 처음으로 한국능률협회 인증원(KMA-QA)으로부터 시스템경비 부문에 대하여 국제적 품질경영 인증시스템인 ISO 9002 인증을 획득하였다. 에스원이 획득한 인증은 모든 품질문제를 체계적인 방법으로 해결하기 위하여 기업이 품질과 목표를 정하고 이를 달성하기 위한 품질활동의 과정에 대하여 평가하는 것이었다. 이 인증을 통하여 에스원은 품질경쟁력을 확보하여 고객에게 보다 나은 시스템경비서비스를 제공할 수 있게 되었다.

에스원이 ISO9002 인증 획득을 추진하게 된 것은 품질수준 향상을 통하여 21세기 초일류 시큐리티서비스기업으로 도약하는 발판을 마련하기 위해서였다. 에스원은 인증획득을 위하여 1997년 6월 ISO 9002 인증 추진 세부방안을 수립하고 TF팀을 구성하였다. 7월에는 품질보증 매뉴얼과 규정 및 지침의 품질시스템 문서 작성을 완료하였고, 11월에는 문서심사를 받았다. 이어 12월에는 본심사 및 본심사의 지적사항에 따른 확인심사를 실시하여 12월 19일 한국능률협회 인증원으로부터 ISO 9002 인증을 획득하였다.

에스원은 이어 1998년 10월 21일에 설계감리를 포함한 ISO 9001 인증을 업계 최초로 획득하였다. 이를 위하여 에스원은 1998년 2월 TF팀을 구성하여 3월의 기본교육, 4월부터 6월까지의 사업장 순회교육을 거쳐 5월에는 설계관리부문의 규정과 지침을 확정했으며, 6월에는 품질보증 매뉴얼을 개정하였다. 이어 7월에는 내부품질감사를 받았고, 8월에는 사업장 방문교육을 실시하였으며, 9월에는 1차 사후관리 심사를 받아 시정조치 사항을 해결한 후 인증 확정 심사를 거쳐 10월에 인증을 받았다.

에스원은 ISO 9001 인증 획득으로 시스템 경비분야의 국제표준에 기초하여 경비기기 개발·설치·유지보수·대처운영 등 20가지 업무체계에 대한 품질시스템을 국제적으로 인정받게 되었다. 이 인증 획득으로 에스원은 신규 SOC 사업수주 때 해외 시스템경비 업체와 동등한 입찰자격을 갖추었을 뿐만 아니라 가격과 기술력면에서 경쟁력을 갖게 되었으며, 향후 시큐리티 부문의 수출 길도 열어놓았다.

이와 함께 민간부문의 시큐리티 시장에서도 비교우위를 갖게 되어 대단위 신규분양 아파트 단지에 시큐리티 시스템을 설계·설치할 수 있었다. 특히 시큐리티 기준이 까다로운 주한 외국대사관이나 기업체, 개인에 대한 영업에서도 제품 및 서비스에 대한 품질을 보장할 수 있어 영업력 확대에 많은 도움을 받을 수 있었다.

한국경비산업발전사

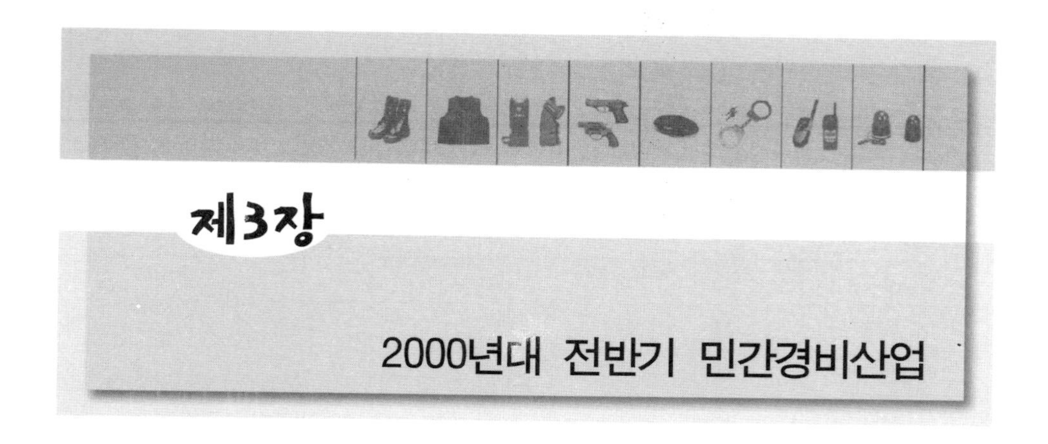

제3장 2000년대 전반기 민간경비산업

제 1 절 2000년대 전반기 사회 · 경제적 배경

1. IMF 경제위기 이후의 한국경제(1999~2003)

한국 경제는 1997년 말 IMF 경제 위기를 겪으면서 한 때 극심한 경기침체, 고실업 등의 어려움을 겪었으나 1999년 들어 비교적 빠르게 회복하였다. 즉 <표 4-93>에서 보는 바와 같이 1998년 고금리, 기업과 금융의 구조조정으로 소비와 투자가 위축되어 경제성장률이 －6.7%를 기록하였고, 현금흐름 개선을 위한 유휴설비 매각과 생산 활동의 위축으로 1998년 중 GDP의 7%인 28조 원에 이르는 재고가 감소함으로써 마이너스 성장률에 가장 크게 기여한 요인이 되었다.

〈표 4-93〉 IMF 경제위기 이후 주요 경제지표의 추이

구 분	1997년	1998년	1999년	2000년	2001년	2002년	2003년
경제성장률(%)	5.0	−6.7	9.5	8.5	3.8	7.0	3.1
민간소비(%)	3.3	−13.4	11.5	8.4	4.9	7.9	−1.4
실업률(%)	2.6	6.8	6.3	4.1	3.8	3.1	3.4
실업자 수(만 명)	55	146	135	91	85	61	78
소비자물가(%)	4.5	7.5	0.8	2.2	4.1	2.7	3.6
생산자물가(%)	3.9	12.2	−2.1	2.0	−0.5	−0.3	2.2
경상수지(억 달러)	−81.7	405.6	250.0	122.5	80.3	53.9	119.5
자본수지(억 달러)	13.2	−32.0	20.4	121.1	−33.9	62.5	139.1
상품수출(억 달러)	1,387.3	1,322.5	1,453.6	1,762.2	1,514.8	1,634.2	1,972.9
외환보유(억 달러)	88.7	485.1	740.5	961.9	1,028.2	1,214.1	1,553.5

※ 자료 : 통계청

그러나 1999년 이후 민간소비의 확대와 수출의 호조로 경기가 빠른 속도로 회복되었는데, 1999~2000년 세계경제가 아시아 외환위기 등 침체에서 벗어나 4%의 성장률을 기록하는 호황을 지속함에 따라 상품수출도 크게 증가하였다. 이에 따라 경제성장률도 회복되어 1998년 마이너스 성장에서 1999년에는 9.5%의 성장률을 기록하였다. 이후 경제성장률은 완전한 회복을 보여 2000년에는 8.5%, 2002년에는 7.0%로 성장하였으나, 성장잠재력의 저하와 기업의 투자의욕 감소 등으로 2003년에는 3.1%에 그쳤다.

이러한 경기회복에 따라 1인당 국민소득도 1997년 수준에 근접하여 2000년 1인당 국민소득은 9,914달러로 97년(10,307달러)의 수준에 근접하였다. 그러나 실업률은 외환위기 이전에 비해 높은 수준을 유지하고 있었는데, 1998년 실업자가 100만 명을 돌파하여 실업률이 6.8%로 상승하였다. 경기침체로 인해 구직 자체를 포기하는 사례가 늘어나 경제 활동인구가 감소하고 경제활동참가율(15세 이상의 경제활동인구 참가율)이 하락하는 기현상이 발생한 것이다. 그러나 1999년에는 경기상승과 함께 실업률도 점차 하락하여 2000년에는 4.1%, 2001년에는 3.8%, 2002년에는 3.1%로 실업률이 저하되었으나, 이른바 '청년실업'의 증가와 중년 근로자들의 명예퇴직, 구조

조정 등으로 2003년에는 실업률이 다시 3.4%로 증가하였다.

또한 경제가 외환위기의 충격에서 벗어나 안정을 되찾으면서 물가는 1990년대 이후 가장 낮은 상승세를 보였다. 즉 1998년 외환위기로 인한 공급능력의 축소와 환율의 급격한 평가절하로 소비자물가가 7.5% 상승하였으나 1999년 들어와서는 0.8% 상승에 그쳤다. 이는 외환위기 이전에 비해서도 낮은 수준이며, 당시 국제유가 상승 등 비용 측면의 물가압력에도 불구하고 안정적인 움직임을 유지하는 수치였다. 특히 1999년에는 10%가 넘은 고성장에도 불구하고 물가상승률이 낮은 이례적인 현상이 지속되었다. 그러나 2000년에는 소비자물가가 2.2%, 2001년에는 4.1%로 상승한데다가, 2002년에는 2.7%, 2003년에는 3.6%의 상승률을 보임으로써 일부에서는 디플레이션을 우려하는 목소리까지 나타나기도 했다.

외환유동성은 1999년 들어 크게 개선되었다. 즉 1998년 수입급감으로 경상수지는 1997년의 82억 달러 적자에서 406억 달러 흑자로 전환되었고, 1999년에도 정보통신·자동차 등의 수출호조로 경상수지 흑자기조가 계속 유지되었다. 그러나 2000년에는 경상수지 흑자규모가 122억 달러로 감소하였으며, 2001년에는 80억 달러, 2002년에는 53억 달러로 계속 감소하였으나 2003년에는 내수침체에도 불구하고 반도체·철강·자동차·조선 등의 수출에 힘입어 흑자규모가 119억 달러에 달했다. 이러한 경상수지 흑자와 자본유입으로 외환유동성이 크게 개선됨으로써 외환보유고가 1997년 12월의 39억 달러, 2001년에는 1,208억 달러, 2002년에는 1,214억 달러, 2003년에는 1,553억 달러에 달함으로써 2003년 말 현재 일본·중국·타이완에 이어 세계4위의 외환보유국이 되었다.

한편 IMF 경제위기 이후 고용구조와 변화가 소득구조의 변화를 살펴보면 <표 4-94>와 같다. 이 표에서 보듯이 외환위기 이후 임금근로자 중 상용직은 계속 감소하였으나 임시직·일용직은 꾸준히 증가하였다. 즉 상용직은 1997년 715만 명에서 1998년 645만 명으로 1999년에는 605만 명으로 감소하였으나 2000년에는 639만 명, 2001년에는 671만 명, 2002년 686만 명, 2003년에는 726만 명으로 소폭 상승하였다. 그럼에도 불구하고 임시직은

1997년 418만 명에서 1998년 400만 명으로 소폭 감소하였으나 2001년부터 다시 증가하기 시작하여 472만 명, 2002년 488만 명을 기록하더니 급기야 2003년 500만 명을 넘어섰다. 일용직의 경우에도 1997년 189만 명에서 1999년 229만 명, 2000년에는 235만 명, 2001년에는 222만 명, 2002년에는 243만 명으로 증가하였다. 이는 외환위기 이후 근로자들의 고용구조가 매우 불안정해졌음을 반영하는 것이다.

〈표 4-94〉 IMF 경제위기 이후 고용 및 소득구조의 변화

구 분		1997년	1998년	1999년	2000년	2001년	2002년	2003년
지위별 취업자 추이 (명)	상용근로자	7,151,000	6,457,000	6,050,000	6,395,000	6,714,000	6,862,000	7,269,000
	임시근로자	4,182,000	3,998,000	4,183,000	4,068,000	4,726,000	4,886,000	5,004,000
	일용근로자	1,892,000	1,730,000	2,289,000	2,357,000	2,218,000	2,433,000	2,130,000
교육 정도별 실업률 (%)	전 체	2.6	6.8	6.3	4.1	3.8	3.1	3.4
	중졸 이하	1.5	5.8	5.2	3.3	2.9	2.1	2.0
	고 졸	3.3	8.2	7.6	4.8	4.3	3.5	4.1
	대졸 이상	3.0	5.7	5.3	4.0	3.8	3.5	3.5

※ 자료 : 통계청

2. 한국 경제의 성장과 변화

1) 산업구조의 변화

우리나라의 산업구조는 1960년대 이후 다양한 형태의 공업화전략에 근거한 정부주도하의 지속적인 경제개발계획과 산업정책의 추진으로 농림·어업중심의 산업구조에서 제조업과 서비스업 중심의 산업구조로 고도화되어 왔다.

< 표 4-95 > 를 보면 1970년의 경우 국내총생산에서 농림·어업의 비중이 31.3%였다. 이는 전형적인 저개발국과 같은 농업중심 구조였으나, 2002년에는 그 비중이 5.0%로 급격히 감소하였다. 반면에 제조업의 경우 1970년

에 14.7%에 불과했으나, 2002년에는 36.0%로 두 배 이상 증가하였다. 그 외에 광업의 경우는 2002년에 1970년의 2.2%에서 0.3%로 감소하였고, 또한 건설업 그리고 도소매 및 음식숙박업도 그 비중이 감소하여 2002년에 각각 8.2%와 13.0%였다. 반면에 전기가스 및 수도 사업, 운수창고 및 통신업, 금융·보험·부동산사업 서비스 그리고 사회 및 개인 서비스의 비중은 증가하여 2002년에 각각 3.0%, 10.0%, 19.4%와 5.0%를 점하였다.

〈표 4-95〉 한국의 경제활동별 총생산의 추이(%)

	1970	1975	1980	1985	1990	1995	2000	2002
농림·어업	31.3	25.4	15.7	14	8.7	6.8	5.7	5.0
광업	2.2	2.1	1.7	1.1	0.7	0.5	0.3	0.3
제조업	14.7	21.6	27.5	29.2	31.8	32.2	36.7	36.0
전기가스 및 수도 사업	0.5	0.8	1.2	1.7	2.1	2.3	2.8	3.0
건설업	10.2	9.5	12.1	11.6	12.9	12.4	8.3	8.2
도소매 및 음식숙박업	15.7	16.8	14.1	14.0	14.4	13.7	13.2	13.0
운수창고 및 통신업	5.4	6.1	8.1	7.4	7.1	7.2	9.4	10.0
금융·보험·부동산사업서비스	16.4	14.4	16.0	16.3	17.6	19.8	18.9	19.4
사회 및 개인서비스	3.7	3.4	3.6	4.8	4.7	5.0	4.7	5.0
산업(GDP)	100	100	100	100	100	100	100	100

※ 자료 : 통계청

2) 노동시장의 변화

한국의 노동시장은 장기불황과 고용창출이 매우 저조한 경제성장으로 여전히 높은 실업률을 기록하고 있다. 또한 고학력화 된 노동력은 제한된 산업에의 노동공급으로 3D업종에는 인력의 공급부족을 겪고 있다. 1997년 외환위기 이후 확대되고 있는 비정규직근로자의 문제와 매년 반복적으로 발생하는 노사분규로 노동 시장적 상황은 어려움이 더해 가고 있다. 따라서 한국의 노동시장은 기존 취업자와 실업자 간의 갈등, 정규직과 비정규직 간의 임금 격차와 고용의 안정성차이, 성장의 원동력이 되고 있는 대기업과 위기의 중소기업근로자 간의 임금격차 등 많은 경제·사회적 문제를 해결해야 할 과제로 안고 있다.

평균수명의 연장과 저출산율은 노동력을 고령화시키고 있으며, 고령화된 노동력은 장기불황과 연공서열형 고임금으로 조기퇴직 혹은 명예퇴직을 강요당하고 있다. 이는 사회안전망이 완전치 못한 현실에서 많은 사회적 문제를 야기시키고 있다. 정부는 이러한 문제를 원활하게 해결하기 위하여 고용보험·산재보험·국민보험·의료보험 등 국민 4대 보험의 확대적용을 꾸준히 추진하고 있다.

〈표 4-96〉 2008년 노동시장비전

○ 경제활동참가율

구분	2002	2008	비 고
□ 경제활동 참가율	61.9%	65.0%	
• 여성경제활동 참가율	49.7%	56.0%	
• 고령자경제활동 참가율	45.9%	60.0%	고령자 : 55세 이상

○ 직업능력개발

구 분	2002	2008	비 고
□ 재직자훈련인원	180만 명	300만 명	
• 재직자훈련참여율	25.1%	30.0%	
• 중소기업훈련참여율	6.2%	10.0%	피보험자 : 7,171천 명(2002)
□ 국가기술자격 취득자	2,262만 명	2,842만 명	중소기업훈련인원 : 291천 명

○ 사회안전망

구분	2002	2008	비 고
□ 고용보험피보험자 수	717만 명	1,000만 명	
• 고용보험적용률	74.2%	80.1%	
• 실업급여수혜율	18.5%	30.0%	미국 : 37% (2000) 일본 : 38% (1998)

※ 자료 : 통계청

3) 외자유치정책 변화

외국인투자는 성격상 크게 차관도입방식 · 직접투자 · 포트폴리오투자 등 3가지로 분류할 수 있다. 차관은 국제기구나 외국금융기관 등에서 돈을 빌려 온 후 일정기간이 지나면 원리금을 상환하는 해외차입방식이며, 포트폴리오 또는 간접투자는 기업경영에는 참여하지 않고 배당수익 · 이자수익 등을 바라고 투자하는 것을 의미한다. 직접투자는 자본 · 기술 등의 유기적인 이동을 통해 추자하는 업체가 직접 생산과 경영에 참여하는 것을 의미한다.

한국은 경제초기 부흥시기인 지난 1960년대에는 경제개발에 필요한 자본을 외국인직접투자 방식이 아닌 정부가 필요한 자본을 국제기구나 금융기관에서 빌려 오는 차관형태의 자본조달양식에 주로 의존하였다. 당시는 외국인직접투자를 국내 산업에 대한 외국기업의 지배력확대로 보는 시각이 압도적이었고, 정부가 차관형태를 취할 경우 국내유입외자의 흐름을 통제하기 쉬웠기 때문이다. 즉 실질적인 투자는 상업차관 및 국제부흥개발은행(International Bank for Reconstruction and Development : IBRD) 등 공공차관에 의존하는 성장전략을 택한 셈이다. 그러나 1980년대 들어 개발도상국의 외채위기가 불거지자 차관 대신 외국인직접투자를 늘리는 방향으로 투자유치정책을 바꾸었으며, 1990년대 들어 직접투자자유화를 대폭 신장시켰다. 1996년 12월 OECD 가입 후에는 흡수합병(M&A) 방식의 직접투자를 허용할 정도로 직접투자자유화 수준을 끌어올리기도 했다.

한국의 외국인직접투자유치 관련정책은 일반적으로 투자제한단계(1962~1983년) · 기반조성단계(1984~1989년) · 자유화단계(1990~1997년) · 유치촉진단계(1998~현재)등 4단계로 나누어 볼 수 있다.

〈표 4-97〉 연도별 투자현황 (단위 : 건, 백만 불, %)

구 분	1998	1999	2000	2001	2002	2003	2004 (1/4분기)	누계(1962~2004.03)
금 액 (증가율)	8,853 (27.0)	15,542 (75.6)	15,217 (△2.1)	11,292 (△25.8)	9,101 (△19.4)	6,467 (△28.9)	3,049 (175.2)	94,166 –
건 수 (증가율)	1,401 (32.8)	2,104 (50.2)	4,410 (96.8)	3,340 (△19.3)	2,402 (△28.1)	2,561 (△6.6)	651 (17.5)	26,890 –

투자제한단계에서 정부는 외국인기업의 지배를 우려한 나머지 경제개발 전반에 필요한 재원을 차관에 주로 의존하였으며, 기술도입도 외국인투자보다는 라이선스계약·기술자파견 등에 의존하였다. 그러나 1970년대 들어 수출산업분야에서는 생산량전량수출을 조건으로 단독투자를 허용하는 것을 골자로 하는 수출자유지역을 설치하기도 했다.

기반조성단계는 1980년대 초반 제2차 석유파동 등에 따른 국제금융시잘 불안으로 차관도입이 어려움에 직면하면서 정부가 상환부담이 없는 외국인 직접투자유치를 위한 기반을 다진 시기다. 정부는 1984년 7월에는 외국인투자개방 방식을 기존의 허용업종열거 방식(Positive System)에서 금지·제한업종 열거방식(Negative System)으로 바꾸었다. 외국인투자비율 상한선도 일률적인 50%에서 업종별로 차등을 두었다.

자유화단계에서 정부는 세계무역기구(WTO) 체제출범 등 국제무역환경 변화에 맞춰 국내 산업이 국제경쟁력을 갖출 수 잇도록 외국인투자규범을 국제화했다. 즉 1991년 외국인투자신고제를 도입했으며, 1993년에는 외국인투자개방 5개년 계획을 수립하고 투자업종자유화를 추진했다. 1995년에는 외국인투자기업의 공장설립관련 민원을 각 시·도 외국인투자심의위원회에서 일괄심의하여 45일 이내에 처리토록 하는 '복합민원일괄 합동심의제' 등을 도입하기도 했다. 우리나라가 OECD에 가입하고 난 다음 해인 1997년에는 우호적 인수합병(M&A)형 직접투자를 부분적으로 허용했다.

3. 2000년대 전반기 사회적 배경과 범죄 경향

2000년대에 들어서면서 우리 사회는 IMF로 인한 경제적 어려움과 생계형 범죄로 인한 사회 불안이 어느 정도 회복되어가는 시기였다. 정부에서는 경기회복과 국제사회에서의 신용회복을 위해 총력을 기울였고, 효율성 위주의 정부와 기업의 구조조정이 추진되면서 실업율이 감소하는 등 경기회복이 보이기 시작한 것이다. 실업율의 감소는 강·절도범죄의 감소로 이어졌다.

그러나 2001년 발생한 9.11테러[11]로 인하여 전세계는 테러의 공포에 휩

싸이게 되었으며, 우리나라도 테러로부터 안전한 국가가 아니라는 주장이 제기되었다. 2002년 대외적으로 이라크 사태와 그에 따른 지구촌 테러공포, 고유가로 인한 세계경제의 불황, 사스(SARS) 파동, 2005년 영국 런던 지하철 폭탄테러, 프랑스 파리 방화시위, 허리케인 카트리나 미국 뉴올리언스 강타로 인한 피해 등 크고 작은 사건 사고가 발생하여 전세계적 치안불안 요인으로 작용하였다.

국내적으로는 2002년 월드컵 축구대회, 지방자치단체선거, 아시안게임, 대통령선거 등 대형 국가적 행사가 줄을 이었다. 2003년에는 건설노조 파업, 부안 핵폐기장 건설 반대로 인한 민원, 미군장갑차에 의한 여중생 사망사건으로 촉발된 반미시위, 대구지하철 참사사건, 태풍 '매미'로 인한 피해 등 사회적 갈등과 대형사건 사고가 발생하였다. 2004년에는 행정수도 이전, 국가보안법 폐지 문제 등 정치적·사회적으로 혼란한 시기였다. 2005년에는 황우석 박사 논문조작 사건, 중국산 김치파동, 불법도청 X파일 폭로, 연천 최전방 GP 총기난사사건, 동해 총기피탈사건, 익산 귀금속상가 절도사건, 전주교도소 탈옥사건 등 크고 작은 사건이 발생하였다.

2000년대 전반기 범죄발생 경향 가운데 특기 할 만한 점은 1999년 이후 감소세에 접어들던 사기·횡령·배임 등 경제사범이 다시 증가하고, 사이버범죄가 증가하고 있다는 것이다. 사이버공간에서의 범죄에 대해 법적인 강한 규제가 더욱 절실해 보인다. 다행히 전체 범죄 발생의 감소와 특히 폭력범죄의 발생이 크게 감소한 것은 월드컵행사의 성공적 개최로 국민통합

---

11) 2001년 9월 11일 오전 미국 뉴욕의 110층 쌍둥이빌딩 세계무역센터, 워싱턴의 미 국방부·국무부 등 미국 경제·정치 심장부가 피랍항공기 또는 폭탄 실은 차량에 의해 동시다발적 테러공격을 받은 사건. 미국 건국 이래 본토가 공격받기는 처음 있는 일로서 1만명 이상이 사상당한 대참사였다. 최첨단장비와 정보망을 갖추고 MD(미사일방어)구축 등 우주방어까지 공언한 미국이었지만 테러공격에 허점을 드러낸 것이다.
사건직후 미국정부와 언론은 사우디아라비아 출신 테러리스트 오사마 빈 라덴을 배후로 지목, 그의 은신처로 알려진 아프가니스탄 공격을 주장했다. 이틀 뒤 G. 부시 미국 대통령은 자살비행 테러는 <전쟁행위>로서 무력보복에 나설 것임을 선언했다.
미국의 아랍권과의 전면전 가능성이 대두한 가운데 한편에서는 미국의 강경 외교정책이 부른 산물이라는 주장이 제기되었다. 요구조건도 없고 내가 공격했다고 나서는 사람도 없으나 피해규모는 전쟁수준인 이 테러참사는 뉴테러리즘의 전형이라고 규정되었으며 공포와 우려를 낳았다.

과 시민정신의 성숙이 큰 요인이 되었다고 분석 할 수 있으며, 금융기관 현금강취사건 등 국민들의 불안을 가중시키는 대형 강력범죄가 줄어들지 않아 체감치안은 크게 호전된 것으로 보이지 않는다.

그리고 장기간의 경기침체, 청년실업률 증가, 신용불량자 양산 등으로 인하여 사기, 횡령, 배임 등 소위 경제범죄와 이혼율 급증, 가출 청소년 증가 등 가족 공동체 해체로 인한 절도, 강도 등 생계형 범죄가 매년 크게 증가하였다.

또한 컴퓨터 이용이 상용화됨에 따라 사이버 공간에서 일반범죄는 물론 해킹, 바이러스 유포와 같은 사이버 범죄도 지속적으로 증가하고 있다.

제 2 절 민생치안과 경찰의 활동

경찰청은 1995년도부터 「경찰백서」를 매년 발간하고 있다. 경찰의 주요 활동상을 공개하는 경찰백서는 국민과 경찰이 한결 가까워지게 하는 매개체 역할을 하고 있다. 본 절의 내용은 2000년부터 2006년까지의「경찰백서」 내용을 중심으로 정리하였다.

1. 범죄없는 사회를 위한 경찰활동

1999년도는 국민과 정부가 혼연일체가 되어 노력한 결과 1997년 후반의 국제 통화기금(IMF)구제금융조치 영향에서 다소 벗어나 경기회복기에 접어들었다. 정부와 기업의 지속적인 구조조정 추진에 따라, 초기 증가하던 실업률이 경기회복으로 점차 감소하였으며, 범죄예방과 검거에 총력을 기울인 결과 국민체감치안에 영향이 큰 강 · 절도범죄 발생이 전년도 보다 감소하였다. 또한 기업경제가 활기를 되찾게 되면서, 어음 · 수표 부도율이 감소하였으며, 아파트비리 · 유사금융업 등 경제관련 기획수사 활동에 전력을 기울인 결과 경제범죄가 대폭 줄어들었다.

다만, 인터넷 등 컴퓨터통신망의 발달에 따라 해킹 등 첨단 사이버범죄가 대폭 증가하였으며, 향후에도 지속적 증가세를 나타낼 것으로 예상되어 이에 대한 범정부적인 노력과 사이버수사역량 강화가 절대적으로 필요하다. 이에 경찰은 수사인력 전문화, 과학수사체제 확립, 인권을 존중하는 수사제도 정착, 수사여건의 선진화, 확고한 공조수사체제를 지식과 정보혁명 시대의 범죄정책 방향으로 설정하여 지속적으로 추진할 예정이다.

총범죄의 발생은 매년 계속적인 증가추세를 보이고 있는 가운데 1999년에는 지난해 1,712,233건보다 3.4%감소한 1,654,064건이 발생하였으며 인구 10만명당 범죄 발생건수는 지난해 3,688건보다 4.5%감소한 3,530건으로 나타났다. 범죄검거율은 총발생 범죄의 95.2%인 1,574,902건을 검거하여 지난해 범죄검거율 92.3%보다 2.9%증가하였다. 이는 경기회복에 따른 고소・고발사건의 감소와 수사민원상담제의 실시로 민사 고소사건이 형사사건화되는 것을 차단한 노력이 결실을 보게 되었고, 범죄예방과 검거활동을 강화한 때문인 것으로 판단된다.

2001년도는 우리나라가 1997년 12월 이후 IMF로부터 빌린 195억 달러를 모두 갚아 IMF 체제에서 경제적 안정을 되찾아 가고, 2000년 6월 12일 대통령의 평양방문이후 민족의 진운을 건 노력으로 남북관계 개선에 노력한 시기이나 9.11 미 테러사태이후 아프칸 전쟁발발 등 급변하는 국제정세로 인하여 남북관계 개선에는 다소 어려움이 있었던 한 해였다.

범죄발생 측면에서는 총범죄 및 특별법범 발생현황 분석으로 볼 때, 4월중 범죄가 가장 많이 발생한 것으로 나타났는데, 이는 미국・일본 등 선진국 경제가 침체하기 시작하면서 2/4분기 우리경제 성장률이 2%대로 추락하는 등 향후 경기회복에 대한 전망이 불투명해 제2의 IMF라는 위기의식으로 불안했던 사회분위기를 여실히 보여주고 있다.

특기할만한 점은 1999년 이후 감소세에 접어들던 사기・횡령・배임 등 경제사범이 다시 증가하고, 사이버범죄가 전년에 비해 무려 13.6배나 증가하였다는 것이다.

경찰에서는 급변하는 치안환경에 적극 대처하는 한편 지식 정보화 시대에 걸맞는 범죄대응능력을 향상시키고자 수사인력 및 수사시스템을 전문화 · 과학화 하고, 인권 · 국민편익을 최우선으로 하는 수사행정 구현에 힘쓰는 등 공권력의 위상정립을 위해 혼신의 노력을 기울여 왔다.

총범죄 발생 현황을 보면 과거에는 검거율 등 실적위주의 통계관리로 인하여 다수의 경미한 절도사건 발생이 누락되는 등 정확한 통계가 산출되지 않았으나, 2000년을 「범죄통계원년」으로 선포, 범죄의 경중을 불문하고 모든 범죄를 정확하게 입력함으로써 통계의 신뢰성과 활용도를 극대화하였다. 그 결과 총범죄의 경우 1999년 1,654,064건보다 5.2% 증가한 1,739,558건이 발생하였으며, 인구 10만명당 범죄발생건수는 3,626건으로 1999년 3,530건 보다 2.7% 증가한 것으로 나타났다.

또한 총발생 범죄의 88.7%인 1,543,219건을 검거하여 1999년 검거율 95.2%보다 6.5% 감소한 것으로 나타났다. 이는 범죄통계 현실화 추진에 따라 불가피하게 절도 등 발생 범죄가 크게 증가한 것이 주원인으로 분석된다.

2001년도는 우리나라가 1997년 12월 이후 IMF로부터 빌린 195억 달러를 모두 갚아 IMF 체제에서 경제적 안정을 되찾아 가기 시작했다. 2000년 6월 12일 김대중 대통령의 평양방문 이후 민족의 진운을 건 노력으로 남북관계 개선에 노력한 시기이나 9.11 미 테러사태 이후 아프칸 전쟁발발 등 급변하는 국제정세로 인하여 남북관계 개선에는 다소 어려움이 있었던 한 해였다.

범죄발생 측면에서는 총범죄 및 특별법범 발생현황 분석으로 볼 때, 4월중 범죄가 가장 많이 발생한 것으로 나타났다. 이는 미국 · 일본 등 선진국 경제가 침체하기 시작하면서 2/4분기 우리경제 성장률이 2%대로 추락하는 등 향후 경기회복에 대한 전망이 불투명해 제2의 IMF라는 위기의식으로 불안했던 사회분위기를 여실히 보여주고 있다. 특기할 만한 점은 1999년 이후 감소세에 접어들던 사기 · 횡령 · 배임 등 경제사범이 다시 증가하고, 사이버범죄가 전년에 비해 무려 13.6배나 증가하였다는 것이다.

경찰에서는 급변하는 치안환경에 적극 대처하는 한편 지식 정보화 시대에 걸맞는 범죄대응능력을 향상시키고자 수사인력 및 수사시스템을 전문화 · 과학화하고, 인권 · 국민편익을 최우선으로 하는 수사행정 구현에 힘쓰는 등 공권력의 위상정립을 위해 혼신의 노력을 기울여 왔다.

총범죄는 2000년의 1,739,558건보다 7.0% 증가한 1,860,687건이 발생하였다. 인구 10만명당 범죄발생건수는 3,930건으로 2000년의 3,626건 보다 8.4% 증가한 것으로 나타났다. 또한 총발생 범죄의 88.3%인 1,642,118건을 검거하여 2000년 검거율 88.7%보다 0.4% 감소하였는데 이는 범죄통계현실화추진에 따라 불가피하게 절도 등 범죄가 크게 증가한 것이 주원인으로 분석된다.

2002년도는 대외적으로 이라크사태에 따른 유가인상과 북한 핵문제 등으로 인한 국제정세가 불안하였다. 대내적으로는 지방자치단체선거, 월드컵 축구대회, 아시안게임, 대통령선거 등 국가 4대 행사로 인해 어느 해보다도 치안수요가 많은 한 해였다.

범죄발생 측면에서는 총범죄 및 특별법범 발생현황 분석으로 볼 때, 5월 중 범죄가 가장 많이 발생한 것으로 나타났는데, 이는 전 세계적으로 경기불황의 여파와 함께 해외여행의 급증, 소비심리의 영향으로 분석되었다. 특기할 만한 점은 감소추세를 보이던 사기범죄가 다시 증가하고, 사이버범죄가 전년에 비해 무려 80%나 증가한 것을 보면 사이버공간에서의 범죄에 대해 법적인 강한 규제가 더욱 절실해 보인다.

다행히 전체 범죄 발생의 감소와 특히 폭력범죄의 발생이 크게 감소한 것은 월드컵행사의 성공적 개최로 국민통합과 시민정신의 성숙이 큰 요인이 되었다고 분석할 수 있다. 금융기관 현금강취사건 등 국민들의 불안을 가중시키는 대형 강력범죄가 줄어들지 않아 체감치안은 크게 호전된 것으로 보이지 않는다.

경찰에서는 점차 첨단화·광역화되어 가고 있는 범죄에 적극 대응하기 위하여 수사종합정보 시스템 구축 등을 통한 수사역량을 강화하고 수사인력을 전문화하였다. 또한 경찰은 인권보호 및 국민편익을 최우선으로 하는 수사행정 구현에 노력하고 향후 지식정보화 시대에 걸맞게 사건수사의 과학화에 더욱 매진해야 할 것이다.

총범죄의 경우 2001년 1,860,687건보다 1.5% 감소한 1,833,271건이 발생하였다. 인구 10만명당 범죄발생건수는 3,848건으로 2001년 3,930건보다 2.1% 감소한 것으로 나타났다.

또한 총발생 범죄의 92.4%인 1,694,342건을 검거하여 2001년 검거율 88.3%보다 4.1% 증가하였다. 이는 전체적으로 형법범 관련 범죄발생이 감소하였으며, 그중 폭력범죄 발생이 크게 감소하고 절도범죄 검거가 늘어난 것이 주원인으로 분석된다.

2003년도는 그 어느 해보다 치안수요가 많았던 한 해였다.

대외적으로는 미국・이라크간의 전쟁과 그에 따른 지구촌 테러공포, 반미・반전 시위확산 및 사스(SARS) 파동 등으로 인하여 국제정세가 1년 내내 불안하였다. 대내적으로는 건설노조 파업・부안 핵폐기장 건설 반대 등 참여정부 출범에 이은 집단민원 분출, 미군장갑차에 의한 여중생 사망사건으로 촉발된 반미시위에 대비한 미군시설 경비, 대구지하철 참사사건 발생, 태풍 제14호 '매미'의 자연재해로 인한 피해 발생 등 사회적 갈등 및 대형 사건・사고로 인하여 경찰의 활동과 역할이 중요시되었다.

범죄발생 현황을 분석해 볼 때 장기간의 경기침체, 청년실업률 증가, 신용불량자 양산 등으로 인하여 사기, 횡령, 배임 등 소위 경제범죄와 이혼율 급증, 가출 청소년 증가 등 가족 공동체 해체로 인한 절도, 강도 등 생계형 범죄가 지난해에 비해 크게 증가하였다. 또한 컴퓨터 이용이 상용화됨에 따라 사이버 공간에서 일반범죄는 물론 해킹, 바이러스 유포와 같은 사이버 범죄도 지속적으로 증가하고 있다.

경찰은 앞으로 사회현상의 변화에 따라 점차 지능화, 국제화, 흉포화되어 가는 범죄현상 및 새로운 유형의 범죄에 효율적으로 대응하기 위하여 첨단과학수사장비를 보강하고 범죄현상 분석을 체계화하는 등 수사기법 개발에 진력하였다. 또한 점차 기대수치가 높아가는 치안 소비자인 국민의 의식수준에 부응하기 위하여 인권보호, 수사절차의 투명성・공정성 확보 등 수사행정의 개선에도 최선을 다하여야 할 것이다.

총 범죄발생 건수는 1,894,762건으로 인구 10만명당 3,954건이며, 이는 2002년 범죄발생 건수 1,833,271건에 비해 약 3.4%가 증가한 것이다. 범죄유형별로는 사기・횡령・배임・절도・강도 등의 형법범이 전년도 대비 9.6% 증가하였다.

범죄 검거건수는 1,679,249건이며, 검거율은 88.6%로 2002년 검거율 92.4%보다 약 3.8% 감소하였다.

2004년도는 대외적으로 이라크전쟁 이후 지속된 테러공포와 고유가로 인한 세계경제의 장기불황 등이 불안요인으로 작용하였다. 국내적으로는 행정수도 이전, 국가보안법 폐지문제 등 정치적 · 사회적으로 혼란스러운 한 해였다.

경찰은 제17대 국회의원 선거의 엄정하고 중립적인 관리, 성매매사범 단속, 수능부정 수사 등 사회구조적인 부패 척결을 위해 적극적으로 노력함으로써 건전한 사회풍토 조성에 최선을 다하였다.

범죄발생 측면에서 보면 강력범죄는 6.2%, 폭력범죄는 2.9% 각각 감소한 반면, 인터넷 이용인구 증가 등으로 사이버범죄가 증가하고, 서민경제 침체로 인한 민생경제 침해범죄가 증가하여 전체 범죄발생은 전년에 비해 3.9% 증가하였다.

경찰은 사회적 · 경제적 환경 변화에 따른 다양한 범죄에 보다 적극적으로 대응하기 위하여 한발 앞선 수사기법을 개발 · 적용하고, 수사경찰의 전문화 및 과학수사 역량을 강화하는 한편, 수요자중심 · 인권중심의 치안서비스 제공을 위하여 인권보호 종합관리시스템의 구축과 수사절차의 공정성 · 투명성 등을 확립하기 위하여 노력할 것이다.

총 범죄발생 건수는 1,968,183건으로 인구 10만 명당 4,083건이며, 이는 2003년 범죄발생 건수 1,894,762건에 비해 3.9%가 증가한 것이다. 범죄유형별로는 사기 · 횡령 · 배임 등이 다소 증가하고 특별법범은 전년도 대비 9.1% 증가하였다. 범죄 검거건수는 1,761,590건이며, 검거율은 89.5%로 2003년 검거율 88.6%보다 0.9% 증가하였다.

2005년도는 대외적으로 영국 런던 지하철 폭탄테러, 프랑스 파리 방화시위, 허리케인 카트리나 미국 뉴올리언스 강타 등 사건사고 발생이 전 세계적 치안불안요인으로 작용하였고, 대내적으로는 황우석 논문조작, 중국산 김치파동, 불법도청 X파일 폭로, 연천 최전방 GP 총기난사 사건 등 크고 작은 사건이 발생하였으며, 특히 한-칠레 자유무역협정(FTA)체결 등으로 인한 농민의 반발이 과격시위로 변질됨에 따라 농민이 사망하는 등 새로운 집회·시위문화 정착에 대한 사회적 필요성이 강하게 요구되는 한 해였다.

하지만 경찰은 동해 총기피탈사건, 익산 귀금속상가 절도사건, 전주교도소 탈옥 사건 등을 신속히 처리하는 등 국민의 공복이라는 흔들림 없는 자세로 민생치안의 절대 안정을 위하여 최선을 다한 한해이기도 했다.

범죄발생 측면에서 보면 강력범죄는 0.9%, 폭력범죄는 0.4% 각각 감소하는 등 매년 증가하던 전체 범죄발생이 전년 대비 11.9% 감소하였으며 그 중 형법범이 1.5%, 특별법범이 19.1% 각각 감소하였고, 특히 교통관련 특별법이 19.9% 감소하였는데, 이는 8·15특별사면에 따른 다수 운전자의 면허회복과 대리운전 등의 활성화에 기인한 것으로 분석된다.

수사경찰은 날로 변화하는 사회환경과 지능화·광역화 되고 있는 범죄경향에 대한 선제적 대응 체제 마련을 위하여 수사경찰의 전문수사역량 강화 및 책임수사 체제를 구축하는 한편, 신속하고 공정한 사건처리로 수요자중심의 고품격 수사서비스를 제공할 수 있도록 최선의 노력을 다해 왔다.

총 범죄발생은 1,733,122건으로 인구 10만명당 3,589건이며, 이는 2004년 범죄발생 건수 1,968,183건에 비해 11.9%가 감소한 것이다. 범죄유형별로는 절도를 제외한 나머지 형법범은 소폭 감소하였고, 특히 특별법범은 전년도 대비 19.1% 감소하였다.

범죄 검거는 1,512,247건이며, 검거율은 87.3%로 2004년 검거율 89.5%보다 2.2% 감소하였다.

〈표 4-98〉 연도별 총 범죄 발생 및 검거현황 (단위 : 건)

구 분	1996	1997	1998	1999	2000	2001	2002	2003	2004	2005
발 생	1,419,811	1,536,652	1,712,233	1,654,064	1,739,558	1,860,687	1,833,271	1,894,762	1,968,183	1,733,122
검 거	1,287,260	1,398,384	1,579,728	1,574,902	1,543,219	1,672,118	1,694,342	1,679,249	1,761,590	1,512,247

※ 자료 : 경찰청, 『경찰백서』, 2005년, 2006년.

2. 생활안전을 위한 지역사회 경찰활동

1) 시민경찰학교 운영

경찰에서는 지역주민에게 경찰업무를 이해하고 직접 체험할 수 있는 기회를 제공하여 주민 협력치안의 기반을 조성하기 위하여 「시민경찰학교」를 운영하였다. 시민경찰학교는 미국에서 일반화되어 있는 지역사회 경찰활동(Community Policing) 프로그램으로서 경찰관들의 생생한 현장경험을 토대로 한 경찰활동 강의 및 경찰관과 함께 지역범죄 예방에 관하여 토의하고 순찰지구대, 112신고센터 등 견학과 각종 경찰 단속현장을 직접 체험할 수 있는 기회를 제공한다.

2) 지역주민 경찰활동 체험

경찰에서는 지역사회 주민들의 치안활동 참여방안의 일환으로 「주민 지구대 현장체험」을 실시하였다.

특히, 방학기간 동안 중·고등학생들이 내신 성적 반영을 위하여 실시하고 있는 경찰관서 봉사활동을 청소·서류정리 등 노력봉사 일변도에서 탈피하여 지구대 현장체험과 병행 실시함으로써 경찰에 대한 이해증진 및 준법·질서의식을 함양하였다.

「주민 지구대 현장체험」은 지구대장이 관내 치안, 대민자세 등에 대해 브리핑을 실시한 후 소내근무 2시간, 도보순찰 1시간, 112순찰 1시간 등 총 4시간 동안 지구대 직원과 합동으로 이뤄진다. 2004년 1월부터 12워까지 시민 36,129명이 참여하였다.

시민경찰학교 교육과정 10주 중 1주는 「협력방범 현장체험」이라 하여 민간경비와 관련된 과목을 포함하고 있는데 시간은 총 6교시이고 민간경비업법(강사 : 생활안전 계장) 강의와, 민간경비업체 견학으로 이루어져 있다.

〈표 4-99〉 시민경찰학교 교육과정(예시)

주 제	교 시	교육내용	강 사	주관부서
협력방범 현장체험	1 2 3	민간경비업법 민간경비업체 견학	생활안전계장 경비업체	생활안전 생활안전
교육수료	1 2 3	교육평가 및 설문조사 수료식(수료증, 기념품 증정) 다과회	생활안전과장	생활안전

※ 자료 : 경찰청, 「경찰백서」, 2005년, 2006년.

3) 지역방범 세미나 · 공청회 개최

경찰에서는 지역주민의 폭넓은 의견을 수렴하여 이를 각종 치안시책에 반영하고자 경찰과 시민단체 등 지역주민이 참여하는 「지역방범 세미나」를 개최하였다.

세미나는 지방청별로 개최하며 경찰에서는 최근 범죄추세와 방범대책 등 주제를 자율적으로 선정, 발표하였다.

4) 금융기관 자위방범체제 강화

금융기관을 상대로 한 범죄예방과 범인검거를 위하여 CCTV, 무인기계경비 등 자위방범체제를 강화하도록 적극 유도하여 전국 금융점포 17,673개소 중 17,670(99.9%)개소에 CCTV가 설치되었다. 이 중 17,347개소(98.2%)를 디지털 방식으로 전환하여 장시간 반복녹화 및 고화질 영상자료 확보가 가능하였으며, 17,529개소(99.2%)에는 무인기계경비시스템이 설치되었다. 자체 경비인력도 6,896개소(39%)에 배치되어 자체 방범역량을 더욱 확고하게 함으로써 강력범죄 예방에 큰 효과를 거두고 있다.

〈표 4-100〉 금융기관 방범기기 설치 현황

점포수(개소)	CCTV(대)	무인기계경비시스템(개소)	자체경비인력(명)	비 고
17,673	17,670(99.9%)	17,529(99.2%)	6,896(39%)	

※ 자료 : 경찰청, 「경찰백서」, 2005년, 2006년.

5) 자율방범대 활동 내실화

'자율방범대'는 지역사회 범죄예방을 위하여 지역 주민이 마을 단위로 자율적으로 조직하여 관할 지구대와 상호협력 관계를 갖고 방범활동을 하는 봉사조직이다. 자율방범대는 자체적으로 3~5명이 조를 편성하거나 경찰과 합동으로 취약시간대 순찰활동을 전개하면서 범죄신고, 청소년 선도보호 등 다양한 활동을 펼치고 있다.

자율방범대는 전국적으로 3,836개 조직에 9만 8천여명으로 구성되어 있으며, 2005년 한 해 동안 8,067건의 범죄신고와 3,318명의 형사범을 경찰관과 합동으로 검거하는 실적을 거두는 등 지역치안 활동에 크게 기여한 것으로 나타났다.

〈표 4-101〉 자율방범대 활동 현황('05년) (단위 : 건)

형사범 활동검거실적					범죄신고
총 계	강력범	절 도	폭 력	기 타	
3,318	7	99	1,046	2,166	8,067

※ 자료 : 경찰청, 「경찰백서」, 2006년.

경찰에서는 자율방범 활동의 활성화를 위하여 자율방범대원이 안정적인 근무활동을 할 수 있도록 유관기관과 협조, 민방위 해당자의 기본교육을 면제하고 치안봉사활동 중 사고로 인한 사고보상대책으로 전국 자원봉사센터와 협조하여 단체 상해보험 가입을 지원하는 한편, 모범대원 및 형사범 합동검거 유공자 5,225명에 대하여 포상을 실시하였으며 '범죄신고자보호및보상에관한규칙'에 의한 보상금을 지급하여 사기를 진작시키고 있다.

6) 범죄취약지 방범시설물 확충

경찰은 대형상가·아파트 지하주차장에서의 강력범죄 예방을 위하여 주차대수가 30대를 초과하는 29,062개소의 주차장에 대하여 일제점검을 실시하였다. 점검 결과 대상 주차장 29,062개소 중 25,931개소(89.2%)가 CCTV 등 방범시설을 확충한 것으로 나타났으며, 특히, 아파트 지하주차장의 경우 대부분의 주차장(96.8%)에서 CCTV를 설치한 것으로 조사되었다.

경찰은 CCTV를 설치하지 않은 아파트 지하주차장에 대하여(630개소) 방범시설물을 설치할 것을 권고하거나 해당 자치단체에 통보하여 행정처분을 의뢰하였다. 고장난 CCTV를 방치하거나 수량이 부족한 곳에 대하여도 범죄예방을 위하여 방범시설물을 확충할 것을 촉구하였다.

〈표 4-102〉 아파트 지하주차장 방범시설(CCTV) 점검결과('05년)

(단위 : 개소, 건)

계	설치	미설치	미설치에 대한 조치		CCTV 설치대수
			설치권고	행정처분 의뢰	
19,988	19,358	630	587	43	152,300

※ 자료 : 경찰청, 「경찰백서」, 2006년.

또한 지역 케이블 TV, 반상회, 전광판 등을 통해 지역 주민들을 대상으로 9,231회에 걸쳐 CCTV 설치 필요성에 대해 적극 홍보를 하고, 아파트 주민대표·건물주 등을 대상으로 방범 간담회를 개최하여 최근 범죄 동향·자위방범체제 구축요령·방범시설물 필요성 등을 홍보하였다.

〈표 4-103〉 방범시설물 설치 홍보 실적('05년) (단위 : 건)

횟 수	지역 케이블 TV	반상회	전광판 · 옥탑광고 등	언론보도	기 타
9,231	1,270	1,164	1,630	39	5,128

※ 자료 : 경찰청, 「경찰백서」, 2006년.

3. 민간경비의 지도 · 육성

1) 민간경비의 발전

민간경비는 1960년대 초 미8군부대의 경비를 담당하면서 출발하여 경비업법이 제정된 1976년부터 본격적으로 체계를 잡기 시작했다. 법 제정 당시 10여 개에 불과하던 경비업체는 86아시안게임과 88서울올림픽, 2002한일월드컵 등 각종 국제행사를 치르면서 급성장, 2005년에는 2,515개 업체에 122,327명의 경비원이 종사할 정도로 급성장 하였으며, 양적 증대 뿐 아니라 질적인 면에서도 인력 위주의 단순경비에서 첨단장비 및 기술을 활용한 복합적인 형태로 발전하였다.

2) 경비업의 지도 · 육성

경찰에서는 경비업체와의 유기적 협력을 통한 사회전반의 범죄대응 역량을 강화하기 위하여 민간경비업을 적극 지도 · 육성하고 있다. 이를 위해 민 · 경 협력치안체제 구축과 기계경비업체의 범죄대응능력 강화를 위한 『출동경비원 근무표준매뉴얼』을 5,000부 제작하여 기계경비업체와 경비원을 대상으로 배포하였다. 또한 경비원의 신임교육을 내실화하기 위하여 민간경비 교육기관을 확대(일반경비원 신임교육기관 47개소, 특수경비원 신임교육기관 10개소, 경비지도사 기본교육기관 7개소)하고, 경비업법시행규칙 개정을 통하여 교육시간과 교육과목을 현실에 맞게 조정하였다.

3) 제7회 경비지도사 시험 실시

경비지도사 제도는 경비업의 건전한 육성과 발전을 위하여 1997년부터 시행되고 있으며, 경비지도사는 경비원을 지도 · 감독 · 교육하는 업무를 담당하고 있다.

2005년에는 제7회 경비지도사 시험을 실시하여 670명을 선발하였으며 2005년 말 현재 경비지도사 합격인원은 총 13,790명으로 경비업체에 배치되어 민간경비의 질적 향상에 기여하고 있다. 특히, 제7회 경비지도사 합격자 중 56.2%가 4년제 대학이상 졸업자로 나타나 고학력자의 관심도가 증가하고 있는 추세이다.

〈표 4-104〉 경비지도사 시험 합격자 현황 (단위 : 명)

계	1회	2회	3회	4회	5회	6회	7회
13,120	2,398	7,875	635	796	769	647	670

※ 자료 : 경찰청, 「경찰백서」, 2006년.

〈표 4-105〉 제7회 합격자 분포 (단위 : 명)

구 분	총인원	직업별						학력별			
		경찰관		군 인	학 생	경비업 종사자	기 타	4년제 이상	2년제 이상	고 졸	기 타
		현 직	전 직								
합격자	670	57	29	92	76	125	291	377	103	158	32
%	100	8.5	4.3	13.7	11.3	18.7	43.5	56.2	15.4	23.6	4.8

※ 자료 : 경찰청, 「경찰백서」, 2006년.

4) 경비업 관리시스템 구축

경찰청은 급속하게 증가하는 민간경비를 효율적으로 관리 감독하기 위하여 2003년 7월 10일부터 전산시스템 개발에 착수, 2003년 12월 31일 「경비업 관리시스템」이란 명칭으로 전산시스템을 구축 완료하였다. 그리고 2004년 1월 1일부터 본격적으로 활용하여 민간경비에 대한 체계적인 관리가 가능하고, 특히 정확한 통계를 산출 할 수 있어 민간경비 연구 활성화에 많은 도움을 주고 있다.

제 3 절 민간경비산업의 현황과 동향

1. 민간경비산업 현황

1) 경비업체 연도별 · 시도별 · 허가업종별 현황

아래 표는 경비업체의 2000년부터 2006년까지 연도별 · 시도별 · 허가업종별 현황이다. 시도별로는 서울과 수도권에 경비업체의 집중화 현상을 볼 수 있다. 그리고 업종별로는 시설경비업이 압도적으로 차지하고 있는 것을 알 수 있다.

〈표 4-106〉 경비업체 시도별 및 허가 업종별 현황

• 2006년도

구 분	계	서울	부산	대구	인천	울산	경기	강원	충북	충남	전북	전남	경북	경남	제주
업체수	2,671	1,168	236	150	102	33	338	38	57	167	54	143	76	93	16
계	3,137	1,418	271	167	121	41	396	44	66	188	60	167	78	103	17
시설경비	2,549	1,122	229	143	94	32	312	38	54	161	52	135	73	88	16
신변보호	360	199	26	16	18	6	41	3	5	16	3	15	2	9	1
호송경비	46	31	3	1	0	1	6	1	0	0	1	2	0	0	0
기계경비	137	39	10	6	8	2	32	2	7	11	3	9	2	6	0
특수경비	45	27	3	1	1	0	5	0	0	0	1	6	1	0	0

• 2005년도

구 분	계	서울	부산	대구	인천	울산	경기	강원	충북	충남	전북	전남	경북	경남	제주
업체수	2,515	1,102	215	148	90	30	312	37	62	155	49	140	63	96	16
계	2,957	1,346	240	161	102	35	375	43	72	178	55	161	65	106	18
시설경비	2,401	1,058	210	140	82	28	291	37	59	148	47	134	61	90	16
신변보호	334	187	18	12	12	4	43	3	6	20	3	15	1	8	2
호송경비	44	33	1	2	0	1	3	1	0	0	1	1	0	1	0

기계경비	138	41	8	7	8	2	33	2	7	10	4	8	2	6	0
특수경비	40	27	3	0	0	0	5	0	0	0	0	3	1	1	0

• 2004년도

구 분	계	서울	부산	대구	인천	울산	경기	강원	충북	충남	전북	전남	경북	경남	제주
업체수	2,332	1,041	199	147	85	34	277	38	50	144	43	114	57	85	8
계	2,669	1,235	218	158	93	44	323	41	59	166	47	124	57	94	10
시설경비	2,192	987	196	137	77	33	251	36	48	138	41	106	56	78	8
신변보호	262	151	12	9	9	7	31	2	4	17	2	8	0	8	2
호송경비	44	33	1	2	0	2	3	0	0	0	1	1	0	1	0
기계경비	140	40	8	10	7	2	34	3	7	11	3	8	1	6	0
특수경비	31	24	1	0	0	0	4	0	0	0	0	1	0	1	0
2000년과 비교	+450	+155	+36	+13	+18	+5	+92	+15	+16	+42	+2	+7	+5	+21	+3

• 2003년도

구 분	계	서울	부산	대구	인천	울산	경기	강원	충북	충남	전북	전남	경북	경남	제주
업체수	2,163	987	189	141	73	34	248	31	45	128	43	106	52	78	8
계	2,495	1,172	213	159	78	42	295	33	45	147	46	117	53	87	8
시설경비	2,031	922	186	133	67	33	232	28	35	126	41	96	51	73	8
신변보호	217	131	14	11	5	4	24	1	3	10	0	7	1	6	0
호송경비	53	42	2	2	0	3	2	0	0	0	0	1	0	1	0
기계경비	159	49	10	13	5	2	33	4	7	11	5	13	1	6	0
특수경비	36	28	1	0	1	0	4	0	0	0	0	1	0	1	0

• 2002년도

구 분	계	서울	부산	대구	인천	울산	경기	강원	충북	충남	전북	전남	경북	경남	제주
업체수	2,051	914	184	136	78	33	225	26	43	127	47	103	50	77	8
계	2,388	1,103	217	153	84	40	268	28	43	142	50	112	51	89	8
시설경비	1,963	887	182	129	71	32	213	26	37	122	43	90	49	74	8
신변보호	187	103	15	9	6	3	18	1	·	11	1	10	1	9	·

호송경비	62	41	8	4	1	2	3	·	·	·	·	2	·	1	·
기계경비	150	48	12	11	6	3	32	1	6	9	6	10	1	5	·
특수경비	26	24	·	·	·	·	2	·	·	·	·	·	·	·	·

• 2001년도

구 분	계	서울	부산	대구	인천	울산	경기	강원	충북	충남	전북	전남	경북	경남	제주
업체수	1,929	842	172	143	67	28	213	24	40	117	46	99	56	77	5
계	2,224	1,008	201	159	70	33	254	26	40	131	48	105	59	85	5
시설경비	1,874	840	172	130	62	28	208	24	34	114	42	88	56	71	5
신변보호	154	86	9	14	2	3	14	1	2	7	·	6	2	8	·
호송경비	41	24	12	2	1	·	2	·	·	·	·	·	·	1	·
기계경비	134	40	8	13	5	2	29	1	4	10	6	10	1	5	·
특수경비	21	18	·	·	·	·	2	·	·	·	·	1	·	·	·

• 2000년도

구 분	계	서울	부산	대구	인천	울산	경기	강원	충북	충남	전북	전남	경북	경남	제주
업체수	1.882	886	163	134	67	29	185	23	34	102	41	97	52	64	5
계	2.100	1,110	180	147	75	35	207	23	34	113	46	97	58	70	5
시설경비	1.830	875	163	126	67	29	183	21	28	102	41	76	52	62	5
신변보호	108	63	8	6	2	3	4	1	1	3	.	9	5	3	.
호송경비	35	30	.	2	2	.	1	.	.	.	.	.	.	.	.
기계경비	127	42	9	13	4	3	19	1	5	8	5	12	1	5	.

※ 자료 : 경찰청 생활안전국

〈표 4-107〉 2004년 경비업체 수도권과 지방권의 경비업무 비교표 단위 : 개(%)

구 분	전 체	시설경비	신변보호	호송경비	기계경비	특수경비
업체수	2,669(100)	2,192(100)	262(100)	44(100)	140(100)	31(100)
수도권 (서울 경기)	1,280(48)	1,238(56)	182(70)	36(84)	74(53)	28(90)
지방권 (수도권 제외지역)	1,369(52)	954(44)	80(30)	8(16)	66(47)	3(10)

※ 자료 : 경찰청 생활안전국

상기 비교표에서 보면 총 2,669개의 경비업체 중 수도권에 1,280업체(48%)가 집중되어 있다.

그러나 특수경비는 28업체(90%), 호송경비는 36업체(84%), 신변보호는 182업체(70%)가 점유하고 있다. 그리고 경비업체 중 호송경비가 없는 도시는 강원, 충북, 충남, 경북, 제주이고 신변보호가 없는 도시는 경북, 기계경비가 없는 도시는 제주, 특수경비가 없는 도시는 대구, 울산, 강원, 충북, 충남, 경북, 제주이다.

〈표 4-108〉 경비원 시도별 업종별 배치현황

• 2006년도

구 분	총 계	시설경비	호송경비	신변보호	기계경비	특수경비
총 계	127,620	108,311	2,908	6,045	4,830	5,526
서 울	35,534	29,150	1,320	3,421	993	650
부 산	11,489	9,662	298	877	278	374
대 구	5,478	4,868	228	71	247	64
인 천	9,476	6,876	40	136	228	2,196
울 산	3,177	2,731	40	40	75	291
경 기	29,815	27,295	242	876	1,106	296
강 원	2,722	2,311	76	29	176	130
충 북	2,718	2,326	44	48	184	116
충 남	8,119	7,027	251	346	341	154
전 북	2,643	2,308	76	25	179	55
전 남	5,479	4,393	153	62	361	510
경 북	4,829	4,236	32	21	289	251
경 남	5,222	4,623	85	87	328	99
제 주	919	505	23	6	45	340

• 2005년도

구 분	총 계	시설경비	호송경비	신변보호	기계경비	특수경비
총 계	122,327	105,682	2,671	4,284	4,649	5,014
서 울	32,247	27,215	1,130	2,335	959	608
부 산	11,494	9,952	334	578	302	328
대 구	5,522	4,800	226	120	309	67
인 천	8,736	6,291	54	83	208	2,100
울 산	3,082	2,798	36	9	59	180
경 기	27,688	29,039	232	156	1,002	259
강 원	2,608	2,263	54	6	172	113
충 북	2,562	2,168	39	56	189	110
충 남	8,358	7,279	217	431	321	110
전 북	2,514	2,206	60	4	200	44
전 남	5,901	4,648	146	295	332	480
경 북	4,924	4,378	33	9	275	229
경 남	5,872	5,211	88	198	281	94
제 주	819	434	22	4	40	319

• 2004년도

구 분	총 계	시설경비	호송경비	신변보호	기계경비	특수경비
총 계	105,697	92,291	2,510	2,621	4,218	4,057
서 울	27,372	23,165	1,138	1,741	849	479
부 산	9,577	8,667	321	112	217	260
대 구	4,755	4,246	174	19	255	61
인 천	7,995	5,708	74	43	210	1,960
울 산	2,531	2,360	31	9	57	74
경 기	24,212	22,372	197	471	940	232
강 원	2,290	1,968	49	9	152	112
충 북	2,527	2,156	36	73	180	82
충 남	6,880	6,260	196	73	307	44
전 북	2,420	2,136	66	3	200	15

전 남	5,000	4,257	119	16	318	290
경 북	4,234	3,883	25	5	253	68
경 남	5,120	4,706	67	44	247	56
제 주	784	407	17	3	33	324

• 2003년도

구 분	총 계	시설경비	호송경비	신변보호	기계경비	특수경비
총 계	104,872	91,218	1,802	2,288	6,609	2,955
서 울	34,016	29,707	1,403	1,095	1,572	239
부 산	9,802	8,864	189	49	613	87
대 구	5,720	5,065	96	160	352	47
인 천	9,155	7,298	99	79	320	1,359
울 산	2,805	2,448	27	0	266	64
경 기	20,430	18,107	131	260	1,568	364
강 원	2,725	2,365	15	4	247	94
충 북	2,001	1,613	31	41	291	25
충 남	2,791	2,311	157	20	267	25
전 북	2,133	1,878	12	19	216	8
전 남	4,423	3,876	73	66	286	122
경 북	3,384	3,125	14	9	197	39
경 남	4,939	4,204	34	0	376	325
제 주	548	357	7	0	38	146

※ 자료 : 경찰청 생활안전국

〈표 4-109〉 2004년 수도권과 지방권 업종별 비교표 단위 : 명(%)

구 분	전 체	시설경비	신변보호	호송경비	기계경비	특수경비
경비원수	105,697(100)	92,291(100)	2,621(100)	2,510(100)	4,218(100)	4,057(100)
수도권 (서울경기)	51,584(49)	45,537(49)	2,212(81)	1,335(53)	1,789(43)	553(13)
지방권 (수도권제외)	54,113(51)	46,754(51)	409(19)	1175(47)	2,429(57)	3,504(87)

※ 자료 : 경찰청 생활안전국

상기 비교표를 보면 경비원수 총 105,697명 중 수도권은 전체 51,584명으로 49%를 점유하고 있고, 신변보호가 수도권에서 2,212명으로 81% 점유하고 있는 반면에 특수경비는 지방권이 87%를 점유하고 있다.

이는 인천, 부산, 제주 등 공항 14개 시설에 2,160여 명의 경비원을 배치하고 있기 때문이다.

〈표 4-110〉 연도별 경비업체 행정처분 현황 (1999 ~ 2003)

구 분		2003	2002	2001	2000	1999
위반사항	계	807	748	577	860	1,465
	허가사항 변경사항 불이행	297	161	120	184	152
	결격 경비원 · 경비지도사 채용	2	4	·	·	·
	경비지도사 미선임 · 배치	107	31	97	329	812
	경비원 교육 미실시	71	129	4	21	49
	경비원 배치 · 폐지 미신고	157	213	142	113	114
	감독명령불이행	9	3	24	4	43
	복장 · 장비 · 출동차량 위반	23	93	·	·	·
	[시설]등의 미구비	·	·	·	29	83
	위법 부당한 업무도급	3	·	·	·	·
	경비업무외의 업무에 종사	7	4	·	·	·
	1년 이상 도급실적 없거나 휴업	46	26	·	·	·
	기타	85	84	190	180	212
업체처분현황	계	807	748	577	860	1,465
	허가취소	59	47	28	27	44
	영업정지	8	7	4	8	5
	경고	85	148	97	168	350
	과태료	580	111	373	225	116
	기타	75	435	75	432	950

※ 자료 : 경찰청 생활안전국

2003년도 행정처분 현황을 살펴보면 위반사항은 총 807건 있었다. 그 중

1위가 허가사항변경사항불이행(297건)이고 2위가 경비원 배치 폐지 미신고(157건), 3위가 경비지도사 미선임 배치(107건)이다.

업체행정 처분내용은 과태료(580건), 경고(85건), 기타(75건), 허가취소 순이다.

2) 기계경비업의 현황과 발전상

한국의 민간경비는 1953년 주한 미군부대의 군납경비와 1962년 미국의 원조경제의 일환으로 시작되었다. 이후 차츰 민간경비분야에 대한 관심이 고조되면서 소수의 민간경비회사가 설립되었고, 1962년의 청원경찰법 제정과 1976년의 용역경비업법 제정을 계기로 본격적인 성장단계에 돌입하였다.

1980년대 초 외국기술 및 자본을 도입함으로써 1980년대 중반 이후의 국제행사 참여를 통해 급속한 성장을 거듭해 오늘에 이르렀다.

우리나라의 기계경비업은 1980년 8월 1일 (주)한국안전시스템(현재의 에스원)이 일본의 SECOM사와의 합작투자를 정부로부터 인가받고, 1981년 7월 1일 최초의 업무를 시작한 것으로 출발하였다. 아직 경비업체의 대부분이 인력경비 위주의 영세성을 벗어나지 못 하고 있는 상황에서, 소위[3D 업종]이라는 평가에 의한 경비업계의 구인난과 지능화되는 범죄에 대비하기 위해서는 첨단 과학기기에 의한 기계경비로의 전환이 불가피하다는 인식에 힘입어 기계경비업은 일취월장 발전해 왔다.

1990년대 하반기에 와서 전체의 80%를 점유하고 있는 (주)에스원 · (주)캡스 그리고 케이티링커스(주)는 그동안 기계경비업계를 선도해 왔으며, 이들 3개사의 과감한 투자와 경영노력으로 이제는 어느 정도 상당한 국제경쟁력까지 갖춘 상태이다. 특히 최근에는 국내 유수의 대기업까지도 기계경비업에 참여하기 시작하고 있어 인력경비의 기계경비로의 전환이 가속화 되고 있다.

1999년 전국의 기계경비업체는 113개였으나 2003년에는 159개 업체로 증가하였다가 2006년에는 137개 업체로 조정되었다. 그중 서울이 39개 업체, 경기가 32개 업체, 인천이 8개 업체로 수도권이 60% 이상 점유하고 있다. 기계경비 이용시설도 1999년에 364,558개소였으나 2001년에는 584,992개소로 219, 434개소가 증가, 2001년 이용시설 현황으로는 상가가 전체의 30.5%, 금융기관이 9.7%, 주택이 8.7% 점유하고 있다.

〈표 4-111〉 연도별 기계경비업체 허가현황(1999~2006) (단위 : 업체수)

구 분	계	서울	부산	대구	인천	울산	경기	강원	충북	충남	전북	전남	경북	경남	제주
2006	137	39	10	6	8	2	32	2	7	11	3	9	2	6	0
2005	138	41	8	7	8	2	33	2	7	10	4	8	2	6	0
2004	140	40	8	10	7	2	34	3	7	11	3	8	1	6	0
2003	159	49	10	13	5	2	33	4	7	11	5	13	1	5	0
2002	150	48	12	11	6	3	32	1	6	9	6	10	1	5	0
2001	134	40	8	13	5	2	29	1	4	10	6	10	1	5	0
2000	127	42	9	3	4	3	19	1	5	8	5	12	1	5	0
1999	113	36	10	11	3	4	12	1	6	9	4	9	1	7	0

※ 자료 : 경찰청 생활안전국

〈표 4-112〉 기계경비 이용시설 현황(1999~2001) (단위 : 개(%))

시설	1999	2000	2001
국가기관	53,162(14.6)	7,231(1.6)	15,150(2.6)
외국기관	97(0.0)	191(0.0)	102(0.0)
국영기업	5,248(1.4)	6,199(1.4)	1,514(0.3)
산업시설	35,993(9.9)	66,805(14.6)	48,121(8.2)
언론기관	412(0.1)	211(0.0)	285(0.0)
금융기관	22,937(6.3)	54,075(11.8)	56,980(9.7)
상 가	124,315(34.1)	168,055(36.8)	178,711(30.5)
학 교	7,397(2.0)	22,458(4.9)	25,378(4.3)
주 택	27,883(7.6)	33,079(7.2)	50,900(8.7)
항 만	–	–	–
빌 딩	24,725(17.1)	15,053(3.3)	10,058(1.7)
기 타	62,389(17.1)	83,154(18.2)	197,793(33.8)
합 계	364,558(100.0)	456,511(100.0)	584,992(100.0)

※ 자료 : 경찰청 방범국

기계경비 가입시설수는 2002년 10월 통계에 따르면 354,133개소이고 업체는 118개 업체이다. 1개 업체당 평균 약 3,000개소를 맡고 있다. 지방청별 업체수와 가입시설수를 보면 다음과 같다.

〈표 4-113〉 지방경찰청별 가입시설수 현황(2002.10)

지방경찰청별	업체수	가입시설수	비 고
합 계	118	354,133	서울의 3개 업체 가입 시설수는 177,555개소이고 약 50%를 차지하고 있다.
서 울	37	268,935	
부 산	4	6,322	
대 구	3	1,382	
인 천	7	4,662	
울 산	3	1,148	
경 기	30	48,289	
충 북	6	2,892	
충 남	6	3,685	
전 북	6	2,938	
전 남	10	9,567	
경 북	1	170	
경 남	5	3,167	
제 주	0	0	
합 계	118	354,133	

※ 자료 : 경찰청 생활안전국

다음은 전국 기계경비업체별 기계경비가입 시설수 현황이다.

〈표 4-114〉 경비업체별 기계경비가입 시설수 현황 (2002. 10월 현재)

지방청	연 번	업체명	가입시설수
서울청	1	(주)포스시큐리티	71
	2	국민보안공사	89
	3	토스콤	128
	4	전국보안공사	169
	5	모스테크	175
	6	부라더안전	250
	7	쓰리에스아이씨엔	319
	8	가드콤	364
	9	에스포콤(주)	389
	10	에스오에스	449
	11	하나로보안	635
	12	폴리텍서비스	640
	13	국제시큐리티	710
	14	월드보안	750
	15	제이보안네트	972
	16	(주)조은시스템	1,100
	17	새파취	1,236
	18	광명통신안전	1,440
	19	한국통신보안	1,470
	20	시테크원보안	1,701
	21	라이캅	1,802
	22	포스콤안전	1,840
	23	한국안보씨콤(주)	1,954
	24	첩시큐리티코리아	2,500
	25	케이에스씨네트웍	2,814
	26	씨티씨큐리티	2,816
	27	현대안전공사	4,102
	28	서울보안공사	5,173
	29	구일일안전	5,378

	30	(주)나래시큐리티	5,838
	31	(주)포콤방범시스템	6,160
	32	탑스이일일	6,207
	33	에스오케이	16,045
	34	시큐어밸리	16,844
	35	캡스(CAPS)	45,000
	36	케이티링커스(주)	52,643
	37	(주)에스원	79,912
부산청	1	가드라인	12
	2	대민보안공사	1,520
	3	고려에스이	2,230
	4	세정21	2,560
대구청	1	라이프안전공사(기계)	130
	2	금성안전시스템(기계)	323
	3	한국안전시스템(기계)	929
인천청	1	한성보안	150
	2	전국안전	242
	3	성원안전시스템	550
	4	아이씨에스에스	670
	5	시큐리티코리아	1,200
	6	삼공보안	1,300
울산청	1	한국아이앤에스보안	18
	2	KSS	500
	3	퓨처	630
경기청	1	글로벌안전	101
	2	신한안전시스템	142
	3	미래시큐어리티	150
	4	우성보안경비	160
	5	시흥시큐리티	210
	6	중앙보안공사	210
	7	씨쓰리보안공사	225

	8	스피드긴급출동	245
	9	한국보안시스템	430
	10	에스오에스안전	450
	11	시크리트서비스	465
	12	월드안전	476
	13	대신	484
	14	전국안전	498
	15	동원경보시스템	560
	16	국제보안	600
	17	에스에스씨	610
	18	태극보안공사	720
	19	한빛시큐리티	790
	20	에스엔에스	893
	21	월드보안	1,000
	22	시큐리티진돗개	1,020
	23	아세아안전시스템	1,592
	24	한솔시큐리티	1,887
	25	스파텍	2,905
	26	삼공안전	3,060
	27	안전한세상시스템	3,180
	28	한국안전& 진돗개시스템	3,449
	29	안전한세상	3,702
	30	지에스안전	18,115
충북청	1	대한보안시스템	670
	2	화인보안시스템	540
	3	인에스	480
	4	퍼펙트	220
	5	나스콤	612
	6	굿시큐리티	370
충남청	1	(주)바록스안전시스템	165
	2	(주)고려안전시스템	250

	3	한국보안시스템(주)	330
	4	대청기업(주)	331
	5	(주)고려안전	1,115
	6	(주)첩시큐리티코리아	1,494
전북청	1	전라도스파스	240
	2	인터캅	393
	3	케이앤지씨큐리티	398
	4	한국보안시스템	507
	5	한국안전관리공사	570
	6	전국안전	830
전남청	1	(주)건전실업	38
	2	(주)정우인더스트리	74
	3	(주)에스오에스무인경비	106
	4	(주)시티안전공사	150
	5	(주)에스오에스안전공사	378
	6	광주비즈니스(주)	592
	7	(주)에스오에스안전산업	700
	8	(주)에스케이보안	1,191
	9	(주)한국보안안전공사	2,842
	10	(주)한국경보네트워크	3,502
경북청	1	(주)한솔보안시스템	170
경남청	1	(주)락콤	504
	2	(주)경남안전공사	523
	3	(주)에이스안전시스템	578
	4	(주)일일이안전시스템	680
	5	(주)가드뱅크	712
합 계	118		354,133

※ 자료 : 경찰청 생활안전국

2. 무인(기계) 경비와 오경보

1) 시스템 운영방식

기계경비는 빈틈없는 네트워크와 최첨단의 중앙통제식 컴퓨터시스템으로 운영된다. 따라서 인력으로는 예측할 수 없는 어떠한 이상도 신속·정확하게 감지하여 경비회사의 관제센터(정보접수, 지사, 통제)에 전달하면, 현장출동요원이나 순찰차량 요원의 무선 상황 보고에 따라 112 및 119에 통보, 상황에 즉각 대처하는 시스템이다.

경비회사의 경비시스템 운용방식은 상황이 발생하면 관제실의 통보에 따라 순찰차량 혹은 출동요원이 현장에 급히 출동하며, 112나 119에 신고한다. 따라서 상황이 발생하면 경비업체와 경찰의 합동 업무수행이 필수 불가결한 요소다. 범죄가 발생한 후에는 법집행의 권한이 있는 경찰의 역할이 경비업체와 함께 공조되어야 한다.

일반적인 상황 진행과정은 다음과 같다.

- 현장출동 순회 순찰차 요원의 무선상황 보고에 따라 112 및 119에 통보, 상황에 즉각 대처한다.
- 신호 송신기는 감지기 파손, 회선이상 등의 경우에도 정보를 중앙통제실로 송신해 준다.
- 정전이 되어도 신호 송신기에 내장된 자체 배터리로 48시간동안 계속 정보가 송신된다.
- 필요시 정규경비교육을 받은 무술유단자로 구성된 정예 경비요원의 인력경비를 의뢰할 수 있다.

2) 무인경비 오경보 관련 일지

1995. 10. 21	1994년 112신고 총 1,172,706 건 중에서 허위 오인신고 297,000(25%)건, 무인경비 오경보도 이 신고에 일부 포함됨. 「95경찰백서」
1996. 10. 01	1995년 112신고 총 1,302,845 중 허위, 오인신고 291,547(22.4%).

「96 경찰백서」

1997. 07. 30 경찰청 방범국 112통보 오경보실태(97.5.1~5.31) 총경보 2,970건 가운데 오경보 2,879건(96.9%)

1998. 07. 01 치안연구소 연구보고서「기계경비업 효율적인 관리 방안」 – 오보대책 및 즉응체제 주축을 중심으로 – (연구위원 박병식 교수)에서 "오보문제의 중대 문제의 중대성과 원인" 논문 발표

1998. 07. 22 경찰청 "긴급 범죄시스템 오경보 개선 대책 하달"중에서 오경보가 많아(평균 97.1%) 잦은 헛출동으로 인한 경찰력 낭비 등 문제

1999. 12. 30 조선일보 기사「사설방범기 오작동 짜증」마포경찰서 성산 1파출소 제보

2000. 04. 24 서울지방경찰청 36개 경비업체에게 "2000 무인 기계경비 시스템「오경보 개선 대책」관련 회의 개최 통보

2000. 04. 25 동아일보 기사「열 번 울리면 아홉 번 헛걸음 112 비상벨 오작동 심하다」– 경찰인력 시간 낭비 심각 보도

2000. 05. 04 서울지방경찰청 2000년도 무인경비「오경보 개선 대책」회의에서 38개 회사 중 26개 회사가 오경보 93%라고 발표

2001. 04. 07 경비업법 개정으로 기계경비업체에게 제9조(오경보 방지 등) 시행령 제8조(오경보의 방지를 위한 설명 등) 등 위반시 과태료 부과토록 일단락

2001. 12. 08 서울지방경찰청에서「2001년도 기계경비업체 간담회」개최, 경비업체 지도·점검 강화
① 경비업체 오경보 현황 및 조치 결과 보고 의무화
② 경비업체 가입자 교육 강화
③ 경비업체 가입자 센서등 기기보수 점검 강화

3) 기계경비업체 오보현황 및 원인

경찰청이 1997년 5월 한 달 동안의 기계경비업체로부터의 오보현황을 조

사한 결과에 의하면, 전체 총 2,970건의 경보 가운데 오보는 2,897건으로 오보율이 96.9%에 달한 것으로 나타났다. 그리고 오보의 원인은 사용자의 실수가 24.5%이며, 기계의 오작동이 75.5%이다.

〈표 4-115〉 112통보 오경보 실태

(기간 : 1997.05.01 ~ 1997.05.31)

구 분	총경보	실제 침입건수	오경보		
			소 계	사용자실수	기계오작동
기 계	2,970	91 (3.1%)	2,879 (96.9%)	705 (24.5%)	2,174 (75.5%)
서 울	1,198	60 (5.0%)	1,138 (95.0%)	448 (39.4%)	690 (60.6%)
부 산	182	5 (2.7%)	177 (97.3%)	1 (0.6%)	176 (99.4%)
대 구	–	–	–	–	–
인 천	120	3 (2.5%)	117 (97.5%)	17 (14.5%)	100 (85.5%)
경 기	909	7 (0.8%)	902 (99.2%)	118 (13.1%)	784 (86.9%)
강 원	47	0 (0.0%)	47 (100%)	15 (31.9%)	32 (68.1%)
충 북	16	0 (0.0%)	16 (100%)	2 (12.5%)	14 (87.5%)
충 남	128	4 (3.1%)	124 (96.9%)	19 (15.3%)	105 (84.7%)
전 북	17	1 (5.9%)	16 (94.1%)	5 (31.2%)	11 (68.8%)
전 남	13	1 (7.7%)	12 (92.3%)	9 (75.0%)	3 (25.0%)
경 북	73	0 (0.0%)	73 (100%)	33 (45.2%)	40 (54.8%)
경 남	267	10 (3.7%)	257 (96.2%)	38 (14.8%)	219 (85.2%)
제 주	–	–	–	–	–

※ 자료 : 경찰청 방범국

4) 비상벨 112 제도

112제도는 주민이 긴급전화인 112로 신고하였을 때 최단시간에 경찰이 현장에 출동할 수 있도록 하는 시스템으로 112신고센터, 112순찰차를 비롯한 경찰 출동요소와 전산·통신망 세 부문이 유기적으로 연결되어 운영되고 있다. 즉, 주민신고가 「112신고센터」에 접수되면, 현장에서 가장 가까운 곳에 있는 112순찰차, 형사기동대 차량, 지역경찰관 등에게 무선으로 출동지시를 하여 현장에 즉시 출동하게 된다.

아울러 차량이용범죄 등 기동화, 광역화될 수 있는 범죄에 대해서는 해당 경찰서는 물론 인접 경찰관서에까지 일제히 지시하여 도주로를 차단하는 등 입체적인 검거작전을 펼치게 된다. 이 중 지휘·통제역할을 하는 112신고센터는 각 지방경찰청 또는 경찰서 단위로 설치·운영되고 있으며, 서울 등 대도시의 경우에는 지방청에 주센터를 두고 경찰서에 보조센터를 운영하여 효율성을 높이고 있다.

경찰은 112신고에 대한 국민 만족도를 더욱 향상시키기 위하여 112신고센터에 140명의 여경을 배치하여 여성 특유의 섬세함을 살려 친절하게 신고를 접수하도록 하고 있다. 112신고자가 신고 처리결과 통보를 희망하는 경우에는 결과 통보와 함께 미흡한 사항·불친절 사례가 없었는지 확인하여 시정하고 있다.

지역별 112신고현황을 살펴보면 서울이 전체 신고접수의 약 47%를 차지하고 있으며, 서울을 포함한 6대 도시가 전체의 4분의3 이상을 차지하고 있어 도시권 치안수요의 복잡함을 알 수 있다. 한편 112신고 이용이 늘어나면서 허위나 장난 등으로 잘못 접수되는 경우도 많아서 효율성을 크게 저해하고 있으며, 경찰에서는 홍보활동을 강화하고 '112신고자 전화번호·위치자동표시장치'의 확대 설치 등 대책을 강구하고 있다.

이에 따라 1997년도에 112의 허위·장난·오인신고는 다소 줄어든 것으로 나타나고 있으나, 여전히 전체 신고의 약 20%를 차지하고 있어 시민들의 성숙된 의식이 요구되고 있다.

〈표 4-116〉 허위 · 장난 · 오인 신고현황(최근 3년간)

전체 신고 건수	허위신고(%)	구 분	5대 범죄신고 건수	허위신고(%)
1,302,845	291,547 (22.4%)	1995	388,268	85,426 (22.0%)
1,557,270	323,968 (20.8%)	1996	479,335	102,059 (21.0%)
1,687,528	343,728 (20.3%)	1997	521,959	106,763 (20.4%)

※ 자료 : 경찰청, 「경찰백서」, 1992.

112에 허위 · 장난 · 오인신고가 발생하면 경찰은 현장에 출동하였다가 인력과 시간과 기동력을 낭비한 채 돌아오게 된다. 이러한 경찰력의 낭비는 경찰력을 필요로 하는 다른 곳에 경찰력이 제때 투입되지 못하여 범죄의 피해를 입게 하는 결과를 초래할 수 있다. 그리고 자원의 낭비를 가져오는 것은 물론이다.

기계경비의 경우에도 112에 신고를 하였는데 오경보인 경우도 마찬가지의 결과를 초래한다. 따라서 기계경비의 오경보를 줄이는 것은 경찰력의 낭비를 줄이는 것이다. 범죄예방에 있어 경찰과 민간경비가 상호 보완적인 협조 관계를 더욱 유지하기 위해서는 기계경비의 오경보를 줄임으로서 경찰 112센터의 자원낭비도 함께 줄이는 노력을 해야겠다.

5) 오경보에 대한 경찰청 대책

112 신고는 무인(기계) 경비에서도 예외는 아니다. 경찰청 조사에 의하면 전국 39개 경비업체에 가입된 35,995개소의 오경보가 자그마치 95.6%라는 것이다. 결국 기계경비 오경보로 인하여 112신고에서 경찰력 낭비문제가 이슈가 되어 1998.7.22 전국의 기계경비업자에게 「긴급범죄신고시스템」 오경보 개선 대책을 하달하였다. 그 내용을 보면 다음과 같다.

〔긴급범죄신고시스템 오경보 개선 대책 하달〕

(1998. 7. 22 경찰청 하달내용)

긴급범죄신고시스템의 오경보가 많아(평균 97.1%) 잦은 헛출동으로 경찰력 낭비 등 문제가 있어 오경보감소를 위한 개선대책을 하달하니 긴급경보체제 신뢰도 향상으로 범죄대응역량을 강화하기 바랍니다.

○ 요 지

긴급범죄신고시스템 오경보율이 높아(평균 97.1%) 불필요한 출동이 많고 이로 인해 출동 시 방만하게 대처하는 등 문제 야기

오경보 감소토록 개선, 경찰력 낭비를 방지하고 긴급경보체제 신뢰도 향상으로 범죄대응역량 강화

※ 파출소별 긴급경보로 인한 출동건수는 4~5일에 1회 정도

○ 긴급경보시스템 오경보 현황

◎ 경찰서「컴퓨터 자동신고망」

• 가입현황 : 전국 39개 업체 35, 995개소 가입

• 시스템개요

– 가입자(주택 · 점포 등) 시설물에 경보장치를 설치, 침입 등 이상 발생 시 경찰서 상황실 모니터에 자동신고

– 운영업체 자체관제실 및 경비원 없음

※ 별도 허가절차는 없으며 경찰서별로 필요에 따라 설치.
가입설치비는 25만원 선이고 월 사용료는 3~5만원대

오경보율 : 95.6% (1998.01.01 ~ 1998.05.31(5개월간))

구 분	총 신고	실제침입	오경보
건 수	25,088건	1,108건	23,980건
비 율	100%	4.4%	95.6%

◎ 용역경비 「무인기계 경비」

- 가입현황 : 전국 74개 업체 328,766개소 가입
- 시스템개요
  - 가입자 시설물에 경보장치를 설치, 침입 등 이상발생시 경비업체 관제실에서 경비요원 출동 및 경찰에 112신고
  - 경비업체 자체관제실 및 경비원 보유

※ 「용역경비업법」에 의한 시설경비영업허가를 득하고 영업가입설치비는 40~50만 대이고 월 사용료는 15만 원선 이상

◎ 일본의 선별(選別) 출동 제도

- 무인 기계경비에 의한 신고 중 오보가 99.2% 차지
- 경비업체의 관제소에서 경보 구분대처
  - 「즉시통보」 : 경보가 울리면 즉시 112에 신고
  - 「확인통보」 : 자체대처요원이 현장 확인 후 112에 신고

○ **오경보 개선 대책**

◎ 단계별 추진 방침 및 계획

[1단계] : 오경보 발생억제책 강구 – 1998년 9월부터

[2단계] : 긴급신고 통보 통제 강화 – 1999년 전반기부터

[3단계] : 관리업체 경비역량 강화 – 1999년 하반기부터

[1단계 추진방안]

1. 가입자 교육강화
   - 최초 가입 시 전사용자에 대해 기기작동 및 사용방법 교육
     ※ 가장 흔한 실수에 대한 조언 · 사례 등 예방법 수록 책자 배부
   - 오작동시 현장 방문 또는 익일 방문 원인분석 및 재교육
   - 정기적 오작동 횟수산출 가입자에 통보, 주의 환기
2. 관리업체 가입자 센서 등 기기 보수 · 점검강화
   - 가입자 시설물(단말기) 등에 점검부 비치
   - 보수 · 점검 시 원인 및 점검결과 기록 유지
   - 오경보 발생시마다 점검하고 기록유지
   - 신규 설치시는 3개월 이내, 그 후는 년1회 기기 점검

3. 관리업체 「가입자 오경보현황 및 조치경과보고(월간)」 의무화
   - 자체 관제소 가입자 정보 또는 경찰서 상황실 모니터 자료 활용
   - 월간 오경보 현황 및 조치결과 보고
4. 오경보 잦은 업체 등 특별관리
   - 특별관리 대상
     - 오경보 잦은 업체
       (예시) 월간 3회 이상 동일 장소에서 오경보발생 출동하거나 오경보율이 계속 증가하는 업체
     - 오경보현황 등 보고 불이행 업체
       제재 등 특별관리
     - 관리업체에 대해 일정시간 가입자 추가 확보 억제
     - 경찰서 시스템 차단 등 지방청별 적의 제재조치

[2단계 추진방안]

1. 「무인기계경비」경보 선별신고제 실시
   - 「긴급신고」와 「확인신고」로 구분 112 신고
     ※ 확인신고 – 현장대처요원이 먼저 출동, 사실 확인 후 경찰의 출동이 필요한 경우에 112에 신고
   - 「확인신고」를 원칙으로 하되 범죄의 개연성이 높은 이상 경보 발생 시 즉시 112로 「긴급신고」
     - 「긴급신고」의 대상기준
       ① 관제실에서 이상경보 수신시 경비원 현장도착선 대상시설물에서 직접 연락이 있거나 이상을 확인한 경우
       ② 이중경보를 수신하거나 버턴방식에 의한 경보를 수신한 경우
       ③ 특정대상 시설물에 경보가 울리거나, 특정지역에 동일수법의 침입절도가 다발하는 상황에서 긴급신고를 하여야 할 필요가 있을 경우
       ※ 특정대상 시설물 : 국가중요시설, 관공서, 공관, 금융기관 등
2. 「컴퓨터자동신고망업체」 관제시설 설치, 운용
   - 오경보 감소를 위해 「컴퓨터자동신고망」 업체 자체 관제시설 설치
   - 경보 수신시 오경보여부 확인 후 경찰서에 신고

[3단계 추진방안]

1. 경비대상(규모)에 적합한 대처역량 확보
   - 경비지역별 「경비대응계획서」 관할지방청에 제출
     - 인원(경비원, 기술직원 등)에 관한 내용
     - 시설(관제소, 출장소), 장비(출동차량 및 통신시설)에 관한 내용
   - 경비방법 및 대처능력의 적정여부 검토, 보완지시 – 관할지방청

– '98하반기 중 용역경비업법시행령 개정 추진

※ 일본의 대응체제 기준 – 도도부현 공안위원회 규칙
① 경비원, 대기소 및 차량의 배치는 경보수신시부터 25분 이내에 현장에 도착시킬 수 있도록 하여야 한다.
② 경비업자는 현장 도착시간을 단축하고 사실 확인 및 관련조치가 효과적으로 강구될 수 있도록 경비원, 대기소 및 차량 기타장비를 충실히 하도록 노력하여야 한다.

2. 「컴퓨터자동신고망」을 용역경비업으로 단계적 전환
- 컴퓨터자동신고망 업체 용역경비업으로 전환
- 자체 관제소와 경비원 구비, 도급 영업형태로 영업

※ 오경보에 대한 벌금(과태료)제 도입 검토 – 장기 과제
① 학계, 업계, 가입자, 시민 등 광범위한 의견 수렴
㉠ 오경보 원인 식별가능성 여부 및 청문 등 구제절차 등
㉡ 벌금제도의 오경보 감소 실질효과 분석 등
② 일정기간 오경보발생시 관리업체에 벌금 등 부과

3. 행정 사항
- 관련업체 회의 개최(1998.8.31)
  – 대상별 주관부서
    ① 용역경비 「무인기계경비」 – 지방경찰청 주관
    ② 「컴퓨터자동신고망」 – 경찰서 주관
  – 회의내용 : 오경보 감소촉구 및 개선방안 설명
- 오경보 개선방안 이행실태 지속 점검 및 행정지도

6) 112비상벨 오작동에 대한 언론사 기사

[집중추적]112비상벨 오작동 심하다

[동아일보]2000-04-25 05판 29면 2029자 사회 기획, 연재

무인점포와 은행 등에 설치된 112 비상벨 때문에 경찰이 골머리를 앓고 있다. 경찰청 집계에 의하면 비상벨 신고를 받고 부랴부랴 현장에 출동하면 10건 중 9건 이상이 잘못 울려 헛걸음하기 일쑤다.

일선 경찰관들은 "순찰차와 경찰관의 시간 낭비는 물론 정작 필요한 곳에 경찰력이 제대로 제공되지 못하는 원인이 되고 있다"며 개선방안을 마련해야 한다고 입을 모으고 있다.

24일 오전 5시28분경 서울 관악경찰서 신림파출소에 112 비상벨로 '무

단 침입자' 신호가 떨어졌다. 신림사거리에 있는 한 금융기관의 24시간 무인점포에 설치된 사설 경비업체의 무인 방범시스템이 작동한 것. 이 시스템은 경비업체 상황실에서 이상 발생을 체크해 곧장 해당 파출소로 연결하는 방식이다.

그러나 3분 뒤 현장에 도착한 경찰관 2명은 아무런 침입흔적도 찾아내지 못했다. 조사결과 배달원이 신문을 출입문 아래 공간을 통해 점포 안으로 밀어 넣는 순간 시스템이 작동한 것으로 드러났다. 결국 경찰관 2명이 30여분 동안 헛수고하고 발길을 돌렸다.

이와 같은 일은 비일비재하다. 1일부터 20일까지 서울지역 31개 경찰서에 접수된 112 비상벨 출동은 모두 1363건. 이 가운데 침입 흔적이 있는 곳은 118건뿐이고 91.3%인 1245건이 오작동으로 밝혀졌다. 일선 경찰들이 "112 비상벨 신고가 접수되면 '잘못 울렸을 것'이라고 생각하며 출동한다"라고 말할 정도다.

건당 30분씩 잡아도 8시간 근무하는 파출소직원 156명이 오작동에 대처하느라 하루를 꼬박 보낸 셈이다.

신호감지기가 너무 예민해 작은 진동에도 작동하거나 사용자의 부주의로 잘못 눌러 발생하는 경우가 대부분. 금융기관의 경우 책상 아래 설치된 비상벨을 무릎으로 잘못 누르거나 작동 요령이 미숙해 생기는 경우도 많다.

또 청소부가 아침 청소 중에 경보기를 잘못 건드리는 경우나 은행에 많이 설치된 열 감지기가 고양이 쥐 등을 사람으로 오인해 작동하거나 냉난방시 온도변화에 의해 작동하는 경우도 심심찮게 발생한다.

이밖에 취객이 감지기가 설치된 물건을 발로 차거나 기댔을 때 오작동하는 경우도 상당수다. 때론 건물의 다른 층에서 공사를 할 경우에도 그 진동으로 오작동 한다는 게 일선경찰관들의 말이다.

서울 영등포경찰서 산하의 한 파출소 직원은 "기기 자체의 문제점으로 인해 발생한 오작동에 대해서는 사설경비업체측이 신뢰도에 금이 갈 것을 우려해 그 원인을 함구한다"고 말했다.

미국은 책임자 부담원칙이 그대로 적용된다. 미국은 2000여개의 카운티(군)에서 오경보에 대한 과태료나 벌금제를 실시하고 있다. 한 예로 비상벨 출동의 98%가 오작동인 시카고의 경우 1994년 시의회가 '비상벨 오작동'에 관한 조례를 제정, 주거지나 학교 교회 등이 아닌 기업체에 설치된 비상벨이 1년에 5번을 초과해 오작동될 경우 울릴 때마다 50~100달러(약 5만5000~11만원)의 벌금을 내도록 했다.

또 비상벨을 설치하는 모든 기업체가 허가를 받도록 했다. 비상벨을 잘못 울린 기업체는 청문회에 출석하는 일도 있어 기업체들이 사용부주의 등에 의한 오작동을 줄이려고 노력하는 것이 일반적 상황이다. 메릴랜드주에서는 한 달에 3회 이상 오출동시 30달러(약 3만6000원)를 과태료로 납부해야 하는 등 지역마다 기준은 약간씩 다르다.

일본에서도 일단 무인방범 시스템이 작동하면 단계를 구분, 경비업체에서 우선 현장 확인 후 경찰에 연락하는 확인통보 방식과 작동 즉시 경찰에 연결되는 즉시통보 방식 등 2가지를 병행하고 있다.

1990년대 들어 우리나라 무인방범 시스템은 은행 등 금융기관뿐만 아니라 일반 가정에까지 보급되는 등 확대일로에 있다. 사설 경비원을 갖춘 대형 경비업체뿐만 아니라 무인 방범시스템만 설치해주는 영세 경비업체까지 포함하면 전국에서 100여개 업체가 성업 중이다. 사정이 이렇다 보니 현재의 '경찰력 낭비'는 시스템과 제도의 개선이 없는 한 앞으로도 더욱 늘어날 수밖에 없다.

이에 대해 서울지방경찰청 관계자는 "오작동이 많은 곳은 제재나 벌금 등을 통해 특별 관리하고 사설 경비용역업체들이 경비역량을 강화하는 방향으로의 제도 개선이 시급하다"고 밝혔다.

7) 서울지방경찰청 오경보 개선 지도점검

2000년에 와서 오경보를 개선하고자 서울지방경찰청은 "오경보 개선대책"회의 개최를 경비업자(38업체)에게 통보하였다.

○ 서울지방경찰청이 2000.4.24 산하 38개 업체에게 통보한 회사명

(주)에스원, (주)캡스, (주)에스오케이, 대한중앙경비보장, (주)한국안보씨콤, 가인네트워크, (주)코스텍21, (주)조은시스템, (주)포콤방범시스템, 전국보안공사, (주)현일케이에스시스템, 한국무인방범시스템, 한국통신안전(주), 한미안전공사, 광명통신안전, 한국종합경비시스템, (주)시테크원보안, 구일안전시스템(주), 나래시큐리티(주), 부라더안전, (주)라이캅, (주)새파취, (주)

진돗개, (주)토스콤, (주)공간씨큐리티, 포스콤안전(주), (주)두연엔터프라이즈, (주)시큐넷, (주)아세아, 안전시스템, (주)호태왕, (주)시크리트서비스, (주)시큐리티진돗개, (주)월드시큐리티, (주)소나시큐리티, (주)국제보안, 디오정보시스템, (주)한국공중전화, 한일발명

다음은 2000년 5월 4일 14시에 서울 경찰청 7층 회의실에서 회의한 내용이다.

• 참석대상업체 : 기계경비업무 38개 업체(컴퓨터자동신고망업체 포함)
• 참석대상자 : 대상업체 대표자 및 관제실 실무책임자(총76명)(대리참석 불가)
• 내용 : 기계경비시스템 「오경보 개선대책」 교양
  제1단계, 제2단계 추진방안 철저 이행 촉구
  경비업 실무상 애로 및 건의사항 토의
• 지참물 : 오경보 감소를 위한 「경비대응 계획서」 제출
  – 인원(경비원, 기술직원 등)에 관한 내용
  – 시설(관제소, 출장소)에 관한 내용
  – 장비(출동차량 및 통신시설)에 관한 내용, 끝.

○ 1998년도부터「무인기계경비」의 오경보로 인한 경찰력 낭비방지를 위하여 업체로 하여금 이상 경보 수신시 범죄발생의 개연성을 판단하여
○ 「긴급신고」, 「확인신고」로 구별, 112신고토록 개선한 바 업체회의 소집을 통해 철저한 이행촉구 등 동제도의 완전 정착 도모
○ 오경보율 높은 업체 특별관리 및 집중지도 · 점검으로 오경보율 감소 추진

○ 현 황

• 무인기계경비업체 및 가입현황 : 35개 업체, 123,571개소 가입

계	중부	남대문	서대문	청량리	마포	동부	서부	남부	강남	강동	종암	서초	송파	방배	도봉	수서
35	1	2	1	1	2	3	1	1	6	2	1	4	6	2	1	1

※ 컴퓨터자동신고망 3개 업체 제외 35개 업체임

• 컴퓨터 자동신고망 업체 및 가입현황 : 3개 업체, 8,750개소 가입(구로2, 용산1)

※ 시스템 개요

• 가입자 시설물에 경보장치를 설치, 침입 등 이상 발생 시 경비업체 관제실에서 경비요원 출동 및 경찰에 112신고

• 경비업법에 의한 시설경비업허가를 득하고 자체관제실, 출동요원을 갖춘 기계경비시스템

○ 문제점

• 오경보율(2000.1.1~3.31) 99.71%이며, 이상 경보 발생 시 선별하여 112신고토록 하고 있으나 제도 미정착으로 오경보에 의한 경찰력 낭비초래

※ 총경보건수 258,289건 중 실제침입 748건(0.29%), 오경보율 99.71%
총신고의뢰건수 8,789건 중 실제침입 564건(6.42%), 오신고율 93.58%

○ 오경보 원인분석 및 실태

• 오경보 원인

– 가입자 측면

○ 기계작동・해제 시 비밀번호 미입력 등 기기 작동요령 미숙

○ 사무실 이전, 보수공사시 시스템 훼손 등 관리 소홀
기타 장난, 어린이 호기심, 실수(사전 통보 없이 점검) 등

– 관리업체 측면

○ 센서의 오류 : 고양이・쥐 등 동물의 움직임, 바람, 호우 진동

에 센서 반응 난방, 냉방실시 실내온도 변화에 반응
○ 기기 고장 노후 등 사후관리 소홀

• 오경보 발생실태
- 자체관제소의 형식적 경보관리
- 경비업체 현장대처능력 부족으로 경찰력에 의존 경향

○ **대 책**

• 선별 112신고제 완전 정착
- 이상 경보 수신시 「확인신고」 원칙
※ 확인신고란 경비업체의 현장대처요원만이 현장 출동, 사실 확인 후 경찰의 출동이 필요한 경우에만 112신고
- 범죄개연성이 높은 이상경보시만 「긴급신고」
※ 긴급신고는 경보발생 즉시 경찰에 112신고
※ 경비업체는「긴급신고」, 「확인신고」시 업체명을 접수 경찰관에게 명확히 적시하고 출동 의뢰한 신고건이 오경보로 판명시 즉시 오경보 여부를 신고접수 경찰관에게 통보하여 경찰력 낭비 방지

• 오경보율 높은 경비업체 특별관리
- 특별관리업체 현황

대상 업체수	정상 관리	특별 관리	지정사유				
			오경보율 93%이상	오신고율 79% 이상	신고출동 의뢰율 6.2%	오경보율 허위보고	오경보대책 불이행
38	10	28	26	14	9	0	0

※ 2000. 1/4분기의 경우 경비업체의 오경보 현황 분석, 적용(산정 내역 참조)
※ 2000. 5월부터 지방청 및 경찰서 112신고센타에서 업체의 112 신고를 접수하여 112순찰차 출동, 처리한 건수 분석, 적용 예정

- 지정 기준
  ○ 오경보율 93% 이상인 업체
  ○ 오신고율 79% 이상인 업체
  ○ 신고출동 의뢰율 6.2% 이상인 업체
  ○ 오경보 현황 허위보고 및 대책 불이행 업체
  ※ 총경보수 = 송신장치로부터 경보발송수
  ※ 오경보율 = 오경보건수 / 총경보건수
  ※ 오신고율 = 오신고건수 / 총신고건수
  ※ 신고출동의뢰율 = 총신고건수 / 총경보건수
- 집중 지도 · 점검
  매월 경비업체별로 오경보 현황을 분석, 특별관리업체에 해당하는 경우 오경보 원인에 따라 다음과 같이 이행토록 경비업체 지도 · 점검
  ○ 「긴급신고」, 「확인신고」 구분, 112신고 확행
  ○ 가입자 측면의 문제는 가입자 교육 실시
  ○ 경비업체측의 기기불량 등은 기계 점검 · 보수 실시
  ○ 신고출동 의뢰율이 높을 경우 관제요원 교육 실시
- 조치
  ○ 특별관리업체로 지정된 후 3개월 동안 오경보율이 감소하지 않을 경우 경비업법 제13조(감독)에 의거 오경보대책 이행토록 행정명령
  ○ 행정명령 후 오경보대책을 이행하지 않을 경우 법시행령 제22조에 의거 행정처분
  ○ 특별관리업체로 지정된 업체에 대하여 오경보 감소를 위한 대책 회의를 매월 관할경찰서(방범과)에서 실시

• 경비업체 지도 · 점검 강화
- 경비업체의 오경보 현황 및 조치결과 보고 의무화
- 경비업체의 가입자 교육강화

○ 최초 가입 시 전 사용자에 대해 기기작동 및 사용방법 교육
○ 오작동시 현장에서 또는 익일 방문 원인분석 및 재교육
○ 정기적 오작동 횟수산출 가입자에 통보, 주의 환기

– 경비업체 가입자 센서등 기기보수 · 점검 강화
○ 가입자 시설물(단말기) 등에 점검부 비치
○ 보수 · 점검시 원인 및 점검결과 기록 유지
○ 오경보 발생 시마다 점검하고 기록 유지
○ 신규설치시 1개월 이내, 그 후는 3개월 간격 기기 점검
※ 기계경비업자의 즉응체제 구축 · 사실확인의무 및 오경보 방지제도 도입을 위한 경비업법 개정 추진 중(경찰청)

2001년도 기계경비업체 간담회 개최 내용

○ 서울지방경찰청(방범부)
• 기계경비시스템의 오경보로 인한 경찰력 낭비방지를 위하여 업체로 하여금 「긴급신고」, 「확인신고」로 구별, 112신고토록 개선
• 최근 기계경비업체 화재 등으로 인한 가입자들의 불편해소 방안
• 개정 경비업법에 대한 업체 유의사항 등을 검토하고자 함

○ 현 황

계	중부	남대문	서대문	중랑	동부	서부	남부	강남	강동	강서	종암	서초	송파	방배	도봉	수서	구로	영등포
35	1	2	1	2	4	1	2	8	3	1	2	6	2	3	2	4	2	2

※ 무인기계경비업체 및 가입현황 : 48개 업체, 227,997개소 가입

○ 문제점
• 오경보율(2001.11) 98.7%이며, 이상 경보 발생 시 선별하여 112신고토록하고 있으나 제도 미정착으로 오경보에 의한 경찰력 낭비초래
※ 총 접수 출동건수 2,202건 중 실제침입 27건(1.3%), 오경보율 98.7%

○ 오경보 원인분석 및 실태

• 오경보 원인

– 가입자 측면

○ 기계작동 · 해제 시 비밀번호 미입력 등 기기 작동 요령 미숙

○ 사무실 이전, 보수공사시 시스템 훼손 등 관리 소홀

○ 기타 장난, 어린이 호기심, 실수(사전 통보 없이 점검) 등

– 관리업체 측면

○ 센서의 오류 : 고양이 · 쥐 등 동물의 움직임, 바람, 호우 진동에 센서 반응 난방, 냉방실시 실내온도 변화에 반응

○ 기기 고장 노후 등 사후관리 소홀

• 오경비 발생 실태

– 자체관제소의 형식적 경보관리

– 경비업체 현장대처능력 부족으로 경찰력에 의존 경향

○ 대 책

• 선별 112신고제 완전 정착

– 이상 경보 수신시 「확인신고」원칙

※ 확인신고란 경비업체의 현장대처요원만이 현장 출동, 사실 확인 후 경찰의 출동이 필요한 경우에만 112신고

– 범죄개연성이 높은 이상경보시만 「긴급신고」

※ 긴급신고는 경보발생 즉시 경찰에 112신고

• 경비업체 지도 · 점검 강화

– 경비업체에 서울지방경찰청장 명의로 "안내문"발송(2001. 11. 12자)

– 경비업체의 오경보 현황 및 조치결과 보고 의무화

– 경비업체의 가입자 교육강화

○ 최초 가입 시 전 사용자에 대해 기기작동 및 사용방법 교육

○ 오작동시 현장에서 또는 익일 방문 원인분석 및 재교육

○ 정기적 오작동 횟수산출 가입자에 통보, 주의 환기

- 경비업체 가입자 센서등 기기보수 · 점검 강화
  - ○ 가입자 시설물(단말기) 등에 점검부 비치
  - ○ 보수 · 점검시 원인 및 점검결과 기록 유지
  - ○ 오경보 발생 시마다 점검하고 기록 유지
  - ○ 신규설치 시 1개월 이내, 그 후는 3개월 간격 기기 점검

8) 오경보 개선 대책 성과없이 경비업법 개정으로 종결

1998년도부터 오경보 개선대책에 대하여 노력해왔으나 큰 성과는 거두지 못하고 2001년 4월 7일 경비업법을 개정 오경보에 대한 법적조항을 강화, 위반시에는 과태료를 부과하는 개선책으로 일단락되었다.

○ 개정 경비업법(2001년 4월 7일 개정)으로 오경보에 대한 법적 조항 내용은 다음과 같았다.

- 경비업법
  - 제8조(대응체제)
  - 제9조(오경보의 방지 등)
  - 제18조(경비원의 명부와 배치 등)
- 부 칙
  - 제2조(기계경비시설의 설치신고를 한 경비업자에 대한 경과조치)
- 경비업법시행령(2001.7.7 개정)
  - 제7조(기계경비업자의 대응체제)
  - 제8조(오경보의 방지를 위한 설명 등)
  - 제9조(기계경비업자의 관리 서류)
- 경비업법시행규칙(2001.7.9 개정)
  - 제22조(출동차량의 도색 등)

안 내 문

업체명　　귀하

귀 업체의 무궁한 발전과 번영을 기원합니다.

지난 2001. 7. 8.자로 경비업법이 개정되면서 기계경비업이 신고제에서 허가제로 바뀌어 기계경비업이 건전 육성되도록 하였으나 아직도 가입자에 대한 책임을 다하지 못하고, 현장출동 조치를 경찰에 의존하고 있는 업체가 많아 안내문을 발송하오니 가입자에 대한 경비업무를 강화해주시기 바랍니다.

○ 2001. 10월 (1개월간) 귀 업체에서 경찰에 신고한 범죄 6건　중 실제 침입 0건, 오신고 6건으로 오신고가 100%에 달하고 있어 경찰의 첫 출동으로 인한 인력소모가 너무 클 뿐만 아니라 타 경찰 업무수행에 막대한 지장을 초래하고 있습니다.

○ 또한 가입자 17,130개소에 출동차량 75대 출동요원 153명으로 실질적으로 가입자에 대한 책임을 다하지 못하고 경찰인력에 의존하고 있는 실정이니 앞으로 가입자에 대한 책임을 다하신다는 차원에서 적극적인 시설보강을 하여 주시기 바랍니다.

○ 경찰에서는 지속적으로 기계경비업체에 대하여 신고사항을 파악하여 오신고율이 많은 업체에 대해 특별관리를 해 나갈 방침이오니 귀 업체에서도 긴급신고와 확인신고를 철저히 이행하여 오경보를 줄일 수 있도록 각별히 노력해주실 것을 당부드립니다.

끝으로 경비업 발전을 위하여 수고하시는 관계자 여러분께 감사를 드리며 항상 건강하시기 바랍니다.

2001년 11월 12일

서 울 지 방 경 찰 청 장

3. 2002 한일 월드컵 축구대회 경비

1) 2002한일 월드컵의 개요

(1) 월드컵의 역사

FIFA 월드컵은 단일 종목으로는 세계에서 가장 큰 행사이다. FIFA 월드컵은 20세기 초 올림픽운동, 특히 1920년 올림픽대회에 그 뿌리를 두고 있다.

1920년 5월 26일에 FIFA는 독자적인 축구 대회 개최계획을 발표함으로써 FIFA월드컵이 탄생하였다.

줄리메(Jules Rimet) 회장은 1962년 FIFA 총회에서 'FIFA회원국 축구협회가 파견하는 모든 국가대표팀이 참가할 수 있는 제1회 FIFA 월드컵을 개최한다.'는 안건을 통과시켰다. 이후 1930년 우루과이에서의 제1회 대회를 시작으로 올림픽 중간연도를 택해 4년에 한 번씩 개최되고 있다.

역대 대회 개최지로는 총 16회 대회 중 이태리(2회), 프랑스(2회), 멕시코(2회), 우루과이, 브라질, 스위스, 스웨덴, 칠레, 영국, 서독, 아르헨티나, 스페인, 미국 등이 있다. 대회의 대륙별 개최지를 보면 유럽지역이 9회, 남미지역이 4회, 북중미지역이 3회 개최하였다. 대개 월드컵을 위한 경기장은 8~12개가 필요하며, 본선 출전 및 경기 수는 32개 팀 출전에 64경기가 개최된다.

(2) 한 · 일 월드컵의 대회 규모

구 분	내 용	비 고
공식명칭	2002 FIFA 월드컵 한국/일본	
기 간	2002년 5월 31일 ~ 6월 30일 까지	
장 소	한국, 일본 각 10개 도시 • 한국(서울, 인천, 수원, 대전, 대구, 전주, 광주, 울산, 부산, 서귀포) • 일본(이바라키, 고베, 미야기, 니가타, 오이타, 오사카, 사이타마, 삿포로, 시즈오카, 요코하마)	
참가규모	32개 팀, FIFA 대표단, 보도진 등 총 13,000명	

2002 한일 월드컵은 월드컵 역사상 처음으로 아시아대륙에서 개최되는 대회이자, 2개국에서 공동개최하는 대회로서 대회운영이나 경기 결과, 국민의 질서의식 등 모든 것이 전 세계에 비교되어 드러나는 한・일 두 나라의 자존심이 걸린 중요한 대회였다.

2) 한국의 4강 신화

(1) 한국대표팀 성적

한국 축구 대표 팀은 2002 한일 월드컵에서 아시아국가로는 처음으로 4강까지 오르는 신화를 일궈냈다. 한국 이전에 아시아에서 가장 좋은 성적을 올렸던 팀은 1966년 잉글랜드월드컵에서 이탈리아를 꺾고 8강에 올랐던 북한이었다.

한국은 1954년 스위스월드컵에 첫 출전한 뒤, 1986년 멕시코월드컵과 1990년 이탈리아월드컵, 1994년 미국월드컵, 1998년 프랑스월드컵 등 아시아 국가 가운데 최다인 다섯 차례나 본선 무대를 밟았다. 그러나 통산 전적 4무 10패의 초라한 성적표를 갖고 있었다.

48년간 단 1승도 거두지 못했던 한국 축구는 일본과 공동 개최한 2002 월드컵을 앞두고 엄청난 투자를 했다. 축구협회는 2001년 1월 대표 팀 감독에 1998년 프랑스월드컵에서 네덜란드를 4강으로 이끈 거스 히딩크 감독을 영입했다. 또 체력담당관과 비디오 분석관 등 분야별로 외국 전문가를 초빙해 「파워프로그램」등 과학적인 훈련을 통해 선수들의 기량을 단기간에 끌어올렸다. 이후 프랑스와 잉글랜드, 스코틀랜드, 우루과이, 터키 등 세계 강호들과의 평가전을 통해 전력을 다졌다.

한국은 2002 한일 월드컵에서 포르투갈, 미국, 폴란드와 함께 D조에 속했다. 한국은 이 가운데 FIFA랭킹 40위로 포르투갈(5위), 미국(13위), 폴란드(38위)에 뒤져 있었다. 한국의 2002월드컵 첫 경기는 6월 4일 부산아시아드 주경기장에서 열린 폴란드전이었다. 경기별 성적은 아래 표와 같다. 한국은 월드컵 역사상 개최국의 영광과 함께 4강 신화를 이루었다.

〈표 4-117〉 2002 한일 월드컵 한국 대표 팀 성적

일 시	장 소	경기팀	스코어	관객 수
6월 4일	부산	對 폴란드(조예선)	2:0(승)	48,760명
6월 10일	대구	對 미국(조예선)	1:1(무)	60,778명
6월 14일	인천	對 포르투갈(조예선)	1:0(승)	50,239명
6월 18일	대전	對 이탈리아(16강)	2:1(승)	38,588명
6월 22일	광주	對 스페인(준준결승)	0:0 승부차기 5:3(승)	42,114명
6월 25일	서울	對 독일(준결승)	0:1(패)	65,256명
6월 29일	대구	對 터키(3·4위전)	2:3(패)	63,483명

(2) 2002 한일 월드컵 파급효과

2002 한일 월드컵 대회는 유사 이래 전 국민이 오랜 시간 하나 되어 공동체의 정을 느낄 수 있었던 축제의 장이었다.

2002 한일 월드컵 대회는 그만큼 국가적으로 많은 영향을 미쳤던 대회였다. 몇 년이 지난 지금까지도 많은 사람들이 2002 한일 월드컵 대회를 회자하며 즐거워할 정도로 의미 있는 사건이었다.

이러한 측면에서 우리에게 지대한 영향을 주었던 2002 한일 월드컵 대회는 국가적으로 과연 얼마만큼의 긍정적인 파급효과를 가져왔는가도 우리가 검토해야 할 중요한 사안이다.

일단 2002 한일 월드컵 대회는 공식적인 관람 인원과 TV 등을 통한 간접적인 관람인원 면에서 성공적이었다고 할 수 있다. 관람객 수는 연인원 350만 명으로 예상하고 있고, TV를 통한 시청 인원도 연인원 420억 명으로 추정하여 '94년 미국대회의 320억 명과 '98년 프랑스 대회의 370억 명을 상회하고 있다.

3) 2002 한일 월드컵의 경비 현황

(1) 경찰의 역할

가. 투입된 경찰의 규모와 조직

경기장 질서 유지와 선수 안전보호를 위해 투입된 경찰의 배치 현황을

살펴보면 1개 경기장별로 6개 중대 규모(약 2,500여 명의 전, 의경 동원)가 배치되었으며, 각 경기장별로 당해 지방경찰청에서 관리 · 감독 하에 임무를 수행하였다.

따라서 총 10개 구장에 투입된 경찰력은 약 30,000여 명에 이르렀으며, 월드컵 경기 내내 연인원 100,000여 명이 투입되어 임무를 수행하였다.

조직체계로는 안전대책위원회의 지휘 하에 안전본부와 현장안전통제실이 설치되어, 각 분야별로 업무를 세분화하여 출입국 대책반 / 신변보호대 / 교통관리대 / 보안정보활동팀 / 경기장 경비대 / 관련시설 경비대 / 외곽경계부대 / 대테러대응반 / 훌리건 대응팀 / 소방안전대 / 식음료 검식반 등의 전문팀이 운영되었다. 기타 특수한 인질 사건이나 테러에 대비하여 경찰특공대 및 특전사, 군인 등이 임무를 수행하였다.

나. 경찰의 주역할

위에서 언급된 다양한 분야에서 경찰들의 업무가 진행되었지만, 실질적으로 경기장에서의 가장 중요한 경찰의 역할은 경기장 경비와 통제 및 귀빈에 대한 경호업무였다.

1차부터 4차에 이르는 검색 선에서의 통제와 검색(차량 검색, 관중들에 대한 물품검색, 차량에 실려 있는 화물에 대한 검색), 그리고 경기장 내부의 곳곳에서 ZONE과 ZONE의 통제, 귀빈들에 대한 안내와 보호, 선수단에 대한 이동 및 경기장 진입 에스코트 등의 방대한 분야에서 경찰이 투입되고 임무수행이 되었다.

(2) 민간 경비의 역할

2002 FIFA 한일 월드컵 대회 안전관리의 중책을 부여받은 한국 경찰과 군 그리고 (주)티알아이 인터내셔널은 상호 완벽한 공조체제와 빈틈없는 업무수행으로 환호와 열광의 월드컵 대회를 무사고로 이끌어냈다. 민간경비회사로서 유일하게 큰 책임을 분담한 (주)티알아이 인터내셔널의 역할은 대회안전에 큰 비중을 차지하였으며 완벽한 임무완수로 대회 후 표창까지 받는 업적을 남겼다.

5월 31일 개회식과 함께 시작된 국민들의 열정적인 응원 열기는 한국 팀이 4강에 진출하게 도면서 최고조에 달했다. 한국 월드컵 경기는 10개 도시 10개 경기장에서 치러졌으며, 총 경기 관람객은 1백3십4만5천1백 명으로 여기엔 다수의 일본인 관람객도 포함되어 있었다. 환호와 축제 분위기 속에서 진행된 세기의 스포츠 체전은 훌리건의 소동이나 큰 사건 사고 없이 무사히 막을 내렸다.

월드컵 대회 경기 중 한국의 민간 경비는 높은 수준과 전문성을 발휘하였다. 한국에 있어서 월드컵 대회는 국가 행사의 성격이 강하기 때문에 시큐리티는 기본적으로 경찰이나 군과 같은 정부기관이 주관하는 분야이다.

이러한 가운데 (주)티알아이 인터내셔널이 대회 조직위원회로부터 경기장 경비를 단독으로 수주했다는 것은 한국 민간경비업계 사상 의미 있는 일이었으며 더불어 훌륭한 업무 수행으로 우수한 평가를 받았다.[12]

서울시에 본사를 두고 신변보호, 경비를 주 업무로 하고 있는 (주)티알아이 인터내셔널은 이번 대회에서 경기장 주요 핵심구역의 경비부터 선수단 신변보호, 미디어 운영, VIP 영접과 의전, 시설 관리, 선수 대기실 경비 등 다양한 경비 업무를 수행하였고, 전체 32경기에 걸친 경비업무 실적은 다음과 같다.

구 분	인 원
1. 한국 내 32경기(경기당 인원 50명)	연인원 1,600명
2. 전야제 행사	연인원 750명
3. 조 편성 추첨 행사	연인원 150명
전매치 투입 인원	연인원 2,500명

※ 경비 근무 복장은 경비복이 아닌 자유복(정장) 차림으로 이루어졌다.

12) 이번 성과는 시큐리티 분야의 민간경비 업체의 역할과 전문성을 알리는 계기가 되었으며 정부기관으로부터 그 우수성을 인정받은 측면 또한 큰 의미를 가진다.
10여 년간 사원의 열정과 고객의 신뢰를 바탕으로 성장해 온 (주)티알아이 인터내셔널은 2002월드컵 경기에서의 성과를 통해 경호(신변보호), 경비 분야의 민간경비 시장 논리에 새로운 방향을 제시하였고, 또한 동종 업계 전반에 걸쳐 보다 체계적이고 전문화 된 경호경비 시스템의 구축을 통해 고용주의 신뢰를 얻을 수 있도록 노력해야 한다는 메시지를 시사 하였다.

"경비는 경찰과 군이 주체, 민간경비회사로는 1개 회사가 사상 처음 수주(계약)"

2002 FIFA 한일월드컵 대회 안전관리 수주(계약) 업무 포인트는 다음과 같았다.

가. 미디어 관련 경비(미디어 동선 안내)

- 경비 개시 5시간 전 자원봉사자에게 동선유도 지시
- SMC 통제 및 안내, 전반전 종료 후 미디어 동선 안내
- 경기 종료 후 플래시 인터뷰 안내
- 전 미디어 스텝 사전 허가된 구역 내 촬영 및 취재하도록 통제

나. 포토라인 관련 경비(필드 포토라인)

- 미디어 입장 시 보조 출입증 및 AD카드 확인
- 선수단 포토라인 설정, SMC 동선안내
- 선수단 입장 시 미디어와 선수단 분리
- 미디어 선수단 접근 통제

다. 본부석 하부 진입계단 경비(본부석 하부 필드출입계단의 경비)

- AD카드, 보조 출입증 확인, VIP동선 확보
- 경기 중 침입자 통제

라. 필드 진입구 경비(본부석 하부 선수단 출입구의 경비)

- 미허가자 및 불필요 인원 선수단 접근 통제
- 필드 진입 통제, 선수단 동선 간섭요인 제거
- 플래쉬 인터뷰 대상 선수 동선 안내

마. VIP 게이트 경비(VIP 영접 및 의전)

- VIP 신변보호
- 로얄 VIP 박스의 미허가자 및 불필요 인원 접근 통제
- 로얄 VIP 박스 안전 확보, VIP 리셉션장 및 로비 안전 확보

바. 선수단 게이트 경비(선수단 게이트의 안전 확보)

- 선수대기실 진입통로 안전 확보, 플래쉬 인터뷰 미디어 통제 및 안내
- 선수단의 이동 동선 확보

사. 선수대기실 확보 및 경비(선수대기실 안전 확보)

- 허가된 인원 외 출입통제(AD카드에 근거)
- 선수대기실 시설 점검 및 안전 확보
- 선수단 물품 도난 예방

아. 총괄 팀장(경비원의 총괄지휘)

- 조직위원회 안전 팀의 총괄지휘 및 보고, 현장상황 기록

인터폴 "안전 월드컵 100점"
테러 · 훌리건 등 큰 사고 없이 마무리
국제경찰 첫 공조, 시민의식도 한몫

테러나 훌리건 난동 같은 불의의 사고가 발생할지 모른다는 우려 속에 시작된 한 · 일 월드컵 축구대회가 별다른 사고 없이 폐막되었다. 직전 대회인 1998년 프랑스 월드컵에서 훌리건이 난동을 부린 데다 지난해 미국 9 · 11 테러의 여파가 완전히 가라앉지 않은 상태에서 대회가 열려 우리 정부는 긴장할 수밖에 없었다. 하지만 우리의 철저한 대비와 국제사회의 협력, 성숙한 시민의식 덕분에 역대 어느 대회보다 안전하고 조용하게 마무리되었다.

경찰은 대회 기간에 경기장 · 훈련장 · 공항 · 항만 등 주요시설 4백여 곳에 연인원 기준으로 70만 명의 경찰 병력을 배치하였다.

- 위험인물 입국 차단 : 공항 보안당국은 지난 5월 중순 항공사 · 경찰 · 기무사 · 세관 · 출입국관리사무소 · 군, 경비단 등 20여개 관련기관으로 '월드컵 공항대책반'을 구성, 24시간 근무체제로 운영하였다. 대책반은 인터폴(국제경찰)과 각국의 수사기관에서 테러 용의자 6천7백여 명의 명단을 입수, 이들의 입국을 막았다. 세계적으로 '악명'을 떨치고 있는

영국 훌리건 3명을 인천국제공항으로 돌려보냈고, 이들보다 덜 위험한 프랑스·영국인 훌리건 4명을 체류기간 내내 감시하였다. 독일·포르투갈 등 11개 정부는 모두 23명의 훌리건 전담수사관을 한국에 파견, 자국 응원단의 돌출행동을 감시하였다. 한국에 파견된 인터폴 관계자는 "이번 대회는 인터폴이 테러·훌리건 난동 방지를 위해 공식적으로 국제공조 활동을 벌인 첫 월드컵"이라며 "안전 면에서 1백점짜리 대회였다"고 평가하였다.

- 길거리 안전 유지 : 한국 팀의 경기가 열린 일곱 차례 동안 전국적으로 모두 2천1백93만 명이 길거리 응원에 나섰다. 응원 장소도 78곳에서 4백58곳으로 늘었다. 경찰은 연인원 20만여 명을 배치해 질서를 유지했고, 서울시 소방방재본부도 1만 5천여 명의 소방인력을 투입하였다. 탈진환자 65명 등 모두 6백 97명을 응급조치한 서울시 소방방재본부측은 "엄청난 인파가 모였는데도 단 한 건의 사망사고도 없었다"면서 "시민들이 스스로 질서를 잘 지켜 큰 사고가 없었던 것"이라고 설명하였다.
- 위험한 물품을 경기장에 갖고 들어가는 것을 막기 위해 관람객들의 소지품을 철저히 검색하였다. 이 과정에서 과도·폭죽·가위 등 1만 6천여 개의 물품이 반입 금지되었다. 경기장 안팎에 겹겹으로 병력을 배치했으며, 중무장한 경찰특공대 요원들도 요소마다 길목을 지켰다. 특히 훌리건의 난동을 막기 위해 특수훈련을 받은 기마경찰대가 배치됐지만, 정작 큰 소란이 없어 진압에 투입되지는 않았다.
- 요인 경호 : 각국 선수단과 내빈들은 한국에 머무르는 동안 무장 경찰관들의 '그림자 경호'를 받았으며 테러 목표가 될 가능성이 있던 미국 팀에는 경찰특공대 요원들까지 배치되었다. 미 중앙정보국(CIA)과 주한미군은 33명의 특수요원을 자국 선수단 경호에 투입하였다. 차량하부 같은 최첨단 대(對) 테러장비들도 도입되었다. 철저한 경호 덕분에 대회 관계자나 선수 중 한 명도 위험에 처하는 상황이 생기지 않았다.

〈표 4-118〉 부문별 경찰관 배치 규모 (단위 : 명, 연인원 기준)

구분	인원
길거리 질서	201,960
국가중요시설	158,565
경기장	124,698
숙 소	65,582
공항 · 항만	64,790
미디어센터	25,854
연습장 · 훈련장	11,366
신변 보호	891
합 계	706,724

※ 자료 : 경찰청

한국과 공동 개최한 일본도 경비대상 지역을 13개소(경기장 10개소, 기타 3개소)로 나누어 경비에 임했으며, 일본 월드컵 조직위원회(JAWOO)는 안전과 경비는 전부 민간경비업체에 일임하였다.

한국과 같이 5월 31일부터 6월 30일까지의 전32경기를 연 16,000명을 동원, 참가업체도 300여사였으며 모든 행사도 한국과 같이 사고 없이 완수하였다.

〈표 4-119〉 일본월드컵 본부 및 관련 시설 경비 현황

시설명	주관회사	공동참가회사	비 고
IMC 인포메이션센터	종합경비보장(주)	동경종합경비보장(주) 동경빌딩서비스(주) 가나가와 종합경비보장(주)	5월 31일부터
FIFA 본부			
부속시설, 공항, 역사 기타			5월 중순부터

개최지	경기일자	관객 수	대회경비내용				
			협회의 관여	수주내용	주관회사	공동참가회사	비 고
삿포로(札幌)	6/1	32,218	무	경비협력회 방식	(주)시미즈 스포츠	요코하마 시미즈 등 16개사	주관회사인 (주) 시미즈스포츠는 2001년 시미즈무대공예(주)와 합병하여 (주)시미즈오구도로 탄생하였다. 1959년 회사설립 이래 많은 업무(스포츠 및 이벤트 서비스)를 맡아 하고 있다.
	6/3	31,081					
	6/7	35,927					
미야기(宮城)	6/9	45,610	무	공동기업체	(주) 시미즈 스포츠	요코하마 시미즈 등 12개사	
	6/12	45,777					
	6/18	45,666					
이바라키(茨城)	6/2	34,050	무	공동기업체	신데이고구 경비(주)	데이케이 등 7개사	
	6/5	35,854					
	6/8	36,472					
사이타마(埼玉)	6/2	52,721	무	공동기업체	(주) 시미즈 스포츠	요코하마 시미즈 등 26개사	
	6/4	55,256					
	6/6	52,328					
	6/26	61,058					
요코하마(橫濱)	6/9	66,108	무	협동조합	(주) 시미즈 스포츠	시미즈 스포츠 등 37개사	
	6/11	65,320					
	6/13	65,862					
	6/30	69,029					
니가타(新潟)	6/1	33,679	무	공동기업체	(주) 세콤 우이신가드(주)	세콤챠스테크 등 14개사	
	6/3	32,239					
	6/15	40,582					
시즈오카(靜岡)	6/11	47,085	무	공동기업체	시즈오카 제이고구경비(주)	사이다마 스포츠 등 14개사	
	6/14	46,640					
	6/21	47,436					
오사카(大阪)	6/12	44,864	무	공동기업체	(주)시미즈 스포츠	사이다마 스포츠 등 106개사	
	6/14	45,213					
	6/22	44,233					

고베(神戶)	6/5	30,957	무	공동기업체	(주)시미즈 스포츠	사아다마 스포츠 등 20개사	
	6/7	36,194					
	6/17	40,440					
오이타(大分)	6/10	39,700	유	협회의 공동수주	(주)고이즈	구대경비보장(주) 등 42개사	
	6/13	39,291					
	6/16	39,747					
합계	32경기	1,438,637	협회관여 1 공동기업체 9		연10개사	연 293개사	

4. 외국 경비업체의 한국 진출과 동향

1) 외국경비업체 한국 진출 동향 일지

1980년 07월 한국경비보장(현 에스원)과 일본의 세콤사와 합작 및 기술도입 체결

1980년 09월 한국경비보장(현 에스원)과 일본세콤과의 합작 정부(경제기획원) 인가

1980년 11월 한국경비보장(현 에스원)과 일본세콤과 기술도입 인가

1981년 11월 용진실업과 미국의 워켄핫사와 합작 한국워켄핫사를 설립 한국 55% 미국 45% 외국인 투자 인가

1982년 01월 범아종합경비(현 SOK)와 일본의 종합경비보장 합자계약 체결

1982년 04월 범아종합경비(현 SOK)와 일본의 종합경비보장 합작 정부 인가

1982년 12월 범아종합경비(현 SOK)와 일본의 종합경비보장 외자도입 인가.

1983년 11월 대한중앙경비보장과 일본의 센트랄경비보장 합작 인가

1983년 12월 대한중앙경비보장과 일본의 센트랄경비보장 기술도입 인가

1984년 08월 한국보안공사(현 캡스) 미국 ADEMCO사와 기술제휴 및 대리점 계약 체결

1985년 02월 한국보안공사(현 캡스) 미국 ADEMCO사의 무인경비시스템 도입
1997년 01월 WTO에 의거 한국경비업시장 외국인에게 개방
1998년 12월 SOK, 일본 합작회사 종합경비보장사로부터 120억 원 차관과 C1 도입
1999년 08월 미국 타이코(Tyco)사가 (주)캡스 주식 전액 공개 매수
2001년 07월 영국 쳡(Chubb) 시큐리티사, 한국에 (주)쳡시큐리티 코리아 설립
2001년 09월 (주)쳡시큐리티 코리아 군소업체 16개 업체 인수 후 C1(차량, 계약서, 복장등) 통일
2001년 12월 (주)쳡시큐리티 코리아와 (주)SOK는 국내 시장에서 공동마케팅을 전략적 업무제휴로 체결
2002년 03월 일본의 센트럴 경비보장(주) 한국의 대한중앙경비보장(주)과 합작 계약 포기 후 철수
2002년 03월 대한중앙경비보장(주) 서울지방경찰청에 기계경비업무 반납함
2004년 03월 (주)쳡시큐리티 코리아 경영부실로 철수
2005년 01월 (주)SOK 싱가포르 Devonshire Capital Pte., Ltd 회사에 기계경비업무 75억 원으로 매각. 일본 종합경비보장(주) 한국에서 철수

2) 일본의 세콤과 (주)에스원 합작 상호 협력으로 성업중

(1) 에스원 창립 비화

일본세콤(SECOM) 창업자 이다 마코토(飯田亮)가 일본경제신문사에 「나의 이력서」라는 제목으로 2001년 6월 1일부터 6월 30일까지지 연재한 회고록 중 6월 23일(23회분)자를 살펴보면 에스원의 창립 비화를 자세히 알 수 있다.

> 1978년 대만에 경비회사「중흥보전공사(中興保全公司)」를 설립하였는데 한국에도 합작 상대 회사가 나타났다. 바로 삼성 그룹이다. 한국 최대의 재벌 창업자 이병철 회장이 70년대 중반에 일본에 방문하면서 면회를 요청하였다. 나는 식사를 하면서 일본의 경비사업에 대해 설명하니까「그 사업은 한국에서도 성장 가능성이 있다.」하는 눈빛이었다. 나는 그 자리에서 "함께 하시렵니까"라고 물어 보았다. "합시다." 그 자리에서 결정이 났다. 최고 경영자끼리 합의에 의해 결정되었지만 세무 문제에 대해서는 아무것도 이루어진 것이 없이 한국안전시스템(현 에스원)이 1981년에 탄생하였다. 합작 이후 모든 일은 순조롭게 진행되었다.

1980년 일본 세콤과 한국 에스원은 위와 같은 내용으로 합작하여 현재까지 성업 중인 대표적인 회사이다.

(2) 합작 당시 현황

○ **회사현황**

1977년 11월　한국경비보장주식회사 창립(자본금:20,000,000원)
1977년 12월　내무부장관의 용역경비업허가(제1호) 획득
1978년 03월　증자(자본금 30,000,000원)
1978년 05월　증자(자본금 52,000,000원)
1980년 09월　일본경비보장주식회사와 합작투자인가획득(경제기획원)
1980년 11월　일본경비보장(주)로부터의 기술도입인가획득(내무부)
1981년 01월　증자(자본금 200,000,000원)
1981년 01월　한국안전시스템 주식회사로 상호변경
1981년 08월　증자(자본금 500,000,000원)

○ **사업목적**

- 방재 · 방범 등의 안전관리용역경비업
- 방재 · 방범 및 안전관리에 관한 설비기기시스템의 판매 및 보전업
- 안전관리에 관한 조사지도 조언 등의 업무
- 전 각호에 부대하는 일체의 업무

○ 합작 당시 세콤의 연혁

1962년 07월 창립
1964년 09월 동경 올림픽 안전관리용역수주
1966년 06월 SP ALARM SYSTEM개발
1967년 10월 국제경비연맹가입
1974년 06월 동경증권시장 1부 상장
1978년 01월 자유중국 중흥보전(주)과 업무제휴
1978년 02월 호주에 SECOM-AUSTRALIA CO. 설립
1978년 11월 동경에 SECOM SD CENTER 준공(컴퓨터에 의한 안전정보처리)
1979년 03월 SECOM ED CENTER(안전시스템 단말기기개발연구소) 준공
1980년 01월 SECOM그룹(21개사) 안전산업 기본적 체제 확립

• 자본금 : ￥2,268,000,000
• 사원총수 : 8,000명

○ 에스원

경비(SECURITY) 산업에서 정보통신서비스사업으로...

현재 한국 굴지의 경비용역전문회사인 한국 SECOM의 향후 사업다각화에 대한 사세 확장전략을 일본 SECOM의 경우와 비교·분석하여 그 가능성을 가늠해 보았다.

에스원은 1971년 설립된 캡스(CAPS)에 이어 중앙개발이 일본SECOM과 공동으로 출자해서 설립한 한국최초의 용역경비서비스 전문회사로 삼성그룹 계열이다.

동사 역시 한국최대의 경비용역 전문업체로, 상장 이후 일본SECOM이 보여준 시세분출이 가능하다고 예상됐다.

경비용역업의 특성상 자기 고유의 네트워크망이나 다른 회선임대업체로부터 빌린 자기 네트워크망이 반드시 필요한데, 에스원은 한국통신(KT)으

로부터 자체 보안망의 구성을 위해 전화회선 일부를 임대해 쓰고 있고, 자체 네트워크망을 이용한 통신정보제공사업과 통신망을 이용한 홈쇼핑 사업을 구상하고 있다. 또한 무선통신사업자에게 자기 회선 일부를 임대함으로써 고수익을 올릴 수 있고 현재 삼성그룹이 그룹차원에서 PCS(Personal Communication Service) 사업을 추진 중에 있으므로, 이와 연계되어 각종 서비스를 제공하게 될 경우도 전혀 배제하기 어렵다고 사료된다. 이와 관련하여 상호를 S1(에스원)으로 바꾸고 종합서비스전문회사로 도약하기 위해 노력하고 있다.

현재(1996년 2월 19일) 일본SECOM의 주가는 6,930엔으로 이는 40%정도의 수준이나 이는 단지 경비용역업체로서의 수익성이 반영되어 있는 것뿐이고, 통신서비스업의 성장업을 전망한다면 추후에도 충분한 주가상승 여력이 있다는 것이 일본 노무라증권의 입장이다.

○ 에스원 재무재표

(단위 : 억 원)

결산기	매출액	경상이익	순이익	EPS	BPS
93.12	921.9	55.1	32.8	8,200	24,636
94.12	1,212.5	22.8	13.1	1,310	12,931

주식의 분포를 살펴보면, 일본SECOM이 38.4%를 보유, 지분율이 가장 높고 중앙개발이 17.38%를 보유하여 제2대 주주이다. 영위하는 사업규모에 있어서는 종업원 6천여 명에 25년의 연혁을 보유한 캡스보다 월등히 높은 수준이며, 상주경비용역 분야의 매출구성이 높은 보안공사와는 달리 부가가치가 매우 높은 무선경비사업(시스템 경비 부문)을 집중적으로 육성하고 있으므로 향후 발전전망은 에스원이 훨씬 더 높다고 할 수 있다.

6,000억 원 규모의 국내 용역경비시장에서 동사의 점유율은 20%인데, 그 중에서도 부가가치가 높은 무인경비시스템 부문은 동사가 60%의 시장 점유율을 나타내고 있다. 경비용역사업은 비경기 관련 내수산업으로 향후 시장규모가 연 20% 이상씩 성장할 것으로 기대되고, 동사의 경우 국내경비산

업의 선구자인 만큼 시장규모성장 이상의 고성장을 달성할 전망이다.

일본의 경우, 중・상류층 주택 10가구 중 4.5가구가 일본SECOM의 무선경비시스템을 계약하여 서비스를 받고 있고, 이러한 추세는 계속 증가해갈 전망이다. 아직 우리나라는 일반주택에 대한 이러한 무선경비서비스는 거의 전무한 상황이고 현재 이러한 서비스를 제공할 수 있어서 에스원의 기술수준이 가장 앞서있는 만큼 엄청난 속도로 그 사업의 영역을 확대해나갈 것임에 틀림없다.

동사는 기존의 네트워크 시스템을 활용하여 구급통보 및 건강관리서비스, 다양한 정보제공 및 홈쇼핑 사업을 펼칠 계획이며, 전국 무선통신망을 활용하여 안전배송시스템을 구축할 계획으로 있다. 이를 위해 동사는 초고속통신망에 부합하는 차세대 시스템을 개발함으로서 음성, 데이터, 화상정보통신을 이용하여 다양하고 새로운 서비스 창출의 기반구축을 핵심연구과제로 삼고 이를 계획하고 있다.

한편, 2월 29일의 주총에서는 추후 V.A.N 사업으로의 사업다각화에 일단 중점을 두어 추진한다고 밝혀 통신사업진출에의 제 1보를 내딛었으며, 앞서 기술한 대로 현재 상호를 S1(에스원)으로 바꾸고 통신정보사업으로의 사업다각화를 추진하고 있는 바, 동사는 단순한 경비용역업체로만 머물러 있지는 않을 것이고 일본SECOM의 경우와 같이 정보통신서비스업을 포함한 종합적 서비스 제공사업자로의 변신을 이루어 내리라 본다.

○ 일본SECOM

- 회사명 : 세콤주식회사(SECOM CO.,Ltd.
- 설립일 : 1962년 7월 1일
- 주요사업 : 시큐리티사업, 메디컬(의료)사업, 보험사업, 지리정보서스비사업, 정보계사업, 해외사업, 부동산사업, 그룹지원 사업
- 개요(2005년 3월 31일 현재)
  - 총회사수 : 154사
  - 총사업소수 : 1,467개소(국내 1,145개소, 해외 322개소)
  - 총사원수 : 38,011명(국내 28,372명, 해외 9,639명)

– 연계 회사수 : 123사
– 연계 매출 : 5,472억 엔
– 국내 계약 건수 : 약 94만 2천 건(2005.3.31 현재)
– 해외 계약 건수 : 약 46만 4천 건

연 차	매 출	자본금	종업원 수	법인신고소득 업계순위	신고소득전법 인순위	법인소득액 (100만 엔)
1998	222,541	65,697	11,548	1	78	42,616
1999	231,505	65,775	11,882	1	58	46,634
2000	242,461	66,096	11,857	1	77	45,792
2001	257,008	66,141	11,803	1	86	51,045
2002	274,669	66,360	11,921	–	–	63,478

○ 에스원

• 개요(2001년 현재)
– 자본금 : 190억 원
– 주주구성 : 일본세콤 – 25%
SDI – 11%
삼성생명(주) – 5%
기타 – 59%
합계 – 100%

〈표 4-120〉 (주) 에스원 창업 이후의 손익계산서(1981~2000)

	1981	1982	1983	1984	1985	1986	1987	1988	1989	1990
매 출 액	156	867	2,820	4,995	7,608	9,966	13,818	20,536	32,059	45,686
매 출 원 가	131	664	2,055	3,857	6,045	7,701	11,114	16,246	25,610	36,016
매출총이익	25	203	765	1,138	1,563	2,265	2,704	4,290	6,449	9,670
영 업 이 익	–183	-216	131	65	281	534	244	908	890	1,425
영업외수익	16	1	3	19	30	53	91	204	334	464
영업외비용	4	34	39	24	106	335	353	357	245	468
경 상 이 익	–171	-249	95	60	205	252	-18	755	979	1,421

순 이 익	－171	-249	93	60	208	-27	-19	635	760	1,074
법 인 세	－	－	－	－	－	－	－	174	274	371
당기순이익	－171	－249	93	60	208	－27	－19	461	486	703

	1991	1992	1993	1994	1995	1996	1997	1998	1999	2000
매 출 액	58,737	72,539	92,192	121,248	174,160	216,081	252,587	254,160	261,945	307,182
매 출 원 가	44,065	52,376	63,588	85,659	122,188	155,819	181,507	180,336	170,282	201,413
매출총이익	14,672	20,163	28,604	35,589	51,972	60,262	70,080	73,824	91,663	105,769
영 업 이 익	2,295	4,039	5,211	7,613	14,639	14,828	12,596	14,054	17,714	26,636
영업외수익	700	861	2,005	1,897	4,541	3,208	5,304	8,163	4,840	5,121
영업외비용	740	705	1,704	7,231	6,712	7,298	4,495	5,526	2,852	4,523
경 상 이 익	2,255	4,195	5,512	2,279	12,468	10,738	13,405	16,691	19,702	27,234
순 이 익	2,154	3,921	5,177	2,179	11,719	10,155	14,547	15,933	19,702	27,234
법 인 세	754	1,412	1,897	873	10,011	3,273	4,259	5,239	6,461	8,556
당기순이익	1,400	2,509	3,280	1,306	1,708	6,882	10,288	10,702	13,241	18,678

합작 당시 일본 세콤 사장이었던 이다 마코토(飯田亮)는 지금 현재 세콤 그룹 최고 고문으로 있으며, 다음은 지난 2000년 2월 17일~19일 내한하여 중앙일보 기자와 인터뷰한 내용이다. 여기서 주목할 부분은 "합작기업의 성공 비결은 무엇인가"에 대한 답변 내용이다.

"사이버 보안 중요성 점점 커질 것"

日 세콤그룹 최고고문 이다 마코토 방한 인터뷰

세계 굴지의 종합보안업체 일본세콤(SECOM)그룹의 창업자 이다 마코토(飯田亮 · 67)최고 고문이 지난 18일 경기대에서 명예 경영학박사 학위를 받았다. 1960년대부터 불모지였던 보안 산업의 텃밭을 일구고 첨단 사회안전시스템 구축에 관한 노하우와 경영철학을 한국 · 대만 등 10여 개국에 전파한 공로를 인정받았다. 그는 국내 합작사인 에스원과 업무를 협의한 뒤 19일 출국했다. 박사학위를 받기 직전 기자와 만나 보안 산업의 미래와 경영철학에 대해 이야기를 나눴다.

오너경영, 나름대로 장점도 있어... 경영자는 성실성 · 리더십 갖춰야...

– 13년 만의 한국 방문이다. 왜 자주 오지 않았나.
"(웃으며) 나를 아는 많은 사람들이 화난 표정이었다."

– 보안 산업이 앞으로도 각광을 받으리라고 보는가.
"인터넷 환경에서 사이버 시큐리티(보안)의 중요성이 날로 커지고 있다. 해킹 등에 대비하는 컴퓨터 시스템 보안이 더욱 큰 시장이 될 것이다. 최근 캐나다 등 북미 회사와도 합작사를 만들어 인터넷 정보보안 분야에 힘을 쏟고 있다. 사이버 보안뿐 아니라 물리적 보안(침입과 강 · 절도 방지) 분야도 여전히 성장 여지가 많아 경시할 수 없다."

– 한국 에스원과의 합작은 만족스러운가.
"이번에 에스원 간부사원 1백 50명에게 강의할 기회가 있었는데 하나같이 우수한 인재라는 인상을 받았다. 탄탄한 기업문화가 느껴졌다."

– '사회안전망' 개념을 자주 거론하는데.
"세콤은 '정당한 것을 추구함'을 기업문화로 삼고 있다. 회사 입장에서 아무리 옳아도 사회적으로 옳지 않다면 포기한다. 보안 사업을 오래 하다 보니 사람들을 편히 살게 해야 한다는 사명감을 느낀다. 최근 의료 관련 서비스를 개발하는 것도 같은 맥락이다. 사회가 불안하고 어려운 일이 생길 때 '세콤에 전화 한 통만 하면 해결 된다'는 믿음을 심어 주고 싶다."

– 최근 캄보디아 지뢰밭을 찾았는데.
"지구상에 1억 5천만 개의 지뢰가 묻혀 있어 20분에 한 명꼴로 지뢰 때문에 죽거나 다친다고 한다. 지뢰를 제거하는 작업을 하면서 많은 것을 느꼈다. 보안업체로서 사회에 공헌할 수 있는 분야라고 생각한다."

– 재벌의 경영권 2세 승계에 대해 어떻게 생각하는가.
"경영권 문제는 한 마디로 말하기 어렵다. 기업 실정에 맞게 결정해야 한다. 3년 전 상임고문으로 물러난 것은 의사결정 권한이 너무 나에게 집중돼 있어 능력 있는 주변 사람들이 성장하는데 지장을 줄 것 같았기 때문이다. 70세 이전(2003년)에 경영권이 완전히 이양될 것으로 본다. 오너 경영을 나쁘다고만 보기 어렵다. 변화에 맞춰 빠르게 변할 수 있다는 장점도 있다. 4~5년 전부터 일본에 급성장하는 기업 가운데 오너십이 있는 곳이 많다."

– 세콤을 승계할 사람은 어떤 덕목을 갖춰야 하나.
"성실성 · 리더십을 반드시 갖춰야 한다. 디지털 분야의 기술혁신처럼 중요한 분야에 관심을 갖고 전문 인력을 적재적소에 써야 한다. '당신은 행하시오, 책임은 내가 지겠소'하는 책임감이 리더십의 요체다."

– 합작기업의 성공 비결은 무엇인가.
"개인적으로 전략적 제휴는 좋아하지 않는다. 성격이 다른 사람이 함께 여행하는 격이다. 의사결정을 할 때마다 의견을 새로 물어야 하기 때문에 스피드가 떨어진다. 그래서 합작이나 인수 · 합병(M&A)을 더 좋아한다. 시간을 단축해 한 시간을 5분으로 할 수 있기 때문이다. 기업세계에서는 시간 단축이 중요하다. 시너지 효과를 높이려면 비슷한 기업문화와 사고방식을 만들어야 하는데 이 점에서도 전략적 제휴는 부적합하다."

– 일본 경제의 구조조정은 잘 돼 간다고 보는지.
"거품이 꺼지면서 금융권이 어려운 상황을 맞았으나 잘 진행되고 있다. 우리도 몇몇 은행에 정보기술(IT) 투자를 하는 등 구조개혁을 돕고 있다. 일본 금융기관의 힘이 약화된 것은 결과적으로 바람직하다. 그 전에는 금융기관을 중심으로 제조업이 움직이는 체제였으나 이제는 금융기관도 살아남기 위해 경쟁해야 한다."

– 세콤의 주가가 다른 인터넷 주식에 비해 저평가됐다는 지적도 있는데.
"미국에서도 인터넷주는 너무 많이 올라 있다. 성장성에 대한 기대 때문이지만 개인적으론 조만간 현재 주가의 절반 이하로 떨어질 것으로 본다. 주가를 결정하는 회사 내용은 장래에 대한 사업 디자인과 현재의 경영상태 등 두 가지로 요약된다. 경영실적이 좋고 미래가치까지 높다면 모르되 현재 상태가 대단치 않은데 주가가 너무 높은 것이 정상이 아니다."

20대에 보안업체 창업, 세계 2위 규모로 키워

이다 마코토는 누구?

1962년 20대 후반의 젊은 나이에 일본경비보장(주)을 창업한 시스템 보안산업의 세계적 대부. 주류업을 하던 부친이 '그런 황당무계한 일을 벌이면 부자의 인연을 끊겠다'며 반대하는데도 강행하였다.

1980년대 가정용 안전시스템과 지문인식 출입통제 등 컴퓨터 보안시스템을 개발해 미국 핑커턴사에 이어 세계 2위의 종합보안업체로 키웠다. 한국의 에스원은 1980년 일본 세콤과 50대 50으로 합작해 국내 수위의 시스템 보안업체로 성장하였다. 이건희(李建熙) 삼성 회장이 일본을 찾아 경영철학 등에 대해 이야기를 나눌 정도로 가깝게 지낸다.

1997년 스스로 대표이사직을 전문 경영인에게 맡기고 최고고문으로 물러난 그는 중요한 경영 현안만 챙기고 있다. '인도(人道) 목적의 지뢰제거 지원회'라는 국제조직의 이사장을 맡는 등 NGO(비정부기구) 활동에 열심이다.

'사업가란 스트레스를 친구로 생각하지 않고서는 만족한 경영을 할 수 없다'는 역설적 표현을 자주 쓰는 그가 가장 좋아하는 말은 '창조'다.

▸ 1956년 가큐슈인(學習院)대학 경제학과 졸업 ▸ '62년 일본경비보장 설립

▶ '83년 SECOM으로 회사 이름 변경 ▶ '98년 일본탁구협회장 ▶ '99년 도쿄(東京) 상공회의소 특별고문·경제구조개혁위원장 역임.

지금의 (2002년) 에스원은 미래(2012년)로 변신 중에 있다. 2003년 6월 17일자 한국경제신문 기사를 보면 「에스원 '디지털 기업' 변신중」이라 하며 경비업체 영역을 확대하고 있는 에스원의 부문별 매출 비중 변화 전망을 보면 다음과 같다.

〈표 4-121〉 에스원 부문별 매출비중 변화 전망 (단위 : 억 원(%))

	2002	2012	대 비
총매출	4,340	2조 1,200	
무인경비	4,050(93.3)	15,500(73.1)	
스마트카드 사업	270(6.2)	3,000(14.2)	
통신보안	0.5(20)	700(3.3)	
로케이션	-	2,000(9.4)	

○ 에스원 '디지털 기업' 변신중

"더 이상 경비업체가 아닙니다."

지난 2월초 금융결제원이 솔루션 개발업체들을 대상으로 '개방형 K캐시 플랫폼 소프트웨어 개발사업' 입찰사업자 공고를 냈을 때만 해도 한낱 경비회사인 에스원이 이를 수주할 것이라고 생각했던 사람들은 많지 않았다. 그만큼 같은 삼성 계열사인 삼성 SDS를 비롯한 강력한 후보들을 제치고 에스원이 이 사업을 따내자 관련업체들은 경악을 금치 못했다.

K캐시 사업은 은행권의 현금카드를 한국형 전화화폐인 스마트카드로 바꾸려는 은행권의 초대형 프로젝트. 저가수주 논란이 일기는 했지만 에스원으로서는 전문 정보 기술(IT)업체를 능가하는 실력을 과시하는 한편 스마트카드 사업에서 경쟁업체들보다 한발 앞서 나갈 수 있는 기회를 선점했다.

해외에서도 마찬가지다. 에스원은 베트남에서 현지 관광청과 함께 외국인 관광객을 대상으로 하는 선불형 스마트카드 사업을 시작했다. 관광객들이 필요한 금액을 충전해 환전의 번거로움이 없이 사용토록 하는 사업으로 현재 카드리더기 등의 인프라를 구축하는 작업이 진행 중이다. 에스원은 다른 동남아 국가들에도 이 시스템을 수출하는 방안을 추진하고 있다.

에스원은 2001년 이우희 사장 취임 이후 스마트카드 사업과 레이저 도청 등 첨단 IT기술을 활용한 통신보안사업, 이동통신기술로 정밀 위치확인서비스를 제공하는 로케이션사업 등에 착수해 '디지털 기업'으로의 대변신을 꾀하고 있다. 에스원은 이와 같은 디지털 신사업의 비중을 지난해 6.7%에서 오는 2007년 14%, 2012년 26.9%로 대폭 확대한다는 전략이다. 신사업의 매출액은 지난해 2백90억 원에 불과했지만 2007년 1천4백50억 원, 2012년 5천7백억 원으로 늘린다는 계획이다.

이 사장은 "21세기는 금융과 방범 IT업종 간 장벽이 사라지는 네트워크 시대" 라며 "출입카드가 모든 시스템의 기본이 되는 만큼 에스원이 관리시스템 시장에서 가장 유리한 위치에 있다"고 말했다.

에스원이 출입관리용 스마트카드를 무기로 전체 관리시스템을 파고드는 대표적인 사례가 대학가 병원이다. 이미 아주대 고려대 등 30개 대학에 스마트카드로 학생증을 발급했으며 출입관리 외에 식당이용 출결체크 등이 가능한 종합관리 시스템으로 업그레이드할 방침이다.

이 사장은 "디지털 유니버시티로의 전환은 더 이상 피할 수 없는 대세" 라고 강조했다. 삼성병원에도 병원관리시스템을 공급할 예정이다.

한국산업단지관리공단과 제휴를 맺고 전국 44개 산업 단지 내 입주기업들에 출입관리와 방범은 물론 식당과 주차장 관리 및 신용카드와 PC보안, 그리고 인터넷 공인 인증 등이 가능한 스마트카드 시스템을 구축하는 작업을 추진하고 있다.

3) 일본의 종합경비보장(주)과 (주)SOK합작

(1) 합작 일지

(주)SOK와 일본의 종합경비보장(주)과의 교류 30년 만에 철수

1973년 03월 범아공신(주) 재향군인회 일본 동경에 있는 재향군인회 동경지부(지부장 이인기)를 통해 업무제휴관계 협의

1974년 04월 재향군인회 송석하 장군 일본 회사 사장 무라이준(村井順) 방문 후 2명을 파견 연수 합의

1974년 11월 범아공신(주) 경비대장 유재현, 김재의 동사 동경 연수소에 입소 교육 방문

1975년 06월 일본, 종합경비보장(주) 상무 무라이즈네오(村井恒夫) 내사

1976년 12월 무라이 사장 초청으로 윤관 회장, 김정환 사장 기계경비업무시찰 후 경보기기(SK105R형) 17점 기증 받음

1977년 06월 범아공신(주)과 일본 종합경비보장(주) 한·일간 「친선과 경비업무 상호 협력 등에 관한」협조 각서 교환

1979년 04월 일본에서 제2차 본사 간부 연수의뢰 연수생으로 박상조 부장 김낙철 차장 파견

1981년 02월 (주)SOK와 일본종합경비보장(주) 합자 계약 관계로 한일 최고경영자(한국 측 윤관회장, 일본 무라이 사장) 협의

1981년 04월 일본의 야마모토(山本) 전무 합작 협의차 한국 방문

1981년 06월 (주)SOK(한국종합기계경비회사) 설립

1982년 01월 한·일간 "합자 투자 계약서" 체결 후 서명

1982년 02월 일본의 법원에서 공증함

1982년 02월 회사 자본금 1억 4천 9백만 원으로 등기(범아 계열 2개사 66.6% 일본 33.6%)

1982년 04월 외국인 투자인가 정부에서 인가

이상과 같이 1982년 합작회사 (주)SOK는 1998년 IMF까지 매년 10~15% 이상 성장하였다.

그러나 IMF로 인하여 계열사 범아대리석(주)이 부도가 났다. 그러나 경비회사 범아실업공사와 범아공신(주)은 연대 채무보증으로 연쇄부도로 도산되고 유일하게 (주)SOK는 1998년 10월에 화의개시인가가 법원에서 결정되어 운영 자금이 필요하여 동년 11월에 일본의 종합경비보장(주)의 120억 투자가 성사됨으로써 재기할 수 있었다.

1998년 12월 14일 「매일경제신문」 기사 내용을 보면

SOK 일본서 120억 원 차관

일본 합작업체 경영방식·CI도 함께 도입

무인경비업체인 SOK가 합작사인 일본의 종합경비보장사에서 120억 원의 차관을 도입, 본격적인 재기에 나선다. 또 로고도 합작사가 사용 중인 'SOK'로 변경하는 등 합작사에서 경영방식과 CI도 함께 도입한다.

SOK는 지난달 재정경제부에서 차관도입 승인을 받고 이달부터 1차 투자분을 도입한다고 밝혔다. 계열사인 범아실업공사와 범아대리석의 부도로 지난 5월 연쇄부도가 난 이 회사는 최근 법원에서 화의 인가를 받은 데 이어 차관을 도입키로 해 회생의 전기를 마련했다.

범아실업이 이번에 도입하는 차관은 연리 2.3%에 10년 거치 10년 상환 조건이다. 이 회사는 외자로 악성부채를 해소하고 감지기기와 수신부 개발, 통제센터도 개선할 계획이다. 회사 관계자는 "종합경비보장상사에서 자금 도입뿐만 아니라 경영방식과 CI까지 들여오게 된다"며 "합작사가 일본과 대만에서 36개의 연맹을 운영한 경험이 있어 앞으로 관계 확대에 큰 어려움이 없을 것으로 본다"고 말했다.

1981년 6월 설립된 SOK는 전국에 20여 지사와 1만7000여 가입회원을 보유하고 있으며 작년 매출액은 200억 원이다. 한편 종합경비보장은 일본에서 세콤과 함께 시장을 분할하고 있는 시스템경비 업체로 작년 매출액은 2조 9000억 원에 달했다.

그 동안 종합경비보장의 범아 주식보유 비율은 33%였지만 앞으로 이 회사는 주식보유 비율을 절반 가까이 늘릴 것으로 보인다. IMF 이후 회사운영이 호전된 듯 했으나 2001년과 2002년에는 경영부실로 계속 어려웠다.

2003년 주주총회 회의록을 보면 「2001년 59억 원 손실에서 2002년에는 19억 원 손실로 40억 원이 감소되는 개선을 보였지만 2000년 화의종결 당시부터 내재해온 금융부채로 인한 금융비용과다와 KOSDAQ등록업체들의 하락세와 더불어 만연된 IT투자의 소생 지체에 따른 투자손실 원인이 여의치 않게 되어 영업 손실 규모의 축소에도 불구하고 불가피하게 당기순이익을 창출치 못하였다.」라고 되어 있었다. 그리고

- 2004년 11월 이사회에서 싱가포르 회사에 영업양도 의결하고
- 2005년 1월 임시주주총회에서 "무인기계경비부분"의 매각을 의결하였다.

영업양도의 개요 내용은 다음과 같다.

○ 영업양도의 개요

① 영업 양도의 목적

• 회사의 재무구조 개선 및 구조조정을 위하여 에스오케이의 무인기계경비용역 부문을 매각함.

② 양도하고자 하는 영업의 내용

• 현재 에스오케이가 영위하는 주력 사업인 무인기계경비용역 부문에 관련된 기계장치 및 이에 따른 고객관계 등 일체를 양수인에게 양도

③ 양수인

• 상호 : Devonshire Capital Pte. Ltd
• 소재지 : 6 Battery Road # 12-08 Singapore
• 대표이사 : Andrew Mark Affleck
• 기타 : 외국법인

④ 양도가액 및 지급방법

• 7,500,000,000원(외부평가기관의 평가결과를 기준으로 하여 영업양도인과 영업양수인이 합의를 통하여 양도대금을 정하였음)

⑤ 양도 대금의 용도

• 차입금 상환 및 운영자금

⑥ 영업양도 일정

• 이사회결의일	2004년 11월 26일
• 영업양수·도 계약일	2004년 11월 26일
• 주식매수청구권 행사기간	2005년 01월 11일~01월 31일
• 영업양수·도 기준일	2005년 01월 12일
• 주주명부 확정기준일	2004년 12월 13일
• 주주명부 폐쇄기간	2004년 12월 14일~12월 20일
• 임시주주총회에서 의결(매각)	2005년 01월 10일

이상과 같은 영업양도로 일본의 종합경비보장(주)은 1982년에 4월 합작체결 이후 2004년 11월 이사회 결의할 때까지 22년간 한국과의 합작회사로서 인연을 맺었으나 부득이 철수하는 오점을 남기게 되었다.

철수한 종합경비보장(주)은 일본의 세콤 다음 가는 큰 회사이다.

- 회사명 : 종합경비보장주식회사
  SOHGO SECURITY SERVICES CO., LTD.
- 설립 : 1965년 7월 16일
- 자본금 : 171억5천2백만 엔
- 대표자 : 村井 温(무라이 아쯔시)
- 사업소 : 본사 · 5사업본부 · 57지부 · 44지점 · 197영업소
- 사원수 : 24,185명

구 분	매 출	자본금	종업원 수	법인신고소득 업계순위	신고소득전 법인순위	법인소득액 (백만 엔)
1998	172,774	2,504	14,447	2	339	10,520
1999	175,236	2,504	14,651	2	442	7,476
2000	175,307	6,150	13,458	2	775	5,197
2001	181,219	6,010	13,376	2	692	6,217
2002	187,094	16,727	12,786	-	-	6,507

○ **연 혁**

1965년 07월 회사설립
1965년 12월 도시은행에 상주경비업무개시
1966년 09월 「고마운종합경비운동」 개시
1967년 09월 기계경비업무「종합카드시스템」개시
1970년 03월 오사카 만국박람회경비
1972년 02월 삿포로 동계올림픽대회 경비
1979년 02월 기계경비업무전국 네트워크화
1982년 07월 경비로봇 연구개발의 착수
1988년 04월 홈시큐리티 「다크루스」발매

1992년 07월 재외공관경비관 파견으로 외무성으로부터 표창
1994년 11월 원격지 화상감시 시스템 「미크루스」 발매
1998년 04월 생활편리기능「홈시큐리티」발매
2000년 01월 관리정보 시스템 「SOK-MITS」발매
2002년 09월 ISO9001 취득
2002년 10월 동경증권시장 제1부에 상장
2003년 04월 상주경비부문의 일부를 분사 종경상주경비(주) 설립
2003년 08월 「ALSOK안부확인 서비스」 발매
2003년 08월 아파트형 시큐리티「ALSOK아파트」 발매
2004년 04월 동화 · 음성 감시시스템「ALSOK - MP」발매

○ (주)SOK(영업양도까지의 연혁)

1. 회사연혁

1981. 06. 25 한국종합기계경비(주) 설립
1981. 10. 10 용역경비업 허가취득(내무부장관 제17호)
1982. 01. 29 합작투자 계약체결(일본 종합경비보장(주))
1982. 02. 09 자본금 134,600,000원 증자
1982. 04. 19 합작투자인가(재무부장관)
1982. 07. 05 자본금 74,800,000원 증자
1982. 08. 18 롯데관제소 개소
1982. 12. 24 외자도입(과학화 경비장비 100만 불)
1983. 04. 22 외국인투자기업 등록
1983. 08. 20 비밀특례업체 지정(내무부장관)
1983. 09. 08 2급 비밀취급인가(내무부장관
1984. 06. 04 자본금 216,000,000원 증자
1986. 03. 20 중앙관제소 개소(종로구 견지동 68-5)
1988. 12. 01 N.C.S(무인기계경비)사업부 신설
1991. 02. 01 범아종합경비(주)로 상호변경
1991. 05. 30 자본금 600,000,000원 증자

1994. 05. 04　부산지사 사옥 준공(부산시 영주동 26-1)
1997. 01. 23　자본금 3,000,000,000원 증자
1997. 02. 06　자본금 500,000,000원 증자
1997. 05. 02　장외등록(총자본금 4,500,000,000원)
2004. 11. 26　이사회에서 영업양도 의결
2005. 01. 10　임시주주총회에서 (주)SOK 영업양도 의결

4) 일본의 센트럴 경비보장(주)와 대한중앙경비(주) 합작

대한중앙경비(주)와 일본의 센트럴 경비보장(주) 교류 19년 만에 철수

한국경비업체와 세 번째로 합작이 이루어진 회사는 일본센트럴경비보장(주)이다.

1983년 당시 대한해운주식회사 이맹기 사장이 일본에 가서 센트럴경비보장회사와 합작교섭을 한 것은, 첫 번째 1980년 세콤과 에스원, 두 번째 1981년 종합경비보장과 SOK와 합작계약이 끝난 후의 세 번째 합작인 것이다. 이맹기 사장은 합작회사 대한중앙경비(주)를 설립, 일본센트럴경비보장(주)와 공동투자로 일본에서 임원을 회사에 근무케 하였다.

우리나라는 이로써 그동안 인력경비에만 의존하던 경비시스템을 외국의 기술을 도입함으로써 거의 같은 시기에 무인경비(기계경비)로 전환하게 되는 계기를 마련하였다. 우리나라는 1980년대에 들어서면서 경제성장으로 인하여 인건비가 매년 상승하고 있으며, 앞으로 어느 시기에 가서는 경비업계에서도 일본처럼 인력 부족 현상을 겪게 될 것이 예측된다. 따라서 3년 동안에 일본 경비업계의 순위 1~3위의 회사와 국내 경비업체들이 합작 또는 기술제휴를 체결하여 기계경비업무를 본격적으로 도입하게 된 것이다.

그러나 2002년 경영부실로 19년 만에 센트럴 경비보장(주)가 철수하게 되면서 우리나라 무인경비시장의 치열한 경쟁 구도를 짐작하게 된다.

대한중앙경비보장(주)은 1983년 일본의 경비회사 센트럴 경비보장(주)과 합작한 후 회사 내용을 다음과 같이 홍보하였다.

대한중앙경비보장(주)에서는 일본 3대 경비회사인 센트럴경비보장(주) (C.S.P)와 기술 제휴하여 오랜 경험과 축적된 기술과 기계경비 분야에서 신뢰성 있는 고객서비스를 하고 있습니다.
CCTV-security system 분야에서는 고객의 요구에 부응하여 고도로 향상된 최첨단 제품으로 서비스를 제공하고 있습니다.

○ **대한중앙경비보장(주)**

1983. 08. 10 회사설립(자본금 55,000,000원)
1983. 09. 15 용역경비업허가(내무부장관 제33호)
1983. 11. 30 일본센트럴경비보장(주)합작투자인가
1983. 12. 20 일본센트럴경비보장(주)기술도입허가
1983. 12. 27 증자(자본금 300,000,000원)
1985. 01. 01 기계경비 개시
1986. 03. 02 증자(자본금 650,000,000원)
1992. 05. 06 위생관리용역업허가(종로구청신고30호)
1994. 12. 30 증자(자본금 1,050,000,000)
1997. 03. 26 공중이용시설 실내공기정화청소대행자 인정(서울시)
1997. 09. 10 신변보호업무허가(서울지방경찰청)
1999. 02. 22 근로자파견사업허가(서울지방노동청장)
2002. 03. 30 기계경비업무허가 반납(서울지방경찰청)

○ **사업목적**

- 도난, 화재 등 위험발생의 방지를 위한 경비보장업
- 방화방범기기의 판매 및 임대업
- 경비보장에 관한 기획 · 지도업
- 청부용역 및 건물관리업
- 전각호에 부대되는 사업
- 주차관리

대한해운그룹 회사
대한해운주식회사

한국선무주식회사
해외선박주식회사
한국선박공업주식회사
코리코공업주식회사
동양선박주식회사
주식회사 오리온 여행사
주식회사 대한컴퓨터랜드
(주) 해성총업

○ **센트럴경비보장(주)**

- 회사명 : 센트럴경비보장주식회사
- 창업 : 1966년 3월 10일
- 사업내용

① 상주경비
 - 시설경비
 - 방화・방재의 안전관리업무
 - 요인경비업무

② 기계경비
 - 온라인시큐리티
 - 홈시큐리티
 - 기계경비규약의 신형손해보험 판매

③ 운송경비
 - 현금, 귀중품의 운송 경비 업무

④ 검색정보 서비스
 - 이동이상감시, 비상통보통지 서비스

⑤ 기기판매 및 공사
 - 감시, 화상감시 시스템
 - 입퇴관 관리 시스템
 - 방범, 방화, 방재기기 및 설비의 설치공사 및 판매

⑥ 정보 서비스
- 정보시큐리티 시스템의 개발판매
- 암호기술소프트의 개발판매

• 자본금 : 29억 2,400만 엔(2000년)
• 매출 : 214억 0400만 엔(2000년)

구 분	매출 (백만 엔)	자본금 (백만 엔)	종업원 수 (명)	법인신고소득 업계순위	신고소득전 법인순위	법인소득액 (백만 엔)
1998	19,990	2,924	2,550	5	2,574	1,343
1999	20,646	2,924	2,684	9	3,569	933
2000	21,404	2,924	2,649	12	5,073	775
2001	22,574	2,924	2,782	5	2,680	1,553
2002	25,350	2,924	3,116	-	-	1,247

〈표 4-122〉 연도별 매출과 사원수의 변화 추이

구 분	매출(백만 엔)	사원수(명)
1967	26	57
1971	495	488
1975	1,981	840
1979	3,771	1,157
1983	7,450	1,736
1987	11,117	2,210
1991	15,515	2,230
1995	17,883	2,408
1999	21,404	2,649

5) 미국 타이코(Tyco)사 한국 (주)캡스 매수

(1) 매수 경위

(주)캡스(대표, 이영표)는 1998년 12월 22일 보도 자료를 통해 미 타이코사에 매각한 내용을 발표하였다.

> 무인경비용역회사인 (주)캡스(대표 이영표)가 미국 타이코(TYCO)사에 매각된다.
> 캡스는 21일 미국 다업종기업인 타이코사의 자회사인 타이코 파이어 앤드 시큐리티사에 대주주 소유주식 82만 1,411주(총주식의 68.45%)를 넘기기로 합의했다. 타이코는 지분 90% 이상을 확보하기 위해 코스닥시장에서 캡스주식에 대한 공개매수를 신청했다. 이번에 양도되는 82만여 주의 매각 대금은 550억 원 가량인 것으로 알려지고 있다. 캡스 관계자는 「회사의 지분은 타이코사에 넘기되 경영은 캡스의 현경영진이 계속 맞기로 했다」며 「타이코에 대한 지분매각은 연초부터 추진한 글로벌화 작업의 결과로 선진 기술과 자본, 관리기법 도입을 통한 사업 확대가 목적」이라고 밝혔다.

캡스를 인수할 타이코사는 매출액(98년 9월 기준)220억 달러에 전 세계80여 개국에 진출한 세계 100대 기업 중 하나로 경비용역 외에도 전기·전자제품 제조, 특수산업 폐기물 처리 등 사업영역이 다양하다.

그로부터 8개월 후 1999년 8월 30일부터 9월 30일까지 (32일간) (주)캡스의 주식을 공개 매수 공고를 발표하였다. 공개 매수자는 타이코(TYCO), 매수대리인은 이진일이다.

○ **(주)캡스 공개매수 공고**

'99년 8월 30일부터 9월 30일까지 (32일간) (주)캡스의 주식을 공개 매수합니다.

- 공개매수일자 : 1999년 8월 30일부터 9월 30일까지 (32일간)
- 공개매수가격 : 1주당 50,000원
- 공개매수 예정 주식수 : 45,726주
- 공개매수 주권종류 : (주)캡스 기명식 보통주식
- 청약장소 : (주)캡스 본사 사옥 5층, 재경부
  서울 강남구 삼성동 108-9번지

① 공개매수자 : 타이코 그룹(Tyco Far East Holdings Limited)
② 공개매수 주권의 종류 : (주)캡스 기명식 보통주식
③ 공개매수 예정주식수 : 45,726주
④ 공개매수의 목적 : 다국적기업인 타이코(Tyco) 그룹은 한국에서의 보안서비스사업을 확대하고자 (주)캡스의 주요 주주인 9인 및 소액

주주로부터 총발행주식 중 96.19%에 해당하는 매수계약을 하였고, 공개매수를 통해 잔여주식을 추가로 매수하고자 합니다.

⑤ 공개매수가격 : 50,000원

⑥ 공개매수기간 : 1999년 8월 30일부터 1999년 9월 30일까지(32일간)

⑦ 결제의 방법

가. 결제일 : 매수 계약 체결 후 10일 이내

나. 결제의 방법 : 매수 계약 체결이 완료되면 타이코 본사의 통보를 거쳐 매도인 통장으로 온라인 입금하게 됩니다.

⑧ 공개매수 청약방법

가. (주)캡스 주식을 증권회사에 예탁한 청약주주는 증권회사로부터 인출하시어 (주)캡스 본사에 오셔서 담당자와 매도 계약 체결을 하셔야 합니다.

나. 지방에 계신 청약주주는 본사 계약 담당자와 통화 연락을 하시어 편리한 시간대에 계약 약속일을 정하여 주시기 바랍니다.(토요일도 계약 가능)

다. 청약주주는 계약체결을 위하여 본인의 도장, 신분증, 통장사본, 소유주식 원본을 반드시 지참하셔야 합니다.

라. 청약을 받을 때에는 공개매수 매매계약서를 교부하며, 매매는 공개매수기간 말일 오후 7시까지만 접수합니다.(토요일은 오후 5시까지)

⑨ 청약의 장소 : (주)캡스 본사 사옥 5층, 재경부, 서울시 강남구 삼성동 108-9번지(Tel.3485-9057 ~ 6)

⑩ 청약주주의 유의사항

가. 청약주주는 매도시, 본인 또는 대리인(위임장 첨부)이 본사로 직접방문을 하셔야만 계약이 유효하되 서신, 배달 등의 접수로 인한 계약은 받지를 않습니다.

나. 공개매수자는 대상회사의 합병, 중요한 영업의 양수・도 해산, 파산 등 증권거래법 시행령 제12조의 7에 기재된 사유가 발생하는 경우에는 매수기간이 종료할 때까지 공개매수를 철회할 수

있습니다.

다. 본 공개매수의 청약자는 공개매수기간의 종료일가지 청약을 철회할 수 있습니다.

⑪ 공개매수 종료 후 장래계획

현재(주)캡스의 주식은 한국의 관련법 규정에 따라 협회중개시장(KOSDAQ)에서 등록을 취소하였으며, Tyco 본사의 계획에 따라 새로운 경영방식을 통하여 (주)캡스를 계속 성장시킬 것입니다.

이후 코스닥기업인 캡스에 대한 공개 매수가 성공하였다.

이에 따라 캡스의 경영권과 소유권은 경비 전문업체인 타이코 그룹의 켄달 메디컬사로 넘어갔으며 캡스는 코스닥 등록이 폐지되었다.

주간사인 대우증권에 다르면 공개매수 청약 마지막 날인 25일 현재 31만여 주(지분율 25%)가 공개매수에 응해 최소 목표치인 13만 8586주를 넘어섰다. 켄달 메디컬은 캡스의 대주주에게서 장외에서 82만여 주(68.45%)를 이미 넘겨받은 상태여서 켄달 메디컬이 확보한 지분율은 94%를 웃돈다. 대우증권 관계자는 "공개매수가 성공해 켄달 메디컬이 경영권을 완전히 확보했다"고 말하고"캡스는 앞으로 1년 내에 등록이 폐지된다"고 밝혔다.

한편 최근 증시에서는 캡스에 대한 공개매수가 완료된 후 증권거래소 시장에 상장하거나 뉴욕증시에 상장하는 방안이 추진된다는 소문은 사실과 전혀 다르다고 대우증권측이 밝혔다. 대우증권 관계자는 "켄달 메디컬사에 확인해 본 결과 그 같은 계획은 전혀 없다는 답변을 들었다"며 투자자들이 유의해줄 것을 당부하였다.

(2) 타이코(Tyco) International ltd. 은 어떤 회사인가

○ Tyco companies

Tyco International Ltd는 네 개의 market 부문으로 나누어져 있다. 서로의 market부문은 모든 생활에 필요한 제품과 서비스를 구분하여 구성하고 있다.

○ Fire and Security Services

① Fire and Security Services의 업무를 세부적으로 보면, 화재장비, 배급, 설치 그리고 화재예방서비스, 부분적인 security system과 제품의 생산으로 나누어진다.

② 관련사

- ADT
- Modern
- Ansul Incorported
- National Fire & Security
- Atlas
- O'Doonnell Griffin
- Atlas Fire
- Olsen Engineering
- Automatic Sprinkler
- OPPI
- Bon +Naga
- Quintrix Communications
- CIPE
- SEPCI
- Fire Control
- Sonitrol
- Fire Detender
- Thorn Security
- Grinnell Fire Protection System
- Total Walther
- Grinnell
- Hoffman
- Tyco Engineering and Construction
- Innodouble
- Vigilant
- Innovex
- Wormald Ansul(UK)
- Interco Alarms
- Wormald Fire System
- Lintott Process System
- Zettler
- Mather & Platt

③ Major Markets

지역사회와 거주자들에 대한 광범위한 화재보호, 화재시 사전발견, security system 그리고 alarm monitoring service; 빌딩, 호텔, 선박의 화재보호시스템 유지 ; 정유공장, 화학공장, 전력공장 그리고 공단지대 등을 포함한 특별한 위험성을 가지고 있는 지역 등이 주된 시장이다.

④ 주된 제품과 시스템 그리고 서비스들

- 향상된 화재예방, 경보, 자동화된 스프링쿨러제품, 특별한 특수 장비들
- 지역사회와 기존 사용자들에 대한 electronic security systems의 설치, 유지 그리고 지속적인 monitoring
- 산업용과 휴대용 소화기 그리고 소방 관리대행, 소화전과 소화용 호스 제작
- 화재예방의 서비스 제공, 경보기, 부품 등의 디자인 설치, 검사, 유지

Tyco International Ltd. 사의 97년 사업부분별 매출 및 경상이익 비교

(단위 : 백만 달러)

사업부분	매출액	그룹전체 비율	경상이익	그룹전체 비율
Fire and Security Service	2,584.5	39%	198.9	24%
Disponsable and Specialty Products	1,991.8	30%	364.4	44%
Flow Control	1,454.6	22%	156.3	19%
Electrical and Electronic Components	566.7	9%	109.3	13%
계	6,597.6	100%	828.9	100%

타이코(Tyco) 코리아는 한국에 법인 3개 회사가 있다.

① ADT Security

② CAPS 무인경비서비스

③ DBE 소방/해양설비

가. (주)에이디티 시큐리티 (ADT Security)

- 회사연혁

1996년 06월　(주)센서메틱코리아 한국법인 설립

1997년 04월　홈플러스 1호점 계약 수주 / 설치

1999년 05월　월마트 5개점 EAS System 일괄 수주 / 설치

2000년 01월　이마트 전 점포에 대한 ESA System 공급계약 체결

2000년 03월 EAS / CCTV 통합구축 사업 진출
2001년 03월 롯데마트 신규점포에 대한 EAS System 공급계약 체결
2003년 03월 일본 S-Cube사와 Self Alarming Tag / System 사업 제휴
2003년 03월 대구지사, 광주지사 설립(15명의 Engineer 확보)
2004년 09월 Tyco 계열사간 Total Security Solution 사업 제휴

• 사업영역
  – EAS(Electronic Article Surveillance)System사업
  – 소스태깅(Source Tagging)사업
  – CCTV사업
  – 통합시큐리티 시스템 사업
  – RFID사업

• 주요고객
  – Burberry, Prada, Escada 등 명품 의류 분야
  – 망고, 지오다노, 신나라 레코드, 아트박스 등 국내 EAS System 시장의 75% 점유

• 시장변화
  – 튼튼한 자본력 및 실적위주의 합리적 경영을 통하여 국내 시큐리티 시장을 적극적으로 공략하여 에스원과 함께 업계의 양대 선두주자로 나설 가능성이 큼.
  – 방범기기의 자체공급 및 구조조정 등을 통하여 저렴한 서비스를 공급할 수 있어 업체 간 저단가 경쟁이 더욱 가열될 것으로 보임.
  – 미국 대기업의 국내 2위업체 인수로 국내 Security 시장의 규모로 보아 더 이상의 대기업의 참여는 없을 것으로 보임.

⑶ (주)캡스의 영업 활동

캡스(대표 이혁병)는 최근 국내에서는 처음으로 코드분할다중접속(CDMA)망을 이용한 무선데이터 경보시스템을 개발해 전국에 서비스하고 있다. 자체 개발한 시큐리티 전문 프로그램이 내장된 PDA 시스템을 순찰대원에게

지급해 언제 어느 곳에서든지 양방향 통신이 가능한 지령 시스템도 구축하였다.

서울 삼성동과 장안동 두 개의 관제실이 마련되어 천재지변 등으로 한쪽이 마비되어도 빈틈없이 서비스할 수 있는 이중관제시스템도 갖췄다. 시스템 경비부문 1위를 넘보기 위한 전략이다.

한국보안공사로 71년 설립된 캡스는 창업초기 인력 위주의 경비영업에서 시작해 1984년 기계경비로 사업을 확대하였다. 1998년 한국보안공사에서 캡스로 사명을 변경했고 1999년에는 외환위기 와중에 미국의 세계적인 보안업체인 타이코 그룹에 인수되었다. 현재 캡스는 100년의 역사를 가지고 600만 명의 고객에게 첨단 무인경비 서비스를 제공하고 있는 타이코 ADT사의 첨단 기술과 운영시스템을 자체 시스템에 접목하고 있다.

캡스는 지난해 8월 15만 고객을 돌파했으며 현재 약 20만 고객 유치를 눈앞에 두고 있다. 1980년대 당시 기술 분야는 물론 시스템 기기를 대부분 외국에 의존해야 하는 상황에서 꾸준한 기술개발과 함께 보안기기 핵심 부품들을 자체 개발해 주목을 받았다.

캡스는 이후 본격적인 사업 확장에 들어가 예맨 항만청 안전 컨설팅 등 대형 프로젝트를 수주했으며 최근에는 인천국제공항 외곽감시 시스템, 2001년 아시아・유럽정상회의(ASEM) 경비 시스템, 양양공항 외곽경비 시스템 등을 구축하는 등 대형 국책사업에 참여하였다. 캡스는 최근 고객 만족서비스를 위해 콜센터를 30억 원을 들여 구축했으며 100여 명의 영업사원을 신규 채용하는 등 대규모 투자를 실시하고 있다.

이와 같은 노력으로 캡스는 국제경영학회가 내놓은 '국내에 투자한 외국기업의 한국 경제 공헌도'에서 고용기여도 1위, 연구개발비 투자부문 18위 등을 차지하였다. 종합공헌도 분석에서도 104개 외국투자법인 중 코카콜라 등에 이어 8위에 오르기도 했다.

캡스는 최근 주택과 아파트 건축 붐에 따라 주택시장 공략에 사력을 집중하고 있다.

(4) 매도하기 전 (주)캡스의 현황과 활동상

- 회사명 : 캡스(구-한국보안공사)
- 설립일 : 1971.01.22
- 자본금 : 60억
- 연매출 : (97년 결산) 1,250억
- 경비허가 : 1978.2.13(경찰청허가 3호)
- 주요사업내용
  - 인력경비용역업무
  - 경호경비업
  - 유선 통신기계 공사업
  - 공동주택관리업
  - 위생관리 용역업무
  - 무인기계경비용역업
  - 중요시설 및 건물종합 관리업
  - 영상감시설비업(CCTV)
  - 근로자 파견업
  - 방화 및 안전기기 제조판매와 공사업

- 연 혁

년월일	내 용	비 고
1971.1.22	(주)한국보안공사 창립	
1978.2.13	용역경비업 허가취득(경찰청 제3호)	사업지역 전국일원
1984.8.7	무인기계경비사업 실시(「CAPS」SYSTEM)	미국 ADEMCO사와 기술제휴
1984.11.28	비밀취급 특례업체 지정승인(내무부 제5589호)	방위산업체 경비수행 자격 획득
1985.8.28	지사개설시작(전국 일원)	
1988.2~10	88서울올림픽 참여(방송요원 등 취재장비경호경비 수행)	미국NBC방송국 등
1988.12.29	유선통신 기계공사업 면허 취득	
1989.1.14	계열사(주) 한국메카텍(구, 보안경보시스템) 설립	
1990.1.14	기술연구소 설립	
1990.3.21	증자(자본금 : 1,000,000,000원)	
1991.9.16	기계경비 사업다각화 추진	
1993.6.1	금융기관 현금수송업무 실시	
1993.12.22	주식장외시장 등록	
1995.12.20	소방설비송사업 면허취득(내무부 97-55호)	

1996.7	미국 핑커톤사와 업무협약 체결	
1996.11	개인휴대통신 사업 주주 참여 (한솔 PCS)	
1997.9	ASIS(미국산업안전협회) 한국사무소설치승인	
1998.1	회사명을 (주)캡스로 변경	
1998.7.1	(주)캡스 시큐리티 아카데미(교육원) 설립	
1999.9.30	타이코(Tyco) 회사 인수	

6) 영국의 첩(Chubb)시큐리티와 첩시큐리티 코리아 설립

2001년 8월 진출 후 2004년 3월에 철수

(1) 영국의 첩시큐리티 국내 진출

• 영국의 Security업체인 첩(Chubb)사에서 국내 진출을 위해 2000년 말부터 준비 작업을 실시, 2001년 8월 24일 기자회견을 통해 공식 발표하였다.

1818년 영국 왕실의 귀중품을 보관하기 위해 개발된 특수 자물쇠를 영국 왕실에 납품하면서 시작된 Chubb은 완벽한 보안기술로 인해 영국왕실의 보증 승인(Royal Warranty)을 받았고 그로 인해 세계적인 보안 전문 회사로 성장하였다. 183년의 역사 속에서 축적한 기술력과 운영 노하우를 바탕으로 2000년 시드니 올림픽의 보안경비, 홍콩 첵랍콕 국제공항 보안시스템 등 세계적으로 전문성을 인정받아 최첨단 보안 경비전문회사로의 성과를 높이고 있다.

현재, Chubb Group은 전 세계 160개 사업장에 4만여 명의 종업원이 전자 경비 시스템, 화재 방지 시스템, 인력경비, 모니터링 서비스 등의 사업 영역에서 서비스를 제공하고 있는 보안 전문회사다. Chubb은 현재 미국, 호주, 영국, 유럽, 아프리카 등에서 사업 추진 중이며, 중국(20개 지역), 홍콩, 대만, 태국, 말레이시아, 싱가포르, 인도네시아 등 최근 아시아지역 진출을 확대하고 있다.

1999년 매출액은 4,326백만이며, 불 세전이익은 461백만 불에 이르고 있다. Chubb사 사업구성은

• Security 서비스 : 모니터링, 유지보수, 인경비

• Security 제품 : 산업, 상업용, 항공, 주택용 방화설비, 방위시설 및 Security 관련 기기 등이다.

(2) Chubb사 국내진출 배경

Chubb사는 1818년 설립 후, 1962년부터 무인경비 시스템에 참여한 회사로 현재 전 세계 160여개의 지사를 두고 운영하고 있다.

○ **지역별 매출**

아시아 : 64% , 유럽 31%, 미국 4%, 기타 1%

Chubb그룹 총매출(1999년 말) : 42억 달러(한화 약 5조 원)

• 세계적 기업으로 아시아권 매출이 가장 크며, 특히 한국의 경우,

① 국민소등 1만 불로 향후 Security 시장의 성장력이 크고,

② 선진국대비 Security 가격이 높게 형성된 반면,

③ 무인방범 시스템 서비스가 중심이며,

④ 상대적으로 중·저가 시장의 주도권이 소규모 업체

라는 점이 시장진입의 매력포인트라 할 수 있음

• 국내진출을 위해 8개월간의 영업기반 활동추진, 16개 중소업체와 업무제휴를 체결하여 2만의 가입자를 확보함.

– 쳡시큐리티 코리아 이준구 사장이 업무제휴 및 M&A를 주도하였다.

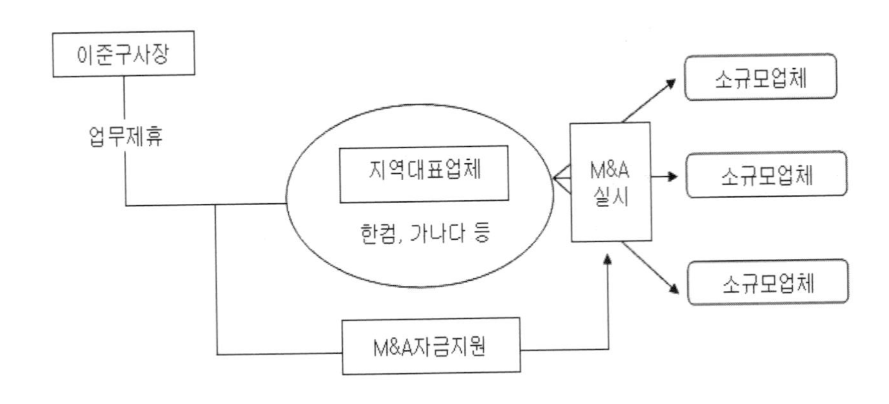

- 첩은 업무제휴로 인한 2만 가입자 확보를 위해 약 120억 원 가량을 투자하였으며, 2002년 약 1천억 원을 투자할 것으로 예상, 현재 자본금 100억에서 연말 500억으로 확대하며(가입자 수 3만) 연평균 30%의 성장을 목표로 2005년 매출 1천억을 기대하였다.

(주) 시큐리티 코리아 조직

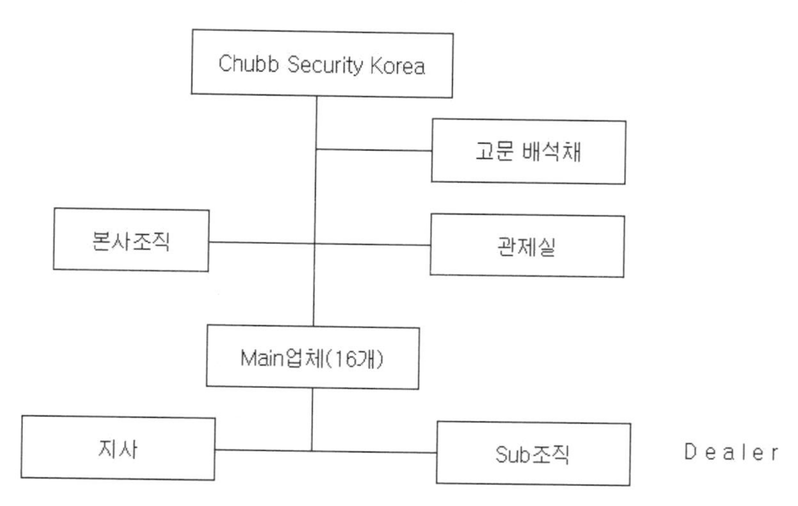

(3) 16개 업체 제휴 내용 및 관리

○ 전략적 제휴 업체

- 서울 : (주)한미 안전공사 김동규, (주)한국 무인방범 서명중, (주) 호태왕 박주한
- 경기 : (주)시큐리티 코리아 백성, (주)국제 보안 시스템 윤제식, (주)한솔 시큐리티 김진남, (주) 아세아 안전시스템 이중훈
- 부산 : (주)세정21 박장호, (주)국민안보 정현식
- 대구 : (주)가나다 안전시스템 이수익, (주)팔봉 양창훈
- 광주 : (주)한국 경보네트워크 배석채, (주)한국 보안 안전 공사 김형준
- 청주 : (주)화인/한국 보안 시스템 연규일
- 전남 : (주)내안전산업 박명수

• 구미 : (주)제일보안 조동희

○ 중소업체의 가입자에 대해 영업권 인수
○ Chubb사의 물건인수 후 관리 방법
  - 기존물건의 매출액 70%는 Main업체의 운영비로 사용하며, 30%는 첩에 입금

(4) 에스오케이와 첩시큐리티 업무제휴

2001년 12월 17일 보도 자료에 의하면,

국내 보안경비서비스업체 에스오케이는 세계적 보안경비업체인 첩시큐리티의 한국 현지법인 첩시큐리티코리아와 국내 시장에서 공동 마케팅을 펼치기로 하는 등 전략적 업무제휴를 체결했다고 16일 밝혔다. 에스오케이(대표 운용철)는 이번 제휴를 통해 기존 첩시큐리티코리아가 보유하고 있던 보안경비용역계약 가운데 일부 지역에 대한 무인경비서비스를 첩시큐리티 측으로부터 위탁받아 수행하기로 하였다.

첩시큐리티코리아(대표 이준구)도 기존 에스오케이의 보안경비용역계약 중 일부를 약 150억 원에 양도받아 에스오케이측에 무인경비서비스를 대행시키는 계약을 체결함으로써 더 많은 고객수를 확보하게 되었다. 이에 따라 캡스(미국 타이코)와 에스원(일본 세콤)이 국내 보안경비시장을 독점한 상황에서 양사가 이번에 제휴를 맺고 서로의 단점을 보안함으로써 '3파전'의 경쟁구도가 형성될 것으로 기대되었다.

에스오케이는 국내 시장에서 3위 자리를 차지하고 있음에도 불구하고 첨단 보안기술력이 미흡했고 첩시큐리티코리아는 국내 시장에 진출한 지 6개월이 채 안 돼 시장기반이 취약한 상황이었기 때문이다.

2002년 4월에 와서는 업무제휴 체결이 일방적으로 파기되었다. 이로 인해 양자의 공신력은 급격히 추락하였다.

2002.09.30 동아일보 기사에서 본 첩시큐리티코리아는 다음과 같았다.

이준구 사장은 회사 경영에 자신만만하였다.

영국인 없는 영국계 경비회사

첩시큐리티코리아 설립 운영 '한국인 손으로'

에스원과 캡스가 양분하고 있는 국내 경비시장에 조용히 도전장을 던진 영국계 경비업체 첩시큐리티코리아. 100% 영국 자본인 이 회사에는 영국인이 한 명도 없다.

이준구 사장은 1999년부터 첩그룹의 한국진출 추진업무를 담당하면서 2년간 시장 조사 끝에 '가능성 크다'는 결과를 본사에 전했다. 투자를 결정한 첩은 그러나 본사직원을 파견해 임원진을 구성하고 직접 지사를 관리하는 '법석'을 떨지 않았다. 그 대신 철저하게 현지에 기반을 둔 '토종회사'를 만들기로 결정한다. 이 사장이 그 선봉에 섰다.

2001년 8월 첩은 한국법인 설립과 동시에 우량 군소 경비업체 19곳을 인수했다. 현재 가입자 3만 3000여 명은 대부분 기존 경비업체 고객. 인수 작업은 계속 진행 중이다.

이 사장은 "처음부터 새로 시작해 경비인력을 뽑고 트레이닝 시켰다면 2004년경에나 첫 가입자를 받을 수 있었을 것"이라고 말했다.

인수를 통한 민첩한 시장진입.

첩은 법인설립 1년 만에 매출 250억 원을 올리며 국내 200여 개 경비업체 중 에스원 캡스에 이어 3위에 올랐다. 세계적으로 매년 4조 원을 벌어들이는 거대기업에 걸맞지 않은 초라한 규모지만 첩은 보수적인 영국 기업답게 당분간 3위 전략을 고수할 방침. 첩이 매출 1조원을 기록하며 1위를 달리고 있는 호주의 경우 최근 3년간 매출액에 변화가 거의 없었다. 첩 본사는 호주시장을 '포화상태'로 규정했다. 한국은 다르다.

이 사장은 "인구 1,800만 명의 호주에서 1등 기업이 1조원에서 성장이 멈췄으므로 인구 4,800만 명의 한국에서는 1등 기업인 에스원이 2조원은 벌어야 시장이 정체 됐다고 단적으로 말할 수 있다"고 했다.

에스원의 올해 예상 매출은 약 4,000억 원. 업계에서는 현재 한국 경비 시장 규모를 약 1조 원 정도로 보고 있으며 5년 이내에 5,6배는 더 클 것으로 예상한다. 이런 상황에서 3위자리만 지켜도 '파이'는 어마어마하게 클 것이라는 게 첩의 판단이었다.

이 사장은 내심 그 이상의 실적을 기대하고 있다. 지난 1년간 3만 3,000여 첩 고객 중 도난 사고를 경험한 사람은 단 8명. 그는 "어떤 신기술도 대신할 수 없는 맨투맨 고객관리와 신뢰도 유지가 경비업체 성공의 열쇠"라며 "184년 역사의 고객관리 노하우가 가져올 기대 이상의 효과를 보여주겠다"고 다짐했다.

그러나 첩시큐리티코리아는 2001년 8월 24일 진출 이후 의욕적으로 회사 경영을 했으나, 산만한 경영과 자금회전의 악화, 무리한 투자로 선의의 경쟁에서 밀려나 결국 2004년 3월, 진출 2년 반 만에 철수하게 되었다.

5. 선진국의 경비산업

1) 일본의 경비산업

(1) 최근의 치안정세와 경비업

예전에는 '세계에서 가장 안전한 나라'로 불리던 일본의 치안도 범죄다발, 경찰관부족, 검거율 저하 등 여러 가지 원인으로 악화 일로를 걷고 있으며, 이에 따라 경비업에 대한 기대는 점점 높아지고 있다.

전국적으로 24만 명이라는 인원을 보유하고 있는 거대조직인 경찰이 악화일로를 걷는 치안정세 앞에 속수무책인 것처럼 보인다. 전에는 '세계에서 가장 안전한 나라'로 칭찬을 받던 것이 마치 거짓말처럼 범죄는 급속도로 많이 발생하고 있고, 이에 따른 검거율은 미미한 상태를 유지하고 있다. 여러 가지 원인이 지적되고 있지만 분명한 것은 현재 경찰력이 절대적으로 부족하다는 사실이다.

현재의 매우 불안한 치안상태를 호전시키기 위해서는 외부의 도움이 필요하기 때문에 당연히 경찰업무와 비슷한 영역을 담당하는 경비업계에 대한 관심과 기대는 높아질 수밖에 없다. 이러한 시점에서 경비업계의 이상적인 자세를 치안대책의 관점에서 주목하고 있다.

현재 일본의 치안정세는 매우 심각한데, 2002년 현법범의 인지건수(認知件數)는 전년보다 약 20만 건이 증가하여 약 285만 4천 건의 수치로 7년 연속으로 과거 최악을 기록했다. 저조한 검거율은 20.8%에 머물렀으며, 10건의 범죄 중 8건의 범죄에서는 범인이 검거되지 않았기 때문에 일확천금을 노리려는 범죄가 계속 증가하는 것도 무리가 아니다.

즉, '검거율 저하 → 범죄증가 → 반복되는 검거율 저하'로 악순환을 거듭하기 때문에 이런 현상을 해소하기 위해서는 검거율을 50%이상으로 올려야 하는데 범죄 검거율은 확률적으로도 비율이 조금씩 다르긴 하지만, 14년 전인 1989년 46.2%로 떨어진 이래 50%를 회복하고 있지 못하는 실정이다.

예전의 범죄사건 검거율은 전체 60%전후였고, 흉악범죄사건에 한해서는

90% 전후를 과시했었다. '세계에서 가장 안전한 나라'의 모습을 가지고 있었고, 다른 선진 외국의 경찰담당자들로부터 많은 부러움을 샀지만, 지금은 예전과는 상황이 매우 다르다.

범죄백서(犯罪白書)에 의하면, 2000년 선진 5개국의 주요 범죄 검거율은 독일 53.2%, 프랑스 26.7%, 영국 24.4%, 일본 23.6%, 미국 20.5% 등으로 일본은 미국 다음으로 하위 두 번째였다.

물론 통계상으로 범죄 발생률 자체를 저조한 상태로 만들 수는 있지만, 그러나 이젠 일본의 치안이 좋다고 말할 수는 없는 상황이 되었다. 특히 불안하게 느끼고 있는 것은 살인, 강도, 방화, 부녀자 폭행과 같은 흉악범죄가 잇달아 증가하여 과거 최악의 상태가 되었다. 특히 절도범이 현장을 들켜 갑자기 강도로 돌변할 위험이 있는 침입도(侵入盜) 등도 대폭 증가하여 치안정세는 극도로 불안한 상황이다. 특히 주시(注視)해야 할 것은 이제까지 형법범의 증가에 비해서 계속 상위권을 기록한 검거건수가 1998년 약 77만 건을 절정으로 하락하기 시작하여 현재는 50만 건 정도를 유지하고 있다는 사실이다. 검거인원이 30만 명 전후라는 것을 감안한다면 경찰의 인력으로는 사건발생에만 대처하기도 급급하며, 이에 따르는 검거된 피의자의 여죄의 추궁까지는 손을 쓰고 있지 못하는 실정이다. 또한 종래의 검거율은 실제 검거인원이 증가된 것도 아니며, 검거한 피의자의 여죄의 자백을 추궁함으로써 검거율은 유지시켰다는 것은 통감할 일이다.

이와 같이 경찰력 자체의 문제와 수사방법이 근본적으로 개선되지 않고 일방적으로 범죄가 계속 증가하면 범죄증가부분에 반비례해서 검거율은 계속 감소하는 것이 당연한 이치다. 그렇다면 일본은 '안전신화의 나라'이기는 커녕 '범죄천국'의 오명을 받을 것이 틀림없다.

근본적 대책으로 즉시 경찰관수를 증가시켜야 한다는 소리도 높지만 그대로 따를 수도 없는 실정이다. 경찰관 1인당 치안담당인구를 살펴보면 일본은 552명이며, 미국 385명, 영국 395명, 독일 315명, 프랑스의 293명 정도와 비교하여 매우 높다. 그렇다고 해서 일본에는 파출소라는 뛰어난 주민실태파악 시스템이 존재하는 것을 잊으면 안 된다. 바로 얼마 전만 해도 경찰간부들은 파출소제도가 있기 때문에 다른 나라와 단순 비교할 수는 없다고 하였다. 메이지(明治)시대 이후 역대 파출소 개념의 순경들이 순회 연락이라는 확실하고도 실질적인 노력을 하면서 기록을 계속해 왔다. 그 결과, 경찰은 주민이 법적으로 등록한 주소지뿐만 아니라 실제 거주하는 거처도 알 수 있게 되었다. 그것이 주민과의 연대를 원활하게 하고 이상을 감지하고나 피해자나 용의자를 추정하는데도 큰 역할을 하며 경찰업무를 효율화시켜 왔다.

경찰관을 증원시킨다면 일시적으로 치안은 호전될 수도 있을 것이다. 그것도 한번에 5만, 10만 명 정도 증원시킨다면 경찰관의 양적변화가 질적 변화를 가져올 수 있으리라 생각한다. 그러면 천명 단위의 증원밖에 할 수 없는 현실을 생각한다면 넓은 사막에 물 몇 번 뿌리는 정도의 상황과 같아서 치안상황이 한 번에 변화하리라고는 생각하기 힘들다.

그렇다면 경찰은 왜 일시적인 기능부전에 빠져있을까?

결론을 먼저 말한다면 외적인 요인과의 관계에서는 경찰은 직장 전반의 주2일 휴무제와 24시간형 사회, 게다가 점점 글로벌화 되고 있는 시민들의 라이프스타일의 극적인 전환에 제대로 대응할 수 없기 때문이다.

우선 주2일 휴무제에 대한 외적 요인을 보면 지방공무원에서 주2일 휴무제가 도입된 '90년대 초, 전국 소방직 공무원의 증원은 시행되었지만 경찰관의 증원은 이에 맞추어 시행할 수 없었다. 과격집단에 의한 가두시위 등 공안의 시대가 끝났다고 관계자들은 한심스러워할지도 모르지만, 경찰관 증원에 대한 얘기가 나올 때 마다 경찰기동대의 축소 등과 같은 다른 대처방안을 요구하고 있어서 반론도 제대로 할 수 없는 상황이다.

결국 경찰관 증원은 바라지도 못한 채 1주일에 1일의 휴일만 더 늘어나 실제적으로는 휴일에 따른 전국 경찰관의 수는 7분의 1정도가 삭감된 상황이라고 할 수 있다.

오래 전에 범죄 검거자수는 이미 30만 명을 넘어섰지만, 범죄증가에 대응하는 경찰력에 한계가 보이기 시작했을 때는 오히려 경찰관의 수는 역행하듯이 감소된 상황과 같아서 그에 따른 혼란이 초래된 것은 당연한 일이다.

실은 같은 시기에 경찰은 또 하나 정치적인 과오를 범하고 있었다. 경찰관의 급여수준을 인상하기 위해 계급정원수를 시정했던 것이다. 일반 공무원보다 근무가 힘들고 위험함에도 불구하고 경찰관 급여수준이 낮다는 것에 발상을 두고 시작했지만 계급을 바꾸지 않은 채 급여만 올린다는 것은 곤란하여 경찰부서와 경찰보조부서의 정원수를 증가시켜 놓았던 것이다.

그 결과, 전통적인 피라미드형 조직이던 경찰관의 조직은 가운데가 불룩한 과일모양으로 변화되어 피라미드형의 계급제도에 익숙해 있던 경찰관의 자존심은 조각나고 말았다.

경찰의 핵심은 경찰하위부서인 일선 경찰이므로 사건수사나 교통정리도 실질적으로 성과를 좌우하는 지휘관을 근무시켜 왔다. 경찰관 가운데는 경찰관 계급의 최상위 부분까지 올라가려는 사람도 있고, 한편으로는 일선 경찰부서에 있으면서도 투철한 신념을 갖고 활약한 사람도 많다. 그런데, 갑자기 경찰중앙부서나 하위부서, 특히 하위 경찰부서의 인원을 증가시킨 후에는 일선 파출소장으로서는 우수했지만 경찰기관의 핵심부서 임무를 제대로 처리하지 못하는 경찰간부들이 발생하였다. 신참순경을 지도하기는 커녕, 선임 경찰관의 도움을 필요로 하는 경찰관이 경찰서의 한 부서의 대리가 되어 오는 경우가 많은데, 당사자만 곤란한 것은 아니다. 업무에 프라이드를 가지고 있던 같은 부서의 선임 경찰관들은 업무능력도 없고, 잘 알지도 못하는 쓸데없는 동료와 같은 대우를 받아야 한다는 것에 자존심을 크게 상하였으며, 그렇지 않아도 바쁜 와중에 불필요한 동료의 업무 지도 역할까지 해야만 하게 되었다.

경찰조직의 이런 혼란을 수습하여 원래 경찰조직이 구성했던 피라미드 형태로 재구축하지 않는 한 진정한 의미로서의 경찰의 재생은 얻기 힘들다고 한다. 경찰관의 인원수만 증가하는 것만으로는 치안의 큰 변화를 희망하지 못한다.

그것은 그렇다 치고 경찰이 '24시간형 사회'에 적응한다고 해도 후속적으로 발생하는 영향은 크다. 침입절도범의 범행시각을 보면 이제까지는 일목요연하였지만 최근의 도둑들은 새벽 2시경보다는 오히려 해가 뜰 무렵에 움직이고 있다. 왜냐하면 새벽 2시까지는 시민들의 일상도 늦어져 잠드는 시간도 늦어졌으며, 통행인이 끊어지지 않기 때문이다.

그러나 이러한 사회현상의 변화와는 상관없이 경찰의 근무형태는 갑자기 주간에 치안의 중점을 두도록 움직이고 있어서 도둑들의 실제 범행시간대에는 당직근무자의 대부분이 졸고 있어서 치안업무가 허술한 부서가 많다. 주간근무자를 야간 근무에 분배하여 배치하는 방법으로는 개혁이 진행되지는 않는다. 그뿐만 아니라 현대 사회가 '24시간형 사회'로 변하고 있는데도 24시간 근무를 하고 있는 관청은 기본적으로 소방과 경찰뿐이다. 소방업무는 화재나 구급차의 운용만 관계하고 있다고 생각하기 쉽지만 일반 관공서들이 업무를 종료한 후의 시민서비스에 관한 문제는 즉시 경찰과 연계되어 있는 실정이다. 개나 고양이에 사체처리, 지하수 누출, 행려병자의 보호 이관, 게다가 부부싸움의 중재까지 경찰의 임무로 오해하고 있는 경우가 많다.

110번 전화의 신고 건수는 10년 동안 1.8배, 경찰관의 상담취급건수는 2.3배로 증가하였지만, 그 가운데에는 본래 보건소나 시, 구역의 단체장이 취급해야하는 업무가 상당수 포함되어 있다. 실제, 110번을 접수하는 통신사령부를 견학해 보면 단순히 시각을 알리는 전화마저 신고상담에 바쁘게 사용되어지고 있어서 매우 놀랐다.

결국, 경찰은 일본에 출입하는 외국인의 증가나 사회전반의 도덕성 저하 등을 배경으로 범죄가 증가하는 상황에서, 본래 경찰업무 이외의 임무까지 하고 있는 매우 힘든 상황이라고 말해도 좋을 것이다. 이러한 것들이 경찰의 기능부전의 가장 큰 원인이 되고 있는 것이다.

경찰로서는 경찰 본연의 업무 이외의 통보나 상단과 같은 유형의 업무는 배제하여야 하며 지방자치단체등과 같이 협력하여 각 지역의 관공서 등에 '24시간형 사회'에 대한 대응을 같이 준비하고 추구해 나가야만 한다. 보건소관계의 임무 등은 보건소가 경찰의 관할이었던 전후(戰後)의 영향도 남아 있긴 하지만 즉시 보건소의 업무로 되돌려 놓아야 한다. 게다가 본래 경찰업무도 다시 점검하여, 경찰관이 아니어도 담당할 수 있는 업무에 대해서는 과감히 외부기관에 위임하는 것이 사회 전체의 이익과도 깊이 관련되어 있다는 것을 알아야만 한다.

우리들이 신문이나 잡지사설 등을 통해서 주차위반의 단속이나 면허갱신업무 등을 아웃소싱 해야 한다고 여러 번 주장한 것도 경찰의 부담을 경감시켜 경찰이 치안유지에 전력투구를 할 수 있게 하기 위한 것이다.

그런데 경찰 당국은 기득권을 잃고 싶지 않은 의향도 있는지 좀처럼 업무개선을 추진하려고 하지 않았다.

겉치레 계획인지는 몰라도 갑자기 파출소를 없애고 경찰관의 패트롤을 강화시키는 지금 우리가 주장하고 있는 방향과는 반대로 오히려 모순된 일을 태연히 하고 있는 상황이다.

경찰청은 최근에서야 겨우 진행되고 있는 교통관계 등의 업무를 아웃소싱 하는 방침을 제출했지만 이것도 업무를 빨리 정하지 않는 한 경찰조직의 기능부전은 계선될 수 없다.

여기에서 부각되고 있는 것이 경비업계의 동향이다.

전국 약 9,500여개의 회사, 약 45만 명의 경비업 종사자의 존재는 이미 일본의 치안계획의 한 가운데에 들어있다고 해도 과언이 아니다.

예를 들면, 민간경비회사의 방범대책, 현금수송경비 등의 활동으로 인하여 민간경비원이 경찰력을 보완하고 결과적으로 경찰관의 부담을 경감시키는 효과는 매우 크다.

경찰 측도 경비업계의 능력을 높이 평가하여 기대하고 있는 것은 틀림없다.

작년, 경비업법을 개정하면서 폭력단체의 영향력을 배재하기 위한 결격사유를 추가해 경비원의 방호를 위한 방패와 같은 보호구와 경봉사용을 인정하도록 도도부현 공안위원회에 규칙을 개정하도록 표명한 것은 경비원 활약의 장이 점점 넓어질 것을 예상한 것이다.

경찰청 교통국은 주차위반단속업무의 일부를 경비업계에 위임하는 것을 염두에 두고 있다고 한다. 앞으로는 혼잡경비나 행사개최 시 경호경비 분야에서도 경비업계가 맡는 역할은 확대될 것이 틀림없다.

지역경찰분야에서도 경시청 등 수도권의 파출소 14개소에서 도난피해가 있었던 것을 참고로 할 때, 허점이 많은 파출소업무 대책에 경비원이 동원될 수 있다는 것도 결코 이상한 일이 아닐 것이다. 뛰어난 지혜들을 모은다면 아직 경비원들에게 대행시킬 수 있는 경찰업무는 쉽게 발견할 수 있다.

경찰조직이 기능부전 상태에서 하루속히 탈피하기 위해서는 종래의 구태의연한 상식을 무너뜨리고 대담한 조직의 재구축이 불가결하며 경찰관의 부담을 대폭 경감시켜 치안유지에만 전념할 수 있도록 개선을 단행하지 않으면 안 된다.

경비업계로서는 경찰 측으로부터 언제, 어떤 요구가 있더라도 바로 응할 수 있도록 스스로 만반의 준비를 해두지 않으면 안 된다. 경찰이 업무를 이양할 때는 가능한 한 경찰관과 필적할 만한 교육훈련을 받은 경비원을 당연히 요구할 것이다. 가까운 장래에 현재의 경비원 검정제도를 더욱 엄격히 강행하기 위해 공안위원회에 의한 경비원의 자격검정 시스템이 취해질 것이 틀림없다.

그에 따른 업계의 재편과 세분화의 움직임도 있을 것이다.

예산되는 움직임에 대해서 어떻게 대처할 것인지 장기적인 전망에 입각한 경영계획을 업계에서는 미리 준비해 놓아야 한다.

경찰의 위기는 경비업계의 찬스라는 것을 반드시 염두에 두고 먼저 경비업계도 경찰과 마찬가지로 치안을 지키고 있다는 신념과 의지를 가져야만 한다.

⑵ 불법주차 단속업무를 맡게 된 민간경비업

현재 경비업체수 9,247개사 중 교통유도경비업자수는 전체의 51.9% 점유한 4,799개사가 있다. 교통에 관한 경비가 많은 비중을 두고 있는 일본에서는 「도로교통법의 일부를 개정하는 법률」이 법률 제90호로 2004년 6월 9일에 공포되어 불법주차대책관계의 법 개정에서는 방치위반 벌금제도의 신설, 확인사무 등의 민간위탁, 그 외 불법주차 대책의 추진을 위한 규정이 정비되어 공포일로부터 2년 이내 시행을 목표로 각종 준비가 추진되고 있다.

(사)전국경비업협회에서는 불법주차단속 확인사무 등의 민간위탁은 경비업무의 공공적(公共的)업무의 확대와도 연관된 것이므로 동년 6월 이후 개최된 경찰청 교통국 주최의 「방치차량 확인사무 등의 민간위탁에 관한 모델 개발연구회」의 기획에 참여하여 업계의 의견을 반영하는 등 관련업계가 다방면으로 움직이고 있다. 경찰청에서는 도로교통법의 일부개정에 의한 확인사무 등의 민간위탁에 대해서 표준적 운용요령의 이미지 등의 설명회를 개최한 것으로서 그 가운데 관련 사항의 개요를 보면 다음과 같다.

경찰청 교통국에서는 도로교통법의 일부개정에 의한 불법 주차단속 확인사무 등의 민간위탁에 대하여 관심을 기울이는 기업에 대하여 법률, 각령, 부칙 등의 제도개요, 표준적 운용 요령 등에 관한 일반적 사항을 설명하기 위하여 이 업무에 참가를 검토하고 있는 기업들의 의문점 등에 대답하는 설명회를 개최하였다.

새로운 비즈니스 기회를 얻기 위하여 예상을 뛰어 넘어서 전국에서 약 1천 개 기업의 신청이 있었으므로 급히 2회로 나누어 설명회를 행하였던 것이다.

경비업계로부터 전국 각지에서 약 600여개 경비회사의 신청이 있었고, 게다가 일부 경비업협회의 신청도 있어서 확인사무의 민간위탁에 대한 경비업계 내의 관심은 매우 높았다.

한편, (사)전국경비업협회는 이제까지의 경찰청의「방치차량 확인사무의 민간위탁에 관한 모델 개발 연구회」에 참가하는 동시에 「불법주차단속 사무의 민간위탁에 관한 업무부서」를 설치하고, 불법주차 단속의 민간위탁에 대한 업계의 의견을 모으고 그 결과를 경찰청의 연구진에 반영시켜 왔다. 이것은 불법주차단속의 확인사무가 경비업무의 공공적 업무의 확대와 관련이 있으므로 업계의 문제점을 정리하고 적정한 실시가 이루어지도록 하기 위함이다.

⑶ 경찰과 경비업 협력으로「안전 · 안심의 마을 만들기」네트워크 구축

2003년에 와서는 경찰청이 새로운 출발로 「치안회복 원년」을 정해 민간경비와 다양한 협조체제를 구축하였다. 그 하나도「P.G.네트워크」(Police Guardmen Net Work)를 설치 경찰과 민간경비의 상호협력체제로서 「안전 · 안심의 마을 만들기」운동을 전개 전국의 자치단체의 조례를 새로 제정 전국적으로 범죄 없는 마을 만들기로서 새로운 생활안전과 범죄 없는 마을을 목표로 혁신운동으로 전개하였다.

이리하여 「P.G.네트워크」는 경찰과 경비업이 협력체제의 정신으로 적극적으로 참가하게 되었다. 따라서 대도시 도쿄, 오사카 등을 비롯하여 중소도시의 경찰과 경비업협회는 자기 마을의 명예를 걸고 범죄 없는 마을 만들기에 적극적으로 참여하였다. 전국에 산재하고 있는 경비회사와 경비원은 24시간 경비업무 근무 중에 일어나는 수상한 사람의 정보와 경비구역 내 순시중의 차량에는 「안전순찰 실시중」이라는 푯말을 부착, 교통사고 예방에도 상호 정보 교환 등 협정서를 작성 협력하고 있다.

(4) 일본의 21C 시큐리티 산업 전망

가. 일본의 21C 시큐리티산업 전망 보고서

1990년 (재)일본정보처리개발협회(1967년 창립)는 「21C에 비약하는 시큐리티 산업 보고서를 발표하였다.

그 내용을 살펴보면
① 시큐리티산업의 비전
② 시큐리티산업의 전망과 과제
③ 일본 시큐리티의 분류
④ 일본 2010년 시큐리티 산업 전망

이상과 같이 시큐리티산업을 체계적으로 분류하고 분야별로 시장규모 성장률 등과 구체적으로 방범기기 및 설비시장이 발전하는데 전망을 예측하였다.

이러한 예측은 비록 일본의 것이지만 우리나라도 지금까지의 경제발전 과정을 검토해 볼 때 반드시 일어나게 될 과정이라 생각된다. 따라서 우리도 이러한 시대의 변화에 적극적으로 대처해야 할 것이다.

○ 시큐리티산업의 전망과 과제

시큐리티는 2000년대의 정보화 사회에 기본적 요건중의 하나이다. 향후 전개되는 2000년대에 있어서의 시큐리티에 관한 중요성의 차이가 오늘날과는 많이 다르다고도 말할 수 있다.

장래 정보화 사회의 건전화, 안전화를 위하여 시큐리티 산업이 더욱 중요하게 부각되는 것은 명백한 사실이므로 지금부터 그 육성, 진흥을 계획적으로 추진해 나가야 하겠다. 또한 필요성이 인정될 때에는 적극적으로 재정투자나 세제우대 등의 조정책을 강구해 나가야 하겠다.

21세기에는 시큐리티 산업이 확고한 지위를 구축해야 할 필요가 있다. 한편 USER에 있어서는 시큐리티 방침을 확립해 두는 것이 요구된다. 그리하여 구체적인 시큐리티 구조를 구성해 나가야 하겠다.

이럴 경우의 기본은 설사 어떠한 형태의 조직체 일지라도 사회와의 융합을 고려하지 않으면 안 될 것이다.

① ACCESS CONTROL

ACCESS CONTROL은 향후 신체적인 특징을 이용한 생물학적인 방식이 증가하는 것으로 예측된다. 기술적으로 현재 우리나라에서는 실용화되지 않은 음성식이나 서명식도 일반화될 것이다.

② 방재, 방범

컴퓨터 센서에 있어서는 소화제로서 HALOGEN 1303이 많이 사용되고 있다. 지구환경오염의 관점에서는 HALOGEN등이 오존층을 파괴하는 작용을 하므로 하루 빨리 대체물질을 개발하지 않으면 안 된다.

③ 비상용 전원설비

BACK-UP용 전원으로써 이용할 수 있는 연료전지의 실용화가 요망되고 있다. 기술개발을 지원하기 위한 구체적인 프로젝트 발족이 필요하다.

④ 감 시

감시 확인용의 기기나 장치로써는 CCTV, 방범카메라, 영상도어폰 등이 있다. 이들의 감시장치는 특정분야에 상당히 보급되어 있기는 하나 전반적으로는 아직도 미진하다. 이 장치들에 대해서는 향후 질적인 향상을 도모하는 동시에 적극적인 보급이 바람직하다.

⑤ 보관설비

정보의 보관에 대해서는 검색의 즉시성이 요구되고 있다. 장래에는 대용량 고속통신에 의한 온라인 정보보관이 주류를 이룰 것이다.

또 가시정보의 불가시화에 의한 보관은 공간의 유효이용만이 아니고 시큐리티 측면에서 극히 효과적인 방법이므로 법정보관기간을 갖는 정보에 대해서도 자기기록 등에 의한 보관을 인정하도록 해야 할 것이다.

⑥ 암 호

이미 암호와 메시지 인증(認證)등의 기초기술은 확립되고 있으나 실용적인 관점에서 응용연구가 뒤떨어져 있다. 산・관・학에 의한 응용연구를 하는 동시에 실용적이고 염가의 본인확인 기술의 개발이 요구된다.

⑦ 시큐리티용 소프트웨어

정보시스템을 직접적으로 보호하기 위한 방법으로 시큐리티 소프트웨어의 채용이 있다. 특히 컴퓨터 범죄의 방지에 유효한 것이다. 중규모 이상의 정보시스템에 채용하는 것이 바람직하다.

⑧ BACK-UP 서비스

장래는 온라인에 의한 BACK-UP서비스가 주류가 될 가능성이 있으나 비즈니스로서는 하나의 시스템으로 복수시스템을 BACK-UP하지 않으면 코스트가 너무 높아질 수 있다. 또한 복수시스템을 BACK-UP하기 위해서는 호환성이라는 문제도 생기게 될 것이다. 이것에 대해서는 개발시스템 상호접속 BACK-UP OPEN SYSTEM INTERCONNECTION을 위시한 표준화의 진전에 기대하고자 한다.

우리나라의 BACK-UP서비스 기업은 현재 한 회사도 없으나 미국은 이미 일본에 진출했으며 향후의 전개가 주목되는 상황이다.

⑨ FACILITY매니지먼트(FM)서비스

FM서비스 OPERATION중심의 운용관리시스템에서 종합서비스(SERVICE INTEGRATION)의 방향으로 움직인다는 견해가 나오고 있다.

즉 FM서비스가 종합화 다양화 할 가능성을 가지고 있다고 본다. 그리고 정보관련 산업의 각 분야의 기업이 진출할 가능성도 있다. 이 FM서비스는 2000년대에는 정보시스템 운영에 관계되는 시큐리티 서비스 그 자체에 변화를 가져올 가능성이 있다.

⑩ 교 육

지금부터의 정보화 사회에 있어서는 시큐리티나 감사가 일반 비즈니스맨의 기초교육에 포함될 필요가 있다.

이것은 시큐리티의 관점에서 정보화 사회의 토대 만들기라는 의미를 가지게 된다. 따라서 학교, 기업 등에 있어서 정보시큐리티 시스템 감사 등의 교육을 보급시킬 필요가 높아지고 있다.

⑪ 컨설팅

21세기에는 시큐리티 컨설팅 및 시스템 감사 컨설팅은 정보 시스템을 외부에서 지탱하는 전문가 집단으로 거의 지위를 굳히게 될 것이라고 생각된다. 또 우리나라에서는 현재 컨설팅에 응하고 있어도 그것이 무상 서비스로써 제공하는 경우가 많으나 앞으로는 대가를 지불하는 관습을 뿌리내려갈 것으로 생각한다.

⑫ 경 비

경비에는 여러 가지 형태가 있으나 그 중에 시큐리티 산업이라는 관점에서 중요시 되고 있는 것은 정보시스템과 네트워크를 구사한 기계경비라는 분야에서 이들의 장치를 활용한 새로운 시큐리티서비스의 출현도 기대된다. 즉 이미 네트워크로 기업, 가정과 연결되어 있는 유리함을 이용하여 이 연장선상에서 고객과 밀착된 각종 서비스로 그 폭을 넓혀가고 있는 것이다.

⑬ 보 험

정보시스템이 중요하게 되면 될수록 시스템에 좋지 않은 일이 생기는 경우의 대책이 중요하게 된다. 그리고 위험성을 제로로 하기는 어렵다. 그래서 이와 같은 사태에 대비한 일시적인 고액의 코스트 부담을 강요하는 것을 완화하기 위하여 보험의 역할이 중요하게 된다.

앞으로 정보 분야를 전문으로 한 보험에는 정보화 보험이 있을 수 있다. 정보화의 진전이 빠르고 환경의 변화가 격심하기 때문에 이런 보험법의 개정 혹은 새로운 보험의 개발 등 새로운 추이가 생기고 있다.

⑭ 컴퓨터 전용 빌딩

컴퓨터 전용 빌딩은 구조, 설비 등에 있어서 고신뢰성, 고안전성을 실현한 임대 빌딩이다. 정보시스템이 업무처리 핵심이 되고 공간 확보 및 시큐리티의 관점에서 컴퓨터 센터를 따로 설치하는 경향이 많다.

그것이 코스트 측면에서 불가능한 기업은 컴퓨터 전용 빌딩의 입주라는 대체수단이 가능해지고 있으므로 향후 수요가 급증할 것으로 본다.

따라서 컴퓨터 전용 빌딩에 대한 기준의 설정이 필요하고 더욱 사고처리의 RULE의 확립, 보상 문제 등을 해결해 두지 않으면 안 된다.

⑮ 공사, 시공 및 메인티넌스(MAINTENANCE)

정보시스템의 고신뢰성, 고안전성을 보증하기 위한 시설에 시큐리티 시스템을 활용한 설계, 시공 등 메인티넌스의 경비도 거액이 되고 있다. 한편에서는 기술자의 질적 수준을 확보하기 위한 기능 향상 및 유지의 해결책을 검토하지 않으면 안 된다.

○ 일본시큐리티 산업의 분류

분류 / 분야	분류(대분류)	기기, 장치, 기능(소분류)
기기 · 장치 소프트웨어 포함 분야	1. Access Control (접근 또는 조작의 통제)	식별 (카드, 카드리더)판별기기 (본인 확인용 기기 등)
		개폐 (록크 셋타)
		감시 (재실 감지등)
	2. 방범, 방재	화재 (센서 수신 감지)
		지진 (〃 〃 〃)
		누수 (〃 〃 〃)
		침입 (〃 〃 〃)
		소화
		피난기구
		비상조명
	3. 비상용 전원설비	발전기
		배터리
		CVCFC(Constant Voitage Constant Freguncy)
		AVR(Auto Voitage Regulator)
	4. 감시	카메라 (방범용 사진 카메라)
		비디오 (방범용 TV 카메라, 비디오)
		원격감시제어 장치 (동일건물내의 제어)

	5. 보관설비 (데이터 보관용)	보관고
		금고
	6. 암호	암호장치
		암호 소프트웨어
	7. 시큐리티용 소프트웨어	시큐리티 소프트웨어
	8. 통신회선	회선부정접촉방지 장치
		네트워크 관리장치
		비상용 이동통신장치 (위성통신지상국 등)
	9. BACK-UP 서비스	센터 백업
		정보보관
	10. 교육	교육, 보관
	11. 컨설팅	시큐리티
		시스템 감사
분 야	12. 경비	기계경비
		상주경비
		소송경비
	13. 보험	손해보험
		배상책임보험
	14. 방재 방범공사 시공 및 메인티넌스(Maintenance)	방범, 방재 공사시공 및 메인티넌스

※ 자료 : 일본 정보처리개발협회

○ 일본 2010년 시큐리티 산업 전망

(단위 : 억 엔)

시큐리티산업	1990년	2010년	배율	2010년까지의 시장규모 · 성장률 (년 율)	대상범위등
Access Control	150	2,450	16.5	15%	식별방식
방범, 방재	1,790	21,000	12.0	금후 10년간 15% 그 이후 10%	소화시설 및 보수 방범기기

비상용 전원설비	700	8,700	12.5	금후 5년간 20% 그 이후 10%	발전기, 배터리 AVR, CVCF
감 시	1,000	16,400	16.5	15%	CCTV, 방범카메라
보관설비	65	1,000	15.5	금후 10년간 20% 그 이후 10%	정보의 보관
암 호	시장 미성립5	4,500	900.0	단말형은 5년 후부터 복합단말은 암호실장율50%	암호장치, 메시지 인정장치
시큐리티용 소프트웨어	700	14,100	20.0	14%	출입통제용 소프트
BACK-UP 서비스	10	2,400	240.0	13%	대형, 중형사용자
Facity 매니지먼트 서비스	3,447	19,000	5.5	금후 10년간 10% 그 이후 30%	시스템운용 위탁 설비관리 운용보수서비스
교 육	5	300	60.0	금후 10년간 10% 그 이후 30%	시큐리티교육 시스템감독교육
컨설팅	30	1,000	36.5	금후 10년간 10% 그 이후 30%	시큐리티 감사 컨설팅
경 비	2,184	17,800	8.0	10%	기계경비
보 험	567	3,800	6.5	금후 10년간 10% 그 이후 30%	컴퓨터관련화재 동산종합, 정보화보험
컴퓨터 전용 빌딩	130	2,200	17.0	임대면적의 예산부터 산출	임대료
공사시공 및 메인티넌스	8,100	75,500	9.0	공사비부터 예측	각종시설건설공사의 전용시큐리티대책 공사비
합계	18,883	190,150	10.0		

※ 자료 : 일본 정보처리개발협회

이 도표에서 알 수 있듯이 1990년 현재 일본의 시큐리티 산업은 약 1조 8천억 엔에 달하고 있다. 공사시공부문이 8,100억 엔으로 전체의 44%를 차지하고 가장 높으며, 유지보수부문이 3,447억 엔, 경비부문이 2,184억 엔, 방재・방범부문이 1,790억 엔이고, 그리고 감시(CCTV) 1,000억 엔 등이다.

2010년의 시큐리티산업을 살펴보면 공사시공 부문이 7조 5천 5백억 엔(39.7%)으로 여전히 가장 높고 방재・방범부문이 2조 1천억 엔, 유지보수부문이 1조 9천억 천4백억 엔에 이르고 있다. 또한 시큐리티용 소프트웨어가 1991년 700억 엔에서 1조 4천 100억 엔으로 급격히 증가하게 된다.

2) 미국 경비업의 이모저모

(1) 미국대학교 시큐리티 학과

미국에는 130개 대학에 시큐리티 학과가 있고 학교에 따라 학위도 석사・박사 과정이 있다.

우리나라에서는 1984년 이윤근 교수가 Wichita State Univ. in kansas에서 '미국에 있어서 국가경비기관과 민간경비회사간의 관계개선에 관한 연구(The Study of The Relationships Between Private And Public Security Agencies In The United State)'로 석사학위를 취득하였고, 2002년에는 이창무 교수가 A dissertation submitted to the Graduate Faculty in criminal justice in partial fulfillment of the requirements for the degree of Doctor of Philosophy, The City University of New York에서 'The development of private police in Korea'로 박사학위를 취득하였다.

〈표 4-123〉 미국 시큐리티 학과가 개설된 대학

주 명	학교명	비 고
앨라배마 (Alabama)	• Auburn University of Montgomery • Chattahoochee Valley College,Phenix City	
애리조나 (Arizona)	• Navajo Community College, Tsaile • Northern Arizona University, Flagstaff	
캘리포니아 (California)	• California State University, Long Beach • Cerritos College, Norwalk • De Anza College, Cupertino • East Los Angeles College, Monterey Park • Golden Gate University, Los Altos • Golden Gate University, San Francisco • Golden West college, Huntington Beach	

	• Monterey Peninsula College, Monterey • Mount San Antonio College, Walnut • Palomar Community College, San Marcos • Saddleback College, Irvine	
콜로라도 (Colorado)	• Red Community College, Golden	
코네티컷 (Connecticut)	• Housatonic Community College, Bridgeport • Tunxis Community College, Farmington • University of New Haven, West Haven	
워싱턴 D.C. (Washington D.C.)	• George Washington University	
플로리다 (Florida)	• Barry University,Miami Shores • Daytona Beach Community College, Daytona Beach • Florida State University, Tallahassee • Manatee community College, Bradenton	
일리노이 (Illinois)	• Belleville Area College, Belleville • Lewis and Clark Community College, Godfrey • Lincoln Land Community College, Springfield • Loop College, Chicago • Moraine community College, Palos Hills • Thorton Community College, South Holland • Western Illinois University, Macomb • William Rainey Harper College, Palatine	
인디애나 (Indiana)	• Indiana State University, Terre Haute • Indianapolis Vocational Technical College, Ft.Wayne • University of evansville, Evansville	
아이오와 (Iowa)	• Southeastern Community College, West Burlington • St. Ambrose College, Davenport	
캔자스 (Kansas)	• Wichita State University, Wichita	
켄터키 (Kentucky)	• Eastern Kentucky University, Richmond	
메릴랜드 (Maryland)	• Catonsville Community College, Catonsville(Baltimore County) • Community College of Baltimore, Baltimore • Coppin State University, Baltimore • Montgomery College, Rockville	
매사추세츠 (Massachusetts)	• Northeastern University (College of Criminal Justice), Boston • Northeastern University(University College-L.E.Programs), Boston	

미시간 (Michigan)	• Central Michigan University, Mt.Plsasant • Ferris State College, Big Rapids • Jackson Community College, Jackson • Lake Superior State College, Sault Ste.Marie • Macomb County community College. Mt.Clemens • Maddonna College, Livonia • Michigan State University, East Lansing • Northen Michigan University, Marquetee • Oakland Community College, Auburn Hills • Schoolcraft College, Livonia • University of Detroit, Detroit	
미네소타 (Minnesota)	• Minneapolis Technical Education Center & Minneapolis Community College(Joint Program), Minneapolis • Normandale Community College, Bloomington	
미주리 (Missouri)	• Central Missouri State, Warrensburg • Columbia College, Columbia • Missouri Southern State Collige, Joplin • Tarkio College, Tarkio	
네브래스카 (Nebraska)	• Metropolitan Techical Community College, Omaha	
네바다 (Nevada)	• Clark County Community College, Las Vegas	
뉴저지 (New Jersey)	• Essex County College, Newark • Jersey City State College, Jersey City • Union College, Cranford	
뉴욕 (New York)	• Hudson Valley Community College, Troy • Iona College, New Rochelle • John Jay College of Criminal Justice, New York • Long Island University, Greenvale • Mercy College, Dobbs Ferry • Monroe Community College, Rochester • Nassau Community College, Garden City • Orange County Community College, Middletown • St.John's University, Jamaica • Westchester Cimmunity College, Valhalla	
노스캐롤라이나 (North Carolina)	• Appalachian State University, Boone • Central Piedmont Community College, Charlotte • Mayland Technical College, Rocky Mount • Nash Technical College,Rocky Mount • Surry Community College, Dobson	

노스다코타 (North Dakota)	• Bismarck Junior College, Bismrck	
오하이오 (Ohio)	• Case Western Reserve University School of Law, Cleveland • Choffin Career Center Vocational High School, Youngstown • Cincinnati Technical College, Cincinnati • Cuyahoga Community College, Cleveland • Hocking Technical College, Nelsonville • Jefferson Technical College, Steubenville • Lakeland Community College, Menhtor • Lorain Community College, Elyria • Ohio University,Chillicothe • Ohio University(Learning / Independent Study),Athens • Owens Technical College, Toledo • Sinclair Community college. Dayton • Tiffin University, Tiffin	
오클라호마 (Ok!ahoma)	• Oklahoma City University	
오리건 (Oregon)	• Clackamas Community College, Oregon City • Lane Community College, Eugene • Portland Community College, Portland	
펜실베이니아 (Pennsylvania)	• Alvernia College, Reading • Luzerne County Community College, Nanticoke • Mercyhurst College, Erie • Penn State,Fayette Campus, Uniontown • University of Pittsburgh, Pittsburgh • Villanova University, Villanova • York College of Pennsylvania, York	
사우스 캐롤라이나 (South Carolina)	• Greenville Technical College, Greenville	
테네시 (Tennessee)	• Cleveland State Community College, Cleveland • Shelby State Community College, Memphis • Walters State Community College. Morristown	
텍사스 (Texas)	• Dallas Baptist University, Dallas • Houston Community College, Houston • Stephen F.Austin State University, Nacogdoches • University of Texas, Arlington • University of Texas. San Antonio	

유타 (Utah)	• Weber State College, Ogden	
버지니아 (Virginia)	• Northern Virginia Community College, Alexandria • Northern Virginia Community College, Manassas • Northern Virginia Community College, Woodbridge • Virginia Commonwealth Uuniversity, Richmond	
웨스트버지니아 (West Virginia)	• West Virginia Northern Community College, Wheeling	
위스콘신 (Wisconsin)	• Fox Valley Technical College, Appleton • Certified Protection Officer(CPO)Program Affiliates • Fox Valley Technical College,Appleton, Wisconsin • Humber College,CAlgary, Alberta • North American College,Phoeniw, Arizona • Northern Michigan University,Marquette, Michigan • University of Detroit,Detroit, Michigan • Westminster College,Salt Lake City, Utah	

※ 자료 : 警備保障新聞社(2003), 「警備業年鑑」, 警備保障新聞社.

(2) 미국 대학교 시큐리티학과 교육 내용 일부

미국의 약 130곳의 대학에서는 시큐리티 코스가 개설되어 있고, 이것을 이수한 학생에게는 학사, 박사 등이 주어지는 체제로 되어 있다. 이들 대학에서는 어떠한 시큐리티 교육이 행해지고 있는지를 살펴보는 것은 시큐리티업계 관계자에게는 매우 흥미로운 일이다. 물론, 대학마다 교육내용은 다양하여 일률적으로 논할 수는 없지만 시큐리티의 가장 중요한 역할 중 하나가 손실방지(Loss Prevention)와 자산보호(Asset Protection)이다. 이것을 고려할 때 여기서 어느 주의 유명 대학에서 실제 사용되고 있는 시큐리티 교재 중「시큐리티 · 손실관리개론」의 내용을 간단히 소개하고자 한다. 이 교재는 360항목이 넘는 큰 분량의 책으로서 시큐리티 전체와 관련분야를 망라하고 있다. 내용을 보면 놀랍게도 교양과정의 학생을 대상으로 하는 개설서(概說書)와 같은 것이다. 전체 13장으로 분류되었으며, 각 장의 끝에는 간단한 시험문제도 있다. 아래에서는 교재의 내용을 각 장별로 간단한 내용을 살펴보기로 한다.

○ 「시큐리티 · 손실관리개론」

시큐리티의 방법은 물론 시큐리티의 대상이 되는 손실의 원인, 이유까지 논하고 있다. 손실은 미연에 방지할 수 없다는 것과 손실을 관리하기 위한 입장을 제시하고 있다. 손실을 어떻게 최소화하는가의 문제는 오래전부터 인간에게 부여된 과제이며 본 교재는 이 문제를 해결하는 새로운 수단을 소개하였다.

전통적인 방범 주체로서의 시큐리티가 아닌 범죄 이외의 업무를 감시하고 관리해야만 손실을 다양하게 줄일 수 있다. 손실관리의 대상이 되는 것으로는 소모(消耗), 사고, 과실, 범죄, 비윤리적 · 비직업적 행위 등 여러 가지다(편의상 여섯 가지 요인을 WAECUP로 지칭함). 이러한 것들로 미루어 본다면 손실은 우리 생활에 보편적으로 존재하는 것이며, 그런 손실을 받아들이는 것이 본 교재의 기본적 시각이다. 손실관리의 입장이라면 위에서 열거한 손실관리 대상들의 위협은 서로 원인도 될 수 있으며 결과가 되기도 한다.

이러한 새로운 생각을 독자가 이해하기 쉽게 다음과 같이 구성하였다.

우선 처음에는 산업에 대한 손실의 위협을 설명하였고, 소모, 사고, 과실, 범죄, 비윤리적 · 비직업적 행위의 개요를 제시하였다.(제1장)

다음으로는 시큐리티 · 손실관리에 대하여 역사적인 배경과 함께 제시하였다. 여기서는 직업으로서의 시큐리티 · 손실관리를 둘러싼 오해나 잘못된 인식에 대해서도 다루었다(제2장). 그 다음으로는 안전에 대한 책임과 안전을 예방하는데 있어서 주의하는 것만으로도 얼마나 손실이 감소될 수 있는지를 논의하였다(제3장).

제4 · 5 · 6장은 손실관리자의 기능과 지위가 점점 강해지고 있는 현상에 대해 논의하였다.

제7장부터 11장은 손실관리의 개별적 분야를 취급하였고, 조직을 손실의 위협(WAECUP)으로부터 보호하기 위해 관리자가 취해야 할 방법들을 제시하였다.

제12장에서는 경영의 관점에서 손실관리를 고찰하였다. 기업 내에서 손실관리가 충분히 기능을 발휘하기 위해서는 다방면으로 접촉해야 한다. 마

지막 제13장에서는 사례연구 형식으로 실패한 시큐리티 사례를 다루었다. 배경설명과 논평을 한 17개의 사례가 소개되었으며, 이는 모두 실제 발생한 사례들로 구성되었다.

가. 제1장 : 손실의 위협으로 인한 경비업의 성장

어떠한 산업, 기업이든지 극복해야 할 여러 과제가 있으며, 이것을 극복한다면 성공 혹은 이윤을 얻을 수 있다고 기술하고 있으며, 이 장의 전반부에서는 상공업을 처음으로 시작한 사업주가 직면하게 되는 주요과제(손실의 위협)를 설명하고 있다. 손실이라는 위협을 극복하는 것이 시큐리티 담당자의 임무이며, 손실의 위협을 학습모델의 형태로서 체계화시켜 놓았다.
후반부에서는 시큐리티에는 여러 가지 직종이 있으며, 다양한 업무의 기회가 있기 때문에 이러한 기회에 대하여 고찰하였고 활동내용과 대상 고객이라는 두 가지 측면에서 기회를 제고할 수 있다. 어떤 직장, 업무에서든 그것만의 특별한 지식과 훈련이 필요하며, 이러한 훈련의 필요성에 대해서도 언급하였다.

나. 제2장 : 시큐리티 · 손실관리의 발전

전반부에서는 시큐리티 · 손실관리의 역사적 제 단계를 기술하면서 엄밀한 정의를 소개하였다. 이미지 문제나 모든 자격의 정의에 대해서 고찰하였다. 각종 조사결과도 경비업의 역사적 제 단계를 확인함으로써 유용하게 논하고 있다. 후반부에서는 시큐리티 · 손실관리와 관련이 깊은 통보업무, 보험, 위기관리(Risk Management), 신용카드(Credit Card)업종에 대한 설명과 짧은 검토를 하였고, 다음으로 소매업, 의료, 교육, 금융, 호텔 등의 숙박업종과 같은 5가지의 특수한 업종의 시큐리티 업무의 이익과 불이익을 소개하였다.

다. 제3장 : 안전에 대한 책임

먼저 안전의 정의에 대하여 기술하였고 다음으로 경비담당자가 주의해야만 하는 안전에 대한 위협의 일람표를 소개하였다. 상해, 사고방지책의 역사적인 경위에 대하여도 짧게 기술하였으며, 공권력에 의한 감시와 통제를 포함한 논의와 안전기준, 안전사정법에 대하여도 소개하였다.

3개의 특수한 화제(話題)로서 첫째 : 재해와 위험관리, 둘째 : 무기의 안전성, 셋째 : 전도와 추락사고를 거론하였다.

경비원의 건강과 체력에 대해서도 검토를 하였으며, 특히 미국의 인구가 고령화됨에 따라 응급처치와 심폐소생법에 대한 논의도 하였다. 근로현장의 손해배상소송도 안전과 깊은 것이므로 기술하였으며, 실제적인 안전계획을 세우기 위한 사례연구도 소개하였다. 마지막으로는 손해배상 소송 등 안전관계 서류의 서식을 예시하였다.

라. 제4장 : 시큐리티(경비)라는 직업

시큐리티업을 전문직업으로서 검토하였다. 시큐리티가 프로직업이 되기 위해서는 6개의 스텝이 필요하다.

① 시큐리티 · 손실관리의 수치화의 문제
② 시큐리티업에 관한 최신 정보
③ 범죄경향과 형법체계의 붕괴는 시큐리티업의 프로화에 박차를 가하게 된다.
④ 시큐리티 · 손실관리와 사법과의 차이점에 대하여서는 대상, 활동형태에 이르기 까지 설명하였다.
⑤ 시큐리티업에 대한 윤리, 옳고 그름의 문제를 받아들여 시큐리티의 프로화를 방해하는 문제와도 접촉한다.
⑥ 시큐리티의 도식화

마지막에는 미래의 전망과 이에 관련된 장비, 직무상의 제도, 기준, 프로 시큐리티 특유의 자만심까지도 제고해야 한다.

마. 제5장 : 손실관리의 조사

손실관리의 실패는 손실의 원인이 어디에 있는지 그 근본적인 시점이 결여되어 있기 때문이다. 손실의 '자연법칙'을 이해하는 것이 중요하며 일면적인 범죄파악부터 다면적인'소모 - 사고 - 과실 - 범죄 - 비직업적 · 비윤리적 행위(WEACUP)'의 시점까지 다양하게 이해하여야 한다. 기업이 직면하는 'WAECUP'의 위협은 무엇인가? 도대체 우리들이 경비해야 하는 것은 무엇인가? 에 대해서도 아래와 같이 근본적인 검토를 하였다.

① 기업체, 시설, 기관은 '자산'을 소유한다.
② 자산은 화폐가치를 가지고 있으며 기업운영, 존망에도 매우 중요하다.
③ 자산의 손실, 손해, 파괴와 관련된 많은 위협이 항상 존재한다.
④ 자산에 대한 'WAECUP'의 위협을 분석하는 것이 바람직하며 손실관리의 수단과 장기적인 운용전략이 요구된다.

기업이 아무것도 가지고 있지 않으면 위협은 없다. 그러나 기업은 당연히 많은 것을 소유하거나 차용하고 있다. 소유 또는 차용한 것이 많으면 많을수록 그들의 손실의 가능성도 높아지는 것이다.

바. 제6장 : 여러 가지 수단의 연대

각종 수단의 연대가 필요한 것은 아무도 도와주지 않으면 성공할 수 없기 때문이다.

시큐리티 · 손실관리의 성공을 위해서는 '소모 – 사고 – 과실 – 범죄 – 비직업적 · 비윤리적행위(WAECUP)'의 위협을 최소화하기 위하여 관계된 관청, 여러 단체와 우호적인 관계가 반드시 필요하다. 이 때문에 다양한 관계 · 연대에 대하여 서술하였다. 서로 신뢰감 있는 양호한 관계를 확립하기 위해서는 타인을 이해하는 것이 반드시 필요하다. 타인의 문화체험을 서로 도출하여 소개시키면 타인에 대한 이해가 쉬우며, 이러한 바탕위에 제 수단의 관계, 연대의 가능성에 대하여 논하였다. 아울러 사내 범죄의 방지책을 설명하였으며 상업에서 시큐리티 · 손실관리와 보험에 대하여 제시하였다.

사. 제7장 : 테크놀러지

기업범죄는 해가 갈수록 급속도로 증가하고 있다. 지금까지 시큐리티의 관리자는 전통적으로 범죄외의 손실에 대해서만 경비원의 배치나 출입관리규칙의 시행 등으로 대처해 왔다. 그러나 손실문제에 대한 현대의 대처법에는 테크놀러지가 포함되어 있다.

현재는 손실관리의 책임자가 테크놀러지를 이용하여 기업의 손실관리에 최선의 방법을 확립하고 있다. 전자센서, 컨트롤 기기, 통보장치 등을 통해서 테크놀러지라는 사람, 장소, 물건 등 그 밖의 소중한 것을 지키는 것이다.

아. 제8장 : 법과 시큐리티업

미국사법제도의 간단한 설명에서부터 시작하여 시큐리티 · 손실관리에 이르기 까지 형법 · 민법에 대하여 설명하였고, 법정에서 선서 증언을 할 때의 주의점에 대하여 언급하였다. 시큐리티 · 손실관리업무에 대하여 미국의 각 주가 정한 최저 기준도 소개하였다.

대리인의 지위, 노동법의 규제, 안전기준, 윤리 등 특수한 법의 문제, 컴퓨터범죄로 인한 정보보호의 문제에도 주의를 기울이도록 하였으며, 마지막으로 거짓말탐지기나 심리스트레스 측정기의 사용에 대한 법 규제에 대해서도 언급하였다.

자. 제9장 : 손실관리의 특수문제 : 컴퓨터와 테러리즘

각 부문의 관리자, 손실관리 담당자는 모든 분야의 전문가가 되기는 어렵다. 손실관리는 특히 전문가 영역에 속한 분야에서는 도움이 반드시 필요하다. 곤란한 문제 특히 기술상의 문제를 해결하기 위해서는 컨설턴트에게 적절한 비용을 제공하더라도 중요한 지원을 받아야 한다. 그러나 다른 영역에서는 손실관리의 대책수단이 아직 확립되어 있지 않은 문제도 나타날 수 있다. 그러므로 이러한 새로운 문제에 대한 대책수단을 개발하는 고도의 기술을 가진 창조적인 전문가에게 조언을 구하는 것이 필요하다. 여기에서는 2명의 전문가, 컴퓨터 보안이 조셉 하이랜드 박사와 테러리즘의 리처드 W 고벳 박사가 소개되었는데 저자가 행한 인터뷰에서 두 사람의 견해를 실었다.

차. 제10장 : 재해계획

'재해방지책'이 아니라 '재해방지'라는 것에 유의해야 한다. 재해방지가 가능하다면 우리가 크게 걱정할 일은 없을 것이다. 실제로 천재, 인재에 대한 완전한 대책을 강구해 놓았어도 재해에 대해서 미리 예측할 수는 거의 없다. 하나의 사고가 큰 재해로 연결될 수도 있으며 현대사회는 사고가 더욱 자주 발생한다. 인간의 부주의로 화재감지기의 이상을 간과해 버린다면, 그 결과로 해당시설과 그곳의 이용자에게는 경보장치가 전혀 없는 상황이 되는 것이며, 또한 부적절한 피난유도의 과실이 원인이 되어 재해의 손실규모가 막대해 질 수 있다.

사고·손실은 인간과는 매우 관계가 깊은 것이어서 손실관리는 재해 시 사람·장소·물건 등의 소중한 자원을 지키는 계획을 개발하는 것으로서 사고, 과실을 최소화 하는 것이다.

재해는 어떤 조직에서도 불가결한 것이며 모든 기관, 기업도 재해에 대하여 깊이 생각해야 한다. 그러나 재해의 최종결과에 대하여 준비하는 기관·기업은 사실 많지 않다.

'설마 재해가 발생하지는 않겠지'라고 믿고 싶은 기업은 매우 많다. 그러나 재해는 실제로 발생하며, 막대한 지출과 희생, 평판의 악하를 동반하게 되며, 평판의 악화는 수입의 악화와도 관계가 깊다.

카. 제11장 : 화재예방

화재는 손실관리에 있어서 매우 큰 위협이다. 최근 화재가 일으키는 손실의 크기 때문에 큰 주목을 받고 있다. 하나의 화재가 가지고 있는 파괴력으로 인하여 평균 100만달러 이상의 손실이 발생되는데, 큰 화재로 인한 연간 손실액은 10억달러가 넘는다. 미국은 놀랍게도 화재로 인한 사망률과 손실률이 세계에서 가장 높은 나라이며, 이러한 상태는 당분간 계속 될 것이다. 미국은 계속된 도시화로 인하여 제한된 토지에 주거·산업의 수요가 계속 증가하고 있으며, 각 도시에서도 고층 건물이 즐비하다. 건물 내에는 많은 사람들이 밀집해 있어서 화재로 인한 사상자가 증가하며, 교통지체로 인한 소방구급작업 방해와 긴급대처가 곤란하게 된다. 고층건물의 상층부분의 사람들은 실제 화재가 발생하였을 때 생존할 가능성은 적은 편이다. 또한 최저수준의 생활을 하고 있는 빈곤층의 사람들도 사는 층에 상관없이 생존확률이 역시 낮다. 빈곤층의 주거환경은 매우 복잡하고 위험한 난방기구들이 무분별하게 사용되고 있으며, 화재예방대책이 전혀 없이 어린이들이 방치되기도 한다. 이러한 원인들로 인하여 연간 200만 건의 화재가 발생하며 몇 십억 달러의 재산적인 손실과 수 천명의 인명피해가 발생하는 결과가 된다.

타. 제12장 : 경영에 대한 시각

시큐리티와 손실관리는 경영의 일부이다. 다양한 경영방식에 있어서 시큐리티와 관련하여 기술하고 있다. 경영 시 역할과 제 이론, 목적, 흔히 있는 경영상의 문제 등에 대해서도 설명하였다. 사업체 내의 시큐리티와 손실관리에 대한 견해는 여러 가지로 제시하였으며, 기업예산에 대하여도 설명하였다.

시큐리티 담당간부가 되기 위해서는 지도력이 필요하며 그 지도력과 관계있는 조건을 소개하였다. 회사의 방침을 예로 들어 목적 설정의 방법을 논하였으며, 마지막으로는 시큐리티와 손실관리를 하나의 상품으로 어떻게 판로를 넓힐까를 논하였다.

파. 제13장 : 충분하지 못한 경비 – 사례연구

실제사건에 기초한 17개의 사례연구를 소개하였는데 이러한 시큐리티 입문서에 사례연구를 게재한 이유로 첫째, 생생한 사건들은 일반적인 설명이나 지시보다 더 주의를 끌어내기 쉽고 둘째, 사례연구를 이해하는 것이 필요하기 때문이다. 시큐리티와 손실관리에 수반되어 우리에게 큰 영향을 끼치는 사건은 현실에 너무 많이 존재하고 있으므로 시큐리티 입문단계의 학생들도 알아야 할 필요성이 있다.

어떤 사례연구는 범죄의 묘사로 시작한다. 범죄결과로 희생자, 생존자에 의한 공소, 피고는 기업으로 설정하였다. 다음으로 독자들이 상상으로 상황을 묘사할 수 있도록 배경을 설명하였고, 전문가의 의견으로 사례연구를 끝맺었으며 원고, 피고 쌍방의 컨설턴트와 전문가에 의한 분석결과도 함께 포함, 제시하였다.

(3) ASIS(미국산업경비협회)의 활동

가. 설립취지

미국산업경비협회는 1955년 1월 21일 전 FBI장관을 역임한 볼 한센 등 수명에 의하여 미국 정부 법무성의 감독 단체인 사단법인으로써 워싱턴 시내에 본 사무소를 설치 발족한 시큐리티 전문단체이며 공익법인으로서 Non-Profit의 단체이다.

초대 전무이사 사무국장은 O.P.Norton 이 취임하였고 전문직업적 시큐리티 관리자의 단체이다. 매년 감독청인 미국법무성에 사업 계획 및 회계 보고를 제출하여 그 감독을 받고 있다.

나. 운영 방침

ASIS의 운영방침이라 하여 Code of Echices 윤리강령을 갖고 있으며 Policy Guide운영 규칙 또한 상세히 갖고 있으며, 회장 이하 약 20명의 이사, 3명의 부회장, 1명의 감사를 갖고 상호간에 의한 회장을 선출하고 임기는 각각 1년이다. 회장은 중임할 수 없으며 부회장, 지구장(Reginal Vice President), 지부장(Chapter Chairman)을 갖고 있다.

회계연도는 매년 1월~12월이다.

당초 극동 12개국으로 편제한 극동지부(055)가 운영되고 있었으나 1983년에 제30지구에는 한국, 일본, 홍콩, 마카오의 5개국으로 구성되었고 제31지구는 필리핀 싱가폴, 말레이시아, 인도 등이다.

다. 조직과 회원수

미국 내의 각주 각 도시를 단위로 200의 각 지부를 갖고 있으며 35지역(Region I~Z)로 나뉘어 활발한 활동을 하고 있다. 최근에는 회원수의 급증으로 가입을 제한하고 있으며 시큐리티 활동을 하지 않으면 가입하기가 매우 어렵게 되있다.

조직의 구성은 정부 각부처, 국가시설, 각주, 자치체, 기업의 경비책임자로 되어 있으며 어디까지나 개인 회원이 원칙이다. 다만 기업의 방범・방재 담당자, 경비회사, 방범・방화기기회사는 단체 회원으로 한다.

미국에만 200개의 지부가 있으며 본부는 워싱턴특별구(수도) 옆에 버지니아 주 알링톤에 있다. ASIS의 조직은 처음에 미국에서 시작하여 이제는 전세계의 국제적인 기구로 변모했으며 시큐리티가 있는 곳은 반드시 ASIS가 있을 정도로 확대되고 있다. 그 조직을 보면 미국, 남미, 중남미, 캐나다, 구주서방제국, 영국, 프랑스, 스페인, 아프리카 제국, 동아시아, 남아시아,

인도, 중근동제국, 오스트리아에 지부가 있으며 그 회원수가 약 85,000명이다.

그리고 각산업계의 보안담당자를 대상으로 시큐리티 교육을 하고 있다.

교육 분야도 세분되어 있으며 내용을 보면 기본 이론, 위기 관리전반, 요인경호, 출입관리, 정보관리, 보안업무의 관리 방법, 손실 방지, 컴퓨터시큐리티, 공장보안전반, 학교안전, 방재 선반 컨설턴트수업, 원자력 발전소 안전대책, 민간 및 공안시설의 경비, 상업시설의 안전, 수송경비, 석유화학시설의 안전, 금융기관의 보안, 도청대책, 위험물발견방법, 관련법률개론, 기업방위개론 등이고, 미국 각지를 순회하는 세미나도 개최하고 있다.

라. ASIS 한국사무소 설치 후 폐쇄

시스템경비전문업체인 한국보안공사(사장 최관식)는 1997년 9월 23일 미국 세인트루이스에서 열린 제43차 ASIS(American Society for Industrial Security)정기총회에서 ASIS한국사무소 설치를 최종승인 획득하였다.

서울 강남구 삼성동에 1997년 12월에 오픈 한 한국사무소는 운영주체인 한국보안공사를 비롯, 에스원, 범아종합경비 등 국내 보안·안전 관련업체들과 국가보안기관 책임자, 대기업 안전 실무자 등으로 구성되었다.

또 한국사무소는 국내 시큐리티 산업의 향상을 위해 국제 전시회 및 포럼 유치, 선진보안기술 습득, 국제공인보안전문가(CPP: Certified Protection Professional) 자격증 발급, 정보책자 발간 및 정보 제공 등의 활동을 벌였다.

그러나 1999년 9월 30일 한국에 진출한 미국·타이코(Tyco)사는 캡스(한국보안공사 1998. 1 에 개명)를 인수와 함께 ASIS한국 사무소 기능을 폐쇄하였다.

미국 버지니아 알링턴시에 본부를 두고 있는 ASIS는 세계 86개국이 회원으로 가입했으며 29개국에 사무소를 두고 있으며, 일본은 지난 1973년, 싱가포르는 1975년에 사무소를 설치하였다.

마. 회원의 종류

① **활동 회원** : 보안 분야에서 전문적인 수준에 달한 보안에 종사하는 사람

② **가맹 회원** : 주직업이 보안 제품이나 서비스를 제공하는 조직에서 경영자, 관리, 감독자 또는 명령 책임자인 사람, 주직업이 승인된 교육

시설에서 보안 교육 프로그램이나 보안 교육 프로그램을 담당하는 전임 강사, 주직업이 국가, 주, 지역, 지방, 문 또는 주의 법률 집행, 조사, 법정, 또는 교도 시설과 관련된 기관에서 경영자, 관리자, 감독자 또는 명령 책임자인 자.

③ **학생 회원** : 승인된 대학이나 전문대학에 진학한 학생이어야 함. 회원이 되고자 하는 학생은 보안 분야에 있는 직업에 진출을 밝힌 유효한 학위 취득이 유력한 사람이어야 함. 활동 또는 가맹 회원이 될 자격이 있는 신청자는 학생 회원에 속하지 못한다.

④ **연합 회원** : 보안 직업에 대한 꾸준한 관심을 가졌으나 다른 회원 부류에 대한 자격이 없는 사람들

⑤ **평생 회원** : 민음직한 회원으로서 20년 연속 회원이었고, 전임 직장으로부터 은퇴하고 ASIS에 중대하게 기여를 한 회원들에게 부여될 수 있다.

⑥ **명예 회원** : ASIS의 임원회(Executive Commiettee)의 만장일치 추천과 4분의 3 이상의 이사회의 동의를 통해 보안 분야에 중대한 개인적인 기여를 한 저명한 개인에게 부여될 수 있다.

- 회비 : ASIS 회원비(서류비 $20(학생 $5) ; 연회비 $100(학생 $20)
  한국 지부 회원비(등록비 300,000원 ; 연회비 100,000원)

바. ASIS 가입 특전

① 매월 본부에서 발행하는 'Security Management'를 구독해 최신의 시큐리티 정보를 입수한다.

② 회원가입 수속이 끝나면 'ASIS Directory' 회원 명부를 5~6월경 회원에 배부한다. 약 300쪽의 각 분야별 시큐리티의 전문가들의 활동 상황을 안다. 회원간 상호 협력하여 정보를 교환하고 친목을 도모한다.

③ 미국 국가자격인 CPP제도를 수험하게 된다. Certified Protection Proffesional이라 하여 인지된다. 매년 미국내 각지에서 수험강습회가 열리고 있다.

④ 서방 각국의 Security Association과 교류를 갖고 최근의 시큐리티 정보를 입수한다.

⑤ 매년 ASIS 총회가 미국 내에서 8월~9월 사이에 개최하고 동시에 각 국에서 온 시큐리티 전문가들을 위해 약 30종류의 시큐리티 세미나가 4일간에 걸쳐 질의응답식으로 열린다.
회원은 입장료를 지불하여 참가하며 시큐리티 기기의 전시회도 개최되어 각 국에서 매년 시큐리티 관계자, 기업, 단체가 상당수 방문한다.

⑥ 국무성은 1958년 세계 각 국 테러리스트의 활동 때문에 외교관이 사망하는 사고가 일어나 그 방지 PR을 위해 Overseas Security Aprisery Group(OSAC)을 창설, 약 10명 정도를 ASIS의 멤버부터 우선 선출하고 있다.

⑦ 시큐리티 바이어 가이드(Security Buyer's Guide)를 발행해 (2,000만) 세계의 모든 시큐리티 업계의 기업명, 담당사업내용을 망라, 시큐리티 시장에 대해 좋은 참고서가 되고 있다.

⑧ 정보제공 : ASIS 회원들에게 보안 또는 관련분야의 정보 및 자료를 제공하기 위하여 「정보자료센터」를 운영하고 있으며 고객들의 정보 욕구를 만족시키기 위하여 전문가 접촉, 온라인 전산망 정보탐색, 도서관 논문열람 등을 위한 「인터넷 데이터 베이스」를 운영하고 있다.

사. ASIS총회와 전시회 및 세미나

1955년 미국 FBI의 장관과 간부들 구성으로 제 1회 총회를 연 아후, 전시회 및 세미나 개최를 매년 빠짐없이 열고 있다.

협회 주요행사로 보안 분야의 일반적인 사항과 특수분야에 대한 전문지식 제고를 위하여 "연례 보안세미나 및 전시회"등을 개최하고 있으며 각국 보안 관계가자 참석, 최신 보안기술·장비·용역 관련정보를 교환하거나 공유하고 있다.

회 수	년 도	개회일자	개최장소	비 고
38	1992	9.14 ~ 9.17	텍사스 샌아트나오	2001년부터 월간 시큐리티월드에서는 참관단을 모집하고 있다.
39	1993	8.23 ~ 8.26	워싱턴 D.C.	
40	1994	9.26 ~ 9.29	캘리포니아 라스베가스	

41	1995	9.11 ~ 9.14	루이지애나 뉴올리언스
42	1996	9. 9 ~ 9.12	조지아 애틀란타
43	1997	9. 8 ~ 9.11	아리노리 새이트루이스
44	1998	9.14 ~ 9.17	텍사스 댈라스
45	1999	9.27 ~ 9.30	캘리포니아 라스베가스
46	2000	9.11 ~ 9.14	프로리다 올랜드
47	2001	10.1 ~ 10.4	텍사스 샌아트니오
48	2002	9.10 ~ 9.13	펜실베이니아 필라델피아
49	2003	9.15 ~ 9.18	루이지애나 뉴올리언즈
50	2004	9.27 ~ 9.30	텍사스 댈라스
51	2005	9.27 ~ 9.30	텍사스 댈라스
52	2006	9.25 ~ 9.28	캘리포니아 샌디에이고

필자(김정환)는 1992년 ASIS회원이 되면서 제 38회(1992) 세미나 및 전시회에 참가하였다. 1992년 9월 14일부터 17일 까지 대회 및 세미나는 시큐리티는 물론 세이프티(Safety)도 포함, 넓은 범위에서 '안전'에 대한 정보를 교환하였다. 세미나는 각계 전문가가 98개 항목의 주제로 발표 토론하고 실황을 모두 녹음하여 테이프를 제작·판매하여 귀중한 연구 및 자료로서 보존할 수 있게 하였다.

그리고 세계 각 국 400여개 회사 800부스로 구성된 전시품은 첨단 기술로 제작 된 상품을 회원사에 판매하여 시큐리티 발전에 크게 기여하였다.

ASIS총회는 회원 비회원 구별 없이 누구나 참가할 수 있고 다만 참가 등록비에 차가 있을 뿐이다.

총회 등록비는 회원 500불 비회원 630불이었고 총외 1일간 회원은 265불 비회원은 315불 이었다.

3) 유럽의 경비업

(1) 유럽 경비업의 역사

유럽에서의 민간경비는 독일을 기점으로 하여 스웨덴, 네덜란드, 벨기에 등의 인접 국가들에게도 순식간에 확산되었고, 오스트리아에서는 1922년에 경비회사가 창설되었다. 즉 표면상의 평화 이면에는 빈부의 차가 매우 컸으므로 각국에서도 민간경비를 필요로 할 정도로 치안상황이 악화되었다.

유럽 대부분의 국가들은 제정(帝政)·왕정(王政)·귀족사회를 유지하였고 이들 특권계층의 대부분은 인척관계에 있으며 영국, 프랑스, 오스트리아, 독일, 러시아, 북유럽제국의 왕실외교의 사치, 허영 경쟁의 배후에는 수많은 빈곤계층이 기아에 시달리고 있었다. 거액의 부(富)를 획득한 사업가는 그것을 국왕에게 제공하여 작위를 얻어 귀족이 되었다. 이들 왕족의 허영심의 극치는 18,19세기의 '식민지 획득 경쟁'으로 나타났고 후에 중앙집권적인 자본주의 산업국가로 출범한 독일을 중심으로 하는 '신제국주의'와의 싸움이 1914년 제1차 세계대전으로 나타났던 것이다.

유럽에서는 제1차 세계대전으로 많은 남자들이 전쟁에 나간 까닭에 경비업의 수요를 충당하기 위하여 '여자 경비원'을 배출시키는 상황으로 크게 확장되었다.

제1차 세계대전 후, 1918년 '베르사이유조약 160조'에 의해 독일 상비군의 병력은 10만 명으로 제한되었다. 병력은 나중에 군비확장의 근간을 이루는 위험요소였기 때문에 병영(兵營)이나 병사(兵舍)를 경비하는 인력으로는 군인을 쓰지 않고 민간경비회사의 경비원을 쓰도록 하였다.[13)]

(2) 유럽 민간경비의 동향

가. 유럽의 역사는 끊임없는 전쟁의 역사이기도 하다. 그 중에서도 20세기에 두 번이나 반복된 대전쟁, 제1차 세계대전(1914년 7월~1918년 11월)과 제2차 세계대전(1939년 9월~1945년 5월)으로 국제적인 정치·경제, 그리고 문화적인 면에서 서유럽의 지위는 저하되었고, 미국·소련의 2대 세력으로 나뉘게 되었다.

전후(戰後), 유럽의 정치적 지도자는 유럽 통합으로써 잃은 땅을 회복하려는 결의를 하여 1951년 4월 18일 파리에서 설립된 '유럽석탄철강

13) 이와 같은 상황은 제2차 세계대전 후 서독에서도 연방군의 시설경비를 민간경비업자에게 위탁하도록 하였다.

공동체', 1953년 3월 25일 로마에서 설립된 '유럽원자력공동체'와 '유럽경제공동체'의 세연합체에 의해 '유럽공동체(EC)'가 구성되어 처음의 6개국(프랑스, 이탈리아, 벨기에, 네덜란드, 룩셈부르크, 독일연방공화국)과 영국, 덴마크, 아일랜드, 그리스, 스페인, 포르투갈이 포함되어 1993년 「유럽연합(EU)」이 발족되었으며 그 후 오스트리아, 핀란드, 스웨덴이 가맹하여 15개국으로 구성되었다. 현재는 구 동구제국이 가맹을 희망하고 있으며 더욱 확대된 '유럽연합'의 길을 찾고 있다.

유럽연합(EU)은 유럽의회, 유럽평의회, 유럽위원회, 유럽재판소라는 주요 기관으로 구성되어 있고 개개의 구성 국가를 초월한 공동주체로서 운영되어 현재는 그 휘하에 약 3억4천만 명의 주민을 갖는 거대한 영역으로 확대 되었다.

나. 유럽연합은 그 정치통합에 이어서 공통의 통화(通貨)인 유로(Euro)에 의해 경제통합도 달성하고 있고, 법률분야에서도 각국의 공통사항에 대해서는 법률통합의 방향으로 정비를 하고 있다.

물론 각 국가에 따라 사정이 다른 법 분야, 예를 들면 민법・형법 등에 대해서는 급격한 법률 통합은 할 수 없다. 그러나 형사법에 관해서도 '유럽연합'의 법익에 위반하는 범죄[14]를 처벌하는 '통일형사법전'의 작성 작업이 진행되고 있다.

유럽연합 지역 내에서는 사람・돈・물건의 교류는 자유롭기 때문에 이에 편승하여 범죄인・범죄에 관한 금전, 금지된 제품이 국경을 넘어 자유로이 왕래하는 사태에까지 직면하고 있다. 그러나 지역 내의 범죄를 통제하는 기구는 유럽연합 가맹국에 따라 다르다. 경찰 제도의 예를 들면 국가에 따라 '중앙집권적 경찰제도'를 택한 나라도 있으며, 독일, 오스트리아(그리고 가맹국은 아니지만 유럽금융의 중추인 스위스)와 같이 '지방분권적 경찰'의 전통이 강한 나라도 있다. 또한 경찰을 주관하는 소속 관청도 내무부가 담당하는 곳도 있으며, 사법부 경우에 따라서는 국방부 소관인 곳도 있다. 검찰・재판소에 관

14) 예를 들면 유럽연합직원의 공무에 관한 뇌물수수, 보조금의 사기, 자금 세탁 등

해서도 사정은 비슷하다.

시장의 국제화, 교통망의 국제적 확대, 순식간에 결제되는 금융결제의 IT화를 고려한다면 개인 범죄자에 의한 고전적인 범죄뿐만 아니라 그 이상으로 국경을 초월하여 국제적으로 활동하고 있는 조직범죄집단에 대항하는 법적 수단의 정비는 매우 시급하다고 할 수 있다. 국가의 제도가 이와 같은 실정에 있기 때문에 민간경비업이 취해야 할 대응조치는 더욱 더 곤란한 사태에 직면하고 있다고 볼 수 있다.

다. 유럽연합 가맹국 정부는 지역 내의 평화로 행복한 시민생활의 확보에 관해서 '조약(條約)상의 의무'를 안고 있다. 게다가 그 어느 정부도 현재의 경제적 곤란을 극복하기 위해 '슬림(slim)행정'이라는 지상 명령을 지키지 않으면 안 되었다.

선진국은 물론 앞으로 유럽연합의 가맹을 계획하고 있는 구 동구의 중진국도 경찰력의 충실을 기하기 위해 민간경비업을 「치안유지의 파트너」로서 육성·강화하려고 하고 있다. 그러나 경찰에 대해서는 표준화하는 일이 곤란할 정도로 각국의 사정이 다른데, 하물며 민간경비업의 현재 상황을 통일적인 기준에 맞추어 개편한다는 것은 더 더욱 쉬운 일이 아니다.

한편 범죄자의 침입이 한 곳으로 향하는 것은 당연한 것이다. 이러한 상황이 발생하였을 때 '국경 없는 유럽'의 시민생활의 평화와 질서의 유지라는 공통의 임무를 갖고 있는 '유럽경비연맹'이 유럽경비업의 법과 조직(1999년)'이라는 핸드북을 편집한 것은 실로 시기적절한 기획이라 할 수 있다. 전체 800페이지로 구성되었는데 앞으로 같은 학문의 연구를 희망하는 사람들을 위해서 이 책의 내용에 대해 살펴보고자 한다.

이 책에는 유럽연합가맹 15개국 외, 아이슬란드, 노르웨이, 스위스, 리투아니아, 폴란드, 체코, 슬로바키아, 헝가리, 루마니아, 슬로베니아, 터키의 11개 각 국에 관한 치안의 상황, 경찰과 경비업에 관한 법적 기초, 연혁, 현재의 구성·조직, 활동상황, 개정 동향 등, 공통항목에 관한 정보의 축적과 분석이 되어 있다.

'유럽경비업연맹(COESS)'은 1989년 10월 26일에 로마에서 설립되어 그 후, 파리 교외의 페레(Levallois-Perret)에 본부를 옮겼다. 1998년 가맹 기업수는 약 9천여 개사, 종업원 수는 약 50만 명을 기록하고 현재의 회장은 오스트리아인 란드록이다.

〈표 4-124〉 유렵연합(EU) 경비업 일지

NO.	연 도	내 용
1	1957	6개국이 유럽석탄, 철강 공동체 체결
2	1967	유럽공동체(EU) 탄생
3	1973	덴마크, 영국, 아이랜드 공동체 가입
4	1981	그리스 가입
5	1986	스페인, 포르투갈 가입
6	1989	유럽경비업연맹 창립
7	1993	유럽연합(EU) 설립
8	1995	필란드, 오스트리아, 스웨덴 가입
9	1996	유럽경비업연맹(COESS) 제1차 회의(15개국)
10	1999	유럽경비업연맹 제2차 회의 배를린에서 개최
11	1999	"유정경비업법과 조직" 작성
12	2001	유럽11개국이 유로화 도입
13	2003	"유럽헌법조약" 초안작성
14	2004	체코, 헝가리등 동유럽 10개국 가입

※ 자료 : Stober / Olschok, op.cit.

(3) 유럽연합(EU) 경비업 현황

유럽경비업 연합(COESS)에 의하면 1950년부터 1970년까지 경비업 매출고는 2억 유로(2천 600억 원)이었는데 점차로 증가, 1990년에는 10억 유로(1조 3천억 원) 2002년에는 40억 유로(5조 2천억 원)에 달했다. 이것은 산업구조의 변화로 인해 경비업이 담당하는 직종·직업이 많아진 것을 의미한다.

유럽 경비업연합(COESS)에 가맹한 회사수를 보면 1만 3천 1백 32사이다. 그 중 독일 3천사 프랑스 3천사 영국 2천사 핀란드 1천사 순이고 여기에 종사원의 수를 보면 영국 22만 명이고 다음으로는 독일 14만 5천 명, 프랑스 10만 7천 명, 이태리 4만 5천명이다.

〈표 4-125〉 유럽연합(EU)의 경비업 현황 (2002년말 현재)

국가명	면적(km²)	인구(만명)	1인당 GDP(불)	경비업체수	경비원수	매출 (만유로)
벨기에	35,000	1,030	23,000	139	15,000	500
덴마크	43,000	540	35,000	413	5,000	K.A.
독 일	350,700	8,220	25,000	3,000	145,000	4,000
그리스	132,000	1,090	2,000	400	5,000	K.A.
룩셈부르크	2,600	40	44,000	12	1,200	K.A.
네트란드	42,000	1,600	24,000	391	492	492
영 국	245,000	6,000	24,000	2,000	220,000	1,300
아일렌드	73,000	380	26,000	500	5,105	150
이탈리아	301,000	5,800	19,000	800	45,000	1,100
오스트리아	42,000	1,600	24,000	50	5,500	130
스웨덴	449,000	891	30,000	280	16,000	405
스페인	504,000	4,111	18,000	990	90,000	2,367
필란드	330,000	520	24,000	1,000	6,000	47
프랑스	547,000	5,940	22,000	3,000	107,000	1,356
포르투칼	92,000	1,040	18,000	157	15,000	K.A.
15개국 전체	3,188,300	38,802	21,200 (각국평균)	13,132	703,850	11,847

※ 자료 : Stober / Olschok, op.cit.

6. 한국 시큐리티 관련 전시회

1) 시큐리티월드 엑스포(Security world Expo) (국제 정보보호 및 보안기기전)

(1) 취 지

정보의 중요성이 날로 첨예화되는 21세기에 각국은 물론 각 기업의 생존

전략은 바로 보안에 달려있을 만큼 정보보호 및 보안기기의 중요성이 날로 높아지고 있다. 이에 정보통신부가 주최하고 월간 시큐리티월드/월간 정보보호21c, 전자신문사, 케이훼어스(주), 한국통신정보보호학회가 주관하는 국제정보보호 및 보안기기전(Security World Expo 2001)이 개최되었다.

본 전시회는 단순히 보안 솔루션과 장비를 전시하는 수준에서 탈피, 이를 실생활에 구현할 정보화 사회 구현의 신메신저로써 엔드유저의 새로운 요구에 능동적으로 대처하고 관련기업에는 실질적인 홍보와 결실의 장을 마련코자 한다. 국내 신시장 창출과 해외 각국 업체와 바이어들이 동시에 참여하는 아시아 최대 규모의 국제 보안전시회이며 관련업체들의 많은 관심과 참여를 바란다.

(2) 목 적

가. 동북아시아 및 세계보안기기 시장에 대한 선점확보
나. 국내 정보보호 및 보안장비 시장의 활로 개척
다. 국산제품의 국제경쟁력 증진
라. 국내 및 동아시아 지역의 보안장비 제품의 국산화 유도
마. 바이어와 생산자의 폭넓은 구매상담 유도
바. 해외 선진기술의 국내 보급 및 제휴 기회 제공
사. 신규보안기기 제품에 대한 일반인들의 인식 확산
아. 세미나를 통한 전문기술 및 서비스에 대한 실무분야의 정보 제공
자. 포괄적인 보안 및 위험관리에 대한 솔루션을 제공

(3) 전시회 개요

- 장소 : COEX 신관 3층 대서양관
- 주최 : (주)인포더, K.Fairs(주), 한국감시기기공업협동조합, 한국정보보호학회
- 주관 : 월간 시큐리티월드, 월간 정보보호21C, SecurityWorld Int'l, SecurityWorld Asia
- 후원 : 한국정보보호진흥원, 한국전자통신연구원, 한국정보보호산업협회, 한국정보통신기술협회, 한국정보통신산업협회, 한국광학기기협회,

(사)한국경비협회, 한국전자지불포럼, 생체인식포럼, 한국인터넷보안기술포럼, 정보보호실천협의회, 침해사고대응팀협의회, (사)유비쿼터스 IT 코리아포럼, 한국안전기술교육협의회, 한국시큐리티지원연구원

〈표 4-126〉 국제 시큐리티월드 엑스포 개최현황 (2001 ~ 2005)

회수	전시년월일	장소	비 고
제1회	2001. 4.16 ~ 4.19	서울 삼성동 COEX	세미나는 전시 중 3일간 개최함
제2회	2002. 5.15 ~ 5.18	〃	
제3회	2003. 4.15 ~ 4.18	〃	
제4회	2004. 4.26 ~ 4.29	〃	
제5회	2005. 4.19 ~ 4.21	〃	

○ **전시품목 및 구성**

• 정보보호관

바이러스탐지/전자지불시스템/침입탐지, 차단시스템/인증관련 솔루션/인터넷, 전자상거래 보안/E-mail관련 보안/인증, 암호화 관련 솔루션/전자지불 관련 각종 솔루션/전자지불 관련 각종 솔루션 및 시스템, 서비스 등

• 생체인식관

지문인식/망막인식/홍채인식/음성인식/장문인식/얼굴인식/정맥인식/서명인식 등

• 출입통제관

RF 카드 및 리더/근접식 카드 및 리더/MS카드 및 리더/카드키/번호키/근태, 주차장, 급여, 식당관리 시스템/디지털 컨트롤 박스/인터페이스 장비, 외곽경비 시스템 등

• CCTV관

CCD감시 카메라/인터넷 카메라/렌즈/스위처/모니터/Digtal Video Recording System/타임랩스 VCR/화면분할기/컨트롤러/스위처류/멀티플렉서/하우징/기타 액세서리 등

• 홈시큐리티관

도어폰/인터폰/홈오토메이션 기기/방범기기/너스콜 시스템/디지털 도어록/아파드 공동경비 시스템/전원주택 방범 시스템/자가 방범시스템/방범용 감지기,탐지기/방범창/금고/펜스 등

• 빌딩관리관

순찰관리 시스템/자동 회전문/메인 도어 게이트/IBS용 방재시스템/화재경보 및 감지 시스템/연기감지 시스템 등

• 보안장비관

금속, 폭발물 탐지기/X-ray 검색장비/통신보안 솔루션/산업보안관련 장비/가스총/호신용 장비/도청 탐색 장비/대테러진압 및 경찰용 장비 등

• 무인전자경비관

무인전자경비 서비스/현금수송서비스/귀중품 예탁 서비스/경호 및 경비서비스 등

2) 국제 안전 · 소방 · 보안산업기기 전시회(KISS : Korea Int' l Safety and Security Exhibition)

본 전시회는 1983년에 제1회부터 1988년 제6회까지는 대한산업안전협회가 주관하는 "국제산업재해예방기기 및 보호구전시회"란 명칭으로 실시하였다. 1989년 제7회 부터는 한국산업안전공단이 주최하면서 "국제안전 · 소방 · 보안산업기기전시회"로 명칭을 변경 전시하고 있다.

제1회 1983년~ 제6회 1988년은 소규모로 전시회를 가졌다.

〈표 4-127〉 국제 안전 · 소방 · 보안산업기기 전시회 개최 현황

회 수	전시 년월일	장 소	참가규모	출품품목수
제7회	1989.6.30 ~ 7.4	COEX	8개국 48업체	12,000점
제8회	1989.7.2 ~ 7.6	〃	7개국 51업체	12,000점
제9회	1991.7.1 ~ 7.5	〃	12개국 45업체	15,000점

제10회	1992.7.1~7.5	KBS부산	7개국 32업체	10,000점
제11회	1993.7.1~7.5	COEX	6개국 51업체	12,000점
제12회	1994.7.1~7.5	〃	6개국 57업체	12,000점
제13회	1995.6.13~6.16	〃	9개국 73업체	5,000점
제14회	1996.7.1~7.5	〃	9개국 108업체	8,000점
제15회	1997.5.30~6.3	〃	11개국 108업체	8,000점
제16회	1998.7.1~7.5		11개국 120업체	7,000점
제17회	1999.6.30~7.3	〃	9개국 122업체	8,000점
제18회	2000.6.7~6.10	〃	11개국 123업체	9,000점
제19회	2001.7.4~7.7	〃	18개국 189업체	12,000점
제20회	2002.6.29~7.2	〃	11개국 128업체	9,500점
제21회	2003.7.2~7.5	〃	13개국 150업체	10,000점
제22회	2004.6.29~7.2	〃	13개국 188업체	10,000점
제23회	2005.6.29~7.2	〃	15개국 178업체	10,000점

(1) **전시회 약사**

'국제안전기기·작업환경·소방산업전시회'는 산재 예방에 대한 다각적인 실천을 위해 한국산업안전공단이 산업안전보건 강조주간 행사의 하나로 매년 개최하고 있다. 이 전시회의 목적은 국내·외 안전보건 관련제품의 비교·전시를 통해 생산업체간 기술·정보를 교류하고 국산 안전보건기기의 대외경쟁력을 높이는 한편 전국사업장에 우수 안전·보건기기 보급을 확대하는 데 있다.

이 행사는 1983년 제1회부터 1988년 제6회 때까지 대한산업안전협회가 주관해 '국제산업재해예방기기 및 보호구 전시회'라는 명칭으로 실시됐으나, 1989년 제7회 때부터 '국제안전기기전시회(Korea Industrial Safety & Security Exhibition)'로 명칭을 바꿔 한국산업안전공단에서 개최하고 있다. 1989년부터 1992년까지 열린 전시회는 한국산업안전공단이 부스 판매, 자료제작, 홍보 등 제반 업무를 모두 직접 해 왔지만, 전시회 운영이 경직되고 홍보전문인력 부족 등으로 인해 성과가 미진하자 1993년 제11회 대회때부터는 전문업체에 행사를 맡기고 있다.

이에 따라 전시회 기획 운영 등 실무업무 전반은 전시전문업체인 주식회사 경영전람이 대행하고 있으며, 정부기관 및 유관기관·단체 등을 후원기관으로 선정해 명실상부한 안전보건기기분야 국제전시회로서 틀을 갖추게 되었다. 특히 1996년 전시회부터는 '국제안전기기 및 작업환경개선 전시회'로 명칭을 변경하고 참가범위를 확대해 안전·보건기기뿐만 아니라 작업환경 개선, 가스·전기·교통안전 등 안전 분야 전반에 대한 종합적인 대제전의 형식으로 전개하였다.

지금까지 전시회 규모를 비교하면 공단이 주관한 1992년까지 전시규모는 평균 94부스였으나 전문업체로 위탁하기 시작한 1993년부터 1997년까지는 평균 186부스로 2배 이상의 외형적인 성장을 이루었다. 특히 작업환경개선 분야가 추가된 1996년부터는 230부스 규모로 괄목할 만한 성장을 거듭하고 있다.

이러한 성장에는 1997년에 전시회를 공단과 유력 언론기관인 매일경제신문사 공동개최 형태로 실시함으로써 대내외 홍보분야를 강화한 것도 큰 구실을 한 것으로 평가된다. 이러한 전시회의 성장에 따라 관람객들의 구성도 변화해 초기에는 사업장 안전보건 관계자 위주였으나 최근에는 학생, 교사, 민간단체 회원, 일반시민으로 다양해지고 있다.

(2) **전시회개요**

- 명칭(Name of Event) : 국제 안전·소방·보안산업기기 전시회
  (KOREA INTERNATIONAL SAFETY & SECURITY EXHIBITION)
- 장소 : 코엑스
- 운영조직
  - 주최 : 한국산업안전공단
    매일경제신문사
  - 주관 : (주)경연전람
  - 특별후원 : 한국소방기구공업협동조합
- 전시품목
  - 안전기기 전시관

○ 안전, 위생보호구 / 위험기계기구방호장치
○ 가스안전분야
○ 교통안전분야
○ 전기안전분야
○ 학교안전분야
– 소방산업전시관
○ 소방안전 및 구조・구급장비
– 작업환경개선전시관
– 보안・방법산업 분야

7. 이라크의 민간보안업체(PMC : Private Military Company)

1) 새로운 민간보안업체(PCM : Private Military Company)의 등장

1991년 걸프 전쟁에 투입된 미군은 모두 71만 1천 명이었다. 반면 2003년 이라크 전쟁을 치른 미군은 48만 7천 명이었다. 13년 사이에 같은 전장에 투입된 미군의 수가 32%나 줄었음에도 미군은 제2의 베트남전쟁이 될지도 모른다는 우려를 말끔히 불식시키고 신속한 승리를 거두었다. 1991년에 이라크로 간 미군은 60일분의 물과 식량, 탄환을 준비해 전투에 나섰다. 이와 대조적으로 2003년에는 2,3일분의 비상식량 및 전투 장비만 챙겨들고 전투에 뛰어들었다. 공병이나 취사병 등은 거의 찾아보기 힘들고 병사가 직접 세탁이나 청소를 하는 모습은 어디서도 볼 수 없었다. 무기를 제외한 각종 물자와 용역을 군대에 공급하는 민간보안기업이 뒤를 받쳐주었기 때문이다. 작년 한 해 동안 민간 보안 기업에 속한 '민간인 병사'는 1만 5천 명에서 2만 명이 이라크에서 활약했다고 한다. 미군 10명 당 민간군사기업 직원 1명 꼴로 이라크에서 활동하고 있는 것이다. 직접적인 교전행위 이외에는 모든 군사업무를 사기업이 도맡고 있다고 해도 과언이 아닐 정도로 이 기업들이 담당하는 업무는 기지건설 및 경비, 쓰레기 수거, 경호업무, 최신형 무기유지・보수 식품조달 및 병사 식당운영, 세탁, 우편업무 등을 아우른다.

2) [글로벌 이슈] 민간보안업체 이라크 특수

"경호부터 군사적전까지"…이라크는 '용병 천하'

이라크 팔루자에서 지난달 31일 저항세력의 매복공격으로 숨진 미국인 4명이 '블랙워터 USA'라는 용병회사 직원들로 밝혀지면서 이라크에서 활동 중인 용병의 실태에 관심이 쏠리고 있다. '보안업체'로 불리는 용병회사들은 현대적 기업형태를 갖추고 민간업체와의 계약을 통해 각종 경호·경비 업무에 투입되거나 병력파견에 한계를 가진 미군의 작전임무를 대신하기까지 한다. 이라크를 중심으로 한 미국의 대테러 전쟁에서 용병들이 중요한 한 축을 떠받치고 있는 셈이다.

팔루자에서 희생된 용병들은 시체가 참혹하게 훼손된 채 티그리스강 철교에 매달려 있던 장면으로 충격을 줬지만 용병들의 사망은 처음이 아니다. 4일 캐나다 일간 토론토 스타지에 따르면 지난달 28일에도 영국 보안업체 '올리버 시큐리티' 소속 요원 2명이 북부 모술에서 피격 당해 숨졌다. 이들은 모술 인근의 발전소로 의뢰인들을 호송하던 중 저항세력의 공격을 받았다.

요원들의 피해에도 불구하고 용병회사들은 이라크에서 노다지를 캐면서 탈냉전 후 최대의 수익을 올리고 있다. 미국의 일부 보안업체들은 이라크전 이후 주가가 급등하는 현상까지 보이고 있다.

3) 미 최대 동맹국은 보안업체

군사전문 사이트인 글로벌 시큐어리티에 따르면 현재 이라크에서 활동 중인 보안업체는 180여 개에 이른다. 이들이 파견한 요원은 1만5천명을 넘는다. 토론토 스타지는 "영국의 이라크 파병 규모가 약 9천명인 점을 감안하면 이라크에서 미국의 최대 동맹세력은 보안업체"라고 말했다.

보안업체들은 미국의 정규 특수부대원을 능가하는 요원들의 전투력과 장비, 노하우를 바탕으로 군사부문과 민간부문에서 다양한 임무를 수행한다. 요원들 중 상당수는 실제로 특수부대 출신 등 다양한 군경력자들로 충원된다.

용병회사들의 최대 고객은 미 국방부로 알려져 있다. 도널드 럼스펠드 미 국방장관은 취임과 함께 국방부 내의 부족한 인적·지적 자원을 민간부문에서 조달하는 아웃소싱 정책을 추진해 왔다. 더욱이 정규군의 손실을 우려하는 미 국방부는 보안업체들에게 위험지역의 보안업무는 물론 일부 민감한 군사작전과 보급 임무까지 맡기고 있다. 용병들은 정규군과 공동작전을 벌이며 첨단무기를 다루기도 한다.

미 시사주간 타임 최근호(4월 12일자)는 이라크에서 미 국방부로부터 전투지역의 보안업무를 도급받아 활동 중인 보안업체가 20여 개에 이른다고 보도했다. 이들 중 상당수는 계약액만 수백만 달러를 넘는다.

민간 의뢰인들과 계약하는 것도 보안업체들에게는 짭짤한 수익이다. 이들은 치안부재 상태의 이라크에서 외국 기업인이나 정부관리, 기자들의 경호와 보안 컨설팅 업무를 맡는다. 미국이 임명한 민정 책임자인 폴 브레머 이라크 최고행정관도 보안업체 요원들의 경호를 받는 상황이다.

토론토 스타지는 용병들은 업무 중 죽거나 부상해도 미국측의 통계에 잡히지 않는다고 보도했다. 그러나 이들의 임무와 작전형태는 연합군 정규군과 구별이 잘 되지 않아 저항세력의 공격 표적이 된다. 생명을 건 업무를 통해 요원들이 받는 돈은 블랙워터의 경우 한 달에 최고 1만 5,000달러(1,800만원) 정도. 블랙워터는 의뢰인에게 계약금으로 요원 1인당 하루 1,500~2,000달러를 요구한다.

4) 군사력도 아웃소싱 추세

보안업체는 이라크에서 치안유지와 민간업체의 활동을 보장하기 위한 불가피한 요소가 됐다. 보안업체들은 용병이란 부정적 이미지에 대해 "우리는 미군의 역할 공백을 메워 이라크의 안정과 재건에 기여하고 있다."고 주장한다.

보안업체들은 냉전종식으로 전쟁의 양상이 바뀌면서 급속히 늘어나기 시작했다. 소규모 국지전과 내전이 전쟁의 주요 형태로 등장한데다 서방 각국이 이들 분쟁에 정규군 파병을 꺼리면서 수요가 늘어난 것이다. 더욱이 서방 각국이 무기와 장비는 첨단화하면서 군사력은 감축, 전문기술을 가진 보안업체의 역할이 그만큼 커지게 되었다.

보안업체는 1990년대 중반 남아프리카 공화국에서 처음 등장, 아프리카 각국의 내전에서 금광보호와 정부군 훈련 등을 맡았다. 현재 보안업체가 활동 중인 국가는 세계적으로 50개 국이 넘는다. 미 브루킹스 연구소의 피터 싱어 연구원에 따르면 작년 한 해 전세계 보안업체 시장 규모는 1,000억 달러 이상으로 추산된다. 블랙워터의 경우 2002년 이후 미 국방부로부터 수주한 금액만 3,500만 달러가 넘는다.

보안업체의 규모도 대형화되었다. 영국 보안업체 '글로벌 리스크 스트래티지'는 이라크에 요원 1,200명을 파견하고 있다. 이라크에 요원 수천 명을 파견한 미국 '커스터 배틀스'는 별도로 현지 이라크인 3만 명을 고용하고 있다. 미국의 '스틸러 파운데이션'은 이라크에 500명 정도를 파견하고 있다.

보안업체들의 훈련장이 정규군 시설을 능가하기도 한다. 블랙워터는 미국 내에 면적 2,400만㎡을 넘는 자체 훈련장을 갖고 있다. 블랙워터는 이곳에서 지금까지 5만여 명의 요원을 훈련시켰다. 세계최고의 민간 군사 훈련장으로 통하는 이곳에서는 미 현역 특수부대원들이 훈련을 받기도 한다.

싱어 연구원은 "현대전은 병력 규모가 아니라 질이 중요하다."며 "세계의 국지적 불안이 계속되는 한 보안업체에 대한 수요는 계속 늘어날 것"이라고 전망했다.

5) 이라크 민간경호 '중동바람' 또 부나

NKTS, 파견요원 모집에 경쟁률 10대1
1년 연봉 8000만원선… 대기업 이사수준
"35명 추가파견… 장기적으로 700명 규모
(※ 2004. 4. 23.자, 모일간지)

'중동 바람'이 다시 부는가. 1970년대는 오일달러를 벌기 위해 우리 노동자들이 중동으로 날아갔다. 30년이 지난 지금은 이라크 민간 경호원에 도전하는 젊은이들의 도전이 줄을 잇고 있다. 이라크 상황이 악화되면서 현지 공공기관 및 VIP(왕족, 정치인, 기업가 등등) 경호인력은 점점 늘어나고 있는 추세. 1년 계약으로 이라크로 떠나는 이들은 위험수당을 포함한 연봉도 웬만한 대기업 이사급 수준인 8000만원 안팎이다. 국내 경호원 평균 연봉이 2000만원 선인 것에 비하면 4배가 넘는 '거액'이다.

특히 이들에겐 현지에서 숙식이 제공되고 술집이나 유흥업소, 쇼핑센터 등이 없어 돈을 쓸래야 쓸 곳도 없다. 월급 전부를 고스란히 모을 수 있다는 점은 가장 큰 매력. 하지만 얼마 전 미국의 경호업체 직원 4명이 피살당하는 등 경호원들의 신변을 보장받지 못하는 상태여서 '불미스러운 일'이 발생하지 않으리라는 법도 없다.

(1) 모집 현황

요르단 왕실 경호를 맡아 화제가 된 경호 회사 'NKTS'는 현재 이라크 바그다드 지역에 19명의 사설 경호원을 파견한 상태. NKTS의 김현택 이사는 "지난 1월 이라크 파견 요원을 모집했는데 무려 10:1의 경쟁률을 보였다."고 말했다. 국내 직원들 중에도 이라크 근무를 원하는 사람이 많다고 한다. 김 이사는 "조만간 35명의 국내 경호원을 추가 파견할 계획이고, 장기적으로는 700명 정도를 파견할 계획"이라고 밝혔다.

지난 2월 설립된 시큐리티 전문업체 'S.T.W(대표 이성훈)'도 이라크 경호원 파견을 준비 중이다. 현재 이라크 재건사업을 추진 중인 현대건설측과 씨큐리티 계약을 진행 중인 이 업체는 건설 현장과 발전소, 송전탑 등 시설물 경비가 주요 사업이다. S.T.W 이성훈 대표 역시 "위험지역이라 지원자가 적을까 걱정했는데 예상 외로 응모자들이 몰려 놀랐다"는 반응. 이 업체는 현재 30명의 지원자를 모집해 경기도 여주의 연수원에서 강도 높은 교육을 진행 중이다. 교육 내용은 사격, 위장, 침투, 격파 등 각 분야에서 공수부대의 특전 훈련을 방불케 할 정도로 힘든 과정을 거친다.

(2) 자격조건과 보험

이라크 사설 경호원이 되려면 조건이 까다롭다. UDT, 707부대(테러진압부대) 등 특수부대에서 4년 6개월 이상 장기 복무한 사람으로 신장 175cm 이상이어야 한다. 김 이사는 "특수부대 전역자들의 수가 한정되어 지원자는 많지만 조건에 충족되는 사람들은 극소수다. 추가 파견 수요를 충당하기 위해 자격조건 완화를 검토하고 있다"고 밝혔다. 만일의 사태에 대비한 보험가입도 필수. NKTS의 김이사는 "이들에 대해 영국계 보험회사와 보험계약을 체결했는데 보험료가 1인당 2000만원 정도로 비싸다"고 말했다. 보험금은 사망할 경우 5억, 그밖에 부상 정도에 따라 보험요율을 차등 적용받는다.

(3) 주요업무

주요 시설경비, VIP 경호 및 현지인 교육이다. 그 중 현지인 교육이 가장 중요한 임무, 한국 경호원은 임금이 높기 때문에 이라크 현지인 중 특수부대 출신을 뽑아 교육을 시키는데 실무에 투입되기 위해선 3개월 이상 훈련을 시켜야 한다. 현지인들의 임금은 500달러 정도로 이라크 평균 임금(150달러)에 비하면 높다.

(4) 이라크 현지 상황

업체마다 견해가 다르다. 현지에서 경호업무를 진행 중인 NKTS측은 "우리 경호원은 안전하다"고 강조한다. 이라크인들이 일자리를 제공하는 외국계 회사에 해를 입힐 이유가 없다는 것. 현지에 파견된 김정희 팀장은 "총소리와 포성소리가 항시 들리는 것만 빼면 신변의 위협을 느낄 정도의 상황은 아니다"라고 말했다. 하지만 이라크에 시큐리티 사업을 준비 중인 S.T.W의 이성훈 대표는 "현재 이라크 내에 한국인들이 40명 정도 남아있는데 이달 안으로 모두 피할 것으로 보인다"고 말했다.

(5) 드러나는 문제점

이라크 파견을 원하는 젊은이들이 늘면서 지방 소규모 경호업체 일부는 '마구잡이 모집'을 하고 있어 문제가 되고 있다. 이라크 경호업무를 진행하기 위해선 현지 법인을 설립하는 과정이 만만치 않고 보험료 부담 등 비용도 많이 든다.

이 업체들은 이라크 파견 경호원 모집 광고를 지역신문 등에 내고 교육비 명목으로 돈을 받은 뒤 잠적하거나, 일단 사람을 모집한 다음 투자자를 물색하다 '안되면 말고' 식으로 발을 빼 '목숨을 걸고 도전하는' 청년실업자들을 두 번 울린다.

S.A.T 이 대표는 "파견자 임금이 많이 부풀려진 면이 있다"며 "돈보다는 확실한 회사인지 알아보고 적성을 고려하여 지원해야 한다. 무엇보다 강한 도전정신이 중요하다"고 충고했다.

6) 이라크전의 숨겨진 조역 '용병'

국적없는 '살인병기'…이라크 만5천명 투입

(1) '위험! 실탄 사격 중. 야간작전. 저고도 항공비행'

주말인 지난 23일. 워싱턴DC에서 남쪽으로 자동차로 3시간 반을 달려 도착한 노스캐롤라이나주 모요크시(市). 드문드문 인가가 보이는 넓은 들판 가운데로 난 길을 따라가자 '인가자 외 출입금지'란 경고판이 나타났다. 미국 내 최대 '민간 군사훈련장'인 '블랙워터'사 훈련센터 입구. 멀리서 사격 연습용 총소리들이 들리는가 싶더니 어디선가 권총을 찬 검은 복장의 남자가 나타나 가로막았다.

안내요원을 따라 본부건물까지 가면서 바라본 들판에는 부서진 자동차와 시가전 훈련용 조립건물들, 인질 구출작전에나 쓰일 것 같은 옆으로 누운 항공기 동체가 눈에 띄었다. 민간 시설이라기보다는 거대한 군사시설 그 자체였다. 훈련센터 넓이는 6000에이커. 730만평의 거대한 숲과 들판을 훈련장으로 쓰고 있다. 본부 건물 옆에는 완전 자동화된 소총 사격장이 있었다. 사격장에서는 훈련생들이 팀별로 다른 색깔의 훈련복을 입은 채 전투사격훈련을 받고 있었다.

(2) 730만평 훈련장서 실탄 사격 · 낙하산 강하

1997년 해군 특수부대 출신이 창업한 이 회사는 경찰과 군인들의 위탁훈련소로 출발했다. 이후 지원자를 모집해 군수품 보급과 요인경호 및 시설경비 정보 수집, 정찰은 물론 일부 전투지원까지 하는 민간 전쟁대행회사로 발전했다. 모든 훈련은 실탄을 사용해 실제 전투상황과 똑같이 한다. 자체 헬기와 항공기로 항공사격과 낙하산 강하훈련도 하고 있다. 본부 직원은 호텔급 숙박시설을 보여주며 "3개월이면 기본교육을 마칠 수 있다"고 말했다.

현재 훈련 중인 인원은 300명 선. 기본훈련과 전문분야 교육을 마치면 이 회사와 고용계약을 맺고 이라크나 아프가니스탄 같은 전쟁터로 파견된다. 이들의 임금은 일반군인들 봉급의 2배 이상. 연간 10만 달러 이상으로, 단기간 계약이행의 대가로 하루 1000달러를 받는 경우도 있다고 AP통신은 전했다. 이라크 파병 미군 봉급은 연간 평균 3만5000~4만 달러 수준이다.

(3) 9·11테러 이후 수요 폭증

블랙워터사는 작년 3월 이 회사 소속 용병 4명이 이라크서 피살되면서 일반에 알려졌다. 미국인들은 검게 탄 시체가 다리에 내걸린 장면을 TV로 보고 이라크전에 민간인들이 참여 중이란 걸 알게 됐다. 1991년 1차 걸프전 때도 상당수 용병이 참전했으나, 2001년 9·11테러 후 미국의 '테러와의 전쟁'과 함께 수요가 폭발했다. 민간 군사회사에 고용된 전쟁대행 요원들은 이라크에만 현재 1만 5000명 이상 투입돼 있다. 파견회사도 180개가 넘는다. 이라크 연합군에 참여한 미군 다음으로 많은 두 번째 규모로, 영국군(9900여명)보다 많다.

영국 가디언지는 "민간 군사회사의 전쟁참여로 전쟁의 본질적 모습이 바뀌었다"며 "미군은 이들 없이 전쟁을 할 수 없는 단계에까지 이르렀을지 모른다"고 했다. 브루킹스연구소 군사문제분석가 피터 싱어는 민간군사회사 연간 매출이 1000억 달러(2003년 기준)에 달할 것으로 추정했다.

민간인 전쟁대행 요원들은 정규군과 비슷한 무기와 복장에다 머리도 군인처럼 깎아 군인들과의 구분이 쉽지 않다. 신분상 군과 용역계약을 한 회사 소속의 민간인일 뿐이어서 군 명령체계상에 놓여 있진 않지만 사실상 군인이나 마찬가지다. 주로 전역 군인들인 이들은 영국과 미국 출신이 많지만 호주나 남아프리카, 피지, 네팔 출신들도 적지 않다. GRS(Global Risks Strategies) 같은 회사는 주로 네팔과 피지 출신 전역군인들로 이뤄진 약 1100명의 요원을 이라크에서 운용 중이다.

이들 민간인 전쟁요원은 갈수록 늘어날 전망이지만 비판론이 적지 않다.

국가나 체제에 대한 충성심이나 애국심이 아닌, 상업적 동기에서 출발한 사람들이 전쟁에 참가하는 것이 정당한 것이냐는 비판이다. 아부 그레이브 감옥 포로 학대사건에는 CACI라는 민간군사회사 직원이 직접 관여된 것으로 드러나기도 했다.

※ 미전쟁대행회사 '블랙워터'
- 좌우명 "돈을 위해 싸운다"
- 연봉 10만 달러, 일반군인의 2배
- 용병시장 년 1000억 불 매출

7) 민간보안업체의 부작용

위험지역 신변안전보험 어려움
국내기업 3곳만 가입

이라크 등 위험지역으로 떠나는 한국인들의 보험가입이 극히 저조해 염려를 가중시키고 있다. 피랍된 김선일 씨가 속해 있는 가나무역도 이라크 관련 보험에 가입하지 않은 것으로 밝혀져 김씨는 유사시에 별다른 보험혜택을 받지 못할 것으로 보인다.

현재 국내에서 이라크로 떠나는 사람들이 들 수 있는 보험은 현대해상이 판매하고 있는 '전쟁위험지역 신변안전보험'이 유일하다. 현대해상측은 지난달 1일부터 이 보험을 판매하기 시작했으나, 21일 현재 이 보험에 가입한 회사는 현대건설 삼환기업 연합뉴스 등 3곳뿐이다. 이 보험에 가입하면 전쟁위험지역 등으로 파견되는 근로자들이 상해사고를 당했을 때 보상을 받을 수 있다. 또 추가특약을 신청하면 보험가입자가 실종·피랍되었을 때 수색구조비용 등도 지급받을 수 있다.

보험가입자가 사망했을 때 받을 수 있는 보험금은 설계하기 나름이지만 보험에 가입한 3개 기업 사례를 보면 사망시 보험금은 미화 20만 달러(2억 4000만원) 수준이다. 이 때 보험료는 미화 1만 4000달러~2만달러 정도다.

전쟁위험지역 신변안전보험이 보험료도 일정치 않고 취급 보험사도 많지 않은 까닭은 일반인들이 전쟁이라는 위험을 담보로 보험을 가입하는 것

자체가 쉽지 않기 때문이다. 전쟁보험은 본래 일반인들은 가입하기가 거의 불가능하며 기업의 선박, 화물, 운송, 항공보험 등 특수한 경우에만 가입할 수 있다.

보험회사 입장에서 본다면 전쟁처럼 거대 위험을 담보할 이유가 없다. 따라서 일반인들이 흔히 가입하는 자동차보험이나 상해보험 등 상품에는 원자력, 천재지변 등과 함께 전쟁으로 인한 모든 손해는 면책으로 약관에 명시돼 있다. 현대해상 관계자는 "파병이 시작되는 8월이 되면 실제 가입자가 늘어날 것으로 보인다"며 "불가피하게 이라크에 직원을 파견해야 할 상황이라면 보험에 가입하는 것이 막대한 손실을 줄일 수 있다."고 밝혔다.

8) "용병 안전까지 정부가 책임지나"

日 "이라크 일본인 납치 사건은 자위대 파견과 무관"

일본 정부가 9일 이라크에서 벌어진 일본인 납치사건을 놓고 난감한 표정을 감추지 못하고 있다. 이라크 무장세력인 '안사르 알 순나군(軍)'에 납치된 사이토 아키히코(齋藤昭彦 · 44)씨가 '선량한 피해자'라기보다는 용병 경력 21년이 넘는 전쟁의 프로이기 때문이다.

일단 사고발생 직후 일본 정부와 여 · 야당은 각각 대책본부를 설치했지만, 정치권에서는 "그 정도면 이미 위험을 스스로 각오하고 이라크에 들어간 사람인데 이런 경우까지 정부가 책임을 져야 하나"라면서 '자기책임론'이 고개를 들고 있다.

사이토씨는 육상자위대 최정예 공수부대원 출신이다. 프랑스 외인부대에 근무하던 1986년엔 일본 언론과의 인터뷰에서 "프랑스 외인부대보다 돈을 많이 받는 전문 용병회사로 가겠다"고 말할 정도의 '프로'다. 아프리카와 보스니아 분쟁에서 치열한 전투를 경험한 이른바 '역전의 용사'로, 한국어를 비롯해 영어 · 일어 · 불어 등 5개 국어를 자유자재로 구사하는 인물이다. 게다가 그가 일한 영국계 회사 '하트 시큐리티' 역시 죽음을 각오하고 일반인 경호 등을 맡는 조직으로, 작년 4월에도 이미 희생자를 낸 일이 있는 회사다. 이 정도면 '일반인'이라기보다는 '군인'이며 그것도 '외국 용병'

에 가깝다는 지적이다.

이라크 현지의 시선도 이번에는 차갑다. 작년 이후 일본인 인질사건이 모두 네 번 일어났는데, 일본 정부는 그중 두 번을 이라크의 이슬람 성직자협회와 접촉해 인질을 구해냈다. 그러나 구출된 인질들은 모두 이라크에 자원봉사를 하러 갔던 사람들이었다. 이번에는 성직자협회도 사이토씨를 용병으로 규정하고, "미국에 협력한 사람은 모두 죄인"이라며 일본 정부와 납치조직과의 중개역할을 거절했다. 일본 정부와 정치권은 곤혹스럽다는 반응이다. 외무성은 "전혀 상상하지 못한 상황"이라고 난감해 하였다.

9) 민간보안업체의 미래

전쟁이 사라지지 않는 한, 전문 군인과 군사 기술에 대한 수요 역시 계속해서 존재할 것이다. 따라서 민간보안기업 역시 전통적인 안보의 원천에 조금의 틈이라도 생기면 그로부터 이득을 얻을 것이다. 공적 군사행위자와 사적 군사 행위자가 대립한 전반적인 역사를 살펴보면, 앞으로 몇 십 년 동안 민간 군사산업이 국제안보에서 점점 더 중요한 역할을 할 것임을 예상할 수 있다. 게다가 온갖 종류의 고객이 민간 군사산업을 이용할 것이다. 민간 군사산업의 초기의 성장을 낳은 구조적인 여건이 여전히 그대로 상존해 있기 때문이다. 민간 군사 산업의 성장을 저해하는 힘은 거의 보이지 않는 반면 산업의 확대를 재촉하는 압력은 여전히 커지고 있다. 최근 열린 어느 회의의 보고서에서 지적한 것처럼, 사적인 안보 세력의 공급과 이들에 대한 수요는 급속도로 증가하고 있다.

민간 군사 산업을 첫 번째 자리로 이끄는 안보 시장의 간극은 여전하다. 공개 군사 시장은 여전히 무기로 넘쳐나고 있고, 국가 외부의 군사 물량은 계속해서 확대되고 있으며, 국내 및 국외의 분쟁으로 인한 수요는 줄어들지 않는다. 개발도상국들의 군사력은 어느 때보다도 허약해지며, 주요 강대국들이 전략적 중요성이 없는 지역에 다시 군사개입 가능성은 거의 없다. 유엔이나 지역 평화유지조직 같은 국제사법기구들 역시 불안정에 대처할 실질적인 역량은 전혀 없어 보인다.

8. 홈쇼핑 생활안전 경호상품 등장

1) 최근의 범죄동향

최근의 범죄증가 추세는 1998년 외환위기 직후와 양상이 비슷하다.

5대(살인・강도・강간・절도・폭력) 강력범죄는 1997년 29만여 건에서 이듬해 12% 늘어난 33만 건에 달했다. 2002년과 2003년 사이에는 47만 건에서 49만 건으로 4.5% 증가했다. 그러나 2002년은 환란 이후 5년 만에 처음으로 범죄가 줄었던 해여서 범죄가 다시 늘기 시작한 것이 아니냐는 우려가 나온다.

범죄가 늘어나는 가장 큰 이유는 경제난이다. 실업과 카드빚이 범죄로 이어지는 생계형 범죄가 많은 것이다. 한국의 범죄 유형은 사업 실패 등으로 경제적 위기에 몰린 사람들이 강도・살인 등 강력범죄를 통해 문제를 해결하려는 후진국형이다. 선진국일수록 사기・배임・횡령 등 재산형 범죄가 강도 등 폭력형 범죄보다 많다.

한국형사정책연구원이 재산형 대 폭력형 범죄를 비교 분석한 결과는 이를 뒷받침한다. 미국 등 선진국은 이 비율이 평균 8대 1인 반면 한국은 1.4대(2003년)에 불과하다. 대구대 박순진(범죄사회학)교수는 "한국은 경제 수준에 어울리지 않게 폭력형 범죄가 많은 것이 특징"이라고 말했다. 부천 초등생 유괴살인・포천 여중생 납치살인 사건 등에서 보듯 이유도 목적도 없는 흉악범죄가 늘면서 시민들의 '범죄 체감지수'는 최고조에 달하고 있다.

현재 신용불량자는 3백70만 명을 넘어섰다. 더 이상 현금 서비스를 받기 어려워 '돌려막기'조차 어려워진 일부 신용불량자가 범죄의 유혹에 흔들리고 있다는 게 경찰의 분석이다. 실업문제도 사회불안과 범죄로 이어진다. 2003년 12월 말 현재 실업자는 82만5천명(3.6%), 15~29세의 청년층 실업자는 전체 실업자의 절반이 넘는 43만2천 명이다. 생활이 어려운 서민층과, 충동적인 젊은 층의 범죄가 늘고 있는 이유이기도 하다.

외환위기 이후 범죄 발생 양상이 크게 바뀌었는데도 경찰은 최근 수년간 강력범죄에 대한 대처 능력을 키우기보다 대민이미지 개선과 경찰 직급 상승 등에 더 힘써 왔다.

〈표 4-128〉 강도발생건수

구 분	1997	1998	1999	2000	2001	2002	2003
건 수	4,420	5,516	4,972	5,464	5,692	5,906	7,292

※ 자료 : 경찰청, 「경찰백서」, 2004.

2) 안방쇼핑시대 : TV홈쇼핑 10년

국민 3명중 1명꼴로 이용 한 해 4조2000억 원 팔아

TV홈쇼핑이 다음 달로 방송 10년을 맞는다.

CJ홈쇼핑의 전신인 39쇼핑과 GS홈쇼핑의 전신인 한국홈쇼핑이 각각 상품 판매와 시험방송을 시작한 것은 지난 1995년 8월 1일. 안방에 편하게 앉아서 리모컨으로 쇼핑할 수 있는 무점포 유통시대가 열린 것이다.

(1) 10년 만에 4조 원대 거대 시장으로

TV홈쇼핑의 출발은 순조롭지 못했다. 직접 상품을 만져보고 고르는 게 아니라 TV로 소개된 상품을 주문해 배송 받는 방식에 대해 소비자들은 의구심을 떨쳐내지 못했던 것이다. 첫 결산해인 1996년 39쇼핑과 한국홈쇼핑의 총 물품판매액은 335억 원이었다. 하지만 불과 4년 뒤인 2000년 양사 매출액은 1조 230억원으로 급성장했다. 저렴한 가격과 편리성이 소비자들의 마음을 파고들었고 제품에 대한 고객 신뢰도도 높아졌기 때문이다.

2001년 들어서 신규 업체인 우리홈쇼핑・농수산홈쇼핑・현대홈쇼핑이 참여하면서 TV홈쇼핑 5사의 총 판매액은 4조2000억 원대로 성장했다. 지난해 홈쇼핑 4개사 이용객 수는 1600만 명에 달한다. 단순 계산으로 국민 3명 중 1명이 홈쇼핑을 이용한 셈이다.

한편 39쇼핑이 2000년 CJ그룹에 인수되고 우리홈쇼핑이 경영권 다툼에 노출되는가 하면 LG홈쇼핑은 GS홈쇼핑으로 사명이 변경되었다.

⑵ 계속되는 영토 확장

급성장하던 홈쇼핑업계는 2003년을 전후해 경기침체 등으로 정체기를 맞는다. 업체들은 수익성 향상을 위해 발 빠르게 보험 금융 부동산 등 무형상품들을 잇따라 내놓기 시작했고 인터넷쇼핑몰 부문을 강화하기 시작했다.

2002년 3월 디지털 위성방송이 개국돼 홈쇼핑 방송도 위성방송 시대를 맞게 됐다. 5사 모두 지난 3월 방송위원회에서 '상품 판매형 데이터방송 채널 사용 사업자'로 선정돼 T커머스 시대를 위한 첫걸음을 내딛었다.

2) 홈쇼핑에 경호상품 등장

최근 납치사건이 잇따라 발생, 사회 불안심리가 가중되고 있는 가운데 TV 홈쇼핑에 경호 서비스 상품이 등장했다.

우리홈쇼핑(www.woori.com)은 10일 밤 12시부터 1시간 동안 사설 경호업체 ㈜이지스의 개인 경호 서비스 상품을 판매한다고 9일 밝혔다.

스토킹, 학교폭력 등으로 부터 개인 신변을 보호하는 '일반 경호상품', 결혼식 등 각종 행사장을 지키는 '통합 경호상품', 고가 미술품, 유가증권, 현금 등을 안전하게 호송하는 '호송 경호상품' 등 3가지 종류가 있고 가격은 각 125만원.

하루 8시간씩 5차례에 걸쳐 경호를 받을 수 있고 고객이 직접 경호원을 고를 수 있다. 경호를 받는 중 언제라도 경호원 교체가 가능하다.

우리홈쇼핑 관계자는 "정치인과 유명 연예인 등 특수 계층에 한정됐던 경호 서비스를 일반인도 쉽게 이용할 수 있도록 경호 서비스 상품을 준비했다"며 "사설 흥신소 등과 달리 경찰청 허가를 받아 운영되기 때문 에 믿을 수 있다"고 말했다.

㈜이지스는 팝 스타 마이클 잭슨, 농구 스타 매직 존슨, 빌 클린턴 전 미국 대통령의 동생 로저 클린턴, SES, 강타, 문희준, 신화 등 국내외 유명인의 경호를 맡아왔다.

3) 호신 · 방범용품 불티…“날 건드리면 큰코 다쳐!”

(1) 가정 방범용품

가정 방범제품 중에서 지문인식, 비밀번호, 반도체키 등 다양한 방식을 채용한 디지털 도어록이 인기를 끌고 있다. 대부분 제품들은 외부에서 현관문을 강제로 열거나 도어록을 떼어내려고 하면 자동으로 침입 경보음이 울리도록 설계됐다.

비밀번호 방식으로 사용이 간편한 번호키 방식의 디지털 도어록은 10~20만 원대에 판매되고 있다. ‘게이트맨 비바’, ‘유니코주키 디지털도어락’, ‘조이락IB-10A’, 비상키를 이용한 ‘디지털 도어락 FD-1100’ 등이 있다.

등록된 지문을 가진 사람에게만 문이 열리도록 설계된 최첨단 지문인식 도어록은 30만~70만 원대로 고가이지만 보다 완벽한 보안을 제공한다. ‘레오 2 지문인식 도어락’은 지문인식과 비밀번호 입력이 모두 가능한 제품으로 99명의 지문을 입력할 수 있다.

도어록의 가격이 부담스러운 사람들에게는 ‘빽빽이 방범벨’ 등 방범창문 경보기가 있다. 소리통 본체와 자석 막대로 구성돼 있으며, 전원이 켜진 상태에서 본체와 막대가 1cm 이상 떨어지면 90데시벨 이상의 시끄러운 경보음이 울린다. 6개 한 세트 1만 원대. 적외선센서 무선 경보벨은 물체가 감지되면 경보음을 울려준다. 가격은 4,000~5,000원 대.

빈 집에 사람이 있는 것처럼 보이게 해주는 제품도 있다. 타이머 콘센트(2만 원대)는 15분 단위로 전등을 자동으로 켜고 꺼주는 상품으로 휴가로 장기간 집을 비워야 할 경우 사람이 집에 있는 것 같이 보이도록 해준다. 파수꾼 올밤이(1만 원대)는 빛을 감지하는 센서가 있어 어두워지면 불이 들어오는 제품이다.

(2) 개인 호신용품

휴대용 스프레이, 호신봉 등이 있다. 휴대용 스프레이(2만~3만 원대)는 뿌렸을 때 호흡기 점막을 자극해 심한 기침과 따가운 피부 통증을 유발하는 가스총과 효과가 비슷하다. 휴대용 경보기(1만 원대)는 열쇠고리 크기로 고리를 잡아당기면 자동차 경보기보다 더 높은 140데시벨의 경보음이 발생한다.

경찰, 경호업체 등에서 주로 사용해온 호신봉은 최근 개인 호신용으로 인기다. 버튼을 누르면 접혀 있는 봉이 튀어나오면서 상대를 가격한다. 이단봉은 3만~4만원. 삼단봉은 8만 원 가량이다.

4) 범죄예방 · 호신용품 불티

전세계가 테러공포에 휩싸이고 국내에서도 정치 불안에 따른 사회혼란이 가중되 면서 인터넷쇼핑몰 사이트에서 호신용품이나 방범용품 거래가 크게 늘었다. 상품직거래사이트 파인드유즈드에 올라온 범죄예방용 매물은 최근 일주일사이 250여건으로 급증했다. 2월 각종 납치 강력범죄가 보도될 때 150여건에 비해 70%나 증가한 수치다. 파인드유즈드 관계자는 "올초부터 강력범죄가 터진데다 최근에는 테러확산, 탄핵사태 등으로 사회가 어수선해지자 '자가 보안'수요가 는 것 같다"고 분석했다.

옥션도 하루평균판매액이 1월 380만원에서 강력사건이 잇달아 일어난 2월에는 470만원으로, 탄핵사태직후인 이번주는 570만원으로 뛰었다고 밝혔다. 옥션관계자는 "특히 탄핵직후 월요일 판매액은 730만원이었다며 지난 2002년 가을 호신 · 방범용품 코너가 생긴 이래 최고 수준"이라고 설명했다. 옥션은 2003년 들어 19일까지 지난해 동기대비 400%이상 증가한 2억 6000만원어치의 보안용품을 판매했다.

호신용품 전문쇼핑몰인 '세이프클릭'의 하루 평균 방문객수도 지난해보다 50% 이상 증가한 1500명을 기록했다. 장종수 대표는 "올 들어 월평균매출액은 작년대비 20~30%는 늘어났으며, 성장세가 계속되고 있다"며 "특히 여직원이 많은 기업체의 단체구매가 매출에 쏠쏠하게 기여한다"고 밝혔다.

이들 온라인 쇼핑몰에서 팔리는 제품은 70여 가지. 초저가에서부터, 백여만원에 이르기까지 다양하며, 특이한 아이디어 상품도 눈에 띈다.

파인드유즈드는 촬영기능은 없지만, 보안카메라의 외관을 본 따 만든 '가짜 CCTV'를 '촬영중'이라는 경고문 스티커와 함께 판매하고 있다. 가격은 9900원으로 20만원대를 호가하는 진짜 CCTV의 20분의 1 수준.

도난시 리모컨 버튼을 누르면 고압의 전류가 흐르면서 범인에게 전기충격을 가하는 '전기 충격 시스템이 장착된 007 가방', 여성전용 '휴대용 전기 충격기', 9cm의 초경량 사이즈로 뿌리면 일시적으로 눈을 못 떠 가스총 효과가 있는 '휴대용 스프레이', 비상시 뚜껑을 누르면 요란한 소리를 내는 '휴대용 경보기' 등도 눈길을 끈다.

제 4 절 민간경비산업 관련 단체의 활동상

1. 한국경비협회 활동상

1) 한국경비협회 현황(2003.3.3 현재)

○ 협회 소재지 및 건물현황

- 소재지 : 서울특별시 성동구 성수2가 3동 273-24(총 6층 단독건물)
- 건물현황 : 총 1063.26평
  - 협회 사무실(5층) : 177.21평
  - 협회 교육장(4층) : 167.21평
  - 기타(임대) : 718.84평
- 조직도

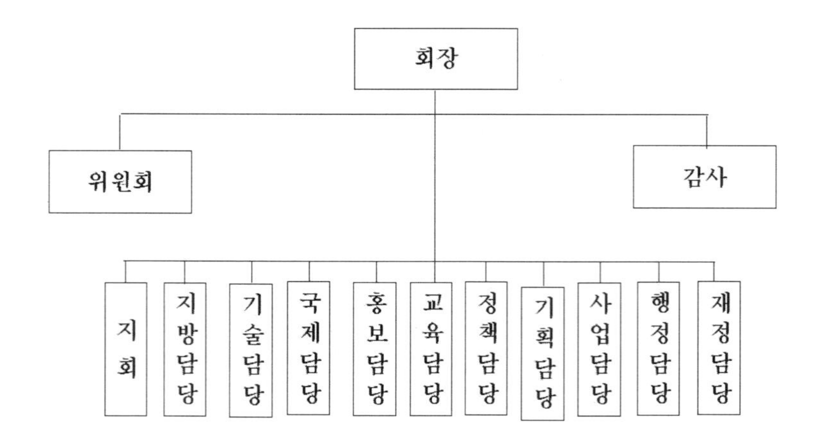

- 8개위원회

※ 임원구성

· 회장 : 1명

· 부회장 : 5명

· 감사 : 2명

· 이사 : 19명

· 사무총장 : 1명

2) 회원가입

(1) 회원가입 내용

(사) 한국경비협회는 경비업법 제22조에 의거하여 경비업무의 건전한 발전과 경비업 종사자의 권익보호 및 경비원들의 신임교육을 전담하는 비영리 사단법인으로 회원 미가입시에는 경비원들의 교육 이수증 및 교육위탁증이 발급되지 않으며 또한 경비원 신임교육 미필시에는 영업정지(경비업법 제13조) 등 상당한 불이익을 받을 수 있으니 반드시 가입하여 회원으로서 권리와 의무를 영위하시기 바랍니다.

(2) 본회의 주요업무내용

가. 경비업 및 제반법규의 대정부 정책건의 및 제도개선건의(경비업법 및 동시행령, 동시행규칙 및 공동주택관리령 개정 건의 등)

나. 회원사별 일반경비원 신임교육 위탁증 및 경비원 신임교육 이수증 발급(경비업법시행규칙 제12조에 의한 경비원 신임교육 위탁증 발급)

다. 일반경비원에 대한 신임교육 실시(회원가입후 교육 위탁증을 발급받은 회사에서는 경비지도사가 자체 교육실시)

라. 본회에서 실시하는 일반경비원 신입교육시 본회에 가입한 회원사중 교육위탁증 미발급 회원사는 경비원 1인당 교육비가 100,000원이나 비회원사는 경비원 1인당 교육비가 150,000원임.

마. 경비지도사 자격시험 합격자 기본교육(44시간 교육 실시)

바. 경비지도사 양성과정(경비지도사 1차 시험 면제)교육

(경비업법 시행령 제13조 4항 및 동 시행규칙 제10조 2호에 의거 경비업 종사 경력이 7년 이상인자에 대하여 양성과정 교육 실시)

사. 경찰청, 기타 유관기관과의 업무 협조

아. 회원관리에 대한 제반 행정업무

자. 유공회원사 경찰청 및 각 지방경찰청 표창 상신, 유공경비원 표창 수여

차. 세미나 및 간담회, 국제회의, 연수 등 개최

카. 방범전시회 개최

타. 손해배상 및 공제에 관한 업무(경비용역 입찰시 해당 발주업체에서 징구 요구)

파. 회원사 업무전산화 및 온라인화 사업 실시와 관련하여 프로그램 공급업체와 협약 체결로 본회 회원사에만 독점 공급하며 저렴한 가격인(200,000원)에 공급
(프로그램 내용 : 경비원 배치/폐지신고 관리, 거래처관리, 인사/급여관리, 노무관리, 퇴직관리, 연말정산, 경영관리, 물품관리 등)

하. 본회에서 프로그램을 개발하여 경비원 배치/폐지신고 관리, 신임교육이수증 발급과 관련한 신청 업무 전산화하여 전회원사에 무료로 공급 중

(3) 회원가입방법

가. 회원가입신청서를 작성하며 가입비 300만 원을 납부해야 회원가입을 할 수 있다.(가입비의 부담이 큰 회원사는 경제적 사항을 고려하여 가입비 200만 원을 납부하고 나머지 금액은 5회 분납이 가능하다.)

나. 회원가입을 한 후에는 가입 다음 달부터 아래의 월회비 부과 기준표에 의하여 월회비를 매월 지로로 일정금액의 회비를 납부해야 한다.

○ **월회비 부과 기준표**

인원(명)	기계시설(수)	회 비	인원(명)	기계시설(수)	회비
0 ~ 20	0 ~ 100	13,000	301 ~ 500	1001 ~ 1500	157,000
21 ~ 50	101 ~ 200	23,000	501 ~ 1000	1501 ~ 2000	205,000

51~100	201~300	43,000	1001~2000	2001~3000	252,000
101~200	301~500	72,000	2001~3000	3001~4000	300,000
201~300	501~1000	110,000	3001~	4001~	300,000

(4) **월회비 적용 기준**

본회에 제출한 회원사의 현황자료 및 경찰청에서 해당 경찰서별로 상하반기 실시하는 경비업체 지도점검시 경비원수 및 기계경비 가입시설수 현황이 파악되어 본회에서 확인 작업을 하므로 정확한 경비원 수 및 기계시설수를 기입하여야 한다.

〈표 4-129〉 한국경비협회 회장 (1999~2010)

구분	이름	재직기간
제11대	허증	1999.2.26~2001.2.23
제12대	이종호	2001.2.23~2003.2.28
제13대	구자관	2003.2.28~2005.2.25
제14대	김종해	2005.2.25~2007.2.28
제15대	황승모	2007.2. 28~2010.2.28
제16대	한원덕	2010.2.28~현재

연도별 사업실적(2000~2004)

○ **2000년도 사업실적**

• 법령 및 제도 개선
  - 중소기업 기본법 개정
  - 통계법 개정

• 공정거래 질서 확립 방안 강구
  - 표준계약서 보완 시행
  - 행방불명 등 부실 업체 조치
  - 조달청 일반용역 적격심사 기준 개정

- 홍보 및 개발촉진 방안 강구
  - 홍보 활동 전개
  - 개발 활동 전개

- 관계기관과 협조 강화
  - 경찰청에서 민간경비발전실무협의회 및 실무협의회 구성 운영
  - 경찰청과 현안 사항 · 협의 간담회 수시 개최
  - 상임고문, 사무총장과 6개 지회 회장단 지회별 관할지방경찰청장 초청간담회 개회
  - 기타 유관기관, 단체 등과 수시 협조

- 교육훈련의 강화
  - 교육시설확보
  - 경비원 신임교육 실시
  - 경비지도사 기본교육 실시

- 경비업무 공신력 제고와 경비 기능 강화
  - 경비업의 대외 공신력 제고 방안 강구
  - 연구자문위원회 활성화
  - 경영자 세미나 개최
  - APSA총회 참석 등(11.8 ~ 11.10 태국 방콕)

- 협회 기능의 효율적 운영
  - 회원 의견 수렴 극대화
  - 지회 활성화 방안 강구
  - 회원 상호간의 유대 강화

○ 2001년도 사업실적

- 법령 및 제도개선
  - 경비업법개정
  - 국가중요시설경비를 할 수 있는 특수경비업 제도 도입
  - 기계경비업 허가제

- 경비업법시행령 개정
- 경비원 배치・폐지신고를 배치후 3일 이내 신고

• 홍보활동전개
  - 경비업 겸영금지 조항 삭제를 위한 언론 홍보

• 교육훈련강화
  - 교육부 인력 증원
  - 경비원 신임교육기관 지정
  - 교육교재 발간

• 경비업무 공신력 제고와 경비기능 강화
  - 연구자문위원회 기능 활성화
  - 민간경비 발전을 위한 학술세미나(한국민간경비학회)
  - 회원사 경영기법 향상을 위한 경영자 세미나 개최
  - APSA참석(10.29 ~ 10.30 중국 북경)

• 협회 운영체계 개선을 위한 규정 보완
  - 미비 규정 개정 추진
  - 각종 회의의 정례화 및 효율적 운영

○ 2002년도 사업실적

• 법령 및 제도 개선
  - 경비업법 제7조 8항 겸영금지조항 삭제
  - 특수경비업만 일부 겸영제한 의원입법
  - 주택건설촉진법 제3조 4호의 공동주택에 공급하는 경비용역에 대하여 부가가치세를 2003.12.31까지 한시적으로 면제

• 홍보활동전개
  - 카렌다 제작배부
  - 태풍피해 수재민돕기 성금모금 납부

• 교육훈련강화
  - 특수경비원 교육기관 지정

• 경비업무 공신력 제고와 경비기능 강화
  - 국제 교류 증진
  - APSA 싱가폴 회장단 한국방문
  - 제9차 APSA총회 참석(10.17 ~ 10.18, 싱가포르)

• 협회 운영체계 개선을 위한 규정 개정 및 보완
  - 대의원 선출방법 개선
  - 회계업무의 공정성, 투명성을 위한 제도적 장치 보완
  - 회원사 지원을 위한 조직체계 개편

• 협회기능의 효율적 운영
  - 의무불이행 회원사에 대한 권리제한 조치 및 차별화 조치
  - 협회 통합업무 프로그램 개발

○ 2003년도 사업실적

• 법령 및 제도개선
  - 특수경비업자가 영업할 수 있는 경비관련업 규정 신설
  - 특수경비업자가 경비업무를 수행하는 국가중요시설에 통합방위법에 의해 국방부장관이 지정하는 국가 중요시설을 추가

• 홍보활동전개
  - 회원명부 제작 배부
  - 태풍피해 수재민돕기 성금모금 납부

• 교육훈련강화
  - 특수경비원 교육실시를 위한 세부계획 수립
  - 교육교재 발간

• 경비업무 공신력 제고와 경비기능 강화
  - 연구자문기능의 활성화

- 민간경비 발전을 위한 학술세미나 지원 및 참가
- 국제 교류 증진
- 제10차 APSA총회 참석(9.4 ~ 9.5. 필리핀)
- 미국 경비학회 회장 협회 방문

• 협회 운영체계 개선을 위한 규정 개정 및 보완
- 협회정관 및 운영규정(직제규정 외 22개 항목) 전면 재개정
- 대의원 선출방법 개선
- 경비원 배치, 폐지신고 전산화 작업 완료

• 협회기능의 효율적 운영
- 의무불이행 회원사에 대한 권리제한 조치 및 차별화 조치
- 회원사 미납회비 납부 방법 모색
- 인터넷 홈페이지 활용 위한 재정비

○ 2004년도 사업실적

• 법령 및 제도 개선
- 국민주택규모이하의 공동주택 경비용역 부가가치세는 영구면세이며 국민주택규모를 초과하는 공동주택 경비용역 부가가치세는 2005년까지 면세이고 2006년도부터 과세한다.
- 중소기업진흥 및 제품구매촉진에 관한 법률 개정(2004.12.31 제7285호)

• 홍보활동전개
- 회원명부 제작 배부
- 카렌다 제작배부
- 고 김선일님 성금 납부
- 전국 경찰청 기동대 방문 위문품 증정

• 교육훈련강화
- 특수경비원 신임교육과정 실시

• 경비업무 공신력 제고와 경비기능 강화
 – 민간경비 발전을 위한 학술세미나 지원 및 참가
 – 한국민간경비학회, 공안행정학회 등 후원
 – 국제 교류 증진
 – 제11차 APSA총회 참석(11.18 ~ 11.19. 홍콩)
 – 일본전국경비업협회, 오사카, 북해도경비업협회 및 경시청 방문
 – 일본 북해도경비협회 임원 협회 방문

• 협회 운영체계 개선을 위한 규정 제정 및 개정
 – 협회 민원업무처리규정 제정
 – 협회 운영규정(지회운영규정 외 5개 항목) 개정

○ 2005년도 사업실적

• 법령 및 제도 개선
 조세특례 제한법 개선
 – 국민주택 규모 이상의 공동주택 경비업무 부가가치세면세 3년간 (2008. 12. 31까지)

• 각종규정 개정
 – 직제 규정 개정
 – 위원회 운영 규정 개정
 – 인사 규정 개정
 – 지회 설치 규정 개정
 – 산학협동 강화
  · 서울디지털대학교와 상호 협력 및 교류 추진
  · 한국민간경비학회 참석 및 후원
  · 한국경호경비학회 참석 및 후원
  · 한국자치경찰경비학회 참석 및 후원

• 홍보역량 강화

- 각종교육 실시
  - 일반경비원 신임교육
  - 경비지도사 기본교육
  - 경비업무 종사자 양성과정 교육
  - 특수경비원 신임교육
  - 기타 교육
- 교육 교재 발간
  - 일반경비원 신임교육 교재
  - 특수경비원 신임교육 교재
  - 경비지도사 기본교육 교재
  - 경비업무 종사자 양성과정 교육 교재
- 경비업 공신력 제고
  - 손해배상책임공제 활용 극대화
  - 보험 요율의 탄력적 운용(할증, 할인)
  - 기계경비업체 손해배상책임공제 시행
- 협회 업무 관련 전산화
  - 경비원 신임교육 이수증 발급
  - 경비원 배치, 폐지 신고
  - 제공문 전산송부시스템 개발 시행
- 지회활성화 방안 강구

○ 2006년도 사업실적

- 정관 및 정부의 유사행정규제 정비지침에 따른 제규정 개정
  - 정관개정
  - 임원선출규정개정
  - 징계규정개정
  - 지회운영규정개정
  - 예산회계규정개정

- 교육훈련규정개정
- 대의원선출규정개정

• 협회 명칭 및 심벌, 마크 상표(업무표장)등록 취득

• 경비원관련 교육의 강화
  - 경비원 신임교육장 추가 승인 및 교육관련 예산, 지침 등 지원
  - 교육기능의 강화
  - 일본경비업 관련자료 수집
  - 기계경비 실습실 설치
  - 지회 교육장 승인 및 교육장 확보 지원

• 각종 교육실시
  - 특수경비원 신임교육 실시
  - 일반경비원 신임교육 실시
  - 경비지도사 기본교육 실시
  - 경비지도사 양성과정교육 실시
  - 기타교육 실시
  - 교재발간

• 최고경영자 세미나 개최

• 경비원 신임교육 이중 이수방지 등 경비원 관리를 위한 데이터베이스 구축

• 회원의 권익증진
  - 지회 활성화를 통한 회원 상호간 친선 유대강화
  - 우수회원사 포상
  - 단체수의계약 품목지정 폐지
  - 경비업관련 정보 통합망 운영(법령, 기타, 입찰정보등)
  - 협회 자산에 대한 지분분배 근거 마련

• 경비기능의 활성화
  - 우수경비원 포상확대로 사명감 고취

- 민간경비자격증 제도 시행

• 홍보기능의 강화
- 경찰청, 노동부등 정부기관과 협조 체제 강화
- 직능경제인단체와 협조 경비업법 개정추진
  (10. 26 여당국회의원초청 연석간담회)
- 협회 홈페이지 운영내실화(회원이 필요로하는 정보 즉시 게재)
- 법령집 제작 배포
- 회원명부 제작 배포
- 협회 카렌다 제작 배포
- 회보발간

• 협회기능의 효율적 운영

2. 한국경비지도사협회 활동상(창립~2004)

1) 연 혁

1997. 02. 23	제1회 국가공인 경비지도사 시험시행
1997. 07. 07	경비지도사의 권익보호와 친목도모를 목적으로 한국경비지도사중앙회 창립
1997. 07. 08	한국경비지도사중앙회 개관(강동구 천호2동 456-7)
1997. 08. 12	경비지도사보 창간호 발간
1997. 11. 29	경비지도사보 제2호 발간
1998. 01. 21	한국경비지도사 중앙회 정기총회
1998. 06. 27	대한경비지도사협회 창립으로 이원화
1998. 07. 12	경비지도사보 제3호 발간
1998. 09. 23	한국경비지도사 중앙회와 대한경비지도사협회 통합추진회의
1998. 11. 13	양 단체통합추진위원회 발족 통합 합의

1999. 01. 07 정관등 통합기초작업완료
1999. 01. 27 한국경비지도사협회 설립 통합총회 개최(육군회관)
1999. 05. 25 경비지도사보 제4호 발간
1999. 10. 31 제2회 경비지도사 시험시행
2000. 03. 27 경찰청으로부터 민법 제32조 및 행정자치부령에 의거 사단법인 설립허가
2000. 05. 09 제4차 정기총회(육군회관, 경찰청장 치사)
2000. 05. 12 경비지도사보 제5호 발간
2000. 07. 20 협회사무실 양평동 4가 171번지 2층으로 이전
2000. 08. 12 경비지도사보 제6호 발간
2000. 09. 23 협회사무실 성수동 경협회관 4층으로 이전
2001. 03. 22 제5차 정기총회
2001. 07. 18 제2대 이규억 회장취임
2001. 08. 12 경비지도사보 제7호 발간
2002. 03. 22 제6차 정기총회 개회(제3대회장 김인종 선출)
2003. 02. 08 취업경비지도사 중심 경찰서 간담회 개최
2003. 03. 29 제7차 정기총회 개최(제4대회장 하만정 선출)
2003. 06. 25 경호안전신문 발간
2004. 02. 26 제8차 정기총회 개최
2004. 05. 29 경기지부 창립
2004. 11. 02 성수동 협회사무실 용답동으로 이전
2005. 03 ~ 제9차 정기총회개최(제5대 회장 하만정 연임)

2) 역대회장

명칭(회수)	이 름	재임기간	비 고
중앙회	김윤희	1997.7 ~ 2000.3	한국 경비지도사 중앙회 창립 회장
대한	유영태	1998.6 ~ 2000.3	대한 경비지도사 협회 창립으로 이원희회장
초대	이승기	2000.3 ~ 2001.7	행정자치부령에 의거 사단법인설립회장

2대	이규억	2001.7~2002.3	
3대	김안종	2002.3~2003.8	
4~7대	하만정	2003.3~2010.3.6	
8대	이광희	2010.3.6~현재	

3) 설립취지

- 민간경비 산업의 육성, 발전에 기여
- 경비지도사 자질향상과 권익보호
- 국가 및 사회에 봉사활동 전개

4) 주요업무

- 경비지도사 제도발전 노력
- 경비지도사의 복리증진과 권익보호
- 경비지도사의 상호 친목 유대 및 협력
- 선임된 경비지도사 직무수행능력 향상
- 경비지도사와 경비원의 지도 및 교육

5) 조직도

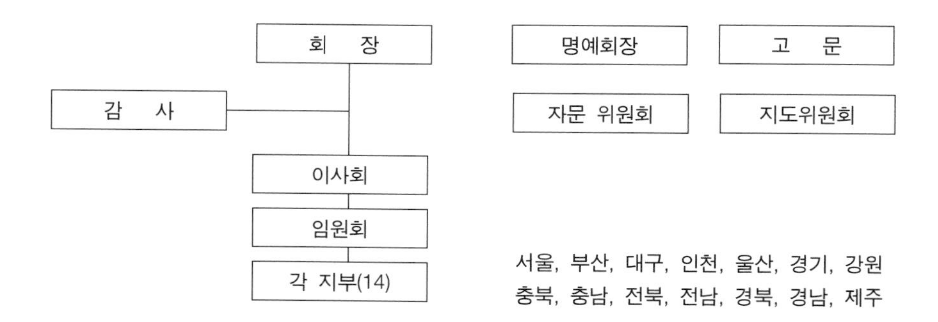

6) 연도별 업무실적

○ 1999년

• 사단법인등록

− 허가및 등록 : 2000.3.27 허가 취득 4.12 법원등기필

• 홍보활동

− 경비지도사보 제4호 발간

− 발간일자 : 1999.5.25

• 선임촉진

− 경비지도사 제도정착과 선임확산 추진

• 제2회 경비지도사시험

− 협회홍보

• 현안문제

− 경찰청 : 사단법인 허가 및 제2회 시험 등에 관한 자료제출 및 협의(21회 방문)

− 경비지도사제도발전과 관련법류 개선 등 협의
(인천대, 동국대, 한체대, 용인대 등 20회 접촉)

• 협회의 활성화

− 통합으로 인한 행정체계 대폭정비(현판 등)

− 중앙 및 전국기구정비

○ 2000년

• 사단법인 등록

− 2000.3.27 경찰청으로부터 사단법인 허가 취득

• 회보발간

− 2000.5.12 : 제5호 발간

− 2000.8.12 : 제6호 발간

• 제4차 정기 총회

- 2000.5.9 : 사단법인 한국경비지도사 협회 제4차 정기총회(육군회관)

• 협회 사무실 이전

○ 2000.9.23 : 성수동 한국경비협회 경협회관건물 4층으로 이전

○ 2001년

• 제5차 정기 총회

- 2001년 3.33 경협회관교육장 19:00~23:30 실시

• 제7호 경비지도사보 발간

- 2001.8.12 제7호 회보제작
- 신규 가입회원 및 기본교육장 배포(가입 독려)

• 제1차 경비지도사 학술세미나 개최

- 2001.9.1 15:30~19:30 경협회관 교육장 실시
- 주제 "민간경비 환경변화와 지도사의 역할
- 민간경비 인력의 전문화와 경비지도사제도의 발전방안
  발표자 : 박동균(안동과학대) 교수 제1주제 발표
- 경비업법 개정에 따른 경비지도사 역할 재인식
  발표자 : 장기학(주)에스텍 부회장 제2주제 발표

• "민간경비 환경변화와 지도사의 역할" 책자 발간

- 박동균 교수(안동과학대교수, 행정학박사, 경비지도사) 주제 1부
- 장기학부회장(에스텍시스템총괄팀장, 경비지도사협회부회장) 주제 2부

○ 2002년

• 제6차 정기총회

- 2002년 3.22 경비협회교육장 16:00~22:00 실시

• 경호학, 기계경비개론 문제집 제작 · 배포

- 경호학

- 기계경비개론 문제집 제작

• 기타 사무처 활동상황
- 회원 취업알선
- 회원 및 경비지도사 상담업무
- 기본교육장 순회 홍보활동 실시

○ 2003년

• 제7차 정기총회 및 임원회의 개최
- 2003년 3월 29일 협회교육장 14:00~16:00

• 제5회 경비지도사 시험대비 문제집 발간 및 특강 실시
- 경호학, 기계경비개론, 범죄학, 범죄학문제집 등 4종

• 취업 경비지도사 중심 경찰서별 간담회 개최

• 경찰청 주관 경비지도사 집체교육 참여, 홍보

• 경비지도사 자체 직무교육 실시

• 한국 경호안전신문 발간
- 2003.6.25 문화관광부 등록(다06470)

• 경찰청 등 관계기관 협조
- 10여회 방문 협회 활성화 방안 협조 의뢰

○ 2004년

• 제8차 정기총회 및 임원회의 개최
- 일시 및 장소: 2004.2.26 14:00~16:00 경협회관 4층 교육장

• 한국경비지도사협회 경기지부 창립
- 일시 : 2004.5.29

• 제6회 경비지도사 시험대비 문제집 발간 및 특강 실시
- 문제집 발간 : 1종(경비업법)

- 특강 실시 : 경호학(2004.9.4 ~ 9.5) 경비업법(2004.9.11 ~ 9.12)

• 경찰청 및 지방경찰청 등 관계기관 방문활동
- 최기문 경찰청장 방문 후
  2004.4.8 경찰청 담당관으로부터 법개정후 경비지도사 보수교육 실시 가능하다는 통보 받음

○ 2005년

• 제9차 정기총회
• 경찰청 경비지도사 기본교육기관 지정
• 경찰청 일반경비원 신임교육기관 지정
• 경찰청 감독명령 '05-2호 시달
- 취업 경비지도사의 근무여건을 개선하고 관리자급으로 지정하여 민간경비의 중추적인 역할을 할 수 있도록 여건을 개선하고, 권익도모를 위한 획기적인 감독명령
- 취업 경비지도사들이 제보해주신 고충, 애로사항을 구체적으로 취합하여 협회에서 관계기관에 건의('05.3.31)한 결과임

• 경비지도사 자격증 소지자 현직 경찰관 근무평가 점수에 가점 반영
• 경비지도사 시험 수험서적 발간
- 2003년 범죄학, 기계경비개론, 경비업법, 경호학 등
- 2004, 2005, 2006, 2007년 경비업법, 경호학 등
- 2008년 민간경비론, 법학개론, 경비업법, 경호학 등

○ 2006년

• 제10차 정기총회
• 경찰청 경비지도사 양성과정 교육기관 지정
• 경비지도사 자격증 발간 위탁기관 경찰청 지정
- 경비지도사 자격수첩 PVC재질로 교체발급

• 2000년부터 경비지도사 직무교육, 고충애로사항 상담, 해결, 취업알선, 실무

교본, 직무교육교안 발간 교육실시

3. 기타 민간경비 관련 단체

1) (사)한국건축물관리연합회

- 명칭 : (사)한국건축물관리연합회
- 설립일 : 1994. 1. 21
- 법인허가 : 건설부 등록 제70호
- 주요 연혁
  - 1991년 3월 29일 (가칭) 한국건축물관리연합회 발기결의
    (사)한국위생관리협회
    (사)한국경비협회
    (사)한국건축물유지관리협회
    (사)한국방역협회
  - 1993년 10월 12일 창립총회 개최
  - 1994년 01월 21일 사단법인 허가 취득(건설부등록 제70호)
  - 1995년 06월 21일 전진대회 개최
    (재)한국 건설방식기술연구소 가입
  - 1995년 01월 26일 제1차 정기총회 개최
  - 1998년 12월 18일 통합사무실 운영(경비, 유지관리, 위생관리협회)
  - 1999년 08월 30일 대형건물 Y2K대응요령 세미나 개최
  - 1999년 09월 28일 5개 단체 통합회관 매입추진
    통합 건물종합관리 발행계획
  - 2003년 01월 20일 (가칭)한국 건축물관리협동조합 창립 추진
  - 2004년 07월 22일~24일 국제빌딩관리산업전 개최

- 설립목적

건축물관리를 영위하는 단체로서 상호간의 유대를 돈독히 하고 공동관심사 및 문제점에 대하여 연구, 검토하며, 그 대책을 수립, 추진함으로써

각 단체의 발전은 물론 국가기간 산업발전에 기여하고자 함

• 사업종목
  - 건축물유지관리에 대한 다각적인 연구 개발로 국가기간산업발전에 기여
  - 본회 공동 관심사에 대한 대정부 건의
  - 단체간의 분기 되는 제반 문제점 협의 조정
  - 외국 단체와의 협력 증진 및 해외 진출 진흥 사업
  - 건축물관리기능사 양성 및 교육실시
  - 국가 시책에 대한 협조 및 홍보 활동
  - 기타 본회 목적 달성을 위한 사업

• 역대회장

구 분	성 명	기 간
초대	최두형	1994년 1월 21일 ~ 1995년 4월 10일
2대	김준언	1995년 4월 11일 ~ 1996년 6월 25일
3~4대	김건치	1996년 6월 26일 ~ 1998년 3월 19일
5~6대	최종만	1998년 3월 20일 ~ 2000년 4월 28일
7대	정덕균	2000년 4월 29일 ~ 2002년 4월 29일
8대	허증	2002년 4월 30일 ~ 2005년 2월 15일
9대	정희병	2005년 2월 16일 ~

2) (사)한국위생관리협회

• 명칭 : (사)한국 위생관리 협회
• 설립일 : 1984.11.8
• 법인허가 : 보건사회부 등록 제108호
• 주요연혁
  - 사단법인 설립(한국위생관리용역협회)

1984년 09월 10일 발기인 대회 개최
제1대 회장에 이경구 선임(대경성업(주) 대표)

- 1984년 09월 15일 창립총회
- 1984년 11월 08일 사단법인 한국위생관리 용역협회 허가 득함 (보건사회부 등록 제108호)
- 1986년 05월 10일 공중위생법(법률 제3822) 제정 공포
- 1987년 04월 25일 보건사회부 교육 및 위생기술교육 위탁기관 지정
- 1987년 05월 10일 공중위생법 발효
- 1987년 08월 17일 부산, 경남지회 설립
- 1988년 06월 10일 한·일 건물관리 세미나
- 1989년 08월 10일 충청지회 설립
- 1989년 11월 06일 한·일 교류(일본산업 시찰)
- 1990년 06월 13일 세계협회가입(영국 런던 세계대회 참석)
- 1990년 07월 08일 인천지회 설립
- 1990년 09월 24일 자율 지도권 협회 인가(보건사회부장관)
- 1990년 12월 31일 광주·전남지회 설립, 전북지회 설립
- 1991년 05월 26일 6월 1일 아시아 환태평양 국제 세미나 참석 및 동남아산업시찰(말레이시아)
- 1991년 06월 04일 세계연맹 이사회 참석(일본 동경) 이사국 선임
- 1992년 02월 20일 위생관리회보 발행
- 1992년 06월 17일 전국위생관리업체 대회, 한·일 세미나 개최 SANI'92 개최(KOEX 6월 17일~6월 21일)
- 1992년 10월 27일 세계연맹 총회 참석 WHO와 WFBSC 공동연구국선정 "실내환경측정"
- 1994년 5월 5일 창립 10주년 기념식 거행
- 1994년 10월 6일~21일 제10차 세계연맹총회 참석(뉴질랜드 퀸스타운)
- 1995년 6월 21일~25일 제2회 건축물 청소기능 경진대회 '95서울 국제빌딩관리전 빌딩관리 세미나 개최(세계 연맹, 일본, 한국 회장)
- 1995년 12월 21일 교육장 및 전시장 개관

- 1998년 05월 13일~23일 제12차 세계연맹 총회 참석 및 김만업 회장 연설(2006년 세계연맹총회 서울유치 예정)
- 1998년 7월 28일 한국직능단체총연합회 창립주도 및 가입
- 1998년 11월 28일 제1차 건축물위생관리기능사 배출(191명)
- 1999년 8월 9일 위생관리법 제정
- 1999년 10월 14일 건축물석재관리세미나 개최
- 2000년 제3회 건축물위생관리사 144명 배출
- 2000년 05월 19일~20일 건축물석재관리세미나 개최
- 2000년 09월 29일 사옥 입주(서울 성동구 성수2가 3동 273-24)
- 2000년 11월 10일 제13차 호주 시드니 세계연맹총회 참석 20일 김만업 회장 연설(우리나라 계약관계에 대하여)
- 2001년 04월 22일 제4회 빌딩크리닝관리사 85명 배출
- 2001년 12월 15일 품질경영시스템 ISO 9001:2000 인증(한국생산성본부 인증원)
- 2002년 5월 6일 제14차 영국 스코틀랜드 에든버러
- 2003년 5월 21일 대구지하철방화 참사 희생 및 부상 위생관리원에 대한 위문품 보급 및 전달
- 2003년 5월 8일~14일 한미동맹 50주년 및 미국이주 10주년 기념행사 참석
- 2004년 5월 17일~22일 대만초청 상해견물관리세미나 참석

• 설립목적

협회는 옥내에 대한 위생적 환경유지관리에 관한 지식 및 기술의 향상과 증진을 도모하여 옥내의 환경관리용역업의 건전한 육성과 제반 옥내에 있어서의 위생적 환경조건의 유지향상 및 관리유지 업무의 발전에 노력함으로써 국민의 보건위생 향상에 기여함을 목적으로 한다.

• 사업종목

본회는 제3조의 목적을 달성하기 위하여 다음 사업을 한다.

가. 옥내 환경위생용역관리에 관한 지식 및 선진기술의 조사연구와 기술정보의 제공 및 보급
나. 위생적 환경확보와 쾌적한 환경을 유지하기 위하여 업체의 업주 및 종사자에 대한 교육훈련과 지도
다. 옥내 환경위생관리용역 업무에 종사하는 회원사 및 종업원에 대한 후생에 관한 지도
라. 옥내 환경위생용역관리에 관한 일반 사회의 인식의 보급 계몽을 위한 사회사업
마. 옥내 환경위생관리 업무에 관한 보건복지부와 협조 업무
바. 회원사간의 분쟁에 관한 조정 및 통제
사. 옥내 환경위생관리용역업에 관한 각종 통계의 작성유지와 자료의 수집 및 정보의 교환 제공
아. 신규 사업체의 계도 및 비회원사의 회원화 유도
자. 제9차 개정시 삭제(2001. 07. 30)
차. 그 외 회원사의 요청에 의하여 선택된 사업 및 업무
카. 실내 환경 위생관리의 기술향상을 우한 위탁교육원 설치 운영
타. 실내 환경 위생관리종사원 자격 수료를 위한 교육관리 및 직업훈련원 설치 운영
파. 기타 협회의 목적 달성을 위하여 필요한 업무

• 역대회장

구 분	성 명	기 간
초대, 2대	이경구	1984년 11월 19일 ~ 1990년 2월 23일
3대	최종만	1990년 2월 24일 ~ 1993년 2월 24일
4대	정덕균	1993년 2월 25일 ~ 1995년 3월 3일
5대	김준언	1995년 3월 4일 ~ 1998년 2월 26일
6,7대	김만업	1998년 2월 27일 ~ 2002년 2월 23일
8,9대	김유기	2002년 2월 24일 ~

3) (사)한국건축물유지관리협회

- 명칭 : (사)한국 건축물유지관리 협회
- 설립일 : 1990. 6. 18
- 법인허가 : 건설부허가 제51호
- 주요 연혁

– 1989년 12월 12일	창립총회 개최(초대회장 최두형 선임[성원개발주식회사 회장])
– 1990년 06월 18일	사단법인 한국 건축물유지관리협회 설립허가 승인(건설부 허가 제51호)
– 1990년 11월 15일	제1회 세미나 개최(건축물유지관리의 중요성과 관련법규 제정의 필요성)
– 1993년 11월 17, 18일	제2회 세미나 개최(건물관리의 중요성)
– 1994년 11월 3, 4일	제3회 세미나 개최(업계의 당면과제 토의)
– 1995년 11월 2, 3일	제4회 세미나 개최(건축물 유지관리업의 발전 방향)
– 1996년 11월 1, 2일	제5회 세미나 개최(업계의 발전 방향)
– 1997년 11월 6, 7일	제6회 세미나 개최(업계의 발전 방향)
– 1998년 11월 24, 25일	제7회 세미나 개최(업계의 발전 방향 토의)
– 1999년 10월 28, 29일	제8회 세미나 개최(건물관리의 중요성)
– 2000년 06월 19일	창립 제10주년 행사
– 2000년 07월 18일	한국직능단체총연합회 신지식인대회 참석
– 2005년 04월 07일	제17차 정기총회 개최
– 2005년 04월 25일	중국 상해시 물업관리협회와 자매결연

- 설립목적

협회는 건축물유지관리 용역업에 관한 관련제도나 각종 시책의 개선 및 전문 기술의 향상을 통하여 국민경제 발전에 기여하고 회원의 권익옹호와 친목 및 정보 교환으로 상호이익을 도모함을 목적으로 한다. 단, 공동주택 관리 분야에 관한 사항은 제외한다.

• 사업종목

협회는 제2조의 목적을 달성하기 위하여 다음 각 호의 사업을 한다.

1. 이 업종에 관련된 각종 법령제정 추진(예, 건축물유지관리 용역육성법 제정)
2. 업계의 공정거래 질서의 정착유도 및 경영합리화에 대한 연구조사
3. 건축물유지관리에 대한 대정부 건의 및 자문
4. 이 업종에 대한 해외진출 진흥사업
5. 관련협회 및 외국단체와의 협력증진
6. 건축물유지관리에 관한 조사통계 및 홍보활동
7. 원만한 노사제도 개선 및 산재예방의 조사연구와 개선
8. 건축물유지관리에 대한 공신력 제고를 위한 기술개발 및 기술교육 실시
9. 기타 회원의 복리증진과 협회의 목적달성에 필요한 사업

• 역대회장

구 분	성 명	기 간
초대~3대	최두형	1989년 12월 12일 ~ 1995년 3월 31일
4~5대	최종만	1995년 3월 31일 ~ 1998년 3월 25일
6대	탁재용	1998년 3월 25일 ~ 2000년 3월 10일
7~8대	한원덕	2000년 3월 10일 ~ 2004년 4월 9일
9대	엄홍장	2004년 4월 9일 ~ 현재

4) (사)한국방역협회

• 명칭 : (한글) 사단법인 한국방역협회
(영문) KOREA PEST CONTROL ASSOCIATION

• 설립일 : 1979년 12월 13일(민법 32조)

• 법인허가 : 보건복지부 허가 제796호

• 주요연혁

- 1979년 12월 13일 (사)한국방역협회 설립 허가
- 1985년 11월 27일 대의원총회 회장 정희병 씨 선임

- 1986년 4월 1일 소독업소 자율지도점검 승인
- 1986년 4월 2일 소독업 비과세 지정 재무부령 1973호
- 1986년 9월 2일 소독업무종사자 교육기관 지정
- 1990년 11월 16일 회원총회에서 회장 전순표 씨 선임
- 1995년 11월 24일 '95 FAOPMA(아세아대양주 방역연합회) 서울총회 개최
- 1996년 12월 17일 대의원총회에서 회장 정희병 씨 선임
- 2000년 3월 24일 회장 정희병 씨 재선출 취임
- 2000년 9월 1일 법인 사무실 성수동 이전(회관 매입)
- 2003년 2월 14일 대의원총회에서 최흥식 회장 선출
- 2003년 11월 20일 FAOPMA 이사국 및 부회장국 피선
- 2004년 3월 24일 최고경영자 방역기술세미나 개최
- 2005년 1월 10일 서남아시아 쓰나미 재해지역 방역봉사단 파견
- 2005년 11월 22일 2005 FAOPMA KOREA 개최
- 2005년 11월 23일 최흥식 회장 FAOPMA 회장으로 선출

• 설립목적
  - 전염병예방을 위한 국민계몽 및 홍보
  - 회원 상호간 권익보호
  - 기술향상으로 경제적 지위향상
  - 질병 없는 복지국가 건설

• 조직현황 : 이사 14명, 감사 2명, 시도지회장 16명, 선출대의원 34명
• 방역업체수 : 전국 2,500업체
• 역대회장

구 분	성 명	기 간
초대~2대	정희병	1985년 11월 27일 ~ 1990년 11월 16일
3대~4대	전순표	1990년 11월 16일 ~ 1996년 12월 17일
5대~6대	정희병	1996년 12월 17일 ~ 2003년 2월 14일
7대	최흥식	2003년 2월 14일 ~ 현재

5) 한국경비 · 청소용역업 협동조합

• 명칭 : 한국 경비 · 청소용역업 협동조합
• 대표자(이사장) : 이덕로
• 설립일 : 2003년 3월 11일
• 설립취지

당 조합은 인력공급업, 고용알선업, 경비업, 건축물일반청소업의 건전한 발전과 동종 중소기업 상호간의 복리증진을 추구하며 협동사업을 수행함으로써 자주적인 경제활동을 북돋아 중소기업의 경제적 지위향상과 국민경제의 균형있는 발전을 도모하기 위하여 중소기업협동조합법 시행에 의하여 중소기업청으로부터 2003년 2월 24일 인가되어 설립된 전국협동조합임.

당 조합은 중소기업청공고 제2003-171호에 의거하여 건축물일반청소업(2922) 및 경비업(75912)이 2004년도 단체수의계약품목으로 지정되어 "국가를당사자로하는계약에관한법률시행령제26조" 및 "중소기업진흥및제품구매촉진에관한법률제9조, 제9조의 2 및 동법률시행령제4조 제4항"의 규정에 따라 공공기관은 물품을 구매함에 있어 우선적 단체수의계약을 할 수 있음.

• 업무 부서

총무부	총무과	서무, 회계, 인사 업무 등
	회원과	회원가입, 탈퇴, 홍보, 교육 업무 등
업무부	지원과	조합실태조사, 계약지원 업무 등
	계약과	계약업무, 물량배정 업무 등
사업처	일반사업부	민간사업 추진 등
	특수사업부	공공기관 단체수의계약 사업 추진 등
기획처	공동구매과	공동 구매 사업관련 업무 등
	사업기획과	예산기획, 공동사업기획 및 해외사업 기획 업무 등

※ 자료 : 한국경비 · 청소용역업협동조합

• 가입대상
– 일반회원 : 인력공급업, 고용알선업, 청소업, 경비업을 영위하고 중소기업 기본법률시행령 제3조에 의거한 중소기업체

- 특별회원 : 중소기업자가 아닌 자 중 조합의 발전을 위해 필요한 단체 또는 대기업으로 조합원 5인 이상의 추천을 받은 자(단, 전체조합원의 5%를 넘을 수 없음)

• 조합원준수사항

1. 조합원은 출자금 및 가입금을 완납한 후 조합원으로서의 자격을 갖춤
2. 조합원은 상호, 대표자 사업장주소, 업종 변경 시 조합에 변경 사항을 통보하여야 함
3. 조합원은 임의 탈퇴 시 60일 전에 조합에 탈퇴 공시를 하여야 함
4. 조합원이 다음 경우에 한해 법정 탈퇴가 이루어짐
   - 조합원이 될 자격의 상실
   - 사망 또는 해산
   - 제명
   - 파산의 선고
5. 물량배정기준 작성을 위한 업태 실태 조사 시 정확한 자료를 제출하여야 하며 부정확한 자료 제공으로 인한 문제가 발생하는 겨우 물량배정 등의 불이익을 받을 수 있음
6. 타 조합 가입 시 사전 통지 바라며, 동일 업체(중소기업청 고시 "단체수의계약운용규칙" 제2조에 준함)로 판단되는 경우 2년간 물량 배정 제외 됨
7. 특히, 중앙회에서 주관하는 품질향상교육에는 반드시 참가하여 배정기준에서 감점(총 점수의 10%)의 불이익을 받지 않도록 하여야 함
8. 조합관련 법령 및 규칙은 중소기업기본법, 중소기업협동조합법(령, 규칙 포함). 중소기업진흥및제품구매촉진에관한법(령, 규칙 포함), 중소기업청 매년 고시 "단체수의계약운용규칙" 및 조합 정관 및 규약, 규정에 의거함
9. 특히, 당 조합의 업종 중 경비업(특수경비업, 기계경비업 제외), 청소업이 단체 수의계약물품으로 지정 받음에 따라, 중소기업청고시 "단체수의계약운용규칙" 및 조합의 "단체수의계약운영규정"의 내용을 숙지하시기 바랍니다.

〈표 4-130〉 조합현황

• 조합원 현황(월별)

구 분	2004년	1월	2월	3월	4월	5월	6월	7월	8월
신 규	414	17	5	5	4	0	0	0	3
탈 퇴	29	2	6	4	4	4	3	0	2
계	423	438	437	438	438	434	431	431	432

※ 자료 : 한국경비 · 청소용역업협동조합

• 지역별 현황
– 2004년 현재

가입자수 / 지 역	조합원수	종업원수	대기업자수	여성기업수	비 고
서 울	131	687		47	
부 산	38	208		6	
대 구	17	89		3	
인 천	20	133		11	
광 주	19	119		4	
대 전	25	119		6	
울 산	5	18		3	
경 기	77	313		27	
강 원	21	100		6	
충 북	13	49		3	
충 남	8	56		3	
전 북	9	52		1	
전 남	14	66		9	
경 북	9	34		2	
경 남	25	119		8	
제 주	1	3		0	
계	432	2,165		139	

※ 자료 : 한국경비 · 청소용역업협동조합

6) (사)한국열쇠협회

- 명칭 : (사)한국열쇠협회
- 설립일 : 1990년 2월 6일
- 법인허가 : 내무부장관 승인
- 주요연혁
  - 1990년 2월 6일 법인설립인가(내무부장관 승인)
  - 1991년 6월 27일 협회 마크, 상표 특허청 등록
  - 1992년 2월 15일 사무실 이전(송파구 방이동 223-7)
  - 1995년 7월 21일 '열쇠와 방범' 책자 경찰청 방범국 공동제작
  - 1997년 10월 5일 정상화추진위원회 및 자격검정위원회 발족
  - 1998년 4월 1일 자격검정위원회 간담회
  - 1999년 7월 17일 법인 설립 10주년 행사
  - 2003년 11월 10일 열쇠와 방범 발간
  - 2005년 1월 3일 열쇠관리사 국가공인 자격 획득(1,2급 자격증)
  - 2005년 10월 23일 열쇠관리사 제2회 시험(1,2급 자격증)
- 설립목적

1. 우리 국민 모두는 행복한 삶을 추구하기 위하여 안정된 삶의 터전을 보호받을 권리가 있으나 선진치안, 민생치안 구현을 하고자 하는 치안 관계자의 발전적 노력에도 불구하고 시대의 변화와 함께 사회범죄가 증가되고 있는 실정이다. 이에 본 협회는 범죄예방의 정부시책에 적극 호응하여 각종 잠금장치 관련 범죄예방 및 방범활동에 기여하고 수사에 협조하며 열쇠관련 기능인을 양성하여 불량잠금장치 관련 제작, 수리 등으로 인한 국민의 피해를 줄이고 열쇠기능인의 신원관리와 통제로서 열쇠기술을 이용한 범죄로부터 국민의 생명과 재산을 보호함을 목적으로 한다.
2. [민법 제32조의 행정자치부 및 경찰청 소관 비영리법인의 설립과 감독에 관한 규칙 제4조에 의하여 설립]
   - 잠금장치와 관련된 범죄로부터 국민의 생명과 재산을 보호

- 민생치안의 생활방범요령으로 예방범죄
- 범죄 초기에 기도 노출로 체포 용이
- 범죄자 추적 및 체포기간 단축
- 우수한 기능인의 양성으로 국민 피해 방지
- 방범의식이 부족한 무자격자의 교육 실시

• 사업종목

본 협회는 설립목적을 달성하기 위하여 다음과 같이 사업을 행한다.

1. 우수한 열쇠기능인의 양성과 기술개발을 위한 교육실시 및 자격검정 관리사업
2. 당국의 방범예방활동 및 범죄 수사 등 치안시책에 적극 협조
3. 국제열쇠협회와의 교류로 품질향상 및 민간 외교활동
4. 국가 또는 지방자치단체로부터 위임받은 교육 실시
5. 기타 본회 목적달성에 필요한 사업 및 전 각호의 부대사업

• 역대 회장

구 분	성 명	기 간
초대	김용호	1989년 5월 15일 ~ 1991년 3월 5일
2대	정갑성	1991년 3월 5일 ~ 1993년 3월 10일
3대	김진오	1993년 3월 10일 ~ 1994년 5월 20일
4대	강진규	1994년 5월 20일 ~ 1996년 1월 15일
5대	김상의	1996년 1월 15일 ~ 1998년 4월 25일
6대	양해선	1998년 4월 25일 ~ 1999년 1월 22일
7대	김용호	1999년 1월 22일 ~ 2001년 1월 2일
8대	신용관	2001년 1월 2일 ~ 2002년 12월 8일
9대~10대	박영배	2002년 12월 8일 ~ 현재

※ 자료 : (사)한국열쇠협회

참 고 문 헌

1. 국내문헌

1) 단행본

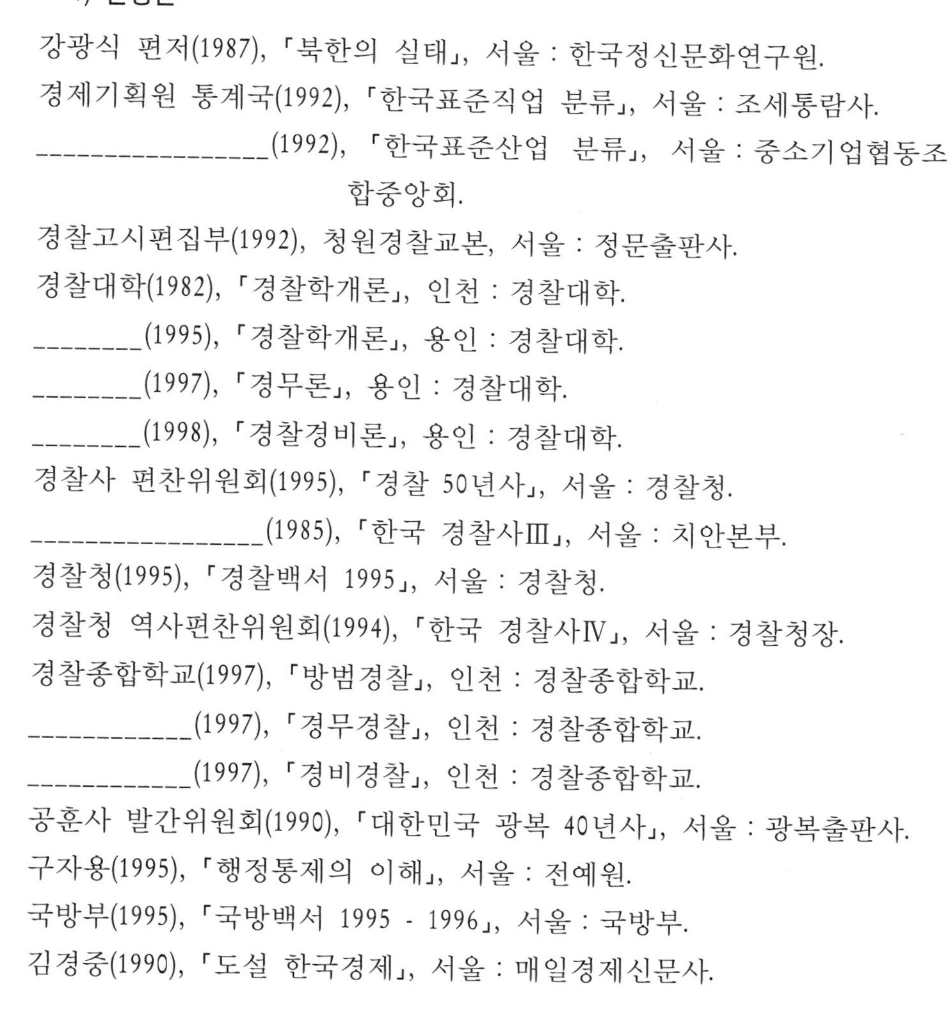

강광식 편저(1987), 「북한의 실태」, 서울 : 한국정신문화연구원.

경제기획원 통계국(1992), 「한국표준직업 분류」, 서울 : 조세통람사.

_________________(1992), 「한국표준산업 분류」, 서울 : 중소기업협동조합중앙회.

경찰고시편집부(1992), 청원경찰교본, 서울 : 정문출판사.

경찰대학(1982), 「경찰학개론」, 인천 : 경찰대학.

________(1995), 「경찰학개론」, 용인 : 경찰대학.

________(1997), 「경무론」, 용인 : 경찰대학.

________(1998), 「경찰경비론」, 용인 : 경찰대학.

경찰사 편찬위원회(1995), 「경찰 50년사」, 서울 : 경찰청.

_________________(1985), 「한국 경찰사Ⅲ」, 서울 : 치안본부.

경찰청(1995), 「경찰백서 1995」, 서울 : 경찰청.

경찰청 역사편찬위원회(1994), 「한국 경찰사Ⅳ」, 서울 : 경찰청장.

경찰종합학교(1997), 「방범경찰」, 인천 : 경찰종합학교.

____________(1997), 「경무경찰」, 인천 : 경찰종합학교.

____________(1997), 「경비경찰」, 인천 : 경찰종합학교.

공훈사 발간위원회(1990), 「대한민국 광복 40년사」, 서울 : 광복출판사.

구자용(1995), 「행정통제의 이해」, 서울 : 전예원.

국방부(1995), 「국방백서 1995 - 1996」, 서울 : 국방부.

김경중(1990), 「도설 한국경제」, 서울 : 매일경제신문사.

김두현(1984), 「공동주택 및 빌딩의 안전관리」, 서울 : 중앙경제사.
김정렴(1990), 「김정렴회고록 한국경제정책 30년사」, 서울 : 중앙일보사.
김정흠(1986), 「첨단과학시대」, 서울 : 청아출판사.
김중한 외(1968), 「한국경찰행정 개선을 위한 조사보고서」, 서울 : 한국행정문제연구소.
남승길(1989), 「청경 · 용역경비실무교본」, 서울 : 정문출판사.
______(1995), 「경찰작용법에 관한 연구」, 서울 : 치안연구소.
노무라 종합연구소(1989), 「한국산업」, 서울 : (주)법문사.
노상국 외 5명(1995), 「정보통신과 환경」, 서울 : (주)한국통신.
대전세계박람회조직위원회(1993), 「엑스포 '93 경비업무매뉴얼」, 서울 : 대전세계박람회조직위원회.
대전세계박람회조직위원회(1993), 「부문별 결과보고서」, 회장방호단, 서울 : 대전세계박람회조직위원회.
대한민국 재향군인회(1993), 「재향군인회 20년사」, 서울 : 대한민국 재향군인회.
_______(1982), 「재향군인회」, 서울 : 대한민국 재향군인회.
대한무역진흥공사(1982), 「'82 서울 국제무역박람회」, 서울 : 대한무역진흥공사.
_______________(1988), 「'84 서울 국제무역박람회」, 서울 : 대한무역진흥공사.
동아일보사(1982), 「한미수교 100년사」, 서울 : 동아일보사.
라응찬(1994), 「21세기 텔리컴 사회와 위성 비즈니스」, 서울 : 신한종합연구소.
매일경제신문사(1988), 「하이테크 혁명과 미래충격」, 서울 : 매일경제신문사.
박병식(1996), 「민간경비론」, 서울 : 법률출판사.
박병식 역(1997), 「시설경비와 민사책임」, 서울 : (사)한국경비협회.
박보영(1978), 「용역경비」, 서울 : 한국용역경비협회.
법무부(1988), 「각국의 사법경찰제도」, 법무자료 제98집. 법무부.

법무연수원(1987), 「범죄백서」, 서울 : 법무연수원.

백완기(1982), 「한국의 행정문화」, 서울 : 고려대출판부.

서울신문사(1979), 「주한미군 30년」, 서울 : 향림출판사.

서재근(1989), 「서재근박사 회갑기념 논문집」,서울 : 서재근박사 기념논문발간위원회.

______(1995), 「서재근박사 정년기념 공안행정총론」, 서울 : 진명문화사.

______외 3명(1989), 「지방자치와 경찰의 민주화」, 서울 : 동국대학교공안행정연구소.

서진석(2008), 「민간경비론」, 서울 : 백산출판사.

성극제(1992), 「표준 및 검사제도」, 서울 : 대외경제정책 연구원.

신한종합연구소(1987), 「인텔리전트 빌딩」, 서울 : 진명문화사.

오 명(1988), 「정보사회 그 수의 얼굴」, 서울 : 한국경제신문사.

올림픽 기획단(1989), 「제24회 서울올림픽대회 치안백서」, 서울 : 치안본부.

우대형 역저(1985), 「한국경제의 주조」, 서울 : 학인사.

유공(1983), 「유공 20년사」, 서울 : (주) 유공.

윤 관(1988), 「문답식 용역경비업 해설」, 서울 : 한국경비협회.

윤종한(1986), 「경비실무」, 서울 : 한국경비협회.

이동욱(1996), 「국민생활 테러예방법」, 서울 : 대화산.

이병철(1986), 「호암자전」, 서울 : 중앙일보사.

이상철 · 기광도(1994), 「범죄발생의 추세분석 : 1964-1991」, 서울 : 한국형사정책연구.

이용태(1988), 「정보사회 정보문화」, 서울 : (주)정보시대.

이윤근(1997), 「민간경비론」, 서울 : 공안행정연구원.

______(1997), 「사회안전관리론」, 서울 : 동국대학교 행정대학원.

이항의(1985), 「뉴미디어총론」, 서울 : 교보문고.

이해욱(2000), 「풀어쓴 정보통신 기초지식」, 서울 : 전자신문사.

이행욱(1996), 「멀티미디어시대를 해부한다」, 서울 : 한국경제신문사.

장학식(1992), 「한국경제론」, 서울 : 법문사.

정진환(1994), 「미국경찰론」, 서울 : 양영각.

______(1998), 「경찰행정론」, 서울 : 대영문화사.
______(2002), 「용역경비업법」, 서울 : 새롬출판.
______(2002), 「비교경찰제도론」, 성남 : 책사랑.
정진일(1994), 「전자미디어 사회」, 서울 : 한국정보문화센터.
조셉S. 베르무제스 저, 조용관역(1991), 「북한과 테러리즘」, 서울 : 고려원.
지방자치실무 연구소(1995), 「한국의 지방자치」, 서울 : 의암출판사.
차화준(1995), 「한국경제진단과 처방」, 서울 : 내외신서.
최득용(1993), 「미래로 가는 하이테크 물결」, 서울 : 도서출판 등지.
최병항(1994), 「정보 고속도로, 뉴비지니스」, 서울 : 김영사.
최치환(1979), 「경비실무」, 서울 : 한국경비협회.
치안본부(1983), 「청원경찰교본」, 서울 : 정문출판사.
통계청(1994), 「한국의 사회지표 1994」, 서울 : 통계청.
한국경비협회(1991), 「경비업관계 법령집」서울 : 한국경비협회.
___________(1996), 「경비업관계 법령집」, 서울 : 한국경비협회.
___________(1992), 「경비업관계 법령집」, 서울 : 한국경비협회.
___________(1983), 「용역경비원 교본」, 서울 : 한국경비협회.
___________(1987), 「경비원훈련교범」, 서울 : 한국경비협회.
___________(1994), 「경비원신입교육교범」, 서울 : 한국경비협회.
___________(1997), 「경비지도사 교육교본(실무·술과편)」, 서울 : 한국경비협회.
___________(1997), 「경비지도사 교육 교본(학술편)」, 서울 : 한국경비협회.
___________(1999), 「경비지도사 양성과정 교본」, 서울 : 한국경비협회.
___________(1998), 「한국경비협회 20년사」, 서울 : 한국경비협회.
한의영(1989), 「한국기업경영의 실태」, 서울 : (주)삼성이데아.
황헌친(1983), 「용역경비」, 서울 : 한국경비협회.
허행량(1994), 「멀티미디어 세상을 두번 살게 한다」, 서울 : 매일경제신문사.
호텔롯데 편찬위원회(1993), 「호텔롯데 20년사」, 서울 : (주)호텔롯데.
홍준형·조성규(1996), 「통합경찰법 제정방안에 관한 연구」(유인물), 서울 : 치안연구소.

2) 논문

강길훈(1998), “한국민간경비 교육훈련체제에 관한 연구”, 박사학위 논문, 상지대학교 대학원.

국가안보회의(1974), 국가안전보장논총, 제6호, 국가안보회의.

김기수(1984), “영국경찰제도의 중앙집권화추세에 관한 연구”, 「치안논총」, 제3집, 경찰청 치안연구소.

김남진(1988), “지방자치와 경찰법”, 제6회 공안행정연구소 심포지움(주제발표논문요약), 동국대학교 공안행정연구소.

문영호 · 조병인(1993), “현금다액 취급업소의 방범대책연구”, 한국형사정책연구원.

박병식(1995), “경찰업무 전문화를 위한 자격정책방안연구”, 경찰청 치안연구소.

서재근(1991), “민간경비의 육성과 방범능력증대 방안연구”, 한국형사정책연구원.

서진석(2000), “치안환경 변화에 따른 경찰과 민간경비의 역할분담에 관한 연구”, 박사학위논문, 경원대학교 대학원.

신동운외(1990), 형사정책연구, 「1990 창간호」, 한국형사정책연구원.

이건종 · 전영실(1994), “각국 범죄예방정책에 관한 연구”, 한국형사정책연구원.

이백철 외 3인(1995), "민간방범역량 강화를 위한 사경비제도 발전방안", 치안논총 제11집, 경찰대학 치안연구소.

이상안 외(1996), “범죄의 사회비용에 관한 연구”, 「논문집」제16집. 경찰대학.

이영식 · 배종기(1990), “첨단정보발달 산업의 현황과 육성방안”, 산업연구원.

이윤근(1989), “한국민간경비 발전방안에 관한 조사연구”, 동국대학교대학원 박사학위논문.

______(1992), “용역경비업법과 청원경찰법의 통합 및 단일화방안에 관한 연구”, 동국대학교 행정대학원.

______(1994), "2000년대 민간경비의 전망과 경찰과 민간경비의 협력강화 방안에 관한 연구", 동국대학교 동국논집.

______(1997), "각국 민간경비산업의 발달과정과 향후전망" 「경호경비연구」, 한국경호경비학회.

이황우(1995), "경찰정신사와 경찰상 정립", 경찰창립 50주년과 경찰의 좌표. 「치안정책세미나 논문집」, 치안연구소.

정진환(1979), "한국경찰교육제도 발달에 관한 연구", 박사학위논문. 건국대대학원.

______(1980), "영국의 경찰제도", 「치안문제」, 1980년 10월호, 치안문제연구소.

______(1987), "대륙법계 국가의 경찰제도 연구", 「논문집」, 제11집, 인천대학교.

______(1987), "영미법계 국가의 경찰제도연구", 「논문집」, 제11집, 인천대학교.

______(1989), "미국경찰의 조직과 관리에 관한 연구" 「정일 서재근 박사 화갑기념 논문집」, 서재근박사 화갑기념논문집 발간위원회.

______(1989), "한국 경찰조직개편에 관한 연구", 「논문집」, 제13집. 인천대학.

______(1989), "우리나라 경찰법 제정에 관한 연구", 「논문집」제14집, 인천대학교.

______(1991), "사경비 육성시책에 관한 연구", 「연구논문집」제1집, 한국경비협회.

______(1995), "한국민간경비산업의 발전과 활용에 관한 연구", 「한국공안행정학회보」제4호, 한국공안행정학회.

______(1995), "한국질서행정 발달에 관한 연구(Ⅱ)", 「논문집」제20집, 인천대학교.

______(1998), "주요국가 간 경찰의 임무 및 치안상태의 비교연구", 「연구보고서」 97-20, 치안연구소.

최인섭 · 박순진(1993), "사회구조와 범죄", 한국형사정책연구원.

허경미(1998), '민간경비산업의 발전방안에 관한 연구', 「치안정책연구」 제10호, 경찰대학 치안연구소.

2. 외국문헌

1) 單行本 및 기타

畑 茂(1974),「保安警備便覧」, 東京 : 東京法令出版(株).
______(1985),「施設警備」, 東京 : 東京法令出版(株).
深沢賢治(1988),「警備保障のすべて」, 東洋経済新聞社.
(社)全国ゼルメンテイナンズ協会(1985),「施設警備の研究と実務」, 施設警備研究所.
防犯防災新聞社(1990),「防犯防災新聞縮刷版」, 防犯防災新聞.
日本実務出版(株)(1991),「セキュリテイ産業年鑑」, 日本実務出版(株).
村井順(1985),「ありかとうの心」,(株) 善本社.
綜合警備聯盟(1985),「20年の あゆみ」, 綜合警備保障(株).
綜合警備保障(株)(1995),「ありかとうの 30年」, 綜合警備保障(株).
秋場良宣(1995),「セコム新ネソトワーク革命」,(株)テイでーエス · ブリタニカ.
村井恒夫(1990),「安全なる社会と求めて」,(財)都市防犯研究 センター.
高彬文子 訳(1994),「環境設計による犯罪予防」,(財)都市防犯研究 センター.
伊藤康一郎 訳(1991),「民間セキュリテイの動向」,(財)都市防犯研究 センター.
竹中新策(1990),「ホーム セキュリテイ」, 電気書院.
手졸政仁(1988),「ホーム オートメーシヨン」, 電気書院.
警備保障新聞社(1995),「警備業年鑑」, 警備保障新聞社.
______________(2001), 「警備業年鑑」, 警備保障新聞社.
______________(2003), 「警備業年鑑」, 警備保障新聞社.
(社)全国警備業協会(1999),「警備業関係論文集」,(社)全国警備業協会.
野島嘉日何(1989),「国際テロリズムの研究」,(社)全貌社.
警察庁(1995),「警察白書(平成7年)」, 警察庁.
(社)全国警備業協会(1989),「警備業法の解説」, 東京法令出版(株).
五反田基博(1987),「システム錠の知識と使い方」, 鹿島出版会.
林築己(1984),「警備業者ハの道」, 日本実務出版(株).

デ小出治 外 3名訳(1991),「テザインは 犯罪を防ぐ」,(財)都市防犯センター.

山田静雄(1983),「防犯手帖」, 日本実務出版(株).

金重豈ルえ 訳(D · ベイリー著)(1991),「新ニツポンの警察」, サイコル 出版会.

(社)東京都警備協会(2002),「東京都警備協会30年史」, 東京都警備協会.

(社)日本防犯設備協会(2001),「防犯設備(盛夏号)」,(社)日本防犯設備協会.

(社)日本防犯設備協会(2001),「(社)日本防犯設備協会規定集」,(社)日本防犯設備協会.

村井恒夫(1990),「国際防犯フオーウム '90」,(財)都市防犯研究センター.

(社)日本防犯設備協会(1997),「防犯に関する用語」,(社)日本防犯設備協会.

東京消防庁(1991),「防災センクー要員の知識」,(財)東京防災指導会.

(財)都市防犯研究センター(1999),「安全な都市空間を求めて」,(財)都市防犯研究センター.

右川与一(2000),「防犯住宅をつフくる」,(株)創樹社.

帝国警備保障(株)(1995),「チアンネル 2(CHANNAL 2)」, 帝国警備保障(株).

綜合警備堡障(株), 「JUSRI リポート(No.1～No10)」,(財)都市防犯研究センタ.

(社)全国警備業協会,「Security Time」,(社)全国警備業協会.

羽切一正 ,「防犯防災新聞」, 防犯防災新聞社.

浅野正信 ,「警備保障新聞」, 警備保障新聞社.

2) 영어논문

Adams T. F.(1971). *Police Patrol : Tactics and Techniques*. New Jersey : Preutice-Hall, Inc.

Banton M.(1964). *The Policeman in the Community*. New York : Basic Books.

Bayley D. H.(1975), The police & political development in Europe, Charles Tillyed. *The Formation of National States in Europe*. Princeton University Press.

Bittner E.(1970). *The Functions of the police in Modern Society*. Washington D. C. : National Institute of Mental Health.

Cramer J(1964). *The World's Police.* London : Cassel & Co.

Critchely T. A(1972). *A History of Police in England and Wales*, 2nd ed. rev. Montclair : Patterson Smith.

Cuningham W. C., and Van Meter, Clifford W.,(1990). *The Hallcrest Report Ⅱ* : Private Secunity, Trends 1970 to 2000, Boston, MA : Butterworth-Heinemann.

Daley R.(1974). *Target Blue.* New York : Dell Books.

DiGrazia R.(1975). A message from the Commissioner. *Annual Report.* Boston Police Department.

Fosdick R. B(1972). *European Police System.* Montclair : Patterson Smith.

Goldstein H.(1977). *Policing a Free Society.* Cambridge : Ballinger.

Miller W. R(1977). *Cops and Bobbies : Police Authority in New York and London 1830-1870.* Chicago : Univ. of Chicago.

National Advisory Committee on Criminal Justice Standards and Goals(1976). *Report of the Tasks Force on Private Security.* Washingtion D.C : Government Printing office.

Nemeth C. P.(1981). *Private Security and the Law.* Cincinnati, OH : Anderson Publishing Co.

Nothern States Power Co. v. Federal Power Commission(7th Cir.), 181 F. 2d 141, 144(1941).

Oliver Ian.(1970). *Police, Government and Accountability*(Second edition). London : McMillan Press LTD.

President's Commission on Law Enforcement and Administration of Justice. *The Challenge of Crime in a Free Society.* New York : Avon Books.

President's Commission in Law Enforcement and Administration of Justice.(1967). *Field Studies* IV, The Police and the Community, Vol. Ⅱ. Washington D.C. : U.S. Government Printing Office.

Trueit A. Ricks and Bill G. Tillet.,(1981). *Principles of Security.*

Cincinnati, Ohio : Anderson Publishing Co.

Timm Howard W. and Kenneth E. Christian(1991). *Introduction to Private Security 1991.* California : Brooks/cole Publishing Company.

Sulivan J. L(1977). *Introduction to Police Sience.* New York : McGreaw-Hill Books Co.

Walker S(1983). *The Police in America An Introduction.* New York : McGraw-Hill Book Co.

Walker S(1980). *Popular justice.* New York : Oxford University Press.

Walker, S.(1992). *The Police In America : An Introduction.* NY : Mcgraw-Hill, Inc.

Wilson J. Q.(1973). *Varieties of Police Behavior.* New York : Atheneum.

The Security Time, Vol. 206.

年 表

1953

월일	경비산업 주요사항	월일	국내외 주요사항
7. 1	美8군 軍納警備 대한상이군인회 용진보안공사 설립(대표 유화열) 미8군과 용역계약 체결, 부평지구 경비원 배치시작	7.13 10.1	휴전협정조인 한미상호방위조약조인(워싱턴) 54년 1월 13일 발효

1958

월일	경비산업 주요사항	월일	국내외 주요사항
2. 4	국내 최초의 民間警備會社인(合資)汎亞實業公社(대표 尹瓘) 설립	2.16 5. 2	KAL 여객기 납북 제4대 국회의원 선거

1959

월일	경비산업 주요사항	월일	국내외 주요사항
1.30	美8군 軍內警備會社인 新圓企經(대표 金東秀) 설립	1.15 9.17	신보안법 발효 태풍 사라호 엄습(사망 924명)

월일	경비산업 주요사항	월일	국내외 주요사항
		4.26 6.15 8.12	초대 대통령 이승만 하야 제2공화국 성립 대통령 尹潽善 선출

1961

월일	경비산업 주요사항	월일	국내외 주요사항
		5.16 7.22	5.16 군사쿠데타 종합경제재건 5개년계획 발표

1962

월일	경비산업 주요사항	월일	국내외 주요사항
4. 3	청원경찰법(법률 제1049호) 제정공포	1.13	제1차 경제개발5개년계획('62-'66) 발표
5. 1	汎亞實業公社 KOSCO(한국석유저장(주))와 용역경비계약	4. 3	해양경찰대 설치법 공포
		6.23	경남 울산에 울산공업단지 기공(外資 : 2억달러 도입)

1963

월일	경비산업 주요사항	월일	국내외 주요사항
2. 3	汎亞實業公社 美FLOUR-KOREA CORPORATION LTD와 울산석유공장 건설공사 경비계약 : 최초의 정유공장 건설공사 경비	1. 1	부산에 警察局 설치
3. 5	汎亞實業公社 美BECHTEL INTERNATIONAL CORPORATION과 釜山甘川火力發電所 건설공사 경비계약	2. 8	전국 주요도시에 경찰기동대 편성
		10.15	박정희 대통령선거에서 당선
		11. 5	産業災害補償保險(법률 1438호)제정 공포
		11.26	제6대 국회의원선거 실시

1964

월일	경비산업 주요사항	월일	국내외 주요사항
1.15	汎亞實業公社는(주)油公(전 대한석유공사)과 울산 정유공장 및 전국 11개 貯油所 경비계약	1.18	제주 및 충북의 야간통행금지 해제
3.20	미8군 군납경비회사 慶和企業(株)(대표 金利男) 설립	10.10	일본 東京올림픽 개최
7. 24	保安業務施行規程施行要綱(내무부부령 제24호) 시행		

1965

월일	경비산업 주요사항	월일	국내외 주요사항
10.19	奉信企業(株)(대표 김형중) 경비회사 설립	3.24	국군 비둘기부대 월남에 파병 한일협정 정인조인

1966

월일	경비산업 주요사항	월일	국내외 주요사항
8.20	龍進實業(株)(대표 金明旭) 미8군 군납경비회사 설립	2. 8	治安局 5대 사회악 제거를 위해 전국경찰에 특별수사령 실시
		6. 1	治安局 이하 파출소까지 민원상담실 설치
		7. 7	한미행정협정 조인

1967

월일	경비산업 주요사항	월일	국내외 주요사항
2.25	주한미군사령부와 외국기관노조(8국 경비원 포함)단체협약체결	2. 9	제2차 경제개발5개년계획('67-'71)시행
3.27	汎亞實業公社 美FLOUR-KOREA CORPORATION LTD와 제3비료(영남화학) 공장건설공사 경비계약	5. 3	제6대 대통령선거 박정희후보 당선
		6. 8	제7대 국회의원선거 실시
		9. 1	경찰 戰鬪警察隊 발대

1968

월일	경비산업 주요사항	월일	국내외 주요사항
10. 1	汎亞實業公社 湖南精油(株)와 麗川 정유공장 및 전국 11개 精油所 시설 경비계약	1.21	무장공비 31명 서울 침입(1.21 사태)
		4. 1	향토예비군 창설
		11.2	울진 삼척지구에 무장공비 출현
		11.21	전국민에게 주민등록증 발급

1969

월일	경비산업 주요사항	월일	국내외 주요사항
3.20	汎亞實業公社 美제일은행 서울지점 외국인 성북동사택 경비	1. 7	경찰공무원법 제정 공포 경찰계급 8계급에서 10계급으로
5.30	保安業務規程施行規則(대통령훈령제25호)시행	3.16	주문진에 무장공비 출현
		7.21	경인고속도로 개통

1970

월일	경비산업 주요사항	월일	국내외 주요사항
1. 1	奉信企業(株) 한국전력과 경비계약 체결 전국의 발전 및 변전시설 경비 : 최초의 전력 발전시설 경비	7. 7	경부고속도로 개통
		11.13	경찰 전투경찰에 순경제도 신설
		12.30	호남고속도로 개통

1971

월일	경비산업 주요사항	월일	국내외 주요사항
1.20	합동전자통신(주)(대표 하명용) 최초의 방범기기 제작회사 설립	3.27	주한미군 제7사단 한국주둔 23년 10개월만에 철수
1.22	(주)한국보안공사(대표 崔進燁) 경비회사 설립	4.27	제7대 대통령선거 박정희후보 당선
8.25	한국전자경보(주)(대표 이준복) 경보기 · 경보 시스템회사 설립	5.25	제8대 국회의원선거
		12.10	최초로 민방공훈련 실시
		12.25	서울 대연각호텔 화재

1972

월일	경비산업 주요사항	월일	국내외 주요사항
2.24	동서기연(주)(대표 정준혁)설립	1.16	제3차 경제개발5개년계획('72-'76)시행
5. 1	범아공신(주)(사장 : 윤관, 부사장 : 김정환)대한민국 재향군인회와 업무체결하여 경비회사 설립	2.22	경찰전문학교를 경찰대학으로 승격
8.29	(合資)동광공사(대표 박신국) 설립	5.30	전국경찰서장 직급을 총경으로 통일
12.17	범아공신(주) 일본 千代田化工建設(주)와 한국카프로락탐 공장 건설공사 경비계약	7. 4	7.4 남북공동성명 발표
12.30	범아공신(주) 韓國肥料工業(주) 울산공장 시설 경비 계약 : 최초의 비료공장 경비	7. 5	일본경비업법제정 공포

1973

월일	경비산업 주요사항	월일	국내외 주요사항
1. 1	범아공신(주) 銀井實業(주)과 은정빌딩 경비계약 : 최초의 빌딩경비	2.27	제9대 국회의원선거
1.20	범아공신(주) 世邦企業(주)과 부산 부역화물야적장, 컨테이너 야드장 보세구역 경비계약 : 최초의 보세구역 컨테이너 야드장 경비	10.18	제1차 오일쇼크
7. 6	범아공신(주) 대한민국재향군인회와 공동으로 「용역경비개발에 관한 건의서」를 작성하여 정부 16개 관계기관에 제출		
8.30	조아전자(주)(대표 이동휘) 경보기 및 감지기 제조회사 설립		
9.26	범아공신(주) 한국마사회의 서울경마장 경비계약 : 최초의 경마장 경비		
11.19	범아공신(주) 신성상가(주) 세진상가 경비 : 최초의 상가 경비		
12.31	청원경찰법(법률 제2666호) 전문개정 시행령 제9조의 2(근무배치의 위임)신설		

1974

월일	경비산업 주요사항	월일	국내외 주요사항
3. 4	한국통신(주)(대표 고진태) 방범설비기기 제작업 진출	8.15	광복절 식장에서 대통령 영부인 육영수 여사 서거
4.11	국가중요시설방호지침(대통령훈령제36호)시달	8.15	서울 지하철 1호선 개통
5. 1	한국안전기업(주)(대표 황헌친) 설립	12.21	내무부 치안국을 치안본부로 개편
12.29	한국경보(주)(대표 이동웅) 설립		

1975

월일	경비산업 주요사항	월일	국내외 주요사항
11.17	범아공신(주) 호텔롯데와 경비계약 호텔 및 백화점 신축공사 경비 : 최초의 호텔 · 백화점 공사경비	1.11	박현식 치안본부장 취임 국장급에서 별정직 차관급으로 격상
		9.22	전국에 민방위대 발대
		9.30	치안본부 경비과에 경호과와 방호과 신설

1976

월일	경비산업 주요사항	월일	국내외 주요사항
9.20	치안본부에 의해 준경찰확립방안 중 용역경비업법 입안 대통령 재가	4.30	반상회제도 실시
10.10	일본종합경비보장(주) 호텔 롯데에 기계경비 설치 견적서 제출	8.18	판문점 도끼만행사건 발생
12.31	용역경비업법(법률 제2946호) 제정 공포, 치안본부 제2부 경비과 방호계가 용역경비관장 경비회사 11개사, 경비원 5,022명	8.27	한은, 75년 1인당 국민총생산 5백32달러 국민소득 4백30달러 발표
		9. 9	毛澤東 중국공산당 사망, 향년 82세
		11.3	미대통령에 카터 민주당 후보 당선/동해에서 어선 조난, 사망·실종 4백8명

1977

월일	경비산업 주요사항	월일	국내외 주요사항
4.10	재향경우회 최치환 회장과 치안본부 경비과 총경 박보영, 日 경찰청 방범과장 방문 경비업법 협의, 업계시찰	1.28	박대통령 핵·전투기 제외한 모든 무기 국산화 선언
5.23	범아공신(주) 세운상가내 진양상가에 기계경비 설치운영	3.9	카터 미대통령 4-5년 내의 한 미지상군 철수 언명
6.30	용역경비업법 시행령(대통령령 제8610)공포시행	6.19	국내 첫 원자력 발전기인 古里 1호기 점화
10.11	범아실업공사 한국이란석유(주)(현 쌍용정유) 울산공장 및 인천저유소 경비계약	7.1	직장의료보험 실시
10.25	한국경비방재(주) 및 조아전자공업사 한국전자전시회에 「집중방범시스템」전시 : 방범기기 첫 출품	8.1	치안본부 교통경찰대 발대
11.22	용역경비업법시행규칙(내무부령 제242호) 공포 시행	9.15	한국등반대 세계최고봉 에베레스트 정복
11.28	한국경비실업(주)(대표 문학동) 설립(현 에스원)	9.28	日 적군파, 일항공기 납치
12.15	범아공신(주) 한국플라스틱공업(주)와 경비계약 부산공장 및 사업장 6개소 경비	11.8	朴대통령, 12월 1일부터 쌀막걸리 제조 허용
12.29	한국경비실업(주) 내무부장관 허가 1호 취득	11.11	이리역에서 화약수송 열차 폭발, 사상최대 폭발 참사
		12.9	박대통령, 새마을 운동을 민족중흥운동으로 추진강조
		12.16	국회 본회의, 12해리 영해법안 통과
		12.22	수출 목표 100억달러 달성

1978

월일	경비산업 주요사항	월일	국내외 주요사항
3.11	한국경비실업, 한국경비보장으로 상호변경	3. 7	한미합동 첫 팀스피리트 훈련 실시
3.25	同宇工營(株)(대표 설진철) 설립(대우계열사)	3. 9	서울시, 지하철 순환선 기공식
5.17	한국전력(주)와 한국보안공사 및 한국경보(주)간 용역계약 일방적 해약으로 경비회사 공동명의로 탄원서 제출	5. 1	서울 남산3호터널 개통
8.17	회원 10명이 모여 한국용역경비협회 설립 창립 총회개최, 정관심의·회장 선출 등 의안심의 의결	5.26	여천석유화학공단 준공
8.29	2차 이사회 종로구 낙원동 한국근로재건복지회 회장실서 개최, 가입기금 각출 각사당 50만원, 월회비는 외형액 기준 각출키로 의결	6.22	한·일 대륙붕 협정 비준서 교환
9.15	정관 2부, 창립총회 회의록, 임원 이력서 등 구비서류 갖춰 사단법인 설립 허가 신청	6.30	한국정신문화연구원 개원/사정당국, 현대아파트 특혜 분양 받은 고위인사 적발, 검찰 관련 인사 259명 수사전모 발표, 공직자 26명 파면
9.21	사단법인 한국용역경비협회 창립(회장 최치환, 사무국장 박보영 취임)	7. 6	제9대 대통령에 박정희 후보 당선
11.1	한국용역경비협회「용역경비」발간	7.20	고리 원자력발전소 준공
12.1	범아공신(주) 호텔 롯데와 경비계약 : 최초의 호텔시설 경비	9. 3	국산 지대지 유도탄 대전차 로켓 국산 미사일 시험발사 성공
		10.17	'제 3땅굴' 발견
		11. 7	한·미 연합사 발족
		12. 8	포항제철 3기 설비 확장공사 준공
		12.12	제10대 국회의원 선거
		12.13	주한미군 전투부대 제1진 철수
		12.27	박정희 9대 대통령 취임

1979

월일	경비산업 주요사항	월일	국내외 주요사항
1.10	경비협회 제2차 정기총회 개최, 신규업체 허가억제 조치방안, 용역경비 개발확대 추진 등 보고사항과 협회 정관 일부개정, 특별회원 추대 등 의결	1. 1	미·중공 30년 만에 국교수립, 미 자유중국과 단교
3.15	한국경비협회 용역경비원 교재「경비실무」발간	1.31	동해 고속화도로(포항-삼척) 개통
3.20	범아공신(주) 한양화학(주)과 울산공장 경비계약 : 최초의 화학공장 경비	3.17	제10대 국회개원 의장에 白斗鎭
3.21	동방용역(주)(대표 홍승건) 설립	3.27	토지개발 공사 발족
5. 3	범아공신(주) 유한양행과 경비계약 : 최초의 제약회사 공장시설 경비	4.18	동양최대 서울 잠실 실내체육관 준공
5.30	한국경비보장(주)(대표 김진철) 설립	4.25	한·소 국제전화개설

6.15	경비협회 제3차 총회 개최, 회장개선 등 의결, 신임회장에 고동철(대한 재향경우회 부회장) 선임, 최치환 전회장 고문추대	5. 4	발트하임 UN사무총장, 평양경유 방한 / 영국 총선에서 보수당 압승, 대처 당수가 영국 최초 여수상 취임
7. 6	경비협회 제2대 회장 고동철 취임, 김남수 이사 사임, 설진철 이사 승인	6.29	카터 미대통령 내한. 30일 박정희 대통령과 정상회담
7.27	경비협회 4차 총회개최	8. 9	YH무역 여공 농성 사건
8.30	내무부, 수익성 있는 민간행사 등에 경찰관 동원 금지, 연말연시 역·버스터미널 혼잡경비 등도 용역경비원 활용지시	10.12	경찰대학 1년제 간부후보생에서 4년제 대학으로 승격
		10.18	釜·馬사태 발생 부산에 비상계엄령선포 마산·창원에 위수령
9. 1	경비협회 사무실 이전, 서울중구 을지로2가 193-3 한양증권 빌딩 3층으로	10.26	박정희대통령, 김재규에 피격 서거
9. 6	일본 大阪府경비협회 村林隆夫외 21명 한국 경비업계 시찰차 내한	10.27	전국에 비상계엄 선포
		11. 3	박정희 대통령 국장
9.21	경비협회 주관 철도청 및 고속버스터미널(주)와 협의 추석 귀성객 혼잡경비 5개사와 경비계약	12. 6	통일주체 국민회의 10대 대통령에 최규하 선출
		12.12	정승화 계엄사령관을 김재규 관련 협의로 연행중 총격사건발생(12·12사태)
9.22	범아공신(주) 코스모스 백화점과 경비계약 : 최초의 백화점 경비	12.20	김재규·김계원등 7명 사형선고
11.3	주택건설촉진법에 의한 공동주택 관리령(대통령령 제9665호) 공포 시행으로 주택관리회사가 공동주택의 용역경비	12.21	최규하 10대 대통령 취임
		12.28	경찰 계급중 치안총감 밑에 치안정감 신설/ 경찰대학(1년제 간부 후보생 과정)을 4년제 대학으로 승격
11.28	대한석유공사 서울정유소에 방범기기 PS-1시스템 설치		

1980

월일	경비산업 주요사항	월일	국내외 주요사항
1.25	신천개발(주)(대표 구천서) 설립	1.29	이희성 계엄사령관 사형선고 김계원을 무기로 감형
1.29	제5차 총회 개최.		
3. 2	민방위 교육을 경비교육으로 대체 건의	2. 6	남북총리 회담 위한 남북실무대표, 판문점에서 첫 대좌
4.25	일본 宮城縣 건물관리 협회장 佐佐木茂 일행 13명 협회 내방	4. 7	미국, 이란과 단교
5. 8	청원경찰법시행령 개정(대통령령 제9864호)	4. 8	첫 국산 구축함「울산호」진수식
7.3	한국경비보장(주)과 일본 SECOM합작 투자계약체결	4.16	국내 최초(清平) 양수발전호 1·2호기 준공
		4.20	강원 舍北광부 7백여명 유혈난동사건
7. 7	경비협회 부회장 황헌친외 8명 오사카 경비협회장 초청 경비업계 시찰, 경비기술 제휴방안 논의	5. 4	유고 공산당 서기장 티토 사망
		5.17	정부 비상계엄령 전국에 확대, 김대중 체포
		5.18	광주 학생·시민 대규모 시위 광주민주화항쟁
8. 1	동해펄프와 경비계약, 최초의 펄프공장 시설경비 (주)정호(대표 한일덕) 설립		

9.1	경비협회 정관개정안 시행, 임원증원, 임원개선 이사 10인을 15인 이내로, 감사 1인을 2인으로 사무국장 임원에서 제외	5.24	10·26사태의 김재규등 6명 교수형 집행
9.18	일본 세콤과 한국경비보장(주)(현 에스원) 정부로부터 합작투자 인가	6.17	계엄사, 부정축재자 국가기강문란등 혐의 정치인·교수·목사·언론인·학생등 329명 수배
9.25	경비협회 임원개선, 회장 고동철 선출(연임) 부회장 황헌친, 감사 김정환·문학동 선임	7.4	첫 국산 남제주 화력발전소 준공
10.15	경비업체 7개사 여의도광장서 추석전 고속버스표 예매장 혼잡경비 실시(9.25~10.4) 10일간	8.1	경찰대학에 치안연구소 설치
10.20	한국 최초 시멘트공장 시설경비(범아실업(주)) 경비협회 2차 임시총회 개최, 사무국장 박보영 임명 승인, 경합조정위 2건 경합조정	8.16	최규하대통령 하야
11.1	한국주택관리(주) 길동 진흥아파트 대표와 관리(경비) 계약 : 최초의 아파트 경비	8.27	전두환 제11대 대통령에 당선
11.22	한국경비보장(주) 재무부로부터 기술도입 인가취득	9.22	이란·이라크 전쟁발발
12.31	80년말 용역경비 현황, 경비원수 4,725명 시설수 309개소	9.27	治安本部警備課 80년도 경비지도 감사를 지역 별로 일제 실시
		10.22	제5공화국, 헌법확정 10월 27일 공포
		11.14	신문협·방송협, 언론기관 통폐합 결정
		11.19	대한항공 여객기, 김포공항 착륙 중 화재로 전소 사망 15명 20여명 중경상
		11.28	한·일 해저케이블 개통
		12.19	정부, 중앙정보부 명칭(1월 1일자) 국가안전기획부로 개칭
		12.31	정부, 언론기본법 공포 합동통신·동양통신강제 종간

1981

월일	경비산업 주요사항	월일	국내외 주요사항
2.14	용역경비업법 개정(법령 제 3372호) 경비원 정년 50세를 55세로 연장	1.28	전두환 대통령, 미국공식방문 등정(2월3일)한미정상회담
3.5	한국경비보장(주)에서 한국안전시스템(주)로 상호 변경	3.3	전두환 12대 대통령 취임/ 정부·光州·釜馬사태·민청학련·박대통령 시해사건 관련자등 5,221명 사면복권 감형
3.24	서울시경·대한체육회·한국용역경비협회 등 행사장경비에 대한 용역방침으로 회의	3.25	제11대 국회의원 선거
5.1	한국용역경비협회「협회보」발행(연3회)	5.14	교황 바오로 2세 피격 부상/ 慶山 열차추돌 대참사
6.3	성장발전 저해요인 개선방안 건의, 경비원 채용·해임 신고 폐지, 경비업자에 청원경찰 임용권 부여등 건의	5.28	국풍81 여의도광장서 개막
6.25	범아종합경비(주) 윤관 대표 일본국 종합경비보장(주)와 범아실업공사·범아공신(주)과의 합작회사 설립	6.5	전두환대통령, 남북 최고책임자 정상회담 북에 제의(7.2 북한 중앙통신 통해 거부)
7.1	한국안전시스템(주) 무인경비 계약 1호로 쥬파크社 최초 무인경비	6.16	정부, 외국관광·유학·부부동반 해외여행 자유화
7.15	크라이슬러의 아이아코카 회장 방한때 최초 경호경비	6.25	전두환대통령, 동남아 국가연합 5개국 순방등정(인니·말련·싱가포르·태국·필리핀 등)
		7.1	치안본부 기구개편(3개부에서 4개부로)

월일	경비산업 주요사항	월일	국내외 주요사항
7.18	청원경찰법 시행령 개정(대통령령 제 10395호)	8. 1	해외여행 자유화(초청장 없이도 해외 경비업계 시찰)
8. 1	성산용역(주)(대표 안기창) 설립	9. 1	서울지하철공사 발족/유경화 노파 살해사건 발생(원효로)
8. 3	일본 시즈오까 연방경비보장(주) 森本幸治 일행 내방 경비기술 제휴 의견 교환	9.30	바덴바덴 IOC총회 88올림픽 개최지 서울로 결정
10.7	국가 중요시설 보안업무 시행 규칙 공포(대통령령 훈령 제46호)/ 일본 오사카 경비업 협동조합 연수단 21명 내한, 한국경비업계 시찰, 경찰대학 · 국회의사당 견학	10.6	사다트 이집트대통령, 군사열중 피격사망
		10.17	대우 옥포조선소(세계최대) 준공
		11. 2	서울 올림픽 조직위원회 구성
10.12	주한 미대사관 주최 미국 보안 및 안전장비 카탈로그전시회 개최	11.25	아시아경기연맹집행위, 86아시안게임 개최지 서울로 결정
10.20	경비협회 경비전화 가설, 서울특별시 경찰국 3272번	11.30	서울시경, 이윤상 살해범 실영형교사 검거
		12.11	국회 통금해제 건의안 가결
11.9	14일까지 4일간 서울경찰국 방호계 용역경비업체 실태조사 점검		
11.13	한국의 용진실업(주) 미국의 워켄할과 합작회사 설립 경비원 중동진출		
12.1	한국워겐할(주) 용진실업(주)와 미국워겐할(주) 합작회사 설립		
12.31	81년 용역경비 현황 경비원수 5.819명 시설수 334개소로 증가, 회원수 19명		

1982

월일	경비산업 주요사항	월일	국내외 주요사항
2.10	주택건설촉진법 공동주택관리령 공동주택관리규칙 전면 개정	1. 5	야간통행금지 전면 해제
		1.23	치안본부 80개係에서 66개로 기구개편 부산 美문화원 방화 사건
4.19	범아종합경비(주) 일본종합경비보장(주)과의 합작투자 정부로부터 인가	4. 8	지하철 공사장(서울 현저동)붕괴로 버스추락 사망 10명, 부상 42명
9. 8	한국용역경비협회 임원개선, 제3대 회장에 황헌친 취임(정회원중에서 선출)	4.26	경북 의령경찰서 궁유지서 우범곤 순경 인근 5개마을 주민에 총기난사(사망 56명, 부상 35명, 범인 자폭 27일)
9.24	'82 서울국제무역 박람회 행사장 경비(범아공신), 최초의 국제적 박람회 경비		
10.20	범아종합경비, 쌍용정유(주)논산공장에 기계경비시스템설치, 기계경비관제소 개소	6. 1	치안본부 경찰특공대 신설/도보 방범순찰대 운영/서울시경 파출소 3부제 운영
10.30	범아공신(주) 프랑스 샤넬社와 경비계약 프랑스 향수전시회(10.30-11.4)경비	9.24	'82서울국제무역 박람회 개막 40개국 2백 62개 업체참가
11.13	청원경찰, 용역경비원 복제재정, 제식을 현행대로 경찰관 비간부의 것과 동일하게	10.19	국방부, 중공군 조종사 16일 미그 19기 몰고 한국망명발표(본인 의사 따라 자유중국으로 인도)
12.31	'82 용역경비현황, 회원수 276명, 시설수 339개소에 용역경비원수 5,250명	11.6	의무경찰 모집

1983

월일	경비산업 주요사항
1.10	경비협회 용역경비 해설책자 1,500부 발간 배부
3.27	범아실업공사 문화방송(MBC)의 프로야구단과 프로야구경비계약
3.31	4차 이사회 개최 약정서 개정, 회원간의 침범행위방지등 약정서 부분 개선 협회 사무실 이전, 성진빌딩서 내자동 소재 무궁화회관으로
4. 1	범아공신(주) 한국방송사업단(KBS)과 행사장 경비 계약
5.31	경비협회 사무실 이전 내자동 소재 무궁화회관서 적선동 소재 사학회관으로
8.10	대한중앙경비보장(주)(사장 金錫根) 설립
8.30	7차 이사회 개최, 내무부 지시사항 실천계획, 경비원 복제 자율화, 일본경비협회 방문등 안건 의결
9. 5	내무부 산하단체(21개단체) 대표 간담회 개최, ASTA. IPU 국제대회 홍보 협조등 토의
10.24	회장 黃憲親외 13명 일본 토쿄. 오사카 경비업계 시찰, 중요경비업체 방문
10.29	10.29 일본 중앙경비연맹 사장단 한국경비업계 시찰차 내한
11.30	대한중앙경비보장(주) 일본센트럴 경비보장(주)과의 합자투자 정부로부터 인가
12.29	범아종합경비(주) 교통부 국제공항관리공단과 계약
12.29	김포공항 과학화경비시설공사 준공
12.30	제2차 개정용역경비업법(법률 제3678호) 공포 시행

월일	국내외 주요사항
1.11	全斗煥대통령 방한한 나카소네 수상과 정상회담
2.25	북괴 공군 조종사 李雄平대위 미그19전투기 몰고 서해상공 거쳐 귀순
4.18	大邱 디스코홀 火災(청소년 25명 숨지고 67명 중경상)
5. 5	승객. 승무원등 1백5명 태운 중공 민항기 납치범에 의해 春川에 불시착
6.12	한국 청소년 축구팀 멕시코 세계대회 4강에 올라
6.15	한국형 다목적 경비함 진수
8. 1	한국, 24개국 27개지역과 국제 전화 자동화 개시
8. 3	삼성 64KD램 개발 성공
9. 1	KAL 747여객기 사할린 부근 상공에서 소련 전투기의 미사일 공격받고 추락 탑승자 269명 전원 사망
9. 9	古里원전 2호기 준공
9.16	서울지하철 2호선 개통
9.22	대구 美문화원 폭발사고 발생, 경비원 등 6명 사망
10.9	全斗煥대통령 6개국 순방 첫 방문국인 미얀마 아웅산묘소 폭발사건 발생, 도열중인 徐錫俊 부총리등 수행원 17명 순직, 14명 중경상
10.12	한 · 미얀마 조사단, 아웅산 묘소서 원격전파 조종기 발견, 특수공작요원의 소행임을 공식 발표
11.2	레이건 美대통령 내한 국회연설, 한.미정상회담, 휴전선 시찰
11.4	버마정부, 아웅산 폭발사건 북괴특정대원의 소행으로 단정, 북괴와 단교, 북한승인 취소

1984

월일	경비산업 주요사항
1. 1	용역경비원 민방위 기본법 시행규칙에 의하여 훈련면제 받음
1.26	경제기획안 고시 71호 한국표준산업분류에서 용역경비업을 84493 탐정 및 경호업 분류
3.14	3.14 아시안게임 앞두고 서울운동장. 효창구장. 장충체육관 등 범아종합경비에서 시설경비 계약
4.16	경비기기 전시회 서울 · 대구개최(4.16-21)
7.13	치안본부 경비과장 주관 용역경비업체 회의개최, 용역경비업체 운영실태, 업체자본금 · 자산, 월간도급액(최고 · 최저 · 평균) 경비원 후생 복지 실태등 논의
9.12	주한 미국대사관 주최, 美國 보안. 안전. 화재장비전시회 개최
9.17	한국경비협회 제3대 전무이사 윤환 취임
9.21	임시총회 개최, 임원 선출. 정관개정 의안 심의, 제4대 회장 金衡中 선출, 정관개정 내용, 회원증가로 부회장 1인을 2인으로, 이사 7인을 8인으로 증원
10.15	체신부 우정국과 우정 100주년기념 국제우표전시회 범아종합경비서 경비계약
11.18	한국경비협회 金衡中회장외 5명 경찰특공대 위문(위문품 TV. 장갑등 전달)
11.20	선진외국경비업계 연수. 시찰단 80명, 일본 오사카. 도쿄 주요 경비업체 시찰, 기계경비. 교육시설 등 견학
12.31	용역경비현황, 회원수(업체) 44명에 시설수 575개소, 경비원수 8, 631명으로 증가

월일	국내외 주요사항
1.26	치안 본부 올림픽기획단 창단/1983년 11월 1일 현재 서울 상주 인구 9,204,344명
3.21	동해서 미국 항공모함 키티호크와 소련 핵 잠수함 충돌사고 발생
4.13	치안본부 올림픽 기획단 창단 전국 99개 대학중 55개교 반정부시위
5.1	과천 서울대공원 개원
5.8	소 · LA올림픽 불참 선언
6.27	88올림픽 고속도로(광주~대구) 개통 첫 콘크리트 포장 고속도로
7.16	서울 명동성당 구내서 여 암달러상 3명 등 대낮 피살
9. 1	서울. 중부. 강원지역 집중폭우로 한강 대홍수 1백89명 사망
9.18	서울 국제무역박람회 개막(9.18~10.17)
10.18	珍島대교 준공(길이484 너비11.7 첫 斜張橋)
10.23	버마, 유엔 회원국들에 북한 소행임을 입증하는 '아웅산 묘소에서의 폭탄 공격'이라는 공식보고서 배포
10.31	인도수상 인디라 간디 피살, 시크교도 경호원들이 저격, 후임 수상에 라지브 취임
11.14	레이건 공화당 후보 美대통령에 재선 銅雀대교 개통(길이1,330 너비40)
11.16	국내 최강 大湖방조제 완공(?山)
12.3	인도 보팔에서 미국 유니언 카바이드사 농약공장 유독가스 누출로 최소한 1천2백명 사망
12.22	1교통부, 수도권 교통을 지하철 중심으로 개편하는 것을 주요내용으로 수도권 교통 개선 5개년 계획 수립

1985

월일	경비산업 주요사항	월일	국내외 주요사항
1. 1	대한중앙경비보장(주) KCSP로 기계경비 영업개시	1. 4	정부, 팀 스피르트 85훈련 북한 참관제의
2. 1	한국 마사회 서울 경마장에 여자 청원 경찰 2명 배치	1.22	古里원전 5호기(95만kw)완공
2. 4	한국보안공사 미(美) ADEMCO社의 무인경비시스템(CAPS) 도입	1.25	무역센터全斗煥대통령, 金大中, 金泳三, 金鍾泌 등 14명 전면 해금 조치
3. 25	용역경비업체 지도감사 수감, 서울소재 10개 회원사(22일간 실시)	3. 6	세계 최장 해저터널 일본 本州~北海道 연결터널 완공/소, 공산당 서기장 체르넨코 심장마비 사망, 새 서기장에 고르바초프(54세) 취임
4. 1	캡스(CAPS) 무인경비시스템 영업개시	3.10	남대문시방에 큰불 트럭서 가스통 폭발 400여 점포 손실
4. 11	내무부 지도감사, 3개시도 39개 회원사(내무부 허가 업체) 수감, 경비원 후생복지·교육 실시사항 각종 신고사 항 이행 여부등 감사	3.23	경찰대학 1기생 4년제 졸업생 배출
5.19	대한축구협회와 월드컵 축구경기 경비 계약, 범아공신 최초의 축구경비 경비	4.9	전국 23개 대학생 1,200여명 고대서 全學聯결성후 시위
5.31	경비협회 사무실 내자동 사학회관서 여의도동 교원공제 회관으로 이전	5.14	서울역앞 대학생 격렬시위
6. 7	용역경비업자 회의 개최 청원경찰운영 11개 회원사대표, 협회장, 전무이사, 치안본부 경비대장 등 참석, 청원경찰운영에 관한 사항 논의	5.17	2차 남북경제회담/중부고속도로 기공식/전국 80개 대학(서울30 지방50) 3만8천여명 광주사태 진상규명요구 시위
8.31	용역경비업체 보안업무 관리규정(내무부훈령 제818호) 제정 시행 국가기밀을 취급할 수 있는 용역경비업체 범위와 안보상 안전에 관한 규정을 둠	5.23	서울시내 5개 대학생 美문화원 도서관 기습점거 72시간 단식농성
9.12	내무행정 관련 단체장 간담회 내무부 회의실서 개최 내무행정 주요시책 설명·협의 치안본부, 86아시안게임, 88올림픽 앞두고 테러등 대비 '올림픽 경비대' 10월께 발족	6.23	인도여객기 대서양서 추락, 탑승자 329명 몰사
9.19	호텔 롯데·호텔 하얏트서 개최된 IBRD·IMF 총회 기간중 국제회의장 최초 경비(범아공신)	6.29	치안본부, 9개대(서울7 지방2)에 경찰 투입, 수배중인 삼민투의 관련자등 66명 연행
11.9	일본 오사카 경비협회 회장외 18명 연수단 한국경비협회 내방 간담회·업계 시찰	8.12	일본항공 국내선 나가노현 산악지대 추락 520명 참사, 세계 항공사상 최대참사
11.12	치안본부, 86아시안게임, 88올림픽 대비 유급 민간 경비원 대거 채용, 경기장·선수촌 배치 경찰 보조경비 활용	9. 9	안기부·보안사, 학원침투 유학생 간첩등 22명 검거 발표
12.14	범아그룹사 국내 처음으로 경비회사에서 TQC분임조 경진대회 개최	10.8	제40차 세계은행·국제통화기금 총회개막(~11일 서울) 148개국 3천2백여명 참석
12.31	전국용역경비원 1만명 돌파 한국안전시스템 무인경비 1,493 최선 경비계약	10.14	충주 다목적댐 준공
		10.18	서울지하철 3·4호선 완전 개통
		11.5	재무부, 우리나라 외채는 9월말 현재 총 514억달러(현지 금융포함)
		11.18	재경 14개 대학생, 민정당 연수원 점거 농성
		12. 2	전남·전북대생 9명 광주 美문화원 점거농성
		12.31	12. 31 서울시경 국장 직급을 치안감에서 치안정감으로 격상

1986

월일	경비산업 주요사항
2.11	치안본부 지도감사 수감 내무부 관련단체 협의회 제1회 정기총회 세종문화회관 개최, 신년하례 · 업무 계획 · 예산편성 등 보고
3.19	서울올림픽 조직위 방문 행사경비 용역화 요청
3.20	범아종합경비(주) NOS로 무인경비 영업개시
4.10	IOC · ANOC 서울 총회(호텔 롯데 회의장), 총회사무국과 경비계약(범아공신)
4.13	용역경비개발 활동팀, 서울올림픽 조직위 방문 올림픽 조직위 자문위원에 경비협회도 포함 되도록 협조요청
6.16	한국경비협회, 올림픽 조직위 요청으로 용역경비 방안 협의
6.19	범아공신(주) 아시아경기대회조직위원회의 올림픽공원 및 6개 경기장의 용역경비 낙찰
7.15	올림픽 조직위, 사이클 · 역도 · 펜싱 · 체조 · 수영 · 테니스 · 조정경기장 용역경비, 인원 · 예산소요 판단자료 제출 협회에 요청
8.11	범아공신(주) : 아시아경기대회 조직위원회의 올림픽 공원 및 6개 경기장의 용역경비 낙찰
9.20	아시아경기대회(9.20-10.5)개막 범아공신(주) : 서울올림픽공원 및 경기장 경비 향우경비(주) : 서울경마장 신천개발(주) : 올림픽회관 등 5개사 용역경비
9.30	경비협회 '86 임시총회 서울 가든 호텔서 개최, 임원 개선안 처리 제 5대 회장으로 尹瓘선출
12.31	한국용역경비 현황, 전국용역경비원수 15,000명 돌파 시설수 800개소로 증가

월일	국내외 주요사항
1.28	치안본부 4부 19과에서 4조정관 9부 4관 26과 5담당관으로 기구개편
1.31	레바논 주재 한국외교관 都在承 2등서기관 무장 괴한에 납치
2. 4	경인지역 15개 대생 1천여명 서울대에서 '86 전학련 신년투쟁 및 개헌 서명운동 추진본부 결성대회'를 가진후 시위. 경찰병력 투입으로 진압
3.17	美국무부, 崔銀姬 · 申相玉부부 북한탈출빈부재 미대사관에 보호중 발표
3.28	고대교수 38명 시국 선언문 발표
4. 1	와인버거 美국방 내한, 미국은 86 · 88올 림픽 대회 기간중 안보유지 최대 협조 밝혀
4.28	서울대생 전방 입소훈련 거부시위 철야 농성
4.29	소, 체르노빌 원자력발전소 화재 폭발로 방사능 대량 유출 대참사
5. 2	대처 英총리 방한, 한 · 영 정상회담서 교역확대 · 외교협력문제등 협의
5.21	서울대 · 고대생 21명 釜山 미문화원 점거농성
6. 2	古里 원자력 발전 5 · 6호기 준공식
7. 3	위장취업해고 노동자 權仁淑, 부천서 文貴童 경장을 강제 추행 성고문 혐의로 고소 · 구속
7.21	한 · 미 통상 협상 일괄 타결, 정부 미국산 담배 9월 시판 허용 합의
8.25	과천 국립현대미술관 개관(전시면적 4,390평)
9.20	제 10회 아시아경기대회 개막, 27개국 4천8백 여선수 참가
12.31	최저임금법(법률 제 3927호) 제정공포(98.7.1 시행) 국민연금법(법률 제 3902호) 전문개정(88.1.1시행)

1987

월일	경비산업 주요사항
1.20	치안 본부 각 시도 경찰국, 용역경비업체 지도 점검 전국89개 허가업체 대상 실시, 보수지급 내용, 각종신고 사항 이행 여부등 점검
1.23	경비협회 제9차 정기총회 서울 가든호텔서 개최
3.25	내무부 산하 관련 단체장 간담회 청진동 소재 장원 개최, 내무부 소관 업무중 관련사항 토의
4.24	치안본부 산하단체 임원 만찬회 힐튼호텔 1층서 개최, 재향경우회 한국 용역경비협회 등 재경임원 참석
4.27	경비협회 회원의 윤리관 확립과 도의심 함양으로 경비업 건전육성 위해 윤리규정 제정 시행
5. 4	치안 본부 주관 용역경비업법 개정 공청회 개최(학계. 경비업계대표. 경찰관계자 등 18명 참석)
5.15	용역경비원 예비군 동원훈련 내무부장관이 국방부장관에 보류건의
5.20	경비협회홍보분과위(위원장 金永起) 용역경비에 관한 홍보물 국배판 12면 제작 배포
5.23	협회 회장, 전무, 직원에 治安本部서 출입증 발급, 업무수행에 도움 줘
6. 6	경제기획원 조사통계국 용역경비업도 사업 서비스업으로 제조업과 같이 경상조사 손익계정 등 회원사 방문 조사키로
6.16	경비원 및 경비원 희망자 117명에 신임교육실시, 순찰. 출입관리. 초소근무요령. 경찰봉술 등 교육
6.17	전매공사, 자영경비 체제를 용역경비 체제로 전환
8.21	경비윤리 규정 제정 시행
10.14	치안본부 주관 청원경찰 운영에 관한 회의 개최, 청원경찰 운영회원사 22개사 참석
10.21	尹瓘회장 외 19명 일본 도쿄. 오사카 경비협회등 방문 간담회
10.23	정준혁부회장 외 11명 동남아 경비업계 시설경비 시찰

월일	국내외 주요사항
1.14	서울대생 박종철군 치안본부 조사중 사망
2.26	치안본부, 용공지하조직「노동자 해방 사상」연구회 적발 10명 구속
2.27	치안본부 인천직할시 경찰국 신설
2.28	정부, 강원도 화천댐 상류서 「평화의댐」착공
3.22	부랑인 수용시설 부산 형제복지원 원생 1명 집단구타로 사망, 23일 원생 35명 집단 탈출
4. 4	정부, 대한선주. 고려개발. 정우개발등 18개 부실기업 정리
4.29	문학인 193명 개헌촉구 성명 / 始華지구 간척사업착공(5,300만평 농공지 조성)
5.19	美 하원의원 101명 슐츠 국무장관에 金大中 복권위한 외교노력 촉구
5.28	대검, 李鍾哲군 고문치사, 범인축소 조작사건으로 朴盧源 치안감등 3명 구속
6. 6	서울 29개대 학생 1천5백여명 고대서 연합 대동문화제 열고 시위
6. 9	연대생 李韓烈군 교문앞 시위중 경찰이 쏜 최루탄 파편에 맞고 부상, 7월5일 사망
6.10	6.10규탄대회, 박종철군 고문치사 조작 은폐 규탄 및 호헌철폐 국민대회
6.24	全斗煥대통령, 金泳三 민주당총재 회담, 개헌논의 즉각 재개등 합의
6.29	盧泰愚 민정당대표 6.29선언, 직선제 수용 연내개헌, 金大中 사면복권, 구속자 석방등 시국수습 8개항 선언 / 美하원 盧대표 시국선언 지지안 채택
7. 1	全대통령 '시국수습에 관한 특별 담화' 발표 盧대표의 시국수습 8개항 전폭수용 '盧선언' 구체실현
7. 8	시국 관련자 文益煥목사, 權仁淑 등 357명 석방
7.16	B급 태풍 셀마에 3백13명 사망. 실종 라호 이후 최대 인명피해
8.12	버스. 택시 파업확산 전국 11개도시 교통마비
8.29	오대양 대표 여교주 朴順子등 공장서 집단 사체로 발견

월일	경비산업 주요사항	월일	국내외 주요사항
11.1	내무부, 88올림픽 앞두고 부족한 경찰인력을 보충하고 민간경비 육성방안의 하나로 경비를 요하는 시설·행사장에 용역경비가 이루어지도록 정부 각부처 지방자치단체등에 공한 보내 촉구	9. 2	대중공업, 임금협상 결렬로 총파업, 근로자들 울산시청 난입 파괴, 방화
11.10	주한 필리핀 대사관 상무관 협회방문 양국경비업 교류 협의	9.29	국내전화 1,000만 회선돌파
	협회, 경비원 신임교육 3일간 실시	10.12	국회, 대통령 중심제 개헌안 2백54대 4로 가결
11.28	한국공안행정학회 창립총회 동국대 동국관서개최, 회장단. 전무등 참석, 회장에 서재근 교수.	10. 2	헌법개정, 국민투표 실시(찬성 93.1%) 27일 개헌안 확정 발표
12. 1	88서울올림픽 훼밀리 APFHA(홈 오토메이션)	11.15	서울시경 112신고 즉응체제(C3)운영 개시
12.22	부산지역 경비원 집체 교육 부산시경 강당서 실시 12개사에서 312명 참가	11.29	삼성 李秉喆회장 별세 향년 78세, 새 삼성회장 李健熙 / 바그다드 출발 대한항공 858여객기 버마 안다만해 상공서 폭발, 탑승객 1백15명 전원 사망
12.31	용역경비현황, 용역경비 대상 시설수 1,073개소, 경비원수 16,098명으로 증가	12. 3	중부고속도로 개통
	한국안전시스템(주) 무인경비 3,894 회선 경비계약	12.10	盧泰愚후보 군산 유세장, 사제 폭약. 최루탄 난무 20여명 중경상
		12.15	KAL기 폭파범 마유미 신이치 사체와 함께 서울 도착
		12.16	제13대 대통령선거, 盧泰愚후보 당선

1988

월일	경비산업 주요사항	월일	국내외 주요사항
1. 1	경비업체 국민연금제도 실시(10인이상 사업장)	1.11	소, 서울올림픽 참가 관영 타스통신 공식발표
1.19	1차 이사회 개최, '88 사업계획안. 예산안 심의 승인	1.13	자유중국 총통 사망 향년 77세
1.29	경비협회 제10차 정기총회 장충동 소재 타워호텔서 개최 '87 사업실적. 결산보고 '88 사업계획·예산안 심의 의결, 유공경비원 92명 회장 표창	1.15	대한항공 858기 폭파사건, 북한 金正日 지령받은 대남 공작원과의 범행 발표 / 고문치사 은폐, 조작사건과 관련 전 치안본부장 구속
2. 4	용역경비업법 개정 건의	2.12	교통부, 금호그룹에 제 2 민간항공 인가
2.10	한국보안공사 美國NBC방송국과 '88서울올림픽 방송취재요원 경호경비 계약	2.25	盧泰愚 13대 대통령 취임, 제6공화국 출범
3.16	경비원 吳仁錫 현대 중공업 울산공장 노사분규 농성장서 근로자 투석 맞아 사망	3.31	全敬煥 구속 수감
3.20	서울 올림픽타운 훼밀리APT 4,000가구에 HA(가정자동화)·HS시스템 설치	4. 1	서울인구 1천만명 돌파
4. 4	'88 범국민교통안전촉진대회에 내무부장관의 초청받아 협회장 참석	4.26	제13대 국회의원 총선, 평민당 제1야당으로 부상
6.15	한·일 경비 및 건물관리 세미나 하이얏트 호텔서 개최	4.28	대검, 廉普鉉 전 서울시장 뇌물수수협의 구속
6.22	경비협회 제3차 이사회 개최, 허가 억제 건의안 협회 원안승인	5.18	玄靜和· 梁英子 제9회 아시아 탁구 선수권 우승
		5.27	치안본부 서울올림픽 경비단 창설
		5.30	13대 국회 개원(의장 金在淳)
		6.10	포철주식 증권시장 상장, 국민주시대 열려
		6.13	청문회 제고 도입한 국회법 개정안 만장일치 통과

8. 8	일본 방범방재신문사 羽切一正 사장 서울올림픽 취재차 내한	7. 3	미국, 이란 여객기 미사일 격추 탑승객 2백90명 전원참사, 레이건 적기 오인 우발사고 시인
9. 5	경비협회 회원사 대표 30명 판문점 시찰	7. 7	盧대통령 7.7선언 민족자존화 통일반영위란 특별선언 발표
9.17	서울올림픽 용역경비 10개 경기장 경비, 경비원 958명 동원 범아공신 : 올림픽공원 및 6개 경기장 경비 향우경비 : 과천경마장 경비 신천개발 등 : 올림픽회관 경비 한국보안공사 : 미국 NBC방송국 경비	7. 8	정부 중공을 중국으로 호칭키로 야간통행금지 추가 해제(민통선 이북지역 9군 37읍면)
		8. 6	吳弘根 중앙경제신문 사회부장 출근길에 괴한에 피습
10.15	서울장애자 올림픽 용역경비 실시	8.13	전국 6천여 대학생 연세대 노천극장에 집결 全大協발족식
10.18	일본 오사카 경비업협회 회장 村林隆夫 외 31명 20일 협회 방문 간담회 가져/전자경비시스템 관련 세미나 서울가든호텔 개최	8.23	서울올림픽 밝힐 성화 올림피아 헤라신전서 채화
10.20	일본 오사카 경비업협회 회원25명 서울 장애자 올림픽 경비사항 시찰 서울장애자 올림픽 개최(10.15～10.24) 범아공신, 향우경비, 신천개발등 경비참가	8.27	올림픽성화 제주 도착 국내 봉송시작
		8.30	중앙경제 吳부장 언론테러. 李鎭白 정보사령관 은폐 묵인 예편조치, 두 준장등 7명 구속
		9.12	제94차 IOC총회(16일 서울서)
10.21	경찰의날 기념식에 회장단 참석 / 한국전자전람회 개최	9.17	제24회 서울올림픽 개막, 사상최대 1백60국 1만3천6백26명의 선수 참가
11.10	일본 도쿄경비협회 지부회원 협회 내방 회장단과 간담회	10. 2	서울올림픽 폐막 우승 소련, 2위 동독, 3위 미국 4위 한국(金12 銀11개)
11.15	일본 도쿄 제국경비그룹(帝友會) 협회 회의실서 회장단과 간담회	10.19	盧泰愚대통령 사상 첫 유엔총회서 연설 제4회 서울국제무역박람회개막(～31일 한국무역센터)
11.19	한국경비협회 회장, 상공부장관에 용역경비업체도 중소기업대상 업종에 분류토록 청원	11.18	국회, 광주특위 청문회 시작
11.21	치안본부 업무감사 수감	11.23	全斗煥전 대통령, 대 국민사과 재산헌납, 백담사에 은둔 생활 시작
12. 9	일본 도쿄도 경비업협회 多摩지구 지부장일행 서울올림픽 경기장 및 경비업계 시찰	12. 2	KAL기 폭파범 金賢姬, 858기 폭파혐의 사실 시인
12.21	내부부 관련 단체장 간담회 뉴내자호텔 연회장서 개최 39명 내무부간부 21명 참석	12.12	주가 폭발장세 지수 900시대 개막
12.23	제5차 이사회 개최, '88사업실적. 결산보고 '89 사업계획. 예산안 심의, 사업계획은 불우 경비원 돕기 항목 삭제 예산안 일부 삭제 의결	12.21	金裕淳 북한 올림픽위원장 '90 北京 아시안게임에 남북 단일팀 구성제의
		12.22	북한, 鄭周永회장 정식 초청
12.30	「주간여성」誌 88년이 남긴 10대 풍속도에서 첨단방범경보장치 등 기사		
12.31	용역경비 현황 용역경비 대상시설수 1,621개소, 경비원수 19,456명으로 증가		

1989

월일	경비산업 주요사항	월일	국내외 주요사항
1. 4	한국보안공사 계열사(주)보안경보시스템 설립	1. 1	金日成 신년사에서 4당 총재, 지도급인사 초청
1.26	경비협회 제11차 정기총회 장충동 소재 타워호텔개최, '89 사업계획. 예산안 승인 의결, 임원개선 6대회장 정준혁 선출	1. 7	일본 국왕 히로히토 사망, 향년 88세
2.24	3차 이사회 개최, 협회명칭 한국경비업협회로 변경, 가입회비 300만원으로 인상 정관개정안 승인 지회 설치 규정, 위원회 설치규정안 등 승인 제정・시행	1.20	부시, 미 41대 대통령 취임
3. 1	일본 경비산업 정보지 「防犯防災新聞」「警備保障新聞」「SECURIT TIME」한국배부 개시	1.21	재야 운동권 통합단체「전국 민족민주운동연합」(약칭 자민련) 발족
4.12	4차 이사회 개최, 용역경비업법 개정안, 청원경찰법 개정안 손해배상제도 개선 방안 , 공동주택 관리령 개정안 심의	2. 1	한・항가리 정식수교 공산권 국가로 첫번째
4.22	경비협회 '89 경영자 세미나(제1차) 개최	2.27	미 부시대통령 방한, 盧대통령과 정상회담 한・미 안보협력 강화
5.23	경비협회 회장단 15명 유럽선진경비 연수(~6.11)	4.16	민주당 동해시 선거후보 매수 사건으로 徐錫宰탈당, 21일 구속
6. 5	일본 宰友그룹 연수단 三輪和雄외 20명 내한 한국경비업계 시찰	5.16	鄧小平, 그르바초프 30년만에 중・소 정상회담, 완전 정상화 선언
6.30	전국용역경비원 2만명 돌파/청경.용역경비 실무교본 발행 치안본부 경비과 南承吉편저	5.26	국내 내무위, 화염병 처벌법안, 경찰관 직무집행 법안 의결
7.12	한국경비협회 용역경비업법 개정 공청회 범아공신(주) 및 明新防護實業(株) 롯데월드 개관에 따른 경비계약	6. 3	중국 계엄군 천안문 시위대에 발포 수천명 사망 /이란, 회교지도자 호메이니 사망, 향년 88세
8. 5	경비협회 대구・경북지회 설치 승인	6.15	고르바초프 서독방문 , 베를린 장벽 철거 용인
8. 8	대구・경북지회 결성 대구・경북지회 설치 승인 및 현판식・중구 소재 금호호텔 개최. 협회 회장단 참석, 지회장 손기호 선임	7. 5	徐敬元의원 북한방문중 공작금 5만달러 받은 사실 밝혀
8.17	한국경비협회 대구에 대구경북지회 설치	8. 9	日 총리에 가이후(海部) 선출
9. 27	제1회 한민족체육대회 경비계약(범아공신)	8.15	밀입북 임수경양과 문규현 신부 판문점 넘어 귀환
11.14	경호경비회사인「보디가드라인 한국경호센타」(대표 이청풍) 설립	9.18	盧대통령, 서울올림픽 기념「서울평화상」제정 계획
11.20	경비협회 동남아 연수단 15명 일본경시청방문 시작으로 동남아 일대 순방, 경비업계 친선 교류(~11.23)	9.26	세계 한민족 체육대회 개막
12. 1	일본 제국경비보장(주) 충남대 일어과 학생 수학여행 초청	9.28	마르코스 전 필리핀 대통령 사망
		10.4	제44차 서울 세계성체대회 교황 바오로 2세 집전
		10.15	제9회 전국장애자 체육대회 개막(잠실)
		11.1	한・폴란드 국교 수립
		11.3	공업용 우지라면 파문으로 5개 유명사대표 10명 구속
		11.10	베를린 장벽 붕괴, 동독 자유 총선 실시 선언
		11.27	국어학자 李熙昇 박사 별세 향년 93세
		12. 8	한・소 영사관계 수립, 무역사무소 설치 /대한 녹색당 창당 발기인 대회

12.21	한국안전시스템(주) 무인경비 10,000회선 돌파	12.22	루마니아 공산독재 붕괴, 차우세스쿠처형 한국, 유고와 대사급 외교관계 수립
12.27	동국대 이윤근교수 「한국사경비 방안 발전 연구」로 박사 취득	12.28	全斗煥 전 대통령, 국회 광주, 5공 특위 청문회 증언, 전직 대통령으로 사상 첫 국회증언,
12.31	제3차 용역경비업법 개정공포(법률 제4148호) 기계경비업무 신설 경비원 연령 18~59세로 연장, 공제 사업실시 추가 용역경비 현황, 용역경비 대상시설 1,800개소, 경비원수 21,990명으로 증가	12.31	답변내용 불만 정회

1990

월일	경비산업 주요사항	월일	국내외 주요사항
1.19	12차 정기총회 개최, 사업계획・예산안・개정안 심의 의결	1.10	아시아나 항공 동경노선 취항, 국제선 복수민항시대 열어
2.15	한국경비협회 부설연구소 설치 연구위원 徐載根・鄭振煥・李潤根 교수 위촉	1.22	민정・민주・공화 3당합당 신당 창당 선언 북한의 남침용 제4땅굴 발견(강원도 양구군 비무장지대)
2.21	제 1차 현금호송 대책위원회 개최 전담법인 설립저지 활동 전개	3. 3	고르바초프 소련 초대 대통령에 취임,국외 무력 불사용 선언
3.22	90 경비원 신임교육 실시 22일 189명, 23일 179명 참가	3.15	鄧小平 국가군사위 주석 사임, 모든 공직 사퇴
3.30	협회 법제 분과 위원회 소집 용역경비업법 시행 규칙 개정안 심의	3.21	한・루마니아 대사급 외교관계 수립
4. 4	90년 제1차 재정 특별위원회 소집 개최 연구위원 연구비 지급건 승인	3.30	치안본부 112 순찰대 발대식
4.17	유관 기관 동향, 경찰서 직제개정, 직할 시급 경창서에 형사과 신설 / 회장 치안본부 방문 呂觀九 2차장과 협회 현안 등 협의	4.12	치안본부 강력과 신설
4.26	경비협회 3차 이사회 개최, 용역경비업법 청원경찰법 단일 법안 추진의결	4.15	동・서독 경제사회 통합, 사실상 통일
5.24	'90 경비원 2차 신임교육 2일간 협회 강당서 실시 / 용역 경비원 분사기 소지허가절차 개선	7. 1	盧대통령 남북자유 왕래등 발표, 통일원 범민족대회(북개최 참가 허용)
6. 8	용역경비업법 시행령 개정(대통령령 제 13019호) 기계경비 정의 신설, 허가요건 및 절차개선	7.20	조흥은행 국내최초로 서울 명동에 無人店鋪 開所
6.10	경비협회, 공제사업 추진위원회 결성,공제규정,공제약관,공제기금 조성 방안등 마련	7.26	범민족 대회 예비회담 무산, 북한대표 돌연태도 번복
6.11	鄭振煥 연구위원 '현대사회와 경비산업' 논문 발표	7.30	국방부, 휴전선일대의 대전차 방어용 콘크리트 구조물 내.외국인에 공개키로
6.22	경비협회 4차 이사회 개최, 용역경비업법 시행규칙 개정안 의안대로 승인	8. 1	버스 전용차선 설치 도로교통법 개정
6.25	한국경비관련시찰단 일행(치안본부 丁採玉 경정, 동국대 李潤根 교수, 협회 李濟天 전무, 업계 金正煥 회장 등) 일본과 홍콩의 경비업계	8.28	제1회 「서울평화상」 사마란치 IOC 위원장을 수상자로 결정
		8.31	독일 통일조약 조인
		9. 1	작년 교통사고 사망자 1만 2천명, 인구비 세계 2위
		9. 5	제1차 남북 고위급 서울 회담. 분단후 첫 총리급회담으로 북한 延亨默등 대표단 4일 서울도착 姜英勳 총리등 남한 대표단과 두차례 회담, 盧대통령도 면담

	시찰
8.30	협회 주관 기계경비업자 회의, 기계경비의 설치 및 관리비 표준화 논의
8.31	鄭埈赫회장, 부회장 · 전무등 치안본부장 방문 요담, 현금호송업무의 용역화등 건의
9. 7	美샌프란시스코서 열리는 국제경비업자 세미나 및 경비기기 전시회 참관차 鄭埈赫회장, 치안본부 관계관, 회원과 함께 출국(~9.18)
9.24	'90 제 3차 경비원교육, 회원사 경비원 신임교육 미필자 대상 실시
9.27	'수재민 도웁시다'경비협회 정준혁회장 수재의연금 2백만원 조선일보에 기탁
8.28	'93 大田 엑스포 용역경비화 추진 건의
10.11	현금호송업무 관련기관 간담회 개최, 치안본부 2명, 금융기관 대표 17명, 학계 2명, 협회회장단, 전무, 회원 23명등 참석
10.12	협회, 기술 · 홍보개발 분과위원회 연석회의, 방범 · 방재기기 전시회 개최 계획 및 홍보관계 논의
10.17	제 3차 경영자 세미나 대전 유성구 소재 리베라 호텔에서 개최
10.27	치안본부 사경비업체 대형화 방안에 따라 용역경비 도급금액에 대한 부가가치세 면세 건의
11. 2	현금호송관련 긴급 이사회 회장단3명 회원사 5명으로 8인 특별위원회 구성, 성명서 문안선정, 광고료 부담액등 책정
11.5	현송대책위 열어 4대 일간지에 성명서 발표 '금융기관의 현금호송 및 경비전담회사 설립 절대 반대한다'
12.13	부산 · 경남지회 부산 국제호텔서 결성식, 지회장 장재호 선임
12.21	현금호송 대책위원회 결의따라 신설법인은 현금 호송업무만 수행토록 서면지시 할 것을 재무부에 탄원

9.10	헌법 재판소 '간통죄는 합헌' 결정 재판관 9명중 6명 찬성
9.22	제 11회 북경 아시아 경기대회 개막
10. 1	한 · 소 수교 양국 외무 뉴욕회담서 공식발표
10. 3	독일 통일 분단 45년 종식
10. 7	제11회 북경 아시아대회 폐막, 중국에이어 종합 2위
10.11	남북통일축구 1차 평양전 북한 2대1 승리
10.13	盧대통령 '범죄와의 전쟁' 선포
10.17	제2차 남북고위급 평양회담, 총리등 대표 7명 평양도착, 2차례 회담 金日成주석 면담
	한중무역 대표부 설치 서명
10.20	남북통일축구 2차 서울전 한국 1대0 승리
10.23	金泳三대표 내각제 각서 유출 파문
10.29	모스크바에 주소(駐蘇) 한국대사관 개설,초대
10.30	대사에 孔魯明
	국무회위, 국군 · 한글날 공휴일 폐지 확정
11. 1	112신고체제C3를 112제도로 개칭하고 「112체제」로 약칭함
11.27	영국 새총리 메이저 선출
12. 9	폴란드 대통령 선거 바웬사 당선
12.10	남북 음악인 합동공연「90송년 통일 전통음악회」서울공연, 국립극장서 합동공연
12.12	제 3차 남북고위급 회담 참석, 북한측기자 20여명 우리측과 사전협의없이 林秀卿 양 집 기습방문 물의
12.14	盧대통령, 소 방문 한 · 소 정상회담 '모스크바 선언' 발표 6.25 전쟁과 KAL기 격추사건 유감표명
12.28	중앙기상대, 과기처 산하 외청인 기상청으로 발족
12.30	全斗煥 전대통령 백담사서 하산, 연희등 사저 귀환

1991

월일	경비산업 주요사항
1. 1	한국금융안전(주) 6인승 운송차로 현금수송경비개시
1.20	韓國警備協會 부설연구소 연구논문집 발행
1.23	정기총회 타워호텔서 개최 사업계획·예산안 승인, 임원증원, 정관 개정안등 승인, 7代 회장에 金永起 선출 용역경비업법 시행규칙 개정(내무부령 525호)
2.26	행사경비 규정 및 분사기 휴대규정 신설
2.28	방범방재기기전 추진 특별위원회 구성(위원장 鄭埈赫) 전시계획 등 준비
3.21	신규임용 경비원 대상 신임교육 실시
3.22	金永紀회장, 고문·부회장단과 부산 경남·대구 경북지회 순방
3.23	韓國警備協會 노동부장관에 경비직종에 장애인 고용 촉진등에 관한 법률 적용 제외 청원서 제출
4.10	日本 북해도 경비협회장 구와시마(桑島武常)외 12명의 임원진 방한, 한국 방범현장 시찰, 韓國警備協會와 정보교환, 유대강화등 교류
5. 2	3차 이사회 개최 중국 경비기기전 참관의 건 의결
5. 7	中國 국제경비기기전 참관 연수단 17명 中國 심천서 韓·中 경비업자 교류(5.14)
5.30	'91 2차 신임교육 협회 강당서 실시
5.31	용역경비업법 개정(법률 제4369호) 공포, 지방경찰청장의 경비업자 감독권 신설
6.15	韓國警備協會 주관 제1회 방범 기기전시회 한국 종합전시관서 7일간 개최 성황리 끝내 일반참관인수 69.667명 기록 / 개관 식장서 치안본부장 韓國警備協會에 감사패 증정
6.17	일본방한경비시찰단 유도일정 단장외 14명 한국방범기기전 참관 및 경비업계 시찰
6.22	삼성전자와 (주)일진공동으로 원격 안전관리 시스템 개발 / 일본 綜合경비보장(주)연수단 일행 내방
6.29	치안본부, 용역경비업 허가기준 강화 지침 시달, 공신력 제고,영세업자 난립 방지위해 마련
7.22	사단법인 민생치안연구소(이사장 홍세기) 창립 홍종학 부회장 연구의원 위촉
8. 1	국립경찰 창설 46주년만에 경찰청 독립발족

월일	국내외 주요사항
1. 8	金日成 북한 주석 신년사 통해 민족통일 정치협상회의 서울이나 평양 개최 제의
1.14	이라크의회 철군거부 대미 성전 결의
1.17	미 주도 다국적국 이라크 대공습
2.28	수서택지 분양 뇌물수수, 吳龍雲·李台燮·金東周·李元涬·金台植의원·張炳朝 걸프전 42일만에 종전
3. 7	전 중앙정보부장 김형욱, 법원 실종선고로 의혹 남긴채 법적 사망
3.14	한·소 항공협정 타결
3.25	유엔군 사령부, 정전위 수석대표 한국장성 첫 임명, 북한 통보 접수 거부
3.26	대구 어린이 5명 개구리 잡으러 나가 실종
4.10	정부, 남북교역 승인 남 쌀·북 무연탄 교환
4.20	盧泰愚·고르바초프 한·소 제주 정상회담
4.26	명지대생 姜慶大 시위중 전경의 집단폭행으로 사망
5. 2	金日成주석, 한·중수교와 관련 수교연기 중국에 요청했으나 江澤民 이를 거절
5. 5	제7차 남북고위급 회담 개최(서울) 延亨默 총리등 대표단 90명 서울 도착
5.10	여당 보안법·경찰법 단독 날치기 통과
5.11	북한 조평통위원장 許談사망
5.13	유엔 '인구백서' 발표 세계인구 2.050년100억 돌파
5.23	경남경찰국 전국최초 112 방범시스템 개통
5.25	성균관대 金貴井양 도심 시위중 사망
5.28	북한 유엔 가입성명 발표
6. 3	鄭元植총리 외대 마지막 강의중 학생들이 폭행/재미교포 姜東碩군 요트로 태평양 횡단(LA~부산)
6. 6	文益煥 목사 재수감
6.13	옐친 러시아공 대통령에 당선
6.23	분신자살 金基卨 유서대필 혐의 검거
7.10	32명 집단 변사 오대양 사건 관련자 6명 자수
7.26	경찰법(법률 제 4369호) 제정 공포
7.31	경기 제2 행주대교 붕괴
8. 1	警察廳 발족(국립경찰 창립 46년만에) 초대 경찰청장 김원환 취임 초대 경비국장 김화남 취임

	(91.7.23 대통령령공포) / 김영기 회장,경찰청 발족에 화환보내 축하	8. 2	새적십자 총재에 姜英勳 취임
8.10	韓國 안전시스템 무인경비 2만회선 달성	8. 8	第17회 세계 잼버리 대회 개막(강원도 고성) 129개국 1만9천여명 참가
9. 4	도쿄 국제무역전시장서 개최된 日本 방재전 참관 김영기 회장외 14명 방일, 방재관련 자료 수집(~9.7)	9.10	서울여자형사기동대 발대
		9.17	남북한 UN동시가입
9. 9	경제기획원 고시 91-1호 한국 표준산업 분류(제6차 개정) 94922 '경호 및 경비업'으로 분류	9.28	美國부시 대통령 모든 단거리 핵 폐기 선언,한국 .유럽 배치 핵 탄두 포함
9.13	경비원 3차 신임교육, 대상 신임교육 미필경비원	10. 5	소, 고르비대통령 모든 단거리 핵 폐기, 군 70만 감축 선언
9.16	한국보안공사 기계경비사업 다각화로 日本(주)전일경과 기술제휴	10.19	훔친 차로 여의도광장 살인폭주 어린이 2명 참변, 화풀이 범행
9.25	국제경비기기전시회 참관차 김영기 회장 외7명 방미(~10.9)	10.29	이대 무용과 김매자 교수 입시부정 구속
		11.12	제3차 아·태 각료회의(APEC) 개막
10.7	일본 북해도 경비협회 연수단 14명 한국경비협회 내방 교류	11.25	남북여성 서울토론회 개막, 북한 여연구등 15명 참석
10.21	장애인 의무고용 면제 청원 결과 100분의 40 적용 제외 승인 취득	11.28	통일원, 남북 직교역 첫 승인
		12. 9	서울방송(SBS) TV개국
10.22	제4차 경영자 세미나 경주 코오롱호텔서 개최 한국사경비산업 육성방안 특강	12.13	제5차 남북 고위급 총리회담 '남북화해와 불가침 및 교류협력 합의서' 서명
10.30	공동주택관리령 개정 건설부장관·경찰청장에 건의, 공동주택관리업체 업무중 경비업무 삭제 건의	12.18	盧대통령 한국내 핵 부재 선언, 북한에 핵 포기·사찰 수락 촉구
		12.23	북한 김정일 군최고사령관 승계, 실질적 권력 이양
11. 4	일정규모 신축건축물 경비원 고용의무 법제화 경찰청에 건의	12.31	남북 '비핵선언' 타결 판문점 3차 대표접촉서 합의 가서명
11.22	장애인 의무고용 경비원·업무 성질상 노동부에 제외 청원서 제출		
12.10	경제기획원 고시 1992-1호 한국표준직업 분류에서 91524 「경비원(WATCHMAN) 단순근로자」로 분류		

1992

월일	경비산업 주요사항
1.29	경비협회 제14차 정기총회 타워호텔서 개최 월회비 부가기준 도급금액서 도급인원으로 전환 정관 개정안 승인
3. 5	일본 북해도 경비업협회 이임호 상무위원장 외 10명 한국경비업계 시찰
4.13	동국대 서재근교수 일본 도시방범센터 초청 아시아 민간경비업 학술회의 참석
4.29	일본 가고시마 종합경비보장(주) 아라다께(荒武禎年)사장 외5명 한국경비업계 시찰
5. 2	한국경비협회 중소기업지정 기준완화 건의
5. 6	아시아지역 경비기기전 홍콩개최 김영기회장 외 10명 참관(~ 5.12)
5.25	용역경비업법시행규칙 개정(내무부령 제 563호) 신임교육 관련규정 개정
6. 3	한국경비협회 회장 일행 일본 홋가이도(북해도) 및 대판부의 경비업협회와 경비업계 시찰
6.10	일본 토스넷토(주) 佐藤康廣 사장외 50명 한국경비업계 시찰 및 회장 특강 청취
6.14	일본 동화경비(주) 사사키 사장 외 12명 한국경비협회 내방 친선교류·업계 시찰
6.15	일본 씨큐리온(주) 홍야수성 사장 외 한국경비협회 내방 양국 우호 친선 교류
7. 1	한국경비협회 회비조정(최저회비 30,000원)
7.21	중소기업법 시행령 개정(경비원 상시 사용 종업원수 20명 이하에서 100명 이하로 조정
9. 4	한국경비협회 김영기 회장 외 5명 일본 동경도 경비업협회장 초청 경비업계 시찰
9.14	한국경비협회 김영기 회장 외 11명 러시아 경비업계 시찰 및 양국경비업자 친선 교류
10.23	한국경비협회 5차 경영자 세미나 도고 파라다이스 호텔서 개최, 현대 산업사회에서 사경비업의 역할 특강
11.27	경비협회 7차 이사회 개최, 정관개정안 의결 중부지회 설치승인
12.22	8차 이사회 '93 사업계획안에 기계경비 활성화 방안 추가 수정 승인
12.31	향우경비·범아·공신 경원산업관리·선진실업안전·한국보안산업등 5개사 공동 도급으로 대전 세계무역박람회 조직위원회 엑스포 '93 경비 계약

월일	국내외 주요사항
2.20	정원식 총리, 남북 고위급 회담 참석중(평양) 김일성주석 예방
3.10	'112순찰' 제도 전국 시단위까지 확대
3.16	경찰청, 지문자동 분류 검색기 도입
3.19	이승만대통령 미망인 프란체스카 여사 별세 향년 92세
3.24	제14대 국회의원선거
4.12	백범 김구 암살범 안두희, 김향용 지시등 배후 밝혀
5.15	국민당 전당대회, 정주영 대선후보 선출
5.16	IAEA총장, 북한 방문후 '북한 핵 재처리 시설 보유' 결론
5.19	민자당 전당대회, 김영삼 대통령후보 선출
5.25	IAEA 북한 핵 사찰착수, 영변등 14개 시설 대상
5.26	민주당 전당대회, 김대중 대선후보 선출
6.13	한국, 리우회의기후·생물협약 서명 '리우선언'과 실천방안 채택
6.17	남북, 한글 로마자 표기안 합의
6.30	경부 고속철도 기공
7. 1	지하철 방범수사대 발대
7.15	미국 민주당 대통령후보 40대 클린턴 지명
7.17	검찰, 정보사부지 매매 사기 사건 2중 사기사건 결론
7.19	북한 김달현 정무원 부총리 7일간 남한 방문 산업시찰
8.10	황영조 바르셀로나 올림픽 마라톤서 금메달 한국 금메달 12개 종합 7위
8.11	한국 과학위성 '우리별' 1호 발사
8.23	중국과 수교
8.24	한중수교 서명 대만 주재 한국대사관 폐쇄
9. 2	남북 여성 평양토론회 개막, 남한 대표 30명 참가
10.12	국산 잠수함 '이천함' 진수
10.28	시한부 종말론자 10.28 휴거소동, 경찰 1만5천명 철야 경계
11.12	영종도 새국제공항 기공
11.27	20년 대역사 대덕연구단지 준공 834만평 66개 기관 입주
12.22	한·베트남 수교
12.24	정부 임수경·문규현등 밀입북 관련자 특별사면

1993

월일	경비산업 주요사항
1.29	15차 정기총회 여의도 전경련회관서 개최 사업계획·예산안 승인, 제8대 회장에 홍종학 선출
2.11	한국통신 정보통신 사업본부 원격 안전관리 시스템 개통식(서울 목동전화국)
3.19	국제안전보장 전시회 태국 개최 참관(~3.28)
4.14	홍종학회장, 연구위원 서재근·정진환·이윤근교수 63빌딩으로 초빙, 부회장단·고문등 참석 협회 발전 방향 간담회 개최, 약정서 개정시행
5.11	경비원 예비군 동원훈련 보류 국방부에 건의
5.13	공동주택관리령 개정추진 건설부장관·경찰청장에 재차 건의
5.14	ASIA 일본 지부장 하다시게루 외 1명 경비업계 시찰차 내한
6. 1	한국보안공사 금융기관 현금수송 최초로 업무 개시
6.10	용역경비료에 대한 부가가치세 면세, 재무부에 건의·불가 회시
6.10	대구 경북지회 방문 간담회, 홍종학 회장 및 회장단·사무총장 참석, 지회육성방안 및 애로사항 청취
6.18	'93 2차 경비원 신임교육 교원공제회관서 실시, 49개사 163명 참가, 이수자에 수표료 발급
6.24	4차 이사회 개최, 부당침범행위의 정의 보완, 약정서 개정안 원안 승인·보존관리규정 제정
8. 7	민간경비사 5개사 大田엑스포 '93(8.7-11.7)합동경비 실시
8.23	국제경비업자 세미나 미국서 개최 협회임원 참석(~8.26)
9. 2	범아실업공사 현대정유경비대 진돗개 분임조 한국공업표준협회 주최 '93전국 서비스 산업분야 분임조경진대회에서 「내모습점검」주제로 장려상 수상
9. 9	경찰청 경비업체 실태 점검 협회 회원사 지도감사 수감
9.11	日本 후꾸다 상공회의소 산하 경비업자 13명 내한 양국 경비업자간 협조 방안 논의 / 日本 경비업협회 평야당의 외 7명 내한 경비업계 시찰

월일	국내외 주요사항
1. 3	부시·옐친, 전략 핵 감축 조인
1. 7	청주 우암상가아파트 가스연쇄폭발 건물 붕괴
1.21	클린턴, 취임직후 이라크 대공포 공격명령
1.31	북한 IAEA 핵사찰 거부
2.10	정부, 외국기업 토지취득 자유화, 보험사도 부동산 매입 허용/ 국제 원자력기구 북한 연변 핵시설 특별사찰 결정
3.28	부산행 무궁화호, 철도지반 붕괴로 열차전복 대참사, 72명 사망
4. 9	북한 김정일 서열 2위 국방위원장 추대
6.10	연천 육군 포병장 폭약터져 현역 예비군 19명 사망
6.16	통계청「한국 고령자 실태」발표 60세이상 3백32만명, 홀로사는 노인 27만명
6.25	전국 약국, 한약 조제권 분쟁 3일간 집단휴업 결정
6.30	재산공개 파문 박순주 전국회의장, 의원직 사퇴
7. 7	미, 클린턴대통령 APEC각료회의를 정상회담으로 격상, 신태평양 공동체 제의/세계은행 개발보고서 한국 사고사망 세계2위 담배소비 12위
7.26	아시아나 국내선 목포행 여객기해남야산 추락 66명 사망
8.5	세계박람회 "대전 엑스포93"개막
8.12	金泳三대통령 금융실명제 전격 단행, 긴급명령 발동
8.20	정부, 경부고속철도 차량형식 프랑스 TGV로 선정
9. 5	전국회의장 백두진 별세, 향년 85세
9.15	미테랑 불대통령 방한 한,불 정상회담 경제과학기술 협력합의 장서각 약탈 도서중1권 청와대 예방때 반환
9.20	金老恩 경찰청장 전격사퇴,새청장 金和男
10. 5	중국지하 핵실험 강행
10. 8	전국자동차 600만대 돌파
11. 4	성철 조계종 종정 열반 향년81세
11.23	金泳三,클린턴 한 미 정상회담
12. 7	쌀시장 개방 반대 서울역앞 시위
12.16	일본 田中角謍 전총리 사망

월일	경비산업 주요사항	월일	국내외 주요사항
11. 3	제6차 경영자 세미나 大田소재 리베라호텔서 개최 고용관계 법안 해설과 경영자의 대응 자세 특강	12.23	유엔 사무총장 갈리 방한 판문점 통해 북한·중국도 방문
11. 7	일본 청삼현 경비업협회 관계자 6명 내한	12.27	고용보험법(법률 제4644호) 제정공포(1995. 7.1 시행)
11. 8	日本 경비업자6명 한국경비협회 내방 경비업 관심사 상호 교환	12.30	서울고법, 군부재자 투표 부정폭로한 李智文 파면 부당 판결
11.11	사단법인 「민생치안 연구소」 제2대 이사장에 洪鍾學 (경비업회장) 취임		
12.13	洪鍾學회장 외 5명 日本아오모리 겡(青森縣) 경비업협회 초청 青森소재 원자력발전소 경비현황 시찰(~12.17)		
12.22	문화방송 주최 경비협회 주관 방범기기전시회 개최 제의, 94년 3월중에 한국종합전시장서 개최키로 결정		

1994

월일	경비산업 주요사항	월일	국내외 주요사항
1. 7	경찰청 경비국 국가 중요시설 및 기간산업체와 용역경비계약을 체결한 용역청경을 시설주에게 환원 지시	1. 5	북한IAEA에 핵 사찰 수락통고
1.21	사단법인 한국시설물관리연합회탄생(한국경비협회·한국위생관리협회·한국방역협회·한국건축물유지관리협회·한국건설방식기술연구소등 5개 단체가입)	1.18	2002년 월드컵 축구 유치위원회 출범/ 文益煥 목사 별세
3.11	'94 방법전시회 주최 문화방송 주관 한국경비협회 후원 경찰청 KOEX별관 개최 참관인원 178708명 기록(~3,22)	1.26	張玲子 사건과 관련 신탁, 동화은행장 사표
3.22	제1회 아시아 국제경비업자 총회 샹그리라 호텔서 개최(19개국670명 참석)	2. 2	北, 핵무기1개 보유 가능성,페리 美국방 지명자 상원서 증언
4.15	한국경비협회 용역청경의 시설주 환원지시에 관계기관에 '탄원서' 제출	2.13	제17회 릴레함메르 겨울 올림픽 개막
6.15	용역경비 표준계약서 제작배부(박현수 이사 제안)	2.25	北·美 핵 협상 일괄타결,IAEA사찰단 3월1일 입북키로
6.17	泰國경찰청차장·경비협회장 일행32명 내방, 한국경비업 실태 양국 경비업 관심사 상호 교환	2.26	金泳三대통령,20년 만에 서울대 졸업식 참석 IAEA 북한 핵 사찰단 평양도착
6.23	서상범 부회장 외10명 홍콩 방범기기전시회 참관, 北京 보안 복무공사방문 양국 경비업 교류 증진(~7.2)	3. 1	공군헬기 추락 참모총장 등 6명 전원사망
7. 9	한국통신 정보기기 제작회사로서는 처음으로 국제품질보증 규격ISO9001 인증 획득	3. 3	김영삼대통령, 정치개혁법 서명
8.19	제2차 APSA 총회 개최건 정부 승인	3.15	보사부, 생수시판 허용
		3.16	북한 'NPT탈퇴 강행' 외교부 대변인 성명/
		3.21	정부,팀스피리트 훈련 재개 결정
		3.28	金泳三대통령 방중 江澤民 중국 당총서기장과 정상회담, 북핵 대화로 해결키로
		4. 8	고법, 삼청교육대 국가배상 첫 판결
		4.18	패트리어트 미사일 부산도착 / 교수 성희롱에 첫 배상 판결
		4.22	닉슨 전 대통령 사망
		5. 4	경찰청 치안연구소 기구개편(신설 14년만에 제2 출범, 연구소장에 기획관리관이 겸직)

9.16	범아공신(주), 한국체육개발산업(주)와 경륜사업 경비계약	5.10	남아프리카 첫 흑인대통령 넬슨 만텔라 취임
9.24	한국경비협회 회장 외 5명 日本 경비업협회 설립 25주년 기념행사에 참석	5.25	법무부, 7월부터 김포공항 여권 자동 판독기 설치, 출입국심사 자동화
10.15	중요시설 방호업무 용역경비원 포함 관계자 회의 참석	6. 2	경찰청총경 191명 인사, 경찰서장 90명 이동 / 金泳三대통령·옐친 공동회견, 러·北조약
10.25	中國 방범기기전시회에 남상준 이사 외 1명 참관(~11.3)	6.14	사문화, 6.25 남침문서 전달받아
10.27	경비협회 제7차 경영자 세미나 온양 그랜드파크 호텔서 개최 이윤근 교수 특강	6.16	북한, IAEA탈퇴선언, 연속성보장 위한 사찰 불허
11.12	인도네시아 경비업자 총회 참석	6.17	카터, 북한방문 김영남 외교부장과 회담 카터-김일성 3시간 회담 핵문제 깊이 논의
12. 9	APSA홍콩지부 창설대회 참석	6.19	남북정상회담 열기로 김일성 제의, 카터 통해 전달 김영삼 대통령 수락
12.14	경기대 李白哲 교수 치안연구소 주관 '94 제2회 치안정책 학술 세미나에서 '민간방범역량강화를 위한 사경비제도 발전방안' 발표	6.21	이란, 폭탄테러로70명 사망 114명부상
12.16	사단법인 한국건축물관리연합회 5개 관련단체 '시설물 안전관리에 관한 특별법'제정에 따른 회합	7. 7	서해안고속도로(인천~안산) 개통
12.20	경비협회 7차 이사회 개최 '95 사업계획안 예산안 승인 부산 경남지회장 손구남 선임 승인	7. 8	김일성사망 전군 특별경계령, 25일 예정 남북정상회담 무산
12.31	용역경비현황, 전국 용역 경비원수 37,607명 시설수 6,611개소	7.11	서울-북경간 기상통신회선 정식개통
		8.10	KAL기 제주서 착륙사고로 전소

1995

월일	경비산업 주요사항	월일	국내외 주요사항
1.17	경비협회 임원 APSA 한국지부 창설 및 APSA 집행위원회 참석	1. 1	WTO체제 125개국 참여 정식출범
1.25	日本 北海道 경비업자 일행 7명 협회 내방	1. 5	施設物安全管理特別法 제정 공포
2. 7	17차 정기총회 서울 교육문화회관서 개최 회장선출방법 개선 정관 개정안 승인, 제 9대회장 金健治 선출	1.17	대지진 새벽 일본강타 5,000여명 사망 실종
3. 1	한국체육대학교 안전관리학과 신설	1.27	세계무역기구(WTO) 창립총회
3. 7	APSA 서울총회 조직위원회 구성(위원장 남상준)	2. 1	유럽 금세기 최악의 대홍수, 2주째 이재민 25만명
3.28	泰國 경비협회 초청 金健治 회장 외 1명	2.11	주한미군 해·공군중심 운영, 지상군은 한국군이
3.30	APSA회장 중국대표 등 만나 서울총회 유치 홍보	2.24	李鵬 중국총리, 한국 원자력 산업의 중국 진출 환영
4.19	범아그룹 본사사옥 이전(서울 송파구 오금동 23-2 범아빌딩)	2.25	북한 임민무력부장 吳讃宇 사망
5. 1	金健治 회장 외 1명 마닐라 APSA지부 창설식 참가	3. 1	옛총독부건물 철거 선포식·철거착수/케이블 TV본방송 개시
5.11	치안연구소 '치안논총' 제11집 발간(李白哲)외 3명 공동연구논문 '민간방범능력 강화를 위한	3. 2	金永三대통령, 유럽 5개국 순방차 출국
		3. 7	붙이는 피부암 치료제 세계최초 개발
		3. 9	한반도 에너지기구(KEDO) 공식출범 경수로 한국형 명시

	민간경비제도 발전방안 연구'수록 경비협회 3차 이사회 개최 용역경비업체 일정 인원에 경비안전사 채용 의무화, 경비원 정년 59세를 61세로 의안 승인
6. 2	대한 체육회 산하 28개 가맹단체장에 행사경비 용역경비화 협조 요청
6. 7	회장단 및 고문 중부지회·대구경북·호남지역·부산경북 지회 순방
6. 9	부산경남지회 사무실 개소 및 현판식 행사
6.16	金健治 회장 회장단, 내한한 泰國 솜밧트 핌상(Sombat Pimsang) APSA회장과 총회 준비사항 협의
6.21	'95 한국 국제건축물관리전시회 KOEX 3층 대서양관서 개최 참가업체 43개사 28,612명 참관(~6.25)
6.23	金健治회장 외 4명 아시아 경비업자 총회 홍보차 日本 전국 경비업협회 방문
6.29	삼풍백화점 붕괴 백화점 근무 경비원 17명 중 사망 5명, 부상 6명
7.21	경비협회 4차이사회 개최 광주 전남북지회설치 승인, 용역경비업법시행규칙 개정 건의안 승인 지회설치규정, 교육훈련규정 개정, 지회운영규정 제정
8.18	한국경비협회 광주에 광주전남북지회 설치
8.19	제2차 APSA총회 개최에 대한 정부 승인
8.23	한국 경비협회 회장단 대만 경비협회 방문 교류·APSA 서울총회 개최 홍보
8.27	한국 경비협회 부회장(황학준·이삼택) APSA 서울총회 홍보차 日本 福岡, 廣島, 大阪, 青森 경비업협회 방문
9.11	태국 경비업자 사절단 23명 협회 내방
9.19	경비협회 大邱·慶北支會추최 동대구 관광호텔서 지부장단 연석회의, 지회간 공조사항, 중앙에 건의사항 등 논의
9.28	경찰청 용역경비업무를 경비국에서 방범국으로 이관
10.17	제2회 APSA 총회 서울 쉐라톤 워커힐 호텔 개최, 14개국 431명 참가/개회식이어 서울지부창설 현판 제막 행사/제8차 국제화·개방화에 따른 경비업 대응방안 주제 경영자 세미나 워커힐 호텔서 아시아 경비업지총회와 병행 개최
10.23	中國보안협회 조국신 부회장 외 4명 한국경비

3.13	金대통령, 브뤼셀방문중 드안느총리와 정상회담, 과학기술 협력합의
3.20	도쿄 지하철 독가스(사린)테러발생 12명 사망 5천여명 부상
4. 5	토개공, 중국 瀋陽에 13만평 규모 한국 전용 공단 건설위해 토지사용권 취득 계약 체결
4. 8	美·北간 일반 국제 직통전화 개통
4.25	팔당대교 개통
4.28	대구 지하철 공사장 가스폭발사고발생(사망·실종 100여명) / 미 국무부, 북한·이란·리비아등 7개국 테저지원 국가로 지정
5. 3	北, 판문점 중립국 감독위 북측 사무실 폐쇄
5. 7	프랑스 대통령에 자크 시라크 당선
5.16	日, 아사하라 쇼크 오움 교주 독가스 관련 체포
5.19	공진청, 한글로마자(字)표기 남북합의 '北 부족식량 전량 지원용이' 일본도 북에 쌀지원 결정
5.30	아태경제협력체(APEC) 통신장관회의 정보통신 협력강화 '서울 선언문'체택 폐막/백령도 서북방서 어선 우성호 납북, 선원 20명 피격 사망
6. 1	평양시민 백만명 강제이주 시켜
6. 7	李登揮 대만총통, 대만 역사상 최초 미국방문
6.12	경수로 협상 완전타결
6.14	조폐공사, 천원권 1천장 분실, 사장 문책경질
6.16	화폐 훔친 여직원 검거
6.22	서울시장 趙淳 당선
6.26	우리쌀 北韓청친항 도착
6.27	지방자치단체장 선거투표(전국서 실시)
6.29	삼풍백화점 붕괴 대참사, 1천여명 사상, 10초만에 5층건물 무너져 아비규환
6.30	獨의회 독일병력 해외파병 승인
7. 1	삼풍백화점 합동구조반 지하3층서 경비용역회사 직원 24명 매몰 51시간만에 모두 구조
7. 3	정부, 인공기 게양사건으로 중단했던 쌀지원 재개키로
7. 6	넬슨 만델라 남아공대통령, 金대통령 초청으로 방환
7.12	WTO 중국 옵저버국 승인
7.15	삼풍붕괴 17일만에 박승현양(19) 구출
7.22	8만톤 원유 적재한 씨프린스호 소리도 동쪽해상 좌초, 최악의 해양 오염
7.25	파리 지하철역 폭발사고 발생
8. 5	한국최초 무궁화위성 발사 성공(발사과정서 1

월일	경비산업 주요사항	월일	국내외 주요사항
	협회 방문 경비업무 현황 청취 의견 교환		단계 로켓성능 이상으로 궤도 진입실패)
11.21	한국안전시스템(주) 기업공개 승인 확정	8.11	교육부 '국민학교'명칭을 '초등학교'로 변경
12. 1	LG하나웰 慶北大와 공동으로 윈도95 통합 빌딩 관리시스템 개발/제3차 경비원신임교육 서울 강남경찰서 강당 41개사, 156명 대상 실시	8.15	8·15광복 50주년 경축식/경축식이어 구조선총독부 건물 중앙돔 상부 첨탑 철거식거행
12.14	한국안전시스템 주식 상장(공장청약 66억원 주간사 선경증권)	8.27	러, 이란에 2기의 원자로 공급계약
12.30	제5차 개정 용역경비업법(법률 제5124호) 공포 신변보호업무신설, 경비지도사제도 신설 경비원 복제 자율화 등	9. 6	韓·러 우호협력·상호 원조조약 폐기 북에 공식 통보
		10. 4	국방부, 공병대대 188명 앙골라 평화 유지군 파견/ 日本 지하철 독가스 사건 옴 진리교 교주 범행 일체 자맥
		10. 6	무안 앞바다서 14세기 것으로 추정되는 고려청자 129점 인양
		10.11	북한군 후방총국 소속 최주활 상좌 귀순.
		10.16	金대통령, 유엔창설 50주기념 특별정상회의 참석, 개막연설/ 大法院,67년의 '서소문시대'마감 서초동 이전
		10.20	朴啓東 의원 제기한 盧전대통령 '비자금 의혹' 본격 수사 착수.
		10.24	부여 정각사 뒷산 무장간첩 2명 출현 군경 총격전 1명 생포 1명 사살
		10.30	金泳三전대통령 비자금사건 '법앞에 만인 평등' 사법처리 강조.
		11. 2	'지존파' 두목등 6명과 부녀자 강간살해범 온보현 등 흉악범 사형 집행.
		11. 4	盧전대통령 구속, 5.18특별법 제정 촉구 전국 17개도시서 시민단체. 학생시위/이츠하크 라빈 이스라엘 총리, 평화협상지지 시위 참석했다 피살.
		11.13	江澤民 중국주석, 金대통령 초청 방한, 한.중 정상회담.

1996

월일	경비산업 주요사항	월일	국내외 주요사항
1.25	경찰청 방범국 용역경비업법 시행령·시행규칙 개정에 관한 간담회 개최.	1. 3	한국통신, 디지털식 이동전화 서비스 개시
		1. 5	무라야마 日本총리 사임.
1.26	경비협회 제1차 이사회 개최'96 사업계획안, 예산안 승인/한국안전교육학회 창립	1. 8	프랑수아 미테랑 프랑스 전대통령 사망
		1.12	全전대통령 비자금 총액 9,500억원 그중 2,159억원 뇌물로 밝혀내.
1.30	한국안전시스템(주) 주식 상장		
2.23	제18차 정기총회 서울 교육문화회관서 개최 '96사업계획, 예산안 승인, 연구위원회 설치규정 개정 의결	1.14	무궁화 2호 위성발사 성공
		1.21	아라파트 PLO의장 자치총선에서 초대 대통령 당선

2.29	한국안전시스템(주) 에스원으로 상호변경(「비전 2000」 선포, '95매출액 1천 740억원 순이익 17억원계약건수 61,000)
3. 1	龍仁大와 韓瑞大 각각 경호학과와 경호비서학과 신설
3.16	한국경호경비학회 창립총회(회장 김두현).
4.15	(주)에스원 무선국용 주파수 할당으로 도난차량 추적시스템 개발 영업개시.
5.23	홍콩 경비기기전시회 참관 통합 경비시스템 및 워크숍, 환경설계에 의한 범죄예방 및 워크숍(~5.24)
6.21	한국보안공사 美國핑커톤사(산업보안회사)와 업무제휴 조인식 체결
7. 1	용역경비업법 시행령 개정 공포(대통령령 제15108호) 명칭변경 5인의 자문위원 위촉. 정진환(인천대 교육대학원장). 이윤근(동국대 교수). 박병식(동국대 강사). 김두현(한체대 교수). 권도영(전 서울지방 노동위원장).
7.15	용역경비업법 시행 규칙 개정 공포(내무부령 691호)/ 경비원 신임교육 68시간에서 15시간으로 단축
8. 1	경비지도사 양성교육 16주간 실시, 교과편성, 법학개론, 용역경비업법, 민간경비론, 소양교육등 80시간 523명 수료 (~11월)
8.14	'96 경비지도사 양성과정 교육개강 입교식 서울 여의도 중소기업중앙회 강당

1.23	1980년 신군부, 언론통폐합 全전대통령지시로 노태우 당시 보안사령관이 주도
1.26	통일원, '95 북한의 총무역 실적20억6천만달러
1.29	日여학생 성폭행 구속된 미군 3명 징역 10년 구형
2. 6	한적 사무총장, 대량 탈북자 발생 대비 탈출경로 분석, 대규모 수용계획 수립
6.24	한국 OECD 가입 심사통과
7. 6	한국OECD회원국 가입 확정
7.16	미・러 화학무기 폐기 조약 마련
7.17	승객・승무원 281명 태우고 뉴욕파리행 TWA747 여객기 공중폭발 대서양에 추락 탑승객 전원 사망
7.21	韓・日양국, 제주도 日총영사관 개설 합의
7.26	북한, 러 최신형 공격용 헬기 20대 도입, 日신문보도
7.29	7.29정부, 유엔 산하 세계기상기구(WMO) 통해 북한에 기상장비 구입비 5만달러 지원
7.31	경찰청, 전국경찰에 조직폭력배 소탕령 내려
8. 5	'12・12'・'5・18'특수부, 全・盧 두전직 대통령 각각 사형. 무기징역 구형
8. 6	정부, 대러시아 경협차관 연체이자 1,340여만달러 조건부 탕감키로
8.10	신한국당, 민간경비산업 효율적으로 관리하기 위한 '민간방범 기본법' 제정 추진
8.11	내무부, 전국 지방경찰청에 경찰공권력에 도전하는 범죄 강력 대응 지시
8.12	中口, 조어도에 잠수함 파견
8.13	美국방정보국, 북한붕괴과정 이미 시작.
8.14	북한, 판문점 공동경비구역 북측 판문각서 '제7차 범민족대회' 개최/ 경찰, 범청학련 통일대축전행사 열리는 연세대에 전투경찰 추입 강제 해산시켜
8.17	러시아, 우주선 소유즈 TM-24호 발사 성공/ 경찰, 6개대 한총련 사무실 압수 수색
8.18	경찰청, 컴퓨터 해커 체계적 보안 대책 최초 마련
8.21	검・경, 연세대 농성장서 연행된 3.499명중 폭력시위 주동자. 적극 가담자 350명 구속영장 청구
8.23	한・엘사바도르, 사증면제 협정 체결/ 대법원, 삼풍백화점 붕괴사고 관련 상고심서 이준 피고인에 징역7년, 6월 선고 원심 확정
8.27	국회 내무위, 朴一龍 경찰청장 출석시켜 폭력시위 근절 대책 논의

9. 1	金泳三대통령, 중남미 순방차 출국 / 동아건설, 단일공사 세계최대 리비아 대수로공사 통수식 거행
9.12	경찰청, 서울대 및 부산 외국어대 주사파 학생 지하조직 24명 검거
9.14	金泳三대통령, 페루 후지모리 대통령과 정상회담
9.17	서울지검, 한총련 사태 관련자 438명, 시위관련 법률위반 기소
9.18	북한 잠수함 강릉해안 5km지점 좌초, 전군에 경계령, 무장간첩 수색(11명 자폭, 1명 생포)
9.29	서대문구 소제 카페 '롤링스톤즈'가스폭발 11명 사망, 3명 중화상
10. 4	정부, 북한 무장공비 사건으로 남북경협 당분간 동결키로
10. 8	양형섭 북한 최고인민회의 의장, 무장공비 사건 관련 남한에 보복위협 발언
10. 9	金 대통령, 무장공비 침투사건으로 대북정책 재검토 입장 밝혀
10.11	국회 통일외무위, 북한의 보복협박 규탄 초당적 대처 결의문 채택
10.12	북한, 탈북자를 막고 밀무역·밀입국 막기 위해 국경경비전담 '10군단' 창설
10.13	북한군 민경대대 곽경일 중사 귀순
10.15	서울지법, 사법사상 최대규모 444명 한총령 사건 첫 공판 개정
10.19	한국 원전의 효시인 영광원전 3·4호기 준공 가동식 및 5·6호기 기공식
10.21	金泳三대통령, 방한중인 카롤로스 스페인국왕과 회담, 국제무대서 협력방안 논의
10.22	정부, 경제협력개발기구(OECD) 협약 가입안 의결
10.23	부천 버스운전사, 白凡 金九선생 암살범 安斗熙 살해
10.25	이양호 전 국방부장관 비리의혹 사건과 관련 구속
10.28	金泳三대통령, '구축함 광개토왕함(3,125t)'진수식에 참석
10.30	한·일 연례경제회담 APEC정상회담·WTO 회의서 상호협력 합의
11. 4	한·러 국방장관 회담서 양국 군사협력, 양해각서 서명

월일	경비산업 주요사항	월일	국내외 주요사항
		11.11	金·盧전대통령 '12·12' '5·18' 증언거부 따라 崔圭夏전대통령 강제 구인 영장 발부
		11.14	'12·12' '5·18'사건 관련 全斗煥피고에 사형, 盧泰愚 피고에 무기징역 구형
		11.24	국회, OECD협약 가입 동의안 여 단독 통과 시켜
		12. 1	이봉주, 오사카 국제마라톤 우승
		12. 2	한국, 북한의 미사일 위협에 장거리 크루즈미사일 개발중 미지보도
		12. 7	FIFA 2002년월드컵 명칭 코리아-재팬으로 개회식·개막전 서울 개최
		12.13	강원 영월서 4,5의 중형 지진 발생
		12.17	유엔총회, 새유엔 사무총장에 가나출신 코피아난 사무차장 선출 / 이양호 전국방, 뇌물수수혐의 징역 4년, 1억5천만원 몰수 선고
		12.27	노동법 개정안 국회기습 통과에 반발 노동계 파업돌입
		12.29	북한 외교부 대변인, 잠수함 침투사건 사과, 평양방송 통해 국문 성명
		12.30	잠수함으로 강릉해안에 침투했다 사살된 북한 무장공비 유해 24구 북한측에 인도

1997

월일	경비산업 주요사항	월일	국내외 주요사항
2.12	경비지도사 시험위원회 회의 경찰청 방범국장실 개최 회의내용 시험관리사항 시달	1. 2	경기 화성군 해안초소에 육군소령 복장의 40대, 부대원 사칭K2소총·실탄 30발 탈취 도주
2.15	청원경찰법과 용역경비법 통합법안 제정, 국무총리 행정조정실·경찰청 등에 제정 건의	1. 4	법무부, 97년 처음 도입된 긴급체포제도 남용 막기위해 '사법경찰관리 직무규칙' 개정
2.23	제1회 경비지도사 자격시험, 서울·부산·대구·광주·대전 5개지역서 실시 9,500명 응시 2,411명 합격	1.15	한국노총과 민주노총 공동파업돌입, 서울 도심 곳곳서 가두시위, 시위대와 경찰간에 격돌
2.27	경비협회 제19차 정기총회 서울 교육문화회관 개최, '96감사보고 '97 사업계획·예산안, 임원·선출 등 원안 의결, 제10대 회장 허 증(경원산업관리(주)) 대표 선출	1.21	청와대 여야 영수회담이 노동법·안기부법 날치기 처리 문제 둘러싸고 김영삼대통령·김대중·김종필총재간에 2시간 17분간 진행
		2.15	김정일 전처 성혜림의 조카 이한영씨 귀가중 괴한의 총맞아 중태
3.10	경비지도사 시험 1차 필기시험 합격자 개별통지	2.18	북한, 대만에 핵 폐기물 반입 연기 요청
3.26	법아종합경비(주) 주식장외 등록인 코스닥 공개입찰 예상 뒤엎고 58대 1 경쟁률 기록	2.24	'97 법관·검사 신규 임용과정에서 시위전력자 2명 임용 탈락파문 / 영국서 사상 처음으로 양(羊) 복제 성공

4. 1	경비지도사 최종합격자 통지 및 기본교육 실시기반 통보
4.23	1차 경비원 신임교육 협회교육장서 2일간 실시
4.29	경비지도사 시험 합격자 1차~4차 기본교육 실시 주1회 8시간 10주간 교육 (~7.4)
5. 7	캡스(한국보안공사(주)) 무선 데이터통신 이용 무인경비시스템 국내 첫 개발 본격 서비스
5.11	에스원(주) 무인은행 경비시스템 관련기기 국산화 성공. 우리특성에 맞게 개발
5.15	기계경비 전용회선 요금인상 억제 건의, 한국통신의 텔레캅서비스 대응방안 강구등 실무자 회의 개최
6.17	'97 서울 국제 시큐리티 포럼 국내 처음으로 신라호텔에서 개최
6.23	한국경비협회 20년사 편집위원 5명 위촉 한국경비지도사 중앙회 창립(회장 김윤희)
7. 4	경비지도사 10주간 전반기 기본교육종료 수료식
7.21	경비지도사 후반기 교육소집통지 및 교육실시 대상 : 1개반 165명중 159명 수료
7.30	기계경비 관계기관 담당자 초청 연석 실무자회의 개최, 한국통신 텔레캅서비스 행위관련 대책, 전용회선 요금 인상 억제, 기계경비 대처차량 경광등 설치허가 추진 등 논의
8.23	경비지도사 기본교육 운영관련 경찰청 지도점검 수감 (~8. 29)
9. 6	협회 회장단, 일본 경비협회와 교류 위해 삿보로·센다이 경비업체 시찰
9.30	(주)에스원 무인 은행경비시스템 관련기기 국산화/ (주)한국보안공사 데이터 통신 이용 무인경비 시스템 개발
10.15	제4차 아시아 경비업자 총회 필리핀 마닐라(국제 컨벤션센터) 개최, 아시아 14개 회원국 참가, 金健治고문, APSA고문, 허증 회장, APSA 부회장 피선(~10. 17.)
10.27	협회 회장단. 사무총장 일행 서울지방경찰청 방범부장 예방 경비업무 의견 교환
10.29	제 9차 경영자 세미나 부산 롯데호텔 개최, 초청연사 2명의 특강.
11. 5	제 3차 경비원 신임교육 협회교육장서 실시 45개 업체 196명 참가.
11. 6	각 지회 감사 실시, 부산 경남지회. 대구 경북지회. 중부지회. 광주 전남북지회 등

3. 2	북한 주민 강철호씨. 탈북 4년만에 김포공항 도착 귀순요청
3. 4	김영삼대통령. 신임국무총리에 고건 명지대총장 임영
3. 9	김현철. 뉴스전문 케이블방송 YTN사장 인사에 개입 파문
3.11	신한국당 최형우고문. 뇌졸중쓰러져 서울대병원 입원
3.16	신한국당. 김현철의 한보특위 증인 출석과 청문회 텔레비젼 생중계 수용키로
3.17	황장엽비서. 중국이 제공한 군용기 이용하여 필리핀에 도착
3.21	김현철 측근. 청와대 정무비서실서 정식발령도 없이 '업무지원 행정관'으로 근무한 것으로 드러나 파문 / 미 몬산토사, 유채이용해 썩는 플라스틱 개발에 성공
3.22	EU. 소주와 위스키간 세율격차 줄이려고 한국 주세 WTO 에 제소
3.24	전북 남원 철도 건널목에서 버스와 열차 충돌로 장보러가던 버스승객 15명 사망, 16명 중경상
3.27	대검 중수부, 정태수일가 은닉 및 보유재산 2.981억원 압류해 국고에 환수키로 결정
3.28	정보근 한보그룹회장 이사공금 371억원횡령한 혐의로 구속 수감
3.30	서울 서부이촌동 중산아파트에 화재, 고가차 대응 잘못으로 16명 사망 또는 중경상 큰 피해
4. 1	검찰 조사결과 한보그룹 정태수총회장. 94년부터 3년간 그룹 재정본부 통해 현금으로 비자금 950억원 인출
4. 6	'97 세계 쇼트트랙선수권 대회서 남녀 첫동반 우승, 2월의 세계주니어·3월의 세계선수권 3개 대회 모두 석권 그랜드 슬램 달성
4. 8	연세대 총학생회. 서울지역 대학으로는 처음 한총련 탈퇴 공식선언
4. 9	유니세프, 북한 어린이 7명중 1명꼴로 굶주려 134명의 어린이가 영양실조로 죽었음을 처음으로 인정
4.13	중국, 심각한 식량난을 겪고있는 북한에 식량 7만톤을 무상원조
5. 3	''97 고양 세계꽃박람회' 개막, 국내처음 개최
5.17	대검 중수부. 두양그룹등 2개업체로부터 이권청탁과 함께 32억2천만원을 받는등 6개 업체

11.10	제7차 경비지도사 기본교육 10일간 실시, 156명 대상. (~11. 25)
11.17	일본 官城縣 경비협회 佐藤康廣 회장 외 4명 협회 사무국 예방 간담회
11.21	경찰청, 용역경비업체 효율적 지도 감독위해 일체 점검실시
12. 5	대통령입후보자 (한나라당. 국민회의. 국민신당) 방문 공동주택관리령 개정 건의/ 용역경비원의 예비군 동원훈련을 청원경찰과 동일하게 보류, 향토예비군 설치법 개정 건의
12.23	8차 이사회 개최 '98 사업계획. 예산안 승인,'97 가결산보고 승인,'98예산안은 불요불급한 지출예산을 초긴축으로 삭감 재편성해 차기 이사회에 부의키로

	로부터 65억5천만원 받은 혐의로 김현철씨 구속 수감
6. 4	한총련 소속 대학생들이 점거중인 한양대 학생 회관에서 경찰 프락치로 오인된 이석씨가 학생들에게 폭행당해 사망
7. 8	정부. 학교폭력 추방위해 학교 담당 지도 검사제 활성화. 5D2개 검찰청에 학교폭력전담반 운영
10.18	한국월드컵 축구대표팀 98프랑스 월드컵 본선 진출 확정
12.30	현정부 출범 이전에 형이 확정된 흉악범 23명에게 사형 집행

1998

월일	경비산업 주요사항
1.20	「한국경비협회 20년사」 편집위원회 '98 첫 편집회의 열어/ ASIS(American Society Industial Security) 한국지부 설립 위한 준비회의 (주)캡스 회의실서 열려, 정관 검토·설립총회 준비 위원 선임
2.26	20차 정기총회 서울 교육문화회관 개최, 첫 시행된 대의원 총회 '97 사업실적 결산보고 원안의결, '98예산안 이사회서 다시 검토키로
2.28	'98 두 번째 「20년사」 편집회의 허증 회장, 김정환 고문·편집위원 참석 주요작업 실적과 향후 추진계획등 논의
3.16	'98 경비지도사 기본교육 5월21일까지 4개 학급편성, 합격자 2,398명중 2차로 1,016명 대상 실시
3.24	ASES 한국지부 설립총회
4. 1	한국경비협회와 삼성화재해상보험(주)간에 손해배상 책임공제 협약 조인식가져
4.24	일본 아오모리(有森) 현 경비업협회 사사기노보부(佐佐木登) 부회장 협회방문 허 증 회장·김영기 고문 만나 환담
5.12	직능단체 정책해결을 위한 간담회, 국민회의 중앙당 회의실서 열려 직능단체서 1백여명 참가
5.23	에스원 국내최초로 시스템경비 10만건 돌파위업 달성

월일	국내외 주요사항
1.14	병무청, 공직자 1급이상 공무원 자제 병역의무 공개제도 시행
1.20	권노갑 석방, 한보 특혜대출 비리사건 연루 징역 5년 확정 수감중 형 집행정지로
1.25	1천3백년전 발해 교류길 탐사위해 뗏목 항해한 학습 탐사대 4명 일본해상서 조난 전원 사망·실종
1.31	재경원, 종금사 10곳 내달초 1차로 폐쇄 조치
2. 1	한국, 킹스컵 국제축구, 결승전서 이집트 꺽고 12년만에 우승
2. 3	비대위(비상경제대책위) 정부 방침 뒤집고 외국인에도 적대적 M&A 허용키로 결론
3.19	37년만에 여성총경 탄생 남부서 金康子 (경정) 방범과장/서울지방청 윤재옥 인사계장 경찰대 1기 출신 첫 총경 승진
4. 1	3월 무역흑자 사상 최대 총 37억달러 한달새 4억달러 늘어 5개월째 흑자 행진// 김대중대통령(ASEM) 아시아·유럽회의 참석자 출국 런던도착, 중·일·영과 정상회담
5.12	구속 영장 청구/필리핀 11일 대통령 선거. 인도 24년만에 지하핵실험, 11일 3차례 실시 총리가 발표/마약 상습 복용한 연예인·주부·조직폭력배등 17명 적발

7. 1	한국경호경비학회(회장 김두현)제3회 학술발표회	6.16	鄭周永 현대그룹 명예회장 일행 소 떼(500마리) 몰고 판문점 통해 방북/YS 차남 김현철, 경찰복 차림의 5인조에 납치 극적 탈출, 납치범은 YS 대선 도운 오순열씨
7. 1	용인대학교 경호학과 노동부 실직자 재취업 프로그램「경비지도사 과정」운영(~8.11)	6.17	정주영 현대명예회장 평양서 남북합작 사업논의, 북 혈육의 정으로 맞아
8.25	형사정책연구원 주최 방범보안기기 전시회 KOEX에서 개최(~8.29)	6.18	금감위, 빅딜 안하면 대출중단, 퇴출대상 55개사 발표
9.24	한국경비협회 창립 20주년 기념식 서울교육문화회관에서 거행	6.19	원로 영화배우 김진해 별세, 향년 75세 영화 '사랑방 손님'등 7백여편에 출연
9.24	한국경비협회 제10차 경영자 세미나 서울교육문화회관에서 개최(9.24~8.25 2일간)	7. 1	서울시장 고건 제31대 시장으로 취임
10.28	제5차 APSA총회 말레이시아 페낭에서 개최 회원 19개국 참가	10. 8	김대중대통령 방일중 '21세기 새시대를 위한 공동선언 서명
11. 6	(주)에스원 국내최초로 시큐리티 전문연구원 천안 연수원 개원	10.21	경찰의날 제53주년 기념식 세종문화회관 거행
12.19	한국경호경비학회 제4회 학술발표회 중부대 강당에서 거행	11.13	김대중대통령 방중 중 한국 공동선언문 발표

1999

월일	경비산업 주요사항	월일	국내외 주요사항
1. 6	시큐리티 총람 1999년도판 시큐리티정보 발행	7.28	건설교통부는 전국가구 1,086,700호중 단독주택 4,611,000호 기타 1,612,000호 APT 4,644,000호로 APT시대 진입
1.27	한국경비지도사협회 설립 회장 이승기 선출	8.30	99경찰백서를 경찰청에서 발행 경비업체 1,375개사 경비원 52,343명
2. 5	월간 "빌딩관리"를 "빌딩정보"로 명칭변경 (주)S&C NET 발행	9. 5	무궁화 3호 인공위성은 프랑스령 기아나크루우주발사기지에서 발사 성공
2.26	한국경비협회 제 21차 정기총회 개최	9.30	AP통신「노근리 사건」첫보도
3.22	기계경비업자 경찰청 감사과에서 기계경비업체 특별 감사(3.22~4.14)	9.30	제13대 대법원장 최종영 취임
3.31	경비업법개정 법률 제5940호 주개정 내용 : 용역경비업에서 경비업으로		
3.31	청원경찰법 개정 법률 제5937호		
3.31	한국경호경비학회(회장 김두현) 경호경비연구(제2호)발행		
6.30	(주)에스원 공동주택용 경비시스템 TAS~1 개발 보안에서 사이버 생활까지 서비스		
8. 1	(주)SOK는 공동주택 사이버 APT경비분야에서 SLS(사이버 라이프 시스템)인터넷 영상 감시시스템 개발		
9. 9	경비업법시행령 개정 대통령령 제16551로 주내용 기계경비시설기준 및 행정처분 기준등		
9.21	경비업법 시행규칙개정 행정자치부령제 14312호 주내용 경비지도사 교육시간 및 교육과목등		

9.29	(주)한미실업(대표 박동현) ISO 인등(FS 52337) (주)고암(대표 이용진) ISO 인증(Q 15889) 경원산업관리(주) (대표허증)(QSC81473) ISO 인증 시설관리 및 경비용역		
9.30	청원경찰법 시행령 개정(대통령령 16562호)		
10. 1	(주)캡스(대표 문영표) ISO 인증(QSI192122) 기계경비시스템부문		
10. 2	청원경찰법시행규칙 개정(행정자치부장관령 제68호)		
10.14	한국경비협회 제1차 경영세미나를 전남화순 금호리조트에서 개최		
10.31	경찰청에서 제2회 경비지도사 자격시험 지원 18,474명 응시 13,502명 73.1%		
11.17	한국경비협회 연구자문위원위촉 정진환 교수 등 5명		
12.8	APSA(아시아 경비업자) 제6차 총회 인도 뉴데리에서 개최		
12.11	한국 경호경비학회(회장 김두현) 제5회 학술발표회를 한체대 강당에서 주제:21세기 정보화사회와 사전 예방책 경호경비 대책		

2000

월일	경비산업 주요사항	월일	국내외 주요사항
1. 7	한국 표준산업분류 제8차 개정(고시 제 2000~1호) 경호 및 경비업(74922)에서 경비업(75912)로 한국표준 직업분류 제5차 개정(고시 제2000~2호) 경비원(91524)에서 수위 및 경비원 (91221)으로	1. 1	중소기업기본법 개정 상시 종사원 100명 이하를 상시 종사원 50명 이하 또는 연매출 50억원이하 분류토록 개정
		1.20	김대중대통령 「새천년 민주당」창당
		2.15	뇌사를 공식인정하는 「장기이식에 관한 법률」이 시행된 이후 첫 뇌사판정자 발생
2. 1	경찰청에서 경비원민원 접수기관을 변경 관할지방 경찰청 민원실에서 주사무소 관할경찰서 민원실로	2.28	국내 이동전화 이용자가 2,500만명을 넘어 전체 인구의 절반이상(53%)이 이동전화 시용
2. 7	한국경비협회 인터넷 홈페이지 개설 한국공안행정학회(회장 김보환) "한국공안행정학보" 제9호 발행	2.29	일본 경제신문사 주최 경찰청 미·영 대사관 후원 '2000 시큐리티 쇼 (~3.3)개최 가축질병 구제역 발생 1934년 북한지역에서 발생한 뒤 66년만에 발병
2.23	한국경비협회 제22차 정기총회 서울교육문		

	회관에서 개최
3.27	한국 경비지도사 협회(회장 이승기) 사단법인으로 경찰청 허가 획득
4.17	경찰청은 제2회 경비지도사 합격자 기본교육기관을 경비협회, 동국대, 한체대, 경기대, 에스원 천안연수원, 주성대등 6개처 지정
4.27	경찰청 「2000 경찰백서」발행(경비업체)
5. 4	서울지방경찰청 2000년도 무인경비개선대책회의 개최
5. 9	한국경비지도사협회 제4차 정기총회 개최
5.31	한국경호경비학회「경호경비연구」 제3호 발간
6. 7	제18회 국제안전·소방·보안산업기기전(COEX) 개최
6.13	중부대학교는 제3회 안전경호학전공 산·학·연 학술세미나를 중부대 제4강의동에서 개최. 주제는 "현대사회에 있어서 안전산업의 전망과 전문인력 양성"
6.26	한국안전 교육학회(회장 이근배) 산학협동 안전세미나를 경기 포천 베어스타운에서 개최.
9.25	청원경찰법시행령 개정(대통령령 제16972호) 주내용 복제, 장구 및 부속물 체계화등
9.27	청원경찰법시행규칙 개정(행정 자치부령제106호) 주내용 복제 착용기간 등
9.28	한국경비협회는 서울 성동구 성수동 2가 273~24 빌딩으로 사무실 이전
9.29	경찰청 회의실에서 제2차 민간경비발전 협의회 개최(경찰청 관계자와 협회 및 학계 대표 참석)
9.30	한국 경호경비학회 (회장 김두현) 제6회 학술발표회 주제 : 시민 안전을 위한 법집행 현실화 문제
10.30	한국공안행정학회 (회장 정진환) "한국공안행정학보" 제10호 발행
11. 8	APSA(아시아 경비업자) 제7차 총회와 WSO(세계 경비협회) 창립총회를 태국 방콕에서 개최
11.10	한국공안행정학회(회장 정진환)는 인천대 대학원관에서 추계 학술 세미나 개최 주제:지역사회와 범죄예방
11.12	한국경비협회 (회장 허증) 제12차 경영자 세미나로 경주 조선호텔에서 개최
12. 1	경찰청은 경비지도사 제도 정착을 위한 미선임업체를 12.1부터 단속계획 발표
12. 9	한국시큐리티산업경영학회는 경기대에서 창

3.20	직능인의날 선포기념식 세종 문화회관에서 거행
4.13	제16대 국회의원 선거
4.17	미국 증시 폭락 여파로 서울 주식시장이 사상 최악의 폭락세 707.72로 마감
4.27	경찰청은 "2000 경찰백서"발행 99년도 경비업체 1,707사 경비원 71,481명
6.13	분단 55년만의 남북정상회담 평양에서 김대중대통령과 김정일 국방위원장 만남
6.20	의료계 의약분업 반대하여 집단 폐업
6.29	제33대 국무총리로 이한동 임명
7.31	산악인 엄홍길 히말라야 8000m급 봉우리 14좌 정복
8.15	남북 이산가족 서울 평양에서 생이별 50년만에 상봉
9.15	제27회 올림픽대회 호주 시드니에서 (9.15~10.1) 17일 동안 개최
10.13	김대중대통령 노벨 평화상 수상
10.20	제3차 ASEM회의 서울무역센터내 컨벤션센터에서 개최
10.25	경찰의날 제55주년 기념식 거행
11.23	노동부는 최저 임금 4인 이하 사업장에도 적용키로 함

	립총회 및 2000년도 통계 학술세미나 개최		
12. 9	한국안전교육학회 (회장 권봉안) 안전교육실천 방법 모색 주제로 2000년도 동계 학술세미나 개최		
12.19	한국 민간경비학회 창립 동국대 서울 캠퍼스에서 "21세기 한국 민간경비 산업의전망" 학술세미나 개최 회장 이윤근 교수선출		

2001

월일	경비산업 주요사항	월일	국내외 주요사항
2.23	한국경비협회 제21차 정기총회 개최(서울교육문화회관) 제12대 회장 이종호 선출	1. 3	검찰, 15대 총선때 안기부자금, 신한국당 유입 밝혀
2.28	한국경호경비학회 「경호경비연구」 제4호 발간	1. 7	20년 만에 폭설
3. 2	청원경찰 2001년도 경비기준액 경찰청고시	1.18	중학교 무상 의무교육 내년 전국확대 실시발표 음주단속에 불만 승용차몰고 돌진(화재로 의경 3명 부상)
3.20	(주) 에스원(사장 배동만) 「에스원 20년사」 발행	2. 7	삼성전자, 4기가 D램 세계최초로 개발
3.22	한국경비지도사협회 제5차 정기총회 개최	2.15	서울 32년 만에 폭설(23.4㎝)
3.27	경비업법시행령 제9차 개정(대통령령 제17158호)	3. 6	검찰 김우중씨 체포영장 발부
4. 7	청원경찰법 개정(법률 제 6466호)	3.21	정주영 전 현대그룹 명예회장 별세
4. 7	경비업법 전문 개정(법률 제 6467호)	3.29	인천 국제공항 개항
4.16	국제시큐리티월드엑스포(국제보안기기 및 정보보호전) COEX에서 개최	4. 2	안전띠 미착용 단속, 범칙금 부과
4.25	한국건축물관리연합회 제8차 정기총회 개최	4.17	이봉주, 보스톤마라톤 51년 만에 재패(2시간 9분 43초)
5.18	한국공안행정학회 학술세미나 개최(원광대)	4.25	병무비리 주범 박노항 원사 검거
5.30	경찰청 「2001 경찰백서」 발행(경비업체 1,882사 경비원 81,618명)	5. 3	북한 김정남 일본 불법 입국하다 체포
6.15	한국민간경비학회 학술세미나 개최(타워호텔)	5.11	서울지법, 동아건설 최종 파산 선고
6.23	한국경호경비학회 제7회 학술세미나 개최(한국체대)	6.24	해군,NLL 침범한 북한어선 첫 경고 사격
6.30	청원경찰법시행령 개정(대통령령 제17272호)	7. 1	「반공검사」오제도 변호사 별세
7. 1	영국계 쳡(Chubb)시큐리티회사 한국에 (주)쳡시큐리티코리아 설립	7.22	박영석씨 히말라야 14좌 완등 대기록 수립
7. 4	제19회 국제안전・소방・보안산업 기기전시회 개최(COEX)	8.20	의문사진상규명위, 의문사 최종길 교수 간첩자백 사실 없는 것으로 확인
7. 7	경비업법시행령 전문개정(대통령령 제17272호)	9.11	미국 동시다발 테러 대참사(뉴욕 무역센터, 워싱턴 국방부 비행기 테러)
7. 7	청원경찰법시행규칙 개정(행정자치부령 제140호)	9.14	미국 상·하원, 테러범과 배후세력 응징위한 무력사용 승인, 테러전쟁 400억달러 예산 배정
7. 9	경비업법시행규칙 개정(행정자치부령 제66호)	9.21	제너럴모터스(GM)-대우자동차 인수 양해각서(MOU) 체결
9. 1	한국경비지도사협회 학술세미나 개최(경협회관)	10.26	CIA・국무부・대법원 탄저균 잇따라 발견, 탄저공포 확산(반테러법안 의회 통과)
9.15	(주)쳡시큐리티코리아 지방군소업체 16회사 인수		

10.20	한국경호경비학회 제8회 학술세미나 개최(한국체대)	10.29	일본, 테러대책특별조치법 발효(자위대 해외파병 가능해져)
10.27	제8회 APSA(아시아경비업자)총회 개최(중국 북경)	11. 8	육군 양승숙 대령 여성 첫 장군으로 진급(내년 1월 1일 정식 진급, 창군 53년만에 처음)
11 .7	한국경비협회 제13차 경영자세미나 개최(무주리조트)	11.10	전국교수노조 출범(초대 노조위원장에 서울대 황상익 교수)
12. 8	서울지방경찰청 2001년도 기계경비업체 간담회 개최	11.14	WTO 뉴라운드 공식 출범
12. 9	제3회 경비지도사 자격시험 시행	12. 7	서울지법, "소프트웨어 불법 링크땐 저작권 침해" 판결
12.17	한국민간경비학회 학술세미나 개최(동국대)		

2002

월일	경비산업 주요사항	월일	국내외 주요사항
2.28	한국경호경비학회「경호경비연구」제5호 발간	1. 4	국방부 사거리 300키로 미사일 첫 도입
3.22	"안전24시" 서울종합방재센터 개관	2.25	일본 군위안부 800명 명단 첫 발견
3.22	한국경비지도사협회 제6차 정기총회 개최	3. 1	국내 최초 디지털 위성방송 '스카이라이프' 개국
3.26	한국경비협회 제24차 정기총회 개최(서울교육문화회관)	3.23	군경 합동수사본부 수방사 총기탈취사건·한빛은행 총기강도 용의자 4명 검거
3.27	일본 센트럴경비보장(주) 대한중앙경비보장(주)와의 합작계약 포기로 한국에서 철수	4.27	민주당 대선후보에 노무현씨 선출
4.30	(사)한국건축물관리연합회 제8대 허증 회장 취임	5.31	2002한・일월드컵 축구대회 개막(~6월 30일)
5.15	국제시큐리티월드(국제보안기기 및 정보보호전) 개최(COEX)	6.10	경기도 분당에서 아들이 대학교수 아버지·할머니 흉기 살해 방화사건(11일 아들 구속영장)
5.30	경찰청「2002 경찰백서」발생(경비업체 1,929사 경비원 97,117명)	6.29	북한, 서해 도발 아군 4명 전사(99년 6월 연평해전 이후 처음, 남한 고속정 침몰 1명 실종, 19명 부상)
5.31	2002 한・일월드컵 개막(기간 5.31~6.30) (주)TRI 인터내셔날 국내32전 경기 경비업무 수행	7. 1	월드컵 4강 임시 공휴일
6.21	한국공안행정학회 학술세미나 개최(관동대)	7.15	경찰청, 위조방지 새 운전면허증 발급
6.29	제20회 국제안전・소방・보안산업 전시회 개최(COEX)	8.25	제주 한라병원 경비용역업체 직원과 농성중인 노조원 충돌. 20여명 중경상
7.10	제7차 민간경비발전협의회 회의 개최	8.31	태풍 '루사' 전국 강타(인명피해 실종 33명 포함 246명, 재산피해 5조 1479억원 사상최대규모)
9.30	한국경비협회 창립 제24주년 기념행사 개최	9.26	'개구리소년' 5명 추정 유골 실종 11년만에 대구 와룡산에서 발견
10. 7	제9차 APSA(아시아경비업자)총회 개최(싱가폴)	10.12	인도네시아 발리섬 폭탄테러(190여명 사망, 300여명 부상. 한국인 문은영・은정 자매 2명 포함)
10.31	한국공안행정학회 학회보 제13호 발행	10.24	한국-칠레 자유무역협정(FTA) 타결
11.10	제4회 경비지도사 자격시험 실시	11.28	한나라당, 국가정보원의 정치인・언론사간부·기자들 통화문건 도청자료 폭로
11.10	경비지도사자격증 특강 인터넷 동영상 강의 시작(e-secu.net)		
11.15	한국경비협회 제14차 경영자세미나 개최(충주 수안보상록호텔)		
12.13	한국민간경비학회 학술세미나 개최(서울 타		

	워호텔)		
12.14	한국경호경비학회 제9회 학술세미나 개최(한국체대)		
12.14	한국공안행정학회 학술세미나 개최(동국대)		
12.18	경비업법 제9차 개정(법률 제6787호)		

2003

월일	경비산업 주요사항	월일	국내외 주요사항
1. 1	한국경호경비학회 제4대 회장 김형청 교수 취임	1.25	신종 웜 바이러스 침투로 전국 유·무선 인터넷 마비 사상 첫 '인터넷 대란' 발생
2.17	한국산업인력공단 「2003 한국직업사전」 1562쪽에 (수위,경비원 및 관련종사자 수록)	1.30	김대중 대통령, 현대상선 자금 북한 지원 사실상 시인("사법심사는 부적절")
2.28	한국경비협회 정기총회에서 제13대 회장 구자관 회장 선출(서울교육문화회관)	2.11	미국 무디스사, 한국 국가신용등급 '긍정적'에서 '부정적'으로 2단계 하향 조정
3. 2	2003년도 청원경찰 경비기준액 경찰청 고시		
3.11	한국경비·청소용역업협동조합 설립(이사장 이덕로)	2.15	한국-칠레 자유무역협정(FTA)공식 서명(쌀·사과·배는 제외)
3.29	한국경비지도사협회 제7차 정기총회 개최	2.25	노무현 대통령 제16대 대통령 취임
4.15	국제시큐리티월드엑스포(국제보안기기 및 정보보호전) 개최(COEX)	3.10	북한 동해상에서 지대함 미사일 2차 시험발사
5.30	한국경호경비학회 제10회 학술세미나 개최(서울변호사회관)	3.16	국정홍보처 정부청사 기자실 모두 폐지하고 통합브리핑제 전환 추진
6.17	한국경제신문 기사 (주)에스원 "디지털기업으로 변신중" 게재	3.26	충남 천안시 천안초등학교 축구부 합숙소 화재. 초등생 사망 9명, 16명 중태(13분만에 진화... 人災 사고)
6.21	한국공안행정학회 학술세미나 개최(한국지방행정연구원)	4. 2	국회 이라크파병안 통과
6.30	경찰청 「2003 경찰백서」 발간(경비업체 2,051사 경비원 107,963명)	4.28	정부 평택·오산에 미2사단 용산기지 이전 확정(500만평 제공 보증키로)
7. 2	제21회 국제안전·소방·보안산업 기기전시회 개최(COEX)	5. 6	정부, 제주4.3사건 진상조사 보고서 발간(4.3사건 강경진압 이승만 책임)
8. 7	한국경비협회 특수경비원 사격교육을 태능사격장과 사용계약 체결	5.16	경기도 연천 D성도회 종교단체 집단 살인극(18일 '신도살해' 간부 5명 구속)
9. 4	제10회 APSA(아시아경비업바) 총회 개최(필리핀)	6.14	남북 경의·동해선 철도 연결식(52년 만에 남북 철도 연결)
9.23	한국경비협회 창립 25주년 기념식 개최	6.25	대북송금 송두환 특검팀, 수사결과 발표(정부 1억달러·현대 3억5000만달러 지급 약정)
10.17	한국시큐리티지원연구원(이사장 김정환, 원장 정진환) 창립기념 Work Shop 개최(세종문화회관)	7. 1	청계천 복원공사 돌입
		7.12	북한 폐연료봉 재처리 완료 미국에 통보
10.24	한국민간경비학회 국제학술세미나 개최(삼성생명 빌딩)	8. 4	정몽헌 현대아산이사회 회장 투신자살 파문
		8.21	2003 대구유니버시아드 개막
10.24	한국공안행정학회 학술세미나 개최(서울교육문화회관)	9. 8	김종규 부안군수, 원전센터 반대 주민들에게 집단폭행 중상
10.29	한국경비협회 제15차 경영자세미나 개최(대구	9.12	제14호 태풍 '매미'상륙 남부 강타(10월 1일

	은행연수원)		현재 사망 119명, 실종 12명, 재산피해 4조 2225억원)
11. 9	제5회 경비지도사 자격시험 실시	9.18	국가정보원, 친북활동 송두율·김용무씨 체포영장 발부
11.11	경비업법시행령 제11차 개정(대통령령 제18124호)	9.27	국내 첫 천문·우주과학용 '과학위성 1호(우리별 4호) 발사 성공(러시아 플레세스크 우주센터에서)'
11.17	경비업법시행규칙 개정(행정자치부령 제209호)	10. 2	이승엽, 아시아 한 시즌 최다홈런 신기록(56호) 수립
11.20	한국경호경비학회 제11회 학술세미나 개최(서울변호사회관)	11.11	열린우리당 공식 출범
12.31	경찰청에서 「경비업 관리시스템」 전산 구축	12.18	서울시정개발원, '대중교통 요금체계 개편방안' 발표

2004

월일	경비산업 주요사항	월일	국내외 주요사항
1.16	한국경비지도사협회 발행 「한국경호안전신문」이 「생활안전신문」으로 제호 변경	1.12	참여연대, 17대 총선 낙천 · 낙선운동 공식 선언
2.11	홈쇼핑시장에서 최초로 경호상품 등장	1.13	산악인 박영석 남극점 등정 성공
2.26	한국경비지도사협회 제8차 정기총회 개최	2.12	서울대 황우석 박사팀, 사람 난자에서 줄기세포 첫 배양
3.11	재난 및 안전관리기본법 제정(법률 제7188호)	2.13	국회, 이라크 파병안 통과(4월말까지 3600명 파견)
3.15	영국계 (주)첩시큐리티코리아 경영부실로 한국 철수	2.19	영화 '실미도(감독 강우석)' 관객 1000만명 돌파
3.17	청원경찰법시행령 개정(대통령령 제18312호)	3. 4	중국억류 탈북 국군포로 김기종(72)씨 귀국
3.17	경비업법시행령 개정(대통령령 제18312호)	3.12	국회, 대통령 탄핵 소추안 가결(195명 투표, 찬성 193명, 반대 2명)
4.26	제4회 국제시큐리티월드엑스포(국제보안기기 및 정보보호전) 개최(COEX)	3.24	호남선 복선 전철 완공
5. 1	한국자치경찰경비학회 학술세미나 개최(대구미래대학)	3.31	국무총리실 산하 성매매방지기획단, '성매매방지 종합대책' 발표
5.29	재난및안전관리기본법시행령 제정(대통령령 18407호)	4. 1	고속철도(KTX) 개통
		4.22	북한 용천역 열차폭발
6.12	재난및안전관리기본법시행규칙 제정(행정자치부령 제233호)	4.30	6.25전쟁중 국군포로 백종규씨 유골 첫 입국
		5.19	정부 '공공부문 비정규직 대책'발표
6.18	한국경호경비학회 제12회 학술세미나 개최(서울프레스센터)	5.26	남북한 첫 장성급 군사회담 (북쪽 금강산초대소)
6.29	제22회 국제안전 · 소방 · 보안산업기기전시회 개최(COEX)	6.21	김선일(33)씨 이라크 무장단체에 피살
		7. 1	서울시 버스체계 전면 개편
7.10	경찰청 「2004 경찰백서」 발행(경비업체 2,163사 경비원 104,872명)	7.18	21명 살인범 유영철(34) 검거
		8.13	제28회 아테네올림픽 개막
7.22	국제빌딩관리산업전시회 개최(COEX)	8.28	자이툰부대 본진 이라크 출발
7.27	민간경비발전에 기여한 동국대 이윤근 교수 향년 51세로 영면	9. 9	삼성전자, 세계 최초 90나노(1나노는 10억분의 1m) D램 첫 양산

9. 1	한국안전기술교육협의회 창립(회장 권원기)
9. 8	NSC(국가안전보장회의) 정부 부처간 "국가위기관리기본지침" 단계별 시행
10.28	한국경비협회 제16차 경영자세미나 개최(경기라미들리조트)
11.20	(주)SOK 경영부실로 싱가폴 케피탈회사에 영업권 넘기기로 의결
11.21	제6회 경비지도사 자격시험 실시
11.25	한국안전기술교육협의회 산학협력 심포지움 개최(서울 라마다 르네상스호텔)
12.10	청원경찰법시행규칙 개정(행정자치부령 제259호) 경비업법시행규칙 개정(행정자치부령 제259호)
12.10 12.11	한국경호경비학회 제13회 학술세미나 개최(경원대) 제5대회장 이상철 용인대 교수 선출
10. 6	한·미 주한미군 2008년까지 3단계 감축안 동시 발표
10.12	정부, 민법개정안 의결(성인 만19세로)
11. 1	판문점 공동경비구역(JSA) 경비업무 50년만에 한국군으로 완전 이양
11.19	경찰 휴대전화 수능 부정행위 수사
12.15	개성공단 입주기업 첫 제품 생산(리빙 아트 냄비)

〈저자소개〉

■ 김 정 환(金正煥)

[학력]

1950년 02월 서울 양정고등학교 졸업
1958년 03월 연세대학교 상경대학 상학과 졸업
1965년 03월 고려대학교 경영대학원 수료

[경력 및 주요 경비업무 활동]

1951년 02월 육군 종합학교 18기 수료, 육군소위 6.25참전
1955년 06월 육군 대위로 예편
1958년 04월 한일은행 중부지점
1972년 07월 경비회사 범아공신(주)설립 대표이사
1973년 03월 고속도로 경비를 용역경비 전환하도록 건의서 [고속도로 경비 계획서] 건설부에 제출
1973년 07월 경비업법 제정과 민간경비 육성에 대한 건의서 [용역경비 개발에 관한 건의]를 관계기관에 제출
1975년 10월 재향군인회 회보(안항지) 〈용역경비의 중요성〉 기고
1975년 10월 일본 종합경비보장(주) 무라이 준 사장 초청으로 경비업무 및 경비제도 시찰
1976년 12월 일본 종합경비보장(주) 기계경비 시찰 후 경보기기(SK103)각종 센서 등 16점 기증 받아 국내 경비구역에 설치
1977년 06월 은행계지에 〈은행의 용역 경비의 필요성〉 기고
1978년 09월 한국경비협회 설립시 발기인 및 이사
1979년 09월 한국경비협회주관 추석혼잡경비 고속버스터미널 경비업무 수행
1980년 07월 일본, 오사카경비협회 초청 일본경비업계 시찰
1980년 09월 한국경비협회 감사
1981년 06월 일본, 종합경비보장(주)와 합작투자 범아종합경비(주) 설립 부사장
1981년 07월 연세대학교 총동문회 이사
1982년 09월 82국제무역박람회(9.24~11.8) 우리나라 최초의 행사장 경비업무 수행
1982년 11월 민주정의당 중앙위원 치안분과위원 간사
1983년 04월 KBS 한국방송사업단과 행사장 (「우주과학박람회」, 「조국대행진」, 「로봇과학전」, 「샤갈미술전」) 경비업무 수행
1984년 07월 일본, 닉산건물관리(주) 초청 공동주택시찰 및 (무인경비시스템 운영)에 기술업무협정 체결
1984년 09월 84국제무역박람회 행사장 경비업무 수행
1985년 05월 일본 쯔그바 과학박람회 경비업무 시찰
1986년 09월 제10회 아시안게임 기간 중 경비업무수행(조직위원회 경비지원요원)
1987년 10월 한국경비협회 주관 동남아 5개국 경비업계 시찰
1988년 01월 범아공신(주) 대표이사 회장
1988년 04월 고려대학교 경제인회 이사
1988년 05월 인간개발 연구원 주최 전국 경영자 세미나 참석
1988년 09월 제24회 서울 올림픽 기간 중 경비업무 수행(조직위원회 경비지원요원)
1989년 01월 일본 경비정보지(「방범방재신문」, 「경비보장신문」, 「시큐리티 타임즈」, 「안전과 관리」) 한국과 경비문화 교류
1989년 10월 한국경비협회 지도위원
1990년 06월 한국경비관련 시찰단 단장으로 일본, 홍콩의 경비제도 및 세계꽃박람회 경비업무시찰
1990년 07월 국제 라이온스협회 수도 라이온스클럽 회장
1991년 06월 한국경비협회주최 「9.1 한국방범기기 전시회」 참가
1992년 03월 미국 산업경비협회(ASIS)회원
1992년 07월 중국 경비산업업계 북경, 상해, 심양 등 교류 차 시찰
1993년 05월 93대전 세계박람회 경비업무 수행
1995년 03월 「한국경비산업 발전사」 자료정리, 집필 개시
1996년 01월 한국안전교육학회 고문
1996년 03월 한국경호경비학회 이사
1996년 08월 한국경호경비학회 학술 세미나 「우리나라 경비업의 발전과정과 문제점」 발표

1997년 06월 한국경비협회 [한국 경비협회 20년사] 발간 편집고문
1997년 08월 경비지도사 회보 〈경비실무 향상과 경비지도사 필수 요전〉 기고
1998년 10월 (주)SOK 상임고문
1998년 11월 중앙 경찰신문에 〈경비산업의 발전 과정〉 3회 기고
1999년 08월 공안사범 연구소 고문
1999년 08월 대한경호학회 고문
2000년 01월 (주)SOK 한국시큐리티 지원연구소 회장
2000년 02월 한국공안 행정학회 회원
2000년 04월 한국체육대학부설 경호경비교육원 경비지도사교육 강사
2000년 06월 한국안전교육학회 학술 세미나 「우리나라 경비업의 개선점」 발표
2000년 12월 한국민간 경비학회 자문위원
2001년 01월 한국경비협회 회보(5회)에 아시아 국가 5개국 해외 경비정보 기고
2002년 05월 중부대학교 학술세미나 [한국민간경비산업전망] 기조 강연
2003년 12월 한국 경호경비학회 고문
2003년 04월 (사)한국경비협회 자문위원 위원장
2003년 09월 한국시큐리티 지원 연구원 이사장
2003년 09월 (주)티알아이 인테내셔널 고문
2003년 10월 『한국경비산업발전사(1)』, 서울: 백산 출판사 발간.
2004년 03월 육군종합학교 전우회 부회장
2005년 09월 (사) 한국경비협회로부터 공로패
2006년 03월 한 · 일친선민간경비방문단 일본 경비제도 시찰
2006년 07월 (사) 한 · 일문화협회 회원
2007년 12월 「시큐리티연구」 창간호에 "한국민간경비의 발전과정에 관한 연구" 논문 발표
2008년 05월 중부대학교 경찰경호학과 10주년 기념식에서 교수 · 학생들로부터 감사패
2008년 06월 월간 「시큐리티월드」 발행인으로부터 감사패
2008년 07월 중국 연변대학 체육연구소 방문
2008년 09월 국가보훈처로부터 국가유공자 선정

■ 서 진 석(徐辰錫)

[학력]

인천대학교 행정학과 졸업
인천대학교 대학원 행정학과 졸업(행정학 석사)
(석사학위 논문: 경찰경비수요증대에 따른 사경비산업의 발전방안)
경원대학교 대학원 행정학과 졸업(행정학 박사)
(박사학위 논문: 치안환경변화에 따른 경찰과 민간경비의 역할분담에 관한 연구)

[경력]

경찰대학 치안정책연구소 연구위원
(사)한국경비협회 연구자문위원
한국시큐리티지원연구원 부원장·평가원장
한국공안행정학회 이사
한국경호경비학회 이사
한국민간경비학회 이사
한국공공관리학회 이사
인천대, 경원대, 용인대, 경기대 강사
현) 중부대학교 경찰경호학과 교수

[연구실적]

『경비지도사 민간경비론』, 서울: 백산출판사, 2008.
『비교시큐리티제도론』, 서울: 진영사, 2008. 공저.
『한국경비산업발전사(1)』, 서울: 백산출판사, 2003. 공저.
"1인당 국민소득 1만불 시점의 한·일 민간경비산업 비교연구" 외 다수

(제2판) 한국경비산업발전사

2009년 2월 10일 초판 발행
2010년 9월 10일 2 쇄 발행

저 자 김 정 환
서 진 석

발행인 (寅製) 진 욱 상

발행처 백산출판사

서울시 성북구 정릉3동 653-40
등록 : 1974. 1. 9. 제 1-72호
전화 : 914-1621, 917-6240
FAX : 912-4438
http://www.ibaeksan.kr
edit@ibaeksan.kr

값 38,000원
ISBN 978-89-6183-157-4